本书入选2008年度上海市重大文艺创作项目
由上海文化发展基金会资助

鲁迅传

吴中杰 著

WU ZHONGJIE

复旦大学出版社

鲁迅是中国文化革命的旗手、现代文学的开拓者、伟大的作家和思想家。要了解中国的新文化和新文学，必须阅读鲁迅，认识鲁迅，否则就无从入手。正因为鲁迅与现代中国的文化思潮联系紧密，所以围绕着他的论争也就从来没有停止过。但对于他，却常常有无意的误读或有意的曲解，这就离开了真实的鲁迅。

本书不盲从现成的结论，不追随流行的观念，而以事实为根据，将传主的经历、行状、思想、作品都放在特定的历史背景和时代思潮中加以考察，力图写出真实的鲁迅。鲁迅是一个顽强的战士，具有不屈不挠的性格，但却不是终日"横眉冷对"的无情者，他有自己的生活爱好、私人感情和家庭生活，是一个完整的人。本书从多角度进行观照，对于传主的各个生活侧面都作了充分的描述。

目录

一、从小康人家而坠入困顿 / 1

二、去寻求别样的人们 / 22

三、我以我血荐轩辕 / 34

四、第一要著,是在改变他们的精神 / 49

五、无边的寂寞 / 65

六、看来看去,看得怀疑起来 / 79

七、精神界之战士 / 96

八、开出一片崭新的文场 / 112

九、在新的分化中走向青年群体 / 124

十、从"兄弟怡怡"到"动如参商" / 136

十一、连天空都不像唐朝的天空 / 151

十二、吾将上下而求索 / 164

十三、掀掉这吃人的筵席 / 178

十四、在风沙中辗转战斗 / 192

十五、修我甲兵,与子偕行 / 210

十六、正视淋漓的鲜血 / 223

十七、在死海里激起了波涛 / 238

十八、在升沉中看看人情世态 / 263

十九、向山崩地塌般的大波冲进去 / 283

二十、遇见文豪们笔尖的围剿 / 296

二一、"硬译"与"文学的阶级性"之辩 / 314

二二、在左翼文艺阵线中 / 327

二三、怒向刀丛觅小诗 / 340

二四、回眸时看小於菟 / 354

二五、在民族危急存亡之际 / 365

二六、拿起笔去回敬他们的手枪 / 379

二七、上海文艺之一瞥 / 396

二八、美的播布与创造 / 409

二九、梦坠空云齿发寒 / 425

三十、倘能生存,我当然仍要学习 / 445

后　记 / 464

一、从小康人家而坠入困顿

鲁迅，中国文化革命的旗手，现代文学的开拓者，伟大的作家和思想家。他于1881年9月25日——旧历辛巳年八月初三，诞生在浙江省绍兴府城内东昌坊口新台门周家。

绍兴古称会稽，有着悠久的历史。据《史记·夏本纪》记载："或言禹会诸侯江南，计功而崩，因葬焉，命曰会稽。"当地的大禹陵，相传就是禹的葬地。到了春秋战国时期，这里又是越王勾践卧薪尝胆之所。他被吴王战败之后，退守会稽山，"十年生聚，十年教训"，终于报仇雪恨，战胜了吴国。所以王思任说："会稽乃报仇雪耻之乡，非藏垢纳污之地！"这种精神，深深地影响了当地的民风。

绍兴又是个文化积淀深厚的城市，历史上产生过、聚集过许多文化名人。东汉时期杰出的思想家王充，就是会稽府上虞县人氏，他的《论衡》敢于追难孔、孟，非议墨、道，衡论权威，疾恶虚妄，极具胆识。晋室东迁以后，会稽更是文人荟萃之地，修禊雅集，即是缩影，王羲之因此留下了千古名作《兰亭集序》。唐代那位写过有名诗篇"少小离家老大回"的诗人贺知章，他的家就在会稽城内。会稽改名为绍兴，是赵宋康王南渡之后的事，取"绍祚中兴"之意。虽然这位宋高宗把年号也定为"绍兴"，但其实并无恢复中原的打算，倒是告老回乡的爱国诗人陆游，却在绍兴故地不断地发出忧国忧民的抗战呼声："寂寞已甘千古笑，驰驱犹望两河平。后生谁记当年事，泪溅龙床请北征。"甚至在临终前还在《示儿》诗中写出自己的悲伤，寄托自己的遗愿："死去元知万事空，但悲不见九州同。王师北定中原日，家祭毋忘告乃翁。"到得明代，这里又出了个叛逆文人徐渭。他在诗文、书画、戏曲等各个领域，都突破前人成规，进行全面的创新。他的文风画风虽为时人所不容，但却引得后世的许多艺术大家竞折腰，从郑板桥到吴昌硕到齐白石，都声称愿做他门下走狗。明朝覆亡之后，这里又有高扬民族气节，决不妥协投降的文人王思任、画家陈洪绶……

绍兴:江南水乡,历史名城

周氏家族是在16世纪明朝正德年间从外地迁来。祖籍何处,却说法不一。有说来自湖南道州,有说来自浙江诸暨,有说来自江苏苏州,现在也无从查考了。迁到绍兴之后,逐渐繁衍成一个大家族。其中一支分居东昌坊口覆盆桥——相传就是汉代朱买臣对他前妻说"覆水难收"的地方。该支又分为致、中和三房,分居新台门、过桥台门和老台门三处。鲁迅一家,就属于新台门的致房,后来生齿日繁,下面当然还有许多分支。据周氏族人说,周家曾有"购地建屋,设肆营商,广置良田"的盛况,但经过太平天国战乱之后,"遭受兵燹影响,损失甚巨,各房族多致一蹶不振,甚或流离失所。"①鲁迅祖父则在《恒训》中说:"予族明万历时,家已小康……累世耕读。至乾隆年分老七房小七房……合有田万余亩,当铺十余所,称大族焉。迨嘉道时,族中多效奢侈,遂失其产。复遭十七爷房争继,讼至京师,各房中落者多,而我高祖派下小康如昔也。自我昆季辈不事生计,侄辈继之,卖田典屋,产业尽矣。"总之,这个家族经过一定时期的兴旺之后,在迅速的败落之中。不过,在鲁迅出生时,他家还有四五十亩水田,并不很愁生计。

但在鲁迅出生时,中国却进入了一个灾难深重的岁月。数千年的封建制度,早已走到了历史行程的终点。还在18世纪中叶,《红楼梦》的作者就写道:"如今外面的架子虽未甚倒,内囊却也尽上来了。"曹雪芹说的是荣国府,其实却象征着整个封建王朝。古老的封建帝国,早已霉烂、腐朽,只不过在闭关自守的条件下苟延残喘。但到1840年,英国侵略者的大炮却打开了帝国的大门。马克思指出:"与外界完全隔绝曾是保存旧中国的首要条件,而当这种隔

---

① 观鱼:《回忆鲁迅房族和社会环境35年间(1902—1936)的演变》,人民文学出版社1959年版,第1页。

绝状态在英国的努力之下被暴力所打破的时候,接踵而来的必然是解体的过程,正如小心保存在密闭棺木里的木乃伊一接触新鲜空气便必然要解体一样。"①

继英国炮舰之后,俄、美、法、德、日等国侵略者纷至沓来。一向妄自尊大的清皇朝却跪倒在洋大人的脚下,丧权辱国、割地赔款的不平等条约一个接着一个,就像一条条锁链似地套在中国人民的身上。中国人民日益深重地陷入了苦难的深渊。

"旧思想的瓦解是同旧生活条件的瓦解步调一致的。"②随着封建制度的崩溃,数千年来不断地修补起来的封建纲常名教,这时再也维系不住人心了。还在鸦片战争之前,敏感的诗人龚自珍就有感于"万马齐喑"的政治局面,怀着"沉沉心事",而要求"改革",要求"变",要求"改图更法"。他的诗文,"似触电然",深深地打动了当时人的心灵,开了一代风气。后来的社会变革和西学东渐,在更大的规模上动摇了封建礼教。尽管不断有卫道之士出来,"赫然奋怒以卫吾道",但不过是螳臂挡车而已。这时,旧思想的瓦解正如旧生活条件的瓦解一样,是无法遏止的。

鲁迅家庭是个"诗礼传家"的"书香门第"。祖父周福清(介孚),进士出身,钦点翰林院庶吉士,曾外放江西金谿做知县,后因敢于蔑视上司,被参劾革职,改充教官,他不愿坐冷板凳去看守孔庙,往北京图谋起复,捐升内阁中书。父亲周伯宜(凤仪),中过秀才,闲居在家。母亲鲁瑞,安桥村人,她父亲鲁晴轩是举人,曾任户部主事,她本人则以自修得到能够看书的学力,性格坚毅,能接受新思想,而且很有胆识,在清末天足运动时,率先放足,本家中有个顽固分子扬言道:"某人放了大脚,要去嫁给外国鬼子了",她冷冷地回道:"可不是么,那倒真是很难说的呀!"倒反使得对方无话可说。

鲁迅出生时,祖父周福清正在北京当"京官",在接到家信的那一日,适值有一位张姓官员来访,就将孙子的小名定为阿张,取个吉利的兆头,希望他将来也能中举当官。随后再找出同音异义的字取作"书名",叫做樟寿,号豫山。但在绍兴方音中,"豫山"与"雨伞"很相近,鲁迅上学后同学们取笑他,叫他"雨伞",他听了不喜欢,就请祖父改名,于是改为豫才。后来到南京进江南水师学堂读书,那里有个本家叔祖,虽然自己也在军校做事,但觉得本家子弟进学堂当兵

---

① 《中国革命和欧洲革命》,《马克思恩格斯选集》第2卷,人民出版社1972年版,第3页。
② 马克思恩格斯:《共产党宣言》,《马克思恩格斯选集》第1卷,第271页。

鲁迅祖父周福清画像

总是不大好,至少不宜用家谱上的本名,所以将他改名为树人,取"百年树人"之意。此后,树人就成为他的名字,豫才为号①。"鲁迅"则是1918年他在《新青年》杂志上发表《狂人日记》时开始用的笔名。《新青年》编者不赞成用别号,要求用真名,而鲁迅则不喜欢用真名发表文章,而且他在教育部任职,若用真名发表小说、杂文,或者也有所不便,所以就取母亲的鲁姓,再从早年用过的笔名"迅行"中取出"迅"字,组成一个新的名字。但以后,却以鲁迅这个笔名闻世,他的本名倒不常为人提起了。

鲁迅的父亲虽然是读书人,熟读儒家经典,但有时却也颇为迷信——他要儿子拜和尚为师,即是一例。鲁迅后来回忆道:"我生在周氏是长男,'物以希为贵',父亲怕我有出息,因此养不大,不到一岁,便领到长庆寺里去,拜了一个和尚为师了。"因为中国的许多妖魔鬼怪,专喜欢杀害有出息的人,尤其是孩子;要下贱,他们才放手,安心。和尚这一种人,从和尚的立场看来,会成佛,固然高超得很,而从读书人的立场看,他们无家无室,不会做官,却是下贱之流。所谓拜和尚为师,也就是舍给寺院了的意思,这是一个避鬼的法子。但并非真的到寺院去做和尚,只不过是挂个名而已。却因此得了一个法号,叫作"长庚"。他后来也偶尔用作笔名,并且在《在酒楼上》这篇小说里,赠给了恐吓自己的侄女的无赖。此外,还得了两件赠品:一是"百家衣",即"衲衣",论理,本该是由各家舍施的破布拼成的,表示贫贱,但鲁迅的却是橄榄形的各色小绸片所缝就,非喜庆大事不给穿,其实早已变味;另外,还有一条称为"牛绳"的东西,上挂零星小件,如历本、镜子、银筛之类,据说是可以避邪的。

但鲁迅的师父却是极有个性的和尚,敢于违背清规戒律,所给予徒弟的,则是离经叛道的影响。鲁迅说:"我至今不知道他的法名,无论谁,都称

---

① 据周启明:《鲁迅的青年时代·名字与别号》,中国青年出版社1957年版,第9—10页。

一、从小康人家而坠入困顿

鲁迅父亲周伯宜画像

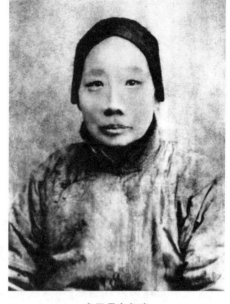

鲁迅母亲鲁瑞

他为'龙师父',瘦长的身子,瘦长的脸,高颧细眼,和尚是不应该留须的,他却有两绺下垂的小胡子。对人很和气,对我也很和气,不教我念一句经,也不教我一点佛门的规矩;他自己呢,穿起袈裟来做大和尚,或者戴上毗卢帽放焰口,'无祀孤魂,来受甘露味'的时候,是庄严透顶的,平常可也不念经,因为是住持,只管着寺里的琐屑事,其实——自然是由我看起来——他不过是一个剃光了头发的俗人。"这位大和尚不但平时管着俗事,而且也像俗人一样,有着家小。他与这位师母的结合,还有一段传奇经历:"听说龙师父年青时,是一个很漂亮而能干的和尚,交际很广,认识各种人。有一天,乡下做社戏了,他和戏子相识,便上台替他们去敲锣,精光的头皮,簇新的海青,真是风头十足。乡下人大抵有些顽固,以为和尚是只应该念经拜忏的,台下有人骂了起来。师父不示弱,也给他们一个回骂。于是战争开幕,甘蔗梢头雨点似的飞上来,有些勇士,还有进攻之势,'彼众我寡',他只好退走,一面退,一面一定追,逼得他又只好慌张的躲进一家人家去。而这人家,又只有一位年青的寡妇。以后的故事,我也不甚了然了,总而言之,她后来就是我的师母。"龙师父不但自己有家室,而且也允许自己的和尚儿子讨老婆。幼年鲁迅受"天地君亲师"尊位的约束,对于师父的违规行为是不敢有所非议的,但对于师兄,却就有些不客气了。"这时我也长大起来,不知道从那里,听到了和尚应守清规之类的古老话,还用这话来嘲笑他,本意是要他受窘。不料他竟一点不窘,立刻用'金刚怒目'式向我大喝一声道:'和尚没有老婆,小菩萨那里来!?'这真是所谓'狮吼',使我明白了真理,哑口无言,我的确早看见寺里有丈余的大佛,有数尺或数寸的小菩萨,却从未想到他们为什么有大小。经此一喝,我才彻底的省悟了和尚有老婆的必要,以及一切小菩萨的来源,不再发生疑问。"①

不过绍兴毕竟不是一个很闭塞的地方,新的风气也渐有传入。施种牛痘局的设立,就是一个征候。天花,是一种很危险的流行病,传说清朝王子玄烨被选作皇位继承人,就是因为他已出过天花,不会再因时疫而夭折的缘故,可见这种流行病的可怕。据说在明朝末年,我国已发明了一种种痘的方法,将痘痂研成细末,给孩子由鼻孔里吸进去。但不知怎样,此法并未流行,清末施行的是西洋传进来的新法,一般是在手臂上划几处伤痕,然后将痘苗点上,倒是很有成效。为了推行此种西法,有心人就编出种种理由来说服人。一是说种痘是我国古代遗法,本来就是国货;二是说因为洋烟传入中国害人不可胜计,所以将种痘法传入,把那劫数抵过了;还有阐说这是"乘其羽翼未成,就而擒之"的道理。虽然这些道理都说得很古怪,但那苦口婆心却很感人。鲁迅的父亲大概就是在这种理论的影响下,给鲁迅施种牛痘的。后来孩子们的种痘,大都在一岁上下,鲁迅说:"我的种痘却很迟了,因为后来记的清清楚楚,可见至少已有两三岁。""那时种牛痘的人固然少,但要种牛痘却也难,必须待到有一个时候,城里临时设立起施种牛痘局来,才有种痘的机会。我的牛痘,是请医生到家里来种的,大约是特别隆重的意思;时候可完全不知道了,推测起来,总该是春天吧。这一天,就举行了种痘的仪式,堂屋中央摆了一张方桌子,系上红桌帷,还点了香和蜡烛,我的父亲抱了我,坐在桌旁边。……这时候我就看见了医官……照种痘程序来说,他一到,该是动刀,点浆了,但我实在糊涂,也一点都没有记忆,直到二十年后,自看臂膊上的疮痕,才知道种了六粒,四粒是出的。但我确记得那时并没有痛,也没有哭,那医官还笑着摩摩我的头顶,说道:'乖呀,乖呀!'"②种完牛痘,父亲给他两样

---

① 《且介亭杂文末编·我的第一个师父》。因《鲁迅全集》版本较多,各处藏本不一,且以后难免还会再出新版,各版卷数页码不同,查对不易,而鲁迅本人编定的文集则已定型不变,故本书有关鲁迅著作引文的出处,只注文集和篇名,书信则只写日期和受信人,而不注《全集》卷数页码,或反易于查对也。

② 《集外集拾遗·我的种痘》。

可爱的玩具,以示奖励:一是鼗鼓,一是万花筒。后一样尤使他喜欢,筒里的花样变化无穷,使他爱不释手。为了探寻个中秘密,他就动手拆开,但却再也装不回去了。

鲁迅小的时候,就生活在这种新旧交替的时代环境中。

幼年鲁迅由一名叫长妈妈的女工带领。但这长字,既不是她的姓氏,也不是对她身材的形容,因为她生得黄胖而矮。据说,这是她前任女工的称呼,那位女工身材生得高大,是真阿长,主人叫惯了,不愿改口,就把这称呼移到这位矮胖的后任身上来了。这位矮胖的阿长——长妈妈,是个喜欢搬弄是非的人物,而且不善照顾小孩,所以幼年鲁迅对她实在不大佩服。鲁迅后来回忆道:"最讨厌的是常喜欢切切察察,向人们低声絮说些什么事。还竖起第二个手指,在空中上下摇动,或者点着对方或自己的鼻尖。我的家里一有些小风波,不知怎的我总疑心和这'切切察察'有些关系。又不许我走动,拔一株草,翻一块石头,就说我顽皮,要告诉我的母亲去了。一到夏天,睡觉时她又伸开两脚两手,在床中间摆成一个'大'字,挤得我没有余地翻身,久睡在一角的席子上,又已经烤得那么热。推她呢,不动;叫她呢,也不闻。"鲁迅的母亲提醒过她,但仍不能改正。"到夜里,我热得醒来的时候,却仍然看见满床摆着一个'大'字,一条臂膊还搁在我的颈子上。我想,这实在是无法可想了。"

长妈妈很愚昧,而且脑子里的旧规矩极多,还要"哥儿"遵行。在她是真诚地相信,而在幼年鲁迅,却是一种磨难。鲁迅在回忆散文里曾记叙长妈妈要求他在元旦早上对她说"阿妈,恭喜恭喜!"的急切情景,非常传神。此外,"她教给我的道理还很多,例如说人死了,不该说死掉,必须说'老掉了';死了人,生了孩子的屋子里,不应该走进去;饭粒落在地上,必须拣起来,最好是吃下去;晒裤子用的竹竿底下,是万不可钻过去的……"这些烦琐的旧规矩,使鲁迅很讨厌。特别是当他知道他心爱的隐鼠被她踏死之后,就更加气愤了。

但是,长妈妈也有她值得尊敬的一面。这就是"别人不肯做,或不能做的事,她却能够做成功"。那时,鲁迅从一位远房叔祖玉田那里知道有一部绘图的书,叫《山海经》,里面"画着人面的兽,九头的蛇,三脚的鸟,生着翅膀的人,没有头而以两乳当作眼睛的怪物……",于是他渴慕着这本绘图的《山海经》,但是得不到。大概是太过于念念不忘了,连阿长也来问《山海经》是怎么一回事。阿长不识字,还没有弄清是怎样一本书,却在告假回家之后,就把它买来了。鲁迅回忆道,当他听到长妈妈说"哥儿,有画儿的'三哼经',我给你买来了!"这句话时,"我似乎遇着了一个霹雳,全体都震悚起来",可见其惊喜的心情,所以他对长妈妈发生了"新的敬意"①。

鲁迅在获得有图的《山海经》时,之所以会产生"震悚",是因为他朝思暮想,太想得到这本插图读物的缘故。儿童爱看图画书,本是爱美的天性,但在那时,却极难得到满足。鲁迅曾多次回忆儿时的读书生活道:"我最初去读书的地方是私塾,第一本读的是《鉴略》,桌上除了这一本书和习字的描红格,对字(这是做诗的准备)的课本之外,不许有别的书。但后来竟也慢慢的认识字了,一认识字,对于书就发生了兴趣,家里原有的两三箱破烂书,于是翻来翻去,大目的是找图画看,后来也看看文字。"②"我们那时有什么可看呢,只要略有图画的本子,就要被塾师,就是当时的'引导青年的前辈'禁止,呵斥,甚而至于打手心。我的小同学因为专读'人之初性本善'读得要枯燥而死了,只好偷偷地翻开第一叶,看那题着'文星高照'四个字的恶鬼一般的魁星像,来满足他幼稚的爱美的天性。昨天看这个,今天也看这个,然而他们的眼睛里还闪出苏醒和欢喜的光辉来。"③

在书塾以外,禁令可比较的宽了。不过这是各人不一样的。鲁迅祖父脾气虽然古怪,但却常有些不同流俗的独特想法,他鼓励孙辈读小说,如《西游记》、《水浒传》之类,所以鲁迅在课外的阅读范围要广泛一些。他在玉田那里看过陆玑的《毛诗草木鸟兽虫鱼疏》和陈淏子的《花镜》,而且还可以在大人面前冠冕堂皇地看《文昌帝君阴骘文图说》和《玉历钞传》,书中都画着冥冥之中赏罚的故事,雷公电母站在云中,牛头马面布满地下……

但就是有图画的书,有时也会遇到很不愉快的事。

鲁迅所看那些阴间的图画,都是家藏的老书,并非他所专有。他所收藏的最先的图画本子,是一位长辈的赠品:《二十四孝图》。这虽然不过是薄薄的一本书,但是下图上说,鬼少人多,又为他一个人所有,使他高兴极了。但高兴之余,接着就是扫兴。鲁迅说:"因为我请人讲完了二十四个故事之后,才知道'孝'有如此之难,对于先前痴心妄想,想做孝子的计划,完全绝望了。"

《二十四孝图》是一本孝子教科书,用二十四个孝子的故事来教育后生。编写者原以为榜样的力量是无穷的,所以竭力宣传孝子们超越常情的行为。却不料宣传得过了头,效果适得其反,其中还暴露了非人性的一面,更引起纯真儿童的反感。鲁迅说:

---

① 《朝花夕拾·阿长与〈山海经〉》。
② 《且介亭杂文·随便翻翻》。
③ 《朝花夕拾·〈二十四孝图〉》。

一、从小康人家而坠入困顿

我幼小时候实未尝蓄意忤逆,对于父母,倒是极愿意孝顺的。不过年幼无知,只用了私见来解释"孝顺"的做法,以为无非是"听话","从命",以及长大之后,给年老的父母好好地吃饭罢了。自从得了这一本孝子的教科书以后,才知道并不然,而且还要难到几十几百倍。其中自然也有可以勉力仿效的,如"子路负米","黄香扇枕"之类。"陆绩怀橘"也并不难,只要有阔人请我吃饭。"鲁迅先生作宾客而怀橘乎?"我便跪答云,"吾母性之所爱,欲归以遗母。"阔人大佩服,于是孝子就做稳了,也非常省事。"哭竹生笋"就可疑,怕我的精诚未必会这样感动天地。但是哭不出笋来,还不过抛脸而已,一到"卧冰求鲤",可就有性命之虞了。我乡的天气是温和的,严冬中,水面也只结一层薄冰,即使孩子的重量怎样小,躺上去,也一定哗喇一声,冰破落水,鲤鱼还不及游过来。自然,必须不顾性命,这才孝感神明,会有出乎意料之外的奇迹,但那时我还小,实在不明白这些。

其中最使他不解,甚至发生反感的,是"老莱娱亲"和"郭巨埋儿"两个故事。"老莱娱亲"说的是行年七十的老莱子,言不称老,常著五色斑斓之衣,为婴儿戏于亲侧。又常取水上堂,诈跌仆地,作婴儿啼,以娱亲意。鲁迅说:"而招我反感的便是'诈跌'。无论忤逆,无论孝顺,小孩子多不愿意'诈'作,听故事也不喜欢是谣言,这是凡有稍稍留心儿童心理的都知道的。"更加违反人性的则是"郭巨埋儿",这个故事说的是汉代有个郭巨,他有一个三岁的儿子,因为家贫,母亲常常自己减食给孩子吃,郭巨与妻子说,贫乏不能供母,子又分母食,何不将儿子埋掉?但在掘坑时,却得黄金一釜,上云:天赐郭巨,官不得取,民不得夺。于是皆大欢喜,圆满结局。但这种事却是连小孩子也骗不过的。鲁迅说:"我最初实在替这孩子捏一把汗,待到掘出黄金一釜,这才觉得轻松。然而我已经不但自己不敢再想做孝子,并且怕我父亲去做孝子了。家景正在坏下去,常听到父母愁柴米;祖母又老了,倘使我的父母竟学了郭巨,那么,该埋的不正是我么?如果一丝不走样,也掘出一釜黄金来,那自然是如天之福,但是,那时我虽然年纪小,似乎也明白天下未必有这样的巧事。"①

当然,中国历来的宣传教育,本只是唱唱高调,谁也不把它当真,谁也不准备实行的。"整饬伦纪的文电是常有的,却很少见绅士赤条条地躺在冰上面,将军跳下汽车去负米。"但鲁迅从小就很认真,经他认真地加以思考,就看出其中的虚假、诈作和反人性的本质来。这一点,是那些教育家和宣传家们始料所不及

---

① 《朝花夕拾·〈二十四孝图〉》。

的，——其实，他们也许连料也没有料过。《庄子·田子方》中记温伯雪子的话说："吾闻中国之君子,明乎礼义而陋于知人心"，真是一点不错。

正因为陋于知人心的缘故，所以中国的传统教育一向不顾及接受者的心理，用的是强制灌输的方式，而且不顾及儿童活泼爱玩的天性，用书本来压制他们。这难免要引起他们的不快和反感。

鲁迅开始读的是《鉴略》。这也是祖父周福清的意见，认为比读《千字文》、《百家姓》要有用得多，因为可以知道从古到今的大概。知道从古到今的大概当然很好，但老师和家长都并不讲解，只是要他们死记硬背，"粤自盘古"就是"粤自盘古"，"生于太荒"就是"生于太荒"，学童其实是一个字也不懂，只是读下去，记住它，背出来，因此背得非常痛苦。鲁迅在《朝花夕拾·五猖会》中曾回忆父亲在他即将出发到东关去看五猖会时，要他背书的情景，就可见这种教育方式的缺陷。

绍兴地处江南富庶之区，民间的迎神赛会活动一向很多。张岱《陶庵梦忆》记明季绍兴的祈雨赛会盛况，真是令人神往。到得晚清时节，物业凋疲，已经没有明季这么豪奢了，但迎神赛会还是有的。对于缺乏娱乐活动的孩子们来说，这是过年过节之外最企盼的事了。只是这种赛会，读书人是不肯去看的，妇女和儿童们也是不许看的，所以鲁迅只能在自己的家门口等待。但他家的所在地很偏僻，"待到赛会的行列经过时，一定已在下午，仪仗之类，也减而又减，所剩的极其寥寥。往往伸着颈子等候多时，却只见十几个人抬着一个金脸或蓝脸红脸的神像匆匆地跑过去。于是，完了。"这当然是很扫兴的事情。但是他七岁那年，由于姑母的邀请，却有到东关去看五猖会的机会了。那会是全县中最盛的会，这也是他儿时所罕逢的一件盛事，家里也隆重地准备着。"因为东关离城远，大清早大家就起来。昨夜预定好的三道明瓦窗的大船，已经泊在河埠头，船椅、饭菜、茶炊、点心盒子，都在陆续搬下去了。我笑着跳着，催他们要搬得快。"但在这时，父亲却要他拿书来，教他读了二三十行《鉴略》，要他读熟，背不出就不准去看会。鲁迅觉得似乎从头上浇了一盆冷水。他根本不懂得课文的意思，但也只好读着，读着，强记着："粤自盘古"啊！"生于太荒"啊！……这时，应用的物件已经搬完，家中由忙乱转为静肃了。家中人都无法营救，只默默地静候他读熟，而且背出来。他似乎头里要伸出许多铁钳，将什么"生于太荒"之流夹住，也听到自己急急诵读的声音发着抖，仿佛深秋的蟋蟀，在夜中鸣叫似的。

待到他终于梦似的背完，父亲允许他去看会时，大家都为他高兴，工人将他高高地抱起,仿佛在祝贺他的成功,快步走在最前头。但是,他本人却并没有他们那么高兴。开船以后,水路中的风景,盒子里的点心,以及到了东关的五猖会的热闹,对于他似乎都没有什么大意思。直到将近四十年后,他在回忆这段往事时,还说:"我至今一想起,还诧异我的父亲何以要在那时候叫我来背书。"

比起枯燥的课本和那些圣贤之书来,鲁迅更喜欢民间艺术。幼小时候,他在夏夜纳凉时就喜欢听祖母讲"猫是老虎的师父"的故事,讲《义妖传》的故事,并同情于白娘子的被镇压在雷峰塔下。他喜欢床前贴着的《老鼠成亲》的花纸,并企盼看到这种成亲仪式。他还很羡慕迎神赛会中那些扮犯人的孩子,甚至希望自己生一场重病,使他的母亲也好到庙里去许下一个"扮犯人"的心愿。许愿之事虽未成为事实,但鲁迅还是自告奋勇地去扮演鬼卒。当时绍兴的赛会演出,除了专职演员之外,还要招募普通孩子做义务鬼卒。鲁迅"在十余岁时候,就曾经充过这样的义勇鬼,爬上台去,说明志愿,他们就给在脸上涂上几笔彩色,交付一柄钢叉。待到有十多人了,即一拥上马,疾驰到野外的许多无主孤坟之处,环绕三匝,下马大叫,将钢叉用力的连连刺在坟墓上,然后拔叉驰回,上了前台,一同大叫一声,将钢叉一掷,钉在台板上"①。这样,他们的责任就算完结,洗脸下台,可以回家了。这种事,倘被父母所知,往往不免挨一顿竹条,一以罚其带着鬼气,二以贺其没有跌死。但鲁迅幸而从来没有被觉察。

鲁迅还喜欢坐在船上远远地看"大戏"或"目连戏"。他常常和"下等人"一起,高兴地正视那鬼而人、理而情、可怖而可爱的无常;而且欣赏他脸上的哭或笑,口头上的硬语与诙谐。他还特别欣赏一个带复仇性的、比别的一切鬼魂更美、更强的鬼魂——女吊。鲁迅欣赏她,不仅因为她是受苦的被压迫者,而且因为她具有强烈的反抗性。

鲁迅不但喜欢看社戏,看赛会,扮鬼卒,而且在家中还与二弟一起自编自演节目。据周作人回忆:大约在八岁以前,"那时在朝北的套房里,西向放着一张小床,这也有时是鲁迅和我玩耍的地方,记得有一回模仿演戏,两个人在床上来回行走,演出兄弟失散,沿路寻找的情状,一面叫着'大哥呀、贤弟呀'的口号,后来渐渐的叫得凄苦了,这才停止。此后还演些戏,不过不是在这里了,时期也还要再迟几年"。这已是在三味书屋读书以后的事。"那时所读的是中庸和唐诗,当然不懂什么,但在路上及塾中得到多少见闻,使幼稚的心能够建筑起空想的世界来,慰藉那忧患寂寞的童年,是很可怀念的。从家里到塾中

---

① 鲁迅:《且介亭杂文末编·女吊》。

不过隔着几十家门面,其中有一家的主人头大身矮,家中又养着一只不经见的山羊(后来才知道这是养着厌禳火灾的),便觉得很有一种超自然的气味。同学里面有一个身子很长,虽然头也同常人一样的大,但是在全身比例上就似乎很小了。又有一个本家长辈,因为吸鸦片烟的原故,耸着两肩,仿佛在大衫底下横着一根棒似的。这几个现实的人,在那时看了都有点异样,于是拿来戏剧化了,在有两株桂花树的院子里,扮演这日常的童话剧。'大头'不幸的被想象做凶恶的巨人,带领着山羊,占据了岩穴,扰害别人;小头和耸肩的两个朋友便各仗了法术去征服他:小头从石窟缝里伸出头去窥探他的动静,耸肩等他出来,只用肩一夹,就把他装在肩窝里捉了来了。这些思想尽管荒唐,而且很有唐突那几位本人的地方,但在那时觉得非常愉快,用现代的话来说明,演着这剧的时候实在是得到充实的生活的少数瞬时之一。我们也扮演喜剧,如'打败贺家武秀才'之类,但总是太与现实接,不能感到十分的喜悦,所以就经验上来说,这大头剧要算第一有趣味了。"①从这段记载中,我们不但可以看出鲁迅从小就有文艺创作的才能,而且也看到他对于传统教育规范的逾越。在当时,演员被称为"戏子",社会地位极低,士大夫家庭的子弟,连看戏都被认为是不正经之事,何况演戏?而鲁迅兄弟却自编自演各种戏剧,这实在是一种叛逆行为。

在人际关系上,鲁迅也越出了士大夫阶级的圈子,喜欢与平民交朋友。《故乡》虽然是小说创作,但里面所写"我"与少年闰土的交往,却是以作者自己的实际生活为基础的。闰土的原型叫运水,是"忙月"帮工章福庆的儿子,那年鲁迅家祭祀值年,福庆带他到周家来帮看祭器,鲁迅与他结下了深厚的友谊。运水教鲁迅在雪地里捉小鸟雀,告诉他许多在士大夫的书房和庭院中看不到的新鲜事:如海边的五色的贝壳、西瓜地里伶俐的猹,以及獾猪、刺猬,还有潮汛要来的时候出现的有青蛙似的两个脚的跳鱼等等,使鲁迅的脑海中出现一片新奇的世界。据鲁迅母亲说,鲁迅一向和劳苦人很亲近,他没有"读书人"的架子。在绍兴时,他还有一位木工朋友,叫"和尚师傅"。这位木工师傅年纪比鲁迅大十来岁,很喜欢鲁迅,曾做一把木头"关刀"送给鲁迅玩,鲁迅当时还小,穿着和尚衣领的大红棉袄,拿着这把"关刀"到处"示威"。后来长大了,到南京、日本等地去读书,但一直没有忘记这位木匠师傅,每次回家总要去看望他。直到后来全家迁居北京时,他还和木匠师傅商量如何装箱运书的

---

① 《知堂回想录》,三育图书有限公司1980年版,第642—643页。

一、从小康人家而坠入困顿

事。鲁迅按木匠师傅所说的办法运书,果然安全抵达,书籍完好无损。鲁迅很佩服他的才能①。

鲁迅与下层人民接触得更多的是在母亲的家乡。鲁迅母亲的娘家住在安桥头,是一个离海边不远、极偏僻的、临河的小村庄;住户大都以种田、打鱼为生。当时绍兴的习惯,本来是凡有出嫁的女儿,倘自己还未当家,夏间便大抵回到母家去消夏。那时鲁迅的祖母虽然还康健,但母亲也已分担了些家务,所以夏期便不能多日地归省了,只得在扫墓完毕之后,抽空去住几天,每年此时,鲁迅便跟了母亲住在外祖母的家里。安桥头地方虽小,但对鲁迅说来,却是一块乐土:因为他在这里不但得到优待,又可以免念"秩秩斯干,幽幽南山"了;这无异于暂时走出囚笼,呼吸一点清新的空气。

农民绝没有士大夫阶级那种虚伪的假面和尔虞我诈的手段,他们首先使鲁迅感受至深的是纯朴浑厚的感情。"在小村里,一家的客,几乎也就是公共的"。许多小朋友因为有了远客,他们也都从父母那里得了减少工作的许可,来陪伴鲁迅一同游戏。他们年纪都相仿,但论起行辈来,却至少是叔子,有几个还是太公,因为这里合村都同姓,是本家。然而他们都是朋友,即使偶尔吵闹起来,打了太公,一村的老老小小,也决没有一个会想起"犯上"这两个字来。鲁迅和他的小朋友们每天掘蚯蚓、钓虾子、骑黄牛、跑野地,玩得不亦乐乎。有时,如果邻村有戏,他们还可以架起双橹,摇起航船,在朦胧的月色里径向戏台边飞去。两岸的豆麦和河底的水草所发散出来的清香,夹杂在水气中扑面吹来;淡黑的起伏的连山,仿佛是踊跃的铁的兽脊似的,都远远地向船尾跑去;前面是点点渔火,装饰着夜的港汊;远处传来阵阵笛声,宛转,悠扬——在这样的情景中,真觉得自身都要和笛声一起弥散在含着豆麦蕴藻之香的夜气里。

但农村究竟不是世外桃源。在残酷的封建剥削和压迫之下,农民的小孩虽然还有一点自然的欢乐,但一到成年,便是无穷的痛苦。他们终年勤劳,却得不到温饱。这种情况,鲁迅在农村住得略久一点,便逐渐感觉到了。因而,对农民产生了深切的同情,对上流社会也更加厌恶起来。对农村情况的了解和对农民的深厚感情,于鲁迅后来的思想发展和艺术创作都起了很重要的作用。他后来曾说:"我生长于都市的大家庭里,从小就受着古书和师傅的教训,所以也看得劳

---

① 据俞芳:《太师母谈鲁迅先生》,收萧红、俞芳等著《我记忆中的鲁迅先生》,河北教育出版社2001年版,第255页。

苦大众和花鸟一样。有时感到所谓上流社会的虚伪和腐败时,我还羡慕他们的安乐。但我母亲的母家是农村,使我能够间或和许多农民相亲近,逐渐知道他们是毕生受着压迫,很多苦痛,和花鸟并不一样了。……后来我看到一些外国的小说,尤其是俄国,波兰和巴尔干诸小国的,才明白了世界上也有这许多和我们的劳苦大众同一运命的人,而有些作家正在为此而呼号,而战斗。而历来所见的农村之类的景况,也更加分明地再现于我的眼前。偶然得到一个可写文章的机会,我便将所谓上流社会的堕落和下层社会的不幸,陆续用短篇小说的形式发表出来了。"①

农村生活给鲁迅开辟了新的天地,打开了新的眼界。但是一回到城里,他又被禁锢在高墙深院里。士大夫家庭的规矩多,孩子们不能自由活动。他们大部分时间都被关在家中,生活的范围只是:屋里,堂前,小院,后园。周家的后园有一个很好听的名字,叫做"百草园",其实只不过是一个小小的菜园,还长着许多野草。但在少年鲁迅看来,却是一个趣味无穷的乐园了。他后来写过一篇回忆散文《从百草园到三味书屋》,对于这个百草园有一段脍炙人口的描写:

> 我家的后面有一个很大的园,相传叫作百草园。现在是早已并屋子一起卖给朱文公的子孙了,连那最末次的相见也已经隔了七八年,其中似乎确凿只有一些野草;但那时却是我的乐园。
>
> 不必说碧绿的菜畦,光滑的石井栏,高大的皂荚树,紫红的桑椹;也不必说鸣蝉在树叶里长吟,肥胖的黄蜂伏在菜花上,轻捷的叫天子(云雀)忽然从草间直窜向云霄里去了。单是周围的短短的泥墙根一带,就有无限趣味。油蛉在这里低唱,蟋蟀们在这里弹琴。翻开断砖来,有时会遇见蜈蚣;还有斑蝥,倘若用手指按住它的脊梁,便会拍的一声,从后窍喷出一阵烟雾。何首乌藤和木莲藤缠络着,木莲有莲房一般的果实,何首乌有拥肿的根。有人说,何首乌根是有像人形的,吃了便可以成仙,我于是常常拔它起来,牵连不断地拔起来,也曾因此弄坏了泥墙,却从来没有见过有一块根像人样。如果不怕刺,还可以摘到覆盆子,像小珊瑚珠攒成的小球,又酸又甜,色味都比桑椹要好得远。

但是,不久,他就被送进三味书屋去读书,不能再常到百草园里玩了。他很惋惜:"Ade,我的蟋蟀们!Ade,我的覆盆子和木莲们!……"

鲁迅七岁(虚岁)由叔祖玉田开蒙,跟他读了四年书,后由玉田之长兄花塍

---

① 《集外集拾遗·英译本〈短篇小说选集〉自序》。

一、从小康人家而坠入困顿

教过数月,又改从子京读书。子京也是鲁迅的叔祖辈,因同住一院,取其近便。但此人有点神经病,而且文理不通,因此闹出许多笑话。"第一次是给鲁迅'对课',出三字课题云'父攘羊',大约鲁迅对的不合适,先生为代对云'叔偷桃'。这里羊桃二字都是平声,已经不合对课的规格,而且还把东方朔依照俗音写成'东方叔',又是一个别字。鲁迅拿回来给父亲看,伯宜公大为发笑,但也就搁下了。第二次给讲书,仍是孟子里引《公刘》的诗句,到'乃裹糇粮',他把第三字读作'猴',第二字读为'咕',说道:公刘那时那么的穷困,他连胡狲袋里的果子也'咕'的挤出来拿了去了!伯宜公听了也仍然微笑,但从第二天起便不再叫小孩到那边去上学了。"①

于是,鲁迅在十二岁时,被送进三味书屋读书。这三味书屋离周家也不算远,鲁迅写道:"出门向东,不上半里,走过一道石桥,便是我的先生的家了。从一扇黑油的竹门进去,第三间是书房。中间挂着一块扁道:三味书屋;扁下面是一幅画,画着一只很肥大的梅花鹿伏在古树下。没有孔子牌位,我们便对着那扁和鹿行礼。第一次算是拜孔子,第二次算是拜先生。"这先生叫寿镜吾,"他是一个高而瘦的老人,须发都花白了,还戴着大眼镜。我对他很恭敬,因为我早听到,他是本城中极方正,质朴,博学的人。"

寿镜吾先生虽然博学,但并不愿意回答学生功课以外的提问。有一次,鲁迅不知道从哪里听来的,东方朔也很渊博,他认识一种虫,名曰"怪哉",冤气所化,用酒一浇,就消释了。鲁迅很想详细地知道这故事,在上了生书,将要退下来的时候,赶忙问道:"先生,'怪哉'这虫,是怎么一回事?……"

"不知道!"他似乎有些不高兴,脸上还有怒色。

鲁迅才知道做学生是不应该问这些事的,只要读书,因为他是渊博的宿儒,决不至于不知道,所谓不知道者,乃是不愿意说。年纪比他大的人,往往如此,他遇见过好几回了。这也是传统的教育观念所致,他们所要求于学童的是,"一心只读圣贤书"。

三味书屋:鲁迅上学的书塾

---

① 周启明:《师父与先生》,《鲁迅的青年时代》,第13—14页。

鲁迅说:"我就只是读书,正午习字,晚上对课。先生最初这几天对我很严厉,后来却好起来了,不过给我读的书渐渐加多,对课也渐渐地加上字去,从三言到五言,终于到七言。"对课对得好,要靠书读得多。鲁迅从小喜欢读书,而且思维敏捷,所以对课对得很好。有的同学怕对课,事先去偷看老师出的课题。有一回一位同学看到的课题是"独角兽",问鲁迅该对什么?鲁迅随口对道:"四眼狗"。上课时,老师出的题目果然是"独角兽",那位同学马上接上去说:"四眼狗"。寿镜吾先生是戴老花眼镜的,俗称戴眼镜者为四眼狗,先生一听,气极了,说:"'独角兽'是麒麟,'四眼狗'是什么东西?你有没有看到过?"鲁迅用书遮着脸笑死了,事后说:"你这人真呆,我是和你开玩笑的,你真会去对!"别的同学有对"二头蛇"的,有对"三脚蟾"的,还有对"八脚虫"、"九头鸟"的,鲁迅则根据《尔雅》对了个"比目鱼"。寿老先生于鲁迅所对,特别欣赏,连连点头道:"'独'不是数字,但有单的意思,'比'也不是数字,但有双的意思,可见是用心思对出来的。"又有一回,寿先生出的课题是五字课"陷兽于阱中",鲁迅据《尚书》的"归马于华山之阳,放牛于桃林之野",对了个"放牛归林野",又得了先生的好评[①]。

但儿童的天性是活泼的,不能整天这么正襟危坐地读书,而且读的都是这种枯燥乏味的课本。所以他们总要想方设法寻找自己的乐趣。书屋后面也有一个园,虽然很小,但在那里也可以爬上花坛去折腊梅花,在地上或桂花树上寻蝉蜕。最好的工作是捉了苍蝇喂蚂蚁,静悄悄地没有声音。然而同窗们到园里的太多,太久,可就不行了,先生在书房里便大叫起来:"人都到那里去了!"人们便一个一个陆续走回去。先生大声道:"读书!"于是大家放开喉咙读一阵书,真是人声鼎沸。有念"仁远乎哉我欲仁斯仁至矣"的,有念"笑人齿缺曰狗窦大开"的,有念"上九潜龙勿用"的,有念"厥土下上上错厥贡苞茅橘柚"的……先生自己也念书。后来,学生的声音便低下去,静下去了,只有先生还大声朗读着——"铁如意,指挥倜傥,一座皆惊呢~~;金叵罗,颠倒淋漓噫,千杯未醉嗬~~……。"鲁迅说:"我疑心这是极好的文章,因为读到这里,他总是微笑起来,而且将头仰起,摇着,向后面拗过去,拗过去。"

而在先生读得入神之时,学生们又在下面玩游戏了。有几个便用纸糊的盔甲套在指甲上做戏,鲁迅则是偷看闲书,并用荆川纸蒙在小说的绣像上描画儿。读的书多起来,画的画也多起来。

[①] 据张能耿:《三味书屋的读书生活》,《鲁迅亲友谈鲁迅》,东海文艺出版社1958年版,第14页。

一、从小康人家而坠入困顿

但这种平静的读书生活没有维持多久。次年，1893年，鲁迅十三岁时，家里却发生了大变故。

那年2月16日（阴历壬辰除夕），鲁迅的曾祖母戴氏病逝，祖父回家奔丧。丧事办后，仍丁忧在家。那年正值浙江举行乡试，主考官殷如璋是周福清的同年——同年者，即同科中榜的人，在官场是常常相互援引的。于是亲友中有人出主意，招集几个有钱的秀才，凑成一万两银子，写了钱庄的期票，请周福清去送给主考，买通关节。待取中举人，对于经手人当然另有酬报。于是周福清便到苏州等候主考的到来。他们见过面后，周福清即遣跟班送去一封信。那时恰巧副主考正在主考船上谈天，主考知趣，得信后暂且搁在一边，并不立即拆看。但那跟班是临时借来的佣工，不知其中奥妙，他等得急了，便在外边叫喊，说这信里有银票的，为什么不给回条？这样，事情就戳穿了。主考为求自保，当场就拉下脸来，将此事交给苏州府去查办，后转至浙江，由杭州知府审理。据说知府原想含糊了事，说犯人素有神经病，照例可以免罪。但周福清本人却不答应，公堂上振振有词，说他并不是神经病，历陈某科某人，都通关节中了举人，这并不算什么事，他不过照例的来一下罢了。事情闹得不可开交，只好依法处理。总之，关于此案，传说纷纷，最后是由浙江有司，呈报刑部，请旨处分。

科举考试，是当时士人的晋身之阶，也是皇家选拔人才的主要途径。所以科场案在清朝是非常严重的，往往交通关节的人都处了死刑，有时杀戮几十人之多。到得清朝末年，整个社会在变动之中，这种情形也略有改变，官场多取敷衍政策，不愿深究。所以周福清才得以从宽处理，判了个"斩监候"，关押在杭州府狱内①。

"斩监候"者，即判处死刑，关在监狱里等候执行之意。这个判决，比"斩立决"当然要好，多少还有些回转余地。不过虽有减刑或赦免放出的机会，但也真有执行死刑的。所以家里就得不断地打点，特别是快到秋决的时候——当时关在监狱里的死刑犯，大都在秋后处决。秋天是收割的季节，果实也都成熟脱落，他们认为这个时候杀头是顺乎自然规律的。周福清在狱中关了九个年头，每年都有被处决的可能。有一回狱卒向他"恭喜"，那是行刑的"钉封"到了。他也穿戴好衣冠，准备赴刑。不久乃知所到的"钉封"原来是另一个同音不同字的武官的，真是有惊无险。周福清后来是终于放了出来，但是这个小康之家也就因此而败

---

① 据周启明：《鲁迅的青年时代·祖父的事情》和观鱼：《回忆鲁迅房族和社会环境35年间（1902—1936）的演变·三台门的遗闻佚事》。

17

落了。

　　而且,这是皇上批下的"钦案",轰动一时。在周福清犯事之初,家庭环境极其纷乱,亲戚本家,势利的嘴脸都显露出来了。家人觉得这环境对于小孩子不合适,就把鲁迅兄弟送到外婆家去避难。这时,外婆家已从安桥头搬到皇甫庄,他们就到皇甫庄去。鲁迅住在大舅父家,周作人住在小舅父家。但此次下乡,处境与过去大不相同。以前鲁迅是跟随母亲归省的城里大少爷,是贵客,这次却是避难而来的落魄者。中国的社会,势利眼无处不在,他竟被称为"讨饭的",即所谓"乞食者"。周作人年纪较小,据说并无感受,但鲁迅一向敏感,却深深地感到羞辱。他体会到人情的冷酷,受到很大的刺激。

　　但他在大舅父家也不是毫无收获。开始是认真地用明公纸影写小说中的绣像,画了很多人物图像,其中《荡寇志》是描了全本。后来随大舅父搬到小皋埠,房东秦少渔是大舅父前妻的兄弟,父亲是画家,他也能画画,并喜欢看小说,凡是那时所有的说部书,他几乎全备,而且和鲁迅很谈得来。他是吸鸦片的人,非常懒散,书都乱堆在一个房间内,任由鲁迅自己取阅。这时鲁迅不再影写绣像了,除了与秦少渔闲谈之外,就是借小说来看。他那时看了很多小说,除了增加知识之外,也为日后研究中国小说史打下了基础,而且还从表兄处看到印刷精美的《毛诗品物图考》,引起买书的兴趣①。

　　鲁迅兄弟是在1893年秋天到舅父家避难的,到得次年春夏间,家长看看株连的可能性很小了,就把他们接了回来,鲁迅仍进三味书屋读书。他在家塾里"四书"已读到《孟子》,到三味书屋后,又陆续读了《易经》、《诗经》、《书经》、《礼记》、《左传》、《尔雅》等书。所以他后来说:"我几乎读过十三经"②。

　　鲁迅在课外的一大爱好,就是买书和抄书。鲁迅回家后买的第一本书,就是在大舅父家表兄处看到的《毛诗品物图考》。开始时买得较多的是图谱,如《海仙画谱》、《名物图考》、《芥子园画传》、《天下名山图咏》、《海上名人画谱》、《点石斋丛画》、《诗画舫》、《晚笑堂画传》等,后来又买些笔记杂说,如《酉阳杂俎》、《容斋随笔》、《辍耕录》、《池北偶谈》、《六朝事迹类编》、《二酉堂丛书》,还有《徐霞客游记》和《金石存》等。他不像秦少渔那样的乱丢书籍,而是非常爱惜。买来之后,一定仔细查看,如果发现哪里有墨污或装订得歪斜之处,就立即赶去掉换,因为换

---

① 据周启明:《鲁迅的青年时代》中《避难》、《影写画谱》诸节。
② 《华盖集·十四年的读经》。

得次数多了,甚至受到店员的奚落,说是比你姐姐的脸还白;如不能退换了,只得折价卖给同学,自己再贴钱买一本。鲁迅自己也学会了包书钉书的技术,为一般读书人所不及。那时鲁迅本人没有收入,是用压岁钱来买书。压岁钱有限,当然不能买很多书,而且有些书也未必能买得到,所以他又养成抄书的习惯,这种习惯于他后来的辑录文献很有好处。

周家家教很严,周伯宜最不喜欢小孩子在外面惹是生非。他的教子原则是:不应无端去欺侮别人,但如受欺,则应强硬对付。这也培养了鲁迅日后不受欺压的坚强性格。在三味书屋,鲁迅从不欺侮别人,但有时却喜欢打抱不平。寿镜吾先生虽然严正,但却很爱护学生,从不轻易打骂。即使学生有错,也只是轻轻打几下手心,以示警告罢了。但有些私塾却相当腐败,比如在周宅新老台门之间,有一家王姓"广思堂",塾师经常罚学生长跪,而且加以痛打,还设有一种制度,学生出去小便,要向先生领取"撒尿签",否则要受罚。这在整饬而自由的三味书屋的学生听了,觉得可笑可气,后来听说学生带去的点心,也被先生收走吃掉,还要说学生犯规,于是动了公愤,鲁迅与几个同学一起去兴师问罪。恰好那边放学,师生都不在馆,他们就将"撒尿签"折断,拿朱墨砚台翻转过来放在地上,表示有人来袭击过了。还有一次,鲁迅和一些同学对姓贺的武秀才很有恶感,大家带了棍棒等武器要去教训他,鲁迅则将祖父在江西做知县时给卫队带的腰刀藏在大褂底下。但那天武秀才不曾出来,结果打架没有打成①。从这两件事中,可以看出鲁迅疾恶如仇的性格。

但不久,鲁迅的家里却又出了一件大事:他的父亲病倒了。

周伯宜在考取会稽县生员之后,屡应乡试不中,闲居在家,郁郁不得志。周福清犯科场案之后,他又被拘捕审讯,革去秀才的名分,并不准再参加乡试。这对他的打击很大,终日闷闷不乐,常借酒消愁,有时还要发脾气,摔碗丢筷。到得1894—1895年冬春之交,突然狂吐鲜血,来势凶猛。家人根据陈墨可以止血的旧说,赶紧研了墨汁倒在茶杯里给他喝,弄得满嘴乌黑。盖"医者,意也",取黑色可以盖过红色之意。但是毫无用处。

不过,周伯宜的病来势虽猛,但狂吐了一阵之后,也就停止了,病势渐趋平稳。到底生的是什么病,却一直没有搞清楚过。开始说是肺痈,后来脚肿起来了,又当作臌胀来治疗。

最初延请的一位医生姓冯,穿了古铜色绸缎的夹袍,肥胖的脸总是醉醺醺

---

① 据周启明:《鲁迅的青年时代·三味书屋》等。

的。那时次子作人也在生病,冯医生对周伯宜说:"贵恙没有什么要紧,但是令郎的却有些麻烦。"等他隔了两天第二次来的时候,却说的完全相反。周伯宜觉得他不能依赖,就不再请他。接着请了当地的名医姚芝仙。因为是名医,所以诊金很贵,每次要一元四角,这在当时已是一笔巨款,很不容易张罗,何况是隔日一次。用药也很特别,单是药引,就与众不同。生姜两片,竹叶十片去尖之类,他是不用的了。起码是芦根,须到河边去掘;一到经霜三年的甘蔗,便至少也得搜寻两三天。这些都是鲁迅的工作。这样的医了两年,周伯宜的病不但不见起色,水肿反而逐日厉害起来,将要不能起床。姚芝仙自称所有的学问都用尽了,就荐了另一位名医何廉臣来自代——鲁迅在《朝花夕拾》里将他的名字倒过来,用谐音字写成陈莲河。何廉臣的诊金也是一元四角,但用药却又有不同。芦根和经霜三年的甘蔗,他就从来没有用过,最平常的是"蟋蟀一对",旁注小字道:"要原配,即本在一窠中者。"似乎昆虫也要贞节,续弦或再醮,连做药引的资格也丧失了。蟋蟀在百草园中还容易寻找,还有"平地木十株",这可谁也不知道是什么东西了,问药店,问乡下人,问卖草药的,问老年人,问读书人,问木匠,都只是摇摇头,临末才记起了那远房的叔祖,爱种一点花木的老人,跑去一问,他果然知道,是生长在山中树下的一种小树,能结红子如小珊瑚的,普通都称为"老弗大"。真是"踏破铁鞋无觅处,得来全不费工夫"。药引寻到了,然而还有一种特别的丸药:败鼓皮丸。这"败鼓皮丸"就是用打破的旧鼓皮做成;水肿一名臌胀,即鼓胀,用打破的鼓皮自然就可以克制它。这也是取"医者,意也"之意。绍兴城内的药店很多,可惜这一种药只有一家出售,离周家就有五里。但这却不像平地木那样,必须暗中摸索了,何廉臣医生在开方之后,就恳切详细地给主家说明——因为这药店是与他有关系的①。但这一切都没有用,于是医生就把这归之于"命"。有一回,何廉臣说:"我想,可以请人看一看,可有什么冤愆,……医能医病,不能医命,对不对?自然,这也许是前世的事……。"这显然是在推卸责任了。

  鲁迅是长子,许多事都要他去做。这段时期,他一面继续在三味书屋上学,一面忙着跑街,所以非常忙碌,有一次上学迟到了,受到先生的责备。鲁迅不想解释,因为一解释,就要把家事当众说出,这是他所不愿意的,只是默默地在课桌上刻下一个"早"字,用以自励。

  鲁迅在《呐喊·自序》中回忆这段时期的生活道:"我有四年多,曾经常

---

① 据鲁迅:《朝花夕拾·父亲的病》、周作人:《知堂回想录·父亲的病》(上、中、下)等。

常,——几乎是每天,出入于质铺和药店里,年纪可是忘却了,总之是药店的柜台正和我一样高,质铺的是比我高一倍,我从一倍高的柜台外送上衣服或首饰去,在侮蔑里接了钱,再到一样高的柜台上给我久病的父亲去买药。回家之后,又须忙别的事了,因为开方的医生是最有名的,以此所用的药引也奇特:冬天的芦根,经霜三年的甘蔗,蟋蟀要原对的,结子的平地木……多不是容易办到的东西。然而我的父亲终于日重一日的亡故了。"

  鲁迅的家庭,原来还属小康,祖父的科场案和父亲的久病乃至亡故,两件事接踵而来,就彻底地败落了。家庭一败落,世态炎凉便随处能够感受得到。甚至连本家也来压迫他。有一次周氏家族开会讨论本台门的事情,有些与鲁迅所属的智兴房的利益不符合的地方,要鲁迅签字,鲁迅不肯签,说要请示祖父,叔祖辈的人便声色俱厉地强迫他。这字当然仍旧不肯签,但此事给予鲁迅的影响却不小。还有他在《朝花夕拾·琐记》中曾提及的衍太太的事。实际上这是一位本家的叔祖母,她教唆鲁迅可以窃取家中的钱物去花用,一面却散布谣言,说他偷了母亲的首饰。这使鲁迅如坠入冰窖之中。再加上他到乡下避难时被称为"乞食者"等事,使得这位少年过早地成熟,看透了人情世态。

  鲁迅说:"有谁从小康人家而坠入困顿的么,我以为在这途路中,大概可以看见世人的真面目"①。这真是至理名言。

  而鲁迅家道的衰落,恰好又与中国封建社会的解体联系在一起,因而,鲁迅自身的感受也正好与时代的脉搏相适应。

  时代的条件,家庭的境况,个人的经历,促使鲁迅走上了一条士大夫阶级叛逆者的道路。

---

① 《呐喊·自序》。

二、去寻求别样的人们

在经历了这场大变故之后,鲁迅对周围的人早已看透,不但面孔熟知,而且"连心肝也似乎有些了然"。他厌恶了这些熟悉的人群,想要摆脱旧有的人事关系。"总得寻别一类人们去,去寻为S城人所诟病的人们,无论其为畜生或魔鬼。"①

当时读书人应试中举是正路,否则便是做幕僚或经商——绍兴师爷和绍兴人开的钱庄、当铺,遍及大江南北,但鲁迅却不愿意做这些事,他想寻求新的知识,寻找新的出路。

那时为全城笑骂的是一个开得不久的学校,叫作中西学堂,汉文之外,又教些洋文和算学。然而已成为众矢之的了;熟读圣贤书的秀才们,还集了《四书》的句子,做一篇八股来嘲诮它,那"起讲"的开头是——

> 徐子以告夷子曰:吾闻用夏变夷者,未闻变于夷者也。今也不然:鴂舌之音,闻其声,皆雅言也。……

这篇名文便即传遍了全城,人人都当作有趣的话柄,可见当时绍兴民风之保守。但鲁迅对于这中西学堂,却也不满足,因为那里只教汉文、算学、英文和法文,没有更多的新知识。功课较为别致的,还有杭州的求是书院,然而学费贵,鲁迅的家庭已经负担不起昂贵的学费了。

无须学费的学校在南京,自然只好往南京去。恰好鲁迅有个叔祖周椒生在江南水师学堂做管轮堂监督,他就到南京去投考这所学校。江南水师学堂是洋务运动的产物,而"所谓学洋务,社会上便以为是一种走投无路的人,只得将灵魂卖给鬼子,要加倍的奚落和排斥的"②。他们一家所受的压力也就可想而知。

---

① 鲁迅:《朝花夕拾·琐记》。
② 鲁迅:《呐喊·自序》。

但鲁迅的母亲还比较开通,而且实际上也别无他法,就筹办了八元的川资,说是由他的自便,然而她哭了。

鲁迅自己的心情也非常复杂。他一方面对周围的社会环境很厌恶,"想走异路,逃异地,去寻求别样的人们"①,但另一方面,对母亲和兄弟,却又深情难舍,多依恋惜别之情。而且,一旦离开故乡之后,处于陌生的环境中,却仍有一股乡愁袭来。

从绍兴到南京,现在只不过是半天的旅程,朝发而午至。但那时公路、铁路都未通,更谈不上"高速",一般走的是水路,那就大费周章了。先从绍兴西郭北海桥坐夜航船出发,第二日早晨抵达萧山西兴镇,上午过钱塘江,至斗富三桥,下午再乘驳船约三四小时至拱辰桥。这里是沪杭运河的尽头,有小火轮通上海,需两夜一天,然后再从上海乘长江轮到南京,也要两夜一天。即使毫不停顿地赶路,不耽误船期,连头带尾也要六天时间,如果在杭州、上海小作勾留,则所需日子还要多。至于旅途劳顿,就更不必说了。那时,鲁迅的祖父还关在杭州监狱里,他必须在杭逗留一天,探望祖父,这次旅程从5月1日自绍兴出发,到7日抵达南京,路上就走了一个星期。所以心中把南京看作遥远的异乡,是不足为怪的,何况其时鲁迅还不满十七足岁,又是第一次出远门,虽然下了"走异路,逃异地"的决心,但游子的乡愁还是难免的。他在到达南京之后不久所写的《戛剑生杂记》中,就表现出这种感情:"行人于斜日将堕之时,暝色逼人,四顾满目非故乡之人,细聆满耳皆异乡之语,一念及家乡万里,老亲弱弟必时时相语,谓今当至某处矣,此时真觉柔肠欲断,涕不可抑。故予有句云:日暮客愁集,烟深人语喧。皆所身历,非托诸空言也。"这种深切的乡愁和思亲之情,在他此后几年内所写的两组《别诸弟》诗中,仍表现得很充分。现各录一首如下,可见他当时的心情:

> 谋生无奈日奔驰,有弟偏教各别离。
> 最是令人凄绝处,孤檠长夜雨来时。
> 梦魂常向故乡驰,始信人间苦别离。
> 夜半倚床忆诸弟,残灯如豆月明时。

鲁迅到南京的那年,正是1898年,即戊戌年。这是中国改良主义运动从高潮到破灭的一年,在思想界引起了不小的动荡。

在我国长期的封建社会里,作为统治思想的,是儒家思想;孔子的地位被捧

---

① 鲁迅:《呐喊·自序》。

得愈来愈高。鲁迅曾回忆道:"我出世的时候是清朝的末年,孔夫子已经有了'大成至圣文宣王'这一个阔得可怕的头衔,不消说,正是圣道支配了全国的时代。政府对于读书的人们,使读一定的书,即《四书》和《五经》;使遵守一定的注释;使写一定的文章,即所谓'八股文';并且使发一定的议论。然而这些千篇一律的儒者们,倘是四方的大地,那是很知道的,但一到圆形的地球,却什么也不知道,于是和《四书》上并无记载的法兰西和英吉利打仗而失败了。不知道为了觉得与其拜着孔夫子而死,倒不如保存自己们之为得计呢,还是为了什么,总而言之,这回是拚命尊孔的政府和官僚先就动摇起来,用官帑大翻起洋鬼子的书籍来了。属于科学上的古典之作的,则有侯失勒的《谈天》,雷侠儿的《地学浅释》,代那的《金石识别》"①。

鲁迅这里所说的是出现在19世纪后期的洋务运动,代表人物是曾国藩、左宗棠、李鸿章、张之洞这些大官僚。他们感到清皇朝的武力不如外国人,想学习洋人的坚船利炮,于是开采矿产、开制造局、办讲武学堂、训练新军,以为这是"自强之本"。但这些都是所谓形而下的"器",至于形而上的"道",则还是孔夫子的好,儒家的道统是万万不能丢的。这就叫做"中学为体,西学为用"。所以,他们尽管可以跟着外国人"谈天"、"说地",却决不肯与其坐而论道;他们可以重金聘请外国技师和军官来造船制炮和练兵教操,但不屑一顾资本主义国家的典章制度。而只要腐朽的封建制度不改变,"富国强兵"云云当然不过是一句骗人的空话。洋务派拿着帝国主义的洋枪洋炮残酷地屠杀中国人民,镇压农民起义,维护摇摇欲坠的封建王朝;而对于帝国主义的侵略,则根本无法抵挡。1894年甲午一战,洋务派多年来精心培养用以自炫的北洋舰队,被日本海军一举歼灭。洋务运动也就随之而破产。

甲午战败,对于中国人的刺激很大。《马关条约》规定的赔款数目高达白银二万万两之多——当时中国的人口数是四万万,也就是说,每人要摊到半两白银;而且还允许日本在中国通商口岸开办工厂、长期霸占台湾与辽东半岛;随之,各帝国主义纷纷夺取"势力范围",中国面临着被瓜分的形势。爱国志士在亡国灭种的危机面前,深深为祖国的前途担忧。维新改革,成为他们共同的追求。鲁迅记述光绪年间"新党"的情况道:"甲午战败,他们自以为觉悟了,于是要'维新',便是三四十岁的中年人,也看《学算笔谈》,看《化学鉴原》,还要学英文,学日文,硬着舌头,怪声怪气的朗诵着,对人毫无愧色,那目的是要看'洋书',看洋

---

① 《且介亭杂文二集·在现代中国的孔夫子》。

书的缘故是要给中国图'富强',现在的旧书摊上,还偶有'富强丛书'出现,就如目下的'描写字典','基本英语'一样,正是那时应运而生的东西。连八股出身的张之洞,他托缪荃孙代做的《书目答问》也竭力添进各种译本去,可见这'维新'风潮之烈了。"①

1895年5月2日清廷批准《马关条约》,康有为联合十八省举人一千三百余人上书要求拒和、迁都、变法,从此,资产阶级改良主义运动逐步走向高潮。

改良主义者已经不满足于学习西方的坚船利炮,而要求改变祖宗成法。他们的口号是"维新变法"。虽然康有为的理论体系并没有超出儒家经学的范围,他作为变法根据的理论著作《新学伪经考》、《孔子改制考》、《春秋笔削大义微言考》,都是用"今文经学"来攻击"古文经学",但实际上,他的理论却反映了资产阶级的政治要求。这种现象,在历史上是屡见不鲜的。西欧资产阶级革命初期,不是也采取过宗教改革的形式吗?马丁路德和加尔文都是在宗教改革的旗号下反映了资产阶级的革命要求。在旧势力还相当强大,旧权威还紧紧禁锢着人们思想的时候,历史上的改革运动就常常是打着旧旗号进行的。正如马克思所说:"当人们好象只是在忙于改造自己和周围的事物并创造前所未闻的事物时,恰好在这种革命危机时代,他们战战兢兢地请出亡灵来给他们以帮助,借用它们的名字、战斗口号和衣服,以便穿着这种久受崇敬的服装,用这种借来的语言,演出世界历史的新场面。"②

当时中国的资产阶级是非常软弱的,而且同封建主义有着千丝万缕的联系,他们不可能依靠人民群众采取激烈的斗争形式,而是利用光绪皇帝与慈禧太后之间的权力矛盾来进行维新变法。1898年6月11日起,他们通过光绪皇帝,发布了一系列的"新政"措施:废科举、兴学校、提倡工业、实行言论自由、召开国会进行君主立宪,等等。但是,先天软弱的资产阶级改良派,终于敌不过封建主义顽固派,9月21日一个政变,"新政"便断送在血海之中。光绪皇帝被囚,谭嗣同等六君子被杀,康有为、梁启超逃亡海外,改良派的维新变法运动也就宣告破产。

但是,历史前进的步伐是不可阻挡的,人民要求变革的潮流是无法遏止的。这时,孙中山领导的兴中会已经成立,资产阶级革命派已经开始活动,旨在推翻清皇朝、建立民国的资产阶级革命运动迅速地发展起来。

---

① 《准风月谈·重三感旧》。
② 《路易·波拿巴的雾月十八日》,《马克思恩格斯选集》第1卷,第603页。

鲁迅到南京后,考进了江南水师学堂。这个学校地处城北仪凤门内,是洋务派大官僚两江总督曾国荃为培养"新军"头目而设。一进仪凤门,便可以看见那二十丈高的桅杆和不知多高的烟通。这桅杆委实有点可爱,因为它高,乌鸦喜鹊都只能停在它的半途的木盘上。人如果爬到顶,便可以近看狮子山,远眺莫愁湖;而且不危险,下面张着网,即使跌下来,也不过如一条小鱼落在网里。功课是中西合璧,一星期中,几乎四整天是英文:"It is a cat." "Is it a rat?" 一整天是读汉文:"君子曰,颖考叔可谓纯孝也已矣,爱其母,施及庄公。"一整天是做汉文:《知己知彼百战百胜论》,《颖考叔论》,《云从龙风从虎论》,《咬得菜根则百事可做论》。

这些功课,对于追求新知识非常迫切的鲁迅,是远远不能满足的。而且,更令人厌恶的是,除了有一点英文之类的点缀品之外,弥漫在校内的仍旧是传统的意识,还有许多迷信观念。这里只须举一件小小的事情,便可以看出学校当局的灵魂。原先校内有一个池子,给学生学游泳的,因为淹死了两个年幼的学生,后来就将它填平了,不但填平,上面还造了一所小小的关帝庙。庙旁是一座焚化字纸的砖炉,炉口上方横写着四个大字道:"敬惜字纸"。每年阴历七月十五,办学的人还要请一群和尚到雨天操场来放焰口,一个红鼻而胖的大和尚戴上毗卢帽,捏诀,念咒:"回资罗,普弥耶吽!唵耶吽!唵!耶!吽!!!"

这里,同学之间也是等级森严。初进学的人是三班生,卧室里是一桌一凳一床,床板只有两块。头二班学生就不同了,二桌二凳或三凳一床,床板多至三块。不但上讲堂时挟着一堆厚而且大的洋书,气昂昂地走着,决非只有一本"泼赖妈"和四本《左传》的三班生所敢正视;便是空着手,也一定将肘弯撑开,像一只螃蟹,低一班的在后面总不能走出他之前。这种恶少们甚至吃饭都很霸道,只有一顿早饭,他们还在高卧不起,低年级生这才可以从容就餐。

因为是军事学堂,所以非常专制。有一次,一个新的职员到校了,势派非常之大,学者似的,很傲然。

江南水师学堂遗址

但实际上却很不通,竟将一个名叫"沈钊"的同学叫做"沈钧",以表白自己的不识字。于是同学们一见面就讥笑他,干脆叫他为"沈钧",并且由讥笑而至于相骂。两天之内,鲁迅和十多个同学就叠连记了两小过两大过,再记一小过,就要开除了。但开除在那个学校里并不算什么大事件,大堂上还有军令,可以将学生杀头的。

在这样的环境中,鲁迅"总觉得不大合适"。当初也无法形容出这不合适来,后来经历得多了,才发现了大致相近的字眼:"乌烟瘴气"①。鲁迅不愿在这种乌烟瘴气的环境中继续呆下去。而且,这个学堂地域观念极重,有一种势力在暗中操纵,限制某些人永远不能升学船面上驾驶之类的工作;而某些人则像天之骄子似地必然一来就学驾驶。鲁迅分在管轮班,就是在船舱里看管机器,上不了舱面的,他也很不愿意。

还没有到学期结束,鲁迅就退学了。10月份,他另行考入江南陆师学堂附设的矿路学堂。

11月中旬,鲁迅回到绍兴家中。12月,刚好碰到县考,在几个亲友的怂恿下,鲁迅和二弟作人都去参加这次科举考试,鲁迅中三图三十七,周作人中十图三十四。但没有等到府考,鲁迅就于1月初回南京去了。这原因,一方面是由于在县考之后不久,四弟去世,全家都陷入悲痛之中,鲁迅也无心再考了;另一方面,鲁迅在南京已经开拓了眼界,对于新的出路多了几分了解,也就无意再走科举的老路了,何况,这时科举制度本身已经走到了末路,失却了过去的那种吸引力。倒是几个本家对此道还颇为热心,惋惜鲁迅不参加府考,来劝鲁老太太找人代考,说是在大案上保留一个名字,明年可以去参加院试,博得一个秀才也是好的。鲁老太太最初不赞成,不但找枪手要花钱,而且觉得已经进了学堂,秀才也不必再要了。但是拗不过他们的劝告,还是请了代考枪手。但此人并不高明,只考得八图三十,周作人倒考得四图四十七。不过,名次高低已无关紧要,鲁迅根本就没有再去参加院考。

---

① 后鲁迅三年进入江南水师学堂的周作人,曾从旧日记中摘出几条记事,"作为乌烟瘴气的实例",来补充鲁迅《朝花夕拾》中所记。"其一是壬寅正月廿八日,下午挂牌革除驾驶班学生一名陈保康,因文字中有老师二字,意存讽刺云云。其二是同年七月十八日,下午发赡银,闻驾驶班吴生扣赡,并截止春间所加银一两,以穿响鞋故,甚奇。响鞋下小注云,上海红皮底圆头鞋,行走有声,故名,亦称一片瓦鞋。癸卯四月廿八日(适值都是廿八),星期日,晨起方准备往城南,忽江尚祐君匆遽来白,云韵仙因昨作《颖考叔茅焦论》,痛骂那拉氏,驾驶监督责之,事大决裂,予亟驰往,韵仙已退回宿舍,收拾衣装,有退学之势,总办声言将禀制台,至晚此事件始有了结之势。……但韵仙终以此离校"(《胡韵仙》,载《亦报》1951年6月13日;同样内容,后又写入《鲁迅的青年时代》和《知堂回想录》)。

江南陆师学堂附设矿路学堂的礼堂

不久,科举制度也就取消了①。

鲁迅回到南京之后,在1899年2月份进入矿路学堂读书。这所学堂也在南京城北仪凤门内,离水师学堂不远。

这回不读英文了,改为德文,不是It is a cat了,而是Der Mann, Die Weib, Das Kind。因为在洋务派看来,海军是英国好,陆军则是德国强,所以水师学英国,而陆师学德国。汉文仍旧是"颖考叔可谓纯孝也已",但外加《小学集注》,论文题目也小有不同。此外还有格致(物理学)、地学(地质学)、金石学(矿物学)、测算学(数学),以及化学、绘图学等,都非常新鲜。而且,第二年的总办换了一个"新党",是赞成维新变法的。他坐在马车上的时候大抵看着《时务报》,考汉文也自己出题目,和教员出的很不同。有一次是《华盛顿论》,弄得只读《四书》、《五经》的汉文教员反而惴惴地来问学生道:"华盛顿是什么东西呀?……"

这个学校原来叫做陆军学堂附设铁路学堂,是洋务派大官僚两江总督张之洞开办的,他的后任刘坤一听说青龙山煤矿出息好,可以从中取利,想训练一批开矿的技师,便在铁路学堂增设矿务班,改称矿路学堂。待到开学时,煤矿那面却已将原先的技师辞退,换了一个不甚了然的人了。理由是:(一)先前的技师薪水太贵;(二)他们觉得开煤矿并不难。于是不到一年,就连煤在哪里也不甚了然起来,终于是所得的煤,只能供烧那两架抽水机之用,就是抽了水掘煤,掘出煤来抽水,结一笔出入两清的账。既然开矿无利,矿路学堂自然也就无须乎开了。在鲁迅上二年级时,就有风声说学校要裁撤了。但不知怎的,却又并不裁撤。到第三年他们下矿洞去看的时候,情形实在颇凄凉,抽水机当然还在转动,矿洞里积水却有半尺深,上面也点滴而下,几个矿工便在这里面鬼一般工作着。

这幅图画,的确也象征着当时中国工业的悲惨景象。帝国主义目的在于侵

---

① 据周遐寿:《旧日记里的鲁迅·戊戌五》,《鲁迅小说里的人物》,人民文学出版社1957年版,第174—175页。

略中国,当然不肯帮助中国工矿企业的发展;封建主义为了维护自己的基础免于崩溃,也要摧残资本主义的幼芽;洋务派的某些大官僚口头上高唱什么"自强""求富",而实际上无非是为了扩充实力、中饱私囊,眼看无利可图,马上搁在一边。在这种背景上产生出来的学堂,自然不能让学生学到真才实学。正如鲁迅自己所说的:"爬了几次桅,不消说不配做半个水兵;听了几年讲,下了几回矿洞,就能掘出金银铜铁锡来么?实在连自己也茫无把握,没有做《工欲善其事必先利其器论》的那么容易。"①

鲁迅到南京来原是想寻找一条新的道路,寻找别样的人们的,但爬上天空二十丈和钻下地面二十丈,结果还是一无所能,一无所得,真是:"上穷碧落下黄泉,两处茫茫皆不见"。

但学校的围墙毕竟阻挡不住时代潮流的冲击,南京究竟也比绍兴开通一些。在这里,多少还能接触到一些新的事物。自从"新党"俞明震做了矿路学堂的总办以后,看新书的风气便流行起来。特别是严复翻译的赫胥黎的《天演论》,刚出版就风靡知识界。鲁迅知道有这么一本书之后,星期日便特地跑到城南去买了来,白纸石印的一厚本,价五百文正。翻开一看,是写得很好的字,开首便道:

赫胥黎独处一室中,在英伦之南,背山而面野,槛外诸境,历历如在机下,乃悬想二千年前,当罗马大将恺彻未到时,此间有何景物?计惟有天造草昧……

哦!原来世界上竟还有一个赫胥黎坐在书房里那么想,而且想得那么新鲜!鲁迅一口气读下去,"物竞"、"天择"也出来了,苏格拉第、柏拉图也出来了,斯多噶也出来了,都是闻所未闻的东西。学堂里又设立了一个阅报处,《时务报》不待言,还有《译学汇编》之类。这些新书报虽然大抵是改良派的东西,但因为介绍了不少西方资产阶级社会思想,却给鲁迅打开了新的眼界。鲁迅如饥似渴地阅读、吸收这些新知识,但却遭到了守旧长辈的反对。

"你这孩子有点不对了,拿这篇文章去看去,抄下来去看去。"他的本家叔祖严肃地教训说,而且递过一张报纸来。鲁迅接来看时,"臣许应骙跪奏……"是参康有为变法的。

其实,康有为并不根本否定封建制度,只不过补苴罅漏,要求改良而已,但已遭到各方面的非议。顽固派的卫道先生们,不消说对其恨之入骨,曾濂向皇帝上

---

① 《朝花夕拾·琐记》。

鲁迅在南京求学时阅读的新书报,其中《天演论》一书对他早年思想影响很大

书说:"康有为可斩";叶德辉说:"康有为……其貌则孔,其心则夷","宁可以魏忠贤配享孔庭……断不可以康有为扰乱时政"。洋务派头子张之洞赶忙于戊戌三月抛出《劝学篇》,重弹"中学为体,西学为用"的老调,企图以此来抵制维新派所提倡的西学,以折衷主义的手法打击维新运动。甚至,连支持变法的帝党首领翁同和,也并不完全理解康有为,当他看到《新学伪经考》时,就说康有为是"说经家的野狐禅",看到《孔子改制考》,又向光绪皇帝说:"此人居心叵测"。所以,鲁迅的本家长辈就振振有词地告诫鲁迅说:"康有为是想篡位,所以他的名字叫有为,有者,'富有天下',为者,'贵为天子'也。非图谋不轨而何?"但鲁迅仍然自己不觉得有什么"不对",一有空闲,就照例地吃侉饼、花生米、辣椒,看《天演论》。

矿路学堂的功课虽然较为新鲜,但教师讲解得很少,只是抄书而已。鲁迅在班上年纪最小,却聪慧过人,他终日阅读小说和新书刊,对于学校的功课,并没有花太多工夫,每逢考试,从不温习,但因为记忆力特别强,所以常考第一,并因此而得到金质奖章。据说那个学校每次考课都有奖励的,国文每周一次,其他小考每月一次,优者都给以三等银质奖章。依章程:凡四个三等章准许换一个二等的,又几个二等的换一个头等的,又几个头等的换一个金的。全班中得过这种金质奖章的唯有鲁迅一人。但鲁迅对此极不重视,得到之后,就变卖了。鲁迅这时的生活非常艰苦,因为没有钱买棉裤,就靠吃辣椒御寒,以致弄出胃病来。

鲁迅当时正是青春年少,意气风发的时候,但他的意气并没有变成傲气,却表现在高远的志向上。据当年矿路学堂的同学说:"鲁迅的成绩虽优良,但从未表现骄傲自满和唯我独尊,相反的却异常谦虚和蔼,对友人能和睦相处,但对言行虚伪、巧言令色和自高自大的人则深恶痛疾,视之如敌。这一高贵品质贯穿了他的整个一生。"①那时,他曾刻有两颗图章,曰:"文章误我",曰"戎马书

---

① 张协和:《忆鲁迅在南京矿路学堂》,《新华日报》1956年10月19日。

二、去寻求别样的人们

生",并自号"戛剑生",可见其爱国奋发的志向。他那时大概受陆师的影响,喜欢骑马疾驰,有一回从马上摔了下来,碰断了一颗门牙,但并未因此惧怕,相反,为了学会跑马,他骑得更勤了,并常说:"落马一次,即增加一次进步。"他和几个同学又常跑马到明故宫一带,这是旗人驻防之所,那时满人对汉人存在很大的歧视,骑马过去要遇到投石叫骂,但鲁迅他们仍要冒这个风险去访问故宫。他还敢于和以善于骑射自豪的旗人子弟比赛,有一次遭他们暗算,差点被他们用马鞍括下马来,但也并不退缩。这固然出于少年血气之勇,但同时也表现出民族意识的觉醒①。直到晚年,他还对年轻的朋友说起:"我是南边人,但我不会弄船,却能骑马,先前是每天总要跑它一两点钟的。"②

鲁迅当时所读的新书很多。无论是科学、哲学、文学、法学……只要是西方传过来的新知识,他都认真地读。林琴南的翻译小说,从《茶花女遗事》出版以后,在很长一段时期内,是随出随买;赖耶尔的《地学浅说》汉译本两大册,鲁迅还手抄一遍。但对鲁迅思想影响最大的则是《天演论》。

《天演论》是我国最初介绍进化论的书籍。译者严复是早期的留英学生,他虽然学的是海军,但却非常关心政治,是我国向西方寻求真理的代表人物之一。他曾到过英国法庭,"观其听狱",借以了解资本主义政治制度;又广泛地阅读了亚当·斯密、孟德斯鸠、卢骚、穆勒、达尔文、赫胥黎、斯宾塞等人的著作,对西方资产阶级的哲学及社会学说,作了比较深入的研究。正因为有这样直接的观感和理论的探究,所以严复的思想比起其他维新派人物来,要深刻得多了。在甲午战败、国家面临瓜分危机的刺激下,1895年,严复在天津《直报》上发表了几篇非常重要的政论:《论世变之亟》、《原强》、《辟韩》、《救亡决论》,大声疾呼,要求变法,全面地提出他的民主主义思想。几乎与此同时,严复开始了《天演论》的翻译。这本书的底本是英国生物学家赫胥黎的论文集《进化论与伦理学及其他》中的前两篇,但《天演论》的译文并不完全忠实于原著,常有借题发挥之处,所以

鲁迅自号"戎马书生",表现出他的奋发意气

---

① 据周启明:《鲁迅的青年时代》和许广平:《关于鲁迅的生活》等书。
② 1935年1月29日致萧军、萧红信。

译者自称为"达怡",而且还加上许多"案语",直接表达译者自己的政治思想,目的是借西方的学说来刺激国人,以挽救祖国的危亡。

赫胥黎根据进化论的观点,认为生物是发展进化的,不是亘古不变。《天演论》第一节《察变》即大谈天道万物的变化,列举了许多事例,说明"天道变化,不主故常"的道理,并指出:"不变一言,决非天运。而悠久成物之理,转在变动不居之中。"这种看法,与中国儒家所说的"天不变,道亦不变"的传统观点完全是针锋相对的,对当时的保守思想无疑是一个猛烈的冲击。赫胥黎还将生物界的"物竞天择"、"适者生存"的规律用来解释人类社会的争斗,掩盖了帝国主义的侵略本质,这就是所谓社会达尔文主义。但严复利用"弱肉强食"、"自然淘汰"的可怖景象激起国人挽救民族危亡的爱国意识,作用却是积极的。《趋异》一节"案"中就说:"嗟夫! 物类之生乳者至多,存者至寡,存亡之间,间不容发。其种愈下,其存弥难,此不仅物然而已!……此洞识知微之士,所为惊心动魄,于保群进化之图,而知徒高睨大谈于夷夏轩轾之间者,为深无益于事实也。"可见其急切之情。

总之,严复当时介绍进化论,具有着历史的进步作用。《天演论》书出,立即轰动一时,产生了巨大的社会影响。维新派人士如梁启超等人,当然非常倾倒,就是封建士大夫代表如吴汝纶者,也十分赞赏,他给严复写信说:"得惠书并大著《天演论》,虽刘先生之得荆州,不足为喻。"

鲁迅当时求知欲正旺,他是从爱国主义思想出发来接受进化论观点的,所以进化论在鲁迅早期的思想中起了积极的作用。如果说,鲁迅少年时代对于孔孟之道的怀疑和反抗,还只是从生活的直观出发,那么这时,他已经有了理论武器,这就大大加强了他的反封建思想。鲁迅从进化论观点出发,要求发展,要求进步,要求革命,并且与阻碍发展、阻碍前进的旧事物进行坚决的斗争。进化论成为鲁迅思想的一个重要基础。

1901年12月,鲁迅从矿路学堂毕业,领到了一张"第一等"的毕业文凭。但在腐败的清皇朝,毕业之后又有什么事情可做呢? 那时正在八国联军之役后不久,"政府就又以为外国的政治法律和学问技术颇

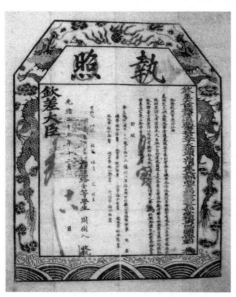

鲁迅在矿路学堂的毕业执照

有可取之处了"，要求各省选派一批学生出国留学。鲁迅是由两江总督出面保送到日本去的。与他同时公派的矿路学堂毕业生还有四名，其中一名却因为祖母哭得死去活来，没有去成。但护送他们东渡的矿路学堂总办俞明震，却带了一个亲戚去读自费生，可见当时各种社会人士思想观念差异之大。这名自费生，就是日后成为著名书画家的陈师曾。

鲁迅在新思潮的推动之下，自然是渴望到外国去留学，得到这样一个机会，便东渡日本，去寻求救国救民的道理。

这时是1902年2月，鲁迅还不满二十一岁。

三、我以我血荐轩辕

鲁迅抱着寻求新知,追求真理的满腔热情来到了日本东京。

他原想进一所陆军士官预备学校——成城学校,以实现其"戎马书生"的夙愿。但以马上得天下的清皇室,是深知枪杆子的作用的,他们害怕具有新知的青年学了军事会去搞武装革命,所以与日本政府商订了严格的"定例":需是国内陆军学堂的学生,并经中国留学生陆军监督审批,方能入学。鲁迅原来就读的矿路学堂虽然属于江南陆师学堂,但因为学的是采矿,而非陆师,所以不能进成城学堂。

正因为有这个"定例"的限制,成城学校的学生革命派少而保皇派多,他们在东京满街乱跑,学成回国给清政府效力。鲁迅对这种状况很反感,曾作宝塔诗讽刺之:

兵

成城

大将军

威风凛凛

处处有精神

挺胸肚开步行

说什么自由平等

哨官营官是我本分

他进的是另一所预备学校——东京弘文学院。不过,这不是军事预备学校,而是文化预备学校,主要学习日语和科学文化知识,为进专科学校作准备的。从1902年4月入学,到1904年4月结业,鲁迅在这里学习了两年时间。

这所学校是嘉纳治五郎所办的私立学校。嘉纳长期担任东京高等师范学校校长,后又任文部省普通学务局长,在日本教育界有一定的影响和关系,所以他能请到一些有水平的兼任教师。但也因为要照顾兼任教师的本职工作,所以这个学校的课程都安排在下午,学生在上午和晚上有充分的自修时间。为了能听课、看书、会话,新生们总是先集中精力学习日语,但科学文化课程也在逐步增加。鲁迅说:"在这里,三泽力太郎先生教我水是养气和轻气所合成,山内繁雄先生教我贝壳里的什么地方其名为'外套'。"①这指的是化学和生物学课程,此外还有动物学、植物学、数学、图画等。这些课程,对于那些一心只读圣贤书,满脑都是八股文的秀才们,学起来比较困难,但鲁迅在矿路学堂里已经学过许多科学知识,也就相对容易得多了。不过,鲁迅并不因此怠懈,反而更加奋发,尽量吸纳新的知识。他的日语学得很好,书也读得很多,每每工作到深夜。

弘文学院的生活条件并不好,八个人住在一间小寝室里,夏天还要八人合用一顶日本式大蚊帐,自修室也是八人一小间,很拥挤。但鲁迅的精神是奋发的。这可以从他给二弟作人的题照词中看出:"会稽山下之平民,日出国中之游子。弘文学院之制服,铃木真一之摄影。二十余龄之青年,四月中旬之吉日。走五千余里之邮筒,达星杓仲弟之英盼。兄树人顿首。"这里的"四月中旬"是指摄影时的阴历日期,换算成阳历当在5月中旬,而题词日期则是6月8日,都是在入学之初个把月时间。据他的室友沈瓞民说:"那时,我和鲁迅等都是二十余岁的青年,终日聚在一间狭陋的自修室内,有时商量推敲文字,渴求新知;有时共抒雄图,志在光复;有时浊醪痛饮,高歌'狂论'。都算得上风姿英发。"②弘文学院的院长嘉纳治五郎还是个柔道家,在东京设有"讲道馆",弘文学院也设有"讲道馆牛込分场",鲁迅报名参加,是第一期学员。他在东京学习柔道,就像年前在南京学习骑马一样,都表现出青年人的豪情。

当时,中国派往各国的留学生人数不少,日本是近邻,去的最多。这群留学生相当混杂,其中有许多是纨袴子弟、候补官员,他们到外国并非为着寻找学问、追求真理,而是为了镀金、混资格。这些人连专科学校都懒得进,于是应运而产生了许多"速成班",好让他们混一混,赶快回国做官去。这些留学生既无心于学业,自然是到处游荡,赶学时髦的玩意儿。鲁迅则认为学问是不能速成的,知

---

① 《且介亭杂文二集·在现代中国的孔夫子》。
② 《回忆鲁迅早年在弘文学院的片断》,《文汇报》1961年9月23日。

识是要艰苦寻求的,所以对于这些不求上进的"速成班"学生就很反感。多年以后,他还在回忆文章中加以讽刺:"东京也无非是这样。上野的樱花烂漫的时节,望去确也像绯红的轻云,但花下也缺不了成群结队的'清国留学生'的速成班,头顶上盘着大辫子,顶得学生制帽的顶上高高耸起,形成一座富士山。也有解散辫子,盘得平的,除下帽来,油光可鉴,宛如小姑娘的发髻一般,还要将脖子扭几扭。实在标致极了。中国留学生会馆的门房里有几本书买,有时还值得去一转;倘在上午,里面的几间洋房里倒也可以坐坐的。但到傍晚,有一间的地板便常不免要咚咚咚地响得震天,兼以满房烟尘斗乱;问问精通时事的人,答道:'那是在学跳舞。'"①

当然,急于寻求新知识的留学生也是有的。他们除学习日文和科学文化知识,准备进专门学校之外,就赴会馆,跑书店,往集会,听讲演。在这里,他们常能听到一些爱国志士抨击清廷腐败,鼓吹人权,提倡自由的革命演说,但难免也会遇到一些夸夸其谈的人。鲁迅在第一次赴会听讲时,就碰到了这样的事情:他"看见一位头包白纱布,用无锡腔讲演排满的英勇的青年,不觉肃然起敬。但听下去,到得他说'我在这里骂老太婆,老太婆一定也在那里骂吴稚晖',听讲者一阵大笑的时候,就感到没趣,觉得留学生好像也不外乎嬉皮笑脸"②。"老太婆"者,指清朝的西太后那拉氏。吴稚晖在东京开会骂西太后,是眼前的事实无疑,但要说这时西太后也正在北京开会骂吴稚晖,却难以令人置信。这种无聊的插科打诨,有意的哗众取宠,使鲁迅对他的政治品质产生了怀疑。

不过东京毕竟是流亡者汇集之所,真正的资产阶级革命运动也在这里蓬勃地发展起来。鲁迅在弘文学院学习期间,正是东京留学生中革命活动最活跃的时候。鲁迅刚到东京时,适值章太炎在上海出狱,避难来到东京,发起召开"中夏亡国二百四十二年纪念会",连孙中山都从横滨赶来参加。这个会虽因清公使蔡钧要求日本政府禁止,而改在横滨举行,但影响仍然很大。1904年,章太炎、陶成章等发起成立革命团体光复会,把江苏、浙江等地的革命者进一步组织起来。这时鼓吹革命思想的书报杂志,也像雨后春笋般在东京、上海等地出版。刊物如《湖北学生界》、《江苏》、《浙江潮》……;书籍如《猛回头》、《警世钟》、《革命军》、《驳康有为政见书》、《最近政见之评决》……;还有翻印的旧书《嘉定屠城记略》、《扬州十日记》、《朱舜水集》、《张苍水集》等等,一时间搞得热火朝天。这些书刊

---

① 《朝花夕拾·藤野先生》。
② 《且介亭杂文末编·因太炎先生而想起的二三事》。

虽然思想不一,但编印者有一个共同目的,都是鼓吹反清,宣传革命。

鲁迅在这种革命思潮的影响下,大大地激发了爱国主义情绪,走上了民族革命和民主革命的道路。他在许寿裳、沈瓞民两位同学的邀请下,参加了革命团体浙学会。后来的光复会东京分部,就是在浙学会的基础上组建的,鲁迅也参加了光复会①。

但弘文学院也不平静。还在鲁迅入学之后不久的有一天,学监太久保集合起大家来,说:因为你们都是孔子之徒,今天到御茶之水的孔庙里去行礼罢!鲁迅大吃一惊,心里想,正因为绝望于孔夫子和他们的之徒,所以到日本来的,然而又要拜么?一时觉得很奇怪。鲁迅的民主革命思想与这种尊孔的行径早已格格不入。而且,革命思想在留学生中已形成一股思潮,怀着鲁迅这样想法的人,在同学中颇不乏人。所以他们与学校当局的思想对抗,就在所难免。办学者为了赚钱,拼命多招学生,不但办了许多速成科,而且还有许多分校,对于教学质量就顾不得许多了。普通科应是学校最主要的部分,但却因师资力量的缺乏,而弄得课程不全。同学们多次与校方商议改革课程,却都得不到落实。后来,学监大久保和教务干事三矢等召集学生部长会议,拿出了十二条规定。学生们以为是课程改革方案,却不料是增加学习费用的新规定,如暑假期间要交学费,患病超过两周医药费自理,等等。学生要求修改这些规定,三矢竟蛮横地说:"不行就退学吧,我决不强留。"这种话激怒了学生,共有五十二人同时退出弘文学院,鲁迅和他的几位好友张协和、顾琅、伍崇学、许寿裳都在其内。这一下,嘉纳慌了神,只好答应同学提出的改良课程、撤掉教务干事三矢职务等条件,持续了二十多天的学潮,这才结束。

鲁迅是同学中比较激进的革命者,他在弘文学院江南班中是第一个剪辫的人。辫子的去留,在当时决不是个人爱好问题,而是一种政治态度。因为辫子象征着清皇朝对中国人民的统治。正如鲁迅所说:"对我最初提醒了满汉的界

---

① 关于鲁迅是否加入光复会问题,有两种说法:周作人说没有参加,许寿裳和沈瓞民说参加。但周作人后鲁迅四年到达东京,而且光复会是秘密的革命团体,参加者是不能告诉家人的。许、沈则是光复会的同志,其说较为可靠。许寿裳于1944年5月26日复《鲁迅事迹考》作者林辰信云:"光复会会员问题,因当时有会籍可凭,同志之间,无话不谈,确知其为会员,根据唯此而已。至于作人之否认此事,由我看来,或许是出于不知道。因为入会的人,对于家人父子本不相告知的。"但鲁迅参加光复会的时间亦有二说:许寿裳说是1908年从章太炎读书时,沈瓞民说是1904年,即光复会成立之初,浙学会转成光复会东京分部时。似以沈说可能性较大。许寿裳说见其所编《鲁迅先生年谱》,周作人说见于《关于鲁迅之二》,沈瓞民说见于《回忆鲁迅早年在弘文学院的片断》和《记光复会二三事》。且鲁迅晚年朋友增田涉、冯雪峰、胡风等人,也都根据鲁迅本人的言谈,记其参加光复会事。

限的不是书,是辫子。这辫子,是砍了我们古人的许多头,这才种定了的,到得我有知识的时候,大家早忘却了血史,反以为全留乃是长毛,全剃好像和尚,必须剃一点留一点,才可以算是一个正经人了。"①因此,民族觉醒也从辫子上开始,剪辫还是留辫,就成为一场严重的政治斗争。即使在留学生中,剪辫也要经过一番激烈的斗争。剪了辫,不但回国后有杀头的危险,而且眼前就被留学生监督所管束着。鲁迅所在的江南班监督姚文甫管束得最严,但鲁迅不顾一切阻挠,毅然剪去自己的辫子。他兴奋地跑进友人的自修室,用手摩一下自己的头顶,脸上露出喜悦的表情,同学也赞他"壁垒一新"。不久,姚文甫因和一个姓钱的女子通奸,被邹容等人闯入寓中,先批他的嘴巴,再用快剪剪去他的辫子,挂在留学生会馆里示众,姚文甫只得狼狈地偷偷回国去,这样,鲁迅所受的压力才较为减轻一点。

鲁迅在剪辫之后,特地拍了一张"断发照相",以资纪念;并且还在这张照片的背后题了一首诗,赠给友人许寿裳。诗云:

灵台无计逃神矢,风雨如磐黯故园。
寄意寒星荃不察,我以我血荐轩辕!

鲁迅断发小照,1903年摄

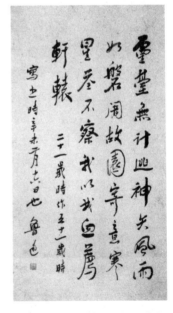

鲁迅赠许寿裳的《自题小像》诗,表明了他的爱国志向

① 《且介亭杂文·病后杂谈之余》。

这首诗可以看作是鲁迅对于祖国人民的誓词。一个青年在异邦受到了革命思想的刺激,心潮澎湃,热血沸腾;回首故国,风雨如磐,灾难深重。啊,满天的星斗呀,请你将这番情意带给祖国人民吧!但人民却又这样沉睡不醒,不能觉察。于是,他立下誓词——决心为祖国人民的解放事业而贡献出自己的鲜血和生命!

　　鲁迅在弘文学院很认真地阅读新书报,特别喜欢看文学和哲学的书,从中吸取新知识,寻找救国救民的道理。他当时受着西方启蒙主义思想和日本改造国民性议论的影响,常常思考着这样三个相关联的问题:(一)怎样才是理想的人性?(二)中国国民性中最缺乏的是什么?(三)它的病根何在?这表明,鲁迅当时的思想就比较深刻。他所考虑的已不是当时一般革命青年所热衷的什么"摅怀旧之蓄念,发思古之幽情,光祖宗之玄灵,振大汉之天声"之类的排满复汉意识,而是考虑到怎样从根本上改造中国人的思想问题。在相当长的一段时期内,这就成为鲁迅探索革命道路的中心课题。

　　1903年,鲁迅应朋友许寿裳之约,为《浙江潮》杂志撰稿。开首的一篇是《斯巴达之魂》,这是以希腊历史故事为题材而编写的小说。它描写公元前480年,波斯王泽耳士大举入侵希腊,斯巴达王黎河尼佗率市民三百并同盟军数千扼守温泉门,于是发生了一场激烈的战斗。由于众寡悬殊,且被绕道夜袭,斯巴达军难以支持,盟军也渐渐退去,但斯巴达大无畏大无敌之三百勇士却寸步不让,他们遵守"一履战地,不胜则死"的国法,终于全体牺牲。只有一个人因目疾休养,没有参加战斗,这才生还归家。但他一回来,就遭到妻子的拒绝,认为这是莫大的耻辱,"我夫既战死,生还者非我夫","君诚爱妾,愿君速亡,否则杀妾"。结果,这位英勇的女子终于抽剑自杀……这篇文章写得激昂慷慨,激动人心。作者正是从强烈的爱国主义思想出发,大力地渲染斯巴达人的尚武精神,希望激起国人的战斗热情来抗御外国侵略者。他在小序中就直书胸臆道:"我今掇其逸事,贻我青年。呜呼!世有不甘自下于巾帼之男子乎?必有掷笔而起者矣。"

　　接着,鲁迅又写了一篇《说钼》,这是我国介绍镭的最早的文章。作者并且通过叙述法国居里夫人(原作古篱夫人)发现镭(原作钼)的经过,介绍了西方的科学思想。

　　鲁迅晚年在《集外集·序言》中回忆这两篇少作时说道:"一篇是'雷锭'的最初的绍介,一篇是斯巴达的尚武精神的描写,但我记得自己那时的化学和历史的程度并没有这样高,所以大概总是从什么地方偷来的,不过后来无论怎

鲁迅最早发表文章的刊物

记,也再也记不起它们的老家;而且我那时初学日文,文法并未了然,就急于看书,看书并不很懂,就急于翻译,所以那内容也就可疑得很。而且文章又多么古怪,尤其是那一篇《斯巴达之魂》,现在看起来,自己也不免耳朵发热。但这是当时的风气,要激昂慷慨,顿挫抑扬,才能被称为好文章,我还记得'被发大叫,抱书独行,无泪可挥,大风灭烛'是大家传诵的警句。"

运用什么样的武器来拯救祖国?鲁迅当时还在选择中。他虽然很重视文艺的力量,但此时他似乎更关心西方科学思想的介绍,以为这是足以启民智、发民力来解救中国危亡的东西。所以他又写了《中国地质略论》,并和同是矿路学堂出身的友人顾琅合编了一本《中国矿产志》。在这里,鲁迅向国人介绍了地球发展进化之历史和中国地质、矿产分布的情况。但它并非所谓纯学术性的著作,作者除了宣传西方的科学思想之外,更重要的还是为了激发国人的爱国主义精神。"不然,则吾将忧服箱受策之不暇,宁有如许闲情,喋喋以言地质哉。"中国虽然地大物博,矿产丰富,但却遭到帝国主义者的瓜分鱼肉,"曰某曰某,均非我有",他们派了大批的特务,以旅行、探险为名,摸清了中国矿产的秘密,"于是今日山西某炭田夺于英,明日山东各炭田夺于德,而诸国犹群相要曰,'采掘权!采掘权!!'"连中国人自行采掘都要遭到帝国主义的"剧怒",这样,中国只剩下了矿产,而失却了矿权,国土财宝,日渐沦丧。于是,鲁迅大声疾呼道:"中国者,中国人之中国。可容外族之研究,不容外族之探险;可容外族之赞叹,不容外族之觊觎者也。"他号召国人:"结合大群起而兴业","况工业繁兴,机械为用,文明之影,日印于脑,尘尘相续,遂孕良果,吾知豪侠之士,必有恨恨以思,奋袂而起者矣。"《中国矿产志》在1906年5月出版以后,深受广大读者的欢迎,当年年底就增订再版。清政府农工商部认为此书对中国地质源流言之甚详,绘图精审,通饬各省矿务、商务界购阅;学部批准此书为中学堂参考书。

既然鲁迅介绍科学的目的在于开启民智,激发国人的爱国主义情绪,那么,迫切的问题便是普及宣传工作,需要将深奥之科学道理讲得娓娓动听,使读者喜欢阅读,容易接受,不致高深莫测,昏昏欲睡。于是,他又求助于文艺的力量,开手翻译"科学小说"。当时他翻译出版了法国儒勒·凡尔纳(Jules Verne)的两本科学幻想小说:《月界旅行》(出版时误作美国培伦)和《地底旅行》(出版时误作英国威南)。略后,还译过一部《北极探险记》,托人介绍给商务印书馆,不但不被接受,还被编者大骂一通,说是"译法荒谬",终于没有出版,后来寄来寄去,连原稿也不知哪里去了。又译有《世界史》一部,以每千字五角卖给别人,但似乎也一直没有出版。

在《月界旅行》的《辨言》中,鲁迅曾自述其翻译"科学小说"的动机,从中亦可以看出他当时思想之一斑:"盖胪陈科学,常人厌之,阅不终篇,辄欲睡去,强人所难,势必然矣。惟假小说之能力,被优孟之衣冠,则虽析理谭玄,亦能浸淫脑筋,不生厌倦。彼纤儿俗子,《山海经》,《三国志》诸书,未尝梦见,而亦能津津然识长股,奇肱之域,道周郎,葛亮之名者,实《镜花缘》及《三国演义》之赐也。故掇取学理,去庄而谐,使读者触目会心,不劳思索,则必能于不知不觉间,获一斑之智识,破遗传之迷信,改良思想,补助文明,势力之伟,有如此者!我国说部,若言情谈故刺时志怪者,架栋汗牛,而独于科学小说,乃如麟角。智识荒隘,此实一端。故苟欲弥今日译界之缺点,导中国人群以进行,必自科学小说始。"鲁迅想做的是,以科学思想来启发民智。

在鲁迅即将结束弘文学院的学业时,远东又发生了一件大事:日俄战争爆发了。时在1904年2月。这场战争虽然是日本和俄国之间的搏击,但却在中国的领土领海上进行,而且目的就在于争夺对中国东北诸省的控制权。当时的留学生界,出于一种所谓"同种同文"的糊涂思想,很有些看不清形势而袒护日本的,鲁迅大不以为然,他早就看出了日本军国主义者对于中国的野心,想方设法提醒国人的注意。据他在弘文学院时的同学沈瓞民回忆道:

> 我正要动身回国的时候,鲁迅和陈师曾(陈衡恪,美术家,当时也在弘文学院读书)二学长,邀我到东京日叱谷公园啜茗吃果子(日本人称点心为果子,鲁迅喜食之)。那时日俄战争开始,广濑武夫沉船封锁旅顺。日本政客中州进午提出"日本统治满洲说";户水宽人又发出"天授日本"的谬论,认为"根据诸学理,应由日本占领满洲";有贺长雄又发出"满洲委任统治权"的妄说;种种侵略谬论,在报纸上广为鼓吹。而我国有一小撮的留日学生,却还在同情日本、崇拜日本。鲁迅对日本侵略野心,非常愤怒。他同时指出,蔡鹤庼(元培)和何阆仙(琪)在上海创办《俄事警闻》,竟也袒日而抑俄,这事太无远见。鲁迅说:日本军阀野心勃勃,包藏祸心,而且日本和我国邻接,若沙俄失败后,日本独霸东亚,中国人受殃更毒。于是他向蔡、何提出三点意见:

(一) 持论不可袒日；

(二) 不可以"同种同文"、口是心非的论调,欺骗国人；

(三) 要劝国人对国际时事认真研究。

原书没有抄录,大意是这样的。我到上海,即交给蔡、何两君。后来《俄事警闻》采纳鲁迅的意见,持论有所转变。求学时代的鲁迅,已认清沙俄和日本都是帝国主义,都是侵略中国的敌人；当时具有这样的卓见,是令人敬佩的。陈师曾受到鲁迅的鼓励,也写了六封信,其中一封给其父散原老人的,主要指出日本包藏祸心等语,由我分投；诸人阅后,皆有戚容,沉默不语。……当时国人,痛恨沙俄,但对日本帝国主义的看法,尚未能一致。像鲁迅这样抱有远见者,聊聊无几①。

的确,鲁迅在年轻时,就比别人看得深远。

正是在科学救国的思想基础上,鲁迅在东京弘文学院结束了预备班的学业之后,就选择了医学作为他从事革命、拯救祖国的职业。鲁迅说他那时学医的动机,是因为从译出的历史书上知道日本维新是大半发端于西方医学,因此他很想通过医学来推动祖国的革命事业的发展；此外,父亲的病也使他对中国的那些骗人的庸医失却信任,同时又很起了对于被骗的病人和他的家属的同情。——"我的梦很美满,预备卒业回来,救治像我父亲似的被误的病人的疾苦,战争时候便去当军医,一面又促进了国人对于维新的信仰。"②

鲁迅的理想是高远的,但工作却是切实的。他既经选定医学作为拯救祖国的途径,就全心全意去学习本领。本来在就近的千叶和金泽地方也都有医学专门学校,但他却特地挑选了远在日本东北的仙台医学专门学校。因为在东京他实在看厌了那些顶着"富士山"的"清国留学生"们,所以特地到那遥远的还没有留学生入学的仙台医专去专心致意地学习,以实现他的大志——到仙台以后,他才发现,与他同期来的,还有一位进第二高等学校工科部的清国留学生施霖,但鲁迅在文字中从来没有提到过他,可见他们并不接近。

正因为仙台医专只有鲁迅一个留学生,大概是物以稀为贵罢,所以一开始时很受了一番优待。不但学校不收学费,几个职员还为他的食宿操心。鲁迅先是住在监狱旁边一家叫"佐藤屋"的公寓里,初冬已经颇冷,蚊子却还多,后来

---

① 《鲁迅早年的活动点滴》,《上海文学》1961年10月号。
② 《呐喊·自序》。

用被盖了全身，用衣服包了头脸，只留两个鼻孔出气。在这呼吸不息的地方，蚊子竟无从插嘴，居然睡安稳了。饭食也不坏。但一位先生却以为这客店也包办囚人的饭食，鲁迅住在那里不相宜，几次三番、几次三番地说。鲁迅虽然觉得客店兼办囚人的饭食和自己不相干，然而好意难却，也只得别寻相宜的住处，于是搬到另一家叫"公川宅"的公寓。这里离监狱很远，可惜每天总要喝难以下咽的芋梗汤。仙台公寓的下劣，使他不禁怀念起在东京所住过的东樱馆来，说那里简直可以"乌托邦"目之。真是不比不知道，一比较就分出善恶来了。

仙台医专在9月12日开学，13日正式上课。从此就看见许多陌生的先生，听到许多新鲜的讲义。仙台医专的功课是非常紧张的，鲁迅在10月8日曾给友人蒋抑卮写有一信，从中可见当时学习生活之一斑："校中功课大忙，日不得息。以七时始，午后二时始竣。树人晏起，正与为雠。所授有物理、化学、解剖、组织，独乙种种学，皆奔逸至迅，莫暇应接。组织、解剖二科，名词皆兼用腊丁，独乙，日必暗记，脑力顿疲。"对于这种死记硬背，疲劳轰炸的教学方法，鲁迅是很反感的，他说："校中功课，只求记忆，不须思索，修习未久，脑力顿锢。四年而后，恐如木偶人矣。"

在这里，给鲁迅印象最深的是藤野严九郎先生。他样子黑瘦，八字须、戴眼镜；治学很认真，但生活很随便，不修边幅，有时上讲堂竟会忘记戴领结。据说因为穿衣服太马虎了，冬天穿一件旧外套，寒颤颤的，有一回上火车去，致使管车的疑心他是扒手，叫车里的客人大家小心些。藤野先生很关心鲁迅的学业，开课一星期后便让助手把鲁迅叫到研究室里去。只见他坐在人骨和许多单独的头骨中间，正在细心地研究。

"我的讲义，你能抄下来么？"他问。

"可以抄一点。"

"拿来我看！"

鲁迅交出所抄的讲义去，他收下了，第二天便交还，并且说，此后每一星期要送给他看一回。鲁迅拿下来打开看时，很吃了一惊，同时也感到一种不安和感激。原来讲义已经从头到末，都用红笔添改过了，不但增加了许多脱漏的地方，连文法的错误，也都一一订正。这样一直继续到教完了他所担任的功课：骨学、血管学、神经学。

还有一回，藤野先生将鲁迅叫到他的研究室里去，翻出鲁迅所记的讲义上的一个图来，是下臂的血管，指着，和蔼地说道：

"你看，你将这条血管移了一点位置了。——自然，这样一移，的确比较的好看些，然而解剖图不是美术，实物是那么样的，我们没法改换它。现在我给你改好了,以后你要全照着黑板上那样的画。"

藤野先生知道中国人多禁忌,还担心这位留学生不肯解剖尸体。而解剖学是医学的重要内容,不亲自解剖尸体,是学不好医学的。待解剖实习进行了大约一个星期,看到鲁迅很认真地做这件事,这才把他叫去,很高兴地,仍用了抑扬顿挫的声调对他说:"我因为听说中国人是很敬重鬼的,所以很担心,怕你不肯解剖尸体。现在总算放心了,没有这回事。"

在实习中,鲁迅解剖过许多男女老幼的尸体。最初动手时,颇有不安之感,尤其对于青年女子和婴孩幼孩的尸体,常起一种不忍破坏的情绪,非特别鼓起勇气,不敢下刀。但在解剖过程中他知道了许多事情,如:胎儿在母体中如何巧妙,矿工的炭肺如何墨黑,两亲花柳病的贻害于小儿如何残酷……他获得的不仅是生物学、医学上的知识,而且还涉及社会学、伦理学中的问题,这些问题加深了他的人文主义思考。

对于藤野先生这样的关怀,鲁迅很感激。但同时,鲁迅也很受到一些具有军国主义情绪者的压迫。他们想拿鲁迅作为练习中国话的对象,遭到了鲁迅的拒绝。当时,正值甲午战争之后不久,中国战败,那些军国主义青年便讥笑鲁迅道:"为什么不回去流血,还在这里读书做什么?"鲁迅当然不屈服,有一次,竟在路上冲突起来。

这些事,不但使鲁迅愤慨,而且促他进一步思考。据他当年的同学说,他们在日本时,"走在街上,常常遭到日本少年的辱骂,我们听了十分气愤,(鲁迅)先生说:'我们到日本来,不是来学虚伪的仪式的。这种辱骂,倒可以编在我们的民族歌曲里,鞭策我们发愤图强。'"①

鲁迅到仙台后,离中国留学生虽然远了,但报纸总不能不看,一看就会看到许多中国人的怪事,仍不免增加他的爱国忧思。他在致蒋抑卮信中说:"树人到仙台后,离中国主人翁颇遥,所恨尚有怪事奇闻由新闻纸以触我目。曼思故国,来日方长,载悲黑奴前车如是,弥益感喟。"

鲁迅也在细心地观察日本青年,对于他们的思想行为也并不赞赏,而且从对方的弱点中,对中国产生了一种乐观的希望。他在同信中说:"近数日间,深入彼学生社会间,略一相度,敢决言其思想行为决不居我震旦青年之上,惟社交活泼,则彼辈所长。以乐观的思之,黄帝之灵或当不馁欤。"

---

① 厉绥之:《五十年前的学友——鲁迅先生》,《鲁迅回忆录》2集,上海文艺出版社1979年版,第329页。

三、我以我血荐轩辕

学年考试完毕之后,鲁迅回到东京去度暑假。出于爱国主义的热忱,他在水户地方特地下车去瞻仰朱舜水的遗迹。朱舜水是明末反清大儒,百折不挠,失败后流落东邻,自誓非中国恢复不归,以致终老异域。鲁迅一向崇拜他的人格,所以亟亟乎去凭吊。车到水户是在夜里,当然要投宿旅店。在旅店里却遇到了一件尴尬事:店主原来当他是日本学生,便领到一间极平常的房间,但在填写登记表时,发现他是支那学生,就当作贵客招待,把他领到一间陈设很讲究的大房间里去,那里的寝具很华贵,都是新制的丝绸品。鲁迅并不愿调换房间,但店主十分殷勤,盛情难却,只好住了下来。但睡下之后,却为明天付账发愁。因为他囊中已余钱无多了。他盘算好,明天一早打电报给好友许寿裳求救,请他电汇一点款子,以救燃眉之急,于是也就安心睡下。不料刚要睡熟,忽听外面有声,报告邻居失火。鲁迅急忙穿衣逃出,一钱不花,还被店主派人送到另一家旅馆里去。这回他首先声明,只要普通房间。但就寝不久,外面又嚷着"火事,火事"了。但爬起来一看,知道距离尚远,也就不去管它了。这样总算敷衍过去①。

这类穷学生的轶事,在鲁迅身上还不止发生一回。有一次,他从东京出发往仙台,买了火车票之后,囊中只剩下两角银币和两枚铜元了,因为火车一夜就到,而他的学习费用公使馆已经直接寄往学校留交了,他便大胆地买了两角钱的香烟塞在衣袋里,扬长登车。不料车到某站,许多乘客一拥而上,车中已无坐位,鲁迅看见有一老妇人上来,便照例起立让坐。这位妇人因此感激,谢了又谢,从此开始攀谈,并且送给他一大包咸煎饼。鲁迅大嚼一通,便觉得有点口渴,到了一站,便唤买茶,但立刻记起囊中的情况了,只好对卖茶人支吾一声而止。可是已经被老妇人听见,以为他是赶不及买,所以一到第二站,她急忙代为唤茶,鲁迅只好说现在不要了。老妇人于是买了一壶送给他,他就毫不客气地一饮而尽。许寿裳评曰:"鲁迅做事,不论大小,总带一点不加瞻顾勇往直前的意味。"②

这时的东京留学生中,革命气氛更浓了。他们举行了欢迎孙中山的大会,到会者一千三百余人,鲁迅也参加了会议。孙中山发表了反对君主立宪,主张共和的革命演说,对鲁迅鼓舞很大。

秋初再回学校,成绩早已发表了,同学一百余人之中,他名列中间。但这却引起风波来了。因为从日本某些人的观点看来,中国是弱国,中国人当然是低能

---

① 据许寿裳:《〈民元前的鲁迅先生〉序》,《我所认识的鲁迅》,人民文学出版社1952年版,第77—78页。
② 据许寿裳:《回忆鲁迅》,《我所认识的鲁迅》,第22页。

儿，分数在六十分以上，便不是自己的能力了。所以他们怀疑鲁迅作弊。

有一天，本级的学生会干事到鲁迅的住处来了，要借他的讲义看。鲁迅捡出来交给他们，却只翻检了一通，并没有带走。但他们一走，邮差就送到一封很厚的信，拆开看时，第一句是——

"你改悔罢！"

这是《新约》上的句子，但经托尔斯泰引用过的。其时正值日俄战争，托尔斯泰写了一封给俄国和日本皇帝的信，开首便是这一句。日本报纸上很斥责他的不逊，爱国青年也愤然，然而暗地里却早受了他的影响了。其次的话，大略是说上年解剖学考试题目，是藤野先生讲义上做了记号，鲁迅预先知道的，所以能有这样的成绩。这是封匿名信。

鲁迅这才回忆到前几天的一件事。因为要开同级会，干事便在黑板上写广告，末一句是"请全数到会勿漏为要"，而且在"漏"字旁边加了一个圈。鲁迅当时虽然觉到圈得可笑，但是毫不介意，这回才悟出那字也在讥刺自己了，犹言他得到教员漏泄出来的题目。

鲁迅便将这事告知了藤野先生；有几个和他熟识的同学也很不平，一同去诘责干事托词检查的无礼，并且要求他们将检查的结果，发表出来。终于这流言消灭了，干事却又竭力运动，要收回那一封匿名信去。结末是将这托尔斯泰式的信退还了他们。

据小林博士所保存下来的1905年春季升级考试的分数单，鲁迅的各项分数是：

解剖	59.3分	组织	72.7分
生理	63.3分	伦理	83分
德文	60分	物理	60分
化学	60分		

平均为65.5分，全班一百四十二人中名列第六十四名。其中解剖学离六十分还差一点，要说是藤野先生漏题，显然是说不通的。这只能说是一种民族歧视或国籍歧视。

这件事虽然很快平息了，但却给鲁迅很大的刺激。由于祖国的孱弱，他切身经受到帝国主义的压迫。这不能不进一步激起他的爱国情绪。而且，接着他又受到一次更大的刺激——

第二学年，添了细菌学一课。当时是用电影来显示微生物形状的，有时，在讲义告一段落而时间还没有到时，教师便映些风景或时事片给学生看。当时正

三、我以我血荐轩辕

值日俄战争,而且是日胜俄败,所以关于战事的片子就映得很多,用以养成青年人的军国主义头脑和武士道精神。有一回,鲁迅竟在画片上忽然会见久违的许多中国人了,一个绑在中间,许多站在左右,一样是强壮的体格,而显出麻木的神情。据解说,绑着的是替俄国做了军事上的侦探,正要被日军砍下头颅来示众,而围着的便是来赏鉴被示众的盛举的人们。

鲁迅曾看过日俄战争时期与此类似的幻灯片,中国人的麻木状态对他刺激很深

"万岁!"他们都拍掌欢呼起来。

这种欢呼,是每看一片都有的。但对于鲁迅,这一声却显得特别刺耳。它搅乱了鲁迅的心境,把他学医救国的计划完全打垮了。这一学年没有完毕,鲁迅已经到了东京。"因为从那一回以后,我便觉得医学并非一件紧要事,凡是愚弱的国民,即使体格如何健全,如何茁壮,也只能做毫无意义的示众的材料和看客,病死多少是不必以为不幸的。所以我们的第一要著,是在改变他们的精神,而善于改变精神的是,我那时以为当然要推文艺,于是想提倡文艺运动了。"①

在离校之前,鲁迅去向藤野先生辞行,告诉他自己将不学医学,并且要离开仙台。藤野先生的脸色仿佛有些悲哀,似乎想说话,但却没有说。鲁迅看得他有些凄然,便说了一句安慰他的假话:"我想去学生物学,先生教我的学问,也还有用的。"其实他并没有决意去学生物学。

"为医学而教的解剖学之类,怕于生物学也没有什么大帮助。"藤野先生叹息道。

将走的前几天,藤野先生叫鲁迅到他家里去,送给他一张照相,后面写着两个字:"惜别",还希望鲁迅也送他一张。但鲁迅适值没有照相了,他便叮嘱将来照了寄给他,并且时时告诉他此后的状况。但鲁迅离开仙台以后,许多年没有照

---

① 鲁迅:《呐喊·自序》。

仙台医专教授藤野严九郎，鲁迅退学时他以照片相赠，以示惜别

藤野赠照背面的题字

过相，又因为境况也无聊，说起来无非使他失望，连信也怕敢写了。经过的岁月一多，话更无从说起，一直难以下笔。

但鲁迅并没有忘记这位恩师。二十年后，他还专门写了一篇以《藤野先生》为题的文章，回忆那段时期的生活，并说："不知怎地，我总还时时记起他，在我所认为我师的之中，他是最使我感激，给我鼓励的一个。有时我常常想：他的对于我的热心的希望，不倦的教诲，小而言之，是为中国，就是希望中国有新的医学；大而言之，是为学术，就是希望新的医学传到中国去。他的性格，在我的眼里和心里是伟大的，虽然他的姓名并不为许多人所知道。"

藤野先生所改正过的讲义，鲁迅装订成三厚本，慎重地收藏着，几经沧桑，失而复得。藤野先生的照相，则一直挂在他北京西三条寓居书桌对面的东墙上，给他以精神上的力量，鼓舞着他继续战斗。

1934年，日本岩波书店为出版《鲁迅选集》，托增田涉向鲁迅征求意见，鲁迅回信道："《某氏集》请全权处理。我看要放进去的，一篇也没有了。只有《藤野先生》一文，请译出补进去"①。可见他直到晚年还记念着这位青年时代的老师，希望通过《选集》在日本的出版，能够得到老师的消息。可惜未能如愿。藤野先生早已退居乡间，消息闭塞，直到鲁迅逝世以后，他在报纸上读到消息，才写了《谨忆周树人先生》来悼念自己的学生。他惋惜未能早与鲁迅联系，说是"既然他直到去世都想知道我的消息，要是早通了音信，他本人也该多么喜欢啊！"但他对当年所给予鲁迅的关怀，却不以为意，说是"我觉得不过是稍稍给他看了看笔记而已"，"听说他尊我为唯一的恩师……我也感到出乎意外"。藤野先生只是做他自认为应该做的事，并不以恩师自居。

---

① 1934年12月2日致增田涉信。

四、第一要著,是在改变他们的精神

鲁迅再次来到东京,是在1906年的春天。这时,革命形势有了很大的发展。孙中山所领导的兴中会,章太炎所领导的光复会和黄兴所领导的华兴会等革命团体业已联合成一个统一的革命组织——同盟会,又创办了机关刊物——《民报》,并且以此为基本阵地,与改良派的君主立宪主义展开大论战。这时,革命民主派提出了明确的资产阶级民族革命和民主革命的政治纲领:"驱除鞑虏,恢复中华,建立民国,平均地权",孙中山又在《民报·发刊辞》中发出了民族主义、民权主义和民生主义的号召。这样,革命派旗帜鲜明,深得人心,一战之下,君主立宪派败北,于是,革命民主主义思想就广泛地传播开来,革命形势也日益高涨。

但这时的革命家们往往以救世者自居,不去广泛地发动群众,以为只需要少数人包办,革命便可成功。所以他们之中有些人热衷于秘密制造炸药,搞暗杀活动,以为杀死一个摄政王或别的什么大官,局面就会改变,如鲁迅的同乡徐锡麟便在这时回国捐了安徽候补道,后来利用办巡警的方便,刺杀了安徽巡抚恩铭,但结果不但不能动摇清王朝专制统治的根本,自己反而被恩铭的亲兵挖了心炒吃净尽,而且还暴露了革命力量,引起敌人残酷的镇压,将秋瑾等人在绍兴组织的革命队伍都断送了;也有些人忙着偷运军火,串联下层会党,在沿海地区组织武装暴动——武装斗争虽然是中国革命的主要手段,但由于他们脱离革命的基本群众,而搞单纯的军事冒险,结果也一次次地失败了。

这种思想反映到留学生界——当然还有洋务派、改良派所提倡的"实业救国"、"富国强兵"思想的影响,以及有些人完全是为了个人做官的自私心理,所以,"在东京的留学生很有学法政理化以至警察工业的,但没有人治文学和美术"①。当时大家对于鲁迅企图通过文艺来改造国民精神的想法都感到不理

---

① 鲁迅:《呐喊·自序》。

解,至少认为他迂远得可笑。因此,很少有人支持他,倒反而不断地给予打击。

"你弄文学作甚,有什么用处?搞这东西将来只有饿死。"有一次,一位搞理工的朋友这样奚落道。

"学文科的人知道学理工也有用处,这便是好处。"鲁迅愤然地回答道。

他在缺乏理解和支持的环境中,仍旧坚持自己的信念,努力从事文艺工作。但生活并不平静。这时,莫名其妙的流言出来了,说鲁迅在日本不务正业,已经和日本女人结婚,并且带着儿子在神田散步了。谣言立即传到故乡,而且说得活灵活现,弄得鲁迅的母亲很惊讶,便接二连三地来信催他回国。信中说是母亲有病,叫他回来探视,及至回到家里,却见挂红结彩,这才知道是骗他归来结婚的。

那时的婚姻大事,取决于父母之命,媒妁之言,没有个人的自主权。鲁迅这次婚姻,完全是由母亲做主而定,媒人是一位本家婶母,与鲁迅母亲很要好,所以鲁迅母亲很相信她。但介绍过来的新人,却极为矮小,颇有发育不全的样子,简直是成心欺骗。对于这种包办婚姻,鲁迅很不愿意。但是绍兴的旧习俗,一个许配过人的女子如果被夫家退婚,从此便很难做人。鲁迅考虑到如果自己拒婚,那么对方女子便要做旧礼教的牺牲品,而且,他也不愿使母亲难过,所以,他宁可牺牲自己的幸福,便与山阴朱安女士结了婚。

家里人以为他是一个新人物,怕他不拜祖宗,或者反对旧式婚礼,而按照封建的旧礼仪,这些都是必不可少的,所以空气很是紧张。然而出乎人们意料,鲁迅并没有抗争,都按照家里所要求的去做了。这样,就使那些准备看戏的人无戏可看,鲁迅是高度地蔑视这种旧礼仪,已超出于一般的反抗之上了。只是婚后却不愿与朱安同居,他搬到前楼上住了一个星期,便马上回到日本从事他的文艺活动。他对友人许寿裳说:"这是母亲给我的一件礼物,我只能好好地供养它,爱情是我所不知道的。"他希望中国那套旧婚姻的枷锁就到他为止了。

鲁迅后来在杂文中论及这种封建的包办婚姻时,曾经说:"但在女性一方面,本来也没有罪,现在是做了旧习惯的牺牲。我们既然自觉着人类的道德,良心上不肯犯他们少的老的的罪,又不能责备异性,也只好陪着做一世牺牲"①。他自己所持的,就是这种心情。

回到东京之后,鲁迅便着手工作,想掀起一个文艺运动。在冷淡的空气中,也幸而寻到几个同志,此外又邀集了必须的几个人,商量之后,第一步当然是办杂志。这杂志最初曾拟名为《赫戏》或《上征》,皆采自《离骚》词句,后来觉得不大

---

① 《热风·随感录四十》。

通俗,遂取名为《新生》。"新生"的名字,是很有些针对性的。因为当时的人们大抵带些复古的倾向,所以他们就引用了意大利诗人但丁的一个书名,取其"新的生命"的意思。鲁迅很热心地工作着,他印了许多稿纸,选了一些可译的作品,而且连刊物的插图都选好了。第一期的插图是英国19世纪画家瓦支的油画《希望》,画一个诗人包着眼睛,抱了竖琴跪在地球上面。还有俄国反战画家威勒须却庚,鲁迅也很喜欢,特别是其中的髑髅塔和英国军队把印度革命者缚在炮口处决的图,这些大概是预备用在后来几期上的。

　　但鲁迅这种热情却受到一些人的讥笑。对文学非常轻蔑的人说:"什么《新生》,这不会是学台所取的进学的'新生'吧?"当然,有志于革命事业的人,对于这种风言风语是不当一回事的。可是接着而来的却是实际的打击。《新生》的出版之期接近了,但最先就隐去了若干担当文字的人——如袁文薮,鲁迅曾对他很有所期待,但他去英国之后,即杳无音信;接着又逃走了资本,结果只剩下不名一钱的三个人:鲁迅、许寿裳和周作人——这时,周作人已从江南水师学堂毕业,并得了江南督练公所的官费,就乘鲁迅婚后返程之便,随他一起来到东京。

　　既没有出版资金,又缺乏撰稿力量,未成形的《新生》杂志就这样流产了。"创始时候既已背时,失败时候当然无可告语"①,这对鲁迅的打击是很沉重的。

鲁迅在日本东京的和服照

　　但是,鲁迅并没有灰心,他仍在东京继续进行各种准备工作。当时鲁迅的学籍挂在独逸语学会的独逸语学校,实际上他很少去听课,并不认真在那里当学生,而是在公寓里刻苦自修,认真地准备着文学工作。他在独逸语学校挂个名,无非是便于领取留学生的官费而已。

　　鲁迅的生活很艰苦。他开头在本乡区汤岛二丁目的伏见馆租了一间房子,只有四张半席子大小,他就学着日本人的样子,席地而睡,席地而坐。他穿着也很朴素,开始是穿学生制服,后来改穿和服,无

---

① 鲁迅:《呐喊·自序》。

论往哪里去,都是一套服色,便帽即打鸟帽,和服系裳,样子很像日本当地的穷学生,甚至到冬天也只穿短裤,外面穿一件长外衣就对付过去了,与那些西装革履的留学生比起来,是完全不同的。鲁迅宁可把不多的钱节省下来买书,决不肯花在衣着上。

但留学生中却很有些志在升官发财,不肯用功读书的。伏见馆中就住着这样的人物,整天吵吵嚷嚷,弄得鲁迅无法工作。鲁迅很厌恶这类人,便搬到离原住处不远的本乡区东竹町中越馆去住。这里虽然比较清静,可是房饭钱比较贵,吃食却很坏,必须三日两头地吃一种煮得很不入味的圆豆腐夹素菜——虽然名字颇好听,可译作"素天鹅肉"。后来,鲁迅的好友许寿裳在西片町十番地找到一所华美的住宅,是日本作家夏目漱石住过的,便招鲁迅等学友去同住,一共是五人:许寿裳、鲁迅、周作人、朱祖宣和钱家治,所以在门口电灯上署名曰:"伍舍"。这里房间整洁,庭园宽广,花木繁多,环境优雅,而且建筑在坡地上,居高临下,远眺尤佳。鲁迅一向喜欢植物,他从小就看《花镜》,研究过栽花的学问,这时便与友人一起种上一些花草,读书的环境很好。但是生活费用却增加了。鲁迅是完全靠着每月三十三元官费生活的,房租饭费一贵,就要入不敷出,有时只好靠校对来增加些收入。当时,湖北留学生正在翻译同文会编的《支那经济全书》,鲁迅就作过校对。但校对的收入也有限,仍旧不能支持,又因同住的朱谋宣、钱家治二人先退,他们共住了不到十个月,"伍舍"就散伙了。鲁迅和周作人、许寿裳三人便在附近另觅小屋居住。

鲁迅很用功。他不像有些留学生那样喜欢游山玩水,寻访异国情调,而是极少出去游玩。在仙台时,他与同学一起游过一次松岛,算是很难得的了;在东京,上野的樱花虽说烂漫,鲁迅也只去观赏过一两次,还是因为到南江堂购书之便,应友人邀约而去的。只有书店,他是常常去逛的。神田的中西屋,日本桥的丸善书店,本乡的南江堂和郁文堂等处,都是鲁迅常到之所。只要囊中有钱,便不惜"孤注一掷",他与朋友每每弄得怀里空空而归,相对叹道:"又穷落了!"①

鲁迅把全副精力都用到寻求真理、磨砺思想的工作上,对外国现代文化思想和文艺作品作了认真的研究。他每天晚上坐在洋油灯下看书,要看得很迟很迟,究竟几时睡觉,别人无从知道,因为同住的人大抵都先睡了,只是到明天早晨,房东来拿洋灯,整理炭盆时,只见盆里插满了烟蒂头,像是一个大马蜂窠。可见夜是相当深了。

鲁迅不是盲从的追星族,向来自有主见。他的读书,不去寻求名家名作,但

---

① 据许寿裳:《亡友鲁迅印象记·西片町住屋》及周遐寿:《鲁迅的故家·鲁迅在东京》等。

求斗争性和反抗性强的作品。他以德文和日文为媒介来阅读外国作品,但对德国文学却不感兴趣,文豪歌德的作品他一本也没有买,只买了四本具有革命思想的诗人海涅的作品,此外就只取哲学家尼采一人,常读他的《札拉图斯忒拉如是说》;对于日本文学,岛崎藤村等人的作品,始终未尝过问,自然主义盛行时亦只取田山花袋的小说《棉被》一读,只有夏目漱石的《我是猫》和《虞美人草》,因为讽刺得较为深刻,才得到鲁迅的欣赏,森鸥外的作品,也还爱看。而鲁迅孜孜以求的,则是俄国、波兰和巴尔干诸小国的作品。特别是俄国的果戈理、契诃夫、安特列夫,波兰的显克微支和匈牙利的裴多菲等人,对鲁迅产生了很大的影响。他也曾热心地搜求印度、埃及的作品,但是得不到。

为什么鲁迅特别喜欢这些国家的文学作品呢?因为除俄国外,这些国家当时都是属于被压迫的民族,在它们的文学里,正有着中国所需要的被压迫者的反抗和叫喊的声音。而俄罗斯这个老大帝国与我们中国也有很多共通之处,而他们的知识分子,也在为着自由解放而斗争。正因为如此,所以弱小民族的抗争文学和俄罗斯的进步文学,就易于引起鲁迅的共鸣。鲁迅从事文学活动,完全是为着启发人们的革命觉悟,因此,他很讨厌那些"只能当醉饱之后,在发胀的身体上搔搔痒的"描写"伦敦小姐之缠绵和菲洲野蛮之古怪"的故事,而自然地要引那叫喊和反抗的作者为同调。鲁迅后来回忆道:"那时就知道了俄国文学是我们的导师和朋友。因为从那里面,看见了被压迫者的善良的灵魂,的酸辛,的挣扎;还和四十年代的作品一同烧起希望,和六十年代的作品一同感到悲哀。我们岂不知道那时的大俄罗斯帝国也正在侵略中国,然而从文学里明白了一件大事,是世界上有两种人:压迫者和被压迫者!""从现在看来,这是谁都明白,不足道的,但在那时,却是一个大发现,正不亚于古人的发现了火的可以照暗夜,煮东西。"①

为了能直接阅读俄国作品,鲁迅在1907年冬天还与许寿裳、陶冶公等五位同学一起跟一个逃亡日本的俄国革命党人马理亚·孔特夫人学习俄文,后因学费太贵,无力负担,不到半年就中止了。

鲁迅当时与革命党人过从甚密。光复会的领导人陶成章(焕卿),由于同乡的关系,常来与鲁迅聊天。那时,陶成章经常往来于浙东一带农村里,穿一双草鞋,腰间勒条草绳,一天跑八九十里路,在会党中间进行秘密的反清活动。他一来,就说这里要"动"(起义)了,那里也要"动"了,很是起劲。章太炎给他取了个

---

① 《南腔北调集·祝中俄文字之交》。

绰号,叫"焕强盗"、"焕皇帝"。为要避开日本警吏的注意,他曾经带了一些秘密文件来托为收藏,可见他对鲁迅的信赖。其中有会党的联合会章,有空白票布,红布上盖章,又有一枚红缎,据说是"龙头"。他曾经笑着说:填给一张正龙头布票何如?"正龙头"就是会党的大头头。

鲁迅在东京时,一向很少出门访客,但对宫崎寅藏却拜访了两次。宫崎寅藏,号白浪庵滔天,是一位积极支持孙中山革命活动的日本人,参加过兴中会,并促成孙黄(兴)联合,协助筹建同盟会,后以同盟会日本全权委员的资格,参与机密。他所著的《三十三年落花梦》,其时已有汉译本,在革命青年中很有影响。鲁迅开始去拜访他,是出于一个偶然的机会。他与周作人一起赴日途经南京时,周作人的朋友孙竹丹托带一件羊皮背心和一个紫砂壶交宫崎寅藏转给吴弱男女士(曾任孙中山秘书,后嫁给章士钊),周作人初到东京,地生人不熟,语言也不通,就由鲁迅送去。两人大约谈得很投机,宫崎又约鲁迅第二次见面。不过这次是在平民新闻社,参加者还有《平民新闻》的主笔堺利彦。堺利彦是日本社会党领袖,社会主义理论家,编有理论刊物《社会主义研究》。鲁迅还买了一套《社会主义研究》回来,其中一册是《共产党宣言》的日译本,此外还有《马克思传》、《恩格斯传》及《万国社会党简史》等。这使他接触到另一种新的革命理论。虽然这种理论当时对中国革命者还没有产生很大影响,在鲁迅早期作品中也没有留下什么痕迹。

鲁迅与宫琦寅藏虽然只见过两次面,但印象深刻。直到1931年6月间,寅藏的侄子宫琦龙介及其夫人白莲女士(柳原烨子)到上海访问,鲁迅还顾念旧谊,不但会见了他们,并各赠诗一首。赠龙介诗云:"大江日夜向东流,聚义群雄又远游。六代绮罗成旧梦,石头城上月如钩。"赠白莲诗云:"雨花台边埋断戟,莫愁湖里余微波。所思美人不可见,归忆江天发浩歌。"诗句是针对现实情况而发,但却充满了历史的感叹,这显然与受赠者是老革命党宫琦寅藏的亲属有关。这时,同盟会的后身国民党已经掌权,但是,权力者钩心斗角,政权专制腐败,完全变质了。光复南京时雨花台边的激战已成往事,现在只剩下莫愁湖里一块孙中山题字的阵亡将士纪念碑。当年意气风发的革命者哪里去了呢?你们回国之后,只有隔海回忆,空对着江天浩然长叹了!

在东京,鲁迅又认识了光复会会长章太炎(炳麟)。章太炎是晚清有名的经学和小学大师,又是革命党的领袖,他的《驳康有为论革命书》曾经风靡一时,1903年,因为为邹容的《革命军》作序,鼓吹革命,在上海以《苏报》案被捕入狱。1906年6月出狱后,即被同盟会迎至日本东京主持《民报》编辑工作。这时,他又在《民报》和《浙江潮》等报刊上发表诗文,继续鼓吹革命,很为青年所推崇。正是

四、第一要著,是在改变他们的精神

在这样的情况下,1908年夏秋间,鲁迅和许寿裳等人一起,向他学习文字学。鲁迅说,他这时爱看《民报》,并非为了章太炎的文笔古奥,索解为难,而是为了他富有斗争精神,"真是所向披靡,令人神旺";他前去听讲,"又并非因为他是学者,却为了他是有学问的革命家"①。

本来,章太炎借大成中学的教室,已为一些留学生开国学讲习班,鲁迅和许寿裳很想去听讲,但苦于与学课时间冲突,因托龚未生转达,希望另开一班。章太炎慨然应允,遂于每星期日上午在自己的住处——《民报》馆,单独为他们开课。听讲者原有鲁迅、许寿裳、周作人和钱家治四人,但大成班上的龚未生、钱夏(后改名玄同)、朱希祖和朱蓬先也跑来参加,这样就增至八人。每星期日清晨,在《民报》社一间陋室之内,师生环绕一张矮矮的小桌,席地而坐。章太炎讲段氏《说文解字注》、郝氏《尔雅义疏》等,逐字讲解,滔滔不绝,或则阐明语原,或则推见本字,或则旁证以各处方言。自八时至午,历四小时毫无休息,真是精力过人,诲人不倦。这个班虽然只开了一年光景,但章太炎的革命精神和学术思想都对鲁迅产生了巨大的影响。

章太炎是极有傲骨的学者,对阔人常要发脾气,而且很有"犯上"精神,他在光绪皇帝治下,敢于在文章中直呼其名,大骂"载湉小丑,未辨菽麦",而对于学生,则和蔼若朋友然,随便谈笑,没有架子。夏天盘膝坐在席上,光着膀子,只穿一件长背心,留着一点泥鳅胡子,笑嘻嘻地讲书,庄谐杂出,看去好像是一尊庙里的哈喇菩萨。他讲书时,极其活泼,新谊创见,层出不穷;有时随便谈天,则诙谐间作,妙语解颐。谈天时,师生间也很随便,其中以钱玄同说话最多,而且在席上爬来爬去,所以鲁迅给他取了一个绰号,叫"爬来爬去"。

鲁迅听讲时,则极少发言。只有一次,因为老师问及文学的定义如何,鲁迅答道:"文学和学说不同,学说所以启人思,文学所以增人感。"老师听了说,这样的分法,虽较胜于前人,然仍有不当。郭璞的《江赋》,木华的《海赋》,何尝能动人哀乐呢。鲁迅默然不服,退而和许寿裳说:先生诠释文学,范围过于宽泛,把有句读的和无句读的悉数归入文学。其实文字与文学固当有分别

章太炎:有学问的革命家,鲁迅师从他学习文字学

---

① 《且介亭杂文末编·关于太炎先生二三事》。

的,《江赋》《海赋》之类,辞虽奥博,而其文学价值就很难说。可见鲁迅一向有自己的独立见解,于学问,是抱着"吾爱吾师,吾尤爱真理"的态度。但当老师有困难时,他则竭力相助。在民报社听讲期间,《民报》忽然被日本政府查禁了。理由是改变出版人而没有向警厅报告,说是违反了出版法。其实是由于清政府的要求,而故意找岔子。结果是,禁止发行之外,还要处以一百五十元的罚金。这时,同盟会内部已有严重分歧,《民报》虽说是同盟会的机关报,但孙中山系早已不管,这回罚金也要章太炎自己去付,过期付不出,便要一元一天拉去做苦工了。到得末了一天,龚未生来找鲁迅商量,恰巧这时许寿裳经手替湖北留学生译印《支那经济全书》,手头有一笔经费,便和他商量,借用一部分,这才解了这场危难①。

鲁迅当时生活在浓烈的革命氛围中,但对于从事何种革命工作,却有自己的选择。他没有受陶成章的影响去串联会党,发动起义,也不想做"正龙头"之类的首领,而是想进行文化思想上的启蒙工作,章太炎是他的榜样。这种选择,固然与性格有关,而更重要的还是由于他对革命策略的思考,和对改造国民性问题的执著态度。

鲁迅对自己的性格特点,是很有自知之明的。他说:"凡做领导的人,一须勇猛,而我看事情太仔细,一仔细,即多疑虑,不易勇往直前;二须不惜用牺牲,而我最不愿使别人做牺牲(这其实还是革命以前的种种事情的刺激的结果),也就不能有大局面。"②所以他认为自己不宜于做暴动之类的实际革命工作。据许广平在《民元前的鲁迅先生》中记载:"他总说:'革命的领袖者,是要有特别的本领,我却做不到。'有一回,看见某君泰然自若地和朋友谈天说地,而当时当地就有他的部下在实际行动着丢炸弹,做革命暗杀事情。当震耳的响声传到的时候,先生想到那实际工作者的可能惨死的境遇,想到那一幕活剧的可怖,就焦烦不堪。的确是这样的脾气的,他对于相识的人,怕见他的冒险(见《两地书》)。而回顾某君,却神色不变,好似和他绝不生关系的一般,使先生惊佩不置。所以他又说:'革命者叫你去做,你只得遵命,不许问的。我却要问,要估量这事的价值,所以我不能够做革命者。'"不但对人如此,对己也是一样。增田涉在《鲁迅的印象》中也记述鲁迅说过的一件事:"他在晚清搞革命运动的时候,

---

① 据许寿裳:《亡友鲁迅印象记·从章先生学》;周遐寿:《鲁迅的故家·鲁迅在东京》。
② 1925年3月31日致许广平信。鲁迅与许广平的通信,大都收入《两地书》中,但也有一部分未收,收集时亦常有改动。本书所引鲁许通信,凡修辞上小有改动的,仍从《两地书》,在内容上有改动的,则据《两地书真迹〔原信〕》(上海古籍出版社1996年版),并注出改动情况。

四、第一要著,是在改变他们的精神

上级命令他去暗杀某要人,临走时,他想,自己大概将被捕或被杀吧,如果自己死了,剩下母亲怎么过生活呢?他想明确地知道这点,便向上级提出了,结果是说因为那样的记挂着身后的事情,是不行的,还是不要去罢。"增田涉认为:鲁迅的父亲死得早,靠母亲一人把他养育成人,在这种情况下考虑母亲的事,决不是没有道理的。其实,他对于这种以革命者作牺牲的暗杀方式本来就有不同的看法。他认为,革命者应该善于保存自己,才能有效地打击敌人。所以他后来提出了"壕堑战"的战术思想。

鲁迅认为自己更适宜做的,而且中国社会更需要做的,是对民众进行文化思想上的启蒙,所以他还是设法来做这方面的工作。《新生》杂志虽然流产了,但文艺运动的准备工作仍在进行,他仍继续搜集资料,认真阅读,深入思考。"但也不是自己想创作,注重的倒是在绍介,在翻译,而尤其注重于短篇,特别是被压迫的民族中的作者的作品。因为那时正盛行着排满论,有些青年,都引那叫喊和反抗的作者为同调的。所以'小说作法'之类,我一部都没有看过,看短篇小说却不少,小半是自己也爱看,大半则因了搜寻绍介的材料。也看文学史和批评,这是因为想知道这作者的为人和思想,以便决定应否绍介给中国。和学问之类,是绝不相干的。"①

1907年,河南留学生在东京创办了《河南》杂志,请江苏人刘师培做主编,却是安徽人孙竹丹来约稿。鲁迅他们自己的杂志没有办成,就将本来想说的话,写成论文,发表在别人的杂志上。当时大家都动起手来,周作人写了两篇,许寿裳写了半篇——他写文章最为郑重,动笔前总要买了好点心准备着,但每每点心吃完了,而文章却没有写成,所以只写了半篇;鲁迅平日思考得深,积累得多,写得也最多。1907年就写了四篇论文:《人间之历史》(后来收入杂文集《坟》时,改题为《人之历史》)、《摩罗诗力说》、《科学史教篇》、《文化偏至论》;1908年,又写了《破恶声论》(未完),还翻译了一篇《裴彖飞诗论》,以令飞和迅行的笔名,分别发表在1907年至1908年出版的《河南》杂志一、二、三、五、七、八诸期。这些文章,不但介绍了西方的文化思想,而且猛烈地批判了中国近代的各种思潮,并提出自己的革命主张。这在当时的思想界是独树一帜的。直到二十年后,作者将前四篇文章收入杂文集《坟》时,还很感怀当时的情景。他在《题记》中说:"将这些体式上截然不同的东西,集合了做成一本书样子的缘由,说起来是很没有什么冠冕堂皇的。首先就因为偶尔看见了几篇将近二十年前所做的所谓文章。"他一方

---

① 鲁迅:《南腔北调集·我怎么做起小说来》。

面感到少作的幼稚,同时也很珍惜当时那份激情。他回忆当时的写作情况道:"那是寄给《河南》的稿子;因为那编辑先生有一种怪脾气,文章要长,愈长,稿费便愈多。所以如《摩罗诗力说》那样,简直是生凑。倘在这几年,大概不至于那么做了。又喜欢做怪句子和写古字,这是受了当时的《民报》的影响;现在为排印的方便起见,改了一点,其余的便都由他。这样生涩的东西,倘是别人的,我恐怕不免要劝他'割爱',但自己却总还想将这存留下来,而且也不'行年五十而知四十九年非',愈老就愈进步。其中所说的几个诗人,至今没有人再提起,也是使我不忍抛弃旧稿的一个小原因。他们的名,先前是怎样地使我激昂呵,民国告成以后,我便将他们忘却了,而不料现在他们竟又时时在我的眼前出现。"

《人间之历史》是介绍进化论思想的。鲁迅在南京读书时阅读了《天演论》之后,就接受了达尔文的进化论学说,到日本又看到丘浅治郎的《进化论讲话》等书籍,对进化论有了进一步的了解。本文追述了进化论形成的历史,而着重介绍海克尔的种系发生学,它说明进化论的提出并非达尔文的编造,既有充分的事实根据,又是许多学人长期研究的结果,达尔文只不过是集大成者。而海克尔则和赫胥黎一样,是达尔文学说的讴歌者和发展者。鲁迅对于进化论之重视,不仅在于它是一种学说,而且还因为它是一种世界观,这种进化发展的观念,对于国人特别重要,将会影响到人们的人生态度。

《科学史教篇》则介绍西方的科学思想。鉴于中国科学落后,守旧迷信思想严重,本文系统地介绍了欧洲科学发展史,用具体事实说明科学的发达与否同社会的发展和国家的兴衰有着密切的关系,还进一步分析了历史上科学发达与停滞的原因。他赞扬古代希腊罗马学者的探求精神,认为这是推动科学发展的重要因素,而对于中世纪阿拉伯人的诠释之风,则大为不满。他将这两者作了比较研究,指出:"盖希腊罗马之科学,在探未知,而亚剌伯之科学,在模前有,故以注释易征验,以评骘代会通,博览之风兴,而发见之事少,宇宙现象,在当时乃又神秘而不可测矣。"因此,科学衰退了,而幻术却盛行起来,天文学不昌,占星术却代之而起,所谓点金术和接神术也得以出现。而基督教诸国,于科学并无发扬,反而排斥扼杀之,而于道德和宗教,则大加提倡,于是"科学之光,遂以黯淡"。我国封建社会与西方的中世纪很有相似之处,所以鲁迅的介绍和分析,是很有针对性的。鲁迅在评介科学史时,还很注意方法论对科学发展的影响,所以他在介绍哥白尼的太阳系学说以及伽利略的天文和力学之外,还着重介绍了培根的《格致新机》(《新工具》)和笛卡儿的《哲学原理》等讨论方法论之作。

在另外三篇文章:《文化偏至论》、《摩罗诗力说》和《破亚声论》里,鲁迅针

四、第一要著,是在改变他们的精神

对国内文化思想界存在的一些问题进行批判,并提出新的主张。

鲁迅首先对洋务派进行了抨击。在西方侵略者"以其殊异之方术"向中国进攻之后,就有"轻才小慧之徒"出来大谈练兵习武之事;后来又有些留学外国的人,近不知中国之情,远复不察欧美之实,将所拾到的鸡毛蒜皮之事,罗列人前,也把枪炮武器作为国家首事。但是,如果不去启发人们的聪明才智,那么,全国的民众仍很孱弱,即使授以大批武器,又怎能胜任呢?那也只有僵死而已矣。何况,这些人的目的本不在救国。鲁迅早就看透了他们隐藏在军盔下面的那张贪婪的嘴脸,于是一针见血地指出,这些人是拜倒在帝国主义武力之下的奴才,无非是些耀武扬威、钻营官职的干禄之徒。

其次,又批判了君主立宪派和实业救国论者。鲁迅指出,他们中间比较好的,也是病笃乱投医,去药石摄卫之道弗讲,而乞灵于不知之力,拜祷稽首于祝由之门;而且又飞扬其性,善能攘扰,压制异己,这是根本救不了国的。而更多的人,无非是"假是空名,遂其私欲",达到升官发财的目的。如果国家存在一日,那他们"足以假力图富强之名,博志士之誉",即使国家沦亡,宗社为墟,那他们也"广有金资,大能温饱"①。

鲁迅是赞成维新变革的,但是,他看到有些人其实是打扮得时髦的投机家。"时势既迁,活身之术随变,人虑冻馁,则竞趋于异途,掣维新之衣,用蔽其自私之体"。这些人其实并不懂得什么叫做维新,倘使他们去游历欧洲,那么只会学得制作女子束腰道具之术以归;他们简直拜倒在细腰蜂面前,以为束腰就是西方文明,而且扬言不束腰的人是"野蛮"。这种人,纵使唱者万千,和者亿兆,又有什么用呢?真正的革命者,应该是"不和众嚣,独具我见之士";真正的革命,只有启发国人之精神,使人民有了觉悟,"不随风波",这样中国才能得救②。

启发群众觉悟的"立人"主张,是鲁迅早期革命思想的中心。所以他提出了这样的看法:"诚若为今立计,所当稽求既往,相度方来,掊物质而张灵明,任个人而排众数。人既发扬踔厉矣,则邦国亦以兴起。奚事抱枝拾叶,徒金铁国会立宪之云乎?""是故将生存两间,角逐列国是务,其首在立人,人立而后凡事举;若其道术,乃必尊个性而张精神。"③

鲁迅受了西方个性主义的思想影响,认为只要国人的"自觉至,个性张",那么,"沙聚之邦,由是转为人国";而启发自觉,解放个性的最好武器,又认为是文

---
① 《坟·文化偏至论》。
② 《集外集拾遗·破恶声论》。
③ 《坟·文化偏至论》。

艺，所以他把文艺的作用看得高于一切，说是意大利有了大诗人但丁，才有统一的意语，于是整个国家虽"分崩矣，然实一统也"，而俄罗斯人由于"无声兆"，则虽"有兵刃炮火，政治之上，能辖大区，行大业"，然"终支离而已"。这种看法，显然过分夸大了文艺的作用；其实，在民族解放斗争中，文艺的作用毕竟是有限的。这一点，鲁迅后来在实际斗争中提高了认识，对原来的看法有所匡正。

但鲁迅并不是西方社会的盲目崇拜者。他当时就指出了西方社会制度的缺陷："重其外，放其内，取其质，遗其神，林林众生，物欲来蔽，社会憔悴，进步以停，于是一切诈伪罪恶，蔑弗乘之而萌，使性灵之光，愈益就于黯淡：十九世纪文明一面之通弊，盖如此矣。"因此，他认为向西方学习时，"必洞达世界之大势，权衡校量，去其偏颇，待其神明，施之国中，翕合无间。"鲁迅努力寻求导致西方文明产生弊病的原因，认为这是西方社会思想到19世纪末期变得重物质，轻精神，重众数，轻个人的结果。正是从这一角度上，他接近了施蒂纳、克尔凯郭尔和尼采，并将尼采的"超人哲学"看作是纠正这种偏颇的新思潮①。

对于尼采哲学，学者们有种种不同的评说。有说是法西斯反动哲学，因其日后曾被希特勒所利用；有说是时代的早产儿，它开启了新世纪的哲学思想。但从事实际运动的革命者与书斋讲堂中的学者教授，在介绍外来学说的方法上有很大的不同，后者重在作全面评价，前者则常取其有用之点，加以发挥，来加强自己的主张。晚清至五四时期中国的文化先驱们普遍偏爱尼采，是因为他的超人哲学与个性解放思想相契合，而他的"重新估价一切价值"的口号，也正可为反传统的文化斗争所用。所以，鲁迅喜爱尼采不是偶然的，他借助于尼采的超人哲学，抨击他所蔑视的那些"轻才小慧之徒"和"千万无赖之尤"，而呼唤大智大勇的战斗者的出现。

因此，他系统地介绍了拜伦、雪莱、彭斯、普希金、莱蒙托夫、密茨凯维支、裴多斐等"立意在反抗，指归在动作"的摩罗诗人。摩罗者，恶摩之谓也。鲁迅指出他们的特点是："大都不为顺世和乐之音，动吭一呼，闻者兴起，争天拒俗，而精神复深感后世人心，绵延至于无已。"这些人"无不刚健不挠，抱诚守真；不取媚于群，以随顺旧俗；发为雄声，以起其国人之新生，而大其国于天下"。鲁迅所希冀的就是这样的革命诗人。

但是在中国，向来就缺乏反抗的传统。老子书五千语，要点在不触动人心，因为要不触动人心，必先自致槁木之心，立无为之治，而在充满杀机的竞争社会里，拂逆其前征，势即入于苓落。而儒家诗教，则讲"温柔敦厚"，讲"思无邪"，讲

---

① 《坟·文化偏至论》。

四、第一要著,是在改变他们的精神

"哀而不怨,怨而不怒,怒而不争",哪里还有一点反抗的声音?以后的文章,于是辗转不逾此界。那些"颂祝主人,悦媚豪右之作",就不必说了,即或"心应虫鸟,情感林泉"而发为韵语,"亦多拘于无形之囹圄,不能抒两间之真美",还有那些"悲慨世事,感怀前贤"者,也属可有可无之作,聊行于世。倘其啜嚅之中,偶涉眷爱,则"儒服之士,即交口非之",哪里还有反抗世俗的作品呢?

在中国的诗人中,屈原是伟大的,他在临死之前,去掉一些顾虑,总算能够"放言无惮,为前人所不敢言"了,"然中亦多芳菲悽恻之音,而反抗挑战,则终其篇未能见,感动后世,为力非强"。所以刘勰在《文心雕龙》中说:"故才高者菀其鸿裁,中巧者猎其艳辞,吟讽者衔其山川,童蒙者拾其香草。"这些学习者,都看重其外形,不涉内质,孤伟自死,社会依然。鲁迅认为刘勰所说的四句话,"函深哀焉"。"故伟美之声,不震吾人之耳鼓者,亦不始于今日。"诗人自说自己的声音,民众并不喜爱,自有文字至今,诗宗词客,能够以其妙音,以美善影响人的性情,崇大读者的思理者,又有几人?

1909年鲁迅与许寿裳(后立者)、蒋抑卮(右坐者)在日本东京合影。蒋抑卮在经济上支持《域外小说集》的出版

于是,鲁迅大声疾呼:"今索诸中国,为精神界之战士者安在?有作至诚之声,致吾人于善美刚健者乎?有作温煦之声,援吾人出于荒寒者乎?"①

但是,这呼声,在当时是落空了的。

这样,鲁迅又不能不去求助于域外异邦。他想翻译外国小说。当然,困难的还是经费问题。

恰好这时有一位浙江同乡到东京来医治耳病,他叫蒋抑卮,是位商业家兼银行家,在上海开有绸缎庄,同时又是浙江兴业银行股东。他是秀才出身,很读过一些古书,而且思想开通,讲时务的书也读得不少。他在1902年到东京留学,就与鲁迅相识,鲁迅刚到仙台时,那封报告医专学习生活的信,就是写给他的。

---

① 《坟·摩罗诗力说》。

这次蒋抑卮到东京来治病,先是借住在鲁迅所租的公寓里,后来在附近找到住处,但仍经常来谈天。他与鲁迅很谈得来,知道鲁迅的翻译计划后,非常赞成,愿意在经济上加以资助。于是鲁迅和二弟周作人合作,开始编译《域外小说集》。本着他历来的主张,以介绍俄国和东北欧被压迫民族的抗争文学为主,兼及其他国家揭露现实的作品。

1909年2月和6月,他们连续出版了两册《域外小说集》。第一册收波兰显克微支、俄国契诃夫、迦尔洵、安特莱夫和英国淮尔特(王尔德)的小说七篇,其中安特莱夫的《谩》和《默》为鲁迅所译;第二册收芬兰哀禾、美国亚伦坡、法国摩波商(莫泊桑)、波思尼亚穆拉淑微支、波兰显克微支和俄国迦尔洵、斯谛普虐克的小说九篇,其中迦尔洵的《四日》为鲁迅所译。

书为毛边本,封面用蓝色的呢纸"罗纱纸",上端印一幅德国的长方形图案画:在喷薄欲出的朝阳映衬下,一个希腊古装的妇女正在弹琴,而海天连接的日出之处,还有一只鸟儿正向高空飞翔。这幅图案,给人以朝气蓬勃的感觉。图案下面是篆体书名,由右至左横排:或外小说集△,为学友陈师曾所写,装帧相当考究。扉页上的署名是:会稽周氏兄弟纂译。

鲁迅自己对这工作是抱着很大希望的,想在思想界激起一些反响。他在序言中写道:"《域外小说集》为书,词致朴讷,不足方近世名人译本。特收录至审慎,迻译亦期弗失文情。异域文术新宗,自此始入华土。使有士卓特,不为常俗所囿,必将犁然有当于心,按邦国时期,籀读其心声,以相度神思之所在。则此虽大涛之微沤与,而性解思惟,实寓于此。中国译界,亦由是无迟莫之感矣。"这篇序言,气象阔大,极为自负。

的确,《域外小说集》的出版,在当时的翻译界和文艺界是别开生面的。晚清的翻译界,在文学方面是林琴南独执牛耳,他开风气之先,大量译介外国文学。鲁迅开始也很爱读他的译作,每出必买。但林琴南不懂外文,与人对译,以意为之,不能忠实于原作,而且底本的选择也不严,从哈葛德的小说到《福尔摩斯包探案》,大译特译,迎合市场需要,译得很滥,渐为鲁迅所不满。《域外小说集》从内容到译笔对此

鲁迅与周作人合译的《域外小说集》

四、第一要著,是在改变他们的精神

种译风都起了针砭作用。鲁迅自己曾对人说到此书的出版背景道:"当时中国流行林琴南用古文翻译的外国小说,文章确实很好,但误译很多。我们对此感到不满,想加以纠正,才干起来的,但大为失败。"①盖因当时的读书界还见不及此,所以表现出异常的淡漠。读者所需要的,是能供消遣的猎奇故事,而不是有启蒙作用的严肃文艺。当然,正如鲁迅自己所说的"译文很艰涩",也是不能流行的一个原因。

但在日本,还是有反响的。当《域外小说集》第一册出版不久时,在1909年5月1日出版的《日本及日本人》杂志第508期的《文艺杂事》栏内,就有这样的记载:"在日本等地,欧洲小说是大量被人们购买的。中国人好象并不受此影响,但在青年中还是常常有人在读着。住在本乡的周某,年仅二十五六岁的中国人兄弟,大量地阅读英、德两国语言的欧洲作品。而且他们计划在东京完成一本叫《域外小说集》,约卖三十钱的书,寄回本国出售。已经出版了第一册,当然,译文是汉语。"②这也可见当时中日两国读书界的识见,有着怎样的差距。

鲁迅当初的计划,是筹办了连印两册的资本,待到卖回本钱,再印第三第四,以至第X册的。如此继续下去,积少成多,也可以约略介绍了各国名家的著作了。但是,这两册书在东京和上海两地,销售都不佳。鲁迅后来说到这两本书的命运道:"半年过去了,先在就近的东京寄售处结了帐。计第一册卖去了二十一本,第二册是二十本,以后可再也没有人买了。那第一册何以多卖一本呢?就因为有一位极熟的友人,怕寄售处不遵定价,额外需索,所以亲去试验一回,果然划一不二,就放了心,第二本不再试验了";至于上海,听说也只卖出二十本上下,其余都堆在寄售处堆货的屋子里,"过了四五年,这寄售处不幸被了火,我们的书和纸板,都连同化成灰烬;我们这过去的梦幻似的无用的劳力,在中国也就完全消灭了。"③

直到五四新文化运动以后,这两本最初介绍"异域文术新宗"的《域外小说集》,才被几位著作家重新提起,并且在友人的劝告下于1921年重新付印出版合订本。但这已是十多年以后的事了。其时,启蒙思想得到了一定的传播,而俄国和东北欧文学已普遍为新文化人士所关心,文学研究会所主持的《小说月报》,还出了一本介绍弱小民族文学的专号。

鲁迅以周作人的名义为《域外小说集》新版写了一篇序言,其中除了对本书当初的出版意图及销售情况作了回忆之外,还分析其不能为读者接受的原因:

---

① 1932年1月16日致增田涉信。
② 见藤井省三:《日本介绍鲁迅文学活动最早的文字》,《复旦学报》1980年第2期。
③ 《域外小说集·序》。

"《域外小说集》初出的时候,见过的人,往往摇头说,'以为他才开头,却已完了!'那时短篇小说还很少,读书人看惯了一二百回的章回体,所以短篇便等于无物。现在已不是那时候,不必虑了。"而且,这些短篇里,"所描写的事物,在中国大半免不得很隔膜;至于迦尔洵作中的人物,恐怕几于极无,所以更不容易理会。同是人类,本来决不至于不能互相了解;但时代国土习惯成见,都能够遮蔽人的心思,所以往往不能镜一般明,照见别人的心了。幸而现在已不是那个时候,这一节,大约也不必虑的。"可见当初中国读者对于外国文艺,在形式和内容上都很隔膜,更无法了解其深层意义。还有使当事者忘不了的,是有人将集中显克微支的《乐人扬珂》改动了几个字,另行发表,却将这篇极其悲哀的故事,标作"滑稽小说"。鲁迅说:"这事使我到现在,还感到一种空虚的苦痛。但不相信人间的心理,在世界上,真会差异到这地步。"

鲁迅的译介工作,超前了十年。

超前,就得不到理解。无情的打击一个接着一个而来,理想的头颅不断地碰在现实的岩石上。于是,鲁迅感到未尝经验的无聊。

当鲁迅决定利用文艺的力量来唤醒国人,改变他们的精神的时候,他原以为强大的"雄声"总会引起强烈的反响的。在外国文学史上,那些摩罗诗人不就动吭一呼,闻者兴起,从而促使国人的新生么?当然,中国的顽固势力特别强大,他们必然群起而反对之。这并没有什么可怕。因为"凡有一人的主张,得了赞和,是促其前进的,得了反对,是促其奋斗的"。对于这一点,鲁迅是有思想准备的。但是,情况却出人意料之外。他叫喊于生人之中,而生人并无反应,既非赞同,也无反对,如置身于毫无边际的荒原,使他无可措手。这是怎样的悲哀呀!他于是感到了寂寞。这寂寞又一天一天的长大起来,如大毒蛇,缠住了他的灵魂了。这时,鲁迅有无端的悲哀,却也并不愤懑。因为他觉得,"这经验使我反省,看见自己了:就是我决不是一个振臂一呼应者云集的英雄。"①同时,这经验也使他进一步认识了中国的社会,对于那些麻木的群众,不是靠一时间热烈的呼喊所能奏效的,而应该进行长期的韧性的战斗。

但在当时,鲁迅却无法驱除这寂寞,他感到非常痛苦。鲁迅想到德国去继续学习,但是由于经费等方面的原因,没有去成。那时,家中经济很困难,而周作人却要和一个日本女人羽太信子结婚了,单靠一点官费无法生活。母亲和周作人都很希望他有经济上的帮助,于是,鲁迅便只好回国谋事。

---

① 《呐喊·自序》。

五、无边的寂寞

这时,刚好许寿裳也要回国去。他原准备到欧洲继续留学的,但是留欧学生监督却辞职了,学费无着,临时终止了欧游计划,归国担任浙江两级师范学堂的监学(教务长)。鲁迅对他说:"你回国很好,我也只好回国去,因为起孟(按:即周作人)将结婚,从此费用增多,我不能不去谋事,庶几有所资助。"于是托他设法。许寿裳马上表示欢迎,回国后即向该校新任监督(校长)沈衡山(钧儒)推荐,一荐成功。于是,鲁迅就于1909年7月归国。

鲁迅回国后所碰到的第一件事,便是"辫子问题"。有没有辫子,在当时可是个大问题。所以他一回国,就和许多留学生一样,只好装一条假辫子。这时上海有一个专装假辫子专家,定价每条大洋四元,不折不扣,他的大名,大约那时的留学生都知道。做也真做得巧妙,只要别人不留心,是很可以不出岔子的,但如果人知道你原是留学生,留心研究起来,那就漏洞百出。夏天不能戴帽,也不大行;人堆里要防挤掉或挤歪,也不行。装了一个多月,很感不便。他想,如果在路上掉了下来或者被人拉下来,不是比原没有辫子更不好看么?于是索性就不装了。贤人说过的,一个人做人要真实。

但这真实的代价真也不便宜。走出去时,在路上所受的待遇完全和先前两样了。鲁迅说:"我从前是只以为访友作客,才有待遇的,这时才明白路上也一样的一路有待遇。最好的是呆看,但大抵是冷笑,恶骂。小则说是偷

1909年鲁迅从日本回国后摄于杭州

了人家的女人,因为那时捉住奸夫,总是首先剪去他的辫子的,我至今还不明白为什么;大则指为'里通外国',就是现在之谓'汉奸'。我想,如果一个没有鼻子的在街上走,他还未必至于这么受苦,假使没有了影子,那么,他恐怕也要这样的受社会的责罚了。"①他的一位本家,甚至想去报官,后来因为考虑到革命党或许会成功,为避免自己惹上麻烦起见,这才没有去告发。否则,鲁迅的命运也许会像《药》里的夏瑜一样。

好在不久,浙江两级师范学堂就开学了。这所学堂是科举停考以后,在省城贡院旧址改建起来的新式学校,校舍和建制都仿照日本东京高等师范学校的格式。所谓"两级"者,即分设优级与初级两种学制也,优级培养中学师资,初级培养小学师资。鲁迅于9月份来到杭州,任该校化学、生理学教员,兼日本教员的植物课翻译。因为学校里有一些日本教员,所以没有辫子的人还可以穿上洋服,算是洋鬼子。但鲁迅也并不一直穿西装,在很多时候,他穿的是洋官纱长衫,而且还自己设计了一套服装,请西装裁缝做成,近乎后来的所谓中山装。

杭州是有名的游览之区,西湖更为历代文人寄情之地。在这里建造了白堤和苏堤的两位风流太守,自然都有名作传世。白居易在《忆江南》中说:"江南忆,最忆是杭州:山寺月中寻桂子,郡亭枕上看潮头。——何日更重游?"苏东坡在《饮湖上初晴后雨》中说:"水光潋滟晴方好,山色空濛雨亦奇。欲把西湖比西子,淡妆浓抹总相宜。"还有柳永那首有名的《望海潮》,据说其中"三秋桂子,十里荷花"等诗句,曾引动金主兴兵南下……但是,鲁迅对这些风景,却并不欣赏。据许寿裳说:"鲁迅极少游览,在杭州一年之间,游湖只有一次,还是因为应我的邀请而去的。他对于西湖的风景,并没有多大兴趣。'保俶塔如美人,雷峰塔如醉汉',虽为人们所艳称的,他却只说平平而已;烟波千顷的'平湖秋月'和'三潭印月',为人们所留连忘返的,他也只说平平而已。"②他自己也说:"但我却见过未倒的雷峰塔,破破烂烂的掩映于湖光山色之间,落山的太阳照着这些四近的地方,就是'雷峰夕照',西湖十景之一。'雷峰夕照'的真景我也见过,并不见佳,我以为。"③

在教学上,鲁迅却非常认真,而且很有创举。他是想把自己所学得的科学知识传授给学生,这也是一种文化启蒙工作。现在还留下他当年讲授生理学时所

---

① 《且介亭杂文·病后杂谈之余》。
② 《亡友鲁迅印象记·归国在杭州教书》。
③ 《坟·论雷峰塔的倒掉》。

编写的一份油印讲义:《人生象斅》及其附录:《生理实验术要略》。《人生象斅》系统地讲解了生理学的基础知识。全书分绪论、总论、本论和结论四个部分,绪论讲生理学的研究范围和研究方法,总论纵述人体构造和人体成分,本论则细分为:运动系、皮、消化系、循环系及淋巴管、呼吸系、泌尿系、五官系、神经系、Generatio 即生殖系,共九个系统,结论则讲体温、代谢和通言摄卫。本书系统地介绍了生理学知识,文字简洁,还有很多生理插图,真是图文并茂。这在当时是一份很难得的教材。

最后一章生殖系统(Generatio),是应学生的要求而加讲的。在前清时代,这是不可思议之事,全校师生为之惊讶,他却坦然地去教了,只对学生提出一个条件,就是在他讲的时候,不许笑。结果讲授的情况果然很好。别班的学生,因为没有听到,纷纷向他来讨油印讲义,他指着剩余的讲义对他们说:"恐防你们看不懂的,要末,就拿去。"原来他这一章讲义写得特别简略,除了用许多外文之外,还故意用许多古字,如用"也"字表示女阴,用"了"字表示男阴,用"糸"字表示精子,诸如此类。这本来也是有一定的依据的,如"糸",音灭,一丝一丝的意思,象征精虫之状。但在既无文字学素养,又未曾亲听过讲课的人看来,好比一部天书。

鲁迅爱生心切,只想把新知识传授给学生,使他们健全地成长。但有些学生却总改不掉在社会上感染到的旧习性,以害人为乐。有一次,鲁迅在化学课上试验氢气的燃烧,因为忘了携带火柴,故于出去取火柴时,特别告诉学生,勿动收好了的氢气瓶,以免混入空气,在燃烧时炸裂。但是,他取火柴回来一点火,居然爆炸了。等到手里的血溅满了白的西装硬袖和点名簿时,他发现前两排只留着空位置,这里的学生都避到后面去了——他们是趁老师出去时,故意放进空气之后,而移到后排去的。

鲁迅于教课之余,仍努力研究文学,晚上看书直至深夜,是全校最会熬夜的人。每天晚上,工友总要为他预备好廉价的强盗牌香烟和条头糕,作为夜点,而星期六夜则需预备得更富足。星期日,他也喜欢和同事、学生一起上山采集植物标本,作为科学研究之用。他每次总是满载而归,接着做整理、压平、张贴、标名等工作,乐此不疲,弄得房间里堆积如山,琳琅满目。

与学生一起采集标本时,他还随时给学生以指导。据他当年的学生回忆:有一次鲁迅与日本教师铃木珪寿带领学生去南高峰、北高峰一带采集植物标本。路上,学生看到一株开着黄花的植物,问:"它叫什么名称?"铃木答:"一枝黄花。"学生大笑,说:"这个花是黄色的,就叫一枝黄花?它的学名呢,也是这样?"

不大相信铃木的回答。鲁迅严肃地说:"要批评人家的错误,自己要真懂。你们可以去查查植物大词典,这个植物是属于菊科,汉名叫一枝黄花嘛!为什么不懂装懂,乱批评呢?"①这不但教给学生以植物学的专业知识,而且也对他们进行人生修养的教育。

鲁迅不但对学生要求严格,而且对教师的不良行为,也毫不客气地进行批评。当时的杭州拱宸桥,设有日租界,有妓院。星期六下午没有课,有些无聊的教师也去妓院。鲁迅非但不去,而且批评他们:"拱宸桥是我们中国的土地,被日本人占去,你们不以为耻?为什么还去寻欢作乐?"②

但鲁迅也不是一味严肃,而是在严肃中常带幽默,后来的风格,此时已经初步形成。据他当时的同事夏丏尊说:"周先生很严肃,平时是不大露笑容的,他的笑必在诙谐的时候。他对于官吏,似乎特别憎恶,常摹拟官场的习气,引人发笑。现在大家知道的'今天天气……哈哈'一类的摹拟谐谑,那时从他口头已常听到。他在学校里是一个幽默者。"③

鲁迅在浙江两级师范学堂任教的第一学期将近结束时,发生了一场教师与官僚的斗争。起因在于学堂监督易人。

当时清廷迫于形势,宣布预备立宪。1909年10月中旬,除新疆以外,各省咨议局都宣布成立。沈钧儒被选为浙江省咨议局副议长,辞去两级师范学堂监督职务,抚台衙门派新监督夏震武来接任。夏震武原任省教育总会会长,是个顽固的理学家,以尊经、尊王为职志,反对革命,反对新学,在就职的那一天,便和教员们起了冲突。

夏震武穿着清朝的官服,带着许多人来接任,说他们是浙江十一府的代表。到校后,要监学许寿裳陪同"谒圣",许寿裳拒绝了;接着,夏震武又大摆其督学架子,不按往昔新监督到校先拜见各位教师的规矩,对于住堂的教员们,仅仅送了一张名片,并不亲自拜会,却要教员们按当时官场的礼节,穿著礼服,对他行"庭参"之礼。于是,群情大哗。他又在对学生的训辞中,大肆辱骂革命党,否定新教育,张扬旧道德,说什么"神州危矣!立宪哄于廷,革命哗于野,邪说滔天,正学扫地,髡首异服,将有普天下为夷之惧"。教师们公举代表,责问夏震武通知师生谒见并带多人来校的理由,夏震武说,此系照例应办之事,并谓师范腐败过甚,

---

① 据吴克刚:《谈鲁迅先生在浙江两级师范学堂》,《鲁迅生平史料汇编》第2辑,天津人民出版社1982年版,第411页。
② 据吴克刚:《谈鲁迅先生有浙江两级师范学堂》。
③ 夏丏尊:《鲁迅翁杂忆》,茅盾、巴金等著《忆鲁迅》,人民文学出版社1956年版,第3页。

五、无边的寂寞

故须公同调查云云。教师们愈益愤怒,说是教育总会有维持全省教育之责,既云腐败已久,何不早加整顿,而必挟新监督及十一府代表之势焰,压迫全体,奴视教员?如夏君能指出腐败确据,同人立刻自行出校。全体学生闻之,亦为不服,风潮于是愈演愈烈。大家决议,一律罢课。夏震武见势不佳,挟同"十一府代表"先赴抚院禀诉。教师们也请原监督沈钧儒领衔,一起赴抚院上书。一场斗争就展开了。这时,夏震武还要来信斥责监学许寿裳"非圣无法",说"必不能一日立于学校",胁迫他辞职。教师们支持许寿裳的正义行动,鲁迅等二十五人纷纷罢教辞职,统统搬出校舍,以示决绝。他们给夏震武取了一个绰号,叫"夏木瓜",以言其脑袋顽固也。

这场斗争,表面上看起来事出偶然,其实有着深刻的政治原因。两级师范学堂的教师中,有很多是归国留学生,如许寿裳、鲁迅、夏丏尊、钱家治、杨莘耜、朱希祖、张协和等,他们崇尚民主,思想维新,监督沈钧儒的思想倾向又是与他们一致的,所以抚台衙门、学部尚书和浙江提学使,对这个学堂都很不放心。此次乘监督易人之机,特地派夏震武来"整顿"的。从夏震武《复增子固中丞》信中,可以看出,他是衔命而来,而且临上任之前,还要求浙江巡抚增韫的大力支持:"足下果能始终主持,不为浮议所摇,教员反抗则辞教员,学生反抗则黜学生,俾弟得实行整顿,弟当敢自外!"有着这样的背景,所以夏震武的气势很盛,派头十足。他不肯循例先拜见各教师,而要教师行"庭参"之礼,是欲煞教师的威风,树自己的信望,至于令教师穿著清朝礼服者,更是要使那些"髡首异服"——没有辫子而穿洋服的人难看。所以双方的斗争,也是势在必发。

尽管夏震武自恃有抚院撑腰,非常顽固,声称"兄弟不敢放松,兄弟坚持到底",但全国的形势已经到了清廷不得不宣布预备立宪的时候了,而且风潮震动了杭州整个教育界,各校教员纷纷声援,上海《申报》也连续报导,造成了强大的舆论压力,逼得官府只好妥协,这位"夏木瓜"胁迫别人不成,反而自己先行辞职。持续了半个多月的斗争,教师们终于取得了胜利。他们在借宿的黄醋园湖州会馆开了一个别开生面的"木瓜纪念会"以示庆祝,是谓"木瓜之役"。这场斗争从12月22日开始,至1月10日结束,共历半个多月。鲁迅在是役中斗争坚决,非常勇猛,被同事称为"拼命三郎"。

"木瓜之役"虽然取得胜利,但形势不容乐观。官府先是派了高等学堂监督孙智敏来暂行兼代,不久即由徐班侯接任。许寿裳重赴日本去了,鲁迅在学期结束之后,也于1910年7月辞职回家。那时,两级师范学堂由杨莘耜暂代监学,他想

"木瓜之役"胜利纪念照。浙江两级师范学堂全体教师1910年1月10日摄于杭州湖州会馆。前排右起第三人为鲁迅

请鲁迅回去任教,特地乘了脚划船到绍兴去登门邀请。但鲁迅不肯回去。他说:"我家里还有娘,我勿去哉。"而且还提醒杨莘耜说:"徐班侯该佬倌也不好弄的,你要当心点。"因为徐是官僚,曾做过御史。果然,不久杨莘耜见到鲁迅时,"呼詈称冤,如堕阿鼻",接着也就辞职不干了。

鲁迅回到绍兴,无事可做。这时绍兴府中学堂原监督蒋光镤因学生闹学潮而离任,暂由山会师范学堂监督杜海生兼代,杜海生请鲁迅去教博物学,鲁迅也就应允了。但是收入很菲薄,不足以自给,而且在这里也无法施展自己的能力,只不过是暂时托足于此而已。但不久,杜海生又离任了,接任的是鲁迅在日本留学时的朋友陈子英,鲁迅被聘为监学。这样,除了上课之外,他还得管理学校的教务。

这个学校虽然不大,但是关系却很复杂。各府县学生之间,地域观念很重,时常有些摩擦,教师间也有各种人事纠葛。还在杜海生接任的时候,就有些莫名其妙的事情发生。如鲁迅在致许寿裳信中,就提到这样的事:"前校长蒋姓,去如脱兔,海生检其文件,则凡关于教务者,竟无片楮,即时间表亦复无有,君试思天下有如此学校不?"①这大概是专门为难杜海生的。而现在,教务之责落在鲁迅身上,其困难可想而知。

但这些困难还是小事,这个学校还善闹风潮,连教学秩序都很难维持。蒋姓监督是因学潮离去的,鲁迅到校不满一年,又遇上了两次学潮:第一次,是在杜海生刚上任的8月下旬。杜海生借口学生在原来的考试中有舞弊现象,要进行甄

---

① 1910年8月15日致许寿裳信。

别考试,以开除校中屡闹风潮的活跃分子。于是学生提出抗议,掀起拒杜风潮;第二次,在11月份,陈子英任监督期间,仍因考试问题而起。学生认为此次考试,虽有学宪之命,实乃由于杜海生之运动,所以又闹起来了。第一次闹学潮时,鲁迅尚可置身事外,并在适当时机给学生以点拨。据说,绍兴府提学司曾派员来查办组织学潮的校友会,要他们交出图章,学生们议论纷纷,犹豫不决,鲁迅就提醒他们道:"要知校友会的印子交出,就等于校友会的解散,须慎重考察。"①但第二次闹学潮时,鲁迅身为监学,他就不能不出来协助监督平息事态,以维持正常的教学秩序。他在致许寿裳信中,曾说到他的处理方法云:"今已下令全体解散,去其谋主,若胁从者,则许复归。计尚有百余人。十八日可以开校。此次荡涤邪秽略尽,厥后倘有能者治理,可望复兴。"但对于学生,鲁迅还是同情的。他认为"杜君太用手段,学生不服,亦非无故",而且以自己在日本弘文学院闹学潮的经验,加以体察,说:"然据中以言,则此次风涛,别有由绪,学生之哄,不无可原。我辈之挤加纳于清风,责三矢于牛入,亦复如此。"②但是为了学校的发展计,他也只能如此处理。只是他出面处理这种棘手之事,并非为了自己掌权,而是希望有"能者"来治理。他曾应陈子英之请,写信到北京邀请当时在度支部任事的许寿裳来共同治校,但许寿裳没有来。

因为鲁迅自己立得正,所以学生对于他,"尚无间言",但他自己心里,却很不好受。"顾身为屠伯,为受斥者设身处地想之,不能无恻然。"而且,陈子英也渐已孤行己意,与他共事,助之则往往可气,舍之又复可怜,真是左右为难。何况,这样弄下去,自己的学问也要"荒落殆尽"。所以他"颇拟决去此校",只是"尚无可之之地也"。第二学期,鲁迅虽答应留任,却不接聘书,"图可随时遁遁"③。

但鲁迅是主张当一天和尚,就要撞一天钟的,而且还要用力地撞,认真地撞。所以只要在位一天,就要把工作做好,对学生负责。

作为监学(教务长),他经常检查教学,在各年级上课或自修时,常常站在门外察听;他自己还兼任生理卫生课,又将在两级师范学堂时所编讲义,认真加以修订。他还经常找学生谈话,了解情况,并注意对他们的品质培养,对于困难学生,常常加以资助。他每天都在学校工作得很晚才回家,有一次太晚了,他抄近路回家,穿过一块义冢,忽然看见对面有个白东西向他走来,而且渐渐变得矮

---

① 据李鸿梁:《绍兴府中学堂拒杜风潮》,见《绍兴纪念馆会刊》第2期。
② 1910年11月15日及21日致许寿裳信。
③ 1910年11月15日及1911年2月6日致许寿裳信。

小,终于成为一块石头那样不动了。当时他也有些犹豫,如此深夜,有谁会在这样荒凉的地方走动呢?大约就是所谓"鬼"罢?是进击,还是退却呢?他学过西方医学,是不相信有鬼的,所以决定还是冲上去,用硬底皮鞋踢向白物。结果那白东西"阿唷"一声,就站起来向草丛中逃跑了,原来是个小偷。鲁迅后来笑着对人说:"'鬼'也是怕踢的,踢他一下,就立刻变成人了。"

鲁迅还很注意扩大学生的知识面,增长他们的实际知识。他要求不但物理、化学课要注重实验,而且国文、图画、史地课也要接触实际。1910年秋天,他还建议,将秋季远足旅行,改为到南京参观南洋劝业会。虽然此行每人要自付十元旅费,在当时不是一个小数目,但是机会难得,绝大多数教师和学生都报名参加了,鲁迅自己带队前往。南洋劝业会,是仿照西方博览会而组织的,意在推动民族经济和文化的发展。下设教育馆、工艺馆、农业馆、美术馆以及卫生、武备、机械、通运、水族诸馆,各省区还分别建馆,陈列各地手工业特产及名胜古迹的模型,如湖北馆的黄冈竹楼、江西馆的瓷器、浙江馆的丝绸、广东馆的玻璃器皿,还有一些进口产品。当时许多绍兴人都株守乡里,没有出过远门,不要说没有坐过汽车、火车和大轮船,而且连电灯、煤气灯也未曾见过,所以学生们觉得此次南京之行大开眼界,可谓满载而归。大家说:"百闻不如一见,南京一行胜读十年书";"我们这些绍兴'井底蛙'已由豫才先生带队游过大海了!"

但在绍兴,鲁迅的处境却很不好。当时全国处于革命危机之中,清廷防范甚严;而绍兴又出过很多革命党人,官府更加到处搜索。鲁迅没有辫子,正是官府和顽固派注意的对象。他说:"我回中国的第一年在杭州做教员,还可以穿了洋服算是洋鬼子;第二年回到故乡绍兴中学去做学监,却连洋服也不行了,因为有许多人是认识我的,所以不管如何装束,总不失为'里通外国'的人,于是我所受的无辫之灾,以在故乡为第一。尤其应该小心的是满洲人的绍兴知府的眼睛,他每到学校来,总喜欢注视我的短头发,和我多说话。"①而这时,在学生里面,忽然起了剪辫风潮,很有许多人要剪辫。鲁迅自己深受无辫之灾的苦处,连忙禁止。学生就举出代表来诘问道:"究竟有辫子好,还是没有辫子好呢?"鲁迅不假思索地答道:"没有辫子好,然而我劝你们不要剪。"学生是向来没有一个说他是"里通外国"的,但是他们少不更事,不能体会到师长的一片苦心,却从这时起,给了鲁迅一个"言行不一致"的结语,看不起了。鲁迅自然也无话可说。但不久,师范学堂便开除了六个剪发学生,省提学司又下了一道"限期蓄发"的命令,绍兴府中学堂则对学

---

① 《且介亭杂文·病后杂谈之余》。

生说:"上面讲不蓄开除,只要现在蓄,就行了。"这对剪发学生起了保护作用。

鲁迅经过多次碰壁之后,积累了相当的社会经验。他不赞成青年呈血气之勇作无谓的牺牲,而对切实的革命活动,则是多方加以支持。当时有人发起组织越社,他就积极参与。越社是在南社的影响之下,于1911年春夏间成立的,这个社表面上是文学团体,其实是越中革命文化人的聚集。因为有着文学的掩护,可以比较的不为人所注意。鲁迅还应越社组织者宋紫佩之请,编辑了《越社丛刊》第一辑。关于这项工作,他在致友人信中曾经道及:"迩又拟立一社,集资刊越先正著述,次第流布,已得同志数人,亦是蚊子负山之业,然此蚊不自量力之勇,亦尚可嘉。"①

收集乡邦文献,是鲁迅一向重视的工作。他在回国之后,就开始辑录《会稽郡故书杂集》,在绍兴府中学堂任教期间,又于教学之余,做了大量的查阅抄写工作,后又陆续增补校正,于1915年2月以周作人的名义木刻印行,请陈师曾用篆字题写书名。本书收辑谢承《会稽先贤传》、虞预《会稽典录》、锺离岫《会稽后贤传记》、贺氏《会稽先贤象赞》、朱育《会稽土地记》、贺循《会稽记》、孔灵符《会稽记》和夏侯曾先《会稽地志》等逸文共八种。鲁迅在序言中说明,编集出版这本乡邦文献的目的,是欲以这些多为方志所遗的"贤俊之名,言行之迹,风土之美","用遗邦人,庶几供其景行,不忘于故"。

与此同时,鲁迅又辑录了《古小说钩沉》一书。鲁迅从小喜欢杂览,读了不少野史杂记,在小皋埠避难时,又开始大量阅读小说,培养了这方面的兴趣。那时,他遇见书中错误或遗漏之处,就去查证类书,偶尔看到逸文,也会随手写出。后来在杭州教书时,就常到浙江图书馆借阅资料,开始有意识地辑录这本书,回绍兴后又继续做这项工作。据说,鲁迅在阅读类书时,摘录的纸片就有六千多张,然后订讹补缺,加以精选,分门别类,整理抄录,装订成十大本,共收自周至隋散佚小说三十六种。书的序言发表于1912年2月《越社丛刊》第一集,书中资料日后用于《中国小

鲁迅在绍兴府中学堂的办公室

---

① 1911年4月12日致许寿裳信。

说史略》的写作,但本书在鲁迅生前却未能出版,直到1938年,才由鲁迅先生纪念委员会收入《鲁迅全集》之中。

这时,鲁迅的经济已陷入困境。他的工资不足以自给,而周作人那边却要不断地寄钱去。周作人不但要维持自己夫妇二人的生活,而且还要补贴妻子娘家的费用,这样,开销就很大了。鲁迅没有办法,只好卖田——这是败落人家的最后一着棋。但不久,卖田得来的钱也用光了。他就等着析分公田,分到手后再卖。而周作人却全不管这一切,说是还要在日本学习法文,不肯回国谋事,共渡难关。周作人排行老二,父亲虽然早死,但上面还有大哥顶着,仍有遮阴之所。而鲁迅这位老大,也一直是自己顶着困难,处处维护他,培养他,所以周作人养成了习惯,一向只顾自己,不大有家庭责任感。但此时鲁迅实在已经没有办法了,只好催他回国。鲁迅在1911年3月7日致许寿裳信中说:"起孟来书,谓尚欲略习法文,仆拟即速之返,缘法文不能变米肉也"。但是随即自责道:"使二年前而作此语,当自击,然今兹思想转变实已如是,颇自闷叹也。"这是现实的艰难,匡正了青年时代的理想。

但是,不知生活艰难的周作人,却不为所动,仍旧不肯归来。于是,鲁迅在两个月之后,只好动身到日本去催,周作人也只好在数月之后,带着日本老婆回国。

鲁迅这次到日本住了半个月,"不访一友,亦不一游览",仅到丸善书店看了一下所陈列的书籍,只见琳琅满目中都不是原来那些故书了。他想买的书太多了,却无钱可买,只好索性一本也不买。但许寿裳托买的书籍杂志,仍搜罗了一小箧。此次赴日,使他感触良深的是:"闭居越中,与新颖气久不相接,未二载遽成村人,不足自悲悼耶。"① 这也是他急于想要离开绍兴的原因。

1911年7月,这一学年结束之后,鲁迅终于辞去绍兴府中学堂职务。但是,到哪里去呢?很感茫然。鲁迅在给许寿裳信中,谈到他当时的处境:"越中学事,惟从横家乃大得法,不才如仆,例当沙汰。中学事难财绌,子英方力辞,仆亦决拟不就,而家食既难,它处又无可设法,京华人才多于鲫鱼,自不可入,仆颇欲在它处得一地位,虽远无害,有机会时,尚希代为图之。"② 他想到上海一家大书店去做编译员,但到底被拒绝了。他搜集一些关于新知识的外文丛书,计划从中选取一些好的翻译出来,到什么书局去出版,但也没有成功。

大约就在这段时期,鲁迅还写了一篇小说:《怀旧》③。文字仍用文言,而格调

---

① 1911年7月31日致许寿裳信。
② 1911年7月31日致许寿裳信。
③ 鲁迅在1934年5月6日致杨霁云信中说:"现在都说我的第一篇小说是《狂人日记》,其实我的最初排了活字的东西,是一篇文言的短篇小说,登在《小说林》(?)上。那时恐怕还是革命之前……"

却与几年前在日本时所写的大不相同。这里,已经不再激昂慷慨地呼号了,而开始用讽刺的笔触深入地解剖人生。作品通过一个村塾学童的眼光,描写了土财主金耀宗与塾师秃先生商议迎降的故事,以此反映出某种世态。金耀宗禀性愚鲁,识语聊聊,"如语及米,则竟曰米,不可别粳糯;语及鱼,则竟曰鱼,不可分鲂鲤。"但是,"箪食壶浆以迎王师之术,则有家训"。所以,一听说"长毛"要来了,也分不清是"山贼海盗"或是"白帽赤巾",马上就打算借张睢阳庙庭来请他们吃饭,而且还要秃先生为之书"顺民"二字,贴在门上。这个名叫仰圣的秃先生,因为熟读孔孟之书,所以处世之道,比金耀宗更高一筹。他搜尽《纲鉴易知录》,知道"此种人,运必弗长",但是又间有成功者,所以认为请饭亦可,但不能自己列名,而委诸地甲出面。"顺民"字样也不可贴得太早,否则,"贼退后,又窘于官军"……作品不但深刻地揭露了富翁乡绅们那种善于钻营投机的卑劣嘴脸,而且还辛辣地讽刺了村民市民们惶惶不可终日的心态。"予窥道上,人多于蚁阵,而人人悉函惧意,惘然而行。手多有挟持,或徒其手,王翁语予,盖图逃难者耳。中多何墟人,来奔芜市;而芜市居民,则争奔何墟。……独见众如夫人,方检脂粉芗泽纨扇罗衣之属,纳行箧中。此富家姨太太,似视逃难亦如春游,不可废口红眉黛者。"此处命意,日后在《新青年》随感录《"来了"》中,有所发挥,众人惶惶然奔走,只为"来了"来了也。

本文发表在1913年4月份出版的《小说月报》四卷一号上,很得编者的赞赏。恽铁樵在"焦木附志"中评曰:"实处可致力,空处不能致力,然初步不误,灵机人所固有,非难事也。曾见青年才解握管,便讲辞章,卒致满纸饾饤无有是处,亟宜以此等文字药之。"此外,还得了几本小说,算是奖品。

但也可见,当时要靠笔墨为生,是不大可能的。

正在这时,辛亥革命爆发了。

鲁迅是以极其兴奋的心情来迎接这场革命的。绍兴原是革命力量比较强大的地方,杭州光复的消息传来,革命派就动起来了。越社发起了一个大会,在城内一个寺内召开,公推鲁迅做主席。鲁迅当下提议了若干临时办法,例如组织演讲团,分发到各地去演讲,阐明革命的意义,鼓动革命情绪等,获得大家的赞成。这时,绍兴府中学堂的学生们也请鲁迅和陈子英回校主持校政,鲁迅便把学生发动起来,组成武装演讲团到街头宣传。学校里有教操用的毛瑟枪,虽然没有子弹,但有发响的弹子,还有几把指挥刀,倒可以壮壮声势。

那几天,绍兴城里很乱,人心浮动,谣传纷纷,说是有败残清兵要渡江到绍兴来骚扰。于是,鲁迅迅速集合队伍,上街宣传。当时有一个学生问道:

"万一有人来阻拦,怎么办?"

"你手上的指挥刀,做什么用的!"鲁迅坚决地回答道。

这次宣传,效果很好。他们还油印了许多传单在街上散发、张贴,"溥仪逃,奕劻被捕"的消息一下子传开来了,人心也渐渐安定下来。接着,绍兴又成立了军政府。

但这个军政府却是几个旧乡绅所组成的。什么铁路股东是行政司长,钱店掌柜是军械司长……而"绍兴军政分府"的"府长",则是原来的知府老爷,真正是换汤不换药的东西。绍兴光复后的第二天,鲁迅与范爱农相约,上街"看看光复的绍兴",他们"走了一通,只见满眼是白旗。然而貌虽如此,内骨子是依旧的"。这使鲁迅感到很失望。

绍兴的这种情况,正是当时全国政治形势的缩影。辛亥革命的结果,虽然换上了一块共和的招牌,而政权仍操纵在旧军阀、旧官僚、旧乡绅手里。比如,杭州光复之后,浙江省都督的位置就为立宪预备会议的旧官僚汤寿潜所得。各地的情况也都与此相似,这个革命实际上是失败了。

鲁迅对此非常愤懑,青年们也嚷嚷起来,争着要赴省请愿,要求省里派人来。于是,王金发带兵从杭州来了。

王金发原是土匪,鲁迅戏称他为"绿林大学"出身,后来加入了光复会,是"草字头"的革命党人。这个人开始时革命比较坚决,还在清朝皇帝统治时,他就在光天化日之下,将告密的奸细处决于上海的马路上;杭州光复后,他坚决反对让那个参与谋杀秋瑾的立宪派头目汤寿潜做浙江都督,声言要用炸弹把汤炸死。因此,对于王金发的到来,绍兴人民是热情欢迎的。鲁迅和学生们一起,兴高采烈地到西郭门外迎接王金发的军队,一直等到半夜三更,没有等到。第二天晚上,鲁迅又带了学生去五云门外迎接,终于接到了王金发的军队。那天,绍兴的人民都极兴奋,提灯点火,在路旁密密地站着看,中间只留一条狭狭的路,让队伍过去,大家高喊着"革命胜利"和"中国万岁"等口号,情绪热烈、紧张。

王金发进城后,立即解散旧乡绅们所拼凑的军政府,另行成立了新的军政府。而且还采取了一些革命措施,公祭先烈,逮捕了杀害秋瑾的谋主章介眉,调集了案卷,要为先烈报仇。但狡猾的敌人却耍了一个"毁家纾难"的把戏,章介眉说愿意把他的十万家产拿出一半"捐献"给军政府,以赎他的罪行,解除"灾难"。而王金发也居然答应了。当时的革命党人还缺乏政治经验,也缺乏革命的彻底性,对于政治上的敌人并不镇压,据说是已经成了民国,大家"咸与维新",不应再修旧怨了,于是,听任他们活动,让他们逐渐钻到新的权力机构里面来。王金发不久即被许多乡绅、闲汉和新进的革命党所包围,用祖传的老法,捧将起来,大做其王都督。而且,还动手括地皮。他带来的人,原来穿布衣的,不上十天也大概换上皮袍子了,虽然天气还并不冷。这样腐化侵蚀的结果,新的政权马上又变质了。

鲁迅在日本时就认识王金发,而且都是光复会的老同志,所以王金发请鲁迅出任浙江山会初级师范学堂监督,即鲁迅所说的"被摆在师范学校校长的饭碗旁边"。王金发委任鲁迅去做师范学堂的监督,还有一个用意,他是想让鲁迅在交接时,查出前任监督杜海生的错处,可以惩办。因为王金发认为,当年的秋瑾案件,杜海生处于可以救援的地位,而不肯救援,很可恶。但鲁迅没有这样做。他认为,杜海生当时的地位,未必有救援的力量,救援也未必有效;而且,即使杜海生有错,也应该堂堂正正地处理,而不该趁交接之机借故报复。所以,他不但没有在交接中任意挑剔,而且连照例要换的账房先生也不换。这使得老账房十分感动,叹为奇遇。

鲁迅当监督,深受学生的欢迎。据当年的学生孙伏园日后追忆道:"那时学生欢迎新校长的态度,完全和欢迎新国家的态度一样,那种热烈的情绪在我回忆中还是清清楚楚的。"①鲁迅第一次对学生讲话,就是鼓励他们剪辫子。当然,那是自愿,并不强迫;但他说明,将来总是要剪的。鲁迅自己也感到一种畅快。他后来回忆当时的心境道:"我觉得革命给我的好处,最大,最不能忘的是我从此可以昂头露顶,慢慢的在街上走,再不听到什么嘲骂。"②

但形势变化得很快。鲁迅一面办教育,一面认真地观察和考量这发展变化着的新形势,他感到失望。

王金发这批人是愈来愈不行了。越社成员们决定要办一种报来监督他们,说是要借用鲁迅的名字做发起人。鲁迅答应了,并且为报纸写了《出世辞》。这就是《越铎日报》。越,是绍兴的旧称;铎,是铃铎之谓。这越中之铃铎,就是要给王金发的军政府敲警钟的。鲁迅在《出世辞》中热情地颂扬辛亥革命的意义,清醒地指出,经历永长的专制,昭苏非易,并且表明,他们办这张报纸的宗旨是:"纾自由之言议,尽个人之天权,促共和之进行,尺政治之得失,发社会之蒙覆,振勇毅之精神。"这样,可以使得革命不致半途夭折。

青年人说干就干,五天后就见报。开首便骂军政府和那里面的人员;此后是骂都督,都督的亲戚、同乡、姨太太……这样地骂了十多天,就有一种消息传到鲁迅家里来,说都督因为你们诈取了他的钱,还骂他,要派人用手枪打死你们了。这使鲁迅的母亲很着急,叮嘱他不要再出去。鲁迅认为,王金发虽然"绿林大学"出身,而杀人却不很轻易,况且拿的是校款,这一点他是明白的。所以,鲁迅还是照常出门。

---

① 孙伏园:《哭鲁迅先生》,《鲁迅先生纪念集》,鲁迅先生纪念委员会编。
② 鲁迅:《且介亭杂文·病后杂谈之余》。

王金发果然没有来杀。鲁迅写信再去要经费,又取了二百元。但仿佛有些怒意,同时传令道:再来要,没有了!

不过鲁迅又得到一个新消息:原来所谓"诈取"者,并非指学校经费而言,是指另有送给报馆的一笔款。报纸上骂了几天之后,王金发便叫人送去了五百元。于是乎那些人便开起会议来,第一个问题是:收不收?决议曰:收。第二个问题是:收了之后骂不骂?决议曰:骂。理由是收钱之后,他是股东;股东不好,自然要骂。

鲁迅即刻到报馆去问这事的真假。都是真的。鲁迅略说了几句不该收他钱的话,一个名为会计的便不高兴了,质问道——

"报馆为什么不收股本?"

"这不是股本……。"

"不是股本是什么?"

鲁迅不再说下去了。这一点世故他是早知道的,倘再说出连累他们的话来,就会当面斥为太爱惜不值钱的生命,不肯为社会牺牲,或者明天报上就可以看见他怎样怕死发抖的记载。

绍兴都督王金发,在"二次革命"失败后为袁世凯的走狗所枪杀,"与有力者"是他所释放的杀害秋瑾的谋主。这是王金发绑赴刑场的照片

学校也无法办下去了。鲁迅到都督府去辞职,自然照准,派来了一个拖鼻涕的接收员。鲁迅交出账目和余款一角又两铜元,并在《越铎日报》上发表《周豫才告白》,声明山会初级师范学堂诸事,已于2月13日交接清楚,此后不再负责。后任是孔教会会长傅力臣。

辞去山会师范学校职务以后,鲁迅曾想到上海去当编辑。他托人向一个大书店介绍,不久寄了一页德文来,叫他试译。他在大厅里踱了大半天,终于决定应试,因为考取了可以有一百多元的薪水。但寄去之后不久,还没有等到回音,许寿裳就来信催他往南京去了。这时,南京国民政府刚成立,蔡元培出任教育总长,正在物色人才,许寿裳便向他推荐鲁迅;蔡元培早就知道鲁迅,很佩服他的才学与识见,所以叫许寿裳赶快写信来催。这样,鲁迅就到南京进入教育部工作。

六、看来看去，看得怀疑起来

　　南京临时政府的教育部，组建得非常仓促。1912年1月1日，孙中山宣誓就任中华民国临时大总统。3日，中华民国临时政府成立，各省代表会议通过孙中山提名的各部总长与次长。蔡元培被任命为教育总长，景耀月为次长，他们就白手起家地组建教育部。

　　教育部是个不被重视的单位，不但经费短缺，而且连办公的地方也没有，开始时几个人只好暂寓旅馆来进行工作。蔡元培向大总统要房子，孙中山说："那又有什么办法呢？本来倒是有几处地方的，可是军队都占去了，所以现在只好由你自己去想办法了。"蔡元培于是坐了一辆人力车东奔西跑，接连几天都没有找到房子。最后找到了江苏都督府内务司长马相伯，从他那里要到了几间碑亭巷的房子，总算是把教育部安顿了下来。于是招兵买马，启用印信，通告就职①。

　　教育部的条件虽差，但是，教育总长蔡元培却是一位极有见识的革命教育家。他对革命后的教育问题，早已成竹在胸。所以在杂务丛集的就职之初，就发表了《对于教育方针之意见》。他废除了清季学部所订的忠君、尊孔、尚公、尚武、尚实五项教育宗旨，而改为军国民教育、实利教育、公民教育、世界观、美育五项，并且特别指出："忠君与共和政体不合，尊孔与信仰自由相违"，所以删去。至提出世界观教育，就是哲学的课程，意在兼采周秦诸子、印度哲学，以及欧洲哲学，以打破两千年墨守孔学的旧习。提出美育，因为美感是普遍性，可以破人我彼此的偏见；美学是超越性，可以破生死利害的顾忌，在教育上应特别注意。这五项教育宗旨，符合世界之潮流，代表全新的教育理念，即使在名目上有与旧宗旨相等之处，如军国民教育与尚武、实利教育与尚实、公民教育与尚公，但实际内容却已根本不同了。比如，这里所说的公民教育，其道德纲领是法国革命时代所标示

---

① 据蒋维乔：《辛亥革命闻见》，中国近代史料丛刊《辛亥革命》第8集。

的自由、平等、友爱三项,古者所谓仁、义、恕之类,则只是用来印证新说而已。

蔡元培的教育思想与鲁迅早期的文化思想是相一致的。鲁迅来到南京,本当有发挥积极性的余地,可惜整个南京临时政府连同它的教育部,存在的时间很短促,他们实在来不及做什么事。但蔡元培此后在不同的岗位上仍努力贯彻他在这里所提出的教育方针,鲁迅也以不同的方式配合他的工作。

鲁迅来到南京临时政府教育部,也住入了碑亭巷,与老友许寿裳重聚,日则同桌办公,夜则联床共话,暇则同赴图书馆,自有一番乐趣。当时教育部还属草创阶段,规模未具,大家都称部员,由部中供给膳宿,每人月支三十元。从物质条件看,比在绍兴教书时好不了多少,但在精神上,却是另一番境界。他后来回忆道:"说起民元的事来,那时确是光明得多,当时我也在南京教育部,觉得中国将来很有希望。自然,那时恶劣分子固然也有,然而他总失败。"①

南京是革命政府所在地,当然格外文明。当时革命党人也竭力要为本族增光,所以兵队倒不大抢掠。南京的土匪兵小有劫掠,国防总长黄兴便勃然大怒,枪毙了许多,后来因为知道土匪是不怕枪毙而怕枭首的,就从死尸上割下头来,草绳络住了挂在树上。从此也不再有什么变故了,虽然教育部的卫兵,当鲁迅外出时举枪立正之后,就从窗门爬进去取了他的衣服,不过正如鲁迅所说:"但究竟手段已经平和得多,也客气得多了。"②

南京又是鲁迅旧游之地,见之难免有今昔之感。他在矿路学堂读书时,曾经骑马经过明故宫,很被旗人驻所的顽童骂詈和投石——犹言你们不配这样;而现在这里却面目全非了,居民寥寥,即使偶有几间破屋,也无门窗,若有门,则是烂洋铁做的,总之,毫无一点木料。这倒并非革命军进城时的破坏,而是有些旗人要按古法殉难,用炸药引爆自杀,恰巧一同炸死了几个过路的骑兵,革命军以为埋藏地雷反抗了,便烧了一回,可是燹余的房子还有不少。此后,他们便自己动手,拆房材出卖,先拆自己的,次拆较多的别人的,待拆到屋无尺材寸椽,这才大家流散,还给我们一片瓦砾场。鲁迅看到这种情形,听到此类传闻,不禁感慨系之。

在公余,鲁迅还是继续做古籍的辑录和校勘工作。南京有个江南图书馆,是在"八千卷楼"藏书的基础上建立起来的,很有些珍贵版本。鲁迅曾借此处的藏本,抄录过孙志祖增订的姚之骃辑本《谢氏后汉书补逸》,又以此处抄本校勘了

---

① 1925年3月31日致许广平信。
② 《坟·杂忆》。

唐朝沈亚之的《沈下贤集》，并从中摘出传奇三篇：《湘中怨辞》、《异梦录》和《秦梦记》，开始辑录《唐宋传奇集》。这是承接《古小说钩沉》之后的一部中古小说集，也是为日后《中国小说史略》的写作所准备的资料。

但这样的日子没过多久，政治形势就发生逆转了。

盖武昌起义虽然成功，各省也纷纷响应，宣布独立，但是，实权仍掌握在旧军阀、旧官僚、旧乡绅手里。这一边，南京临时政府宣告成立，试图建立民主制度；那一边，袁世凯却手握重兵，在北京清政府与南京临时政府之间讲价钱，做政治投机。谈判的结果是，袁世凯承认共和，清朝皇帝退位，而孙中山将中华民国大总统的位置让给袁世凯。史学家们常批评孙中山此举为资产阶级软弱性的表现，其实则是实力对比的结果。一切政治谈判，都是以实力作基础，而不是以个人意志为转移的。当时革命军的力量，还不足以抵挡袁世凯部队的进攻，所以只好接受这个条件。

孙中山还想以约法、议会政治和定都南京这三条来约束袁世凯，于是派蔡元培等人为专使，到北京去迎袁世凯南下。老奸巨猾的袁世凯当然不愿来就这个约束，他玩了一个小小的花招——制造了一个所谓"兵变"，就把孙中山的计划打得粉碎。袁世凯借口要维持北方秩序，不肯南下。于是，不是个人服从政府，而是政府迁就个人，临时政府只好由南京迁往袁世凯的老巢——北京。袁世凯的第一招既已得逞，接着而来的就是废除约法、解散国会，甚至还把热衷于议会政治、准备组织责任内阁的国民党领袖宋教仁刺杀了——其时，同盟会已改组成国民党，名义上虽尊孙中山为理事长，但实权却操在代理理事长宋教仁的手中。等到孙中山醒悟过来，赶快起来进行反袁斗争，已经为时太迟，他发动的二次革命也很快地归于失败。

不过，在政府迁移时，南京方面向北京政府推荐了一部分人员，袁世凯那时还要做表面文章，也不能不接受下来，以示两个政府有着承接关系。鲁迅就是这批荐任部员之一。据许寿裳说，在蔡元培被命北上迎接袁世凯时，次长景耀月来代理部务。此人好大喜功，只知扩充自己势力，引用私人，忽然开会议要办杂志了，鲁迅不很睬他，他也太不识人，据说暗中开了一大张名单，送请大总统任命，竟把周树人的姓名无端除去。幸而蔡元培就回来了，赶快把这件事撤销①。

鲁迅与许寿裳一起，于4月中旬回到绍兴，对家事略作安排，然后北上。他们

---

① 《亡友鲁迅印象记·入京和北上》。

在上海乘海轮,于5日上午11时抵达天津,再乘火车到北京。从这一天起,鲁迅开始记日记,到临终前一天才停笔——以前他也记过日记,但不连续,而且早已遗失了。他在这一天的日记中写道:"下午三时半车发途中。弥望黄土,间有草木,无可观览。"这既描写了当时北国的景象,也反映出本人的心境。这时,鲁迅的心境和北国的外景同样地荒凉。

鲁迅那天晚上7时才抵北京,暂宿长发客店。第二天上午,"移入山会邑馆"。山会者,山阴、会稽之谓也,该邑馆是这两个县在京做官的人出钱建造,凡有同乡举人上京应试,或同乡官员到京候补者,都可借住于此。清宣统年间,废除府治,山阴会稽两县合并为绍兴县,该馆也就改名为绍兴县馆。但一些在京的绍兴人却不喜欢"绍兴"这个名字,这大概与绍兴师爷的声誉不佳有关。鲁迅也讨厌绍兴这个名称,据周作人说,则另有原因:"或者还是因为小康王的关系,在杭州设了小朝廷,还要摆架子自称绍兴,把这庸俗的年号硬给人做地名,这的确是有点可厌的。"①所以他在日记中仍称山会邑馆,而在文章中提到这个县馆时,则称为S会馆。该馆地处宣武门外南半截胡同北头,靠近清朝行刑的菜市口。幸而民国以后不再在那里杀人了,所以出入倒还自由清净。但住宿的条件却并不好,鲁迅入住的第一天,便遭臭虫之灾。他在日记中写道:"夜卧未半小时,即见蟹虫三四十,乃卧卓上以避之。"次日叫长班换了床板,这才能够安睡,但此后打扰之事还多。

鲁迅在此安顿好住处之后,当日就到教育部去报到。但北京教育部与南京教育部的景象殊异,那股革命的朝气不见了,有的是旧衙门的暮

鲁迅初到北京时所寄寓的绍兴县馆

---

① 《鲁迅的故家·补树书屋旧事》。

气。北京教育部承袭了前清学部的衙门旧址,也接收了这个衙门里的大部分人员,连它的衙门作风也继承下来了。鲁迅在5月10日日记中写道:"晨九时至下午四时半,至教育处视事。枯坐终日,极无聊赖。"就可见这个衙门的气象。当时常有各地上报申请旌表节烈之类的鬼事,还有山西大学堂送来的要求在文庙中成立崇圣会社的呈文,鲁迅看了极为反感。因为无聊,教育部的同事们在办公时间只好看报、吸烟、聊天;而鲁迅,则利用时间来看书,据当年教育部的同事回忆:他"整天看书,不把时间浪费在闲谈上","同事们便佩服他看书有恒心"①。

蔡元培虽仍为教育总长,但袁世凯任命了旧学部参事范源廉为次长,用他来钳制蔡元培,争夺教育部的领导权。所以,蔡元培虽然有新的教育理想,但处处受人掣肘,不能实施他的蓝图。而部内新旧两派的斗争也很激烈,范源廉组织尚志学会,把旧学部的人归统于自己的旗下。南京教育部过来的人,也逐渐分化,有的妥协了,跟着旧派走;而那些仍旧坚持革命立场者,则受到排挤。

鲁迅开始时被任命为社会教育司第二科科长,后来机构调整,教育部把负责宗教、礼俗事宜的原第一科移交给内务部,将原第二科变成第一科,鲁迅遂成为第一科科长,并任佥事,主管图书馆、博物馆、美术馆、动植物园等事宜。他原来很想为祖国的教育事业做一些工作,但是不能如愿。

对于蔡元培的教育改革措施,鲁迅是支持的。比如,蔡元培提倡"以美育代宗教",鲁迅虽然未必完全赞同此说,但对于提倡美育一事,却很热心。因为美育的提倡,与改造国民性有关,也与他的用文艺来改良人生的主张相吻合。因而,他到北京之后,就帮蔡元培草拟关于美育方面的文件,又到教育部举办的夏期讲演会演说《美术略论》。但这种演说却引不起人们的共鸣,听者寥寥,第一次仅三十人左右,而且中途退出五六人,后来几次,听

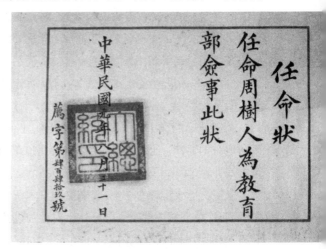

鲁迅被任命为教育部佥事的任命状

---

① 冀贡泉:《我对壮年鲁迅的几点印象》,《光明日报》1959年12月23日。

众愈来愈少。到7月5日那一次,鲁迅赴讲演会,发现"讲员均乞假,听者亦无一人"。为什么会出现这种情况呢?因为当时那些人对提倡美育的意义本无认识,无非是应付教育总长的面子才去的。而此时,蔡元培已提出辞职,他的学说随之就跌了价,他所提倡的美育也无人理睬了。接着,临时教育会议还删去美育这一项。在那种有权即有理、言论的价值随着地位的高低而涨落的社会里,这些事原是无足为怪的。但鲁迅当时毕竟还年轻,尚未修炼到他后来所说的能细嚼黄连而不皱眉头的境界,因此,身历此事,不能不感愤慨。他于7月12日日记中写道:"闻临时教育会议竟删美育。此种豚犬,可怜可怜!"为了贯彻原有的主张,鲁迅于17日仍继续讲演《美术略论》,听者"初止一人,终乃得十人",在这种冷漠的空气中,仍坚持"讲毕"。

不久,鲁迅又写了《拟播布美术意见书》,文中界定美术之性质,分析美术之类别,申述美术对于国民教育之重要意义,并建议建立美术馆、剧场、奏乐堂、文艺会,保存碑碣、壁画、造像、林野以及伽蓝宫殿、名人故居、祠宇、坟墓等著名建筑,组织研究会研究古乐、国民文化等。本文全面地表述了鲁迅对审美教育的看法,形式上则是为教育部代拟的官方文书,发表在1913年2月出版的《教育部编纂处月刊》第一卷第一册上。但袁世凯政府哪里会顾到这些事,上述建议和规划,当然是石沉大海了。

鲁迅来到北京以后,故乡的坏消息也不断地传来。还在他离开绍兴之后不久,《越铎日报》就被一群兵们捣毁过,发起人之一孙德卿大腿上被刺了一刀,他拍了照片,到处散发冤单;继而,这家报纸内部发生分裂,有一部分人与旧势力妥协,转为采取支持政府的立场,而另一部分人则退出该报,另外创办了一份《民兴日报》,继续宣传革命,与反动势力进行斗争。但随着全国政权的落入旧军阀手中,绍兴的旧势力在韬光养晦了一个短时期之后,又都纷纷抬头。杀害秋瑾的谋主章介眉,自由党的头子何几仲,孔教会会长傅力臣等人,逐渐地窃据要津。他们一上台,当然要压迫革命力量。鲁迅的老朋友范爱农就首当其冲。

范爱农是徐锡麟的学生,曾随徐到日本留学。徐锡麟在安徽起事失败被杀之后,两江总督端方就密令驻日使臣对他加以监视,待他回国时缉拿。后来祖母病逝,叔父不肯继续资助,他失却经济来源,只好回乡。虽然后来形势有所变化,他并未被缉拿,但因为是光复会会员,又生成傲骨,不肯钻营,因而受着轻蔑、排斥、迫害,几乎无地可容。他开始在绍兴府中学堂当监学,后来是躲在乡下,教几个小学生糊口。他与鲁迅在日本时有过误会,彼此有些成见,但毕竟都有革命思想,而且性格也有相近之处,所以回乡之后,倒逐渐成为好朋友了。在革命前,他们经常一起喝酒,醉后谈些"愚不可及的疯话"。革命以后,鲁迅当了山会师范学堂的监督,就请范爱农来当监学。鲁迅说:"爱农做监学,还是那件布袍子,但不大喝酒了,也很少有功夫谈闲天。他办事,兼教书,实在勤快得可以。"但鲁迅一走,范爱农就被何几仲和傅力臣合谋赶出山会师范学校了。他又成了革命前的范爱农。

一个革命者在革命之后的绍兴竟无立足之地了,这就是辛亥革命后的现实!

范爱农曾多次写信给鲁迅,诉说自己的遭遇,并托他代为谋事。他深知形势对自己不利,所以第一封信就写得很悲观:"听说南京一切措施与杭绍鲁卫,如此世界,实何生为,盖吾辈生成傲骨,未能随波逐流,惟死而已,端无生理。"鲁迅很想为他寻一点事做,但南京临时政府很快就结束了,到北京后,是在袁世凯势力的控制下,自己也岌岌可危,又哪里有机会来解决范爱农的饭碗问题呢!

1912年7月19日,鲁迅接到家人来信,说范爱农已经掉在水里,淹死了。据说是几个报社的青年朋友约他坐船去看戏,回来已过半夜,又是大风雨,他醉着,却偏要到船舷上去小便。大家劝阻他,他不听,自己说是不会掉下去的。但他掉下去了,虽然能浮水,却从此不起来。第二天打捞尸体,是在菱荡里找到的,直立着。

鲁迅闻讯后,在日记中写道:"悲夫悲夫,君子无终,越之不幸也,于是何几仲辈为群大蠹。"他独坐在寓所里,思念着故人,近事远景,一齐涌上心头,觉得十分悲凉。三天后,他提笔写下了三首悼诗:

其 一

风雨飘摇日,余怀范爱农。
华颠萎寥落,白眼看鸡虫。
世味秋荼苦,人间直道穷。
奈何三月别,竟尔失畸躬!

其 二

海草国门碧,多年老异乡。
狐狸方去穴,桃偶尽登场。
故里寒云恶,炎天凛夜长。
独沈清洌水,能否涤愁肠?

其　三

把酒论当世,先生小酒人。
大圜犹茗艼,微醉自沈沦。
此别成终古,从兹绝绪言。
故人云散尽,我亦等轻尘!

第二天早晨,大风雨凄黯之极,鲁迅张着伞,跑到许寿裳兄弟的住处,对他们说:"爱农死了,据说是淹死的,但是我疑心他是自杀。"并出示这三首哀诗。

哀诗刊登在绍兴《民兴日报》上,鲁迅在稿后附言中说:"我于爱农之死,为之不怡累日,至今未能释然。昨忽成诗三章,随手写之,而忽将鸡虫做入,真是奇绝妙绝,辟历一声,速死豸大狼狈。"盖"鸡虫"即"几仲"之谐音,指迫害范爱农之何几仲辈也。此句写出了白眼怒视恶势力之范爱农形象,也点出了他的对立面。许寿裳则说:"我尤其爱'狐狸方去穴'的两句,因为他在那时已经看出袁世凯要玩把戏了。"①的确,这不是一般的悼亡诗,它不仅写出了友人的身世和性格特点,而且将他的人生际遇与社会变动联系起来,表现出时代风云,实乃伤时之作也。

鲁迅在政治上具有相当的敏感性,他虽然偏居于教育部一隅,但全局的变动,他是深切地感受到的。

鲁迅在风雨飘摇日所怀念的范爱农

袁世凯先是操纵国会,收买议员,选举自己为正式大总统。所以鲁迅对这种议员都很讨厌,1913年5月18日日记云:"上午田多稼来,名刺上题'议员',鄙倍可厌。"有人解释鲁迅讨厌此种名片的原因,说是由于议员享有特权,将这种头衔印在名片上,是在摆空架子,想使会见者肃然起敬。但其实,更使鲁迅讨厌的原因,也许在于当时议员的无操守之故。

在镇压了孙中山的二次革命之后,袁世凯就积极准备复辟帝制,谋划黄袍加身。他一面恢复封建官制,如改国务院为政事堂,改国务总理为国务卿,官分九等,名为卿、大夫、

---

① 《我所认识的鲁迅·旧怀》。

士,又各分上、中、下,就只缺最高位上的皇帝一名了;另一方面,则提倡尊孔祀圣,做意识形态上的准备。1913年6月间,袁世凯就发布了《尊崇孔圣文》,次年一月,"政治会议"又通过了祭天祀孔两案,接着,又通令全国,以"夏时春秋两丁,为祀孔之日",一律举行祀孔典礼。

对于尊孔祀圣的活动,教育部是积极执行的机构。

当蔡元培辞职之初,教育部就把他制订的革命教育方针给改变了,袁世凯批准的教育宗旨,是"注重道德教育"。这里说得还比较笼统,人们一时还看不出他的真实用意来,但接着而来的《教育部整理方案草案》,就把这种"道德教育"的内涵讲得很清楚了:"吾国数千年来信仰之笃,足以为道德上的模范人物者,实为孔子。本部前已标明采取经训以孔子之言为旨归,今当令各学校阐明新旨,济以严肃之训育,端趋向而正人心,庶几学风可以一振。"

方针既定,当然就有行动。教育部自己先带头,每年两次在国子监祭孔。作为部中工作人员,鲁迅常被派去做执事,用他自己的话说,执事者,即传递帛和爵之类祭品和祭器的听差之谓也。但鲁迅很讨厌这种祭祀活动,部中新派人员抵制者亦复不少,祭祀常常演成闹剧,鲁迅日记中,有所记载。如:1913年9月28日记道:"昨汪总长令部员往国子监,且须跪拜,众已哗然。晨七时往视之,则至者仅三四十人,或跪或立,或旁立而笑,钱念敂又从旁大声而骂,顷刻间便草率了事,真一笑话。闻此举由夏穗卿主动,阴鸷可畏也。"他们有时还需参加其他部门的祭祀活动,如1914年3月2日所记:"晨往郘中馆要徐吉轩同至国子监,以孔教会中人举行丁祭也,其举止颇荒陋可悼叹"。1915—1916年,即袁世凯称帝的时候,"祭孔"的活动更加频繁了,而且还通令全国中小学恢复"读经"。在袁世凯的"龙驭上宾于天"以后,康有为又与辫子军大帅张勋一起用尊孔活动来制造复辟舆论,要把孔学作为"国教"列入宪法,教育部也相应有所行动。这时,鲁迅与几位浙江籍部员杨莘士、许寿裳、张协和、钱家治、张宗祥等人联名写信,反对"祭孔读经",据理驳斥。该信一式两份,一份送交教育总长范源濂,一份摊在办公室的桌子上,供大家观看。只是这封联名信的影响没有越出教育部,不为社会人士所知罢了。

官方的文化导向,总是隐藏着某种政治动机。袁世凯提倡尊孔祀圣,其政治目的就更加清楚。可惜时代已经不同了,袁世凯所扮演的,"不过是真正的主角已经死去的那种世界制度的丑角"①而已。这一点,鲁迅看得很清楚,他后来谈

---

① 马克思:《黑格尔法哲学批判·导言》,《马克思恩格斯选集》第1卷第5页。

到此事时,说道:"从二十世纪的开始以来,孔夫子的运气是很坏的,但到袁世凯时代,却又被从新记得,不但恢复了祭典,还新做了古怪的祭服,使奉祀的人们穿起来。跟着这事而出现的便是帝制。然而那一道门终于没有敲开,袁氏在门外死掉了。余剩的是北洋军阀,当觉得渐近末路时,也用它来敲过另外的幸福之门。……然而幸福之门,却仍然对谁也没有开。"①

袁世凯们在演闹剧,教育部也跟着在演闹剧。单是教育总长,就走马灯似的更换,鲁迅说,他在教育部十多年间目睹"一打以上的总长",而实际上还要多些。据统计,鲁迅在教育部任职的1912年至1926年间,教育总长更换过三十八次,次长更换过二十四次。有的只做过四十几天总长,还有只做过二十天或十四天总长的,也有三上三下的②。大概因为更换得太多之故,所以连部员都记不清次数了。而这些教育总长,大多数是不懂教育的。正如鲁迅在《反"漫谈"》中所说,他们不是来办"教育",而"大抵是来做'当局'的","说得露骨一点,就是'做官'!"所以,学校的会计员,可以做教育总长;教育总长,可以忽而化为内务总长;司法、海军总长,可以兼任教育总长。曾经有一位总长,听说,他的出来就职,是因为某公司要来立案,表决时可以多一个赞成者,所以再作冯妇的。这种教育总长,怎能办好教育呢?鲁迅日记中就有这样的记载:1912年9月6日,"上午赴本部职员会,仅有范总长演说,其辞甚怪";1913年2月5日,"范总长辞职而代以海军总长刘冠雄,下午到部演说少顷,不知所云"。要与这类"其辞甚怪"和"不知所云"的教育总长谈教育,岂非多事? 所以,当有些老实人一本正经地要和教育当局谈教育时,鲁迅真是哭笑不得,他只好来点黑色幽默,说道:"我有时真想将这老实人一把抓出来,即刻勒令他回家陪太太喝茶去。"

鲁迅还记述道,在他目睹的那些总长中,有两位是喜欢属员上条陈的。条陈者,即向上司陈述意见的呈文也。这表示该总长是随时留心研究教育问题的。于是听话的属员,便纷纷大上其条陈。然而,久而久之,全如石沉大海。鲁迅说:"我那时还没有现在这么聪明,心里疑惑:莫非这许多条陈一无可取,还是他没有工夫看呢? 但回想起来,我'上去'(这是专门术语,小官进去见大官也)的时候,确是常见他正在危坐看条陈;谈话之间,也常听到'我还要看条陈去','我昨天晚上看条陈'等类的话。那究竟是怎么一回事呢?"终于有一天,他从总长的条陈桌旁走开,跨出门槛的时候,忽然大悟:"哦! 原来他的'做官课程表'上,有一项

---

① 《且介亭杂文二集·在现代中国的孔夫子》。
② 据孙瑛:《鲁迅在教育部》,天津人民出版社1979年版,第79页。

是'看条陈'的。因为要'看',所以要'条陈'。为什么要'看条陈'?就是'做官'之一部分。如此而已。还有另外的奢望,是我自己的胡涂!"这真是参透了中国官场学的悟道之言。很多表面上看起来热热闹闹的所谓"提案"、"建议",和那些一本正经的"视察"、"慰问",都可作如是观。

说到对官场的揭露,还有一篇文章不能不提,这就是《谈所谓"大内档案"》,其中也牵涉到教育部的官员。这里所说的"大内档案",是指在清朝内阁里堆了三百多年的一堆乱纸,清朝退位以后,这些乱纸被装成八千麻袋,塞在孔庙之中的敬一亭里,其时孔庙里设了一个历史博物馆筹备处,处长是胡玉缙先生。这位胡先生不但深研旧学,而且博识前朝掌故,他知道清朝武英殿里藏过一副铜活字,后来太监们你也偷,我也偷,偷得"不亦乐乎",待到王爷们似乎要来查考的时候,就放了一把火,自然,连武英殿也没有了,更何况铜活字的多少。而不幸敬一亭中的麻袋,也仿佛常常减少,工役们不是国学家,所以他将内容的宝贝倒在地上,单拿麻袋去卖钱。胡先生因此想到武英殿失火的故事,深怕麻袋缺得多了之后,敬一亭也照例烧起来;就到教育部去商议一个迁移,或整理,或销毁的办法。教育部里专管这一类事情的是社会教育司,司长是夏曾佑,只要看他所编的两本《中国历史教科书》,就知道他看中国人有怎样地清楚。他是知道中国的一切事万不可"办"的;即如档案罢,任其自然,烂掉,霉掉,蛀掉,偷掉,甚而至于烧掉,倒是天下太平;倘一加人为,一"办",那就舆论沸腾,不可开交了。结果是办事的人成为众矢之的,谣言和谗谤,百口也分不清。所以他的主张是"这个东西万万办不得"。于是,"这两位熟于掌故的'要办'和'不办'的老先生,从此都知道各人的意思,说说笑笑……但竟拖延下去了。于是麻袋们又安稳地躺了十来年。"这真是绝妙的官场太极拳!

后来换了傅增湘来做教育总长了,他是藏书和"考古"的名人。大概是听到了什么谣言,以为麻袋里有好的宋版书——"海内孤本",于是发了一个命令,教鲁迅和G主事试看麻袋。即日搬了二十个到西花厅,他们俩在尘埃中看宝贝。大抵是贺表、黄绫封之类,还有奏章等,"至于宋版书呢,有是有的,或则破烂的半本,或是撕破的几张。"但既然确有宋版书的踪迹,那些长官们就大感兴趣了。"我们后来又看了两天,麻袋的数目,记不清楚了,但奇怪,这时以考察欧美教育驰誉的Y次长,以讲大话出名的C参事,忽然都变为考古家了。他们和F总长,都'念兹在兹',在尘埃中间和破纸旁边离不开,凡有我们检起在桌上的,他们总要拿进去,说是去看看。等到送还的时候,往往比原来要少一点,上帝在上,那倒是真的。"大约是几页宋版书作怪罢,后来又大举整理了一番,傅总长自然知道,整理后放弃的废纸也是万不可烧的,一烧必至于变成宝贝。待到他下野之后,这批废纸被历史博物馆自行卖掉,于是又掀起了一场神秘的风波,什么唐画呀,蜀石经呀,宋版书呀,都出来了,于是乎有人大有号咷之声,仿佛国宝已失,国脉随之似的。鲁迅是参加整理之人,当然深知内情,所以他离开北京,走出这些阔人的势力范围之后,就出来揭穿这套把戏,并指出:"现在好东西的层出不穷者,一,是因为阔人先前陆续偷去的东西,本不敢示人,现在却得了可以发表的机会;二,是许多假造的古董,都挂了出于八千麻袋中的招牌而上市了。"鲁迅这段描写,写尽了某种社会世态。对此,鲁迅深有感慨:"中国公共的东西,实在不容易保存,如果当局者是外行,他便将东西糟完,倘是内行,他便将东西偷完。而其实也并不单是对于书籍或古董。"

在这样的官场中,要有所作为,也实在很难。

不过,鲁迅是主张"有权在手,便当任意作为之"①的,所以他还是利用手中的职权,为社会教育和播布美术做了一些事情。例如:赴天津考察新剧,在北京查看开辟公园的地址,参与美术调查处工作,组织儿童艺术展览会,参加绘制国徽,领导通俗教育研究会小说股,扩充京师图书馆,筹建历史博物馆,等等。还有,1913年召开的"读音统一会",鲁迅也起了很大的作用。这个会议虽说旨在学术讨论,但因采定的字母方案要推广全国应用,故各派人士争论得非常激烈。有主张仿照日本假名,取近音汉字的偏旁做字母的偏旁派;有主张自创符号为字母的符号派;有主张采用拉丁字母来注音的拉丁字母派。鲁迅在《门外文谈》里曾描述当时论争的情况道:"劳乃宣和王照他两位都有简字,进步得很,可以照音写字了。民国初年,教育部要制字母,他们俩都是会员,劳先生派了一位代表,王先生是亲到的,为了入声存废问题,曾和吴稚晖先生大战,战得吴先生肚子一凹,棉裤也落了下来。但结果总算几经斟酌,制成了一种东西,叫作'注音字母'。"这种ㄅ、ㄆ、ㄇ、ㄈ……的注音字母,就是鲁迅和许寿裳、马裕藻、朱希祖等人根据章太炎所拟的一套标音符号修订而成,获得多数人赞成。后于1918年由教育部正式颁行,作为汉字读音的符号,普遍推广。当然,它的作用只不过是注音,而不能代替汉字。正如鲁迅所说:"那时很有些人,以为可以替代汉字了,但实际上还是不行,因为它究竟不过简单的方块字,恰如日本的'假名'一样,夹上几个,或者注在汉字的旁边还可以,要它拜帅,能力就不够了。写起来会混杂,看起来要眼花。那时的会员们称它为'注音字母',是深知道它的能力范围的。"这

---

① 1918年8月20日致许寿裳信。

套"注音字母"一直沿用到20世纪的50年代,直到1958年新的文字改革委员会颁布了拉丁化拼音方案之后,才取代了它。

鲁迅做事,一向认真,即使在大家都敷衍塞责的北京政府教育部,他也要把自己负责的工作做好。在他的日记中,常有为历史博物馆搜罗古物的记载,有时还将自己的藏品送给博物馆。有一次,历史博物馆把借给来比锡展览会的藏品送至教育部,鲁迅还亲自为之守夜。他在1913年11月20日日记中写道:"历史博物馆送藏品十三种至部,借德人米和伯持至利俾瑟雕刻展览会者也,以其珍重,当守护。回寓取毡二枚,宿于部中。夜许季上来谈,九时去。不眠至晓。"

但即使如此认真负责,也是防不胜防。有一次,他差一点上了前任总长的大当。周作人曾记载过一件事,说:"这故事是鲁迅讲的,我只是转述一下子……这是鲁迅在民国初年在北京教育部时候的事情。他在教育部的官是佥事科长,在社会教育司第一科,管的是文化设施,即图书馆、博物馆的事。其时北京图书馆还未成立,只有一个京师图书馆,略备一点旧书,设在国子监,由教育部聘胡玉缙做馆长,至于部内负责的则为科长,即是鲁迅。其时有一位做过总长的名流,大大有名的藏书家,听到馆中有一部宋版书,渴欲一见,无奈馆中定例善本不外借,所以不能做到。馆中为优待名流起见,特辟净室一间,请他住在里边,可以仔细校阅。那名流惠然肯来,科长亲自接待,捧出宋版来亲手交给他,然后告退。过了几日,名流送信来,说要回去几天再来看书,叫人前去接收。这天仍由科长出马,看见他已整装待发,只等科长一到,将书交还,便挑起网篮铺盖,出馆而去。科长双手接过内装宋版书的楠木盒子,将转手交付工友,这时忽然'福至心灵',当面打开盒子来一看:不看时万事全休,只见楠木盒子里'空空如也',不见有一本书。第一个看出破绽的是那位名流,随即回过头去,骂站在后面的佣人:'混帐东西,怎么书都没有放好!'佣人连忙从网篮里将宋版书取出,放入楠木盒子里。科长这才接过去,安心放下。后来鲁迅讲起这件故事,总说回想过去所遇的危险,以这一次最险,也最运气,因为只要一不小心,收下之后,这失书的责任再也摆脱不清了。因此之故,他也最恨那名流,不但认为藏书家即是偷书家,在这里得一实证,也因为个人几乎上他的大当的缘故。"①

教育部内两派的斗争很激烈,必然要渗透到日常工作中来。比如,1915年成立的通俗教育研究会,就为袁世凯的手下人所掌握,他们的目的是要配合袁世凯的复辟帝制而宣传宗法制度,宣传忠孝节义等旧道德,而担任小说股长的

---

① 《窃书的故事》,载《新民报晚刊》1957年9月3日。

鲁迅，则想通过小说来进行启蒙教育，所以对上峰所提出的工作方针进行抵制，但是受到很大的压力，结果只好辞去小说股长的职务。而即使辞去股长之后，他还是利用教育部工作之便，来宣扬他的观点。1917年3月，中华书局出版了三册周瘦鹃翻译的《欧美小说丛刊》，送至教育部审查注册，发到鲁迅手中，鲁迅看到其中有一册是专收英美法以外各国的作品，大为惊异，因其与自己的《域外小说集》的倾向相同，视为"空谷足音"，就带回会馆，与二弟作人共同拟了个评语，以教育部的名义发出，以示奖励。评语着重指出："其中意、西、瑞典、荷兰、塞尔维亚，在中国皆属创见，所选亦多佳作。又每一篇署著者名氏，并附小像略传，用心颇为恳挚，不仅志在娱悦俗人之耳目，足为近来译事之光。"又说："当此淫佚文字充塞坊肆时，得此一书，俾读者知所谓哀情惨情之外，尚有更纯洁之作，则固亦昏夜之微光，鸡群之鸣鹤矣。"只是这呼声，在教育部同样应者寥寥。

鲁迅到北京之后，政治形势愈来愈险恶。袁世凯为了想做皇帝，疯狂镇压革命派，大搞其特务统治。鲁迅后来回忆当时的情况道："袁世凯在辛亥革命之后，大杀党人"，"北京城里，连饭店客栈中，都满布了侦探；还有'军政执法处'，只见受了嫌疑而被捕的青年送进去，却从不见他们活着走出来；……"①特务之多，无处不在，大小官员，都在其监视之下。在这种情况下，许多人都染上一种嗜好，以此逃避耳目。重则嫖赌蓄妾，轻则玩古董书画，大家都摆出一副玩物丧志的样子，使当局可以放心。最有名的就是蔡松坡与小凤仙的风流韵事——如果不以小凤仙做掩护，蔡锷大概也逃不出北京城去进行云南起义。

鲁迅的官位虽低，但他是从南边过来的人，必然也受到猜忌和监视，何况他的老师章太炎是名重一时的革命元勋，章太炎断然拒绝袁世凯的收买，却跑到总统府去大闹大骂，公开反对袁世凯的专制独裁，因而被囚禁在北京，而鲁迅和其他章门弟子，则多次到乃师的囚禁地贤良寺和钱粮胡同去慰问，这就更加引起袁家走狗的注意。鲁迅自然也需要有逃避耳目之举，但他连打麻将也不会，更不愿染上其他嗜好，只好假装玩玩古董书画——这倒也是中国士大夫用以陶冶情操的传统爱好；但是他又买不起金石品和善本图书，他虽常游琉璃厂书肆，但所买的大抵是普通版书籍，并收集一些石刻拓本来看，但也不可能多买，所以就动手抄写，加以他本有校勘整理古籍的爱好，这样很可以打发漫长的时间②。1912年

---

① 《伪自由书·〈杀错了人〉异议》。
② 参见周遐寿：《鲁迅的故家·补树书屋旧事》。

六、看来看去,看得怀疑起来

年终,鲁迅于结算书帐后,在日记中写道:"审自五月至年莫,凡八月间,而购书百六十余元,然无善本。京师视古籍为骨董,唯大力者能致之耳。今人处世不必读书,而我辈复无购书之力,尚复月掷二十余金,收拾破书数册以自怡说,亦可笑叹人也。"

但这决不是一件轻松的工作。因为忧患,鲁迅常处病中。他在1913年1月6日日记中记道:"晚首重鼻窒似感冒,蒙被卧良久,顿愈,仍起阅书。"这一年其他各月,亦常有患病的记载,感冒、牙病、胃病等轮番发作。许寿裳说:"他发胃病的时候,我常见他把腹部顶住方桌的角上而把上身伏在桌上,这可想见他胃病的厉害呀!"①同年10月1日日记中又记云:"夜抄《石屏集》卷第三毕,计二十叶。写书时头眩手战,似神经又病矣,无日不处忧患中,可哀也。"其痛苦的心情可见一斑。

鲁迅白天到教育部办公,晚上就回到绍兴县馆读古书、抄古碑、看佛经……他在绍兴县馆里先住藤花馆西屋,后移至"南向小舍"。这里环境很不安静,邻人常常深夜高谈,令人无法安睡。鲁迅日记中常有记载,愤恨之情,溢于言表。如:1912年8月12日:"半夜后邻客以闽音高谈,狺狺如犬相啮,不得安睡";9月18日:"夜邻室有闽客大哗";9月20日:"邻室又来闽客,至夜半犹大噪如野犬,出而叱之,少戢";10月7日:"晚邻闽又噪";1914年1月31日:"夜邻室王某处忽来一人,高谈大呼,至鸡鸣不止,为之展转不得眠,眠亦屡醒,因出属发音稍低,而此人遽大漫骂,且以英语杂厕。人类差等之异,盖亦甚矣。"还有人在院子里随意小便,使鲁迅十分讨厌。据说,他的墙上挂着一个篾条弯成的小弓,说是用来从窗缝里射那些正在院子小门边墙角小便的人们②。直至四年之后的1916年5月6日,他"以避喧移入补树书屋"。这是一个僻静的小院,有三间屋,相传往昔曾在院子里的槐树上缢死过一个女人,现在槐树已高不可攀了,而这屋还没有人住,所以鲁迅得以搬入。但这屋并不好,他在日记中常有"夜大雷雨,屋多漏",或"午后大雷雨,室内浸水半寸"等记载,但总算比较清静,可以读书。鲁迅说:"许多年,我便寓在这屋里抄古碑。客中少有人来,古碑中也遇不到什么问题和主义,而我的生命却居然暗暗的消去了,这也就是我惟一的愿望。夏夜,蚊子多了,便摇着蒲扇坐在槐树下,从密叶缝里看那一点一点的青天,晚出的槐蚕又每每冰冷的落在头颈上。"③

---

① 《亡友鲁迅印象记·日常生活》。
② 沈尹默:《忆鲁迅》,茅盾、巴金等著《忆鲁迅》,第4—5页。
③ 《呐喊·自序》。

鲁迅曾自述他读古书,钞古碑的目的是为了驱除寂寞,"麻醉自己的灵魂",以减轻痛苦。但实际上也是一种文化积累,仍有着积极的作用。他通过碑帖、古籍和佛经,在深入地研究历史和哲学,而且还通过研究历史来认识现实,从而更加感到中国非改革不可。

在这段时期,鲁迅抄写的古籍有:《谢承后汉书》、《岭表录异》、《云谷杂记》、《虞预晋书》、《易林》、《石屏诗集》、《石屏集》、《嵇康集》、《谢氏后汉书补逸》、《沈下贤文集》、《出三藏记集》、《法显传》等。对于这些古籍,鲁迅不但抄写,而更重在校勘。比如《云谷杂记》,他就对校过许多版本,而成定本,他于序言中说:"原抄讹夺甚多,校补百余字,始可通读。"他所特别喜爱的《嵇康集》,更用多种版本反复校勘,形成善本。他在日记中常有"夜以丛书堂本《嵇康集》校《全三国文》"、"夜校《嵇康集》"的记载。许寿裳说:"自民二以后,我常常见鲁迅伏案校书,单是一部《嵇康集》,不知校过多少遍,参照诸本,不厌精详,所以成为校勘最善之书。"①他自己在《嵇康集·跋》中也说:"中散遗文,世间已无更善于此者矣。"

从1914年起,鲁迅又开始看佛经。从日记后面的书账上看,当年他就买了《释迦如来应化事迹》、《华严经合论》、《般若镫论》、《大乘中观释论》、《金刚经心经略疏》、《大乘起信论梁译》、《四十二章经》等近百种佛经,后来每年又续有所购,而且因为与许寿裳交换阅读,许寿裳所买还不计在内。这一年,他还出资托金陵刻经处刻印《百喻经》,为明年庆祝母亲六十大寿,分赠亲友之用。据许寿裳回忆道:"民三以后,鲁迅开始看佛经,用功很猛,别人赶不上。……他又对我说,'释伽牟尼真是大哲,我平常对人生有许多难以解决的问题,而他居然大部分早已明白启示了,真是大哲!'但是后来鲁迅说:'佛教和孔教一样,都已经死亡,永不会复活了。'所以他对于佛经只当做人类思想发达的史料看,藉以研究其人生观罢了。别人读佛经,容易趋于消极,而他独不然,始终是积极的。他的信仰是在科学,不是在宗教。"②

鲁迅收集拓本,开始重在碑帖,一方面研究字体变迁,同时也从文辞间考察古人的思想,比如,从六朝墓志中所说"积善不报,终自欺人"的话,看出他们对于"作善降祥"古训的怀疑。后来,他又大量搜集汉唐石刻画像,进行美术造型的研究。同时,鲁迅也常收集一些古镜、古钱和明器之类的小古董,并进行研究。如1913年2月2日日记:"午后许季上来,同游留黎厂阅书,购《尔雅翼》一部六册,一

---

① 《亡友鲁迅印象记·整理古籍和古碑》。
② 《亡友鲁迅印象记·看佛经》。

元;又购北邙所出明器五具,银六元,凡:人一,豕一,羊一,鹜一,又独角人面兽身物一,有翼,不知何名。"买回后还为这些土偶绘图,写说明,盛赞豕偶"叫三声而有威仪,妙极,妙极!"1914年6月6日日记:"往留黎厂李竹泉家买圆足布一枚,文曰'安邑化金',平足布三枚,文曰'戈邑',背有'兮'字,曰'兹氏',曰'闵',又'坦'字圆弊二枚,共三元五角。"

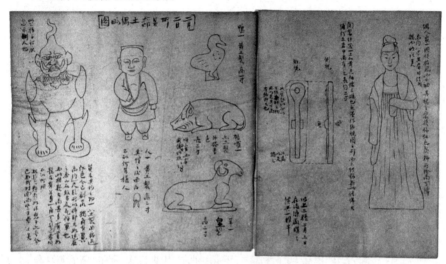

鲁迅手绘土偶图

但是,这样的生活也并不平静。1916年袁世凯称帝失败之后,到得1917年7月,又演出了张勋复辟的闹剧。鲁迅"曾亲见他的辫子兵在北京城外布防,对于没有辫子的人们真是气焰万丈"①。这时,鲁迅已忍无可忍,提出辞职。后来,形势日益紧张,他只得避居东城船板胡同新华旅馆,在那里,他遇见许多相识者,可见避难者之多。好在这出闹剧不到半个月就收场了,鲁迅也回到教育部复职。而"再造共和"的功臣,日后执政的却是当日袁世凯手下的大将段祺瑞,政权仍在北洋军阀手里,中国还是看不到希望。

鲁迅说:"见过辛亥革命,见过二次革命,见过袁世凯称帝,张勋复辟,看来看去,就看得怀疑起来,于是失望,颓唐得很了。"②鲁迅的苦闷是时代的苦闷,人民的苦闷;鲁迅的失望,是对于当时中国革命前途的失望。

这段时期,无论是中国社会,无论是鲁迅个人,都进入了一个沉闷的时期。

---

① 《且介亭杂文·病后杂谈之余》。
② 《南腔北调集·〈自选集〉自序》。

七、精神界之战士

但沉闷不是死灭,黑暗也难以遮蔽天下。就在称帝、复辟的闹剧一出出地上演时,在中华大地上,正萌动着一场新的革命。

1915年9月,陈独秀在上海创办了文化评论刊物《青年杂志》——后改名为《新青年》,宣传新的文化思想;1916年底,蔡元培接任北京大学校长职务,随即以自己的教育理念,对这所旧日的京师大学堂进行了一番认真的改革,打击了官场恶习,发扬了民主的学术风气,提出"仿世界各大学通例,循'思想自由'原则,取兼容并包主义"的办学方针,聘请了一批新派教授,以陈独秀为文科学长,陈独秀则把《新青年》也带到了北京。于是,他们以北京大学和《新青年》杂志为基地,展开了一场新文化运动。

新文化运动虽以五四为标志,但其实在1919年5月4日的爱国学生运动之前几年,就已开始了。

中国近代的革命,大体可以分为三个阶段:第一阶段,是器物革命,即是使用外国的洋枪洋炮,学习外国的机器制造,以洋务派为代表,但他们并没有实现强国梦,仍旧抵挡不住帝国主义的侵略;这就进入了第二阶段革命,即政治制度的变革,维新派和革命派所做的都是这项工作,虽然他们的要求并不相同,但结果都失败了——戊戌变法以流血告终,辛亥革命只赢得一块共和国的招牌——用鲁迅的话说,是只革掉一条辫子,而内骨子则一切依旧;面对这一片混乱的局势,革命志士们便进一步思考,寻求新的出路,于是

1918年的鲁迅

就进入了第三阶段的革命：文化革命。鲁迅后来说道："最初的革命是排满，容易做到的，其次的改革是要国民改革自己的坏根性，于是就不肯了。所以此后最要紧的是改革国民性，否则，无论是专制，是共和，是什么什么，招牌虽换，货色照旧，全不行的。"①这个见解，可说是新文化战士们的一种共识。鲁迅所谓改造国民性者，即是以新的文化思想去改造国民的旧意识也。

但当新文化运动刚起来时，鲁迅却并无多大的热情。这并非他对新文化运动缺乏理解，更不是他反对文化前驱们的主张——蔡元培、陈独秀们所倡导的文化主张，其实与鲁迅早年的文化思想很相契合。只是，鲁迅的文化运动发动得早了一点，时机尚未成熟，所以既无人赞和，也无人反对，使他如置身于无边的荒原，感到无可措手的悲哀；再加上辛亥革命之后政局的混乱，历史的倒退，更使他感到失望。他怀疑这些热忱的新文化战士的呼声能否得到社会的回应，不愿意再在荒原上进行无效的呼号，所以仍旧躲在补树书屋里抄古碑、校古书。

鲁迅的怀疑不无道理。这时，新文化战士也同样经历着寂寞的命运，《新青年》因为销路不广，几乎弄到停刊的地步。当时旧阵营中人也是采取不理睬策略，严复就说：这些不过是"春鸟秋虫，听其自鸣自止可耳"，"与之较论，亦可笑也"②。为了引起争论，《新青年》同仁钱玄同与刘半农还合演了一出双簧戏：钱玄同化名王敬轩，集各种反对派的议论，写了一封措辞激烈的反对文学革命的信件，刘半农则以刘复的本名写了长篇驳斥文章，同时发表在1918年3月出版的《新青年》四卷三号上。这就可见他们当时寂寞的情景。

钱玄同是鲁迅在日本留学时一

《新青年》杂志的出版，标志着中国新文化运动的开始

---

① 1925年3月31日致许广平信。
② 《书札六十四》，《中国新文学大系·文学论争集》，上海良友图书印刷公司1935年版，第96—97页。

陈独秀：《新青年》杂志的创办人，新文化运动的倡导者

同在章太炎门下听讲的同学，他深知鲁迅早期的文艺活动和文化思想，所以要请鲁迅出来助阵。于是就有了《呐喊·自序》中所记的这段有名的对话——文中所说的金心异，即指钱玄同，因林琴南后来在攻击文化革命倡导者的小说《荆生》中，以金心异来影射钱玄同，故在此借来一用，也有顺手反刺一枪的意思：

> 那时偶或来谈的是一个老朋友金心异，将手提的大皮夹放在破桌上，脱下长衫，对面坐下了，因为怕狗，似乎心房还在怦怦的跳动。
>
> "你钞了这些有什么用？"有一夜，他翻着我那古碑的钞本，发了研究的质问了。
>
> "没有什么用。"
>
> "那么，你钞他是什么意思呢？"
>
> "没有什么意思。"
>
> "我想，你可以做点文章……"
>
> 我懂得他的意思了，他们正办《新青年》，然而那时仿佛不特没有人来赞同，并且也还没有人来反对，我想，他们许是感到寂寞了，但是说：
>
> "假如一间铁屋子，是绝无窗户而万难破毁的，里面有许多熟睡的人们，不久都要闷死了，然而是从昏睡入死灭，并不感到就死的悲哀。现在你大嚷起来，惊起了较为清醒的几个人，使这不幸的少数者来受无可挽救的临终的苦楚，你倒以为对得起他们么？"
>
> "然而几个人既然起来，你不能说决没有毁坏这铁屋的希望。"
>
> 是的，我虽然自有我的确信，然而说到希望，却是不能抹杀的，因为希望是在于将来，决不能以我之必无的证明，来折服了他之所谓可有，于是我终于答应他也做文章了，这便是最初的一篇《狂人日记》。从此以后，便一发而不可收，每写些小说模样的文章，以敷衍朋友们的嘱托……

其实，他所做的不仅是小说，而且用杂文、诗歌和散文诗等各种文学样式来战斗，成为新文化阵营中最勇猛的闯将。

中国的新文化运动，以"民主"与"科学"为自己的两大旗帜，即陈独秀所谓德先生（Democracy）和赛先生（Science）。高举民主大旗，是为了反对专制制度，高举科学大旗，是为了反对迷信思想、盲从观念——这里所说的"科学"，显然不是指形而下的科学技术,而是指形而上的科学思想,即理性的评判态度。正因为如此,所以这些新文化运动者就要把过去人们盲目崇拜,认为神圣不可侵犯的东西,放到理性的审判台上来加以审判。于是他们提出了"打倒孔家店"的战斗口号。

他们之所以要以孔子为主要批判对象,是因为他被历代统治者吹捧,已经到了神圣不可侵犯的地步,而近年来,袁世凯、张勋等人又拿他来做敲门砖,作为称帝和复辟的舆论工具,许多吹鼓手们吹吹打打,煞是热闹。他们有些叫嚷发扬国粹,有些提出要定孔教为国教。以现代圣人自居的康有为,办了一个《不忍》杂志,说是不忍看到"纲纪之亡灭"、"国粹之丧失",而认为"非复辟不能救中国"了。一时间,"孔教会"、"孔道会"、"尊孔会"之类纷纷出现,尊孔声浪甚嚣尘上。所以反对者非要把这块砖头搬开去不可。正如鲁迅所说:"既已厌恶和尚,恨及袈裟,而孔夫子之被利用为或一目的的器具,也从新看得格外清楚起来,于是要打倒他的欲望,也就越加旺盛。所以把孔子装饰得十分尊严时,就一定有找他缺点的论文和作品出现。"①可见新文化战士们提出"打倒孔家店"的口号,是对于当时中国反动政治和反动思想的一个反拨和抗争。他们的着眼点是孔学的现实影响,而非它的教条本身,他们是从孔学的现实作用来评判它的文化指向,并非学院派所热衷的那种学术探讨。

这一特点,在鲁迅身上表现得非常突出。他从小熟读儒书,几乎读遍十三经,儒家的经典不可谓不熟悉,但是,在打倒孔家店的高潮中,却从来不去讨论儒学的原教旨,而总是着重批判它在现实生活中的弊害。

《狂人日记》写于1918年4月,发表在《新青年》第四卷第五期上。这篇作品运用象征手法,通过一个迫害狂患者的思想活动,深刻地暴露了家族制度和礼教的弊害。这里有两句话很值得注意,一句是:"从来如此,便对吗?"另一句是:"凡事总须研究,才会明白。"这就是理性的态度,评判的态度,也就是新文化运动中科学精神的表现。正是在这种科学精神的感召下,狂人喊出

钱玄同:鼓动鲁迅为《新青年》写稿的新文化运动先锋

---

① 《且介亭杂文二集·在现代中国的孔夫子》。

了振聋发聩的声音:"我翻开历史一查,这历史没有年代,歪歪斜斜的每叶上都写着'仁义道德'几个字。我横竖睡不着,仔细看了半夜,才从字缝里看出字来,满本都写着两个字是'吃人'!"

封建礼教吃人,这个思想是鲁迅对于历史和现实进行长期观察和研究的结果。同年8月20日,鲁迅致许寿裳信中,在告诉他《狂人日记》实为拙作"时说:"前曾言中国根柢全在道教,此说近颇广行。以此读史,有多种问题可以迎刃而解。后以偶阅《通鉴》,乃悟中国人尚是食人民族,因成此篇。此种发见,关系亦甚大,而知者尚寥寥也。"

《狂人日记》的发表,在当时的思想界产生了广泛的影响,在中国文学史上起了划时代的作用。尽管在此之前,已有白话作品出现,但无论就内容的深刻性或形式的新颖性而言,《狂人日记》都起了一个重大转折的作用。正如鲁迅自己所说,《狂人日记》等作品的出现,"算是显示了'文学革命'的实绩,又因那时的认为'表现的深切和格式的特别',颇激动了一部分青年读者的心。"

《狂人日记》明显地受到外国文学和哲学的影响,这一点,鲁迅自己并不讳言。所以他接着说:"然而这激动,却是向来怠慢了绍介欧洲大陆文学的缘故。一八三四年顷,俄国的果戈理(N.Gogol)就已经写了《狂人日记》;一八八三年顷,尼采(Fr.Ni etzsche)也早借了苏鲁支(Zarathustra)的嘴,说过'你们已经走了从虫豸到人的路,在你们里面还有许多份是虫豸。你们做过猴子,到了现在,人还尤其猴子,无论比那一个猴子'的。"当然,鲁迅的作品不是简单的模仿,而是有所借鉴,有所超越。所以他又说:"但后起的《狂人日记》……却比果戈理的忧愤深广,也不如尼采的超人的渺茫。"①

北京大学学生傅斯年在《新潮》杂志一卷四号上以孟真的名字,发表了《一段疯话》,盛赞《狂人日记》的成就道:"鲁迅先生所作《狂人日记》的狂人,对于人世的见解,真个透彻极了;但是世人总不能不说他是狂人。……文化的进步,都由于有若干狂人,不问能不能,不管大家愿不愿,一个人

狂人画像

---

① 《且介亭杂文二集·〈中国新文学大系〉小说二集序》。

七、精神界之战士

去辟不经人迹的路。最初大家笑他,厌他,恨他,一会儿便要惊怪他,佩服他,终结还是爱他,像神明一般的待他。所以我敢决然断定,疯子是乌托邦的发明家,未来社会的制造者。"在这一期《新潮》的意见栏中,还刊登了鲁迅和傅斯年的通信。鲁迅在信中说:"《狂人日记》很幼稚,而且太逼促,照艺术上说,是不应该的。来信说好,大约是夜间飞禽都归巢睡觉,所以单见蝙蝠能干了。"傅斯年则说:"《狂人日记》是真好的,先生自己过谦了。"傅斯年是当时学生运动的领袖,他的意见反映了一批进步学生的见解。

接着,号称独手打倒孔家店的老将吴虞,在《新青年》六卷六号上发表《吃人与礼教》,呼应鲁迅,他抓住礼教吃人问题,大加发挥道:"孔二先生的礼教讲到极点,就非杀人吃人不成功,真是残酷极了。一部历史里面,讲道德说仁义的人,时机一到,他就直接间接都吃起人肉来了。就是现在的人,或者也有没做过吃人的事,但他们想吃人,想咬你几口出气的心,未必打扫到干干净净!到了如今,我们应该觉悟!我们不是为君主而生的!不是为圣贤而生的!也不是为纲常礼教而生的!……我们如今应该明白了!吃人的就是讲礼教的!讲礼教的就是吃人的呀!"从这里,可以看出《狂人日记》在老一辈文化革命者中的影响。

如果说,《狂人日记》是鲁迅重新投入战斗的宣言,那么,继《狂人日记》之后,鲁迅的笔锋更向纵深拓展,从多方面对封建伦理道德进行了批判。

中国的礼教,称为纲常名教,其核心问题是所谓三纲五常。三纲者,即君为臣纲、父为子纲、夫为妻纲;五常者,即君臣、父子、兄弟、夫妇、朋友五种伦理关系。鲁迅的批判,即抓住三纲中的根本问题深入下去。

首先是对封建夫权思想的批判。

自从母系社会解体,人类进入父系社会之后,妇女的权利就日益缩小,地位日趋低下。而中国的伦理道德,则明确规定:"夫为妻纲",在夫妻之间确立了统治与被统治的关系。更加荒谬的,是女子死了丈夫,要守着,或者死掉;遇了强暴,便自戕。这就叫做节妇烈女,要加以旌表。这种残暴的道德,其不合理性是极其明显的,但到了民国初年,却还有人呈请旌表节烈,这是多么令人愤慨的事啊。1918年7月,鲁迅写了《我之节烈观》,指出了节烈观念的荒谬和悖理。他先依照旧的常识,提出了三个问题:(一)"不节烈的女子如何害了国家?"(二)在男性为主的社会里,"何以救世的责任,全在女子?"(三)"表彰之后,有何效果?"再根据新思想,提出两点疑问:"一问节烈是否道德?""二问多妻主义的男子,有无表彰节烈的资格?"层层说理,条条批驳,逻辑性极强。接着,又对节烈观念进行了历史的考察,指出由汉至唐还并没有鼓吹节烈,直到宋朝,那一班"业儒"才说出"饿死事小,失节事大"的话来,而到了清朝,就愈加厉害。鲁迅认为鼓吹节烈,总是在"国将不国"的时候。因为女子既为男子所有,不愿为人所占,所以一当将要被征服的时候,没有力量保护,只好别出心裁,鼓吹女人自杀。鲁迅谴责这种卑劣心理,畸形道德,要求"除去虚伪的脸谱","除去于人生毫无意义的苦痛","除去世上害己害人的昏迷和强暴","要人类都受正当的幸福"。

其次,是对父权思想的批判。

家族制度是中国封建社会结构的根本,所以圣人之徒最恨别人动摇他的伦常,动不动就给人加上"铲伦常"、"禽兽行"之类的恶名。1918年,鲁迅在《新青年》"随感录"专栏里,发表了《随感录》二五、四十、四九,探讨家族制度的改革问题;1919年10月,他又写了长篇论文《我们现在怎样做父亲》,对于封建父权思想作了全面的批判。中国封建社会的家族制度是以长者为本位的,所以把父母对于子女的养育,看成无上之恩,所以竭力劝孝,要求子女绝对地服从长辈,甚至不准子女超越自己,所谓"三年无改于父之道可谓孝矣"。鲁迅指出,这"是曲说,是退婴的病根"。他认为,生物要发展进化,我们就应该要求子女"超越了自己,超越了过去",而"超越便须改变,所以子孙对于祖先的事,应该改变"。父子的关系就应该将长者本位与私己思想改作幼者本位的道德。他反对一味说恩,而强调"无我之爱"。因为生育无非是生物延续生命的需要,教养则是做父母的责任所在,都没有什么恩惠可言。"独有'爱'是真的",所以觉醒的人,应"用无我的爱,自己牺牲于后起新人"。鲁迅号召人们一面消结旧账,一面开辟新路,他发出了伟大的声音:"自己背着因袭的重担,肩住了黑暗的闸门,放他们到宽阔光明的地方去;此后幸福的度日,合理的做人。"

对于君权思想,鲁迅并没有专文加以批判,这并非他不重视这个问题,而是因为在袁世凯称帝、张勋复辟相继失败之后,君主制度在中国终于被送进了历史的坟墓,不再成为现实的问题。专制主义虽然仍然存在,但表面上,谁也不敢再称皇称帝了,总要挂个"共和"的招牌来行事。《新青年》上曾有陈独秀对于康有为"虚君共和"说的批判,鲁迅对于陈独秀的观点是赞同的,但他认为,陈独秀这篇文章和陈百年、钱玄同、刘半农对于灵学派鬼神之说的几篇驳论,都是《新青年》里最可寒心的文章。"时候已是二十世纪了;人类眼前,早已闪出曙光。"但却还要辩论这些中世纪的是非,岂非同辩论地球方圆一样可笑!他自己不想再做君权存废问题的文章,而是进一步去剖析君权主义所赖以依存的等级制度,这却是现实中仍然存在着,而且严重地妨碍中国前进的问题。

但对于灵学派的鬼神之说,鲁迅还是写了批驳文章。因为社会上鬼神之说

七、精神界之战士

仍很嚣张,这与民主、科学思想是对立的。有些地方设坛扶乩,或者由"孟圣"主坛,或者有神隍降坛,还有什么真人之类,大家来一通鬼画符;上海出版了《灵学丛志》,说是"鬼神之说不张,国家之命遂促";还有人先把科学东拉西扯,羼进鬼话,弄得是非不明,连科学也带了妖气。……针对这种乌烟瘴气的景象,鲁迅奋起批判,目的是为了捍卫科学思想。他反对儒道诸公把历史上一味捣鬼不治人事的恶果,都移到科学身上,信口开河,造谣生事,惑乱国人,使社会上罩满了妖气。鲁迅说:"其实中国自所谓维新以来,何尝真有科学。""据我看来,要救治这'几至国亡种灭'的中国,那种'孔圣人张天师传言由山东来'的方法,是全不对症的,只有这鬼话的对头的科学!——不是皮毛的真正科学!"①鲁迅很重视宣传科学思想,当时《新潮》杂志每本里面都有一两篇纯粹科学文,得到鲁迅的肯定;但鉴于社会上鬼气太重,鲁迅又主张在宣传科学思想时要具有战斗性、批判性,"最好是无论如何总要对于中国的老病刺他几针",他在致傅斯年的信中说:"现在偏要发议论,而且讲科学,讲科学而仍发议论,庶几乎他们依然不得安稳,我们也可告无罪于天下了。"

在反对君权、父权、夫权和神权的基础上,呼唤着人的觉醒,这是新文化运动的一个突出贡献。鲁迅在日本留学时期,就接受了西方现代哲学和现代文学的影响,具有强烈的个性主义思想,明确地提出了"立人"的主张。现在,他正是以这种思想参加战斗,要求人们摆脱传统礼教的束缚,恢复人作为人的本质。所以他将儿童教育问题提高到"人"的高度来认识,说是:中国虽然以"人口众多"自负,"然而这许多人口,便只在尘土中辗转,小的时候,不把他当人,大了以后,也做不了人"。"中国娶妻早是福气,儿子多也是福气。所有小孩,只是他父母福气的材料,并非将来'人'的萌芽"。"我们中国所多的是孩子之父;所以以后是只要'人'之父!"②在婚姻问题中,也看出了"人"的意识的缺位:"可是东方发白,人类向各民族所要的是'人',——自然也是'人之子'——我们所有的是单是人之子,是儿媳妇与儿媳之夫,不能献出于人类之前。"③后来,在总结中国数千年历史的时候,则直截了当地指出:"但实际上,中国人向来就没有争到过'人'的价格,至多不过是奴隶,到现在还如此,然而下于奴隶的时候,却是数见不鲜的。"④

马克思在论及德国理论的彻底性及其实践能力时,曾说道:"德国理论是从

---

① 《热风·随感录三十三》。
② 《热风·随感录二十五》。
③ 《热风·随感录四十》。
④ 《坟·灯下漫笔》。

坚决彻底废除宗教出发的。对宗教的批判最后归结为人是人的最高本质这样一个学说，从而也归结为这样一条绝对命令：必须推翻那些使人成为受屈辱、被奴役、被遗弃和被蔑视的东西的一切关系"；"德国唯一实际可能的解放是从宣布人本身是人的最高本质这个理论出发的解放。"①这段话同样可以用来说明中国新文化运动的彻底性及其实践能力，只须将"废除宗教"改为"打倒孔家店"，将"对宗教的批判"改为"对礼教的批判"即可。因为中国的宗教没有西方宗教那种统治力量，而孔子的学说则代替了宗教，成为官定的教条，所以被称之谓"孔教"。中国的新文化运动从坚决彻底批判孔教出发，最后也是归结为人是人的最高本质这样一个学说。

正是从"立人"的思想出发，鲁迅深入地剖析了中国人的社会心理。他在《随感录三十八》里分析道：中国人向来有点自大，——只可惜没有"个人的自大"，都是"合群的爱国的自大"，并指出："这便是文化竞争失败之后，不能再见振拔改进的原因。"什么是"个人的自大"？鲁迅说："个人的自大"就是独异，是对庸众宣战。除精神病学上的夸大狂外，这种自大的人，大抵有几分天才，有几分狂气。他们自己觉得思想识见高出于庸众之上，又为庸众所不懂，所以愤世嫉俗，渐渐变成厌世家，成为"国民公敌"。但一切新思想，多从他们出来，政治上宗教上道德上的改革，也从他们发端。所以多有这"个人的自大"的国民，真是多福气！多幸运！至于"合群的自大"、"爱国的自大"，鲁迅则认为是党同伐异，是对少数天才的宣战。并指出这些人的特点是：他们自己毫无特别才能，可以夸示于人，所以把这国拿来做影子，把国里的习惯制度抬得很高，他们的国粹既然这样有荣光，他们自然也有荣光了。倘若遇见攻击，他们也不必自己去应战，只须蹲在影子里张目摇舌，一阵乱噪，便可制胜。胜了，我是一群中的人，自然也胜了；若败了的，一群中有许多人，未必是我受亏。大凡集众滋事时，多具这种心理。他们的举动，看似猛烈，其实却很卑怯。所以多有这"合群的爱国的自大"，真是可哀，真是不幸！

对于鲁迅所描绘的这种情况，我们似乎并不陌生。在后来的历次政治运动中，也就是那些"合群的爱国的自大"者被鼓动起来，整那些有几分天才、有几分狂气的"个人的自大"者，把他们的一切新思想、一切改革要求都打压下去，取得了庸众的胜利。而一切严重的后果，则是谁也不负责任，因为这是"合群"所为，而且是在"爱国"的旗帜下进行的。所以这些人也就能反复地被利用，反复地起

---

① 《〈黑格尔法哲学批判〉导言》，《马克思恩格斯选集》第1卷第9、15页。

七、精神界之战士

哄——他们永远是胜利者。

正因为没有独异思想，只有从众心理，所以"我们中国本不是发生新主义的地方，也没有容纳新主义的处所"，所有的只是"来了"来了。1919年，鲁迅发表了两篇随感录：《"来了"》和《圣武》，人们常说这是赞扬俄国十月革命和布尔什维克主义之作，因为文中说道："看看别国，抗拒这'来了'的便是有主义的人民。他们因为所信的主义，牺牲了别的一切，用骨肉碰钝了锋刃，血液浇灭了烟焰。在刀光火色衰微中，看出一种薄明的天色，便是新世纪的曙光。"但是细审本文，这里赞扬的是"有主义的人民"，却并非主义本身。而且，这种赞扬，目的还在于借此作一比照，为的是进一步解剖那些没有主义，没有信仰的中国人的思想。"新主义宣传者是放火人么，也须别人有精神的燃料，才会着火；是弹琴人么，别人的心上也须有弦索，才会出声；是发声器么，别人也必须是发声器，才会共鸣。中国人都有些不很象，所以不会相干。"在鲁迅看来，"中国历史的整数里面，实在没有什么思想主义在内。这整数只是两种物质，——是刀与火，'来了'便是他的总名。火从北来便逃向南，刀从前来便退向后，一大堆流水帐簿，只有这一个模型。"所以尽管历史上不断地改朝换代，但总是没有进步。他举例说，古时候秦始皇很阔气，刘邦看见了便说："嗟乎！大丈夫当如此也！"项羽看见了则说："彼可取而代也！"他们要"如此"，要"取代"的，便只是纯粹兽性方面的欲望的满足——威福，子女，玉帛——罢了，这是一切大小丈夫们的最高理想，所以中国也永远不能前进。"我怕现在的人，还被这理想支配着。"

在这里，我们不能不佩服鲁迅眼光的锐利！后来的事实正证明他的推断。

五四时期的思想革命是与文学革命相联系的。

五四以前的文学界，占优势的主要是桐城派古文和"文选"派骈文。这两派，或则崇尚《左传》、《史记》、唐宋八大家，或则以《昭明文选》为范本，但都以古代的语言和文体来"代圣贤立言"。严复曾慨叹道："当年误习旁行文，举世相视如髦蛮。"所以，他翻译《天演论》，用的就是桐城笔法，摇头晃脑地读起来，真是音调铿锵，使人不自觉其头晕。这一点竟感动了桐城派老头子吴汝纶，为之写序，不禁说是"骎骎与晚周诸子相上下"了。桐城笔法扩大了《天演论》在士大夫中的影响，《天演论》和其他严译名著也延长了桐城古文的寿命。另一个给桐城派古文打续命针的人是林纾（琴南），他虽然诗文书画都来得，但影响较大的也是翻译。林纾不通西文，靠"耳受手追"，用桐城笔法译了一百五十六种文艺作品，出版了一百三十二种。虽然当时一些积学之士，如章太炎，对严、林的译笔很看不起，但在一般读书人中，其影响还是很大的。至于"文选"派骈文，影响也一直很大，前有阮元的提倡，后有黄侃、刘师培的宣扬。这两种文学流派都是复古主义，讲究用典对仗，铺张雕琢，满纸烂调套语，成为一种僵死的文学。严复、林纾的翻译因为内容的新鲜，当时曾一新耳目，但在笔法上仍摆脱不了桐城派的痼疾。至于那些载道古文，就更不用说了。胡适提出的文学改良八不主义，如不用典、不讲对仗、不摹仿古人、务去烂调套语等，陈独秀的文学革命三大旗帜，如推倒雕琢的阿谀的贵族文学、推倒陈腐的铺张的古典文学等，都是对上述情况而发。钱玄同干脆直接提出了打倒"桐城谬种"、"选学妖孽"的口号。

新文化和新文学运动刚兴起时，古文阵营中的人曾经装出不屑一顾的样子。但这种装模作样的淡漠态度，毕竟是暂时的。当这个运动形成一股巨大的历史潮流滚滚向前的时候，"桐城谬种"和"选学妖孽"都一齐出场了。黄侃编辑了《国故》杂志，刘师培被推为《国粹丛编》头目，专门用来对付《新青年》；林琴南因为不能论战，就写了两篇影射小说：《荆生》和《妖梦》，梦想通过"伟丈夫"来痛打改革者，或者让鬼王罗睺罗来把他们吞食。正如鲁迅后来所说，他"神往于'武器的文艺'了"。这种影射攻击，当然无济于事，于是他又在《公言报》上发表《致蔡鹤卿太史书》，拟了"复孔孟，铲伦常"的罪名，对新文化运动大兴问罪之师，并攻击白话文说："若尽废古书，行用土语为文字，则都下引车卖浆之徒，所操之语，按之皆有文法，不类闽广人为无文法之啁啾，据此则凡京津之稗贩，均可用为教授矣。"

蔡元培是采取辩解的办法，用的是迂回战术。他在《答林琴南书》中声称教员们在大学里并无"覆孔孟，铲伦常"的言论，至于他们在校外自由发表意见，则于学校无涉。因为他的办学方针是：循思想自由原则，取兼容并包主义，所以"无论为何种学派，苟其言之成理，持之有故，尚不达自然淘汰之运命者，虽彼此相反，而悉听其自由发展。"陈独秀则回答得直截了当。他在《本志罪案之答辩书》说："他们所非难本志的，无非是破坏孔教，破坏礼法，破坏国粹，破坏贞节，破坏旧伦理（忠孝节），破坏旧艺术（中国戏），破坏旧宗教（鬼神），破坏旧文学，破坏旧政治（特权人治），这几条罪案。这几条罪案，本社同人当然直认不讳，但是追本溯源，本志同人本来无罪，只因为拥护那德莫克拉西（Domocracy）和赛因斯（Science）两位先生，才犯了这几条滔天的大罪。要拥护那德先生又要拥护赛先生，便不得不反对国粹和旧文学。大家平心细想，本志除了拥护德赛两先生之外，还有别项罪案没有呢？若是没有，请你们不用专门非难本志，要有气力有胆量来反对德赛两先生，才算是好汉，才算是根本的办法。"

鲁迅虽然出阵略迟，但斗争精神却十分坚决。在复古派的进攻面前，进行了英勇的还击。他指责那些反对白话的复古派道："做了人类想成仙；生在地上要

七、精神界之战士

上天;明明是现代人,吸着现在的空气,却偏要勒派朽腐的名教,僵死的语言,侮蔑尽现在,这都是'现在的屠杀者'。杀了'现在',也便杀了'将来'。——将来是子孙的时代。"①

对于刘师培,鲁迅并不陌生。此人旧学根柢相当深厚,但在政治上却毫无节操,非常善变。当年在上海追随章太炎,参加反清革命活动,东渡日本之后,又是《民报》上的革命政论家,《天义报》上的无政府主义宣传家,都产生过相当的影响。但转身间就投靠清朝大臣端方,出卖革命。民国之后,又依附于袁世凯,成为筹安会六君子之一,后被蔡元培留在北京大学讲学,但是他仍不肯安分,待时而动,谋图刊行《国粹丛编》,要与新文化运动相对抗。鲁迅听说此事,极为愤怒,他在致老同学钱玄同的信中说:"中国国粹,虽然等于放屁,而一群坏种,要刊丛编,却也毫不足怪。该坏种等,不过还想吃人,而竟奉卖过人肉的侦心探龙做祭酒,大有自觉之意。即此一层,已足令敝人刮目相看,而猗欤羞哉,尚在其次也。"并且一针见血地指出其目的性:"但该坏种等之创刊屁志,系专对《新青年》而发,则略以为异,初不料《新青年》之于他们,竟如此其难过也。然既将刊之,则听其刊之,且看其刊之,看其如何国法,如何粹法,如何发昏,如何放屁,如何做梦,如何探龙,亦一大快事也。"②

鲁迅对于此事表现得如此愤慨,并非没有原因。他是革命运动的过来人,深切地体察到这种文化动向背后的政治因素。据他的经历,在民国以前,许多国民是把理想家当做引路人的,到了民国元年前后,理论上的事情着着实现,于是理想派也格外抬起头来。但另一方面,却有旧官僚的攘夺政权,以及遗老受冷不过,预备下山,他们都很痛恨这理想派,于是想出了一种兵器,叫做"经验",用来抵制"理想"。"经验从那里得来,便是从清朝得来的。""从前的经验,是从皇帝脚底下学得,现在与将来的经验,是从皇帝的奴才的脚底下学得。"这经验,就是符合列祖列宗成规的东西,也就是"国粹"。遗老们提倡国粹,就是要把理想派打压下去。"那时候,只要从来如此,便是宝贝。即使无名肿毒,倘若生在中国人身上,也便'红肿之处,艳若桃花''溃烂之时,美如乳酪'。国粹所在,妙不可言。那些理想学理法理,既是洋货,自然完全不在话下了。"③

继国粹派之后,还有一些守旧派陆续出来反对新文化和新文学运动。

1922年1月,南京东南大学的一批教师出版了一份《学衡》杂志,要来衡量学界的是非。学衡派中有许多人是从美国留学回来的,以"学贯中西"相标榜,号称

---

① 《热风·随感录五十七　现在的屠杀者》。
② 1918年7月5日致钱玄同信。
③ 《热风·随感录三十九》。

"既精通西方文学得其神髓而国学复涵养甚深",其实只是受到白璧德保守倾向的文化思想影响,所以对新文化运动持反对态度。《学衡》第一期就有梅光迪的《评提倡新文化者》、胡先骕的《评〈尝试集〉》等文,胡先骕还在《南京高等师范月刊》上发表了《中国文学改良论(上)》,吴宓又在《时事新报》副刊《学灯》上发表《新文化运动之反应》,都是反对新文化、新文学运动的。他们攻击新文化运动为偏激,为模仿,赞扬"全用文言不用所谓新式标点"的文章为"砥柱中流"。

但鲁迅认为,他们对于西学,并不全面了解,对于国学,更缺乏修养,连文言文也写不通,只是"靠了一两本'西方'的旧批评论,或则捞一点头脑板滞的先生们的唾余",也到文坛上来践踏。所以他认为,根本用不着与他们辩论学理,因为他们"虽然自称为'衡',而本身的称星尚且未曾钉好,更何论于他所衡轻重的是非。所以,决用不着较准,只要估一估就明白了"。于是,他写了《估〈学衡〉》一文,随手在《学衡》创刊号里抓出六篇文章,分析其中文理不通之处——有些文章则连题目也不通,最后总结道:"总之,诸公掊击新文化而张皇旧学问,倘不自相矛盾,倒也不失其为一种主张。可惜的是于旧学无门径,并主张也还不配。倘使字句未通的人也算是国粹的知己,则国粹更要惭惶煞人!'衡'了一顿,仅仅'衡'出了自己的铢两来,于新文化无伤,于国粹也差得远。我所佩服诸公的只有一点,是这种东西也居然会有发表的勇气。"

应该说,学衡派里面是有真正学贯中西的人物,也有深研中国文化的专家,但他们倒并不站出来反对新文化运动,恰恰是那几个在文字上欠通的人物却跳得最高;而且,他们之中也有在别的专业上很有成就的,如胡先骕之于植物学,但既然此时是站在新文化运动的对立面上大发议论,也就必然要遭到批判。所以他们被鲁迅抓住把柄,给予重重的一击,也是当时文化斗争的形势所决定的。

鲁迅用的是釜底抽薪法。这个战法,同样施之于甲寅派章士钊。

1923年8月章士钊在上海《新闻报》上发表《评新文化运动》,把白话文评得一文不值,将文言文说得如何之好。他举例说:"二桃杀三士。谱之于诗。节奏甚美。今日此于白话无当也。必曰两个桃子杀了三个读书人。是亦不可以已乎。"文章写得振振有词,但不幸的是,章士钊恰恰把这个典故用错了,结果不但没有贬低了白话,反而使自己大出其丑。原来"二桃杀三士"的典故出在《晏子春秋》上,说的是齐国有三个勇士对晏子不敬,晏子用计使景公送给他们两个桃子,让他们因分配不均而一一自杀了。所以,这里的"士"是指武士,而非文士。鲁迅当即在《晨报》副刊上发表了一篇题为《两个桃子杀了三个读书人》的短文,指出这个典故的出处和原意,说明因为《梁父吟》是五言诗,不能增字写成"二桃杀三

七、精神界之战士

勇士"，只能写作"二桃杀三士"，所以害得章士钊解作"两个桃子杀了三个读书人"。接着他就调侃道："旧文化也实在太难解，古典也诚然太难记，而那两个旧桃子也未免太作怪：不但那时使三个读书人因此送命，到现在还使一个读书人因此出丑。'是亦不可以已乎'！"

不料这位出了丑的读书人，不但并不接受意见，改正错误，而且还要在自己主编的《甲寅》杂志上重新发表一次《评新文化运动》，并且加上一段辩解道："北京报纸。屡以文中士与读书人对举。为不合情实。意谓二桃之士。乃言勇士。非读书人。此等小节。宁关谋篇本旨。且不学曰学。其理彼乃蒙然。又可哂也。"看了章士钊这种无赖耍泼作风，我们就知道时下以"大师"自居的文人之所以不许别人指谬，对于明显的错误，不但绝不承认和改正，反而要倒打一耙，说指谬者是别有用心，原来也是渊源有自。但鲁迅却是位韧性的战士，他也照样把原作重新发表一次，并加以发挥，题曰：《再来一次》。他非要把战斗坚持到底不可。

章士钊的《甲寅》杂志，曾于1914年发行过，那时还有对袁世凯不满之意，两年后停刊了。到得1925年重新出版，却是成为反对新文化，提倡旧文化的专刊了。其时，章士钊已经做了教育总长，所以《甲寅》杂志又负有为他自己吹嘘的使命。鲁迅一针见血地指出："前载公文，接着就是通信，精神虽然是自己广告性的半官报，形式却成了公报尺牍合璧了，我中国自有文字以来，实在没有过这样滑稽体式的著作。"①

现在有些学者，把五四时期的文化人分为三派：激进主义、保守主义和自由主义，这样的分类，或有助于学术研究的条理化，但实际情况却要复杂得多。比如钱玄同，他主张废除汉字，提倡采用罗马字，甚至于说人过四十如果不死，便应枪毙，实在激进得可以，是激进派的代表人物，而章太炎则提倡国故，反对白话，是世纪初国粹派的精神领袖，自应归入保守主义。但钱玄同的很多主张，其实是从章太炎那里继承过来的，即如"桐城谬种，选学妖孽"的口号，就来自章太炎对于桐城派和文选派的批判，甚至，钱玄同文章中所用的一些文句，都酷似章文。章太炎虽然好古，但眼界极高，且有批判眼光，从不盲从古人，鲁迅的学术观点、学术眼界，也都深受章太炎的影响。所以新文化战士中有很多是章门弟子，就不是偶然的。刘师培在五四时期是复古派，但以前有一段时期的思想却无比激进，还写过《论激进的好处》、《论白话报与中国前途之关系》、《〈共产党宣言〉序》等文章。看来，还应该对具体问题进行具体分析才行。

---

① 《华盖集·答KS君》。

鲁迅对于国粹派是进行历史分析的。他说，从清朝末年，直到现在，常常听人说"保存国粹"这一句话，但意义是不同的。"前清末年说这话的人，大约有两种：一是爱国志士，一是出洋游历的大官。他们在这题目的背后，各各藏着别的意思。志士说保存国粹，是光复旧物的意思；大官说保存国粹，是教留学生不要去剪辫子的意思。"①现在成了民国了，以上所说的两问题，已经完全消灭，说"保存国粹"的人当然又别有意思了。这就是说，不但前清末年两种"保存国粹"的人，所指并不相同，而且，就是同一批国粹派，他们在前清末年的"保存国粹"主张和现在的"保存国粹"主张，其内涵也是不一样的——鲁迅总要探究出某些文化口号背后的现实动机，这才是问题的关键所在。

我们也不能因为新文化战士们反对"保存国粹"，就指责他们割断历史，全盘否定文化传统。其实，他们只是要求文化革新，跟上世界的潮流而已。鲁迅还在从事文化活动之初，就在《文化偏至论》里宣布了自己的文化指向："外之既不后于世界之思潮，内之仍弗失固有之血脉，取今复古，别立新宗，人生意义，致之深邃，则国人之自觉至，个性张，沙聚之邦，由是转为人国。"他以为这才是救国之道。他此后的文化工作，也就沿着这一方向进行。

的确，鲁迅常常对一些"国学家"们进行讽刺，那是因为这些"国学家"实在不懂国学的缘故，还有一些"暴发"的"国学家"，他们的所谓"国学"是什么呢？"一是商人遗老们翻印了几十部旧书赚钱，二是洋场上的文豪又做了几篇鸳鸯蝴蝶体小说出版。"这实在是对于"国学"的糟蹋，所以鲁迅感慨道："'国学'乃如此而已乎？"但是，他对于真正的国学家，还是十分尊重的。就在发表上文《所谓"国学"》之后一个月，他又发表了一篇《不懂的音译》，是继续批评"自命为'国学家'"的，但同时却说："中国有一部《流沙坠简》，印了将有十年了。要谈国学，那才可以算一种研究国学的书。开首有一篇长序，是王国维先生做的，要谈国学，他才可以算一个研究国学的人物。"

即使对于刘师培这样出卖过人血的变节分子，鲁迅虽然在人格上很看不起他，对于他重树"国粹"的旗帜来对抗新文化运动，也极其反感，但是对于他的"国学"研究成果，还是充分肯定的，因为他毕竟有学问，不同于那些假"国学家"。所以后来在广州做《魏晋风度及文章与药及酒之关系》的学术演讲时，还特地介绍了刘师培的《中国中古文学史》，并且说："我今天所讲，倘若刘先生的书里已详的，我就略一点；反之，刘先生所略的，我就较详一点。"

---

① 《热风·随感录三十五》。

七、精神界之战士

鲁迅与"国粹主义"者不同之处,并不是要不要文化传统,而在于继承文化传统的目的性问题。他说,什么叫"国粹"?这就是一国独有,他国所无的事物,也就是特别的东西。"国粹主义"者认为这是我国特别的东西,所以要保存,而鲁迅则认为,特别的东西并不一定就是好东西。他打了一个比方:譬如一个人,脸上长了一个瘤,额上肿出一颗疮,的确是与众不同,显出他特别的样子,可以算他的"粹"。但这"粹",还不如割去了,同别人一样的好。中国人就是因为"国粹"太多,太特别,所以现在糟到如此情形,新派摇头,旧派也叹气。鲁迅的出发点,是民族国家的前途问题,所以说:"保存我们,的确是第一义。只要问他有无保存我们的力量,不管他是否国粹。"①有些人害怕失却"国粹"之后,"中国人"这名目要消失,而鲁迅所怕的,则"是中国人要从'世界人'中挤出"——这也就是后人之所谓怕要被开除出地球的"球籍"问题,即此一节,也可以见出鲁迅思想之超前。因为在他看来,只要人种在,"中国人"这个名目是决不会消失的,"但是想在现今的世界上,协同生长,挣一地位,即须有相当的进步的智识,道德,品格,思想,才能够站得住脚:这事极须劳力费心。而'国粹'多的国民,尤为劳力费心,因为他的'粹'太多。粹太多,便太特别。太特别,便难与种种人协同生长,挣得地位。"②

正是从这种爱国主义思想出发,所以鲁迅锐意改革,而且寄希望于青年。在《狂人日记》的末尾,他就发出了"救救孩子"的呼声,在《随感录》中,他又号召中国青年都摆脱冷气,只是向上走,不必听自暴自弃者流的话。"能做事的做事,能发声的发声。有一分热,发一分光"。在前进的途程中,必然多阻力,鲁迅鼓励青年们,不必理会那些冷笑和暗箭,"几粒石子,任他们暗地里掷来;几滴秽水,任他们从背后泼来就是了。"③

投入新文化运动之后,鲁迅说他的思想"毫不悲观"。他认定生命的路是进步的,总是沿着无限的精神三角形的斜面向上走,什么都阻止他不得。无论什么黑暗来防范思潮,什么悲惨来袭击社会,什么罪恶来亵渎人道,人类总是踏了这些铁蒺藜向前进。鲁迅说:"生命不怕死,在死的面前笑着跳着,跨过了灭亡的人们向前进。""什么是路?就是从没路的地方践踏出来的,从只有荆棘的地方开辟出来的。"④

鲁迅走在文化新军的前面,披荆斩棘,排除万难,闯出了一条崭新的道路。

---

① 《热风·随感录三十五》。
② 《热风·随感录三十六》。
③ 《热风·随感录四十一》。
④ 《热风·随感录六十六　生命的路》。

八、开出一片崭新的文场

五四时期的文学革命,是由陈独秀、胡适发动的。自从胡适在《新青年》第二卷第五期(1917年1月)上发表《文学改良刍议》,陈独秀在《新青年》第二卷第六期(1917年2月)上发表《文学革命论》之后,接着,就有钱玄同、刘半农、傅斯年等人的响应文字,继而又有周作人的《人的文学》和《平民文学》,在内容方面作出重要补充,形成一种相对完整的新文学主张。

但是,作为一场伟大的文学革命运动,单有理论上的探讨是不够的,它的成败还取决于创作实践。胡适曾作过白话诗的尝试,但未能完全摆脱旧意境、旧格式的束缚,连他自己都觉得有如缠脚妇女的放脚鞋样,还带着缠脚时代的血腥气;他也写过小说和剧本,但都成就不大。真正显示出文学革命的实绩的,则是鲁迅的创作,特别是他的小说,无论是内容或形式,都以崭新的面貌出现,立即引起巨大的社会反响。《新青年》的同仁是很推崇鲁迅的小说的,尤其是陈独秀。他曾写信给周作人,说是对于"豫才兄"的小说,佩服得五体投地,要周作人催促乃兄多多写作。所以鲁迅后来在《我怎么做起小说来》里说:"但是《新青年》的编辑者,却一回一回的来催,催几回,我就做一篇,这里我必得记念陈独秀先生,他是催促我做小说最着力的一个。"——这篇文章写于1933年,其时,陈独秀已被中共开除党籍,且被国民党政府关在监狱里。鲁迅仍记念着他们当年的情谊,并作出公开的表示。

鲁迅虽然很感谢陈独秀和《新青年》同仁的催促和鼓励,而且在文学革命的方向上,也与他们有着一致的认识,但在创作上却有自己一贯的主张。他在上文中接着说:"自然,做起小说来,总不免自己有些主见的,例如,说到'为什么'做小说罢,我仍抱着十多年前的'启蒙主义',以为必须是'为人生',而且要改良这人生。我深恶先前的称小说为'闲书',而且将'为艺术的艺术',看作不过是'消闲'的新式的别号。所以我的取材,多采自病态社会的不幸的人们中,意思是在揭出病苦,引起疗救的注意。"

鲁迅的这种创作主张是对中国传统文艺的反叛。

中国的文人,大抵都是儒家的信徒。儒家的祖师爷孔老夫子教导人们说:"非礼勿视,非礼勿听,非礼勿言,非礼勿动",而这"礼"又非常之严,不但"正视",而且连"平视""斜视"也不许,所以中国的文人,对于人生——至少对于社会现象,向来就多没有正视的勇气。先是不敢,后来便不能,再后,就自然不视,不见了。于是,在重大的社会矛盾面前,闭上了眼睛。这闭着的眼睛,便看见一切圆满,当前的苦痛不过是"天之将降大任于是人也,必先苦其心志,劳其筋骨,饿其体肤,空乏其身,行拂乱其所为"。——这又是孟子给予人们的精神安慰。于是,无问题,无缺陷,无不平,也就无解决,无改革,无反抗。一切都无须我们焦虑,放心喝茶,睡觉大吉。中国文艺之所以多大团圆结局者,也是因此之故也。鲁迅把这种文艺叫做"瞒和骗的文艺"。他说:"中国人向来因为不敢正视人生,只好瞒和骗,由此也生出瞒和骗的文艺来,由这文艺,更令中国人更深地陷入瞒和骗的大泽中,甚而至于已经自己不觉得。世界日日改变,我们的作家取下假面,真诚地,深入地,大胆地看取人生并且写出他的血和肉来的时候早到了;早就应该有一片崭新的文场,早就应该有几个凶猛的闯将!"①

鲁迅所开辟的,就是这样一片崭新的文场。鲁迅本人,就是这样一个凶猛的闯将。鲁迅的作品,无论是语言、体式、还是题材、思想,都起了很大的革命。

中国古代的小说,主角总是勇将策士,侠盗赃官,妖怪神仙,佳人才子,后来则有妓女嫖客,无赖奴才之流。五四以后一段时期,则大抵是新的知识者登场,但总还不脱古之英雄和才子气。鲁迅却深切地关注下层社会,让普通的农民和城市贫民作为自己小说的主人公;他也描写知识分子,但已不是才子佳人一类,而重在关注他们的历史命运。这在中国文学史上是一大革命。

还在东京留学时期,鲁迅就提出要改造国民性的问题,那是从启蒙主义出发来考虑如何唤起民众的觉悟性问题。辛亥革命的失败,使他得到很多教训,其中重要的一条,就是因为这个革命没有唤起民众,没有进行重大的社会变革,所以失败了。现在,新的革命高潮已经到来,鲁迅不能不重新思考这个关系着革命成败的根本性问题。他是从总结辛亥革命的历史经验入手来看待人生问题,所以他所揭露的,就不是一般的民间疾苦,而是一个带有根本性的问题,即人们精神上的麻木和社会关系上的冷漠。

---

① 《坟·论睁了眼看》。

《孔乙己》是鲁迅继《狂人日记》之后所写的第二篇小说，但时间相隔将近一年。如果说，《狂人日记》是鲁迅反礼教的战斗宣言的话，那么，从《孔乙己》之后，便是对这个病态社会的深入解剖。本篇的主人公孔乙己，是科举时代的读书人，但始终没有能够进学，却又不会营生，于是愈过愈穷，弄到将要讨饭的地步。幸而写得一手好字，便替人家抄书，换一碗饭吃。可惜他又有一样坏脾气，便是好吃懒做。坐不到几天，便连人和书籍纸张，一齐失踪。如是几次，叫他抄书的人也没有了。孔乙己没有法，便免不了做些偷窃的事，后来偷到丁举人的头上，就被打折了脚，只好盘着两脚，下面垫一个蒲包，用草绳在肩上挂住，爬来爬去。

　　但《孔乙己》的命意，显然不在于讽刺科举制度本身。对科举制度的讽刺任务，吴敬梓的《儒林外史》已经完成，鲁迅没有必要在科举制度已经废除的情况下，再来重复这种讽刺。他自己曾对他的学生孙伏园说，本篇的主旨，"是在描写一般社会对于苦人的凉薄"①。

　　作品是通过咸亨酒店一个小伙计的视角而展开的，他看到："孔乙己是站着喝酒而穿长衫的唯一的人。"这一细节，的确抓住了人物的社会特征。孔乙己已经失却了长衫帮的资格，不能踱进店面隔壁的房子里，要酒要菜，慢慢地

孔乙己画像

坐喝，但又不愿脱下长衫——这是读书人的唯一象征，像做工的短衣帮那样，靠柜外站着，要一碗酒热热地喝了休息。孔乙己失却了原来的社会地位，却还是满口之乎者也，不愿走进，也走不进别的社会群体，这就使他成为一个零余者，孤独者，一个被人取笑的对象。他的人格尊严，也在这笑声中消解。孔乙己也曾寻求对话，寻求同情，比如，他想教小伙计有关回字的四种写法，但小伙计不感兴趣，使他很扫兴，于是把眼光转向孩子。他有时分茴香豆给孩子们吃，一人一颗。孩子们吃完豆，仍然不散，眼睛都望着碟子。孔乙己着了慌，伸开五指将碟子罩住，弯腰下去说道，"不多了，我已经不多了。"直起身来又看了看豆，自己摇头说，"不多不多！多乎哉？不多也。"于是这一群孩子都在笑声里走散了。叙述者评论道：

---

　　①　孙伏园：《鲁迅先生二三事·孔乙己》，重庆作家书屋1942年版。

"孔乙己是这样的使人快活,可是没有他,别人也便这么过。"——他只不过是一个可有可无的逗笑的人物。社会对他显出无限的冷漠,甚至在他两腿被打折了,在地上爬来爬去,仍被酒客们当做调笑的对象,得不到起码的同情。随着这个可怜人在众人的眼光中消逝,人们也就忘记了他的存在,只有酒店掌柜偶尔还记起他,但记得的是粉板上孔乙己的十九文酒账,而不是孔乙己这个人。

《狂人日记》发表之后,鲁迅自己觉得写得"太逼促",在艺术上不够成熟,第二篇小说《孔乙己》改正了这个缺点,文气舒徐不迫,短短三千字,就从容地刻划出一个丰满的艺术形象,表现出一种人情世态。所以当孙伏园问鲁迅,在他所作的短篇小说里,他最喜欢哪一篇时,鲁迅答复说是《孔乙己》。

《药》所描写的,是辛亥革命前夕的故事:善良而愚昧的茶馆主人华老栓,为了要给独生儿子小栓医治痨病,拿了他多年含辛茹苦积蓄下来的洋钱,走到刑场去换取人血馒头。而这个被杀害者是谁呢?从刽子手康大叔的嘴里,我们知道,是坚贞不屈的革命者夏瑜。

对于这篇小说的主题,评论家的看法历来很分歧。有说是描写亲子之爱,有说是歌颂革命者的无畏气概。还有人因为解释不通为什么作者要把两件事放在一起写,就指责这个作品"是概念的欠明快"。其实,作品的主题是很明确的,它所描写的是革命者不为民众所理解的悲哀。如果没有取得民众的支持,无论革命者多么英勇坚决,失败终是不可避免的。你看,夏瑜是多么坚毅无畏,甚至"关在牢里,还要劝牢头造反",而在被牢头红眼睛阿义打了之后,他还以高傲的态度蔑视地说道:"可怜,可怜。"然而,这种态度,民众却一点都不理解。当刽子手讲述上述场面时,花白胡子竟"恍然大悟"似地说:"阿义可怜——疯话,简直是发了疯。"为民众的利益而牺牲的人,却毫不为民众所理解,善良的华老栓拿他的鲜血来为儿子"治病",无聊的茶客将他作为茶余饭后的谈资……这是多么的悲哀啊!作者之所以并不单纯去表现民众愚昧的场面,也不正面去描绘革命者英勇无畏的行为,而将两条线索扭结在一起,以人血馒头的故事为明线,以华老栓的茶店为背景,而通过刽子手的放肆的嘴和茶客们无聊的议论来讲述革命者的牺牲,其深刻的寓意,就在于要表现出社会对革命者的冷漠和革命者必须"唤起民众"的重要性。

恩格斯说过:"作为政治力量的因素,农民至今在多数场合下只是表现出他们那种根源于农村生活隔绝状况的冷漠态度。广大居民的这种冷漠态度,不仅是巴黎和罗马议会贪污腐化的强有力的支柱,而且是俄国专制制度的强有力的支柱。然而这种冷漠态度决不是不可克服的。"①是的,中国政治的专制腐败,中国官吏的贪污枉法,中国政治舞台上令人眼花缭乱地跳着轮转舞,这些又哪一样不是靠着那种根源于农村生活隔绝状态的群众的冷漠态度而进行的呢?如果不克服这种冷漠状态,中国的革命是无法取得胜利的。

为了进一步展开对于这种冷漠状态的批判,在《明天》里,作者又描述了单四嫂子的悲惨命运。

鲁镇。深夜。咸亨酒店的柜台边,正围着几个酒肉朋友。红鼻子老拱和蓝皮阿五一边喝酒,一边打着单四嫂子的坏主意。而间壁的守寡的单四嫂子,则一个人守着病危的宝儿焦急。一出人间悲剧就在这冷漠的环境中展开了。在这里,没有同情,只有捉弄。天亮之后,单四嫂子看见宝儿的鼻翼,已经一放一收地扇动,赶紧抱去求何小仙,而何小仙却是一个高深莫测的庸医;她到济世老店买药,店伙则翘了长指甲慢慢地看方,慢慢地包药;在回家的路上,她抱着孩子,带着药包,越走觉得越重,多么希望降下一员天将,助她一臂之力,却偏偏碰到了她所不愿意碰到的蓝皮阿五,阿五愿"帮忙"抱孩子,目的是要揩油,"他便伸开臂膊,从单四嫂子的乳房和孩子中间,直伸下去,抱去了孩子。单四嫂子便觉乳房上发了一条热,刹时间直热到脸上和耳根";回到家门口,看见街心里坐着王九妈,单四嫂子想请她的"老法眼"看一看,所得到的是"把头点了两点,摇了两摇"以及"唔……""唔……"两声模棱两可的不负责任的回答。

宝儿就在这种无助的情况下断了气。

宝儿一死,单四嫂子家却大为热闹了。"这时聚集了几堆人:门内是王九妈蓝皮阿五之类,门外是咸亨的掌柜和红鼻子老拱之类。"而且,王九妈便发号施令主持一切,蓝皮阿五也自告奋勇地很愿意帮忙去买棺材——深知其为人的王九妈却不许他,只准他明天抬棺材的差使。这是他们对悲苦者的同情和帮助吗?——不,其实他们感到兴趣的只不过是赶热闹和吃"帮忙"饭而已,并且可以借着别人的不幸来打发他们闲得发腻的日子。至于到了真的需要人帮忙时,如此"热心"的蓝皮阿五就"简直整天没有到"……作者渲染出这样的帮忙和热闹,只有更加衬托出社会的冷漠和单四嫂子的孤单。

当"帮忙"的人都吃过饭回家去后,单四嫂子"倒居然有点平稳"了,于是就出现了异样的感觉——感到"这屋子忽然太静了"。"他定一定神,四面一看,更觉得坐立不得,屋子不但太静,而且也太大了,东西也太空了。太大的屋子四面

---

① 《法德农民问题》,《马克思恩格斯选集》第4卷,第295页。

包围着他,太空的东西四面压着他,叫他喘气不得。"宝儿的死亡,使单四嫂子失去了人生的唯一安慰与希望,但除了思念宝儿以外,她对于现在的事却实在没有想到什么,"单觉得这屋子太静,太大,太空罢了。"她希望能在梦里见到宝儿,但当她朦胧入睡时,间壁咸亨酒店里,红鼻子老拱却又提尖了喉咙,唱道:"我的冤家呀!——可怜你,——孤另另的……"

作品没有写出具体压迫单四嫂子的人,但从这种冷漠的空气里,却体现了整个社会对她的压迫;作者不叙单四嫂子竟没有做到看见儿子的梦,以增添一些欢容,但单四嫂子始终未能意识到这种压力的由来,而陷入绝望的痛苦中,整个气氛是沉重的。

有些人由于看不到鲁迅描写民众冷漠状态的用意何在,因而责怪鲁迅把民众写得太消极,甚至认为他"对于群众的觉悟的可能产生了怀疑"。这种看法显然是错误的。这只要看看紧接在《明天》之后写的《一件小事》便可了然。作者在这里热情地歌颂了人力车夫的崇高品质,并且把它与反动的政治和儒教对立起来,认为这是希望所在:"几年来的文治武力,在我早如幼小时候所读过的'子曰诗云'一般,背不上半句了。独有这一件小事,却总是浮在我眼前,有时反更分明,教我惭愧,催我自新,并且增长我的勇气和希望。"

正因为鲁迅对于民众觉悟性的重视,所以他才进一步探索他们不觉悟的原因。

《头发的故事》虽然写的是知识分子形象,但实际上,则是《药》的主题的延续。N先生的脾气的确有点乖张,但他以一条辫子来总结辛亥革命的历史教训,则是深刻而沉痛的。N先生是参加过革命斗争的,所以一提起辛亥革命来,他就坐立不稳了。"多少故人的脸,都浮在我眼前。几个少年辛苦奔走了十多年,暗地里一颗弹丸要了他的性命;几个少年一击不中,在监牢里身受一个多月的苦刑;几个少年怀着远志,忽然踪影全无,连尸首也不知那里去了。——"他们都在社会的冷笑、恶骂、迫害、倾陷里过了一生,以鲜血和生命换取了"民国"。然而这个"民国"给人带来了什么呢?——一切都依旧,唯有没有辫子的人走在路上可以不被人辱骂而已。人们也早已忘却这些革命先驱,"现在他们的坟墓也早在忘却里渐渐平塌下去了"。只有每年双十节,警察到门,吩咐道"挂旗",各家这才"懒洋洋的踱出一个国民来,撅起一块斑驳陆离的洋布"……群众对于革命的反映就是如此,革命给民众带来的利益也无非是这样。正如N先生所说的:"他们忘却了纪念,纪念也忘却了他们!"

辛亥革命只革掉一条辫子,而且实际上连辫子也并未彻底革除——"现在不是已经有剪掉头发的女人,因此考不进学校去,或者被学校除了名么?"——这个后来在《阿Q正传》中为鲁迅所更深刻地表现出来的思想,在这里已经开始形成了。

辫子,在鲁迅的小说里具有重要的象征意义。作者通过它来观照历史的变革,来衡量民众的觉悟。不是吗?到了张勋复辟时期,这条小小的辫子,又掀起了一场时代的风波。

《风波》为我们展开了一幅新的历史画页。现在,民国建立已经多年了。那么,让我们走近这临河的土场上去看看,在这革命之后的年月里,民众的意识变化得如何了?

在这偏僻的乡村里,却正是连辫子也没有革掉的地方。只有航船七斤,因为撑船进城的缘故,才被人剪去了辫子。而一到张勋复辟时期,终于引起一场风波来了。复辟风声一到,被革命后的局势所约束住的遗老闻风而动。邻村的赵七爷如逢大典,立即穿上轻易不常穿的竹布长衫,前来示威、恐吓了。或者说,这是旧势力对于革命的反扑吧,但这个村子上的革命势力又在哪里呢?被剪去辫子的七斤,本身也仍然是旧意识的支柱。那么,矛盾在哪里呢?——就在这条辫子上面。七斤被剪去了辫子,这便是全部罪状。赵七爷说:"没有辫子,该当何罪,书上都一条一条明明白白写着的。"一个人没有了辫子,遗老来威胁,妻子对他失却了敬意,而且当众辱骂,邻人们则都幸灾乐祸地走来看热闹;只有八一嫂代为劝解了几句,却弄得个惹火烧身,难以下场。……在这场风波中所呈现出来的民众意识,比起华老栓茶店里麻木的茶客,比起单四嫂子冷漠的街坊,又有什么不同呢?这场风波,随着张勋辫子军的失败而逝去了,于是赵七爷脱了长衫,盘上辫子,又坐下念书了;七斤嫂和村人又都给七斤相当的尊敬,相当的待遇了;到夏天,他们仍旧在自家门口的土场上吃饭,大家见了,都笑嘻嘻地招呼;九斤老太仍旧不平而健康;六斤仍然与她的长辈们一样地裹了脚,在土场上一瘸一拐地往来……总之是,一切都如旧。时代的风波转瞬即逝,但却并没有在民众的心里留下什么东西——或者干脆可以说本来就没有激起什么变动。

《故乡》着重刻划了闰土的形象。在他身上,鲁迅开始进一步地探讨农民群众精神麻木的原因。作者没有详细地描述他的生活历程,仅仅通过回忆和对比,就写出了闰土半生的变化。不但"先前的紫色的圆脸,已经变作灰黄,而且加上了很深的皱纹……那手也不是我所记得的红活圆实的手,却又粗又笨而且开裂,像是松树皮了"。更可悲的是,先前那样活泼、勇敢的闰土,现在却麻木得"仿佛石像一般"了。他要香炉,要烛台,而且对着少年时代的朋友恭恭敬敬地叫起

八、开出一片崭新的文场

"老爷"来。

是什么力量将闰土压得这样麻木了的呢？鲁迅以这样两段话来概括："非常难。第六个孩子也会帮忙了，却总是吃不够……又不太平……什么地方都要钱，没有定规……收成又坏。种出东西来，挑去卖，总要捐几回钱，折了本；不去卖，又只能烂掉……"；"多子，饥荒，苛税，兵，匪，官，绅，都苦得他像一个木偶人了。"正是这种残酷的社会现实，才压得人不能动弹。"我只觉得我四面有看不见的高墙，将我隔成孤身，使我非常气闷……我竟与闰土隔绝到这地步了，但我们的后辈还是一气"。于是他把希望寄托于下一代："他们应该有新的生活，为我们所未经生活过的。"

鲁迅对于改造国民性问题的探讨，在《阿Q正传》里达到了高峰。

《阿Q正传》的写作，表面上看来，是被《晨报副刊》编者孙伏园笑嘻嘻地催逼出来的，但其实，这篇作品酝酿的时间最长。作者自己就说："阿Q的影像，在我心目中似乎确已有了好几年"①。1906年那张促使鲁迅弃医从文的画片，就有着阿Q似的麻木的精神状态。在《热风·随感录三十八》里鲁迅对于属于"精神胜利法"范畴的"合群的爱国的自大"，曾作过深入的分析。从《药》到《故乡》的小说创作，又通过一系列艺术形象，逐步深入地探索了农民的落后麻木状态及其造成的原因，并且把它与辛亥革命的历史经验联系起来。这一切，都给《阿Q正传》的创作做了充分的准备。

鲁迅对于"改造国民性"问题的探讨，并不是抽象的、空洞的，而是联系着中国革命实际进行的，其着重点在于唤起民众的觉悟，改变他们的落后状况。所以，要"写出一个现代的我们国人的魂灵来"的《阿Q正传》，就选取了一个贫苦而落后的农民来做主人公。但阿Q既然是一个农民，作者却又着力去描写他身上消极可耻的精神胜利法：他自高自大、自轻自贱、自欺欺人、欺软怕硬、不肯正视现实，用瞒和骗造出奇妙的逃路来；他身受迫害，却满脑子封建正统观念……。这个看起来是矛盾的，因而引起人们长期争论不休的现象，其实存在着它内在的必然的联系。

鲁迅小说的主题思想，常常以不同的形式表现在他的杂文里。要了解《阿Q正传》中上述的矛盾现象，我们不妨去

阿Q画像

---

① 《华盖集续编·〈阿Q正传〉的成因》。

读读《春末闲谈》。在这篇杂文里，鲁迅以细腰蜂在青虫的运动神经上下毒针，使之成为不死不活不动不烂的食物来作比方，揭露出统治阶级施行愚民政策的目的，在于要使劳动人民处于这种不死不活状态，以便他们作威作福。因为"要服从作威就须不活，要贡献玉食就须不死；要被治就须不活，要供养治人者又须不死"。顶好能像《山海经》里的刑天一样，没有了能思想的头颅，却还能活着，做服役和战争的机械。中国的圣君、贤臣、圣贤、圣贤之徒，早已有过这一种黄金世界的理想，所以创造了种种理论，说什么"唯辟作福，唯辟作威，唯辟玉食"，"君子劳心，小人劳力"，"治于人者食人，治人者食于人"，等等。农民的麻木落后状态，就是统治阶级搞的等级制度和愚民政策所造成的。精神胜利法就像一根毒针，刺进了阿Q的大脑皮层，使他不觉醒，但又"真能做"。由此看来，鲁迅之所以要集中地表现阿Q精神胜利法的特点，并不是要讽刺什么"人类共同的普遍的弱点"，而是为了揭露专制统治的残酷，愚民政策的危害，从而要唤起阿Q们的觉醒。在这里，鲁迅的心情是：哀其不幸，怒其不争。

然而，"刑天舞干戚，猛志固常在"，被砍去了头颅，或者是麻痹了神经中枢的"工具"，也还是"死也不肯安分"的。阿Q虽然被麻痹到这种地步："以为革命党便是造反，造反便是与他为难"，但实际的生活地位，又自然而然地把他卷入了革命浪潮。阿Q因为"恋爱的悲剧"而被剥夺了最后的生活条件，发生了"生计问题"。求食吗？"他求的是什么东西，他自己不知道"；偷盗吗？他除了对静修庵的老尼姑逞凶以外，却不过是一个不敢再偷的小脚色而已。所以，虽然"中兴"了一下，随即又走到了"末路"。他对革命"一向是'深恶而痛绝之'的"，但一看到革命能"使那百里闻名的举人老爷有这样怕，于是他未免也有些'神往'了"。现实生活逼得阿Q只能走革命的道路。所以，当有人对阿Q"终于要做起革命党来"表示怀疑，说"至少在人格上似乎是两个"时，鲁迅回答道："据我的意思，中国倘不革命，阿Q便不做，既然革命，就会做的。我的阿Q的运命，也只能如此，人格也恐怕并不是两个。民国元年已经过去，无可追踪了，但此后倘再有改革，我相信还会有阿Q似的革命党出现。"①

的确，阿Q的走向革命，并不是作者随意安排的，而是生活逻辑发展的必然归宿。

不过，阿Q虽然被卷入了革命，但却并未觉醒。作者写他喝了几碗酒之后，飘飘然的飞了一通，回到土谷祠，独自躺在自己的小屋里，幻想着他的"革命"

---

① 《华盖集续编·〈阿Q正传〉的成因》。

八、开出一片崭新的文场

情景——

"造反?有趣,……来了一阵白盔白甲的革命党,都拿着板刀,钢鞭,炸弹,洋炮,三尖两刃刀,钩镰枪,走过土谷祠,叫道,'阿Q!同去同去!'于是一同去。……

"这时未庄的一伙鸟男女才好笑哩,跪下叫道,'阿Q,饶命!'谁听他!第一个该死的是小D和赵太爷,还有秀才,还有假洋鬼子,……留几条么?王胡本来还可留,但也不要了。……

"东西,……直走进去打开箱子来:元宝,洋钱,洋纱衫,……秀才娘子的一张宁式床先搬到土谷祠,此外便摆了钱家的桌椅,——或者也就用赵家的罢。自己是不动手的了,叫小D来搬,要搬得快,搬得不快打嘴巴。……

"赵司晨的妹子真丑。邹七嫂的女儿过几年再说。假洋鬼子的老婆会和没有辫子的男人睡觉,吓,不是好东西!秀才的老婆是眼胞上有疤的。……吴妈长久不见了,不知道在那里,——可惜脚太大。"

阿Q没有想得十分停当,已经发了鼾声,四两烛还只点去了小半寸,红焰焰的光照着他张开的嘴。

"荷荷!"阿Q忽而大叫起来,抬了头仓皇的四顾,待到看见四两烛,却又倒头睡去了。

这就是阿Q式的革命,这就是"阿Q似的革命党"。他的革命理想,只不过是想用掠夺的方式,来满足自己的欲望而已,而且还要利用手中的权力来处置反对过自己或自己所不满意的人。鲁迅说:"我也很愿意如人们所说,我只写出了现在以前的或一时期,但我还恐怕我所看见的并非现代的前身,而是其后,或者竟是二三十年之后。"①其实,他所看见的,何止于二三十年之后呢!这就是鲁迅观察力深邃之处,因而他的作品也就具有历史穿透力,决非常人和一般作品所可比也。

而当阿Q睡在土谷祠里想入非非的时候,危险却正向他逼来。因为这场革命根本就没有触动旧势力,新的政权只不过是换汤不换药而已。"知县大老爷还是原官,不过改称了什么,而且举人老爷也做了什么……官,带兵的也还是先前的老把总。"而秀才和假洋鬼子的大襟上也都挂了一块银桃子,潜入革命党,而且垄断了未庄的革命权,不准阿Q革命。这次革命的结果,在城里是动手剪掉几条辫子,在未庄,则是连一条辫子也没有革掉,只不过"秋行夏令",将辫子盘在头

---

① 《华盖集续编·〈阿Q正传〉的成因》。

顶上罢了。——总之,"样样都照旧"。朦胧地卷入了革命浪潮的阿Q,却做了统治阶级新联合的祭旗物。

而可悲的是,直到临死,阿Q都还没有觉醒。"他第二次进了栅栏,倒也并不十分懊恼。他以为人生天地之间,大约本来有时要抓进抓出,有时要在纸上画圆圈的,惟有圈而不圆,却是他'行状'上的一个污点。但不多时也就释然了,他想:孙子才画得很圆的圆圈呢。于是他睡着了。"

在鲁迅小说创作中,从《狂人日记》和《药》就开始了的主题——对于民众麻木状态的探究,对辛亥革命没有"唤起民众"的失败经验的批判,到这里,可以说是开掘到了最深点。这是鲁迅前期革命思想的深刻表现,也是作品的主要价值所在。

鲁迅深受俄罗斯文学的影响,特别是果戈理和契诃夫作品中对于小人物的深切关怀,并由小人物的遭遇而联系到对祖国命运的情思,深深地打动了他。他接过这一战斗的文学传统,在中国加以发扬光大。所以他在《我怎么做起小说来》一文中,谈到自己如何开始写小说,创作出了《狂人日记》时,说:"大约所仰仗的全在先前看过的百来篇外国作品和一点医学上的知识,此外的准备,一点也没有。"这实际上是在强调自己创作思想的某种传承关系,并非抹杀自己的中国文化修养。虽然他对中国古代小说也看得很多,并辑录了《古小说钩沉》和《唐宋传奇集》稿本,但这多半是为了研究文学和社会思想的需要,而不是将它作为自己创作思想的出发点。

鲁迅为中国开创了一条正视社会矛盾,直面惨淡人生的现实主义道路,一条唤起民众觉醒的启蒙主义道路。

作为启蒙主义的现实主义,实际上不是指某种创作方法,而是一种创作态度、创作精神。在欧洲文艺思潮史上,曾相继出现过古典主义、浪漫主义和现实主义等创作方法,它们随着文艺思潮的推动而出现,也随着文艺思潮的变化而消退。在现实主义之后,又有各种现代主义方法的相继出现,接着,还有后现代主义要取代现代主义。于是,给人们这样一个印象:一切创作方法都只是代表一种文艺思潮,既随着此种文艺思潮而起,也随着此种文艺思潮而退。不错,创作方法是与文艺思潮相联系的,所以现实主义方法也不是恒久的,但作为一种创作态度,一种艺术精神,正视社会矛盾,写出它的血和肉来,则是文艺的根本使命。

鲁迅所开拓的,就是这样一条面向真实的艺术道路——鲁迅自己称之为写实主义。对这种艺术精神,鲁迅是非常坚持的,1920年,他在《〈幸福〉译者附记》中说:"现在有几位批评家很说写实主义可厌了,不厌事实而厌写出,实在是一件万分古怪的事";后来在复姚克信中说:"先生作小说,极好。其实只要写出实情,即于中国有益,是非曲直,昭然具在,揭其障蔽,便是公道耳。"①直到逝世前一年,他在回答文学社问《什么是"讽刺"?》中,仍旧强调道:"'讽刺'的生命是真实"。至于在创作方法和写作技巧上,他倒从来不固守一个主义,却是博采众长,为己所用的。他很赞赏安特来夫创作里"使象征印象主义与写实主义相调和"的方法,说:"俄国作家中,没有一个人能够如他的创作一般,消融了内面世界和外面表现之差,而现出灵肉一致的境地。他的著作是虽然很有象征印象气息,而仍然不失其现实性的。"②所以鲁迅自己的创作,在坚守写实的原则下,吸取了很多现代派的方法,且不说散文诗《野草》里有浓重的象征主义色彩,就是在小说创作里也不乏象征气息和心理分析方法。

但是,鲁迅所开拓的艺术道路,却并不平坦。还在鲁迅生前,就有"革命文学家"用意识形态性来否定他的现实性,到得他死后,"写真实"原则,连同与之相关的"现实主义广阔道路论"和"现实主义深化论",都受到持续的批判。虽然批判的出发点不再是儒家学说,而是别的理论,但实际上,却回到了孔子所说的"非礼勿视,非礼勿听,非礼勿言,非礼勿动"的原则,尽管两者对于"礼"的理解也有所不同,但是从"礼"出发来规范现实,而不是从现实出发来表情达意,则是一致的。其结果,必然又产生了新的"瞒和骗的文艺"。可悲的是,这种文学创作却是打着鲁迅的旗帜而进行的,而实际上则与鲁迅所开拓的现实主义创作道路背道而驰。

虽然激进的"革命文学家"早就说鲁迅的作品已经过时,但是,中国的文学,还是要回到五四的文化传统,回到鲁迅的创作原则,才能走上正轨。

《呐喊》:鲁迅第一本小说集,收1918—1922年所作小说十五篇,1923年8月出版

---

① 1934年1月25日致姚克信。
② 《现代小说译丛·〈黯黯的烟霭里〉译后记》。

九、在新的分化中走向青年群体

新文化运动打开了思想的闸门,各种思潮蜂拥而至,各种刊物如雨后春笋般出现。它们都打着"新"的旗号宣传自己的主张,使人应接不暇。各种主义,色彩纷呈,使人一时难以分辨抉择。个性主义,工团主义、社会主义,无政府主义,都有自己的信仰者,有些人对托尔斯泰的泛劳动主义和武者小路实笃的新村主义,也有着浓厚的兴趣。自由、平等、博爱,是当年法国革命的口号,现在又加上了互助、劳动等新内容,一起端到中国青年面前,表现出新的时代精神。

当时,这些思潮之所以能够产生影响,主要是因为它们对于封建专制思想有着批判作用,在要求社会改造上有一定号召力,虽然它们的实际内容有很大的不同。而当问题向前推进一步,涉及如何改造社会,中国向何处去时,严重的分歧产生了。走俄国的无产阶级革命道路呢,还是走欧美的资产阶级革命道路?这样,就造成了思想界新的分化和斗争。

这种分化,首先出现在《新青年》内部。《新青年》杂志是由陈独秀从上海带到北京来的,开始由陈独秀一人主编,1918年改为同仁杂志,由陈独秀、钱玄同、高一涵、胡适、李大钊、沈尹默分期负责,到1919年出到第六卷时,就明显地反映出不同的思想倾向和政治观点了,如胡适在他主编的第四期上以首篇的位置发表了他自己的论文《实验主义》,而李大钊主编的第六期上,则大量地发表介绍马克思主义的文章,开首是《马克思学说》和《马克思学说批评》两篇大文,后面还有"马克思研究"专栏:《马克思的唯物史观与贞操问题》、《马克思的唯物史观》、《马克思的奋斗生涯》和《马克思传略》,最后是李大钊自己的《我的马克思主义观》,这一期简直是一本马克思主义专号。这年6月,陈独秀因散发《北京市民宣言》而被捕,9月获释,次年1月他将《新青年》带回上海,交由陈望道编辑。

九、在新的分化中走向青年群体

但这时,陈独秀已经接受马克思主义,并在共产国际代表的帮助下,开始了组建中国共产党的工作,而陈望道也是共产党发起组的成员,他所编辑的《新青年》的政治倾向和作品内容也就可想而知的了。北京的原《新青年》同仁都是文化人,不是政治活动家,而且他们对于杂志有太浓的"特殊色彩"也不满意,所以就不大写稿了,这样就使得《新青年》更加政治化,最终到了不得不解决的地步。陈独秀给京中同仁写信,征求意见,主要是询问是否接续出版和编辑人问题。胡适本来就对《新青年》的新倾向不满,接到陈独秀的来信之后,就复了一信,提出几种方案:(一)让《新青年》成为一种有"特别色彩"的杂志,另外办一个哲学文学的刊物;(二)从第九卷第一期起移到北京编辑,并发表宣言,"声明不谈政治";(三)停办《新青年》。他将陈独秀的信和自己的信一并抄寄在京的同仁,征求意见。陈独秀信的受信人有周作人而没有鲁迅,而胡适的信则寄给他们二人的。这时,周作人正在西山养病,就一并由鲁迅代复:

适之先生:

寄给独秀的信,启孟以为照第二个办法最好,他现在生病,医生不许他写字,所以由我代为声明。

我的意思是以为三个都可以的,但如北京同人一定要办,便可以用上两法而第二个办法更为顺当。至于发表新宣言说明不谈政治,我却以为不必,这固然小半在"不愿示人以弱",其实则凡《新青年》同人所作的作品,无论如何宣言,官场总是头痛,不会优容的。此后只要学术思想艺文的气息浓厚起来——我所知道的几个读者,极希望《新青年》如此——就好了。

树 一月三日(一九二一年)

鲁迅这封信,曾经被解释为对胡适的抵制和批判,似乎鲁迅是赞成将《新青年》变成宣传马克思主义的政治刊物的。其实原信写得很明白,他基本上是赞成胡适的主张的,只是以为不必发表新宣言表明不谈政治而已。而其原因,也不在于主张刊物应多谈政治,而是另外两点理由。鲁迅毕竟是个文化人,他所看重的、所从事的,是文化思想革命,而对于政治活动却并无很大的兴趣。所以他最后的希望,也只是要求《新青年》的"学术思想艺文的气息浓厚起来"。

对于这封信的曲解,也正如对《"来了"》和《圣武》》二文的曲解一样,都是为了"拔高"鲁迅的思想。这种政治化的做法,却离开了鲁迅原来的意思。

但《新青年》并没有回到文化思想批判的轨道,而是变成了一本共产党的政治刊物。《新青年》同仁的分化更是不可避免。在这新的形势面前,有些人转向政治斗争,有些人重新钻进故纸堆里去,有些人因参与新文化运动而取得了相当的社会地位,掌握了某些文化资源,成为新的名流,态度也就变得温和起来。

新文化阵营的分裂,给鲁迅带来了很大的苦闷。他日后追述这时的心情道:"后来《新青年》的团体散掉了,有的高升,有的退隐,有的前进,我又经验了一回同一战阵中的伙伴还是会这么变化,并且落得一个'作家'的头衔,依然在沙漠中走来走去……"①

鲁迅不赞成把青年引进故纸堆去"整理国故"的主张,也反对劝学生钻进研究室,认为这一派思潮,"毁了事情颇不少",是新思想而仍中了"老法子"的计。他始终坚持文化革命精神,持续不懈地对旧社会旧文明进行坚决彻底的批判。所以他号召青年不要自囚在什么研究室或艺术之宫里,要敢于掷去学者文人之类的尊号,"摇身一变,化为泼皮,相骂相打……则世风就会日上"②。

也正是在这个时候,鲁迅走出了衙门,走出了书斋,直接走向青年学生。既对他们施以更大的影响,也从他们身上吸取了青春的力量。

从1920年8月起,鲁迅开始受聘于北京大学,后来又陆续受聘于北京师范大学、北京女子师范大学、世界语专门学校、集成国际语言学校、黎明中学、大中公学、中国大学,为青年学生讲课,深受欢迎。

鲁迅到北京大学讲课,带有一点偶然性。据周作人说:1920年,北大国文系想添设中国小说史课程,系主任马幼渔便和他商量,他也麻胡的答应下来了,心想虽然没有专门弄这个问题,因为家里有那一部鲁迅所辑的《古小说钩沉》,可以做参考,那么上半最麻烦的问题可以解决了,下半再敷衍着看吧。及至回来以后,再一考虑觉得不很妥当,便同鲁迅说,不如由他担任了更是适宜。鲁迅虽然踌躇,可是终于答应了。周作人将此意转告系主任,马幼渔也很赞成,于是就在8月6日,给鲁迅送来了聘书③。鲁迅从此走进北大,也介入了北大的种种斗争。后来,在1925年,他接到北大学生会的"紧急征发",要他对于本校的二十七周年纪念来说几句话时,他便写了一篇短文《我观北大》,骄傲地承认自己是"北大派"。文中说:"据一位教授的名论,则'教一两点钟的讲师'是不配与闻校事的,而我正是教一点钟的讲师。但这些名论,只好请恕我置之不理;——如其不恕,那么,也就算了,人那里顾得这些事。我向来也不专以北大教员自居,因

---

① 《南腔北调集·〈自选集〉自序》。
② 《华盖集·通讯》。
③ 据《知堂回想录·琐屑的因缘》。

九、在新的分化中走向青年群体

为另外还与几个学校有关系。然而不知怎的,——也许是含有神妙的用意的罢,今年忽而颇有些人指我为北大派。我虽然不知道北大可真有特别的派,但也就以此自居了。北大派么?就是北大派!怎么样呢?""我觉得北大也并不坏。如果真有所谓派,那么,被派进这派里去,也还是也就算了。"接着,他指出了北大的两大优点:"第一,北大是常为新的,改进的运动的先锋,要使中国向着好的,往上的道路走。""第二,北大是常与黑暗势力抗战的,即使只有自己。"并且说:"仅据我所感得的说,则北大究竟还是活的,而且还在生长的。凡活的而且在生长者,总有着希望的前途。"

北京大学第一院校门

至于鲁迅在北大只是当讲师,而没有教授的职称,也有种种的推测和议论。有人说,鲁迅在别的学校能当教授,在北大只能当讲师,言下之意是说鲁迅的学术水平不够。这显然与事实不符。因为鲁迅的学术水平并不比其他的教授差。当时北大的许多教授,在进校之初,也没有什么学术著作,他们的著作,如胡适的《中国哲学史大纲》(上册)和《白话文学史》(上册)、周作人的《欧洲文学史》、刘半农的《中国文法通论》等,都是在教学过程中产生的,实际上也就是授课讲义。鲁迅的《中国小说史略》也是根据讲义整理而成,但其学术价值之高,则是公认的。可见,鲁迅在北大没有当教授,并不是学术水平的关系。另一些人说,鲁迅之所以没有当上教授,是因为任教时间太短之故。这也不符合事实。当时许多人大抵是一进校就被聘为教授的,就是鲁迅介绍给蔡元培校长的二弟周作人,因为4月份到校,学期中途不好排课,他又不

鲁迅为北京大学设计的校徽

蔡元培：伟大的教育家，他在北京大学的办校方针，为中国开启了一代新学风

愿到预科去教国文，只得先在北大国史编纂处暂予安置，但到得9月份新的学年开始，也就聘为文科教授了——仍兼国史编纂处编纂。而鲁迅从1920年8月接受北大聘书，到1926年8月离京南下，在北大整整任教六年，时间不能算短；他还兼任北大研究所国学门委员会委员等职，并为北大设计过校徽，指导过学生的文艺社团和刊物，参加过种种活动，关系也不能算浅，但始终是个讲师，可见别有缘故。

这缘故，便是蔡元培对旧体制的改革和新的办学方针。

北京大学是由前清京师大学堂延续下来的，保留有京师大学堂的许多陋习。最大的毛病，就是官气十足。初期所收的学生大都是京官，往往带着听差上学，被称为"老爷"，而那些监督、教员，则称为"中堂"、"大人"，一派官场习气。北京大学的学生从这些京师大学堂"老爷"式学生嬗继下来的风气是，平日对于学问没有什么兴趣，却很注重毕业后的出路，所以对于专门研究学术的教员不见得有什么热情，而对于前来兼课的政府要员，尽管他们时时请假，而仍旧很是欢迎——目的是要寻找阔老师做靠山。蔡元培认为这是科举时代留下来的劣根性，必须革除，他到校后的第一次演说，就说明"大学学生，当以研究学问为天职，不当以大学为升官发财之阶梯"。要打破旧有观念，首先要整顿师资队伍，他解聘了那些不学无术的教员，包括一些兼职的官员和滥竽充数的外国教员，这当然引起不小的反响，带来巨大的压力，但都被他顶住了。同时也定下一条规矩：凡外来兼任教师，只能聘为讲师，而不给教授名义。

对于鲁迅，蔡元培一向很佩服他的学问和识见，所以在民国元年出任教育总长时，就把他招聘至教育部。但也正因为鲁迅已经是教育部的官员，他在北大是兼职而非专任，所以只能当讲师，而没有教授的名义。这与鲁迅学术水平的高低和任教时间的短长无关。

蔡元培当年为了革除官气而定下的这一规矩，后来北大的历任校长也都奉行不逾，直到1949年以后，因为新的官员要来兼职，这才被改变了，一律奉送"兼职教授"的名义，虽然他们其实并不来教课，只是偶尔作个报告而已①。

鲁迅在北京大学和其他学校讲课，主要是讲授中国小说史，有时也讲文艺理论。

对于中国小说史，鲁迅素有研究。还在民元之前，他在杭州和绍兴教书时，就辑有自周至隋的散佚小说三十六种，称为《古小说钩沉》，接着，又辑录这以后的唐宋小说为《唐宋传奇集》。在准备编写讲义时，他更加紧了小说史料的搜集工作。"取关于所谓俗文小说之旧闻，为昔之史家所不屑道者"为《小说旧闻钞》。他在该书的《再版序言》中说："《小说旧闻钞》者，实十余年前在北京大学讲《中国小说史》时，所集史料之一部。时方困瘁，无力买书，则假自中央图书馆，通俗图书馆，教育部图书室等，废寝辍食，锐意穷搜，时或得之，瞿然则喜。故凡所采掇，虽无异书，然以得之之难也，颇亦珍惜。"此中所述，可见当时辛勤之状。授课的讲义，就在这样扎实的资料基础上编写而成。最初，是由北大国文系教授会印发的油印本讲义，题为《小说大略》，凡十七篇；继而，在此基础上大加修订、改写，删去原第一篇《史家对于小说之论录》，增为二十六篇，由北大印刷科排印为铅印本，题为《中国小说史大略》；接着，又进一步加以修改，并恢复原第一篇，改题为《史家对于小说之著录及论述》，并将《明之神魔小说》上下两篇增为上中下三篇，共二十八篇，分为上下两册，由北京大学新潮社分别于1923年12月和1924年6月出版。1925年开始，由北新书局合成一册，不断再版，作者也陆续再加修改，但基本框架没有再加变动。

中国文学一向以诗文为主，小说被称为"丛残小语"，"街谈巷语之说"，认为

---

① 据张友仁在《薛暮桥教授和北京大学》一文中回忆道："薛暮桥先生到北京大学任教的正式聘书，是我代表赵迺抟主任捧交给他的。当时北京刚解放还只有一个月的样子，北大还不得不沿用旧北大的制度，即专任教师的职称有：教授、副教授、讲师、研究助教、讲员、助教六种，而兼任教师的职称则只有'兼任讲师'一种。因此，鲁迅先生在北京大学任教时，因是兼任，曾是'兼任讲师'的职称，郁达夫先生在北京大学经济系讲授'统计学'课程时，也是'兼任讲师'的职称。我们觉得，聘请薛暮桥先生这样一位经济工作的领导人和著名经济学家来北大任教，给他'兼任讲师'的聘书，实在说不过去，只好硬着头皮，向他多方解释北大的职称规定。他本人毫不计较名义，表示理解和接受。可是他回去以后，他周围的同志们不了解情况，都认为这样的经济学大师，只受聘为北大讲师，实在不可理解，劝他把聘书退回去。可是，他并没有退回。……此后我们越想越认为北大的旧规定不妥当，影响了我们进一步聘请知名的进步学者来校兼课，于是建议北大校务委员会汤用彤主任和汪子嵩秘书在校务委员会上提出并修改了旧的规定。紧接着，北大经济系聘请的一批来校兼课的著名经济学家，就都由校委会签发北大兼任教授的聘书了，其中有邓拓、郭大力、狄超白、王学文、千家驹等等同志。1952年秋，我国高等院校院系调整后，北京大学迁到西郊燕园。北大经济系聘请薛暮桥先生为兼任教授，不过这时的兼任教授是一种名誉职称，只需有时来校作学术报告，而不需要到校系统开设整门课程了。"《文汇读书周报》2005年4月1日。

不登大雅之堂。班固在《汉书·艺文志》中，将小说家列为诸子十家之末，说"可观者九家而已"，小说则不与焉。而且还引孔子的话说："虽小道，必有可观者焉，致远恐泥，是以君子弗为也。"此语起句虽貌似公允，而终归于蔑视，说是这种小道的东西，恐会妨碍远大的事业，所以君子是不去做的。明清以来，小说虽然大为发展，而且李卓吾、袁宏道、金圣叹辈还将小说传奇抬得很高，与《左传》《杜诗》并列，但此类作品仍不入正统学者之法眼。到得晚清时期，小说创作在数量上又有更大的增长，小说的社会作用也相当受到重视，如严复与夏曾佑在《国闻报》上发表《本馆附印说部缘起》，强调小说对于"天下之人心风俗"的作用；梁启超则大谈"小说与群治之关系"，仿佛一切新民事业都必须从新小说开始，并为译印政治小说作序，大力加以鼓吹，但他们多半是着眼于小说的思想影响和政治宣传作用，而不是它本身的文学价值。所以鲁迅在谈到自己当初写小说时的情况道："在中国，小说不算文学，做小说的也决不能称为文学家，所以并没有人想在这一条道路上出世。"①真正将小说地位提高的，还是在新文化运动之中，这大概是受了西方文学观念的影响之故——至于后来的文学界变得以小说创作为主体，有人甚至说不写长篇小说就算不得大作家，那又发展到另一极端，大概是五四时期的文化人所未曾料到的。

　　五四以后，出了两位小说研究大家：鲁迅和胡适。胡适以考证作者生平和作品版本为主，他的《红楼梦考证》甚至激发出一个新红学派来；鲁迅则以系统地研究小说的历史发展见长，他的《中国小说史略》是这个领域的开创之作。正如鲁迅在该书《序言》中所说："中国之小说自来无史；有之，则见于外国人所作之中国文学史中，而后中国人所作者中亦有之，然其量皆不及全书之什一，故于小说仍不详。"而这本《中国小说史略》，则是第一本中国小说史的专书。本书不但资料翔实，而且具有历史观念，为中国小说史理出了一条发展脉络。

　　鲁迅一向强调文学研究者的"史识"，此书即极具史识之作。这种史识，首先体现在作者不是孤立地看待文学现象，而是将它放在特定的时代背景、文化思潮和社会风习中来考察，从而深刻地说明某种文体和流别产生的原因。如论及"六朝之鬼神志怪书"产生的原因道："中国本信巫，秦汉以来，神仙之说盛行，汉末又大畅巫风，而鬼道愈炽；会小乘佛教亦入中土，渐见流传。凡此，皆张皇鬼神，称道灵异，故自晋讫隋，特多鬼神志怪之书。"而说到清谈之作《世说新语》的出现，则指出："汉末士流，已重品目，声名成毁，决于片言，魏晋以来，乃弥以标

---

① 《南腔北调集·我怎么做起小说来》。

格语言相尚,唯吐属则流于玄虚,举止则故为疏散,与汉之惟俊伟坚卓为重者,甚不侔矣。盖其时释教广被,颇扬脱俗之风,而老庄之说亦大盛,其因佛而崇老为反动,而厌离于世间则一致,相拒而实相扇,终乃汗漫而为清谈。渡江以后,此风弥盛,有违言者,惟一二枭雄而已。世之所尚,因有撰集,或者掇拾旧闻,或者记述近事,虽不过丛残小语,而俱为人间言动,遂脱志怪之牢宠也。"

其次,该书的史识还体现在对具体作品的论断上。作者不但以其深厚的文史知识,清晰地判定文本的真伪,如说:"现存之所谓汉人小说,盖无一真出于汉人,晋以来,文人方士皆有伪作,至宋明尚不绝。文人好逞狡狯,或欲夸示异书,方士则意在自神其教,故往往托古籍以衒人;晋以后人之托汉,亦犹汉人之依托黄帝伊尹矣";而且,更难能可贵的是,还以其高超的审美能力,明确地指出作品艺术的优劣,如评《三国志演义》在艺术上的得失云:"至于写人,亦颇有失,以致欲显刘备之长厚而似伪,状诸葛之多智而近妖;惟于关羽,特多好语,义勇之概,时时如见矣";又如论讽刺小说云:"迨吴敬梓《儒林外史》出,乃秉持公心,指摘时弊,机锋所向,尤在士林;其文又戚而能谐,婉而多讽:于是说部中乃始有足称讽刺之书",而论及清末之谴责小说,则说:"虽命意在于匡世,似与讽刺小说同伦,而辞气浮露,笔无藏锋,甚且过甚其辞,以合时人嗜好,则其度量技术之相去亦远矣,故别谓之谴责小说。"作者从不在书中搬弄外国文论,但在评价和叙述中处处渗透着新的观点。上述种种见解,非有现代文学意识和自身创作经验者,是说不出来的。

鲁迅是提倡白话文的骁将,但《中国小说史略》却是用文言写成,这在当时,亦颇有些议论。他自己在《序言》中的说法是:"三年前,偶当讲述此史,自虑不善言谈,听者或多不憭,则疏其大要,写印以赋同人;又虑钞者之劳也,乃复缩为文言,省其举例以成要略,至今用之。"其实还有一个没有说出来的原因,就是回答保古派说新文化运动者因写不通文言才提倡白话的攻击。这只要看《后记》里文不加点的做法,就明白其寓意所在了。他的老同学钱玄同说:"去年上海某报谓鲁迅兄不当用文言文撰《中国小说史略》,于是迅兄将本拟用白话文撰作之'跋',即改撰甚古雅之文言,且改称'后记',又不施标点符号,此实对于此辈最严正的态度。"①鲁迅是小学大师章太炎的弟子,早年的文章受太炎影响甚深,喜用古字,论起古文功底来,大概非一般的古文派所能及也。

对于鲁迅的《中国小说史略》,胡适曾作了充分的肯定。他在《白话文学史·

---

① 《予亦名"疑古"》,1925年3月13日《京报副刊》第八十七号。

《中国小说史略》是鲁迅在各高校授课时自编的讲义,具有开创意义

自序》中说:"在小说史料方面,我自己也颇有一点点贡献,但最大的成绩自然是鲁迅先生的中国小说史略;这是一部开山的创作,搜集甚勤,取材甚精,断制也甚谨严,可以替我们研究文学史的人节省无数精力。"文学史家郑振铎在总结中国新文学第一个十年中文学研究的成就时也说:"对于小说,戏曲和词曲的新研究,曾有过相当完美的成绩。鲁迅的《中国小说史略》乃是这时期最大的收获之一,奠定了中国小说研究的基础。"①

鲁迅所讲文艺理论课,则以所译日本学者厨川白村的《苦闷的象征》为教材。厨川白村死于1923年9月的关东大地震,这本书稿是在他的住宅废墟中发现的。全书共四章:《创作论》、《鉴赏论》、《关于文艺的根本问题的考察》和《文学的起源》,前两章作者生前曾在《改造》杂志上发表过,后两章据手稿整理。鲁迅认为,该书是作者殁后才印行的遗稿,"虽然还非定本,而大体却已完具了。第一分《创作论》是本据,第二分《鉴赏论》其实即是论批评,和后两分都不过从《创作论》引申出来的必然的系论。"所以该书可以作为一个完整的文艺论看待。至于该书的主旨,则可用作者自己的话来概括:"生命力受了压抑而生的苦闷懊恼乃是文艺的根柢,而其表现法乃是广义的象征主义"。书名《苦闷的象征》,也即由此而来。但作者特别加以说明:"所谓象征主义者,决非单是前世纪末法兰西诗坛的一派所曾经标榜的主义,凡有一切文艺,古往今来,是无不在这样的意义上,用着象征主义的表现法的"。

---

① 《中国新文学大系文学论争集·导言》。

九、在新的分化中走向青年群体

厨川白村曾留学美国,受西方现代哲学和心理学影响较深,但该书又非完全照搬西方的理论,而是有所改造,有所发明。鲁迅在中译本《引言》中分析该书的思想来源和它的创新点道:"作者据伯格森一流的哲学,以进行不息的生命力为人类生活的根本,又从弗罗特一流的科学,寻出生命力的根柢来,即用以解释文艺,——尤其是文学。然与旧说又小有不同,伯格森以未来为不可测,作者则以诗人为先知,弗罗特归生命力的根柢于性欲,作者则云即其力的突进和跳跃。这在目下同类的群书中,殆可以说,既异于科学家似的专断和哲学家似的玄虚,而且也并无一般文学论者的繁碎。作者自己就很有独创力的,于是此书也就成为一种创作,而对于文艺,即多有独到的见地和深切的会心。"

鲁迅自己也受过生命意志哲学和精神分析学的影响,所以很能领会该书的好处。但更重要的是,他觉得这种强调生命力的文学论,对于刺激中国人萎靡的精神很有好处。因为在他看来,"非有天马行空似的大精神即无大艺术的产生。但中国现在的精神又何其萎靡锢蔽呢?"可见他之翻译该书,是有着现实针对性的。"倘读者能够坚忍地反复过两三回,当可以看见许多很有意义的处所罢"。而且,从这里,我们也能悟出,鲁迅当年之耽读尼采,兼及叔本华和克尔凯郭尔,并非热衷于他们的非理性主义和唯意志论,而是欲借其生命意志,来刺激中国人萎靡锢蔽的精神。

《苦闷的象征》一书在1924年9月22日开译,10月10日译毕。10月1日至31日,陆续在《晨报副刊》上登载。新潮社的版权页上所写的出版日期是1924年12月,但鲁迅日记中所记他拿到样书的日期则是1925年3月7日,大概实际出版日期当在3月初。

虽然有了著作和译本作为教材,但鲁迅无论是讲授中国小说史或文艺理论课,都从不照本宣科,而是有更多的发挥,将所讲问题引向深入。由于鲁迅知识渊博,对历史和人生有着透辟的见解,所以在他对于中国小说史的娓娓讲述里,学生仿佛听到了全人类灵魂的历史,在眼前显示出了美与丑、善与恶、真实与虚伪、光明与黑暗、过去现在和未来。鲁迅不但教书,而且育人。他要与青年们共同追求一条通向未来的道路。每逢鲁迅上课,校外就有许多人来旁听,照例最大的教室要两个座位坐三个人,整个教室

鲁迅译作教材的《苦闷的象征》

挤得满满的。

诗人冯至回忆道:"鲁迅每周一次的讲课,与其他枯燥沉闷的课堂形成对照,这里沸腾着青春的热情和蓬勃的朝气。这本是国文系的课程,而坐在课堂里听讲的,不只是国文系的学生,别系的学生、校外的青年也不少,甚至还有从外地特地来的。那门课名义上是'中国小说史',实际讲的是对历史的观察,对社会的批判,对文艺理论的探索。有人听了一年课以后,第二年仍继续去听,一点也不觉得重复。""我们听他的讲,和读他的文章一样,在引人入胜、娓娓动听的语言中蕴蓄着精辟的见解,闪烁着智慧的光芒。对于历史人物的评价,都是很中肯和剀切的,跟传统的说法很不同。"①

历史学家尚钺描写当年鲁迅讲课的情景道:"不久,教室沉静下来,他便开始讲授了。他的言语,虽然还有点浙江绍兴的语尾,但由于他似乎怕有人误解而缓慢清晰的字音,和在用字方面达到人人能懂的程度的词句,使全教室在整个时间中都保持着一种严肃的穆静。如果不是许多铅笔在纸上记录时发出一种似乎千百甲虫在干草上急急爬行的细响,就让站在门外静听的人也要疑心教室里边只有先生一人在课演吧?这显然是全教室的学生,都被先生说理的线索吸引得忘了自己了。我一直这样听了先生三年的讲授。这中间,从一部《中国小说史略》和一本《苦闷的象征》(虽然未经详细地记录和研读)中,我却获得了此后求学和作人的宝贵教育。在《中国小说史略》中,先生给了我对社会和文学的认识上一种严格的历史观念,使我了解了每本著作不是一种平面的叙述,而是某个立体社会的真实批评,建立了我此后写作的基础与方向。"②

许广平在《鲁迅回忆录》中,对讲课内容有更多的回忆,这里略举一二,以见一斑。她说:"鲁迅讲书,不是逐段逐句的,只是在某处有疑难的地方才加以解释。"他对当时文章流派,内容的荒诞与否,可信程度如何,都在书本之外,逐一指出,使人不会因读书而迷信古人。又因文章内容和读者爱好,而剖析某种社会思想,如:"《唐之传奇文》中谈到元稹的《莺莺传》,其后来的各自分飞,张生解释为'大凡天之所命尤物也,不妖其身,必妖于人',因而舍弃莺莺,社会上(时人)多许张为善补过者云。鲁迅于讲解时,不以为然,他同意有人说《会真记》是写的元稹自己的事,目的在辩护自己,是属于'辩解文'一类,不是为做小说而做的。从《会真记》鲁迅又谈到中国人的矛盾性。他说:中

---

① 《笑谈虎尾记犹新》,《鲁迅回忆录》1集,上海文艺出版社1978年版,第84页。
② 《怀念鲁迅先生》,《鲁迅回忆录》2集,第187页。

国人(指旧文人——作者)矛盾性很大,一方面讲道德礼义,一方面言行又绝不相关。又喜欢不负责任,如《聊斋》的女性,不是狐就是鬼,不要给她穿衣吃饭,不会发生社会督责,都是对人不需要负担责任。中国男子,一方面骂《会真记》、《聊斋》,一方面又喜欢读这些书,都是矛盾性存在之故。"有时,他也从具体的作品分析,上升到某些文艺理论问题。如:"到第十四篇《元明传来之讲史》,讲到宋江故事时,鲁迅说,小说乃是写的人生,非真的人生。故看小说第一不应把自己跑入小说里面。又说看小说犹之看铁槛中的狮虎,有槛才可以细细地看,由细看推知其在山中生活情况。故文艺者,乃借小说——槛——以理会人生也。槛中的狮虎,非其全部状貌,但乃狮虎状貌之一片段。小说中的人生,亦一片段,故看小说看人生都应站在槛外地位,切不可钻入,一钻入就要生病了。"

鲁迅是通过讲授小说史,来与青年谈论文化知识、社会经验与生活智慧。青年学生从鲁迅的课程里所获得的,是远多于书本知识的人生启示;而鲁迅在与青年学生交流的过程中,也进一步感受到社会的脉动,促使他走向青年人的斗争行列。

十、从"兄弟怡怡"到"动如参商"

但这时,鲁迅的家庭生活却发生了重大的裂变。

鲁迅一家,兄弟三人。鲁迅居长,下面还有二弟作人、三弟建人。鲁迅对于兄弟,一向感情很深。从青年时代在南京求学时所写的《别诸弟》诗中,就可以看出这种深情。二弟作人,比鲁迅只小三岁多,二人相处时间尤长。鲁迅到南京读书,三年之后,周作人也来南京,考入江南水师学堂。鲁迅引导他看新书报,介绍他读《天演论》。鲁迅到日本之后四年,周作人也到日本留学。这时,鲁迅已经从仙台回到东京,兄弟俩生活在一起。他们一起筹备《新生》杂志,共同翻译《域外小说集》,正是志同道合,兄唱弟随。鲁迅提早回国谋事,原因之一,就是为了在经济上接济周作人,因为周作人要与羽太信子结婚了,光靠留学生的官费,已不够维持。鲁迅不求名不谋利,富有自我牺牲精神。在学术上,他将自己的一些著作用周作人的名义发表;经济上,即使在周作人回国之后,他仍以自己的收入负担全家的绝大部分费用,还不时接济东京的羽太家(周作人老婆的娘家),在日记中常有"午后往东交民巷寄羽太家信并银卅五元"之类的记载。1917年,经鲁迅向蔡元培推荐,周作人至北京大学任教,次年开始为《新青年》撰稿,很快有了影响,成为有名的教授。

即使在周作人自立之后,鲁迅还一直呵护着他,关怀备至。他们的老友许寿裳在《亡友鲁迅印象记》中有过这样的记述:

> 鲁迅对于两弟非常友爱,因为居长,所有家务统由他自己一人主持,不忍去麻烦两弟。他对于作人的事,比自己的还要重要,不惜牺牲自己的名利统统来让给他,我在拙著《关于〈弟兄〉》一文已经提及。一九一七年,他和作人还同住在绍兴会馆的时候,北平正流行着传染病猩红热,作人忽然发高热了。这可真急坏了鲁迅,愁眉不展,四处借钱,为的要延医买药。后经德国医师狄普耳诊断,才知道不过是出疹子,于是他第二天到部,精神焕然地笑着对我说:'起孟原来这么大了,竟还没有出过疹子,倘若母亲

十、从"兄弟怡怡"到"动如参商"

1923年4月15日鲁迅等送别爱罗先珂的合影。前排左起:周作人、鲁迅、爱罗先珂

在此,不会使我这样着急了。'接着又述昨夜医师到来的迟缓,和他诊断病情的敏捷,但是我看见他的眼眶陷下,还没有恢复呢!又记得一九二一年,作人养疴在香山碧云寺,因为费用浩大,鲁迅又四处奔走,借贷应急,并且时常前往护视。

1919年,鲁迅兄弟二人都有了事业的基础和经济的基础,而"在绍兴之屋为族人所迫,必须卖去",于是"便拟挈眷居于北京,不复有越人安越之想"①。

这一年,他们卖去绍兴旧居,并添上全部积蓄,又以高利向银行借钱,用了约四千元之数,在北京买下八道湾十一号罗宅,整修之后,鲁迅又赴绍兴接来母亲及全家老少,于是年年底回到北京,将生活安顿下来。在这里,他们共同接待过许多文化界的朋友,还安置过被日本当局驱逐的俄罗斯盲诗人爱罗先珂,让他暂时有个休憩之所。鲁迅希望兄弟协作,共同为中国的新文化贡献力量。

然而,事与愿违。兄弟二人逐渐产生了分歧,终于走上了决裂的道路。

鲁迅和周作人,在中国现代知识分子中代表了两条不同的人生道路。一个始终坚持文学的社会性和战斗性,从启蒙主义而走向大众,成为民族解放的斗士;另一个则从传统文化的叛徒变成"隐士",终于沦为日本侵略者卵翼下的文化汉奸。但这是后来的事,在五四及其后一段时期,两人的思想虽然有所不同,但毕竟是属于同一营垒中的战士。他们的决裂,主要是由于生活上的原因。

决裂的原因,在两位当事人的文字中都没有明确的记载。周作人在日记中

---

① 1919年1月16日鲁迅致许寿裳信。

剪去了十余字,其内容已无可查考了,鲁迅的日记也写得很简单,在1923年7月14日条下写道:"是夜始改在自室吃饭,自具一肴,此可记也";7月19日记道:"上午启孟自持信来,后邀欲问之,不至。"而周作人那封信,则写的是:

鲁迅先生:

  我昨日才知道,——但过去的事不必再说了,我不是基督徒,却幸而尚能担受得起,也不想责难,——大家都是可怜的人间。我以前的蔷薇的梦原来都是虚幻,现在所见的或者才是真的人生。我想订正我的思想,重新入新的生活。以后请不要再到后边院子里来,没有别的话。愿你心安,自重。

七月十八日,作人。

  这封信的抬头是"鲁迅先生",而不是往日常称的"大哥",可见其决绝。内容隐隐约约,若有所指。不久,亲近周作人的人就透露出来了。后来(1939年),郁达夫在《回忆鲁迅》中记道:"据凤举他们的判断,以为他们兄弟间的不睦,完全是两人的误解。周作人氏的那位日本夫人,甚至说鲁迅对她有失敬之处。但鲁迅有时候对我说:'我对启明,总老规劝他的,教他用钱应该节省一点,我们不得不想想将来,但他对于经济,总是进一个化一个的,尤其是他那一位夫人。'从这些地方,会合起来,大约他们反目的真因,也可以猜度到一二成了。"后来的考据家们更说得有鼻子有眼:有说是他在窗外偷窥信子洗澡的;有说是夜闯内室的。辩解者则说,信子窗外是带刺的花丛,根本无法靠近;而有一次夜闯内室,则是因为周作人养病急于用钱,而刚好收到一笔书稿的稿费,所以忙着送进去。但谣言却是愈传愈广,这与中国人的习惯有关:大凡要搞臭一个人,总要在生活问题上做文章。

  但只要不是捕风捉影,而能进行一定的理性思考,其实是不难推断出事实真相的。

  且不说就鲁迅的人品和他对二弟、对家庭的一贯爱护的态度看,他是不会做出对弟妇"失敬"之事的,单就事情本身而言,也没有这种可能性。鲁迅研究者梁由之在《关于鲁迅》一文中曾作过一番推理分析:

  顺奸?此前信子对鲁迅的恶感已深,甚至不要小孩与他来往。这怎么可能?再说,如果大伯子与弟媳你情我愿,暗渡陈仓,那更没有信子主动告诉蒙在鼓里的老公的道理。

  强奸?那可是三代同堂主仆数十人共居的旧式院落。除了写作,鲁迅还要按时上下班,假日应酬更多。鲁瑞和朱安她们则很少出门。还不时有大量亲友和青年学生光顾。……

  要赶走鲁迅,信子怎样才能得到周作人的理解和支持以达到目的呢?最好的,也是惟一有效的办法当然就是不即不离、含含糊糊地说鲁迅调戏她。她果然成功了。高,实在是高。

日光之下并无新事。这是一个古往今来使用了无数次、俗得不能再俗的故事。然而很有实效,屡试不爽。

这推论是合情合理的。值得补充的是,还可以从八道湾十一号的布局图中加以分析。八道湾周宅是一个有着三进房的大宅院,鲁迅本着克己的精

八道湾十一号内鲁迅所住房间。《阿Q正传》等作品写作于此

神,自己住在最外面的一排房子里,一边是佣人的住房,另一边是堆房和客室;外院和中院之间隔着一堵墙,当中有一个方洞,装着四扇油漆木门,进了门才能来到中院,中院有一大块空地,三间西屋是周作人的书房,就是有名的苦雨斋,三间东屋大概是厨房,正屋东西两间是鲁瑞、朱安的住房,中央一间是餐厅;后院则是周作人、信子一家和周建人、芳子一家的住房。鲁迅要到后院去,必须经过周作人书房、对面厨房和鲁瑞、朱安住房的前面,距离很远,要不惊动家人,实在是不可能的。

再则,我们还可以看看鲁迅和周作人的老友和亲人的回忆文字。

我们先听听周氏兄弟的老友,深知他们为人的许寿裳的意见吧。许寿裳并不相信那种流言,他的看法是:

> 作人的妻羽太信子是有歇斯台里性的。他对于鲁迅,外貌恭顺,内怀忮忌。作人则心地糊涂,轻听妇人之言,不加体察。我虽竭力解释开导,竟无效果。致鲁迅不得已移居外客厅而他总不觉悟;鲁迅遣工役传言来谈,他又不出来;于是鲁迅又搬出而至砖塔胡同了。从此两人不和,成为参商,一变从前"兄弟怡怡"的情态。这是作人一生的大损失,倘使无此错误,始终得到慈兄的指导,何至于后来陷入迷途,洗也洗不清呢①?

---

① 《亡友鲁迅印象记》,第61页。

此乃知情之言。我们再看看他们三弟周建人的看法：

　　事情是由于搬进八道湾而引起的。这是在1919年底,五四运动发生之后。

　　从鲁迅方面来说,他独自奔走购屋、修屋,把全家从绍兴搬到北京,满心以为他漂泊不定的生活可以安定下来,更好地教书和著译;满心以为他的苦心经营会得到报偿,享天伦之乐,过兄弟怡怡的日子。……

　　然而,严酷的事实却粉碎了他的美梦。

　　这倒并不是因为周作人不愿意,而是为了家庭日常开支弄得十分心烦。鲁迅在教育部的薪金每月三百元,还有稿费、讲课费等收入,周作人也差不多。这比当年一般职员的收入,已高出十多倍,然而月月亏空,嚷钱不够用。我在北京找不到职业,在家译著有关生物学方面的文章,投寄上海商务印书馆主办的《东方杂志》和《妇女杂志》,从编辑章锡琛的通信往来中,知道他们缺人,所以在八道湾只住了一年八个月,于1921年9月初到上海商务印书馆谋生了,免得好像在家里吃白食。

　　在绍兴,是由我母亲当家,到北京后,就由周作人之妻当家。日本妇女素有温顺节俭的美称,却不料周作人碰到的却真是个例外。她并非出身富家,可是气派极阔,架子很大,挥金如土。家中有管家齐坤,还有王鹤拓及烧饭司务、东洋车夫、打杂采购的男仆数人,还有李妈、小李妈等收拾房间、洗衣、看孩子等女仆二三人。即使祖父在前清做京官,也没有这样众多的男女佣工。更奇怪的是,她经常心血来潮,有时饭菜烧好了,忽然想起要吃饺子,就把一桌饭菜退回厨房,厨房里赶紧另包饺子;被褥用了一两年,还是新的,却不要了,赏给男女佣人,自己全部换过。这种种花样,层出不穷。鲁迅不仅把自己每月的全部收入交出,还把多年的积蓄赔了进去,有时还到处借贷,自己甚至弄得夜里写文章时没有钱买香烟和点心。鲁迅曾感叹地对我说,他从外面步行回家,只见汽车从八道湾出来或进去,急驰而过,溅起他一身泥浆,或扑上满面尘土,他只得在内心感叹一声,因为他知道,这是孩子有病,哪怕是小病,请的外国医生,这一下又至少是十多块钱化掉了。

　　虽然周作人的生活是比较讲究一些,但还不至于这样。但周作人任他的妻子挥霍,不敢讲半句不是。早在辛亥革命前后,他携带家眷回国居住绍兴时,他们夫妇间有过一次争吵,结果女方歇斯底里症大发作,周作人发愣,而他的郎舅、小姨都指着他破口大骂。从此,他不敢再有丝毫的"得罪",相反,他却受到百般的欺凌虐待,甚至被拉着要他到日本使馆去讲话。平日里,一讲起日本,总是趾高气扬,盛气凌人;讲到支那,都是卑贱低劣。而周作人只求得有一席之地,可供他安稳地读书写字,对一切都抱着息事宁人的态度,逆来顺受。

鲁迅看不过去,对周作人进行规劝,无非是"化钱要有个计划,也得想想将来"这一类话,真也有周作人这样的人,把好心当恶意。有一次,周作人说要把丈人丈母接到中国来同住,鲁迅很不赞成,认为多年来寄钱供养他们,已经情至义尽了,今后可以继续养老送终;他们还有别的子女在日本,就不必接到中国来了。

鲁迅的意见是对的……①

如此看来,说鲁迅与周作人的矛盾,是因家庭经济的缘故,由周作人的老婆羽太信子所故意引发,应是合理的解释。

当然,在家庭问题上,鲁迅也有他自己的责任。鲁迅的失误就在于他对于兄弟过分的溺爱和迁就,在实践上对家族制度的否定不够果决。

鲁迅是批判家族制度的先锋,不但他的《狂人日记》"意在暴露家族制度和礼教的弊害",而且在《我们现在怎样做父亲》里还断言:"中国家庭,实际久已崩溃",并说:"以前的家庭中间,本来常有勃豀","历来都竭力表彰'五世同堂',便足见实际上同居的为难"。可见他对中国的家族制度,实在看得很透彻。但到自己处理家庭问题时,却总想以自己的牺牲来维护这个大家庭,追求"兄弟怡怡"的情趣,形成"三世同堂"的局面,以尽长子长兄的责任。这不能不说是一个矛盾的行为。如果说,在绍兴老屋居住时,由于祖产未析,只能暂时住在一起,那么搬到北京以后,兄弟们都已自立,就大可不必再聚族而居了。这虽然也有安慰母亲的意思,但其中就潜伏着矛盾冲突。

鲁迅作为长子,在父亲死后,自觉负有照顾家庭的责任。他事母至孝,对兄弟也关怀备至。但有时对二弟照顾得过了头,使得他减弱了生活能力并缺乏家庭责任感。比如:周作人初到日本时,鲁迅包办了一切对外联络事务,以至周作人在很长时间里只能阅读日文书籍,而口语则不足以应付日常交往;八道湾的住房,从寻屋、借款、购买到修理,都是鲁迅独自操办,而周作人则到日本接家眷去了,据说周作人回到北京后,只是携同家眷来巡视了一次,并去了一趟警局,领回一张房契。房子整修好之后,也是鲁迅独自到绍兴去搬家接眷,而好的房子却让给周作人住。这样,他当然只知享受,而不知尽责了。以至后来在鲁迅逝

---

① 《鲁迅和周作人》,《新文学史料》1983年第4期。

世时，他约同宋紫佩到西三条胡同向母亲报丧时，他母亲全身颤抖，站不起来，悲痛之余，说道："老二，以后我全要靠你了。"周作人却脱口而出："我苦哉，我苦哉……"他感叹的不是长兄的逝世，而是从此他要负担母亲的生活费用。这也可见他的为人了。以致他母亲气愤地说："难道他说苦哉苦哉，就能摆脱他养活我的责任吗？"①后来，他常说"鲁迅的母亲"要他养，仿佛这不是他的母亲似的。

羽太信子是下女出身——有说是为客人包饭的厨娘，本应知道生活的艰难，懂得节俭的重要，但穷人有钱之后要摆阔、尚挥霍的心态也是常见的，她就属于这一类人。刚入周家之门，而且为了钱的缘故，她开始还不敢得罪鲁迅，因为他钱赚得多，是家庭经济的主要支柱。周作人在绍兴中学教书时，最初是月薪五十元，后加至六十八元，而鲁迅在教育部的月薪已有三百元，大都用来支付大家庭的费用，还资助信子的娘家。周家搬到北京之后，情况就起了变化。鲁迅虽然没有减薪，但那时公务员已开始欠薪，我们从鲁迅日记中可以看到相关的记载。大抵在1919年以前，薪俸的发放是正常的，如1919年的日记中就记着每月的26、27日，就能收到"本月奉泉三百"，而从1920年开始，就常记着某日收到上个月或前个月一部分薪俸了，如1920年4月10日记："上午收三月上半月奉泉百廿"，6月15日记："下午收四月下半月奉泉百五十"。以后就拖欠得更久了，如1921年2月3日记："午后收去年十月份奉泉三百"，4日记："上午收去年十一月上半俸泉百五十"，3月16日"收去年十一下半月奉泉百五十"。后来更有拖欠不付之势，所以才有索薪之举。1921年10月24日《鲁迅日记》中就记道："下午往午门索薪水。"到得1922年6月，鲁迅还写了一篇小说《端午节》，主人公方玄绰因欠薪、索薪问题而大发牢骚；1926年7月，他又写过一篇杂文《记"发薪"》，对欠薪问题有更具体的记载："翻开我的简单日记一查，我今年已经收了四回俸钱了：第一次三元；第二次六元；第三次八十二元五角，即二成五，端午节的夜里收到的；第四次三成，九十九元，就是这一次。再算欠我的薪水，是大约还有九千二百四十元，七月份还不算。我觉得已是一个精神上的财主；只可惜这'精神文明'是不很可靠的，刘百昭就来动摇过。……于是精神上的财主就变了物质上的穷人了。"虽然后一篇所记已是他被赶出八道湾之后的事了，但这种趋势，在1923年已很明显。精明的羽太信子不喜欢精神上的财主，所以就制造事端，要逐出这个昔日的家庭支柱，今后的物质穷人了。

不过，除了经济原因之外，还有一个原因也不可忽视，即家庭的领导权问

---

① 见俞芳：《谈谈周作人》，《周作人印象》，学林出版社1997年版，第88页。

题。鲁迅虽然万事谦让,但作为长兄,而且是主要经济支柱,家中的大事还是由他做主,周作人一般是跟从。现在鲁迅的经济地位既然降低了,信子当然也不想服从他的领导了,周作人懦弱,易于控制。这只要看赶出鲁迅之后,他们就否定了鲁迅的意见,把信子的父母从日本接来同住,而且一有风吹草动,就收起周宅的牌子,而挂出羽太宅的旗号,也可以看出其中的消息。难怪鲁迅后来慨叹道:八道湾只有周作人一个中国人了;周建人也说:周作人还以为自己是八道湾的主人,而不明白其实他早已只是一名奴隶。

但在当时,鲁迅还想把事情弄清楚,所以在周作人"自持信来"之后,他还"邀欲问之",但是,周作人"不至",这样,就无从沟通了。鲁迅只好搬出他手自经营的八道湾住宅,另外觅屋居住。

鲁迅是在8月2日搬出八道湾的。当日日记中记道:"下午携妇迁居砖塔胡同六十一号"。

砖塔胡同六十一号原是俞芬、俞芳、俞藻三姐妹和他们父亲的朋友合租的房子,刚好这家朋友搬走,有了空屋,鲁迅托许钦文、许羡苏兄妹找房子,许羡苏和俞芬是朋友,就把这消息告诉鲁迅,鲁迅看了一趟房子,就搬过来了。

鲁迅在砖塔胡同住的虽是三间朝南的正屋,但开间较小,一家三口,再加上两个佣人,也就很拥挤了。鲁迅搬家时,曾征求过朱安的意见:"你是留在八道湾,还是回绍兴朱家?"如果回绍兴去,他按月给她寄生活费。朱安说:"八道湾我不能住,因为你搬出去,娘娘(鲁迅母亲)迟早也要跟你去的,我独个人跟着叔婶侄儿侄女过,算什么呢?再说婶婶是日本人,话都听不懂,日子不好过呵。绍兴朱家我也不想去。你搬到砖塔胡同,横竖总要人替你烧饭、缝补、洗衣、扫地的,这些事我可以做,我想和你一起搬出去。"①鲁迅母亲本来还住在八道湾,后来病倒,周作人也不给医治,母亲跑来找鲁迅,鲁迅陪她去看医

1923年8月,鲁迅与周作人决裂后,租居西四砖塔胡同六十一号

---

① 据俞芳:《我记忆中的鲁迅》,浙江人民出版社1981年版。

生,病好了才回去。周作人家有厨子,但老母亲的饭要自己烧,她又哭回鲁迅的住处,仍要与鲁迅一起生活。这位老母,也早已看透了周作人,她对俞芳说:"只当我少生了这个儿子。"

兄弟的分裂,被赶出八道湾,对鲁迅的打击很大,少年时所得的肺病发作了。9月24日,他就病倒了,当日日记记着:"咳嗽,似中寒。"次日买了阿思匹林饼一筒,"夜服药三粒取汗"。到10月1日,"大发热,以阿思匹林取汗,又写(泻)四次。"10月4日,"晚始食米汁鱼汤。"直至11月8日记道,"夜饮汾酒,始废粥进饭,距始病时三十九日矣。"

在生病期间,鲁迅仍坚持讲课,坚持写作。在砖塔胡同,他写了《彷徨》集中前面的四篇小说:《祝福》、《在酒楼上》、《幸福的家庭》、《肥皂》;写了《宋民间之所谓小说及其后来》、《娜拉走后怎样》、《未有天才之前》等文章和讲稿,并修订了《中国小说史略》。

因为修订《中国小说史略》的缘故,所以家里到处堆着参考书,中央一间既是餐厅,又是他的书房、卧室兼会客室,实在拥挤不堪。据许钦文说:"正如《幸福的家庭》上所写,劈柴、白菜,只好堆在书架、眠床下,局促不安,实在是太不方便了,所以住进以后,就多方托人,到处另找房屋。"①他决定另外买屋,也是因为母亲要过来同住,她是住惯了自己的房子的,不习惯于住租来的房子,为了安排好母亲的生活,鲁迅抱病到处看房子,终于买定阜成门内西三条胡同二十一号旧屋六间。这时,鲁迅的收入都已被周作人夫妇盘剥无余,全家日用,包括佣人工资和朱安的零用钱在内,每月不超过三十元。而他刚离开八道湾没有几天,三太太,即信子的妹妹芳子,却仍要托鲁迅母亲带信来借钱。她要的十元钱,鲁迅"如数给之,其五元从母亲转借"。这时,鲁迅的经济实在已十分拮据,买房子的八百元,还是向老朋友许寿裳和齐寿山二人借来的。此屋已破烂不堪,经过翻修,于1924年5月25日迁入。

西三条宅是一所三开间四合院的房子,还有三间南屋,比起八道湾的房子来,要狭小得多了。但离开周作人一家,对鲁迅倒是一种解脱,他曾经这样说:"我幸亏被八道湾赶出来了,生活才能够有点预算,比较不那么发愁了。"鲁迅在当中一间的后面搭出一间平顶的灰棚,作为自己的卧室兼工作室。这种房子造价最便宜,北京叫老虎尾巴。房间很小,后墙上全是玻璃窗,就像《秋夜》中所描写的那样,可以看见奇怪而高的天空,可以看见后园墙外的两株枣树。房中陈设

---

① 许钦文:《砖塔胡同》,《新文学史料》1978年第1辑。

十、从"兄弟怡怡"到"动如参商"

西三条胡同二十一号内的"老虎尾巴",是鲁迅的卧室兼书房

很简单,只有床铺、网篮、衣箱、书桌这几样东西。床是木板床,被是多少年没有换的老棉絮。鲁迅说:"生活太安逸了,工作就要被生活所累了。"他就是这样长期过着艰苦的生活。侧壁上挂了一副对联,是鲁迅自己集《离骚》的诗句,请乔大壮写的:"望崦嵫而勿迫,恐鹈鴂之先鸣。"表示了自己求索道路的迫切心情。书桌对面,挂了一幅他在日本仙台医专读书时的老师藤野先生的照片,"每当夜间疲倦,正想偷懒时,仰面在灯光中瞥见他黑瘦的面貌,似乎正要说出抑扬顿挫的话来,便使我忽又良心发现,而且增加勇气了,于是点上一支烟,再继续写些为'正人君子'之流所深恶痛疾的文字。"[①]后来他又在青年画家司徒乔的画展上买了一张写警察围殴孕妇的炭笔素描《五个警察一个〇》,挂在另一面墙上。就在这间"绿林书屋"里,鲁迅写了大量与旧势力进行斗争的文章。

搬好家后,鲁迅于6月11日到八道湾去拿东西,却遭到周作人的袭击。他于这一天的日记中写道:"下午往八道湾宅取书及什器,比进西厢,启孟及其妻突出骂詈殴打,又以电话招重久及张凤举、徐耀辰来,其妻向之述我罪状,多秽语,凡捏造未圆处,则启孟救正之,然终取书器而出。"

鲁迅的日记一向写得简单,当时在场的同乡人川岛(章廷谦),从自己目击

---

① 《朝花夕拾·藤野先生》。

的角度加以补充道：

> 这回"往八道湾宅取书及什器"，是鲁迅先生于一九二三年八月二日迁出后的第一次也是末一次回到旧居去。其时，我正住在八道湾宅的外院（前后共有三个院子）鲁迅先生曾经住过的房子里。就在那一日的午后我快要去上班的当儿，看见鲁迅先生来了，走进我家小院的厨房，拿起一个洋铁水杓，从水缸中舀起凉水来喝，我要请他进屋来喝茶，他就说："飚惹祸，管自己！"喝了水就独自到里院去了。过了一会，从里院传出一声周作人的骂声来，我便走到里院西厢房去。屋内西北墙角的三角架上，原放着一个尺把高的狮形铜香炉，周作人正拿起来要砸过去，我把它抢下了，劝周作人回到后院的住房后，我也回到外院自己的住所来，听得信子正在打电话，是打给张徐二位的，是求援还是要他们来评理？我就说不清了①。

周作人一向以温文尔雅著称，这一回，却对一直培养自己的长兄演出了全武行。

接下来的事，川岛因为没有看到，所以没有说，许寿裳和许广平所记鲁迅的讲述，可作补充。许寿裳在《亡友鲁迅印象记》中说："一忽儿外宾来了，正欲开口说话；鲁迅从容辞却，说这是家里的事，无烦外宾费心。到者也无话可说，只好退了。这在取回书籍的翌日，鲁迅说给我听的。"许广平在《鲁迅回忆录》中说："后来鲁迅也曾经告诉我，说那次他们气势汹汹，把妻舅重久和他们的朋友找来，目的是要给他们帮凶。但是鲁迅说，这是我们周家的事情，别人不要管，张徐二人就此走开。信子捏造鲁迅的'罪状'，连周作人自己都要'救正'，可见是经不起一驳的。"

张凤举、徐耀辰二人经鲁迅指出后，都知趣走开了，但周作人却一直纠缠不清。直到晚年所作的《知堂回想录》中，还写了上下两节《不辩解说》来为自己辩解。他针对许寿裳的话驳斥道："这里我要说明，徐是徐耀辰，张是张凤举，都是那时的北大教授，并不是什么'外宾'，如许季茀所说的，许君是与徐张二君明白这事件内容的人，虽然人是比较'老实'，但也何至于造作谣言，和正人君子一辙呢？"但这驳斥，显然是强词夺理的，因为这里的所谓"外宾"，是指家族以外的宾客而言，即鲁迅所说的"别人"，并非后来所通指的外国客人；如说是外国人，则重久才是真正的外国人，但他是周作人的妻舅，从家族的角度看，他倒是有些关系的，所以他并没有走开。可见周作人玩的是偷换概念的文字游戏，以掩盖他的

---

① 川岛：《弟与兄》，《鲁迅回忆录》二集，第313—314页。

理屈词穷。

但鲁迅其实也只取出一部分书物,还有许多东西都没有拿出来。在取出书物的翌日,许寿裳问他:"你的书全部都已取出了吗?"他答道:"未必。"许寿裳问其所赠之《越缦堂日记》拿出来了吗?他答道:"不,被没收了。"三个月后,鲁迅写了一篇《俟堂专文杂集·题记》,文云:"曩尝欲著《越中专录》,颇锐意搜集乡邦专甓及拓本,而资力薄劣,俱不易致,以十余年之勤,所得仅古专二十余及枘本少许而已。迁徙以后,忽遭寇劫,孑身逭遁,止携大同十一年者一枚出,余悉委盗窟中。日月除矣,意兴亦尽,篆述之事,渺焉何期?聊集燹余,以为永念哉!甲子八月二十三日,宴之敖者手记。"本文在鲁迅生前虽未发表,但激愤之情可见。

这里特别值得注意的是,鲁迅用了一个新的笔名:"宴之敖者"。据鲁迅日后对许广平解释道:"宴字从宀(家),从日,从女;敖从出从放(《说文》作敫,游也,从出从放);我是被家里的日本女人逐出的。"①这表明他对于此次家庭事变的认识。后来,他在历史小说《铸剑》中,把这个名字送给了帮助眉间尺复仇的黑衣人,可见此事在他心中留下的创伤之深。鲁迅对于周作人的评价,则只有一个字:昏!他对周建人和许广平都说过:"启孟真昏!"鲁迅还分析周作人的心态云:"周作人的这样做,是经过考虑的,他曾经和信子吵过,信子一装死他就屈服了。他曾经说:'要天天创造新生活,则只好权其轻重,牺牲与长兄友好,换取家庭安静。'"②

鲁迅虽然搬出八道湾住宅,但周作人对他的仇恨之情并未消除,而且有增无已。就在鲁迅回八道湾宅取物的次日,周作人就写了一篇短文《破脚骨》来骂鲁迅,还特地拿到外院去给川岛看。"破脚骨"者,绍兴方言中称流氓者也。这种文章,一反他和平冲淡的风格,简直是泼妇骂街了。后来此类攻击性文章还有不少,特别是在鲁迅与许广平结合之后,周作人常含沙射影地拿"好色"、"娶妾"等字样来攻击。其实,周作人对鲁迅在婚姻上的痛苦了解最多,他又是主张个性解放、婚姻自由的人文主义者,现在为了攻击,却顾不得自己平素的主张了。似乎是凡鲁迅的主张、言论,他都要加以反对、批评。如刘半农去世后,周作人的挽诗,就显然是针对鲁迅的:"漫言一死恩仇泯,海上微闻有笑声。徒向刀山长作揖,阿旁牛首太狰狞。"但鲁迅的悼念刘半农却是真诚的、理

---

① 许广平:《略谈鲁迅先生的笔名》,《许广平忆鲁迅》,广东人民出版社1979年版,第93页。
② 见许广平:《鲁迅回忆录·所谓兄弟》,《许广平忆鲁迅》,第624页。

性的、有分析的,他说:"我爱十年前的半农,而憎恶他的近几年。这憎恶是朋友的憎恶,因为我希望他常是十年前的半农,他的为战士,即使'浅'罢,却于中国更为有益。我愿以愤火照出他的战绩,免使一群陷沙鬼将他先前的光荣和死尸一同拖入烂泥的深渊。"除了这篇《忆刘半农君》之外,鲁迅还写了一篇《趋时和复古》,意思说得更明确:"半农先生一去世……他已经快要被封为复古的先贤,可用他的神主来打'趋时'的人们了。这一打是有力的,因为他既是作古的名人,又是先前的新党,以新打新,就如以毒攻毒,胜于搬出生锈的古董来。"刘半农是以"趋时"而出名的人,现在却变成复古的招牌了,鲁迅分析其变化过程云:"古之青年,心目中有了刘半农三个字,原因并不在他擅长音韵学,或是常做打油诗,是在他跳出鸳蝴派,骂倒王敬轩,为一个'文学革命'阵中的战斗者。然而那时有一部分人,却毁之为'趋时'。时代到底好像有些前进,光阴流过去,渐渐将这谥号洗掉了,自己爬上了一点,也就随和一些,于是终于成为干干净净的名人。但是,'人怕出名猪怕壮',他这时也要成为包起来作为医治新的'趋时'病的药料了。"鲁迅还举了康有为、章太炎等人为例,说明从"趋时"到"复古"也是常见现象,"趋时"虽然常被用作贬词,但鲁迅并不这样看,他是反对"复古"的。所以他说:"我并不在讥刺半农先生曾经'趋时',我这里所用的是普通所谓'趋时'中的一部分:'前驱'的意思。他虽然自认'没落',其实是战斗过来的,只要敬爱他的人,多发挥这一点,不要七手八脚,专门把他拖进自己所喜欢的油或泥里去做金字招牌就好了。"鲁迅的意见是正确的,但这意见,却很不合周作人的心意,于是他又写了《老人的胡闹》一文加以攻击。周作人先引了一些中外名人的话,说"及其老也戒之在得",接着就说:"以上都是对于老年的很好的格言,与孔子所说的道理也正相合。只可惜老人不大能遵守,往往名位既尊,患得患失,遇有新兴占势力的意见,不问新旧左右,辄靡然从之,此正病在私欲深,世味浓,贪恋前途之故也。虽曰不自爱惜羽毛,也原是个人的自由,但他既然戴了老丑的鬼脸蹳出戏台来,则自亦难禁有人看了欲呕耳。这里可注意的是,老人的胡闹并不一定是在守旧,实在却是在维新。盖老不安分重在投机趋时,不管所拥戴的是新旧左右,若只因其新兴有势力而拥戴之,则等是投机趋时,一样的可笑。如三上弃自由主义而投入法西斯的潮流,即其一例……其实此类事世间多有,即我国的老人们亦宜以此为鉴,随时自加检点者也。"

鲁迅对于周作人当然也有意见,但正如周作人所承认的,"鲁迅本人在他生前没有一个字发表",虽然周作人提出的"《伤逝》不是普通恋爱小说,仍是借假了男女的死亡来哀悼兄弟恩情的断绝的"①之说,并无什么根据,但从书信中倒可以看出鲁迅对于乃弟的体贴和关心。

如1927年10月,北新书局被搜查,捕去二人,《语丝》被禁,且危及作者,鲁迅在11月7日致章廷谦信中说:"北新捕去李(小峰之堂兄)王(不知何人)两公及搜查,闻在十月二十二,《语丝》之禁则在二十四。作者皆暂避,周启明盖在日本医院欤。查封北新,则在卅日。今天乔峰得启明信,则似已回家,云《语丝》当再出三期,凑足三年之数,此后便归北新去接办云云。卅日发,大约尚未知查封消息也。他之在北,自不如来南之安全,但我对于此事,殊不敢赞一辞,因我觉八道湾之天威莫测,正不下于张作霖,倘一搭嘴,也许罪戾反而极重,好在他自有他之好友,当能互助耳。"

又如,1934年周作人在《人间世》上发表两首五十自寿诗云:"前世出家今在家,不将袍子换袈裟。街头终日听谈鬼,窗下通年学画蛇。老去无端玩骨董,闲来随分种胡麻。旁人若问其中意,且到寒斋吃苦茶。""半是儒家半释家,光头更不著袈裟。中年意趣窗前草,外道生涯洞里蛇。徒羡低头咬大蒜,未妨拍桌拾芝麻。谈狐说鬼寻常事,只欠工夫吃讲茶。"当时步原韵奉和者甚众,多捧场之语,林语堂作《周作人诗读法》,更提出"寄沉痛于幽默"的说法;而反对者则骂周作人是"自甘凉血冷如蛇","误尽苍生欲谁责?"一时议论纷纷,成一热门话题。鲁迅自然不便公开发表意见,但他在4月30日复曹聚仁信中,却表示了公允的看法:"周作人自寿诗,诚有讽世之意,然此种微辞,已为今之青年所不憭,群公相和,则多近于肉麻,于是火上添油,遂成众矢之的,而不作此等攻击文字,此外近日亦无可言。此亦'古已有之',文人美女,必负亡国之责,近似亦有人觉国之将亡,已在卸责于清流或舆论矣。"又于5月6日复杨霁云信云:"至于周作人之诗,其实是还藏些对于现状的不平的,但太隐晦,已为一般读者所不憭,加以吹擂太过,附和不完,致使大家觉得讨厌了。"周作人看到这两封信之后,也在《知堂回想录》里说,当时因五十自寿的打油诗闹得满城风雨,"独他一个人在答曹聚仁杨霁云的书简中,能够主持公论,胸中没有丝毫蒂芥,这不是寻常人所能做到的了。"但此时,鲁迅早已逝世多年矣。

在鲁迅晚年的藏书中,有许多周作人的著作,可见即使在分手之后,他对于这位二弟一直是关注的。在周建人的文章和信件中,也多处谈到鲁迅对于周作人的看重和关心。如在《鲁迅和周作人》一文中说:"有一次,周作人的

---

① 《知堂回想录》,第425、427页。

一部译稿给商务印书馆出版，编辑正在处理。鲁迅说：'莫非启孟的译稿，编辑还用得着校吗？'我说：'那总还要看一遍的吧！'鲁迅就不作声了。"又如他在鲁迅逝世之后给周作人的信中说："又说到关于救国宣言这一类的事情，谓连钱玄同、顾颉刚一般人都具名，而看不见你的名字，他的意见，以为遇到此等重大题目时，亦不可过于退后云云。有一回说及你曾送×××（按：指李大钊）之子赴日本之事，他谓此时别人并不肯管，而你却要掩护他，可见是有同情的，但有些作者，批评过于苛刻，责难过甚，反使人陷于消极，他亦极不赞成此种过甚其辞的责难云云。……"只可惜周作人此时已听不进鲁迅的规劝了。

周氏兄弟的决裂，在鲁迅的精神上造成了巨大的创伤，而对周作人的损失则更大。这不仅是经济上的，更主要的还是思想上的。失去了长兄的引导和督促，周作人走出了一条没落之路，终至堕落为汉奸。这不仅是周作人个人的不幸，而且也是中国文化界的不幸。正如郑振铎所说："在抗战的整整十四个年头里，中国文艺界最大的损失是周作人附逆。""假如我们说，五四以来的中国文学有什么成就，无疑的，我们应该说，鲁迅先生和他是两个颠扑不破的巨石重镇；没有了他们，新文学史上便要黯然失光。""鲁迅先生是很爱护他的，尽管他们俩晚年失和，但鲁迅先生口中从来没有一句责难他的话。'知弟莫若兄。'鲁迅先生十分的知道他的脾气和性格。倒是周作人常常有批评鲁迅先生的话。他常向我说起，鲁迅怎样怎样的。但我们从来没有相信过他的话。鲁迅是怎样的真挚而爽直，而他则含蓄而多疑，貌为冲淡，而实则热中；号称'居士'，而实则心悬'魏阙'。所以，其初是竭力主张性灵，后来却一变而为什么大东亚文学会的代表人之一了，然而他的过去的成就，却仍不能不令人恋恋。所以，周作人的失去，我们实在觉得十分的惋惜，十分的痛心！没有比这个损失更大了！"①

---

① 《惜周作人》，《郑振铎全集》第2卷，花山文艺出版社1998年版，第481—482页。

十一、连天空都不像唐朝的天空

鲁迅将西三条住宅安顿好之后,恰巧有一个到西安讲学的机会,他就应邀前往。那个时候,学者们开会、讲学等异地学术交流之风未起,鲁迅也并非学术活动家,这次西安之行,实属偶然的机会。当时正是军阀刘镇华在陕西一统天下的时候,他想文治与武功并举,就重建了西北大学,并由陕西省教育厅与西北大学合办暑期学校,聘请全国学界名流来陕演讲,为自己装点门面。1923年,曾请康有为来讲过学;1924年,请的是京、津、宁的一批学者。鲁迅对于此类事本不热心,但他正在酝酿一部历史小说《杨贵妃》,对于人物的关系,他有自己的看法,对于背景材料,也已作过深入的研究,而且情节也已构思得差不多了,只是缺乏实地考察,所以尚未动笔,既然有此机会,所以就欣然前往了。

当时从北京到西安还没有直达车,所以行路非常麻烦。鲁迅和北京师范大学教授王桐龄、北京大学教授夏元瑮、《晨报》记者孙伏园、《京报》记者王小隐,还有天津南开大学教授陈定谟、李济之、蒋廷黻等十余人一起,在7月7日晚登车启程。8日下午到郑州转车。郑州久旱,两个月不曾下雨了,当地人正关闭南门,禁宰猪羊来求雨——后来路过渭南时,还看到大队衣衫整洁的人,头戴鲜柳叶扎成的帽圈,导以刺耳的音乐,在街上游行祈雨,迷信之风甚盛,与新文化运动所提倡之科学思想相距远甚。他们于9日上午乘车西进,夜抵陕州,这是当时西行铁路的终点站,在这里与南京东南大学来的陈钟凡、刘静波会合。同行者陈钟凡回忆他们在陕州耀武大旅馆住宿时的经历云:"次朝,苍蝇哄鸣,扰人清梦。鲁迅说:'《毛诗·齐风》所咏:"匪鸡则鸣,苍蝇之声",于今朝验之已。'"[1]鲁迅这句话说得很幽默,但其实他由此而有更深层之感悟,见之于日后所写的《马上支日记》:"记得前年夏天路过S州,那客店里蝇群却着实使人惊心动魄。饭菜搬

---

[1] 陈钟凡:《鲁迅到西安大学的片断》,《鲁迅生平史料汇编》第3辑,第783页。

来时,它们先追逐着赏鉴;夜间就停得满屋,我们就枕,必须慢慢地,小心地放下头去,倘若猛然一躺,惊动了它们,便轰的一声,飞得你头昏眼花,一败涂地。到黎明,青年们所希望的黎明,那自然就照例地到你脸上来爬来爬去了。但我经过街上,看见一个孩子睡着,五六个蝇子在他脸上爬,他却睡得甜甜的,连皮肤也不牵动一下。在中国过活,这样的训练和涵养工夫是万不可少的。与其鼓吹什么'捕蝇',倒不如练习这一种本领来得切实。"这种无奈的情绪,正与时代气氛相合。

从陕州到潼关,走的是水路。来此迎接的陕西省府秘书张辛南雇了两只民船,载着他们西去。当时黄河没有客船,他们坐的是载货船。同行者王桐龄记船中境况云:"余等十七人,分乘二船,每船三仓,共乘九人,每仓三人。船顶甚低,仓甚窄,每仓又各有行李二三件,局促殊甚。余等卧则屈膝,坐则折腰,立则鞠躬,人人终日抱膝长吟,无自由回旋之余地。"①

他们一行人,于10日晨从陕州出发,夜泊灵宝。11日晨开船不久,却遇到了大雨逆风,船不易进,行了一天,仍宿灵宝附近。夜间上游雨水暴至,溜头甚高,至少在一公尺以上,船身颠簸,冲动船锚,漂流下行,一泻数里,十分危险。张辛南因负有护送之责,出来探问究竟,被船主赶回舱去。第二天雨过天晴,船主才告诉张辛南说,昨夜船只倒行十里,非常危险,如果倒行到鬼门,那就没有救了。盖黄河中有砥柱山,兀峙中流,分为人、神、鬼三门,唯人门可过,其险过于长江三峡。张辛南回舱报告船主所说,于是大家一齐庆贺更生。

不过此后倒是一路天气晴朗,大家情绪也就好起来,有的在舱里看书谈天,有的在外面浏览风景。鲁迅常在舱中盘腿而坐,对人讲故事。张辛南多年后写回忆文章时还记得,他讲初到北京时,曾去拜访江叔海,寒暄几句后,江即谈起那天的天气,就哈哈大笑了几声。——鲁迅后来在文章中常用"今天天气,哈哈哈……"来讽刺那些不敢面对现实的滑头文人。

大家兴致虽好,但饮食起居上的困难却不少。王桐龄于《陕西旅行记》中写道:"黄河中流多滩,船傍滩拉纤以行,傍岸之机会甚少。偶尔傍岸,船主为赶程道计,多不停留;故余等在船上四日之间,上岸出恭之机会绝少,此起居之不便也。黄河之水半杂泥沙灰尘便溺,饮之辄胸前作恶;余等携汽水,可以解渴,但多饮则腹作泄;途中不傍岸,无处可以吃饭,故托船夫作面汤,馒头疗饥,然粗恶殊甚;余等携有罐头鱼肉,然此物多陈旧,常吃则肠胃不适,此饮食之不便也。"鲁

---

① 王桐龄:《陕西旅行记》,北京文化学社1928年版。

十一、连天空都不像唐朝的天空

迅的肠胃本来就不好,遇到这种情况,自然不能适应,从12日开始,就腹泻起来,其苦可知。但关于旅途中的情况,鲁迅只在日记中作了简略的记载,并没有在文章中多所描写。只有《说胡须》一文,其中作过这样的回顾:"今年夏天游了一回长安,一个多月之后,胡里胡涂的回来了。知道的朋友便问我:'你以为那边怎样?'我这才蓦然地回想长安,记得看见很多的白杨,很大的石榴树,道中喝了不少的黄河水。然而这些又有什么可谈呢?我于是说:'没有什么怎样。'他于是废然而去了,我仍旧废然而住,自愧无以对'不耻下问'的朋友们。"

好在13日下午,就抵达潼关了。潼关地势险要,是陕西的门户,刘镇华自有重兵把守,他叫部下用骡车将这批讲学者接到城里,在汽车站住了一宿,第二日再用汽车送往西安。午后途经临潼,这里是有名的温泉区,当年杨贵妃"温泉水滑洗凝脂"的华清池就在这里。主人请这批客人到华清池洗一次温泉浴,也算是难得的生活体验。可惜经过历代兵燹,此地早已面目全非,不复是当年胜迹,鲁迅也无从体察作品主人公的生活情景。

14日下午,他们抵达西安,住在西北大学教员宿舍。暑期学校要到20日才开学,他们还有时间先游览名胜古迹。第二日开始,他们就游碑林、游孔庙、游大小雁塔、游霸桥曲江,有空时鲁迅还常与友人一起游古董肆。

碑林是古代碑刻集中之所,鲁迅对此一向很感兴趣,民国初年到北京之后不久,即大量搜集碑刻墓志拓本,有些还是老友杨莘士从陕西寄给他的,现在既然到了陕西,当天就在碑林乘便买了两种耀州出土之石刻拓片:《吴氏造老君象》四枚,《张僧妙碑》一枚,后来又在别处续买了几种,继续为他的金石学研究作准备。

对于孔子,鲁迅并不崇拜,但孔庙之游,却也别有收获。他在回京后当年所写的《说胡须》中说:

……长安的事,已经不很记得清楚了,大约确乎是游历孔庙的时候,其中有一间房子,挂着许多印画,有李二曲像,有历代帝王像,其中有一张是宋太祖或是什么宗,我也记不清楚了,总之是穿了一件长袍,而胡子向上翘起的。于是一位名士就毅然决然地说:"这是日本人假造的,你看这胡子就是日本式的胡子。"

诚然,他们的胡子确乎如此翘上,他们也未必不假造宋太祖或什么宗的画像,但假造中国皇帝的肖像而必须对了镜子,以自己的胡子为法式,则其手段和思想之离奇,真可谓"出乎意表之外"了。清乾隆中,黄易掘出汉武梁祠石刻画像来,男子的胡须多翘上;我们现在所见北魏至唐的佛教造像中的信士像，凡有胡子的也多翘上，直到元明的画像，则胡子大抵受了地心的吸力作用，向下面拖下去了。日本人何其不惮烦，孳孳汲汲地造了这许多从汉到唐的假古董，来埋在中国的齐鲁燕晋秦陇巴蜀的深山邃谷废墟荒地里？

我以为拖下的胡子倒是蒙古式，是蒙古人带来的，然而我们的聪明的名士却当作国粹了。……

参观孔庙，而得到了反国粹主义的证据，的确是十分有趣的事。但这也是鲁迅长期研究碑拓的一种心得。陈寅恪总结王国维的研究方法，其一就是取地下之实物与纸上之遗文互相释证，这其实也是当时谨严博识学者的共同方法。

在古董肆里，鲁迅陆续买了一些小古董：乐妓、土偶人、四喜镜、魌头、磁鸠、磁猿首、彩画鱼龙陶瓶等，还买到几具难得的弩机。弩机是一种用黄铜铸造的兵器，形似今日之手枪，当时大概是有皮带与铜联系，用来射箭，现在皮带早已腐朽，手柄上亦已铜绿斑斑，倒是极饶古味。鲁迅爱其有近代军器之风，故到处寻访。但别人都不知弩机为何物，寻访时还闹了点小笑话。有一次，鲁迅由孙伏园、张辛南陪同上街去买弩机，张辛南听说"鲁吉"二字，以为他要吃卤鸡，就带他到有几家卤菜铺子的街上走去，但这不是鲁迅所要的东西，他径直向南院门古董肆走去，人家答应说没有，他又跑到北院门，看了几家古董铺，也没找到。张辛南始终不知道这"鲁吉"是什么东西，在他的回忆文章中还以为鲁迅在西安买不到此物。但鲁迅在即将离开西安之前，终于找到了弩机，他一下子买了大小各两具，可见其喜欢程度。

鲁迅在西安虽然有些小收获，但他此行的主要目的——实地考察唐代都城的愿望，却落空了。据孙伏园说："古迹虽然游的也不甚少，但大都引不起好感，反把从前的幻想打破了；鲁迅先生说，看这种古迹，好象看梅兰芳扮林黛玉，姜妙香扮贾宝玉，所以本来还打算到马嵬坡去，为免避看后的失望起见，终于没有去。"①

鲁迅到西安之前，原有一个比较成熟的创作历史小说《杨贵妃》的计划。这计划，也许起意于1921年。那一年，他翻译了日本作家菊池宽的历史小说《三浦右卫门的最后》，这个右卫门，是作为今川氏的宠臣，在今川氏失败的时候，被欺凌，被残杀了。因为"世间都说他是今川氏的痈疽；说氏康的豪奢游荡的中心就是他；说比义元的时候增加了两三倍的诛求，也全因为他的缘故；说义元恩顾的

---

① 《长安道上》，《鲁迅生平史料汇编》第3辑，第771页。

忠臣接连的斥退了,也全因为他的缘故。今川氏的有心的人们,都诅咒他的名字。他的坏名声,是骏河一国的角落里也统流传。没有听到这坏名声的,恐怕只有他自己了"。但这种指责是不确切的。据作者分析:"其实是右卫门本没有什么罪恶,只是右卫门的宠幸和今川氏的颓废,恰在同时,所以简单的世人,便以为其间有着因果关系的了。他其实不过是一个孩子气的少年;当他十三岁时,从寄寓在京都西洞院的父母的手里,交给今川家做了小近侍,从此只顺着主人和周围的支使,受动的甘爱着,照了自己的意志的事,是一件也没有做的。但是氏康对于他的宠幸,太到了极端,因此便见得他是巧巧的操纵着主人似的了。"鲁迅盛赞作者的识见,他在本篇译文的《译后附记》中说:"菊池氏的创作,是竭力的要掘出人间性的真实来。一得真实,他却又怃然的发了感叹,所以他的思想是近于厌世的,但又时时凝视着遥远的黎明,于是又不失为奋斗者。"从右卫门的命运,又想到了杨贵妃。他说:"杨太真的遭遇,与这右卫门约略相同,但从当时至今,关于这事的著作虽然多,却并不见和这一篇有相类的命意,这又是什么缘故呢?我也愿意发掘真实,却又望不见黎明,所以不能不爽然,而于此呈作者以真心的赞叹。"

鲁迅想发掘杨贵妃遭遇的真实情况,是与他一向反对"女人是祸水"论的思想是一致的。通过重写这一历史故事,他要揭露男权社会所强加在女子头上的罪名,写出历史的真相。这种见解,是个性主义思想深化的结果,菊池宽的作品,只是在艺术上给予启发而已。鲁迅后来还写过一篇《女人未必多说谎》,也表达了类似的思想:"我想,与其说'女人讲谎话要比男人来得多',不如说'女人被人指为"讲谎话要比男人来得多"的时候来得多',但是,数目字的统计自然也没有。譬如罢,关于杨妃,禄山之乱以后的文人就都撒着大谎,玄宗逍遥事外,倒说是许多坏事情都由她,敢说'不闻夏殷衰,中自诛褒妲'的有几个。就是妲己,褒姒,也还不是一样的事?女人的替自己和男人伏罪,真是太长远了。……记得某男士有为某女士鸣不平的诗道:'君王城上竖降旗,妾在深宫那得知?二十万人齐解甲,更无一个是男儿!'快哉快哉!"

但他要发掘杨贵妃遭遇的真相,也不单只是为女人鸣不平而已。在女人顶罪的背后,还隐藏着一个深层问题,即国民性中十分卑劣的一面:对于任何事件,都缺乏认真负责,勇于承担的精神,不敢揭出事情的真相,不肯找出真正的罪魁祸首,而总是要把责任从至尊者肩上卸开,推到无辜者,或者虽然有辜但却并非主要责任人的身上。这也是皇权意识作怪。比如,杀害抗金名将岳飞的罪责,一向都推到秦桧身上,而宋高宗赵构倒反而无事。但如果没有皇帝的授意或同意,一个丞相能够杀害一员大将吗?并不是没有人看出这一点,明人文征明就说道:"笑区区一桧亦何能,逢其欲。"但这种声音很微弱,早被一片对秦桧的辱骂声所淹没了。岳飞的被害,秦桧当然有很大的责任,但罪魁祸首还是赵构。至于杨贵妃,则情况又有所不同,她只不过是唐明皇手中的一个玩偶而已,要她承担安禄山之乱的历史责任,更是不切实际。中国的许多文人正是通过他们生花之笔,"义愤"之情,帮助统治者在制造谎言。这就是鲁迅所指责的,由"怯弱、懒惰,而又巧滑"的国民性所衍生出来的"瞒和骗"的文艺。鲁迅要写《杨贵妃》,正是想借用这个古老的题材,来打破传统的思想和手法。

当然,主题命意不等于作品全部,长篇小说的内容要复杂得多。由于这部作品最终没有写出,而且他自己也没有留下构思的文字资料,所以我们无法知道全书的面貌。但从他几位朋友的回忆中,还可以看出一个大概。

许寿裳在《鲁迅的人格和思想》里说:

有人说鲁迅没有长篇小说是件憾事,其实他是有三篇腹稿的,其中一篇是《杨贵妃》。他对于唐明皇和杨贵妃的性格,对于盛唐的时代背景,以及宫室服饰、用具等等,统统考证研究得很详细。他的写法,曾经说给我听过,系起于明皇被刺的一刹那间,从此倒回上去,把他的生平一幕一幕似的映出来。他说明皇和贵妃间的爱情早已衰竭了,不然何以会有七夕夜半,两人密誓愿世世为夫妇的情形呢?在爱情浓烈的时候,那里会想到来世呢?他的知人论世,总是比别人深刻一层。这些腹稿,终于因为国难的严重,政治的腐败,生活的不安定,没有余暇把它写出,转而至于写那些匕首似的短评了。

郁达夫在《历史小说论》中说:

说到了杨贵妃,我又想起一件事情来了。朋友的L先生,从前老和我谈及,说他想把唐玄宗和杨贵妃的事情来做一篇小说。他的意思是:以玄宗之明,那里看不破安禄山和她的关系?所以七月七日长生殿上,玄宗只以来生为约,实在是心里已经有点厌了,仿佛是在说"我和你今生的爱情是已经完了!"到了马嵬坡下,军士们虽说要杀她,玄宗若对她还有爱情,那里会不能保全她的生命呢?所以这时候,也许是玄宗授意军士们的。后来到了玄宗老日,重想起当时行乐的情形,心里才后悔起来了,所以梧桐秋雨,就生出一场大大的神经病来。一位道士就用了催眠术来替他医病,终于使他和贵妃相见,便是小说的收场。L先生的这一个腹案,实在是妙不可言的设想。若做出来,我相信一定可以为我们的小说界辟一生面,可惜他近来事忙,终于到现在,还没有写成功。

冯雪峰在《鲁迅先生计划而未完成的著作》里说:

但是,鲁迅先生一直以前也曾计划过一部长篇历史小说的制作,是想描写唐朝的文明的。这个他后来似乎不想实现的计划,大概很多人知道,因为鲁迅先生似乎对很多人说过,别的人或者知道得比我详细。我只听他在闲谈中说过好几次,有几点我还记得清楚的是,第一,他说唐朝的文化很发达,受了外国文化的影响;第二,他以为"七月七日长生殿"唐明皇和杨贵妃的盟誓,是他们之间已经感到了没有爱情了的缘故;第三,他想从唐明皇的被暗杀,唐明皇在刀儿落到自己的颈上的一刹那间,这才在那刀光里闪过了他的一生,这样地倒叙唐明皇的一生事迹。——记得先生自己还说,"这样写法,倒是颇特别的。"但他又说他曾为了要写这小说,特别到长安去跑了一趟(按即一九二四年夏到西安任暑期演讲),去看遗迹,可是现存的遗迹全不是古书上所见的那么一回事,——黄土,枯蓬……他想写它的兴趣反而因此索然了。写这历史小说的计划,应该在一九二四年以前,而终未实现,他似乎不想实现。

孙伏园在《〈杨贵妃〉》中说:

鲁迅先生对于唐代的文化,也和他对于魏晋六朝的文化一样,具有深切的认识和独到的见解。……

他觉得唐代的文化观念,很可以做我们现代的参考,那时我们的祖先们,对于自己的文化抱有极坚强的把握,决不轻易动摇他们的自信力;同时对于别系的文化抱有极恢廓的胸襟与极精严的选择,决不轻易地崇拜或轻易地唾弃。这正是我们目前急切的态度。

拿这个深切的认识与独到的见解作背景,衬托出一个可歌可泣的故事,以近代恋爱心理学的研究结果作线索:这便是鲁迅先生在民国十年左右计划着的剧本《杨贵妃》。

鲁迅先生的原计划是三幕,每幕都用一个词牌为名,我还记得它的第三幕是"雨淋铃"。而且据作者的解说,长生殿是为救济情爱逐渐稀淡而不得不有的一个场面。除此之外,先生曾和我谈过许多片段计划,但我现在都说不上来了。

他们所记,虽然侧重点有所不同,详略亦有差别,但大致意思是相吻合的:鲁迅是想通过唐明皇和杨贵妃的故事来表现盛唐的文化气象,或者说是以盛唐气象为背景,来演绎李杨故事,而对于李杨的爱情,则又有不同于流俗的独特看法,这就带来了整个作品构思的特殊性。

鲁迅不是一个民族虚无主义者,他对于传统文化有所批判,但并不一概否定,而是因其内涵不同而区别对待。他不喜欢宋代文艺,是因其国粹气熏人,背后却透露着国力的孱弱,而对于汉唐文化,则大加赞扬。他说:"遥想汉人多少闳放,新来的动植物,即毫不拘忌,来充装饰的花纹。唐人也还不算弱,例如汉人的墓前石兽,多是羊,虎,天禄,辟邪,而长安的昭陵上,却刻着带箭的骏马,还有一匹驼鸟,则办法简直前无古人。""汉唐虽然也有边患,但魄力究竟雄大,人民具有不至于为异族奴隶的自信心,或者竟毫未想到,凡取用外来事物的时候,就如将彼俘来一样,自由驱使,绝不介怀。一到衰弊陵夷之际,神经可就衰弱过敏了,每遇外国东西,便觉得仿佛彼来俘我一样,推拒、惶恐、退缩、逃避、抖成一团,又必想一篇道理来掩饰,而国粹遂成为辱王和辱奴的宝贝。"①

鲁迅所处的时代,也正是国粹气熏人的衰弊陵夷之际,他是否想用盛唐气象加以比照,加以刺激呢?当然,还有对于男权社会和皇权社会流行观念的颠覆,对于卑劣国民性的鞭挞。

在上述诸人的回忆中,有一点明显不同的是:别人都说鲁迅是想用唐明皇和杨贵妃的故事来写历史小说,只有孙伏园说鲁迅构思的是一个剧本。有人怀疑这是孙伏园的误记,因鲁迅自己也说过要写唐朝的小说。但从孙伏园讲述的细节看,又是有根据的,而且,还有李级仁的回忆可资佐证:"鲁迅先生来西安讲学,我任招待,曾两次到他的寝室中去。谈到杨贵妃的生前、死后、坟墓、遗迹等,记得很清楚,说要把她写成戏剧,其中有一幕,是根据诗人李白的清平调,写玄宗与贵妃的月夜赏牡丹。"②如此看来,鲁迅既曾准备拿这个题材写剧本,而且如何分幕和每幕的名称都想好了,又曾考虑将它写成小说,但是终于什么也没有写。没有下笔的原因,主要还不是现实斗争形势的紧迫,而是由于想象的破灭。

这一点,他自己说得很清楚:"五六年前我为了写关于唐朝的小说,去过长安。到那里一看,想不到连天空都不像唐朝的天空,费尽心机用幻想描绘出的计划完全打破了,至今一个字也未能写出。原来还是凭书本来摹想的好。"③那时西安的现实情况和书本上所记盛唐气象的距离,我们可以从同行者孙伏园的记载中略窥一二:"那时的西安也的确残破得可以,残破还不要紧,其间因为人事有所未尽而呈现着复杂、颓唐、零乱等等征象,耳目所接触的几无一不是这些,

---

① 《坟·看镜有感》。
② 《谈写〈杨贵妃〉》,《鲁迅生平史料汇编》第3辑,第802页。
③ 1934年1月11日致山本初枝信。

十一、连天空都不像唐朝的天空

又怎么会不破坏他那想象中的'杨贵妃'的完美呢?"①

但鲁迅究竟不是一个书呆子。他有着丰富的社会阅历,当然不会不知道历史与现实的距离,他之所以未能动笔,是因为"衰弊陵夷"的现实,实在无法继续激发他描绘盛唐气象的神思。正如他写《不周山》(《补天》),原意是想取"女娲炼石补天"的神话,来写创造的缘起的,但中途停笔去看日报,看到了有人对于汪静之的《蕙的风》的批评,说要含泪哀求,请青年不要再写这样的文字,"这可怜的阴险"使他感到滑稽,当再写小说时,就无论如何,止不住有一个古衣冠的小丈夫,在女娲的两腿间出现了。其结果是毁掉了原来结构的宏大。鲁迅是一个富有浪漫激情的人,同时他又是一个谨严的现实主义者,是现实制约了他描写盛唐气象的激情,酝酿已久的历史剧或历史小说《杨贵妃》终于未著一字者,非特缘于西安的破败,看来还有着这样内在的原因。

到得7月20日,暑期学校开学了,那一天举行开学典礼,次日正式上课。从21日到29日,鲁迅在八天中讲了十一次,计十二小时。

陕西教育厅和西北大学合办暑期学校开学式合影,第二排右起第十一人为鲁迅

鲁迅在暑期学校讲课的题目,是《中国小说的历史的变迁》,共分六讲:第一讲:从神到神仙传;第二讲:六朝时之志怪与志人;第三讲:唐之传奇文;第

---

① 《鲁迅先生二三事·〈杨贵妃〉》。

四讲:宋人之"说话"及其影响;第五讲:明小说之两大主潮;第六讲:清小说之四派及其末流。这是根据自己已出版的著作《中国小说史略》压缩而成,但因为精简了许多材料,发展的脉络也就更加突出些,而且在具体论述上,也有所发挥,有所发展。

比如,在简短的开场白中,他就提出了一个重要观点:"许多历史家说,人类的历史是进化的,那么,中国当然不会在例外。但看中国进化的情形,却有两种很特别的现象:一种是新的来了好久之后而旧的又回复过来,即是反复;一种是新的来了好久之后而旧的并不废去,即是羼杂。然而就并不进化么?那也不然,只是比较的慢,使我们性急的人,有一日三秋之感罢了。"这显然是鲁迅在新文化运动中的观感。他从现实斗争经验出发,来观察文学史,就把中国小说的历史变迁情况看得更为清楚。这样,他对今日的许多作品中,仍存在着"唐宋的,甚而至于原始人民的思想手段的糟粕",也就并不奇怪了,同时也仍能"从倒行的杂乱的作品里寻出一条进行的线索来"。

又如,对于中国的"巫风"问题,在《中国小说史略》中谈六朝之鬼神志怪书时,曾经论及,这里又作了进一步的发挥:"中国本来信鬼神的,而鬼神与人乃是隔离的,因欲人与鬼神交通,于是乎就有巫出来。巫到后来分为两派:一为方士;一仍为巫。巫多说鬼,方士多谈炼金及求仙,秦汉以来,其风日盛,到六朝并没有息,所以志怪之书特多……这可见六朝人视一切东西,都可成妖怪,这正就是巫的思想,即所谓'万有神教'。此种思想,到了现在,依然留存,像:常见在树上挂着'有求必应'的匾,便足以证明社会上还将树木当神,正如六朝人一样的迷信。其实这种思想,本来是无论何国,古时候都有的,不过后来渐渐地没有罢了,但中国还很盛。"鲁迅对于巫在中国文化思想中的作用是很看重的,次年在一封谈神话问题的书信中又说到:"中国之鬼神谈,似至秦汉方士而一变,故鄙意以为当先搜集至六朝(或唐)为止群书,且又析为三期,第一期自上古至周末之书,其根柢在巫,多含古神话,第二期秦汉之书,其根柢亦在巫,但稍变为'鬼道',又杂有方士之说,第三期六朝之书,则神仙之说多矣。今集神话,自不应杂入神仙谈,但在两可之间者,亦止得存入。"①但可惜他这些论述,并没有引起后人充分的重视。

再如,对唐宋传奇作比较道:"上次讲过,传奇小说,到唐亡时就绝了。至宋朝,虽然也有作传奇的,但就大不相同。因为唐人大抵描写时事;而宋人则多讲

---

① 1925年3月15日致傅筑夫、梁绳祎信。

十一、连天空都不像唐朝的天空

古事。唐人小说少教训,而宋则极多教训。大概唐时讲话自由些,虽写时事,不至于得祸;而宋朝则讳忌渐多,所以文人便设法回避,去讲古事。加以宋时理学极盛一时,因之把小说也多理学化了,以为小说非含有教训,便不足道。但文艺之所以为文艺,并不贵在教训,若把小说变成修身教科书,还说什么文艺。宋人虽然还作传奇,而我说传奇是绝了,也就是这意思。"而在论及《红楼梦》时则说:"至于说到《红楼梦》的价值,可是在中国底小说中实在是不可多得的。其要点在敢于如实描写,并无讳饰,和从前的小说叙好人完全是好,坏人完全是坏的,大不相同,所以其中所叙的人物,都是真的人物。总之自有《红楼梦》出来以后,传统的思想和写法都打破了。——它那文章的旖旎和缠绵,倒是还在其次的事。"这些论述,既着眼

陕西暑期学校《讲演集》(二),内收鲁迅讲稿

于历史的变迁,也提出了文艺创作和文艺批评的重要原则。可惜这里所肯定的文艺自由、文艺的非教训性和文艺的真实性问题,后来都成为长期批判的论点,这使得我们的文艺离开鲁迅所开辟的现代化道路愈来愈远。

在为暑期学校讲课之外,刘镇华又提出,要鲁迅再到讲武学堂去对下级军官和士兵演讲一次,并希望换一个士兵能了解并感兴趣的题目。鲁迅说:"给士兵讲是可以的,但我还是讲小说史,因为我只会讲小说史。"当然,小说史的讲法本来可以不同,可深可浅,可严正,可通俗,并不是当兵的就一定听不懂。所以他于30日就到讲武学堂去讲了半个小时的中国小说史。

鲁迅知道军阀是喜怒无常的,动辄即有杀身之祸,所以他在西安除了讲小说史以外,对于别的问题都不肯发表自己的意见。他回北京后,曾在文章中自我调侃道:"陕西人费心劳力,备饭化钱,用汽车载,用船装,用骡车拉,用自动车装,请到长安去讲演,大约万料不到我是一个虽对于决无杀身之祸的小事情,也不肯直抒自己的意见,只会'嗡,嗡,对啦'的罢。他们简直是受了骗了。"①

---

① 《坟·说胡须》。按:文中有些名称是采用日语用法,汽车是指火车,自动车即汽车。

鲁迅一向不修边幅，去年又经过大病，面色也不甚佳，西安人看他的样子，说他是有鸦片烟瘾的人。盖因当时西安鸦片尚未禁绝，吸食者还很多，以为别处也是这样，所以有此推论。鲁迅小时候在长辈的烟塌边盘桓过，但从未尝过烟味，现在既然别人疑他有鸦片瘾，他倒产生了逆反心理，那就索性尝它一回罢。招待他们的秘书张辛南交游很广，西安的烟具又不难找，有些军官家里就有三四套之多，所以很容易就找来让他和孙伏园品尝。据孙伏园说："那一天我是完全失败了，我觉得烟嘴太大，与纸烟雪茄过分悬殊，吸着极不方便，浅尝以后便放下了。鲁迅先生吸得还算顺利，吸完以后静静的等候灵感的来临，不料竟象扶乩一样，那一天灵感没有降坛。我问先生结果怎样，先生却失望地答复我说：'有些苦味！'我知道鲁迅先生也失败了。"①

但鲁迅在西安也碰到愉快的事，这就是与易俗社的交往。

易俗社是一个从事戏剧革新的秦腔剧社，以编演新戏在西北享有盛誉。鲁迅在教育部社会教育司工作，正好主管此类事宜，他自己就到天津考察过新剧，也派人到别处去考察，路远的地方则由剧团寄剧本到教育部给他们看。所以鲁迅对易俗社本来就有印象，来陕路上还曾提起。到西安之后不久，听说要请他们到易俗社看戏了，他很风趣地以新学来的陕西方言，夹带着绍兴腔，对孙伏园说："张秘夫（即张秘书，长安土语把书字读作夫字）要陪我们看易俗社的戏哉。"这一晚，他们看的戏是《双锦衣》上本，次晚又看下本。作者吕仲南是绍兴人，也是剧社的主事人，因同乡关系，与鲁迅谈得很亲切。鲁迅认为吕仲南以绍兴人从事编著秦腔剧本，很是难得。后来他们又看了几次演出，鲁迅每次都给予好评。他感到西安地处偏远，交通不便，而能有这样一个立意提倡改革的剧社起移风易俗的作用，实属难能可贵。

其时，鲁迅正值困顿，买西三条住宅的借款尚未归还，到西安的路费还是临时从孙伏园那里借来的，直待拿到讲学费后才归还他。但是他却对孙伏园说，我们应该把陕西人给的钱，在陕西用掉。他与孙伏园各捐了五十元给易俗社，作为举办戏剧改革事业之用。而且，还提出要多付一些钱给招待他们的工友。同行的某君不主张多给，说"工友既不是我们的父亲，又不是我们的儿子；我们下一趟不知什么时候来，我以为多给钱没有意义"。鲁迅说，他最不赞成"下一趟不知什么时候来"说，他与孙伏园仍照原议多给。

鲁迅讲完课后，与孙伏园、夏元瑮三人要先行返京，临行之前，刘镇华设宴

---

① 《鲁迅先生二三事·〈杨贵妃〉》。

十一、连天空都不像唐朝的天空

为他们饯行。宴会摆在易俗社的剧场内,舞台上由该社的主要演员刘箴俗等演出精彩节目,台下就只他们三位宾客,还有主人十余人陪席,他们边吃、边谈、边看戏。虽然台下人少,但演员们也演得十分认真①。

与易俗社交往,大概是鲁迅西安之行最感愉快之事了。

8月4日,鲁迅等三人启程返京。他们一早乘骡车出东门,到三十里外的埠头草滩上船,由渭水东行。但遇到逆风,第一天只行了二十里,后来也走得甚慢,总共二百五十里路,直到9日下午才到陕州。次日仍从这里乘火车回北京。12日黎明,车到内邱,被水淹没之轨道尚未恢复,只好步行两里许,到冯村再行登车,直到夜半才抵达北京前门车站。但在车站上又碰到麻烦。鲁迅在日记中写道:"税关见所携小古物数事,视为奇货,甚刁难,良久始已"。这也可见当时行路之难了。

---

① 据孙伏园:《鲁迅和易俗社》,《鲁迅回忆录》第2集。

十二、吾将上下而求索

《杨贵妃》虽然没有写出来,但鲁迅的创作却没有停止。作为一位知名作家,他"已经逃不出在散漫的刊物上做文字,叫做随便谈谈"。

鲁迅后来追述这段时期的创作情况道:"有了小感触,就写些短文,夸大点说,就是散文诗,以后印成一本,谓之《野草》。得到较整齐的材料,则还是做短篇小说,只因为成了游勇,布不成阵了,所以技术虽然比先前好一些,思路也似乎较无拘束,而战斗的意气却冷得不少。新的战友在那里呢?我想,这是很不好的。于是集印了这时期的十一篇作品,谓之《彷徨》,愿以后不再这模样。"①

鲁迅这段时期的彷徨,决非消沉,更非后退,而是在苦闷中寻求新的道路。

"朝发轫于苍梧兮,夕余至乎县圃;欲少留此灵琐兮,日忽忽其将暮。吾令羲和弭节兮,望崦嵫而勿迫;路漫漫其修远兮,吾将上下而求索。"鲁迅将屈原的诗句题在《彷徨》的扉页上,表明了自己寻路的急迫心情。

在《彷徨》和《野草》这两个集子里,我们可以看到鲁迅这种求索的历程。

《彷徨》写于1924年初到1925年底。开首一篇《祝福》,描写了一个农村妇女的悲惨命运。祥林嫂是单四嫂子、闰土、阿Q……这一

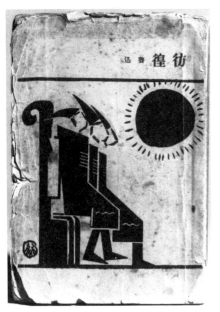

《彷徨》:鲁迅第二本小说集,收1924—1925年所作小说十一篇,1926年8月出版

---

① 《南腔北调集·〈自选集〉自序》。

组人物画廊的延续。她勤劳、善良,希望靠自己的劳力获得最起码的生活条件。所以,死了丈夫之后,就逃出来给地主人家做佣工。她做工不懈,食物不论,力气不惜,实在比勤快的男人还勤快。"到年底,扫尘,洗地,杀鸡,宰鹅,彻夜的煮福礼,全是一人担当,竟没有添短工。然而她反满足,口角边渐渐的有了笑影,脸上也白胖了。"

但是,就连这种出卖劳力的生活也不能持续。不久,婆婆就带人来把她抢回去,以十二千大钱卖到别人所不肯去的深山野墺里去了。她虽然也曾反抗,但终于只能屈服。

也许,在听了卫老婆子醉醺醺的介绍之后,我们要为祥林嫂庆幸了。她嫁到贺家墺之后,到年底就生了一个孩子,男的,"母亲也胖,儿子也胖;上头又没有婆婆;男人所有的是力气,会做活;房子是自家的。——唉唉,她真是交了好运了。"然而,在这吃人的社会里,像祥林嫂这样供人宰割的弱者,是不配有什么好命运的。作者在这里之所以要写祥林嫂的"交了好运",无非是为了给她今后的命运更为悲惨的发展造成一个跌宕之势,映衬得更为鲜明,更为悲戚罢了。

于是,在两年之后的秋季,我们又在鲁四老爷的堂前看到祥林嫂了。这时,她虽然装饰依旧,但"两颊上已经消失了血色,顺着眼,眼角上带些泪痕,眼光也没有先前那样精神了"。她再次丧夫,而且失子,"大伯来收屋,又赶她",使她走投无路。封建的夫权和族权处处压迫着她,将她变成一个木头人。她多么想向人们倾吐自己的不幸和悲哀啊,然而在冷漠的社会里,她哪里能得到一点同情与温暖呢?

"我真傻,真的,"祥林嫂抬起她没有神采的眼睛来,接着说。"我单知道下雪的时候野兽在山墺里没有食吃,会到村里来;我不知道春天也会有。我一清早起来就开了门,拿小篮盛了一篮豆,叫我们的阿毛坐在门槛上剥豆去。他是很听话的,我的话句句听;他出去了。我就在屋后劈柴,淘米,米下了锅,要蒸豆。我叫阿毛,没有应,出去一看,只见豆撒得一地,没有我们的阿毛了。他是不到别人家去玩的;各处去一问,果然没有。我急了,央人出去寻。直到下半天,寻来寻去寻到山墺里,看见刺柴上挂着一只他的小鞋。大家都说,糟了,怕是遭了狼了。再进去;他果然躺在草窠里,肚里的五脏已经都给吃空了,手上还紧紧捏着那只小篮呢。……"她接着但是呜咽,说不出成句的话来。

不错,鲁镇的男女们也曾为她悲惨的故事所吸引,但他们为的是自己"赏鉴"上的满足,而不是对不幸者真心的关切。所以,一当"她的悲哀经大家咀嚼赏鉴了许多天,早已成为渣滓"的时候,她就"只值得烦厌和唾弃"了。祥林嫂所能看到的,只是"又冷又尖"、"似笑非笑"的面容。人们在玩弄着她的不幸!

祥林嫂这一系列遭遇是够悲惨的了,然而,从封建礼教的观点看来,她却是不值得同情的。鲁四老爷——这个"讲理学的老监生"就告诫他的妻子道:"这种人虽然似乎很可怜,但是败坏风俗的,用她帮忙还可以,祭祀时候可用不着她沾手……否则,不干不净,祖宗是不吃的。"正如《狂人日记》中所说的,他们要吃人,却还要给人罩上一个罪名,"将来吃了,不但太平无事,怕还会有人见情。"祥林嫂受苦了一生,被人卖来卖去,结果倒落得了一件大罪名。柳妈就恐吓她说,她因为再嫁,将来到阴司去,还要被锯开来,分给那两个死鬼的男人。万恶的封建社会,不但在物质上对人任意剥削,而且还要利用"神权",给人在精神上加上镣铐。根据柳妈的指示,祥林嫂把历来积存的工钱送到土地庙里捐了一道门槛,当作替身,给千人踏,万人跨,希望能"赎了这一世的罪名",但是,当她"神气很舒畅"地去帮忙拿祭品时,却仍然遭到了拒绝。

冬至的祭祖时节,她做得更出力,看四婶装好祭品,和阿牛将桌子抬到堂屋中央,她便坦然的去拿酒杯和筷子。

"你放着罢,祥林嫂!"四婶慌忙大声说。

她像是受了炮烙似的缩手,脸色同时变作灰黑,也不再去取烛台,只是

祥林嫂画像

失神的站着。直到四叔上香的时候,教她走开,她才走开。这一回她的变化非常大,第二天,不但眼睛窈陷下去,连精神也更不济了。而且很胆怯,不独怕暗夜,怕黑影,即使看见人,虽是自己的主人,也总惴惴的,有如在白天出穴游行的小鼠;否则呆坐着,直是一个木偶人。不半年,头发也白起来了,记性尤其坏,甚而至于常常忘却了去淘米。

终于,她被赶出了鲁府,沦为乞食者。最后是在鲁镇毕毕剥剥的祝福的爆竹声中走完了人生的道路。而她的悲惨的死亡,还要被她的原先的主人鲁四老爷斥之为"谬种"。因为在这位讲理学的老监生看来,自家的祭礼远比别人的生命来得重要,在祝福的时候死人

十二、吾将上下而求索

是不吉利的。所以说:"不早不迟,偏偏要在这时候,——这就可见是一个谬种!"

《祝福》是一篇沉痛的控诉书,有谁读过这篇小说之后能不产生无限的愤慨呢?《狂人日记》里所宣布过的封建礼教吃人的罪恶,在这里又得到了更为深刻、更为形象的揭露。值得注意的是,祥林嫂最终虽然还没有完全觉醒,但是却提出了有没有魂灵的疑问。这比单四嫂子对于"太太太静"的精神压力的感觉要前进了一步,比阿Q临刑前感到看客的"眼睛们似乎连成一气,已经在那里咬他的灵魂"的感觉也前进了一步。"一个人死了之后,究竟有没有魂灵的?"——在这封建礼教绝对统治的地方,在"这里的人照例相信鬼"的地方,"然而她,却疑惑了"。这是伟大的疑惑。它虽然还不是觉醒的本身,但却已露出反抗的端倪。——不过,根据这篇小说改编而成的同名电影,最后使祥林嫂去砍她所捐的庙中门槛,则显然是脱离了人物的思想实际,人为地拔高了。

而这种反抗的端倪,在《离婚》里就得到了重大的发展。爱姑是一个勇敢的,有斗争性的女性。她不再是"逆来顺受"的性格,对于周围的压迫也不再表现出无可奈何的悲哀。在封建势力前面,她坚决地起来斗争了:"要撇掉我,是不行的。七大人也好,八大人也好。我总要闹得他们家败人亡!⋯⋯"多么勇敢的女性啊!这是鲁迅笔下农民形象中少有的反抗性格。

当然,我们也不能把爱姑的反抗性估计得太高了。就社会地位而言,爱姑的家庭还是处于农民的上层,所以她才有与"老畜生""小畜生"对抗的力量,而且,个人的反抗也不能持久。在威严的七大人面前,她终于败北了。

此时,鲁迅战斗的意气虽然不如五四时期那么旺盛,但对封建礼教的揭露更深了,对农民问题的探索也仍在继续。不过,他的注意力更多地移到知识分子问题上来。这是因为面对思想界新的分化,鲁迅需要对知识分子的道路问题,作一番分析和探索。

还在《呐喊》这本集子里,鲁迅就已经注意到知识分子形象的刻划。《孔乙己》和《白光》描写了两个封建时代的知识分子形象,他们想通过科举考试爬上去,但科举制度所依附的封建体制本身,已经崩溃,这代知识分子的历史命运只有没落、潦倒。《端午节》则描写了五四退潮以后,一个丧失了"和恶社会奋斗的勇气"的小公务员形象,方玄绰对现实有一种不平,但又安分,于是他把一切都看得"差不多",造出一条"瞒心昧己"的逃路。

《彷徨》各篇,对于各类知识分子作了较为全面的剖析。《肥皂》揭露了那些反对新文化运动的道学家们的虚伪、丑恶的嘴脸;《高老夫子》刻划了一个投机的老流氓的卑劣心理;《幸福的家庭》对脱离现实的知识分子作了深刻的讽刺⋯⋯

但对知识分子道路的探索,则是《在酒楼上》、《孤独者》和《伤逝》最为重要。

《在酒楼上》的气氛很沉重。怀着孤寂心情的"我",于南游的旅途中,在离故乡不远的小城里的一家寂寞的酒楼上,意外地遇到了旧同窗、旧同事吕纬甫。他同样是孤寂的:"精神很沉静,或者却是颓唐;又浓又黑的眉毛底下的眼睛也失了精采"。但当年的吕纬甫却不是这样,他敏捷精悍,而且富有革命精神。请听听他自己的回忆吧:"是的,我也还记得我们同到城隍庙里去拔掉神像的胡子的时候,连日议论些改革中国的方法以至于打起来的时候。但我现在就是这样了,敷敷衍衍,模模胡胡。"是什么力量使得吕纬甫这十多年间在性格上产生了这么大的变化呢?是环境,是生活。政治的沉滞,改革的无效,使得曾经充满革命激情的吕纬甫绝望了,而个人的经济生活又逼得他去教"子曰诗云"——并不是他自愿走回头路,而是主人家只要他教《诗经》、《孟子》和《女儿经》。他知道自己干的都是些无聊的事,包括他这次回南给小兄弟迁葬和给阿顺送绒花,但都只好去做。他把自己的这种遭遇比做那种给什么来一吓而飞了一个小圈子,又回来停在原地点的蜂子或蝇子,觉得实在很可笑,也可怜。但生活毫无出路,模模糊糊地过了新年,他仍旧去教他的"子曰诗云"去。作者在篇末写道:

> 我们一同走出店门,他所住的旅馆和我的方向正相反,就在门口分别了。我独自向着自己的旅馆走,寒风和雪片扑在脸上,倒觉得很爽快。见天色已是黄昏,和屋宇和街道都织在密雪的纯白而不定的罗网里。

外境的迷茫,正反映出心境的迷茫。在这里,给读者留下的是压抑、沉重的思绪。

吕纬甫的遭遇,反映了相当一部分老一代革命知识分子的历史命运。他们的斗争失败了,意志也消沉了。

对于这类"吃洋教"的"新党"与旧的社会势力的冲突,在《孤独者》里作了进一步展开的描写。

魏连殳是一个愤世嫉俗者,他对于封建礼教及其影响下的世俗人情,十分痛恨,他的行动处处与之对立,因而被目为"古怪"的、"异样"的人。在魏连殳祖母的大殓场面上,双方直接冲突了。族长、近房、祖母娘家的亲丁、闲人,聚集了一屋子,因为逆料他关于一切丧葬仪式,是一定要改变新花样的。聚议之后,大概商定了三大条件,要他必行。一是穿白,二是跪拜,三是请和尚道士做法事。总而言之:是全都照旧。大家等着魏连殳的到来,以为两面的争斗,大约总要开始的,或者还会酿成一种出人意外的奇观。但魏连殳到后,却简单地回答道:"都可以的。"这很出乎人们的意料之外,觉得太"异样",很失望,也很担心。魏连殳这

十二、吾将上下而求索

一行动并非对于旧礼教的妥协,而是对卫道者和等待看好戏的看客当头一棒,使他们无戏可看,无事可争。但接着却把老例打得粉碎:在该哭、该拜的时候,"连殳就始终没有落过一滴泪,只坐在草荐上,两眼在黑气里闪闪地发光";而当大殓完毕,大家都怏怏地似乎想走散时,"忽然,他流下泪来了,接着就失声,立刻又变成长嗥,像一匹受伤的狼,当深夜在旷野中嗥叫,惨伤里夹杂着愤怒和悲哀。"这模样,是老例上所没有的,先前也未曾预防到,大家都手足无措了。

魏连殳就常常用这一种方式向旧礼教进行反抗和挑战。旧社会当然不能容忍他。先是小报上有人匿名攻击,学界常有他的流言,终而至于被校长辞退。生活煎熬着他,想找一个可以糊口的抄写工作也不可得,最后连买邮票的钱都没有了。在百般无奈的情况下,他忽而一反常态,去做了杜师长的顾问,"躬行我先前所憎恶,所反对的一切,拒斥我先前所崇仰,所主张的一切了。"不能将魏连殳这一行动理解为向旧社会投降,他是在进行一种变态的反抗。"我自己又觉得偏要为不愿意我活下去的人们而活下去;好在愿意我好好地活下去的已经没有了,再没有谁痛心。"于是,有了新的宾客,新的馈赠,新的颂扬,新的钻营,新的磕头和打拱,新的打牌和猜拳,新的冷眼和恶心,新的失眠和吐血……

当然,这是失败者的反抗,而魏连殳也就在这种反抗中走向死亡。
当"我"再次去看望这位老朋友时,遇到的却是他大殓的场面:

  一个店伙背了衣服来了。三个亲人便检出里衣,走进帷后去。不多久,孝帏揭起了,里衣已经换好,接着是加外衣。这很出我意外。一条土黄的军裤穿上了,嵌着很宽的红条,其次穿上去的是军衣,金闪闪的肩章,也不知道是什么品级,那里来的品级。到入棺,是连殳很不妥帖地躺着,脚边放一双黄皮鞋,腰边放一柄纸糊的指挥刀,骨瘦如柴的灰黑的脸旁,是一顶金边的军帽。

  ……

  粗人扛起棺盖来,我走近去最后看一看永别的连殳。

  他在不妥帖的衣冠中,安静地躺着,合了眼,闭着嘴,口角间仿佛含着冰冷的微笑,冷笑着这可笑的死尸。

魏连殳是彻底失败了。

吕纬甫和魏连殳的失败告诉我们,他们的反抗道路是走不通的。需要从这种沉重的氛围中冲出来。

那么,五四以后觉醒过来的知识分子所走的是什么样的道路呢?

他们在德(Democracy)、赛(Science)二先生——即民主与科学的影响下,要求解放,追求自由。这时,介绍易卜生的时机成熟了。《新青年》还出过一本易卜生专号,《国民公敌》、《傀儡家庭》等剧本也陆续翻译过来。人们欣赏易卜生那句名言:"世上最孤立的人就是最有力量的",而且同情娜拉的离家出走。娜拉是易卜生剧作《傀儡家庭》中的人物,她不愿做丈夫的傀儡,为了获得自由,情愿放弃优裕的生活,而毅然离家出走。娜拉出走时的门声,惊醒了很多青年人,他们也要走同样的道路。这是个性解放之路,但其实也还是孤军奋斗的道路。

鲁迅一向是尊崇个性自由和独立的,但在积累了多年的战斗经验之后,却看到了这条孤军奋战的个性解放道路的不足。他超越了易卜生,也超越了一般的个性解放论者,把娜拉的出走看作是问题的开始,而不是问题的结束。1923年底,他在北京女子高等师范学校演讲,题目就叫做《娜拉走后怎样》。鲁迅认为,如果不能解决经济问题,娜拉的离开家门,实在只有两条路可走:不是堕落,就是回来。"所以为娜拉计,钱,——高雅的说罢,就是经济,是最要紧的了。自由固不是钱所能买到的,但能够为钱而卖掉。"当然,几个妇女取得经济权,也不能解决整个社会问题,于是鲁迅又提到经济制度的改革问题。这样,就将问题推进了一步。

将近两年之后所写的《伤逝》,就是用艺术形象对上述问题作出解答。

子君在反抗家庭专制,打破旧势力的统制上是勇敢的。她追求婚姻自由,不顾家庭干涉,坚决地宣布:"我是我自己的,他们谁也没有干涉我的权利!"对于路人的探索、讥笑、猥亵和轻蔑的眼光,"她却是大无畏的,对于这些全不关心,只是镇静地缓缓前行,坦然如入无人之境。"她毅然出走,与涓生自由结合。但是,她走出了封建的大家庭,却躲进了"幸福"的小家庭。每天生白炉子做饭,饲阿随,饲油鸡,还要和邻居的小官太太暗斗,此外就是等着涓生下班回来,两人相对温习爱情的旧课。但是,"爱情必须时时更新,生长,创造","安宁和幸福是要凝固的"。子君和涓生没有高远的革命理想,没有将自身的解放和社会的解放联系起来,因此,他们的爱情和生活就凝固在这安宁和幸福之中了。而当涓生被解职,经济的打击一来,"那么一个无畏的子君也变了色",涓生的心也跳跃着。

《伤逝》插图

十二、吾将上下而求索

在外来的打击面前,他们也曾想振作精神,振翅翱翔。但谋生的办法一个个失败了。在经济压迫面前,爱情终于破裂。子君走了《娜拉走后怎样》里所说的"回来"这条路。并且在父亲的烈日一般的严威和旁人的赛过冰霜的冷眼里,很快就死亡了。而涓生,则在生活的打击面前清醒过来。他"回忆从前,这才觉得大半年来,只为了爱,——盲目的爱,——而将别的人生的要义全盘疏忽了。第一,便是生活。人必生活着,爱才有所附丽。"他要寻找新的生路。"我活着,我总得向着新的生路跨出去……"

《野草》:鲁迅散文诗集,收1924—1926年所作二十三篇散文诗,另加《题辞》一篇,1927年7月出版

《伤逝》是对知识分子单纯追求个性解放道路的批判,也是对自己早期思想的一个超越。他不是放弃个性主义,而是看到,单是走个性解放的路,未必能走得通。鲁迅正是在对知识分子所走过的各种旧的道路的批判中,探索着一条新的道路。

《野草》写于1924年9月到1926年4月,它运用象征的手法反映了作者对于现实的思考,通过诗的形象表达出作者内心的矛盾。作品的基调是积极的,处处表现出对于黑暗现实的抗争,对于光明前途的追求;但因为作者此时还没有找到新的战友,有孤军奋战、前景渺茫的感觉,作品又流露出空虚、失望的情绪。这两种情绪交织在一起,就产生了那些希望而又失望、实有而又空虚、抗争而有重压之感的艺术形象。

作者赞美秋夜的枣树,因为枣树尽管受了皮伤,却仍然伸展开它的枝干、"默默地铁似的直刺着奇怪而高的天空,使天空闪闪地鬼䀹眼;直刺着天空中圆满的月亮,使月亮窘得发白。"鬼䀹眼的天空不安了,仿佛想离去人间,避开枣树,只将月亮剩下。月亮也暗暗地躲到东边去了。而枣树的一无所有的干子,"却仍然默默地铁似的直刺着奇怪而高的天空,一意要制他的死命,不管他各式各样地䀹着许多蛊惑的眼睛。"《秋夜》里的枣树是战斗者的形象。有着不屈不挠的斗志,但其身影却是孤寂的。因为秋夜的天空已将繁霜洒在野花草上,后园里只有一种极细小的粉红花,在冷的夜气中,瑟缩地做着春天终会到来的梦。但是枣树却看得更深远些,"他知道小粉红花的梦,秋后要有春;他也知道落叶的梦,春后还是秋。"所以,他并不梦想着什么,只是执著于现实的斗争:"他简直落尽叶子,单剩干子,然而脱了当初满树是果实和叶子时候的弧形,欠伸得很舒服。但是,有几枝还低亚着,护定他从打枣的竿梢所得的皮伤,而最直最长的几枝,却已默默地铁似的直刺着奇怪而高的天空,使天空闪闪地鬼睒眼;直刺着天空中圆满的月亮,使月亮窘得发白。"……最后,连欣赏这具有战斗姿态的枣树的"我",也为自己所发出的夜半的笑声所驱逐,回到自己的房里。他又看见几个追逐光明的小青虫在玻璃灯罩上乱撞、喘气、死亡。于是,"我打一个呵欠,点起一支纸烟,喷出烟来,对着灯默默地敬奠这些苍翠精致的英雄们。"

鲁迅所处的现实是寒冷的,昏暗的。在那寒冷的季节里,他看到的是如粉如沙的朔方的雪,同时也回忆起滋润美艳的江南的雪。于是在《雪》里写出了两种不同的雪景:"江南的雪,可是滋润美艳之至了;那是还在隐约着的青春的消息,是极壮健的处子的皮肤。雪野中有血红的宝珠山茶,白中隐青的单瓣梅花,深黄的磬口的蜡梅花;雪下面还有冷绿的杂草。""我的眼前仿佛看见冬花开在雪野中,有许多蜜蜂们忙碌地飞着,也听得他们嗡嗡地闹着。"而雪地里,孩子们呵着冻得通红,象紫芽姜一般的小手,一齐来塑造雪罗汉。雪罗汉很洁白,很明艳,以自身的滋润相粘结,整个地闪闪地生光。但是,雪罗汉终于独自坐着,而且很快就消融了:"晴天又来消释他的皮肤,寒夜又使他结一层冰,化作不透明的水晶模样;连续的晴天又使他成为不知道算什么,而嘴上的胭脂也褪尽了。"另一种雪景则是:"朔方的雪花在纷飞之后,却永远如粉,如沙,他们决不粘连,撒在屋上,地上,枯草上,就是这样。屋上的雪是早已就有消化了的,因为屋里居人的火的温热。别的,在晴天之下,旋风忽来,便蓬勃地奋飞,在日光中灿灿地生光,如包藏火焰的大雾,旋转而且升腾,弥漫太空,使太空旋转而且升腾地闪烁。"但朔方的雪也是孤独的:"在无边的旷野上,在凛冽的天宇下,闪闪地旋转升腾着的是雨的精魂……是的,那是孤独的雪,是死掉的雨,是雨的精魂。"在这里,作者通过两种不同雪景的描写,写出了内心的惆怅,抒发了对于人生的感怀。

而且,在昏沉的夜里,他在朦胧中还看见一个好的故事:"这故事很美丽,幽雅,有趣。许多美的人和美的事,错综起来像一天云锦,而且万颗奔星似的飞动着,同时又展开去,以至于无穷。"《好的故事》中所描写的事物,与他记忆中所见过的山阴道上的景致相似,一切都交织在水中的青天的底子上,永是生动,永是展开。"现在我所见的故事清楚起来了,美丽,幽雅,有趣,而且分明。青天上面,有无数美的人和美的事,我一一看见,一一知道。"但这个好的故事毕竟是虚幻的。"我正要凝视他们时,骤然一惊,睁开眼,云锦也

十二、吾将上下而求索

已皱蹙,凌乱,仿佛有谁掷一块大石下河水中,水波徒然起立,将整篇的影子撕成片片了。"

鲁迅意识到,他所处的是光明与黑暗交替的时代。在这明暗之间,产生了影子。"影"本来是附属于"形"的,但是在《影的告别》里,这影却要向人告别了。因为这里的"人"是耽于做好梦者,而"影"却执著于现实,不相信梦想,所以影要告别人而独自远行了。他要摆脱依附,按自己的信念行事。历来的宗教家、慈善家、圣人和贤人,都以天堂来引诱人们,以地狱来恐吓人们,而现代的政治家、理想家、哲人和学者,又常常以将来的黄金世界来许诺给人们。这些,都迷惑过许多善男信女,愚夫愚妇,还有那些思想单纯的信仰者,但是"影"却发出了不同的声音:"有我所不乐意的在天堂里,我不愿去;有我所不乐意的在地狱里,我不愿去;有我所不乐意的在你们将来的黄金世界里,我不愿去。"而且还说:"然而你就是我所不乐意的。朋友,我不想跟你了,我不愿住。"

这是叛逆的声音,觉醒的声音。这声音显然反映了作者自己的思想。在写作该文的前后,鲁迅在小说、杂文、演讲、书信里都表示过类似的意见。1920年10月,他在《头发的故事》里,借N先生的嘴说:"我要借了阿尔志跋绥夫的话问你们:你们将黄金时代的出现豫约给这些人的子孙了,但有什么给这些人们自己呢?"1923年12月26日,他在《娜拉走后怎样》里,再次引用阿尔志跋绥夫这句话来说明:"万不可做将来的梦"。1925年3月11日,他在致许广平信中又说:"记得有一种小说里攻击牧师,说有一个乡下女人,向牧师沥诉困苦的半生,请他救助,牧师听毕答道,'忍着罢,上帝使你在生前受苦,死后定当赐福的。'其实古今的圣贤以及哲人学者之所说,何尝能比这高明些。他们之所谓'将来',不就是牧师之所谓'死后'么。我所知道的话就全是这样,我不相信,但自己也并无更好的解释。"……

可见,鲁迅对于宗教家们的天堂和地狱,理想家们的"将来的黄金世界",一向是表示怀疑的。但这并不是否定将来,而是执著于现实。他否定的是廉价的许诺,看重的是切实的奋斗。他反对把将来看成是黄金世界,但也并不否定将来,只是希望将来能比现在好一点。

但终由于现实的不确定性,"影"在远行之前,又表现出极大的犹豫与彷徨。"我不过一个影,要别你而沉没在黑暗里了,然而黑暗又会吞没我,然而光明又会使我消失。然而我不愿彷徨于明暗之间,我不如在黑暗里沉没。"然而他终于彷徨于明暗之间,因为他不知道此刻是黄昏还是黎明。但尽管如此,他对前途仍怀希望。

鲁迅的青春是在战斗中耗去的,他的心也曾充满过血腥的歌声:血和铁,火焰和毒,恢复和报仇。忽而这一切都空虚了,于是他用希望的盾去抗拒那空虚中的暗夜的袭来,虽然盾后面也依然是空虚中的暗夜。鲁迅希望青年们起来战斗,但青年们却安于现在没有星、没有月光、没有笑的渺茫和爱的翔舞的暗夜,于是他感到寂寞。他惊异于青年之消沉,乃作《希望》,并借用了匈牙利诗人裴多菲的诗句来批判绝望:绝望之为虚妄,正与希望相同。尽管鲁迅此刻的心情还在希望与绝望的斗争中,但他仍然坚持与黑暗的战斗:"我只得由我来肉薄这空虚中的暗夜了,纵使寻不到身外的青春,也总得自己来一掷我身中的迟暮。"

这种战斗,既反映在鲁迅同时期所作的小说、杂文中,同时也反映在这本散文诗《野草》中。在这里,我们看到对于圆滑、世故的立论的批判(《立论》),对于比狗还要势利的人的批判(《狗的驳诘》),对于聪明人和奴才的批判(《聪明人和傻子和奴才》),对于虚伪的"花呀"、"爱呀"、"死呀"、"血呀"之类叫声的批判(《我的失恋》)。在这里,我们还看到:有一男一女,持刀对立旷野中,无聊人竟随而往,以为必有事件,慰其无聊;而二人从此毫无动作,以致无聊人仍然无聊,至于老死(《复仇》);我们还看到被侮辱、被钉上十字架的耶稣,"他没有喝那用没药调和的酒,要分明地玩味以色列人怎样对付他们的神之子,而且较永久地悲悯他们的前途,然而仇恨他们的现在。"(《复仇(其二)》)——这是鲁迅继《药》、《阿Q正传》等篇之后,对于那些麻木、愚昧、无聊的看客继续进行批判。

在解剖别人的同时,鲁迅同样通过散文诗的形式来解剖自己。被认为《野草》中最难解的两篇文字《死火》与《墓碣文》,其实,就是作者内心矛盾的表现,是他自我解剖的诗篇。

"死火"是一种精神意象,许寿裳说它是"冷藏热情的象征"。这"死火"被遗在冰谷里,快要被冻灭了,面临着两难境地:如果被携出冰谷,"那么,我将烧完";如果被留下,"那么,我将冻灭了"。最后,"死火"还是跃出了冰谷,因为它不愿意被冻灭,它说:"那我就不如烧完!"《死火》所反映出的内心矛盾和处理矛盾的方式,在别的篇章里也有类似的表现。例如,《影的告别》中影子,就有着既怕被黑暗吞没,又怕在光明中消失的矛盾心态,而最后,它宁可被黑暗所吞没,还是决定独自远行,因为"只有我被黑暗沉没,那世界全属于我自己。"在《希望》中,"我"对希望的看法,同样是矛盾的:"希望,希望,用这希望的盾,抗拒那空虚中的暗夜的袭来,虽然盾后面也依然是空虚中的暗夜",而结果还是起来"肉薄"这空虚中的暗夜。

十二、吾将上下而求索

《墓碣文》写得更加晦涩,"我梦见自己正和墓碣对立,读着上面的刻辞。"那刻辞正反面都是一些充满矛盾对立的辞句。正面写的是:

……于浩歌狂热之际中寒;于天上看见深渊。于一切眼中看见无所有;于无所希望中得救。……

……有一游魂,化为长蛇,口有毒牙,不以啮人,自啮其身,终以殒颠。……

……离开!……

背面的碣文则写道:

……抉心自食,欲知本味。创痛酷烈,本味何能知?……

……痛定之后,徐徐食之。然其心已陈旧,本味又何由知?……

……答我。否则,离开!……

虽然因为墓碣上沙石剥落,苔藓丛生,文句已经残缺不全,但从中我们还是可以看出墓主自我解剖的痛苦,思想斗争的激烈。而这,也正反映了作者本人的精神状态。

鲁迅说:"我自己总觉得我的灵魂里有毒气和鬼气,我极憎恶他,想除去他,而不能。我虽然竭力遮蔽着,总还恐怕传染给别人,我之所以对于和我往来较多的人有时不免觉到悲哀者以此。"①他又说:"我的作品,太黑暗了,因为我常觉得惟'黑暗与虚无',乃是'实有',却偏要向这些作绝望的抗战,所以很多着偏激的声音。其实这或者是年龄和经历的关系,也许未必一定的确的,因为我终于不能证实:惟黑暗与虚无乃是实有。"②

尽管鲁迅内心充满矛盾,对于前途也有点茫然,而且时有虚无之感,但他探索的热情并未衰退,战斗的意志并未减弱。《过客》和《这样的战士》就表现出这种不屈的战斗精神。

那个在苍茫的黄昏中出现的"过客",就是深沉的韧性的战士的形象。他状态困顿倔强,眼光阴沉,黑须,乱发,黑色短衣裤皆破碎,赤足着破鞋,已经走过很长的路程,还要继续向前走去。他就是这样永不停歇地走着人生长途的人。他不知道自己的称呼,也不知道自己要走向哪里去,"从我还能记得的时候起,我就在这么走,要走到一个地方去,这地方就在前面。"老翁劝他休息一下,或者转回去,但他不愿意往回走,因为"回到那里去,就没一处没有名目,没一处没有地

---

① 1924年9月24日致李秉中信。
② 1925年3月18日致许广平信。

主,没一处没有驱逐和牢笼,没一处没有皮相的笑容,没一处没有眶外的眼泪。我憎恶他们,我不回转去!"他总觉得前面有个声音在呼唤他,他要继续向前走。他只要一杯水来恢复力气,却不愿接受小姑娘布施的布片来裹伤,以免加重精神上的负担——这种拒绝布施的做法,作者在《求乞者》中有所交代:既不布施,也得不到布施,但居于布施者之上。他只知道前面是坟,再往前去就不知道是什么地方了,但他仍然向前走去。因为他还要看看"走完了那坟地之后的世界"。这意思,他在一封复读者的信中,说得很清楚:"《过客》的意思不过如来信所说那样,即是虽然明知前路是坟而偏要走,就是反抗绝望,因为我以为绝望而反抗者难,比因希望而战斗者更勇猛,更悲壮。但这种反抗,每容易蹉跌在'爱'——感激也在内——里,所以那过客得了小女孩的一片破布的布施也几乎不能前进了。"①

与过客同样勇猛而悲壮的是"这样的战士"。早在青年时代,鲁迅就曾呼唤过精神界之战士,但积累了近二十年的战斗经历之后,他的思想有很大的发展,他所希求的已不是"发为雄声,以启国人之新生,而大其国于天下"的英雄,而是具有韧性战斗精神的战士。他在《这样的战士》中写道:"要有这样的一种战士——已不是蒙昧如非洲土人而背着雪亮的毛瑟枪的;也并不疲惫如中国绿营兵而却佩了盒子炮。他毫无乞灵于牛皮和废铁的甲胄;他只有自己,但拿着蛮人所用的,脱手一掷的投枪。"他走进的是无物之阵,所遇见的都对他一式点头。但他是一个清醒的战士,他不为敌人的点头武器所杀,不为慈善家、学者、文士等各种旗帜和学问、道德、国粹等各式外套所迷惑,他举起了投枪,微笑着偏侧一掷,却正中了他们的心窝。但他感到迷惘的是,这些敌人其实只有一件外套,其中无物。投枪虽然掷中,而无物之物已经走脱,得了胜利,使得战士成了戕害慈善家等类的罪人。旧势力是无物之物,但却变化多端,使战士终于在无物之阵中老衰,寿终。但战士是顽强的,在不闻战叫的太平的战场上,他仍举起了投枪!

作者说:"《这样的战士》,是有感于文人学士们帮助军阀而作。"②这位战士所陷入的无物之阵,正是鲁迅自己的遭遇,而他的韧性战斗精神,也正是鲁迅自己的写照。

在"过客"和"这样的战士"的身上,我们看到了鲁迅自己的身影。新文化阵营分化以后,他虽然曾失望、彷徨,但他始终高举着投枪,从未停止过对"无物之

---

① 1925年4月11日致赵其文信。
② 《二心集·〈野草〉英文译本序》。

物"的旧势力战斗；他一直坚持着向前走，不断地探索前进的道路。

鲁迅曾对人说,《野草》中包含了他的全部哲学。当然,他不是在这里写哲学讲义,而是寓哲理于诗情。这一组散文诗,反映了作者的生活境遇,表现出他对于人生的思考和复杂的心情。正如他自己在《〈野草〉英文译本序》中所说:"这也可以说,大半是废弛的地狱边沿的惨白色的小花","因为那时难于直说,所以有时措辞就很含糊了。"但这"含糊",也并非全是"难于直说"的关系,同时还由于他所用的是象征主义的写作方法。鲁迅是执著于现实,敢于直面人生的作家,但是他也很偏爱象征主义的方法,并认为象征主义方法的运用,能够增强现实主义的力量。他很赞赏安特来夫的创作,说那里面"都含着严肃的现实性以及深刻和纤细,使象征印象主义与写实主义相调和",并认为"俄国作家中,没有一个人能够如他的创作一般,消融了内面世界与外面表现之差,而现出灵肉一致的境地。他的著作是虽然很有象征印象气息,而仍不失其现实性的"[①]。鲁迅的《野草》,也是使象征主义与写实主义相调和的作品。

但当鲁迅的思想有所变迁之后,他对于自己在《野草》中所表现出来的情绪,也有所不满。他于1934年10月9日致萧军信中说:"我的那一本《野草》,技术并不算坏,但心境太颓唐了,因为那是我碰了许多钉子后写出来的。"

[①] 《〈黯澹的烟霭里〉译后记》。

十三、掀掉这吃人的筵席

　　1924年以后,中国的革命运动又走向新的高潮。是年1月,中国国民党在孙中山的主持下,举行了第一次全国代表大会,制定了联俄、联共、扶助农工三大政策,开始了第一次国共合作;5月,国民党在广州黄埔建立陆军军官学校,开始组建自己的武装力量,并迅速发展壮大,不但巩固了广东革命策源地,而且为北伐战争作好准备;10月,直系军阀将领冯玉祥发动北京政变,囚禁贿选总统曹锟,将废帝溥仪逐出故宫,电邀孙中山北上共商国是;11月,孙中山发表北上宣言,途经上海时,又提出召开"国民会议"的主张,并再次强调要反帝反军阀;12月,北京政府临时总执政段祺瑞发表《外崇国信宣言》,表示尊重与列强签订的不平等条约,并公布《善后会议条例》,以抵制孙中山召开"国民会议"的主张,矛盾日趋尖锐化。但各地的反帝反军阀斗争却风起云涌,逐渐形成新的革命高潮,1925年发生在上海的五卅运动,就是这个高潮到来的标志。

　　随着革命运动的重新高涨,随着两种政治势力斗争的白热化,文化界新的分化和新的斗争,也加剧起来,形成了新的团伙,各自有自己的杂志作为基本阵地:围绕着《语丝》杂志的一伙,叫做"语丝派",围绕着《现代评论》杂志的一伙,叫作"现代评论派",它们分别于1924年11月17日和12月13日创刊,两派展开了激烈的斗争。

　　《语丝》杂志的创刊,与鲁迅有着直接的关系。起因是由于他的打油诗《我的失恋》的发表问题所引起的纠纷。那时,鲁迅以前在山会初级师范学堂任教时的学生孙伏园正在《晨报》编副刊,鲁迅是应他之约,而给《晨报》副刊写稿的。这篇《我的失恋》,"是看见当时'阿呀阿唷,我要死了'之类的失恋诗盛行,故意做一首用'由她去罢'收场的东西,开开玩笑的。"① 但是在孙伏园外出

---

① 鲁迅:《三闲集·我和〈语丝〉的始终》。

时,却被代理总编刘勉已抽掉了。孙伏园一怒之下,辞去"晨副"的编辑之职,几天后又提出要自办一个刊物,鲁迅当然答应愿意竭力支持。这就是《语丝》周刊的由来。

"但事情还不是这样简单。"据参与创办《语丝》的李小峰说:"熟悉前后经过情形的人便知道,晨报馆的压迫伏园,伏园的愤而辞职,并不单纯为了《我的失恋》那首诗;鲁迅的支持伏园,创办《语丝》这一刊物,也并非仅仅由于伏园为他而辞职了,借此表示歉意。"①主要的原因还在于《晨报》老板与孙伏园所编的副刊,在政治倾向上有所不同。《晨报》是当时北洋政府政治舞台上一个重要派系——研究系的报纸,而《晨报副刊》则是进步的副刊。这种副刊与本报脱节或背离的现象,在当时并不少见。一方面是报社的老板对各个部门还控制得不那么紧,另一方面也有意利用副刊为本报扩大影响,所以允许它有相对的独立性。但后来《晨报》老板觉得与自己气味相近的人才已陆续回国,也就要另组班子了。这一点,鲁迅在《我与〈语丝〉的始终》中也曾论及,不过说得隐晦一点:"但这样的好景象并不久长,伏园的椅子颇有不稳之势。因为有一位留学生(不幸我忘掉了他的名姓)新从欧洲回来,和晨报馆有深关系,甚不满意于副刊,决计加以改革,并且为战斗计,已经得了'学者'的指示,在开手看 Anatole France 的小说了。那时的法兰斯,威尔士,萧,在中国是大有威力,足以吓倒文学青年的名字,正如今年的辛克莱尔一般,所以以那时而论,形势实在是已经非常严重。不过我现在无从确说,从那位留学生开手读法兰斯的小说起到伏园气忿忿地跑到我的寓里来为止的时候,其间相距是几月还是几天。"

《语丝》:任意而谈,无所顾忌,催促新的产生,竭力排击旧物的知识分子刊物

这里所说的那位留学生,就是抽掉《我的失恋》的代理总编辑刘勉已。刘勉已的办法是,先用自己的朋友徐志摩等人的稿子来挤走孙伏园所组的稿子,然后干脆将孙伏园一并挤走,而代以自己的人来编副刊。徐志摩等在《晨报》编《诗刊》、《剧刊》,就与这种背景有关。

《语丝》是一本知识分子自由组合的刊物,刊名是第一次聚会者随意翻书点

---

① 李小峰:《鲁迅先生与〈语丝〉的诞生》,《文汇报》1956年10月11日。

定,并无什么特殊的意义,只是在《发刊辞》里,表达了一点编者的愿望:"我们并没有什么主义要宣传,对于政治经济问题也没有什么兴趣,我们所想的只是想冲破一点中国的生活和思想界的昏浊停滞的空气,我们个人的思想尽是不同,但对于一切专断与卑劣之反抗则没有差异。我们这个周刊的主张是提倡自由思想,独立判断,和美的生活。我们的力量弱小或者不能有什么著实的表现,但我们总是向着这一方面努力。"

据鲁迅说,这本刊物本无所谓一定的目标,统一的战线,孙伏园邀来的十六位撰稿人,意见态度也各不相同。例如,顾颉刚投的便是考古的稿子,和《语丝》之涉及现在社会者,倒是相反的。有些人大概只是敷衍和孙伏园的交情,投过两三回稿便自然离开了。于是《语丝》的投稿者,至多便只剩下五六人,"但同时也在不意中显了一种特色,是:任意而谈,无所顾忌,要催促新的产生,对于有害于新的旧物,则竭力加以排击,——但应该产生怎样的'新',却并无明白的表示,而一到觉得有些危急之际,也还是故意隐约其词。陈源教授痛斥'语丝派'的时候,说我们不敢直骂军阀,而偏和握笔的名人为难,便由于这一点。但是,叱吧儿狗险于叱狗主人,我们其实也知道的,所以隐约其词者,不过要使走狗嗅得,跑去献功时,必须详加说明,比较地费些力气,不能直捷痛快,就得好处而已。"①《语丝》早期主编周作人,晚年在写《知堂回想录》时,还特地引述上文,说:"这一节话很能说明《语丝》杂文的一方面的特色,于叱吧儿狗的确有用"。同时还补充道:"到后来与现代评论打架的时候,语丝举出两句口号来,'用自己的钱,说自己的话'。也就是这个意思,不过针对现代评论的接受官方津贴,话里有刺罢了。"

但《语丝》并非严格意义上的同仁刊物,除固定的撰稿人之外,也常登外稿。不但有初出茅庐的文学新人,而且还有不同阵营的成名文士。《语丝》创刊不久,就在第三期上登载了属于对立派重要角色的徐志摩的译诗——从波特莱尔《恶之花》中选译出的《死尸》。时在1924年12月1日。可见当初两派对立得还不是那么厉害。但鲁迅随即写了一篇杂文《"音乐"?》加以讽刺。他后来在《集外集·序言》中说:"我更不喜欢徐志摩那样的诗,而他偏爱到各处投稿,《语丝》一出版,他也就来了,有人赞成他,登了出来,我就做了一篇杂感,和他开一通玩笑,使他不能来,他也果然不来了。这是我和后来的'新月派'积仇的第一步;语丝社同人中有几位也因此很不高兴我。"后之评论家亦有据此而指责鲁迅心胸狭隘者。

---

① 《三闲集·我和〈语丝〉的始终》。

但实际上,鲁迅的讽刺是有原因的。问题不在译诗本身,而在于徐志摩在诗前所加的一大段议论。他说:"我不仅会听有音的乐,我也会听无音的乐(其实也有音就是你听不见),我直认为我是一个干脆的Mystic(按:即神秘主义者)……你听不着就该怨你自己的耳轮太笨,或是皮粗,别怨我。"并且认为"诗的真妙处不在它的字义里,却在他的不可琢磨的音节里;它刺戟着也不是你的皮肤(那本来就太粗太厚!)却是你自己一样不可琢磨的魂灵"。这种蔑视群众,故弄玄虚,夸大自我特殊感受力的神秘主义诗论,在为人生而写作的作家听来,当然是非常反感的。所以鲁迅就抓住皮肤的粗细问题做文章,讽刺他的"神秘谈"。在鲁迅之后,刘半农也在《语丝》上发表了一篇杂文《徐志摩先生的耳朵》,以实验语言学家的身份加以讽刺道:"到徐先生同泰戈尔一样高名高寿之后,万一一旦不讳,而彼时我刘复幸而尚在,我要请他预先在遗嘱上添一笔,将两耳送给我解剖研究,至少也必须是两个耳轮,能连同他的细皮,自然更好。我研究完了,决不会将他丢到荒野中去喂鸟(因为这不是一件鸟事),一定像德国人处理康德的头颅一样,将他金镶银嵌起来,供在博物馆里。"——可见对这种"神秘谈"的反感,不止鲁迅一人,在语丝派同人里有一定的共同性。

除了《语丝》周刊以外,鲁迅还有其他一些发表文章的阵地。

在孙伏园辞去《晨报》副刊的编辑职务之后,《京报》主持人邵飘萍就请他去办《京报》副刊。当时《京报》发行量小,社会地位也不如《晨报》,所以孙伏园很不想去。但鲁迅却竭力主张他去,说一定要出这口气,非把《京报》副刊办好不可。孙伏园听了鲁迅的话,走马上任,于1924年12月5日就将《京报》副刊出版了。《京报》当时在经济上很困难,有时连稿费也发不出来,但鲁迅仍像当初支持《晨报》副刊一样地支持它,在上面发了很多文章。

1925年4月间,鲁迅又与一群文学青年成立了一个文学团体莽原社,并在《京报》上创办了《莽原》周刊。关于这个文学团体的组成,他在《〈中国新文学大系〉小说二集序》中曾作过这样的评论:"一九二五年十月(按:应为四月)间,北京突然有莽原社出现,这其实不过是不满于《京报副刊》编辑者的一群,另设《莽原》周刊,却仍附《京报》发行,聊以快意的团体。奔

鲁迅创办《莽原》,是希望青年能站出来,对中国的社会和文明毫无忌惮地加以批评

走最力者为高长虹,中坚的小说作者也还是黄鹏基,尚钺,向培良三个;而鲁迅是被推为编辑的。"这里所说他们不满于《京报》原有一些副刊编辑者,是因他们专登吟风弄月,谈花说草,追捧角儿的文章。而鲁迅认为中国最急需的是"文明批评"和"社会批评",他说:"我早就很希望中国的青年站出来,对于中国的社会,文明,都毫无忌惮地加以批评,因此曾编印《莽原周刊》,作为发言之地,可惜来说话的竟很少"①;又说:"我之以《莽原》起哄,大半也就是为了想由此引些新的这一种批评者来,虽在割去敝舌之后,也还有人说话,继续撕去旧社会的假面。可惜所收的至今为止的稿子,也还是小说多。"②鲁迅曾为《莽原》拟了一个广告,文云:"闻其内容大概是思想及文艺之类,文字则或撰述,或翻译,……但总期率性而言,凭心立论,忠于现世,望彼将来云。"这可以看作是该刊的宗旨,与《语丝》颇为相似。而刊名,"也并无意义,与《语丝》相同,可是又仿佛近于'旷野'。"③这个周刊,一共出了三十二期,办到该年11月27日就停止了。次年1月,《莽原》脱离《京报》而独立,改为半月刊,交给他所支持的另一个文学团体未名社中人编辑出版。

关于未名社的成立经过,鲁迅说道:"那时我正在编印两种小丛书,一种是《乌合丛书》专收创作,一种是《未名丛刊》,专收翻译,都由北新书局出版。出版者和读者的不喜欢翻译书,那时和现在也并不两样,所以《未名丛刊》是特别冷落的。恰巧,素园他们愿意绍介外国文学到中国来,便和小峰商量,要将《未名丛刊》移出,由几个同人自办,小峰一口答应了,于是这一种丛书便和北新书局脱离。稿子是我们自己的,另筹了一笔印费,就算开始。因这丛书的名目,连社名也叫了'未名'——但并非'没有名目'的意思,是'还没有名目'的意思,恰如孩子的'还未成丁'似的。""未名社的同人,实在并没有什么雄心和大志,但是,愿意切切实实的,点点滴滴的做下去的意志,却是大家一致的。"④他们借鉴的经验,来自日本的丸善书店。这家书店起始规模很小,全是几个大学生慢慢经营起来的。

此外,还有许多报刊约鲁迅写稿,如:《时事新报》副刊《学灯》、《民国日报》副刊《觉悟》、《世界日报》副刊、《国民新报》副刊;还有《妇女周刊》、《猛进周刊》等,鲁迅也经常在上面发表文章。

---

① 《华盖集·题记》。
② 1925年4月28日致许广平信。
③ 1925年4月22日致许广平信。
④ 《且介亭杂文·忆韦素园君》。

十三、掀掉这吃人的筵席

鲁迅支持或参与创办各种小刊物,是他继续战斗的需要,也是对文化界的形势有了清醒认识的结果。因为当时已与《新青年》时代不同,新文化阵营的分裂,不可能再有大型的统一刊物了。所以,当《猛进》编者徐旭生提议将《语丝》、《猛进》和《现代评论》联合起来,办一个专讲文学思想的月刊时,鲁迅就认为这个建议是不可行的。他说:"有一个专讲文学思想的月刊,确是极好的事,字数的多少,倒不算什么问题。第一为难的却是撰人,假使还是这几个人,结果即还是一种增大的某周刊或合订的各周刊之类,况且撰人一多,则因为希图保持内容的较为一致起见,即不免有互相牵就之处,很容易变为和平中正,吞吞吐吐的东西,而无聊之状于是乎可掬。现在的各种小周刊,虽然量少力微,却是小集团或单身的短兵战,在黑暗中,时见匕首的闪光,使同类者知道也还有谁还在袭击古老坚固的堡垒,较之看见浩大而灰色的军容,或者反可以会心一笑。在现在,我倒只希望这类的小刊物增加,只要所向的目标小异大同,将来就自然而然的成了联合战线,效力或者也不见得小。但目下倘有我所未知的新的作家起来,那当然又作别论。"①这封给徐旭生的复信,写于1925年3月底,也就是说,在那时,鲁迅虽然已看到新文化阵营中的明显分歧,但还是希望在袭击旧堡垒时,彼此能够配合,组成联合战线。

在革命形势的推动下,又有了一些基本阵地,鲁迅从1925年开始,出现一个杂文写作的高潮。当这一年除夕之夜,他将本年所写的杂文编为一本《华盖集》时,在《题记》中写道:"在一年的尽头的深夜中,整理了这一年所写的杂感,竟比收在《热风》里的整四年中所写的还要多。"其实,这一年的杂文,远不止于《华盖集》中所收的这些,除有意或无意中漏收,后见于《集外集》和《集外集拾遗》者之外,还有很大一部分收在另一本杂文集《坟》里。

因为鲁迅杂文中所写的,都是涉及当时社会文化中的一些敏感问题,所以很容易就卷入了当时的社会斗争。他把这一年的杂文集取名为《华盖集》者,就是自嘲被"华盖运"罩住了的意思。他在《题记》中说:"我平生没有学过算命,不过听老年人说,人是有时要交'华盖运'的。这'华盖'在他们口头上大概已经讹作'镬盖'了,现在加以订正。所以,这运,在和尚是好运:顶有华盖,自然是成佛作祖之兆。但俗人可不行,华盖在上,就要给罩住了,只好碰钉子。我今年开手作杂感时,就碰了两个大钉子:一是为了《咬文嚼字》,一是为了《青年必读书》。署名和匿名的豪杰之士的骂信,收了一大捆,至今还塞在书架下。……"后之论者,

---

① 《华盖集·通讯》。

尝谓鲁迅好斗,动辄刺人,其实开始时,鲁迅常常只是泛论一种社会现象,当受到卫道者攻击之后,遂不得已而还击,以致酿成战斗。

1925年一二月间,鲁迅在《京报副刊》上发表了两篇极短的杂文《咬文嚼字》,不过并不是像现在的《咬文嚼字》杂志中专纠别人文章中的别字错句,而是从用字中发掘深层的文化思想问题。第一篇是批评"以摆脱传统思想的束缚而主张男女平等的男人,却偏喜欢用轻靓艳丽字样来译外国女人的姓氏:加些草头,女旁,丝旁。不是'思黛儿',就是'雪琳娜'"。"以摆脱传统思想的束缚而来介绍世界文学的文人,却偏喜欢使外国人姓中国姓:Gogol姓郭;Wilde姓王……";第二篇则批评化学家喜欢造怪字,认为还不如用原文省事,"我想,倘若就用原文,省下造字的功夫来,一定于本职的化学上更其大有成绩,因为中国人的聪明是决不在白种人之下的。"同时又批评北京常用一些好听的地名来代替原来一些欠雅的名字,如:辟才胡同,乃兹府,丞相胡同,协资庙,高义伯胡同,贵人关,但探起底细来,据说原来是劈柴胡同,奶子府,绳匠胡同,蝎子庙,狗尾巴胡同,鬼门关。鲁迅进一步讽刺道:"我将鼓吹改奴隶二字为'弩理',或是'努礼',使大家可以永远放心打盹儿,不必再愁什么了。"

这本来只是批评摆脱传统思想不彻底的某些现象,却不料引起了一些读者激烈的攻击。这些攻击文字,是针对《咬文嚼字》(一)而发。在该文发表之后的第三天,就有一位廖仲潜写信给编者孙伏园,指责《京报副刊》登了许多无聊的东西,"还有前天的副刊上载有鲁迅先生的《咬文嚼字》一文,亦是最无聊的一种,亦无刊登的必要!"孙伏园在发表该信的同时,附了自己的复信,说明他本人对于鲁迅的《咬文嚼字》,"是认为极重要极有意义的文字的,所以特用了二号字的标题,四号字的署名,希望读者特别注意。因为鲁迅先生所攻击的两点,在记者也以为是晚近翻译界堕落的征兆,不可不力求改革的。"这除了引起廖仲潜的再批评,说是"我以为用美丽的字眼翻译女性的名字是翻译者完全的自由与高兴,无关紧要的;虽是新发明,却不是堕落的征兆,更不是怪思想!"等等之外,还引来了另一位潜源的来信,说是"鲁迅先生《咬文嚼字》一篇,在我看来,实在毫无意义。仲潜先生称它为'最无聊'之作,极为得体"。并对孙伏园对"最无聊"三字大为骇异表示"大为骇异"。因为他是赞成在姓氏翻译上来区别外国人的性别,而且主张可用《百家姓》来翻译外国人的姓氏的。最后,还用了中国文人的老手段,用捧的方法来封对手的嘴,说是:"鲁迅先生是我所佩服的。讥刺的言辞,尖锐的笔锋,精细的观察,诚可引人无限的仰慕。《呐喊》出后,虽不曾名噪天下,也名噪国中了。"并且还把周氏三兄弟比做三苏,说是"我尝有现代三周(还有一个周建人先生),驾乎从前三苏之慨。不过名人名声越高,作品也越要郑重。若故意纵事吹敲或失之苛责,不免带有失却人信仰的危险"。这种不怀好意的吹捧,很使鲁迅反感,就逼得他非自己出来写反驳文章不可。他先写了一篇《咬嚼之余》,除了在具体论点上进行反驳,如指出这"总常想知道他或她的性别"的"常想",就是束缚,而且认为"译'郭''王''何'才是'故意',其游魂是《百家姓》"等等之外,还特别对于"捧"的招数,加以还击:

> 末了,我对于潜源先生的"末了"的话,还得辩正几句。(一)我自己觉得我和三苏中之任何一苏,都绝不相类,也不愿意比附任何古人,或者"故意"凌驾他们。倘以某古人相拟,我也明知是好意,但总是满身不舒服,和见人使Gorky姓高相同。(二)其实《呐喊》并不风行,其所以略略流行于新人物间者,因为其中的讽刺在表面上似乎大抵针对旧社会的缘故,但使老先生们一看,恐怕他们也要以为"吹敲""苛责",深恶而痛绝之的。(三)我并不觉得我有"名",即使有之,也毫不想因此而作文更加郑重,来维持已的有名,以及别人的信仰。纵使别人以为无聊的东西,只要自己以为有聊,且不被暗中禁止阻碍,便总要发表暴露出来,使厌恶滥调的读者看看,可以从速改正误解,不相信我。因为我觉得我若专讲宇宙人生的大话,专刺旧社会给新青年看,希图在若干人们中保存那由误解而来的"信仰",倒是"欺读者",而于我是苦痛的。

接着,潜源又写了一篇《咬嚼之乏味》,还是纠缠在原来那些问题上,鲁迅又写了一篇《咬嚼未始"乏味"》加以反驳。

不过,引起更大波澜的,还是《青年必读书》的答案。

孙伏园为了把《京报副刊》办得有声有色,除了组织各种问题的讨论之外,还搞了一次向学界名流征询"青年必读书"的活动,请他们各开十部书目,从1925年2月11日起,陆续在报上发表。许多名流学者都开了书单,其中以开中国的古书为多,也有兼开外国书和当代书的。鲁迅却在征求"青年必读书"的栏目中写道:"从来没有留心过。所以现在说不出。"而在"附录"中,写出了自己的经验之谈:

> 但我要趁这机会,略说自己的经验,以供若干读者的参考——
>
> 我看中国书时,总觉得就沉静下去,与实人生离开;读外国书——但除了印度——时,往往就与人生接触,想做点事。
>
> 中国书虽有劝人入世的话,也多是僵尸的乐观;外国书即使是颓唐和厌世的,但却是活人的颓唐和厌世。

我以为要少——或者竟不——看中国书,多看外国书。

少看中国书,其结果不过不能作文而已。但现在的青年最要紧的是"行",不是"言"。只要是活人,不能作文算什么大不了的事。

鲁迅的议论,当然是有针对性的。盖因当时正有一种思潮,学者多劝人躐进研究室,文人说最好是搬入艺术之宫,而梁启超和胡适则在《京报》征询"青年必读书"之前,就给青年学子开过一大批古书的目录。这些引导青年脱离现实斗争的倾向,很为鲁迅所不满,所以他在这里也是有感而发。

鲁迅这份答卷于2月21日在《京报副刊》上发表之后,立即引起轩然大波,反对的意见很多,报上发表的两篇,鲁迅都作了答复。

一篇是柯柏森的《偏见的经验》。作者除了指责鲁迅的经验是"偏见"之外,还把鲁迅的"要少——或者竟不——看中国书,多看外国书"的意见,推演为"要废中国文字",说是"虽然钱能训要废中国字不得专美于前";而且,还扣上"卖国"的罪名:"尝听说:卖国贼们,都是留学外国的博士硕士。大概鲁迅先生看了活人的颓唐和厌世的外国书,就与人生接触,相做点……事吗?""哈哈!我知道了,鲁迅先生是看了达尔文罗素等外国书,即忘了梁启超胡适之等的中国书了。不然,为什么要说中国书是僵死的?假使中国书僵死的,为什么老子、孔子、孟子、荀子辈,尚有他的著作遗传到现在呢?"鲁迅写了《聊答"……"》,用明显的事实来驳其荒谬的逻辑道:"照你大作的上文看来,你的所谓'……',该是'卖国'。到我死掉为止,中国被卖与否未可知,即使被卖,卖的是否是我也未可知,这是未来的事,我无须对你说废话。但有一节要请你明鉴:宋末,明末,送掉了国家的时候;清朝割台湾,旅顺等地的时候,我都不在场;在场也不如你所'尝听说'似的,'都是留学外国的博士硕士';达尔文的书还未介绍,罗素也还未来华,而'老子,孔子,孟子,荀子辈'的著作却早经行世了。钱能训扶乩则有之,却并没有要废中国文字,你虽然自以为'哈哈!我知道了',其实是连近时近地的事都很不了了的。"

另一篇是熊以谦的《奇哉!所谓鲁迅先生的话》。这位作者的逻辑更为奇妙,他先是说中国书都是好的,说不好即不懂;再是把鲁迅所说"少看中国书,其结果不过不能作文而已。但现在的青年最要紧的是'行',不是'言'"的话,改为"只要行,不要读书",大加驳斥,抹去了他主张"多看外国书"的意见;接着,又把"多看外国书"这句话拣出,推演为将来都说外国话,都要变成外国人了。真是危言耸听,罪莫大焉。鲁迅作《报〈奇哉所谓……〉》,逐条加以反驳,并特别指出他推演的荒谬之处:"即如大作所说,读外国书就都讲外国话罢,但讲外国话却也不即变成外国人。汉人总是汉人,独立的时候是国民,覆亡之后就是'亡国奴',无论说的是那一种话。因为国的存亡是在政权,不在语言文字的。美国用英文,并非英国的隶属;瑞士用德法文,也不被两国所瓜分;比国用法文,没有请法国人做皇帝。满洲人是'读汉文'的,但革命以前,是我们的征服者,以后,即五族共和,和我们共存同在,何尝变了汉人。……""临末,我还要'果决地'说几句:我以为如果外国人来灭中国,是只教你略能说几句外国话,却不至于劝你多读外国书,因为那书是来灭的人们所读的。但是还要奖励你多读中国书,孔子也还更加崇奉,像元朝和清朝一样。"

另外,还有一位赞成鲁迅意见的赵雪阳,转述了一位学者的评论。这位学者说:"他们弟兄……读得中国书非常的多。他家中藏的书很多,家中又便易,凡想着看而没有的书,总要买到。中国书好的很多,如今他们偏不让人家读,而自家读得那么多,这是什么意思呢?"鲁迅随即写了《这是这么一个意思》,以自己曾经喝酒,"酒精已经害了肠胃",因而劝人不要喝酒为例,说:"现在有时戒除,有时也还喝,正如还要翻翻中国书一样。但是和青年谈起饮食来,我总说:你不要喝酒。听的人虽然知道我曾经纵酒,而都能明白我的意思。""我即使自己出的是天然痘,决不因此反对牛痘;即使开了棺材铺,也不来讴歌瘟疫的。"

其实,在《青年必读书》的答卷中,与鲁迅意见相似的也颇不乏人。如发表在鲁迅之前的,就有江绍原,他在正栏中打上一个大叉(×),在四个空档中各写一Wanted(缺)字,而在附注中则写道:"我不相信现在有哪十部左右的书能给中国青年'最低限度的必需智识'。你们所能征求到的,不过是一些'海内外名流硕彦及中学大学教员'爱读的书目而已";发在鲁迅答卷之后的,则有俞平伯,他也没有填写正栏,只在附注中说:"青年既非只一人,亦非合用一个脾胃的;故可读的,应读的书虽多,却绝未发见任何书是大家必读的。我只得交白卷。若意在探听我的脾胃,我又不敢冒充名流学者,轻易填这张表,以己之爱读为人之必读,我觉得有点'难为情'。"①只是由于他们的名气不及鲁迅大,话也没有鲁迅说得尖锐,所以攻击的矛头都集中到鲁迅身上了。

鲁迅对这场辩论很重视,他对一个学生说:"你只要有一篇不答复他,他们就认为你失败了。我就篇篇都答复他们,总要把他们弄得狗血淋头,无法招架,躲回他们老巢去为止。"②

次年,鲁迅在《写在〈坟〉后面》里,还回顾这场争论道:"去年我主张青年少

---

① 参见王世家编:《青年必读书——一九二五年〈京报副刊〉"二大征求"资料汇编》,河南大学出版社2006年7月版。
② 据荆有麟:《鲁迅的对事与对人》,《鲁迅回忆断片》,上海杂志公司1943年版。

读,或者简直不读中国书,乃是用许多苦痛换来的真话,决不是聊且快意,或什么玩笑,愤激之辞。古人说,不读书便成愚人,那自然也不错的。然而世界却正由愚人造成,聪明人决不能支持世界,尤其是中国的聪明人。"

也就在这场辩论的过程中,鲁迅还写了一篇《论辩的灵魂》,其中有几段描写,就是从这次辩论对手的奇怪逻辑中归纳出来的,当然,也概括了过去辩论的经验——

"洋奴会说洋话。你主张读洋书,就是洋奴,人格破产了!受人格破产的洋奴崇拜的洋书,其价值从可知矣!但我读洋文是学校的课程,是政府的功令,反对者,即反对政府也。无父无君之无政府党,人人得而诛之。"

"你说中国不好。你是外国人吗?为什么不到外国去?可惜外国人看你不起……。"

"你说甲生疮。甲是中国人,你就是说中国人生疮了。既然中国人生疮,你是中国人,就是你也生疮了。你既然也生疮,你就和甲一样。而你只说甲生疮,则竟无自知之明,你的话还有什么价值?倘你没有生疮,是说诳也。卖国贼是说诳的,所以你是卖国贼。我骂卖国贼,所以我是爱国者。爱国者的话是最有价值的,所以我的话是不错的,我的话既然不错,你就是卖国贼无疑了!"

"自由结婚未免太过激了。……过激派都主张共妻主义的。乙赞成自由结婚,不就是主张共妻主义吗?他既然主张共妻主义,就应该先将他的妻拿出来给我们'共'。"

"丙讲革命是为的要图利;不为图利,为什么要讲革命?我亲眼看见他三千七百九十一箱半的现金抬进门。你说不然,反对我么?那么,你就是他的同党。呜呼,党同伐异之风,于今为烈,提倡欧化者不得辞其咎矣!"

"……"

这些现实生活中的论辩逻辑,一经鲁迅概括提炼,就具有典型意义。他说的不仅是过去和现在,而且其生命力还延续到将来。凡经历过20世纪50年代以后历次政治运动的人,读了这篇杂文,就会发出会心的一笑,这里所说的论辩的逻辑,与日后的批判逻辑,真是"何其相似乃尔"!难怪鲁迅把它叫做"鬼画符",说是今年从黑市上买的这张符,与二十年前在黑市上买的完全一样,"并不见什么增补和修改",而且从"论辩的灵魂"这个大题目下,还读出了"细注"来:"祖传老年中年青年'逻辑'扶乩灭洋必胜妙法太上老君急急如律令敕"。可见杂文和其他文体一样,只要开掘得深,抓得住生活的本质特征,其生命力也是很悠久的。

十三、掀掉这吃人的筵席

其实,对于中国书,鲁迅并非一概否定,也不是要青年一概不读,而是根据具体情况,加以区别对待。这里有两种区别:

一是读经与读史的区别。

鲁迅反对读经,但却主张读史。经,本来也是特定历史时期的产物,它反映着一定的历史内容,前人早就说过:"六经皆史"。但统治者却把它尊为常理,并以它作为千载之后人们的行为规范,这就显出其荒谬性来。所以鲁迅发出了这样的质问:"可曾用《论语》感化过德国兵,用《易经》咒翻了潜水艇呢?"因为他自己熟读过经书,所以他知道,"'瞰亡往拜''出疆载质'的最巧玩艺儿,经上都有",怎么能用这种狡诈的处世之道再来教育今人呢?而且,他还看出,那些阔人们提倡读经的真实用心并非救国,因为他们明知道读经是不足以救国的,只是将人们当作"笨牛"看之,目的还是为自己谋利。他说:"我看不见读经之徒的良心怎样,但我觉得他们大抵是聪明人,而这聪明,就是从读经和古文得来的。我们这曾经文明过而后来奉迎过蒙古人满洲人大驾了的国度里,古书实在太多,倘不是笨牛,读一点就可以知道,怎样敷衍,偷生,献媚,弄权,自私,然而能够假借大义,窃取美名。再进一步并可以悟出中国人是健忘的,无论怎样言行不符,名实不副,前后矛盾,撒谎造谣,蝇营狗苟,都不要紧,经过若干时候,自然都忘得干干净净;只要留下一点卫道模样的文字,将来仍不失为'正人君子'。况且即使将来没有'正人君子'之称,于目下的实利又何损哉?"①

但在《青年必读书》的答卷写好之后,还未及发表时,鲁迅就在《忽然想到》(四)里提出了读史的主张。他说:"历史上都写着中国的灵魂,指示着将来的命运,只因为涂饰太厚,废话太多,所以很不容易察出底细来。正如通过密叶投射在莓苔上面的月光,只看见点点的碎影。但如看野史和杂记,可更容易了然了,因为他们究竟不必太摆史官的架子。……试将记五代,南宋,明末的事情的,和现今的状况一比较,就当惊心动魄于何其相似之甚,仿佛时间的流驶,独与我们中国无关。现在的中华民国也还是五代,是宋末,是明季。"是年12月,他又写了一篇《读经与读史》,通过两者的比较,进一步说明读史的好处:"我以为伏案还未功深的朋友,现在正不必埋头来哼线装书。倘其咿唔日久,对于旧书有些上瘾了,那么,倒不如去读史,尤其是宋朝明朝史,而且尤须是野史;或者看杂说。……野史和杂说自然也免不了讹传,挟恩怨,但看往事却可比较分明,因为它究竟不像正史那样地装腔作势。……史书本来是过去的陈帐簿,和急进的

---

① 《华盖集·十四年的"读经"》。

1925年5月28日为俄文译本《阿Q正传》所摄

猛士不相干。但先前说过，倘若还不能忘情于咿唔，倒也可以翻翻，知道我们现在的情形，和那时的何其神似，而现在的昏妄举动，胡涂思想，那时也早已有过，并且都闹糟了。"后来，鲁迅就常常从史书中找出实例来，抨击现实，发掘根源，这叫做挖掘他们的祖坟。

二是专业人员与一般青年的区别。

鲁迅所说要少读或甚至不读中国书，是对一般青年而言，因为对他们说来，要紧的是"行"，不是"言"，只要是活人，不能作文算不得什么大事。但对专修文史的教员和学生来说，自然又另当别论。因为专业的关系，则是非读古书不可。所以后来他在广州知用中学对学生讲《读书杂谈》时，就说："我以为倘要弄旧的呢，倒不如姑且靠着张之洞的《书目答问》去摸门径去"；1929年1月6日复章廷谦信说："倘要比较的大举，则《史》，《汉》，《三国》；《蔡中郎集》，嵇，阮，二陆机云，陶潜，庾开府，鲍参军……何水部，都尚有专集……于是到唐宋类书，《初学记》，《艺文类聚》，《太平御览》中，再去寻找。要看为和尚帮忙的六朝唐人辩论，则有《弘明集》，《广弘明集》也。"次年，当许寿裳的长子许世瑛考入清华大学中国文学系，请教鲁迅应看些什么书时，他所开的一个书单，也全是古书。计有：计有功《唐诗纪事》，辛文房《唐才子传》，严可均《全上古……隋文》，丁福保《全上古……隋诗》，吴荣光《历代名人年谱》（最好是参考日本三省堂出版之《模范最新世界年表》），胡应麟《少室山房笔记》，《四库全书简明目录》，刘义庆《世说新语》，王定保《唐摭言》，葛洪《抱朴子外篇》，王充《论衡》，王晫《今世说》。此非言行不一，而是专业要求使然。

至于鲁迅自己的读古书，实际上是在深入地研究中国的社会和中国的文明。他在读史的过程中，发现了一个重要的事实，即中国的历史原来是一部吃人的历史，这一点在《狂人日记》中就有所揭露，接着，又在许多小说和杂文中继续揭发这一血淋淋的事实。说得最为透彻的，要算《灯下漫笔》。在这里，他指出："实际上，中国人向来就没有争到过'人'的价格，至多不过是奴隶，到现在还如此，然而下于奴隶的时候，却是数见不鲜的。"所以，他反对修史者的排场和铺张，而直截了当地将中国历史归结为两个时代："一，想做奴隶而不得的时代；

十三、掀掉这吃人的筵席

二,暂时做稳了奴隶的时代。"这一种循环,也就是"先儒"之所谓"一治一乱"。但这"治",实际上是指制订了奴隶规则而言,到得"乱"时,就连奴隶规则也被打得粉碎,使得奴隶们无所适从。而这种奴隶规则,则是由于等级制度所造成的。鲁迅引用《左传》昭公七年中的话来描述中国的等级制度:"天有十日,人有十等。下所以事上,上所以共神也。故王臣公,公臣大夫,大夫臣士,士臣皂,皂臣舆,舆臣隶,隶臣僚,僚臣仆,仆臣台。"并认为正是这种等级制度,使人有贵贱,有大小,有上下,自己被人凌虐,但也可以凌虐别人,自己被人吃,但也可以吃别人,一级级的制驭着,使人不能动弹,也不想动弹了。鲁迅从这样一种基本事实出发,得出结论道:"所谓中国的文明者,其实不过是安排给阔人享用的人肉的筵宴。所谓中国者,其实不过是安排这人肉的筵宴的厨房。"而且说"这人肉的筵宴现在还排着,有许多人还想一直排下去"。

有些人反对鲁迅对于中国历史的看法,认为他是全盘否定历史,是历史虚无主义者;或者说他把历史写得过分可怕,是恐怖论者。其实,我们应该看到,这是中国最早的人权呼声之一,鲁迅正是从现代人权观念出发,才指责中国文明是安排给阔人享用的人肉的筵宴,指责中国不过是安排这人肉筵宴的厨房。也正是为了争取人权,他才号召青年起来,"扫荡这些食人者,掀掉这筵席,毁坏这厨房",并且说:"创造这中国历史上未曾有过的第三样时代,则是现在的青年的使命!"

只有肯定了人本身的价值,只有从人权观念出发,我们才能理解鲁迅为什么激烈地反对这种压制人性、摧残人权的古老的文明制度,才能理解他为什么激烈地攻击那些要保存这种文明制度的人。

鲁迅的立足点是人民的生存权利,而不是为了供别人的赏鉴,所以他要求的是改革,而不是保古。他很明确地意识到,如果不改革,是生存也为难的,而况保古?所以他说:"我们目下的当务之急,是:一要生存,二要温饱,三要发展。苟有阻碍这前途者,无论是古是今,是人是鬼,是《三坟》《五典》,百宋千元,天球河图,金人玉佛,祖传丸散,秘制膏丹,全都踏倒他。"[1]在这排山倒海的气势里,蕴含着一股正义的力量。在另一篇文章里,他特别向青年说明:"我之所谓生存并不是苟活;所谓温饱,并不是奢侈;所谓发展,并不是放纵。"[2]这就是他的社会发展观,也是他的人生准则。

---

① 《华盖集·忽然想到(六)》。
② 《华盖集·北京通信》。

十四、在风沙中辗转战斗

鲁迅既然以文明批评和社会批评作为自己的职责,他当然对于中国的文化缺陷和社会弊端多所揭露,而且批评得非常尖锐,目的是为了对之加以改造。但同时他也深知旧的社会势力十分强大,要想有所触动,必须进行持久的韧性的斗争,因而他是反对赤膊上阵的。但是到得女师大事件发生之后,他迫不得已,也只好挺身而出,进行短兵相接的战斗了。

北京女子师范大学:这里发生的"女师大学潮"名震全国

女师大,即国立北京女子师范大学,是由前清京师女子师范学堂改组而成。这所学堂创办于1908年,也算是开女学之先了。民国元年,改称为北京女子师范学校,1919年改组为国立北京女子高等师范学校,1924年改名为国立北京女子师范大学。

杨荫榆是在1924年3月份当上女师大校长的,到得11月初,学生就闹起风潮来了。原因是9月份开学后,有三名南方的学生因江浙战事阻隔,交通中断,而迟到了两个多月,被杨荫榆强令退学。学生不服,责令自治会代表向校长交涉,要求收回成命。学生的抗议是有理由的:因为战事阻隔,非个人力量所能克服;而且根据学校章程,学生缺课连续三月以上者,方改为特别生,这三名学生缺课都未到三月;而更使学生感到不公的是,另有哲学系两名学生,也是缺课两个多月,而杨荫榆却准其继续学习。但是,杨荫榆固执己见,不但不准学生所请,反而厉声辱骂学生代表,这就激起了学潮。

学潮虽然是由具体事件引发,但实际上是两种政治思想的冲突。青年学生受到南方革命形势的鼓舞,追求民主自由,而杨荫榆则受命于北洋军阀政府,要压束管制学生。她有一句名言:"须知学校犹家庭",于是校长也就是家长了;她要实行的是传统的家长式统治,当然不能与学生讲民主。所以,双方愈来愈对立,学潮也愈闹愈大。

双方这种政治思想上的对立,在孙中山的追悼活动中,就看得很清楚。1925年3月12日,孙中山在北京逝世,群情悲痛,举城哀悼。据许广平回忆:学生们哭倒在课室的真不少,自动走到东城协和医校去吊唁的很多,路为之塞。后来决定在中央公园公祭的时候,各校学生一致排队到东城接灵,自然女师大也不例外,于是由学生会代表,向校长总请假。但杨荫榆却对学生会代表说:"孙中山是实行共产公妻的,你们学了他没有好处,不准去!"学生们自然不会理睬她这一套,仍旧去参加公祭,但杨荫榆的话却更加激起了公愤,有正义感的学生们心中觉得遭受到无比的困厄,时常想到突出重围①。

鲁迅是同情学生,站在学生这一边的。因为他本身就崇尚民主,具有自由思想,而且,对孙中山的革命精神也很崇敬。孙中山逝世后,一些依附北洋军阀政府的文人对他加以攻击,鲁迅就写过一篇《战士和苍蝇》,对那些苍蝇般的文人予以申斥:

……

战士战死了的时候,苍蝇们所首先发现的是他的缺点和伤痕,嘬着,营营地叫着,以为得意,以为比死了的战士更英雄。但是战士已经战死了,不再来挥去他们。于是乎苍蝇们即更其营营地叫,自以为倒是不朽的声音,因为它们的完全,远在战士之上。

的确的,谁也没有发见过苍蝇们的缺点和创伤。

然而,有缺点的战士终竟是战士,完美的苍蝇也终竟不过是苍蝇。

对于此文,鲁迅自己作过这样的说明:"所谓战士者,是指中山先生和民国元年前后殉国而反受奴才们讥笑糟蹋的先烈;苍蝇则当然是指奴才

---

① 据许广平:《鲁迅先生与女师大事件》,《许广平忆鲁迅》。

们。"①一年之后,鲁迅又作《中山先生逝世后一周年》加以悼念,文中旧事重提:"记得去年逝世后不很久,甚至于就有几个论客说些风凉话。是憎恶中华民国呢,是所谓'责备贤者'呢,是卖弄自己的聪明呢,我不得而知。但无论如何,中山先生的一生历史具在,站出世间来就是革命,失败了还是革命;中华民国成立之后,也没有满足过,没有安逸过,仍然继续着进向近于完全的革命的工作。直到临终之际,他说道:革命尚未成功,同志仍须努力!"——这说风凉话者,就包括研究系领袖梁启超在内。

于此,也可见鲁迅当时的爱憎态度。

鲁迅在思想感情上虽然是与青年学生相通的,但开始时,并没有直接介入女师大学潮,直至"五七"事件之后。

"五七"是国耻纪念日,为国人不忘1915年5月7日的国耻而设。那一天,日本帝国主义向袁世凯政府提出最后通牒,限令四十八小时之内完全接受灭亡中国的二十一条,否则,"将执认为必要之手段"。但在章士钊做教育总长之后,就颁布教育部训令,严禁学生在"五一"、"五四"、"五七"等日集会,说是防止"奸人"乘机捣乱,其实是适应段祺瑞政府的亲日政策。1925年5月7日,是国耻纪念十周年,北京学生不顾军警干涉,仍往天安门集合,遭到了武装警察和保安队马队的袭击,许多人受伤,数十人被捕。下午,学生们集合到东四牌楼魏家胡同章士钊住宅前示威,又与武装警察发生冲突。武警又捕去十八名学生,愤怒的学生也将章宅捣毁,事情闹得很大。而杨荫榆却想趁此机会,来收拾女师大学生。

在此之前,因杨荫榆采取高压政策,协商、抗议均无效果,学生们发起了一场"驱羊(杨)运动",不承认杨荫榆为校长。这时,杨荫榆就利用学生在国耻日必然踊跃参加大会的热情,于5月7日召开会议。她当然不是为了纪念国耻,而是企图通过主持会议的机会,来巩固自己校长的地位。如学生们有所违抗,即加以捣乱国耻纪念会的罪名,予以惩罚。同时,又胁迫学生会代表承认错误,否则就要开除。但觉悟了的学生也不是那么好对付的。那天上午,当杨荫榆登上主席台时,即为全场学生以嘘声赶走。而杨荫榆也不是善罢甘休之辈。那天下午,她就在西安饭店召开评议会,进行谋划,并于9日贴出布告,开除蒲振声、张平江、郑德音、刘和珍、许广平、姜伯谛等六名学生自治会干事,使矛盾进一步激化了。

到这时,鲁迅实在看不下去了,感到有必要站出来公开支持学生。他于5月10日所作的《忽然想到(七)》里写道:"我还记得中国的女人是怎样被压制,有时

---

① 《集外集拾遗·这是这么一个意思》。

简直并羊而不如。现在托了洋鬼子学说的福，似乎有些解放了。但她一得到可以逞威的地位如校长之类，不就雇用了'掠袖擦掌'的打手似的男人，来威吓毫无武力的同性的学生们么？不是利用了外面正有别的学潮的时候，和一些狐群狗党趁势来开除她私意所不喜的学生们么？而几个在'男尊女卑'的社会生长的男人们，此时却在异性的饭碗化身的面前摇尾，简直并羊而不如。羊，诚然是弱的，但还不至于如此，我敢给我所敬爱的羊们保证！"

四天之后，他又在《忽然想到（九）》里，借回答一位读者来信为由，对段祺瑞政府以武力对付请愿学生之事进行揭露。那位读者指摘鲁迅，说他在《阿Q正传》中写捉拿一个无聊的阿Q而用机关枪，是太远于事理。鲁迅当时没有回答，现在触景生情，就借题发挥道："但我前几天看报章，便又记起了你。报上有一则新闻，大意是学生要到执政府去请愿，而执政府已于事前得知，东门上添了军队，西门上还摆起两架机关枪，学生不得入，终于无结果而散云。……夫学生的游行和请愿，由来久矣。他们都是'郁郁乎文哉'，不但绝无炸弹和手枪，并且连九节钢鞭，三尖两刃刀也没有，更何况丈八蛇矛和青龙掩月刀乎？至多，'怀中一纸书'而已，所以向来就没有闹过乱子的历史。现在可是已经架起机关枪来了，而且有两架！""但阿Q的事件却大得多了，他确曾上城偷过东西，未庄也确已出了抢案。那时又还是民国元年，那些官吏，办事自然比现在更离奇。先生！你想：这是十三年前的事呵。那时的事，我以为即使在《阿Q正传》中再给添上一混成旅和八尊过山炮，也不至于'言过其实'的罢。"

5月21日，他又写了《〈碰壁〉之后》，谴责那些教育家们在杯酒间谋害学生。"此刻太平湖饭店之宴已近阑珊，大家都已经吃到冰其淋，在那里'冷一冷'了罢……。我于是仿佛看见雪白的桌布已经沾了许多酱油渍，男男女女围着桌子都吃冰其淋，而许多媳妇儿，就如中国历来的大多数媳妇儿在苦节的婆婆脚下似的，都决定了暗淡的运命。""我吸了两支烟，眼前也光明起来，幻出饭店里电灯的光彩，看见教育家在杯酒间谋害学生，看见杀人者于微笑后屠戮百姓，看见死尸在粪土中舞蹈，看见污秽洒满了风籁琴，我想取作画图，竟不能画成一线。我为什么要做教员，连自己也侮蔑自己起来。"

在这期间，鲁迅还为学生代拟了两份呈送教育部的呈文。在第一次呈文中，主要是揭露杨荫榆的劣迹，表明拒绝其长校之决心。文中指责她以宴客为名，在饭店召集不知是否合法之评议员数人，于杯盘狼藉之余，含糊地告以开除学生之事，"实属视学子如土芥，以大罚为儿戏，天良丧尽，至矣尽矣！可知杨荫榆一日不去，即如刀俎在前，学生为鱼肉之不暇，更何论于学业！是以全体冤愤，公决自其失踪之日起，即绝对不容其再入学校之门，以御横暴，而延残喘。"第二次呈文，则揭露杨荫瑜在开除学生干事后，继续施展的种种阴谋："先谋提前放假，又图停课考试。术既不售，乃愈设盛宴，多召党类，密画毁校之策，冀复失位之仇。又四出请托，广播谣诼，致函学生家长，屡以品性为言，与开除时之揭示，措辞不同，实属巧设谰言，阴伤人格，则其良心何在，不问可知。"因此要求赶快另任校长。

鲁迅帮助女师大学生起草的驱逐校长杨荫榆呈文手稿

这里所说的致函学生家长，阴伤人格一事，最为狠毒，学生们自己难以辩诬，必须有师长出面为之消除影响。鲁迅深知其中利害，在18日致许广平信中说："听说学校当局有打电报给学生家属之类的举动，我以为这些手段太毒了。教员之类该有一番宣言，说明事件的真相。几个人也可以的。"于是他起草了《对于北京女子师范大学风潮宣言》，由马裕藻、沈尹默、周树人、李泰棻、钱玄同、沈兼士、周作人等七位女师大教员署名，在5月27日《京报》上发表。这篇《宣言》简单地说明了女师大学潮的由来和发展，并针对杨荫榆的污蔑，着重在被开除学生的"品学"上做文章："第观其已经公表者，则大概谆谆以品学二字立言，使不谙此事始末者见之，一若此次风潮，为校长整饬风纪之所致，然品性学业，皆有可征，六人学业，俱非不良，至于品性一端，平素尤绝无惩戒记过之迹，以此与开除并论，而又若离若合，殊有混淆黑白之嫌，况六人俱为自治会职员，倘非长才，众人何由公举，不满于校长者倘非公意，则开除之后，全校何至哗然？所罚果当其罪，则本系之两主任何至事前并不与闻，继遂相率引退，可知公论尚在人心，曲直早经显见，偏私谬戾之举，究非空言曲说所能掩饰也，同人忝为教员，因知大概，义难默尔，敢布区区，惟关心教育者察焉。"

这篇宣言，以明显的事实和充分的道理，证明了杨荫榆的诬妄，很触着她的致命伤，使她处于被动。学生方面既然有教员出来为之讲话，而这些教员又都是有名的文人学者，杨荫榆当然也需要有相应的人士为之帮腔。于是，帮腔者就站出来了。

陈西滢的反应最为快速。他本来在《现代评论》杂志上开有《闲话》专栏，5月底那一期（第一卷第二十五期）他写有《粉刷毛厕》一文，先是歪曲事实，说"学生把守校门。……校长不能在校开会，不得不借邻近饭店招集教员会议的奇闻，也见于报章了，学校的丑态既然毕露，教育界的面目也就丢尽"，并恶意地将女师大比做"一个臭毛厕"，说"人人都有扫除的义务"；接着，就对七教员的宣言作出反应："闲话正要会印的时候，我们在报纸上看见女师大七教员的宣言。以前我们常常听说女师大的风潮，有在北京教育界占最大势力的某籍某系的人在暗中鼓动，可是我们总不敢相信。这个宣言语气措辞，我们看来，未免过于偏袒一方，不大平允"；最后，还把宣言的作者抬了一下，以示惋惜云："这是很可惜的。我们自然还是不信我们平素所很尊敬的人会暗中挑剔风潮，但是这篇宣言一出，免不了流言更加传布得厉害了。"

鲁迅立即撰文反击。刊登陈西滢上述《闲话》的那期《现代评论》，是5月30日发行的，鲁迅于当天就写了《并非闲话》，并于6月1日的《京报副刊》上发表。文章着重反驳了关于"某籍某系"的"流言"，并揭穿了对方自称公允的假面。所谓"某籍某系"者，是指列名于《宣言》上的七个教员，除李泰棻之外，其他六人都是浙江籍北大中文系教员。这是将一场严肃的政治思想斗争，说成是派系的争权夺利。但是，陈西滢在说这话的时候，却忘记了他自己正与杨荫榆是无锡同乡。所以鲁迅说，他的"这些话我觉得确有些超妙的识见。例如'流言'本是畜类的武器，鬼蜮的手段，实在应该不信它。又如一查籍贯，则即使装作公平，也容易启人疑窦，总不如'不敢相信'的好，否则同籍的人固然惮于在一张纸上宣言，而别一某籍的人也不便在暗中给同籍的人帮忙了"。至于"偏袒"之说，更是掩盖了是非之论，鲁迅说："清朝的县官坐堂，往往两造各责小板五百完案，'偏袒'之嫌是没有了，可是终于不免为胡涂虫。假使一个人还有是非之心，倒不如直说的好；否则，虽然吞吞吐吐，明眼人也会看出他暗中'偏袒'那一方，所表白的不过是自己的阴险和卑劣。"陈西滢指责别人"偏袒"，而自己却用歪曲事实和泼污水的办法来为杨荫榆说话。鲁迅就指出他将"饭店开会"和"把守校门"的层次颠倒了。其实，七教员宣言中说得很明白，是杨荫榆在饭店召集教员若干燕饮并开除学生干事在先，"由是全校哗然，有坚拒杨先生长校之事变"，而陈西滢却说成是由于学生把守校门，"校长不能在学校开会，不得不借邻近的饭店招集教员开会的奇闻"，这才是明显的"偏袒"。所以鲁迅说："即使是自以为公平的批评家，'偏袒'也在所不免的，譬如和校长同籍贯，或是好朋友，或是换帖兄弟，或是叨过酒饭，每不免于不知不觉间有所'偏袒'。"而对其污蔑女师大为"臭毛厕"说,鲁迅则还击道:"但学校的变成'臭毛厕',却究竟在'饭店召集教员'之后,酒醉饭饱,毛厕当然合用了。西滢先生希望'教育当局'打扫,我以为在打扫之前,还须先封饭店,否则醉饱之后,总要拉矢,毛厕即永远需用,怎么打扫得干净?而且,还未打扫之前,不是已经有了'流言'了么?流言之力,是能使粪便增光,蛆虫成圣的,打扫夫又怎么动手?姑无论现在有无打扫夫。"最后,并用锐利的语言,点明了问题的实质,揭出了对方的用心:"至于'万不可敷衍下去',那可实在是斩钉截铁的办法。正应该这样办。但是,世上虽然有斩钉截铁的办法,却很少见有敢负责任的宣言。所多的是自在黑幕中,偏说不知道;替暴君奔走,却以局外人自居;满肚子怀着鬼胎,而装出公允的笑脸;有谁明说出自己所观察的是非来的,他便用了'流言'来作不负责任的武器:这种蛆虫充满的'臭毛厕',是难于打扫干净的。丢尽'教育界的面目'的丑态,现在和将来还多着哩!"

紧接着,他又在6月2日写了《我的"籍"和"系"》,发表在5日出版的《莽原》周刊第七期上。在这篇文章里,他进一步点明了"籍"和"系"的问题,说:"我确有一个'籍',也是各人各有一个的籍,不足为奇。但我是什么'系'呢?自己想想,既非'研究系',也非'交通系',真不知怎么一回事。只好再精查,细想;终于也明白了,现在写它出来,庶几乎免得又有'流言',以为我是黑籍的政客。""因为应付某国某君的嘱托,我正写了一点自己的履历,第一句是'我于一八八一年生在浙江省绍兴府城里一家姓周的家里',这里就说明了我的'籍'。但自从到了'可惜'的地位之后,我便又在末尾添上一句道,'近几年我又兼做北京大学,师范大学,女子师范大学的国文系讲师',这大概就是我的'系'了。我真不料我竟成了这样的一个'系'。"同时,又拆穿了陈西滢在文章中奉送的"平素所很尊敬的人"帽子的把戏,说:"其实,现今的将'尊敬'来布施和拜领的人们,也就都是上了古人的当。我们的乏的古人想了几千年,得到一个制驭别人的巧法,可压服的将他压服,否则将他抬高。而抬高也就是一种压服的手段,常常微微示意说,你应该这样,倘不,我要将你摔下来了。求人尊敬的可怜虫于是默默地坐着……从此这一办法便成为八面锋,杀掉了许多乏人和白痴,但是穿了圣贤的衣冠入殓。可怜他们竟不知道自己将褒贬他的人们的身价估得太大了,反至于连自己的原价也一同失掉。"鲁迅是不愿来上这个当的,说是"我本来也无可尊敬;也不愿受人尊敬,免得不如人意的时候,又被人摔下来"。无论如何,"流言"总不能吓哑他的嘴的。

鲁迅对被"抬高"的做法很敏感,是与他的斗争经历有关。他在这年3月给徐旭生的《通讯》中说:"我新近才看出这圈套,就是从'青年必读书'事件以来,很收些赞同和嘲骂的信,凡赞同者,都很坦白,并无什么恭维。如果开首称我为什么'学者''文学家'的,则下面一定是谩骂。我才明白这等称号,乃是他们所公设的巧计,是精神的枷锁,故意将你定为'与众不同',又借此来束缚你的言动,使你于他们的老生活上失去危险性的。不料有许多人,却自囚在什么室什么宫里,岂不可惜。"所以从陈西滢的故作"尊敬"中,他就看出这个用意来。

此外,还有一个参加杨荫榆的饭店会议,通过开除学生决议的"该校哲学系教员兼代系主任"汪懋祖,在《晨报》上发表意见,用"相煎益急"几个字来形容女师大事件。此语典出曹植的七步诗,这诗相传有六句和四句两种,六句诗为:"煮豆持作羹,漉菽以为汁,萁在釜下燃,豆在釜中泣:本是同根生,相煎何太急?"四句诗为:"煮豆燃豆萁,豆在釜中泣;本是同根生,相煎何太急?"表现的是对兄长曹丕压迫的抗争之意。汪懋祖用这个典故,倒是说学生在压迫校长了。这是颠倒是非的说法,鲁迅即写了《咬文嚼字(三)》,加以揭露。他借曹植的四句诗,反其意而用之,说是"姑且利用它来活剥一首,替豆萁伸冤:煮豆燃豆萁,萁在釜下泣——我烬你熟了,正好办教席!"这就把被颠倒的是非,重新颠倒过来。

女师大的斗争,正日趋激烈之际,上海爆发了五卅运动。

上海的案件是由日本纱厂的劳资冲突引起的。5月15日,日籍职员向罢工工人开枪,当场打死了工人顾正红,并打伤工人多名,这当然激起了中国人民的愤怒,沪西随即爆发了两万多纱厂工人争取增加工资的罢工,学生们也上街游行示威,却被逮捕多人。5月30日上午,两千多学生到公共租界散发传单,抗议帝国主义及其走狗枪杀顾正红和逮捕学生,结果是更多的学生被捕。当天下午又有一万多人走上南京路,举行反对帝国主义大示威,英国巡捕向徒手群众开枪扫射,当场打死十多人,逮捕五十多人,这就是五卅惨案。惨案的发生,使得群众的反帝革命情绪更加激昂,上海人民举行了罢工、罢市、罢课三罢运动,而且很快波及全国,推动了反帝反军阀的斗争,形成一股革命怒潮。

鲁迅对沪案很关心,他称赞"今年的学生的动作,据我看来是比前几回进步了"[1];但担心民众能否受到感染,说是"他们所能做的,也无非是演讲,游行,宣传之类,正如火花一样,在民众的心头点火,引起他们的光焰来,使国势有一点转机。倘使民众并没有可燃性,则火花只能将自身烧完,正如在马路上焚纸人轿马,暂时引得几个人闲看,而终于毫不相干,那热闹至多也不过如'打门'之久"[2]。

---

[1] 1925年6月13日致许广平信。
[2] 《华盖集·补白(三)》。

因此,他更注意人们对沪案的反映。沪案发生以后,日、英帝国主义污蔑工人学生为"暴徒",说中国人受到俄国的"煽动",已经同其"赤化",以此来掩盖其侵略面目,推卸杀人的罪责。于是有人竭力申辩,说我们并非暴徒,没有受到别国的煽动,没有赤化。这种意见,还见于《京报》的社论上。对于这种"辩诬"的做法,鲁迅很不以为然。他说:"无论是谁,只要站在'辩诬'的地位的,无论辩白与否,都已经是屈辱。更何况受了实际的大损害之后,还得来辩诬。""我们的市民被上海租界的英国巡捕击杀了,我们并不还击,却先来赶紧洗刷牺牲者的罪名。说道我们并非'赤化',因为没有受别国的煽动;说道我们并非'暴徒',因为都是空手,没有兵器的。我不解为什么中国人如果真使中国赤化,真在中国暴动,就得听英捕来处死刑?记得新希腊人也曾用兵器对付过国内的土耳其人,却并不被称为暴徒;俄国确已赤化多年了,也没有得到别国开枪的惩罚。而独有中国人,则市民被杀之后,还要皇皇然辩诬,张着含冤的眼睛,向世界搜求公道。""其实,这原由是很容易了然的,就因为我们并非暴徒,并未赤化的缘故。"从这里可见鲁迅的民族独立观念和国家主权意识很强,正如他坚持文人本身的独立性一样。

但是,重视国家的主权,强调民族的独立,并不是要掩盖本民族的缺点。鲁迅接着就指出我们国人在爱国运动中所表现出来的缺点,即太多地鼓吹民气,而不注意民力的培养。他说:"可惜中国人历来就独多民气论者,到现在还如此。如果长此不改,'再而衰,三而竭',将来会连辩诬的精力也没有了。所以在不得已而空手鼓舞民气时,尤必须同时设法增长国民的实力,还要永远这样的干下去。"而且他还指出:"但足以破灭这运动持续的危机,在目下就有三样:一是日夜偏注于表面的宣传,鄙弃他事;二是对同类太操切,稍有不合,便呼之为国贼,为洋奴;三是有许多巧人,反利用机会,来猎取自己目前的利益。"①

上海发生的五卅运动,鼓舞了北京学生的士气;北京的学生纷纷作出响应。6月1日,北京学生联合会向北洋军阀政府提出了取消领事裁判权、收回租界、惩凶抚恤、要英国政府向中国人民谢罪等四点要求。6月3日,北京各校五万多学生在东交民巷使馆区进行声势浩大的游行。女师大学生除积极参加这些集体活动之外,还决议自6月4日起举行罢课。

大凡在群众的革命运动高涨时,对立面会略有所收敛,有所退却,而到得风潮一过,压迫也就随之加紧。章士钊因镇压北京学生纪念"五七"的反帝爱国运动,受到学生的强烈反对之后,曾经辞职匿居天津,五卅运动高潮时,他也不敢

---

① 《华盖集·忽然想到(十)》。

十四、在风沙中辗转战斗

活动。但是,到得学生运动高潮一过,他又准备出山了。7月28日,他被段祺瑞重新任命为教育总长,马上就出面支持杨荫榆镇压女师大的学生运动。7月29日,杨荫榆借口暑假修理校舍,强令全体学生离校,受到学生的反对。8月1日清晨7时许,杨荫榆在章士钊的支持下,率领武装军警突然包围学校,截断电路,关闭伙房,紧锁大门,张贴布告,宣布解散在"驱羊运动"中最为坚决的四个班级,并要以武力驱赶学生出校。学生们坚决与之斗争,受到军警的殴打。到了晚上,她们借着烛光,饿着肚子,与亲人及各界慰问者隔着大门,相对饮泣。

杨荫榆在给京师警察厅要求派警的公函中说:"敝校此次因解决风潮改组各班学生,诚恐某校男生来校援助,肯请准予八月一日照派保安警察三四十名来校,借资防护。"而这时,被鲁迅斥为"正人君子"的文人学者,却为杨荫榆帮腔,说她这样做,是为了"以免男女学生混杂"。学生们悲愤之极,她们为了自卫,大家奋起,毁锁开门。同时为了避免奸人造谣,杜绝"正人君子"的流言,在这最紧张的一夜,学生们请了几位师长住在教务处,并请有声望的妇女来当临时舍监。鲁迅就是被请来的师长之一。

杨荫榆的这种暴行,引起了北京各校学生的公愤。8月2日,北大、燕大等五十余校代表开会,声援女师大,讨伐章士钊、杨荫榆;同日,各校援助女师大临时委员会成立;3日,北大、法大等二十三校学生联名呈文执政府,请撤杨荫榆校长之职;4日,北京学联通过援助女师大同学案,全国学生总会电慰女师大同学。

面对全国学生的反对怒潮,杨荫榆感到了压力。但是她仍要硬撑到底,先以学校之名,于3日发表《女师大启事》,接着又于次日以自己的名义,发表《杨荫榆启事》,企图为自己辩护,但因为说的是谎言,所以两个启事矛盾百出。女师大学生自治会也于同日发表了《紧要启事》,叙述事情经过,谴责杨荫榆的暴行。鲁迅即将这三个《启事》加以比较,于8月5日写了《流言和谎言》一文,发表在8月7日出版的《莽原》周刊第十六期上:

> 报载对于学生"停止饮食茶水",学生亦云"既感饥荒之苦,复虑生命之危。"而"女师大"云"全属子虚",是相反的;而杨荫榆云"本校原望该生等及早觉悟自动出校并不愿其在校受生活上种种之不便也",则似乎确已停止,和"女师大"说相反,与报及学生说相成。
>
> 学生云"杨荫榆突以武装入校,勒令同学全体即刻离校,嗣复命令军警肆意毒打侮辱……"而杨荫榆云"荫榆于八月一日到校……暴劣学生肆行滋扰……故不能不请求警署拨派巡警保护……"是因为"滋扰"才请派警,与学生说相反的;而"女师大"云"不料该生等非特不肯遵命竟敢任情谩骂

极端侮辱……幸先经内右二区派拨警士在校防护……"是派警在先,"滋扰"在后,和杨荫榆说相反的;至于京师警厅行政处公布,则云"查本厅于上月三十一日准国立北京女子师范大学函……请准予八月一日照派保安警察三四十名来校……"乃又与学生及"女师大"说相成了。杨荫榆确是先期准备了"武装入校",而自己竟不知道,以为临时叫来,真是离奇。

杨先生大约真如自己的启事所言,"始终以培植人才恪尽职守为素志……服务情形为国人所共鉴"的罢。"素志"我不得而知,至于服务情形,则不必再说别的,只要一看本月一日至四日"女师大"和她自己的两启事之离奇闪烁就尽够了!撒谎造谣,即在局外者也觉得。如果是严厉的观察和批评者,即可以执此而推论其他。

而杨先生却道:"所以勉力维持至于今日者非贪恋个人之地位为彻底整饬学风计也",窃以为学风是决非造谣撒谎所能整饬的;地位自然不在此例。

这种利用对方自己言论中的矛盾而揭穿其谎言的办法,使对方无可反驳,使真相大白于天下。

杨荫榆虽然洋相百出,难以掩饰其谎言,但她自恃上面有人支持,后台很硬,所以一味蛮干到底。她继率警殴打学生之后,又在报上发表致学生家长书,要学生重新填写入学志愿书,"不交者以不愿入学论"——这等于是要学生向她递交投降书。鲁迅随即在8月6日写了《女校长的男女的梦》,把杨荫榆的这种行径比之为上海洋场上恶虔婆逼勒良家妇女的办法:先是冻饿、吊打,再是要其讨饶从命;同时又揭穿其"诚恐某校男生来校援助"而要求派警的藉口:"最奇怪的是杨荫榆请警厅派警的信,'此次因解决风潮改组各班学生诚恐某校男生来校援助恳请准予八月一日照派保安警察三四十名来校借资防护'云云,发信日是七月三十一日。入校在八月初,而她已经在七月底做着'男生来帮女生'的梦,并且将如此梦话,叙入公文,倘非脑里有些什么贵恙,大约总该不至于此的罢。"并说:"我说她是说梦话,还是忠厚之辞;否则,杨荫榆便一钱不值;更不必说一群躲在黑幕里的一班无名的蛆虫!"

对于这种"女校长的男女的梦",鲁迅还有一篇用精神分析学剖析其心理之作:《寡妇主义》,文中说:"至于因为不得已而过着独身生活者,则无论男女,精神上常不免发生变化,有着执拗猜疑阴险的性质者居多。"此辈"始终用了她多年炼就的眼光,观察一切:见一封信,疑心是情书了;闻一声笑,以为是怀春了;只要男人来访,就是情夫;为什么上公园呢,总该是赴密约"。社会上误以为女学

十四、在风沙中辗转战斗

最好是由女子来办,而独身女子无儿女之累,正可专心办女校,殊不知以这种寡妇主义办学,却使得青年女子遭灾,远在于往日在道学先生治下之上了。"所以在寡妇或拟寡妇所办的学校里,正当的青年是不能生活的。青年应当天真烂漫,非如她们的阴沉,她们却以为中邪了;青年应当有朝气,敢作为,非如她们的萎缩,她们却以为不安分了:都有罪。只有极和她们相宜,——说得冠冕一点罢,就是极其'婉顺'的,以她们为师法,使眼光呆滞,面肌固定,在学校所化成的阴森的家庭里屏息而行,这才能敷衍到毕业;拜领一张纸,以证明自己在这里被多年陶冶之余,已经失了青春的本来面目,成为精神上的'未字先寡'的人物,自此又要到社会上传布此道去了。"

鲁迅的杂文,具有强大的逻辑力量,常常是从对方自己的言论中找出矛盾,揭露真相,使人无可辩驳;又以现代科学的眼光进行剖析,曝出最隐秘的东西,令人难堪。但是,在封建专制社会里,最有理最有力的言论也挡不住强权的压迫。章士钊利用手中的权力,在国务会议上以"学纪大紊,礼教全荒"为由,提请通过停办女师大令,并获准于8月10日正式颁布,停办令中同时宣布:"该校校长杨荫榆,另有位置",这就把她公开保护起来;继而又决定在女师大石驸马大街原址另办国立北京女子大学,由章士钊自任女大筹备处长。

但女师大师生在强权面前毫不屈服,他们公举学生代表十二人,教员代表九人,组成校务维持会,坚持要把女师大办下去。鲁迅也被举为校务维持会委员,积极参加校务活动。章士钊政令无效,却演出了一套全武行。8月18日,他派出教育部专门教育司司长刘百昭,率领武装警察和教育部部员来到女师大,张贴布告,宣布接管。学生选派代表,与之据理力争,却受到刘百昭的侮辱,学生代表请他出校,他却自称"本人稍娴武术,在德时曾徒手格退盗贼多人",来威胁学生,并动手打伤一位学生代表。这时,北京各校代表闻讯赶来,围住他论理。他见对方人多势众,就在武装警察保护下突围而去。但是,章士钊仍不死心,复令刘百昭于20日和22日再次、三次带人入校接收,最后甚至雇用了大批女乞丐、女流氓和三河县老妈子,手持短棍,挥舞马桶刷子,来攻打学生,打伤很多人,有人甚至被打得昏了过去,经抢救方才苏醒过来。女学生寡不敌众,被流氓们以多人挟持一个,将她们拖上汽车强行运走,禁闭在报子街补习学校的空屋之中。次日,《京报》和《世界日报》都刊载了女师大惨剧的消息,引起了群众的公愤,一场驱章运动开始了。

而章士钊的后台是段祺瑞,只要段祺瑞没倒,章士钊也是有恃无恐的,仍旧变本加厉地镇压。他在动用武力对付学生的同时,又寻找机会打击她们的支持者。四十多年以后的"文化革命"运动期间,当权者每当整肃学生群体时,总要追查"他们背后那些脸上长胡子,额上有皱纹"的人,名曰"抓黑手","抓黑后台",这几乎已成为一种公式了。其实这种做法,章士钊早已开其端矣。支持女师大学生的教员很多,他当然无法一一对付,只能找其代表人物。他选定了鲁迅来加以打击。一则,在女师大教员中,鲁迅的态度最坚决,笔锋最锐利,常常逼得他和杨荫榆连躲闪的余地都没有,令其丑态百出;二则,鲁迅是教育部佥事,正是他的属下,打击起来最方便,不像有些教员,属于自由职业者,要整也难以下手;三则鲁迅曾因章士钊错用"二桃杀三士"的典故而撰文加以嘲笑,新仇夹旧恨,一齐涌上心头,于是就来个新账老账一起算——据说,章士钊开初曾用收买政策,派人对鲁迅说:"你不要闹,将来给你做校长。"①但鲁迅根本不吃这一套,而且他也志不在此。他支持学生的抗争,不是为了谋做校长,而是为了正义事业。章士钊见软的一手无效,就用硬的一手来压迫,遂于8月12日呈请段祺瑞执政将鲁迅免职,13日段执政明令照准,14日免职令正式发表。

对鲁迅的免职令一发表,立即引起教育部许多正直同仁的强烈反对。据徐森玉回忆:"一九二五年,北洋军阀政府教育部非法免去鲁迅的职务,顿时在部内引起很大的骚动,虽然也有一小撮拍马的人和反动家伙,为当局辩护,但很大部分人是拥护鲁迅的。我们和鲁迅并不属同一司,但也参加了反对当局非法免去鲁迅职务一事的活动,鲁迅所属社会教育司的司长高步瀛先生亦加入了这一斗争。我们都提出了辞职来抗议当局的无理举动,这说明了,即使在当时的教育部内,鲁迅也不是孤立的,他之所以能获得同事的拥护,主要由于他们代表的是真理。"②鲁迅的好友许寿裳(教育部常任编译员)和齐宗颐(教育部视学),则在报上公开发表《反章士钊宣言》,指责他"突将佥事周树人免职,事前既未使次长司长闻知,后又不将呈文正式宣布,秘密行事,如纵横家,群情骇然,以为妖异";并声明:"今则道揆沦丧,政令倒行,虽在部中,义难合作。自章士钊一日不去,即一日不到部,以明素志而彰公道。"

至于鲁迅本人的态度,则可从他8月23日致台静农的信中看出:"这次章士钊的举动,我倒并不为奇,其实我也太不象官,本该早被免职的了。但这是就我自己一方面而言。至于就法律方面讲,自然非控诉不可,昨天已经在平政院投了诉状了。"

---

① 据许广平:《鲁迅回忆录·女师大学潮与"三一八"惨案》。
② 《和鲁迅在教育部同事》,《上海文学》1961年第10期。

十四、在风沙中辗转战斗

尚钺在《回忆鲁迅先生》一文中,还专门写有一节《丢了官以后》,记述当时的情况:

在先生被撤职的次日,我去看他。当我走进小书斋时,他正在草拟起诉书。他见我进来,便放下笔转身和我笑着说:"老虎没有办法:下了冷口。"

"我已经知道了,先生打算怎么办?"我想着他的生活,这样问他。

"这是意料中事,不过为着揭穿老虎的假面目,我要起诉。"他坦然的笑着。

"找那个律师呢?"我问,随手在烟筒中拿起一支烟。

"律师只能为富人争财产;为思想界争真理,还得我们自己动手。"他也拿起一支烟,顺手燃着,把火柴递与我。

我燃着烟,抽的时候觉得与他平常的烟味两样,再看时,这不是他平时所惯抽的烟,而是海军牌。"丢了官应该抽坏烟了,为什么还买这贵烟?"

"正是因为丢了官,所以才买这贵烟,"他也看着手中的烟,笑着说,"官总是要丢的,丢了官多抽几支好烟,也是集中精力来战斗的好方法。"

之后,先生便谈到这次"丢官"的内幕。他把不知谁为他抄来的章教育总长撤他职务的命令给我看,同时说,"这事已经酝酿很久了,我不理他,看他还有什么花头。这是他不得不破着脸皮来的一着。"

鲁迅状告章士钊,这是下级告上级,告自己的顶头上司。这时,章士钊身兼司法、教育两个总长,正是势焰熏天的时候,何况这免职令又得到了最高当局段执政的批准,要与他打官司,不但要有巨大的勇气,而且还需高度的智慧。本来,按《文官惩戒条例》和《文官保障法草案》,像鲁迅这一级"荐任"官员,如要惩戒,须由主管官员具文申报,经高等文官惩戒委员会审查核准后始得实行,而章士钊急于打击鲁迅,等不及该委员会审核,就呈请临时执政段祺瑞批准,将鲁迅免职了。这当然是不合法的,鲁迅就根据上述两个法律条文,提出申诉。而在辩难的过程中,鲁迅又在章士钊这位政法专家兼逻辑学家的答辩书中,发现了一个明显的逻辑错误,即将后事移作前事,颠倒了时序。章士钊为了说明自己免去鲁迅的职务并非"无故",他申述的理由是:"……又该伪校维持会擅举该员为委员,该员又不声明否认,显系有意抗阻本部行政,既情理之所难容,亦法律之所不许。……不得已于八月十二日,呈请执政将周树人免职,十三日由 执政明令照准……"但这与事实不符,于是鲁迅也就"之乎者也"地驳掉他:"查校维持会公举树人为委员,系在八月十三日,而该总长呈请免职,据称在十二日。岂先预知将举树人为委员而先为免职之罪名耶?……"

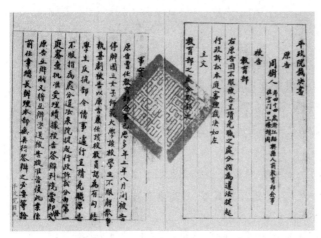

平政院裁决书：鲁迅与他的顶头上司教育总长章士钊打官司，平政院裁决鲁迅胜诉

章士钊的答辩书中所做的，当然只是表面文章，并不是真实的原因。这一点鲁迅看得很清楚，章士钊自己心里也很清楚。鲁迅引用章士钊自己的话来说明这个问题："其实，那些什么'答辩书'也不过是中国的胡牵乱扯的照例的成法，章士钊未必一定如此胡涂；假使真只胡涂，倒还不失为胡涂人，但他是知道舞文玩法的。他自己说过：'挽近政治，内包甚复。一端之起。其真意往往难于迹象求之。执法抗争。不过迹象间事。……'所以倘若事不干己，则与其听他说政法，谈逻辑，实在远不如看《太阳晒屁股赋》，因为欺人之意，这些赋里倒是没有的。"①

但他既然做了表面文章，申述了免职的"理由"，那么被驳掉之后，也就无话可说。这场官司的结果是鲁迅胜诉，教育部于1926年1月16日发布《复职令》，说是"被告呈请免职之处分系属违法，应予取消"；不过由于平政院的裁决书尚未下达，故给他的名义是"暂署佥事"，"在秘书处办事"。可见当时的平政院也还有相对的独立性，不是唯当局的意志是从；而教育部之所以能迅速发布《复职令》，除了许多人原来就支持鲁迅之外，大概与章士钊此时已塌台有关。

鲁迅在与章士钊斗争的过程中，他的肺病复发了。在《鲁迅日记》中，9月1日、5日、6日，连续有"往山本医院"就诊的记载；23日记："午后发热，至夜大盛"；24日所作的《望勿"纠正"补记》文末写道："一九二五年九月二十四日，身热头痛之际，书"；接着，9月25日、27日、29日、10月1日、3日、8日、14日、17日、22日、29日……直至翌年1月5日，日记中常有"往山本医院诊"的记载，前后五月有余。可见病情是较为严重，而且拖延甚久。但因为他自己不喜欢多讲，别人不知，所以在这段时期，他照常讲课、写作、编刊物、打官司、为青年看稿并编选作品，出席女师大校务维持会，支持学生的正义斗争。

女师大学生被赶出石驸马大街的校舍之后，她们在西城宫门口宗帽胡同

---

① 《坟·从胡须说到牙齿》。

租了一所房子,作为临时校舍,继续上课,并且招收新生。许多教师都义务为她们上课。鲁迅虽在病中,但他表示,在这义务授课期间,他愿意将自己的课时增加一倍。

女师大学潮持续了一年有余,学生们的正义斗争终于在1925年11月底取得了暂时的胜

驱杨运动胜利,女师大复校后的纪念照

利。但这胜利,其实并非学潮本身发展的结果,而是因为政局的变动,使得镇压学生运动的教育总长下台了。

11月28日,北京各界为要求关税自主和反对段祺瑞政府举行示威游行,对依附于段祺瑞而作恶的章士钊也进行冲击。章士钊再次塌台,逃到天津。于是,在石附马大街的女子大学派代表至宗帽胡同,欢迎女师大同学复校。30日下午,鲁迅与许寿裳同至女师大教育维持会,送学生复校。

女师大学生在如此艰难困苦的条件下,一直坚持斗争,实属不易,她们的胜利,是正义的胜利,是民主的胜利。但陈西滢们却不愿意了,他们于12月14日组织了"教育界公理维持会",说是要维护"公理",但次日即改为"国立女子大学后援会",发表《致北京各校教职员联席会议函》,反对女师大的复校,并攻击支持女师大学生的教职员云:"对于此次女师大非法之恢复,决不能迁就事实,予以正式承认,而于该校附和暴徒,自堕人格之教职员,即不能投畀豺虎,亦宜屏诸席外,勿与为伍。"卷入这里面的有很多北大教授,他们大多住在东吉祥胡同,所以被称为"东吉祥派之正人君子"。鲁迅随即作出反应,写了《"公理"的把戏》和《这回是"多数"的把戏》,仍以陈西滢为主要靶子,用他自相矛盾的言行,来揭穿他们所玩的把戏:西滢在《闲话》里冷嘲过援助女师大的人们,现在却签名于什么公理会上了;当杨荫榆处于少数时,他说是多数不该"压迫"少数,现在女子大学处于多数,他又口口声声说是少数应该服从多数了;他自诩是"所有的批评都本于学理和事实,绝不肆口嫚骂",而忘了自己曾声称女师大为"臭毛厕",并且要将人"投畀豺虎"……

在鲁迅的层层揭露下,他们所玩的"公理"和"多数"的把戏,也就穿帮了,女师大复校工作照常进行。不久,政府明令恢复北京女子师范大学,并任命了新校长。1926年1月13日,新校长易培基到任,鲁迅代表校务维持会发表讲话,肯定了该会在章士钊非法解散女师大期间的校务维持工作,并宣布现在告一结束,自行解散。

但这时,语丝派内部也出现了意见分歧。还在女师大学生运动处于困难阶段时,周作人就提出要学洋绅士的"费厄泼赖"精神。他于11月23日,在《语丝》第四十五期上发表《答伏园论〈语丝的文体〉》说:"大家要说什么都是随意,唯一的条件是大胆与诚意,或如洋绅士所高唱的所谓'费厄泼赖'(Fair Play),——在这一点上我们可以自信比赛得过任何绅士与学者"。章士钊塌台之后,他在《语丝》第五十六期上又发表《失题》,声称不愿打落水狗,不愿追赶这班散了的猢狲,说:"自十二月一日起,我这账簿上《赋得章士钊及其他》的题目也当一笔勾消了事了。"接着,林语堂又在《插论语丝的文体——稳健、骂人、及费厄泼赖》里加以发挥道:"此种'费厄泼赖'精神在中国最不易得,……惟有时所谓不肯'下井投石'即带有此义。"他要求对失败者如今日之段祺瑞、章士钊,不应再施攻击。

"费厄泼赖"虽然是外国货,但这种所谓不打落水狗的宽容精神,却是我国古已有之的,所谓"犯而不校"的恕道即是。鲁迅从他长期的革命斗争经验出发,认为那是圣贤们用来欺骗老实人的玩意儿。因为他只要无权无势者讲宽容,而他们自己却并不行恕道。辛亥革命时代的革命家,就上当受骗,很吃了这种不打落水狗精神的亏。民国元年之前,有很多革命党人是死于绅士的告密的,秋瑾烈士就是其中之一。辛亥革命之后,这些曾经"以人血染红顶子"的绅士老爷们,已经皇皇然若丧家之狗,本来,革命党应该对他们施行革命的专政,但是,却说是"咸与维新"了,不肯打落水狗。于是,听凭它们爬上来,伏到民国二年下半年,二次革命的时候,就突然出来帮着袁世凯咬死了许多革命者。王金发就

林语堂所绘《鲁迅先生打叭儿狗图》

十四、在风沙中辗转战斗

是被袁世凯的走狗枪决了,参与有力的正是他所释放的杀过秋瑾的谋主章介眉。鲁迅不希望历史的惨剧重演,立即写出《论"费厄泼赖"应该缓行》这篇文章,针锋相对地提出了要打落水狗,表现了彻底的不妥协的革命精神。何况,段祺瑞、章士钊这些塌台人物,还不能与"落水狗"相提并论。他们何尝真是落水,"巢窟是早已造好的了,食料是早经储足的了","他日复来,仍旧先咬老实人开手,'投石下井',无所不为"。所以,对他们更不能放松警惕。鲁迅后来把这篇文章收入杂文集《坟》时,特别在后记《写在〈坟〉后面》里指出:"最末的论'费厄泼赖'这一篇,也许可供参考罢,因为这虽然不是我的血所写,却是见了我的同辈和比我年幼的青年们的血而写的。"可见他自己对本文的重视。

1925年除夕之夜,鲁迅将这一年的杂文编为一本《华盖集》,并写了《题记》,对他在这一年的战斗经历作了总结。鲁迅是深爱这些杂文的,因为他觉得中国需要这种战斗的杂文,而他提倡文艺的目的,本来就是为了从事启蒙工作,而不是自己想做艺术家。所以说:"也有人劝我不要做这样的短评。那好意,我是很感激的,而且也并非不知道创作之可贵。然而要做这样的东西的时候,恐怕也还要做这样的东西,我以为如果艺术之宫里有这么麻烦的禁令,倒不如不进去;还是站在沙漠上,看看飞沙走石,乐则大笑,悲则大叫,愤则大骂,即使被沙砾打得遍体粗糙,头破血流,而时时抚摩自己的凝血,觉得若有花纹,也未必不及跟着中国的文士们去陪莎士比亚吃黄油面包之有趣。"这最后一句,显然又是针对现代评论派而言。盖因陈西滢在1925年10月21日《晨报副刊》上《听琴》一文中说:"不爱莎士比亚你就是傻子";徐志摩于同月26日《晨报副刊》上发表《汉姆雷德与留学生》,说道:"我们是去过大英国,莎士比亚是英国人,他写英文的,我们懂英文的,在学堂里研究过他的戏……英国留学生难得高兴的时候讲他的莎士比亚,多体面多够根儿的事情,你们没有到过外国看不完全原文的当然不配插嘴,你们就配扁着耳朵悉心的听……没有我们是不成的,信不信?"这一副精神贵族的骄横嘴脸,确实让人讨厌。鲁迅实在看不过去,在此顺笔刺之,应该说还是客气的。鲁迅与他们走的完全是两条道路,他接着说道:"现在是一年的尽头的深夜,深得这夜将尽了,我的生命,至少是一部分的生命,已经耗费在写这些无聊的东西中,而我所获得的,乃是我自己灵魂的荒凉和粗糙。但是我并不惧惮这些,也不想遮盖这些,而且实在有些爱他们了,因为这是我转辗而生活于风沙中的瘢痕。凡有自己也觉得在风沙中转辗而生活的,会知道这意思。"

十五、修我甲兵，与子偕行

这个标题出自《诗经·无衣》，意思是说：修好我的甲胄，与你一起出征。这是秦国士兵们相互勉励的话语，反映出战士间友爱思想和战斗意志。鲁迅曾将这一诗句题在1925年12月1日所摄的女师大复校纪念照上，借以表彰"同人等敌忾同仇外御其侮"的精神。现在我们用来表述鲁迅与许广平的恋爱经历，因为他们正是在女师大事件中，结下了战斗的情谊。

许广平，1898年2月12日出身在广东省广州府一个官宦人家，祖父曾做过浙江巡抚，是官居二品的封疆大吏。不过到得父亲一代，家道就已中落了。她父亲没有功名，并未为官，倒是个比较开明的绅士。所以许广平没有缠足，而且能与男孩子一样上学读书。但毕竟是处于那样的社会环境里，在儿女婚姻问题上，这位绅士仍很守旧。许广平出生后的第三天，他就在一个宴会上"碰杯订亲"，将她许配给一个姓马的乡绅人家，这家人在他的乡里，其实声誉不佳。许广平懂事之后，当然很不满意，家人也都反对，不过因为父亲的关系，这事也就拖着。许广平十三岁丧母，十九岁时父亲又病逝了。在父亲故世不久，马家就要来娶亲，这时许广平已受到新思想的影响，追求自由，当然不会同意这种封建包办婚姻，于是在她二哥的支持下，解除了与马家的婚约。她很想与大哥、二哥一起出外求学，但家里的经济条件已无力支撑了。幸好得到了住在天津的姑母许漾的支持，许广平得以在1917年进入天津直隶第一女子师范学校预科，后又转入本科。在这里，她受到了五四新文化运动的洗礼。1921年在直隶女子师范毕业后，做了一段时期的小学教师，又于1922年考入北京女子高等师范学校——这就是国立北京女子师范大学的前身。

许广平是在1923年读二年级时，选修鲁迅的"中国小说史"课程的。这时，鲁迅已是名满全国的新文化战士和新文学作家，自然受到青年学子的景仰。鲁迅是个思想家型的学者和作家，他的作品不仅在讲述生活故事，而总能启发人们

十五、修我甲兵,与子偕行

思考,他所讲授的"中国小说史"虽然是门专业课程,但里面所透露出来的思想史和社会史的知识,很能打开听众的思路。1923年年底,他又在女子高等师范学校作了《娜拉走后怎样》的演讲,对妇女解放等问题提出了新的看法。这些,都深深地吸引了正在思考着人生道路问题的许广平的注意。

许广平在课堂里是一个活跃的学生,但有些困惑着她的问题却与课程无关,不便当众提出,她很想单独向鲁迅请教,却又没有适当的机会,而且也惴惴不敢开口。在受教了快两年的时候,她终于鼓足勇气,在1925年3月11日给鲁迅写了一封信,将心中的怀疑、不平和苦闷向先生陈诉,并寻求帮助。她问道:"可有甚么法子能在苦药中加点糖分,令人不觉得苦辛的苦辛?"并且说:"先生,你自然是只要放下书包,洁身远引,就可以'立地成佛'的。然而,你在仰首吸那醉人的一丝丝烟

许广平:被杨荫榆开除的女师大学生自治会六干事之一,曾藏身在鲁迅家

叶的时候,可也想到有在蛋盆中展转待拔的人们么?他自信是一个刚率的人,他也更相信先生是比他更刚率十二万分的人,因为有这点小不同,他对于先生是尽量地直言的,是希望先生不以时地为限,加以指示教导的。先生,你可允许他么?"

鲁迅本来就非常爱护青年,常常与他们通信,交流思想,现在在许广平的恳求和激将之下,当天就给她回信了。他自认为并非一个逃避现实的人,但也自觉没有指导青年的能力。他说:"我其实那里会'立地成佛',许多烟卷,不过是麻醉药,烟雾中也没有见过极乐世界。假使我真有指导青年的本领——无论指导得错不错——我决不藏匿起来,但可惜我连自己也没有指南针,到现在还是乱闯。倘若闯入深渊,自己有自己负责,领着别人又怎么好呢?我之怕上讲台讲空话者就为此。"他反对将"将来"的美好世界许诺给人,以为这有如牧师所说的"死后赐福",也并不赞成"加糖"说,说是"苦茶加糖,其苦之量如故,只是聊胜于无糖,但这糖就不容易找到,我不知道在那里,这一节只好交白卷了"。不过,他还是很认真地谈了他自己的处世经验,以供许广平参考:

一,走"人生"的长途,最易遇到的有两大难关。其一是"歧路",倘是墨翟先生,相传是恸哭而返的。但我不哭也不返,先在歧路头坐下,歇一

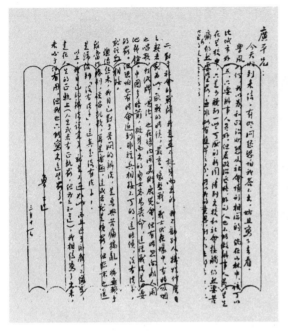

从1925年3月11日起,许广平开始写信向鲁迅请教,从此他们开始通信,感情日增。这是鲁迅的复信手稿

会,或者睡一觉,于是选一条似乎可走的路再走,倘遇见老实人,也许夺他食物来充饥,但是不问路,因为我料定他并不知道的。如果遇见老虎,我就爬上树去,等它饿得走去了再下来,倘它竟不走,我就自己饿死在树上,而且先用带子缚住,连死尸也决不给它吃。但倘若没有树呢?那么,没有法子,只好请它吃了,但也不妨也咬它一口。其二便是'穷途'了,听说阮籍先生也大哭而回,我却也像在歧路上的办法一样,还是跨进去,在刺丛里姑且走走。但我也并未遇到全是荆棘毫无可走的地方过,不知道是否世上本无所谓穷途,还是我幸而没有遇着。

二,对于社会的战斗,我是并不挺身而出的,我不劝别人牺牲什么之类者就为此。欧战的时候,最重'壕堑战',战士伏在壕中,有时吸烟,也唱歌,打纸牌,喝酒,也在壕内开美术展览会,但有时忽向敌人开他几枪。中国多暗箭,挺身而出的勇士容易丧命,这种战法是必要的罢。但恐怕也有时会逼到非短兵相接不可的,这时候,没有法子,就短兵相接①。

这就是鲁迅的彻底不妥协的韧性战斗精神,是碰了许多钉子,认识了中国的社会特点之后所提出的有效的战略。

许广平对于鲁迅能够这么快就给她回信,很是激动;但对信中称呼她为"广平兄",则深感惶恐。大概由于年龄和生活阅历的关系,她对于鲁迅的韧性战斗精神和"壕堑战"思想,尚未能领会。她所向往的是子路之勇:"不过子路的为人,教他豫备给人斫为肉糜则可,教他去作'壕堑战'是按捺不住的。没有法子,还是站出去,'不大好'有什么法呢,先生。"而且对于"将来"的问讯,也有些不同的看

---

① 1925年3月11日致许广平信。

法。她借鲁迅本人的作品《过客》中的意象,来说明自己发问的合理性,表现得十分机智:"但'过客'说过:'老丈,你大约是久住在这里的,你可知道前面是怎么一个所在么?'虽然老人告诉他是'坟',女孩告诉他是'许多野百合,野蔷薇',两者并不一样,而'过客'到了那里,也许并不见所谓坟和花,所见的倒是另一种事物,——但'过客'也还是不妨一问,而且也似乎值得一问的。"①

这回,鲁迅在回信里要先讲"兄"字的讲义了。他说:"这是我自己制定,沿用下来的例子,就是:旧日或近来所识的朋友,旧同学而至今还在来往的,直接听讲的学生,写信的时候我都称'兄';此外如原是前辈,或较为生疏,较需客气的,就称先生,老爷,太太,少爷,小姐,大人……之类。总之,我这'兄'字的意思,不过比直呼其名略胜一筹,并不如许叔重先生所说,真含有'老哥'的意义。但这些理由,只有我自己知道,则你一见而大惊力争,盖无足怪也。然而现已说明,则亦毫不为奇焉矣。"

接着,他仍就许广平的提问,发表自己对于社会问题的看法。鲁迅是个性主义者,他很强调众人个性的发展,但现代教育却做不到这一点。他说:"现在的所谓教育,世界上无论那一国,其实都不过是制造许多适应环境的机器的方法罢了。要适如其分,发展各各的个性,这时候还未到来,也料不定将来究竟可有这样的时候。我疑心将来的黄金世界里,也会有将叛徒处死刑,而大家尚以为是黄金世界的事,其大病根就在人们各各不同,不能像印版书似的每本一律。"要彻底地毁坏这种大势,也很难,弄不好就容易变成"个人的无政府主义者"。鲁迅前几年曾翻译过俄国作家阿尔志跋绥夫的小说《工人绥惠略夫》,主人公绥惠略夫就是这样的人物。"这一类人物的运命,在现在——也许虽在将来——是要救群众,而反被群众所迫害,终至于成了单身,忿激之余,一转而仇视一切,无论对谁都开枪,自己也归于毁灭。"

对于"将来"的世界,鲁迅既不赞成宗教式的许诺,也不去作纯哲理的思考,而是立足于现实的改造。他说:"中国大约太老了,社会上事无大小,都恶劣不堪,像一只黑色的染缸,无论加进什么新东西去,都变成漆黑。可是除了再想法子来改革之外,也再没有别的路。我看一切理想家,不是怀念'过去',就是希望'将来',而对于'现在'这一个题目,都缴了白卷,因为谁也开不出药方。所有最好的药方,即所谓'希望将来'的就是。""'将来'这回事,虽然不能知道情形怎样,但有是一定会有的,就是一定会到来的,所虑者到了那时,就成了那时的'现

---

① 1925年3月15日许广平致鲁迅信。

在'。然而人们也不必这样悲观,只要'那时的现在'比'现在的现在'好一点,就很好了,这就是进步。"

由于许广平提到了他的作品,他也对自己的作品作出剖析,同时从自我剖析出发,将问题仍转回到战斗策略上去:"我的作品,太黑暗了,因为我常觉得惟'黑暗与虚无'乃是'实有',却偏要向这些作绝望的抗战,所以很多偏激的声音。其实这或者是年龄和经历的关系,也许未必一定的确的,因为我终于不能证实:惟黑暗与虚无乃是实有。所以我想,在青年,须是有不平而不悲观,常抗战而亦自卫,倘荆棘非践不可,固然不得不践,但若无须必践,即不必随便去践,这就是我之所以主张'壕堑战'的原因,其实也无非想多留下几个战士,以得更多的战绩。"

既然"壕堑战"的策略是从特定的国情出发的,鲁迅当然不会赞成许广平所说的子路之勇。他说:"子路先生确是勇士,但他因为'吾闻君子死冠不免',于是'结缨而死',我总觉得有点迂。掉了一顶帽子,又有何妨呢,却看得这么郑重,实在是上了仲尼先生的当了。仲尼先生自己'厄于陈蔡',却并不饿死,真是滑得可观。子路先生倘若不信他的胡说,披头散发的战起来,也许不至于死的罢。但这种散发的战法,也就是属于我所谓'壕堑战'的。"①

鲁迅所说的这些人生哲理,许广平虽然一时未必能全盘领悟,但她觉得"在信札上得先生的指教,比读书听讲好得多了",所以虽然知道鲁迅的时间宝贵,但还是要求"先生还是没奈何的破费一点光阴罢"②。并说:"承先生每封都给我回信,于'小鬼'实在是好象在盂兰节,食饱袋足,得未曾有了。谨谢'循循善诱'。"③

就这样,他们继续频繁地通信下去。从1925年3月至7月,他们彼此间的通信,后来收入《两书地》的就有三十五封,其间缺失和未发表的,尚有十多封。

此后的通信,仍以讨论社会人生问题为主,鲁迅提出了许多独到的看法,很能反映鲁迅的思想实际,也值得有志于改革者参考。如说:

"这种漆黑的染缸不打破,中国即无希望,但正在准备毁坏者,目下也仿佛有人,只可惜数目太少。然而既然已有,即可望多起来,一多,可就好玩了,——但是这自然还在将来,现在呢,只是准备。"④

"说起民元的事来,那时确是光明得多……一到二年二次革命失败之后,即

---

① 1925年3月18日致许广平信。
② 1925年3月20日许广平致鲁迅信。
③ 1925年3月26日许广平致鲁迅信。
④ 1925年3月23日致许广平信。

渐渐坏下去,坏而又坏,遂成了现在的情形。其实这也不是新添的坏,乃是涂饰的新漆剥落已尽,于是旧相又显了出来。使奴才主持家政,那里会有好样子。最初的革命是排满,容易做到的,其次的改革是要国民改革自己的坏根性,于是就不肯了。所以此后最要紧的是改革国民性,否则,无论是专制,是共和,是什么什么,招牌虽换,货色照旧,全不行的。"

"我又无拳无勇,真没有法,在手头的只有笔墨,能写这封信一类的不得要领的东西而已。但我总还想对于根深蒂固的所谓旧文明,施行袭击,令其动摇,冀于将来有万一之希望。而且留心看看,居然也有几个不问成败而要战斗的人,虽然意见和我并不尽同,但这是前几年所没有遇到的。我所谓'正在准备破坏者目下也仿佛有人'的人,不过这么一回事。要成联合战线,还在将来。"①

"大同的世界,怕一时未必到来,即使到来,像中国现在似的民族,也一定在大同的门外。所以我想,无论如何,总要改革才好。但改革最快的还是火与剑,孙中山奔波一世,而中国还是如此者,最大原因还在他没有党军,因此不能不迁就有武力的别人。近几年似乎他们也觉悟了,开起军官学校来,惜已太晚。中国国民性的堕落,我觉得并不是因为顾家,他们也未尝为'家'设想。最大的病根,是眼光不远,加以'卑怯'与'贪婪',但这是历久养成的,一时不容易去掉。我对于攻打这病根的工作,倘有可为,现在还不想放手,但即使有效,也恐很迟,我自己看不见了。由我想来——这只是如此感到,说不出理由——目下的压制和黑暗还要增加,但因此也许可以发生较激烈的反抗与不平的新分子,为将来的新的变动的萌蘖。"②

"要治这麻木状态的国度,只有一法,就是'韧',也就是'锲而不舍'。逐渐的做一点,总不肯休,不至于比'踔厉风发'(按:原信为'轻于一掷')无效的。"

"我有时以为'宣传'是无效的,但细想起来,也不尽然。革命之前,第一个牺牲者,我记得是史坚如,现在人们都不大知道了,在广东一定是记得的人较多罢,此后接连的有好几人,而爆发却在湖北,还是宣传的功劳。当时和袁世凯妥协,种下病根,其实却还是党人实力没有充实之故。所以鉴于前车,则此后的第一要图,还在充足实力,此外各种言动,只能稍作辅佐而已。"③

正是从"壕堑战"思想出发,鲁迅是不主张作无谓的牺牲的。既不赞成自己去做牺牲,更加反对以别人为牺牲。而中国人的品性,却常要以别人为牺牲的。这一点,很为鲁迅所不满。"提起牺牲,就使我记起前两三年被北大开除的冯省

---

① 1925年3月31日致许广平信。
② 1925年4月8日致许广平信。
③ 1925年4月14日致许广平信。

三。他是闹讲义风潮之一人,后来讲义费撤消了,却没有一个同学再提起他。我那时曾在《晨报副刊》上做过一则杂感(按:即《即小见大》),意思是:牺牲为群众祈福,祀了神道之后,群众就分了他的肉,散胙。"①他之所以对这一点感触很深,从冯省三被开除事件而悟出这层道理,是由于他自己常常被"合作"者利用,"被用之后,只剩下耗了气力的自己一个。有时候,他还要反而骂你;不骂你,还要谢他的洪恩。"(按:此句原信为"被用之后,只剩下耗了气力的自己而已。")现在,许广平被举为学生会干事,正处于斗争的风口浪尖上,所以他特别提醒这一点:"可是据我看来,要防一个不好的结果,就是白用了许多牺牲,而反为巧人取得自利的机会,这种在中国是常有的。"②许广平对此很有同感,她说:"尤其坏的是:(按:原文无此五字,为'而且'二字)公举你出来做事时个个都说做后盾,个个都在你面前塞火药,等你装足了,火线点起了,他们就远远的赶快逃跑,结果你不过做一个炸弹壳,五花粉碎。"③但鲁迅也不是叫她不要为大家做事,所以上信又说:"但在学生方面,也愁不得这些,只好凭良心做去,可是要缓而韧,不要急而猛。"

……

许广平本来就常写杂文评论,在报刊上发表,现在在鲁迅的鼓励下,她写得更勤了。她写了文章,请鲁迅修改,编发在鲁迅所主持的《莽原》周刊,或介绍到孙伏园主编的《京报》副刊上。在这过程中,鲁迅由对许广平文章的具体意见,进而论及文章的表述问题:"你投稿虽不写什么'女士',我写信也改称为'兄',但看那文章,总带些女性。我虽然没有细研究过,但大略看来,似乎'女士'的说话的句子排列法,就与'男士'不同,所以写在纸上,一见可辨。"许广平也承认"因环境的熏染,耳目所接触","女士"与"男士"的句子排列法是有些不同,不过她"以为词句末节,倒似乎并无多大关系,只很愿意放大眼光,开拓心胸,免掉'女士式'的说话法,还乞吾师教之。"又问道:"'女士'式的文章的异点,是在好用唉,呀,哟……的字眼,还是太带诗词的句法而无清晰的主脑命意呢?并希望先生指示出来,以便改善。"(本信在修辞造句上有较多修改,而原意未变)鲁迅回答道:"我所谓'女性'的文章,倒不专在'唉,呀,哟……'之多,就是在抒情文,则多用好看字样,多讲风景,多怀家庭,见秋花而心伤,对明月而泪下之类。一到辩论之文,尤易看出特别。即历举对手之语,从头至尾,逐一驳去,虽然犀利,而

---

① 1925年5月18日致许广平信。
② 1925年6月13日致许广平信。
③ 1925年6月17日许广平致鲁迅信。

不沉重,且罕见有正对'论敌'之要害,仅以一击给与致命的重伤者。总之是只有小毒而无剧毒,好作长文而不善于短文。"许广平觉得自己并无文学家的资格和梦想,满篇"好看字样"的抒情文,是"一个字也哼不出来","而于作辩论之文的'特别',我却真的不知不觉全行犯着了!自己不提防,经吾师觑破,惭愧心折之至。"她分析自己文章犯病的原因道:"但所以'从头至尾,逐一驳去'者,盖以为不如此,殊不足以令敌人体无完肤,而自己也总觉有些遗憾,此殆受孟子与东坡的余毒,服久遂不觉时发其病。至于'罕有正对论敌的要害'及'好作长文而不善于短文'等,则或因女性于理智判断及论理学,均未能十分训练,加以历久遗传,积重难反之故,此后当设法改之。'不善短文',除上述之病源外,也许是程度使然。大概学作文时,总患辞不达意,能达意矣,则失之冗赘,再进,则简练矣,此殆与年龄及学力有关,此后亦甚愿加以洗刷。但非镜无以鉴形,自勉之外,正待匡纠,先生倘进而时教之,幸甚!"(本信亦多有词句上的修改)但鲁迅并不把问题看得很绝对,更不以己之长来否定别人,他又指出各种写法也各有其优缺点:"文章的看法,也是因人不同的,我因为自己好作短文,好用反语,每遇辩论,辄不管三七二十一,就迎头一击,所以每见和我的办法不同者便以为缺点。其实畅达也自有畅达的好处,正不必故意减缩(但繁冗则自应删削)。例如玄同之文,即颇汪洋,而少含蓄,使读者览之了然,无所疑惑,故于表白意见,反为相宜,效力亦复很大,我的东西却常招误解,有时竟大出意料之外,可见意在简练,稍一不慎,即易流于晦涩,而其弊有不可究诘者焉(不可究诘四字颇有语病,但一时想不出适当之字,姑仍之,意但云'其弊颇大'耳)。"①

这些意见,因具体事件而触发,虽然并不系统,但却很切实际,于学习写作者应有很大的帮助的。五卅运动展开以后,热血沸腾的政治鼓动诗很多,鲁迅也从文学写作的角度谈了自己的看法:"那一首诗,意气也未尝不盛,但此种猛烈的攻击,只宜用散文,如'杂感'之类,而造语还须曲折,否,即容易引起反感。诗歌较有永久性,所以不甚合于做这样题目。沪案以后,周刊上常有极锋利肃杀的诗,其实是没有意思的,情随事迁,即味如嚼蜡。我以为感情正烈的时候,不宜做诗,否则锋铓太露,能将'诗美'杀掉。这首诗有此病。"因为前面缺掉许广平的来信,鲁迅这封复信本身也是残缺不全的,所以我们无从知道他们信中讨论的是哪一首诗,但此种现象确是普遍存在,鲁迅的意见是具有现实针对性的。可见鲁迅对于诗文,并不单纯强调其战斗性,他还很注意艺术性,如说理文的论辩技

---

① 见鲁迅与许广平间1925年3月31日、4月6日、8日、10日、14日的通信。

巧，诗歌的审美属性。言传心教，使许广平受益匪浅。

鲁迅和许广平的情谊，就在讨论这些社会人生问题中，就在研究写作技巧中，逐步加深了。正如鲁迅在《两地书·序言》中所说："其中既没有死呀活呀的热情，也没有花呀月呀的佳句"，但有的是人生的哲理，很值得我们深入思考。

不过，《两地书》第一集北京时期的通信，到1925年7月底就中止了。中止的原因，不是由于联系中断，而是因为女师大事件矛盾激化，他们的直接交往更加密切，就无需用信件来联络了。

许广平第一次到鲁迅家是在1925年4月12日，《鲁迅日记》中有简单的记载："下午小峰、衣萍来。许广平、林卓凤来。"但许广平此次探访，却充满了新奇的想象。她在四天后给鲁迅的信中说："'尊府'居然探险过了！归来后的印象，是觉得熄灭了通红的灯光，坐在那间一面满镶玻璃的室中时，是时而听雨声的淅沥，时而窥月光的清幽，当枣树发叶结实的时候，则领略它微风振枝，熟果坠地，还有鸡鸣喔喔，四时不绝。晨夕之间，时或负手在这小天地中徘徊俯仰，盖必大有一种趣味，其味如何，乃一一从缕缕的烟草烟中曲折的传入无穷的空际，升腾，分散……。是消灭!？是存在!？（小鬼向来不善于推想和描写，幸恕唐突！）"鲁迅却并未悟到已被她们探险而去，经许广平说破，才知道有那么一回事。他还以为她们的研究不甚精细，随即出了一个题目要考她："我所坐的有玻璃窗的房子的屋顶，是什么样子的？"不料这难不倒许广平，反而让她借题又大大发挥了一通："那房子的屋顶，大体是平平的，暗黑色的，这是和保存国粹一样，带有旧式的建筑法。至于内部，则也可以说是神秘的苦闷的象征。靠南有门，但因隔了一间过道的房子，所以显得暗，左右也不十分光亮，独在前面——北——有一大片玻璃，就好象号筒口。这是什么解释呢？我摆开八卦，熏沐斋戒的占算一下罢。卦曰：世运凌夷，君子道消，逢凶化吉，发言有瘳。解曰：号筒之口，声带之门，因势利导，时然后言。夫人不言，言必有中，此南无阿弥陀佛救苦救难观世音菩萨亲降灵签也。"同时也出一考题，要鲁迅回答："问曰：我们教室天花板的中央有点什么？倘答电灯，就连六分也不给，倘俟星期一临时预备夹带然后交卷，那就更该处罚（？）了。"但鲁迅收到信时，已是星期一上午，其间没有作答的工夫，而下午即须上课，"而一经上课，则无论答得如何正确，也必被冤为'临时预备夹带然后交卷'，倒不如拼出，交了白卷便宜"，所以就不予作答。

与此同时，许广平还在课堂里带头起哄，要鲁迅带她们出外游玩。1925年4月20日《鲁迅日记》中写道："午后往女师校讲，并领学生参观历史博物馆"，就记的这回事。许广平回忆当时的情况道："鲁迅先生授课时很认真，不过绝

十五、修我甲兵，与子偕行

不会随便骂学生，这一层我们很有把握。有一天，趁新的讲义还没有印出来，先生正预备讲书时，姑且和他闹一下罢，如果成功，就有得玩了。课室前排的几个人最爱捣乱：'周先生，天气正好哪！'先生不理。'周先生，树枝吐芽哪！'还是不理。'周先生，课堂空气没有外面好哪！'先生笑了笑。'书听不下去哪！''那么下课！''不要下课，要去参观。''还没有到快毕业的时候呢，不可以的。''提前办理不可以吗？''到什么地方去？''随便先生指定罢！''你们是不是全体都去？'测验是否少数人捣乱，全体起立，大家都笑了：'先生。一致通过。'先生想了想，在黑板上写出'历史博物馆'几个字，又告诉我们在午门——是皇宫的一部——聚齐，各人分头去，在那里聚齐。大家都去了。原来这个博物馆是教育部直辖的，不大能够走进去，那时先生在教育部当佥事，所以那面的管事人都很客气的招待我们参观各种陈列"①。参观之后，许广平还很得意地在信中说："午门之游，归来总带着得胜的微笑，从车上直到校中，以至良久良久；更回想及在下楼和内操场时的泼皮，真是得意极了！"②

从这些事看，许广平和鲁迅已日益亲昵起来。以致在端午节那天，鲁迅请几位小姐吃饭时，许广平就与俞芳、俞芬等合谋要将鲁迅灌醉，鲁迅在微醉之后，击打俞氏姐妹的拳骨，又按住许广平的头。许羡苏从爱护鲁迅的观点出发，不赞成这样闹法，当时就离席而去，事后又告诉许广平，说是"太师母"对鲁迅的喝酒是有戒律的，吓得许广平连忙写信来赔罪。鲁迅对许羡苏的干预颇不以为然，在6月29日复许广平信中"辟谣"，声称自己没有醉，并说"此后不准再来道歉"。而许广平在次日回信中却又调侃道："老爷倒想'自夸'酒量，岂知临阵败北，何以再'逞能'呢！？这点酒量都失败，还说'喝酒我是不怕的'，羞不羞？我以为今后当摒诸酒门之外，因为无论如何辩护，那天总不能不说七八分的酒醉，其'不屈之精神'的表现，无非预留地步免得又在小鬼前作第三……次之失败耳，哈哈，其谁欺，欺天乎。"许广平这封信没有收入公开出版之《两地书》，同样没有收入此书的，还有7月13日、15日、16日、17日等数封来往信件，在这些信里，几乎通篇都是玩笑话，而且他们的称呼也改变了。以前许广平给鲁迅的信，抬头称"鲁迅先生"、"鲁迅师"，下署"学生许广平"或"小鬼许广平"，鲁迅则称她为"广平兄"，下署"鲁迅"或"迅"，7月9日鲁迅致许广平的信中，已经有些破格了，开首称"广平仁兄大人阁下"，末署"'老师'谨训"。而7月13日以后的几封

---

① 《青年人与鲁迅》，《许广平忆鲁迅》，第258—259页。
② 1925年4月25日许广平致鲁迅信。

信,则许广平称鲁迅为"嫩弟手足"或"嫩棣棣",而下署"愚兄手泐"或"愚兄泐",鲁迅在信中也索性称她为"愚兄"。大概"嫩棣棣"原是鲁迅嘲笑许广平的用语,却被许广平反过来称呼鲁迅了,彼此还在信中列出"嫩棣棣"的许多特征来,都是针对对方的。这些信件之所以没有收入《两地书》,是因为感情以玩笑的形式流露得太明显了。

但他们感情的进一步发展,是在许广平到鲁迅家避难之后。

1925年8月,女师大学生运动进入最紧张阶段。杨荫榆一面借口学校在放假期间要整修校舍,勒令全体学生搬出学校,同时又与章士钊计划派军警将被开除的六名学生会干事押解回籍。许广平是六名学生会干事之一,当时受到很大的压力。她说:"试想:这六个学生,为了学校之事,却要活演'林冲押配沧州'的一幕!如果真个实现出来,乡亲和家长们,还以为她们想是犯了什么滔天罪行呢!在旧社会内,遭到这种不平的待遇,能设想它的后果吗?"而在这种关键时刻,人情冷暖也就显露出来了。"平日过从很密的亲友、同学,很多都怕惹事,拒绝招待了。这时候只有鲁迅挺身而出,说'来我这里不怕!'如是,我就在现今故居的南屋,和老同学许羡苏住在一起,躲过了最紧急的几天。事后曾经听说,有几个警察也来过西三条胡同,但都被鲁迅坚决顶回去了。"①

而这时,鲁迅自己也正受到章士钊的迫害。因为他挺身而出,坚定地支持女师大学生运动的缘故,就在这年8月份,被章士钊呈请段祺瑞执政批准,免去教育部佥事的职务。而鲁迅在强权面前决不屈服,却是愈战愈勇,这也使许广平对他愈加尊敬,愈加热爱。

他们相互支持,相互关心。他们的爱情是在共同战斗中发展起来的。

鲁迅在与章士钊等人的斗争中肺病复发,但他仍继续上课,继续写作,不肯休息,不思保养,是在许广平的劝导下,这才改变态度的。许广平后来回忆道:"持久而广大的战斗,鲁迅先生拿一枝笔横扫千军之后,也难免不筋疲力尽,甚至病起来了。过度的紧张,会使得眠食俱废。这之间,医生的警告,是绝对不能抽烟,否则吃药也没有效验,周围的人们都惶恐了。在某一天的夏夜,得着他同乡人的见告,立刻,我们在他的客厅里,婉转陈说,请求他不要太自暴自弃,为了应付敌人,更不能轻易使自己生起病来,使敌人畅快,更使自己的工作无法继续。我们的话语是多么粗疏,然而诚挚的心情,却能得到鲁迅先生的几许容纳。"②鲁迅有感于

---

① 《鲁迅回忆录·女师大风潮与"三一八"惨案》,《许广平忆鲁迅》,第592页。
② 《因校对〈三十年集〉而引起的话旧》,《许广平忆鲁迅》,第146页。

许广平对他的爱护,曾作有一篇散文诗《腊叶》,通过在《雁门集》里所保存的一片病叶的旧事,来表达一种人生哲理:"将坠的病叶的斑斓,似乎也只能在极短时中相对,更何况是葱郁的呢。"孙伏园曾经发问:"何以这篇题目取了《腊叶》?"鲁迅答道:"许公很鼓励我,希望我努力工作,不要松懈,不要急忽;但又很爱护我,希望我多加保养,不要过劳,不要发狠。这是不能两全的,这里有着矛盾。《腊叶》的感兴就从这儿得来,《雁门集》等等却是无关宏旨的。"①

虽然他觉得努力工作和不要过劳是有矛盾的,但还是接受了许广平的劝告,注意保养身体,以便更好地战斗。他在《坟》的《题记》里说:"即如我的戒酒,吃鱼肝油,以望延长我的生命,倒不尽是为了我的爱人,大大半乃是为了我的敌人,——给他们说得体面一点,就是敌人罢——要在他的好世界上多留一些缺陷。"

鲁迅与许广平在北京时期保存下来的最后一次通信,是1926年8月许广平在女师大毕业时,鲁迅请她吃饭的一封请柬:

景宋"女士"学席:程门

飞雪,贻误多时。愧循循之无方,幸

骏才之易教。而乃年届结束,南北东西;虽尺素之能通,

或

下问之不易。言念及此,不禁泪下四条。吾

生倘能赦兹愚劣,使师得备薄馔,于月十六日午十二时,假宫门口西三条胡同二十一号周宅一叙,俾罄愚诚,不胜厚幸!顺颂

时绥

师 鲁 迅 谨订 八月十五日早

前此,陆晶清、许广平、吕云章三位学生请马幼渔、沈士远、沈尹默、沈兼士、许寿裳和鲁迅几位老师吃饭,许广平写了一张之乎者也的请柬,鲁迅模仿她的笔调,套用她的语气写成此柬。其中"泪下四条"乃鲁迅奚落女士们哭泣时,两条眼泪、两条鼻涕齐下的情景,有时则称之谓"四条胡同",完全是游戏笔墨。

这封信也没有收入《两地书》,倒并非故意删落,而是遗漏,后来许广平找出,编入《鲁迅书简》中。

但写这封请柬时,他们其实已经定情,很快就要同车南下了。

---

① 孙伏园:《鲁迅先生二三事·〈腊叶〉》。

1926年许广平为鲁迅绣枕套"安睡"

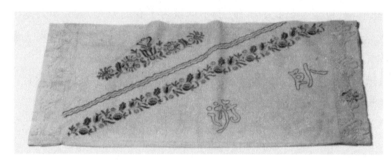

1926年许广平为鲁迅绣枕套"卧游"

他们的定情,从许广平在1926年初所写的《风子是我的爱……》里,看得很清楚。这篇文章的末尾说:"它——风子——既然承认我战胜了!甘于做我的俘虏了!即使风子有它自己的伟大,有它自己的地位,藐小的我既然蒙它殷殷握手,不自量也罢!不相当也罢!同类也罢!异类也罢!合法也罢!不合法也罢!这都于我不相干,于你们无关系。总之,风子是我的爱……呀!风子。"

十六、正视淋漓的鲜血

章士钊下台，杨荫榆被撤，女师大复校，这一系列现实的变化，使得那些支持章、杨，攻击女师大学生运动的人颇有些尴尬。但文人总能找出理由来为自己辩护的。"闲话"专家陈西滢在1926年1月2日出版的《现代评论》《闲话》专栏中，批评中国人的"不管他人瓦上霜"思想，大赞外国人的"管闲事"精神，其中举出法国作家左拉、法郎士等人为被迫害的犹太人特莱孚斯（陈译：德雷夫）打抱不平而受攻击之事，仿佛他的支持章士钊、杨荫榆，有如左拉、法郎士的支持特莱孚斯，属于正义事业，而他的受到攻击，也是别人的胡闹。这种拉着名流为自己当军旗的做法，很为鲁迅所不齿。他调笑道："前人之勤，后人之乐，要做事的时候可以援引孔丘墨翟，不做事的时候另外有老聃，要被杀的时候我是关龙逢，要杀人的时候他是少正卯，有些力气的时候看看达尔文赫胥黎的书，要人帮忙就有克鲁巴金的《互助论》，勃朗宁夫妇，岂不是讲恋爱的模范么，叔本华尔和尼采又是咒诅女人的名人……归根结蒂，如果杨荫榆或章士钊可以比附到犹太人特莱孚斯去，则他的篾片就可以等于左拉等辈了。这个时候，可怜的左拉要被中国人背出来；幸而杨荫榆或章士钊是否等于特莱孚斯，也还是一个大疑问。"①这里的所谓"篾片"，也就是权门的"帮闲"，这就点出了陈西滢与左拉等辈的本质区别。左拉等辈是为被迫害者打抱不平，而陈西滢则是为压迫学生的当权者帮腔，前者是抗争，后者则是帮闲或帮忙。鲁迅后来对于帮闲文学作了深入的研究，这与他在现实中有深切的感受不无关系。

但陈西滢又表示了"新年的决心"，说是从此要不管闲事了。鲁迅感到很滑稽，马上写了一篇杂文：《杂论管闲事·做学问·灰色等》，加以揭露。鲁迅根本不承认世上有所谓"闲事"，因为诸事都与自己相关。他说："我现在觉得世上是仿

---

① 鲁迅：《华盖集续编·有趣的消息》。

佛没有所谓闲事的,有人来管,便都和自己有点关系;即使是爱人类,也因为自己是人。假使我们知道了火星里张龙和赵虎打架,便即大有作为,请酒开会,维持张龙,或否认赵虎,那自然是颇近于管闲事了。然而火星上事,既然能够'知道',则至少必须已经可以通信,关系也密切起来,算不得闲事了。因为既能通信,也许将来就能交通,他们终于会在我们的头顶上打架。至于咱们地球之上,即无论那一处,事事都和我们相关,然而竟不管者,或因不知道,或因管不着,非以其'闲'也。譬如英国有刘千昭雇了爱尔兰老妈子在伦敦拉出女生,在我们是闲事似的罢,其实并不,也会影响到我们这里来。留学生不是多多,多多了么?倘有合宜之处,就要引以为例……即使是动物,也怎能和我们不相干?青蝇的脚上有一个霍乱菌,蚊子的唾沫里有两个疟疾菌,就说不定会钻进谁的血里去。管到'邻猫生子',很有人以为笑谈,其实却正与自己大有相关。譬如我的院子里,现在就有四匹邻猫常常吵架了,倘使这些太太们之一又诞育四匹,则三四月后,我就得常听到八匹猫们常常吵闹,比现在加倍地心烦。""所以我就有了一种偏见,以为天下本无所谓闲事,只因为没有这许多遍管的精神和力量,于是便只好抓一点来管。为什么独抓这一点呢?自然是最和自己相关的,大则因为同是人类,或是同类,同志;小则,因为是同学,亲戚,同乡,——至少,也大概叨光过什么,虽然自己的显在意识上并不了然,或者其实了然,而故意装痴作傻。"这里,从一般的逻辑推论开始,最后落实到具体事件,虽然并未点名,而所指也是非常明显的了。

作为"篦片"的具体例证,鲁迅接着又抓住陈西滢为章士钊帮腔的文字,进行有力的揭露。1925年11月28日,北京民众为要求关税自主和反对段祺瑞政府,举行集会游行,游行队伍曾到章士钊住宅前面示威。事后,章士钊写了一篇《寒家再毁记》,声称"家中所有。以中西书籍为第一项"。说是当日游行群众"一拥而入。遇物即毁。……自插架以至案陈。凡书之属无完者"。接着,陈西滢在《做学问的工具》一文中附和道:"孤桐先生在英国德国买的书是我亲自看见的。他柏林寓中两间屋,几乎满床满架满桌满地,都是关于社会主义的德文书。我不知道这些书都在北京否。从《寒家再毁记》看来,好像他们夫妇两位的藏书都散失了。这真是很可惜的。"鲁迅对于章士钊有没有这许多珍贵的藏书,本身就表示怀疑。不过他没有直说,而是讲出一般留学生的经济状况,让读者自己来推论。他说:"这真教我欣羡佩服。记得自己留学时候,官费每月三十六元,支付衣食学费之外,简直没有赢余,混了几年,所有的书连一壁也遮不满,而且还是杂书,并非专而又专,如'都是关于社会主义的德文书'之类。"接着,又对"藏书都散失"说表示质疑。不过他也没有直说,同样是诉诸推理:"但是很可惜,据说当民众'再毁'这位'孤桐先生'的'寒家'时,'好象他们夫妇两位的藏书都散失了'。想那时一定是拉了几十车,向各处走散,可惜我没有去看,否则倒也是一个壮观。"既然两屋子的藏书都散失了,那当然需要几十车才能拉走;几十车书籍拉出去,自然是一个壮观,要瞒住别人的眼睛是不可能的;而时人却并没有看到过这个壮观,那么只剩下一个可能:就是说这种话的人在撒谎。

鲁迅在揭穿对手的谎言之后,再进而用民间的社会世故,来剖析这种无赖心理。"在幼小时候曾有一个老于世故的长辈告诫过我:你不要和没出息的担子或摊子为难,他会自己摔了,却诬赖你,说不清,也赔不完。这话于我似乎到现在还有影响,我新年去逛火神庙的庙会时,总不敢挤近玉器摊去,即使它不过摆着寥寥的几件。怕的是一不小心,将它碰倒了,或者摔碎了一两件,就要变成宝贝,一辈子赔不完,那罪孽之重,会在毁坏一坐博物馆之上。"

在《做学问的工具》里,陈西滢还大谈做学问之难,所需参考书之多,"也许一个小小的题目得参考百十种书",从而更衬托出章宅书籍散失和章士钊下台之可惜——对于学者的用书问题,据说章士钊在做教育总长时,倒是想到了这一层的,然而下台了。但在举例说明时,却闹出了笑话。陈西滢煞有介事地说:"就以《四书》来说"罢,"不研究汉、宋、明、清许多儒家的注疏理论,《四书》的真正意义是不易领会的。短短的一部《四书》,如果细细的研究起来,就得用得着几百几千种参考书。"然而《四书》是南宋以后合成的,汉代根本就没有《四书》,何来注疏与理论?于是鲁迅加以调侃道:"那'短短的一部《四书》',我是读过的,至于汉人的《四书》注疏或理论,却连听也没有听到过。陈源教授所推许的为'那样提倡风雅的疆藩大臣'之一张之洞先生在做给'束发小生'们看的《书目答问》上曾经说:'《四书》,南宋以后之名。'我向来就相信他的话,此后翻翻《汉书艺文志》,《隋书经籍志》之类,也只有'五经','六经','七经','六艺',却没有'四书',更何况汉人所做的注疏和理论。但我所参考的,自然不过是通常书,北京大学的图书馆里就有,见闻寡陋,也未可知,然而也只得这样就算了,因为即使要'抱',却连'佛脚'都没有。"

陈西滢曾经留学英国,当时欧美留学生在文化界和教育界占有很大的势力,有些人还有一种优越感,说起话来盛气凌人,而实际上却并不怎么有学问,鲁迅看得厌烦起来,就要在他们一本正经的面孔上撩拨一下。他说:"我先已说过,现在的留学生是多多,多多了,但我总疑心他们大部分在外国租了房子,关起门来燉牛肉吃的,而且在东京实在也看见过。那时我想:燉牛肉吃,在中国就可以,何必路远迢迢,跑到外国来呢?虽然外国讲究畜牧,或者肉里面的寄生虫可以少些,但燉烂了,即使多也就没有关系。所以,我看见回国的学者,头两年穿洋服,后来穿皮袍,昂头而走的,总疑心他是在外国亲手燉过几年牛肉的人物,而且即使有了什么事,连'佛脚'也未必肯抱的。现在知道并不然,至少是'留学欧美归国的人'并不然。但可惜中国的图书馆里的书太少了,据说北京'三十多个大学不论国立私立,还不及我们私人的书多'云。……"

鲁迅崇尚文人的独立意识,坚守学者的民间立场,对于为权力者说话的帮闲、帮忙们,他是很反感的。陈西滢之所以被他抓住不放,是因为他在陈西滢身上看出了中国许多文人的通病,可以作为一种类型来加以解剖。他所写的《学界的三魂》,就是由具体论争而扩大开来,上升到知识分子的普遍性问题。所谓三魂,就是"官魂"、"匪魂"和"民魂"。鲁迅说:"中国人的官瘾实在深,汉重孝廉而有埋儿刻木,宋重理学而有高帽破靴,清重帖括而有'且夫''然则'。总而言之:那魂灵就在做官,——行官势,摆官腔,打官话。顶着一个皇帝做傀儡,得罪了官就是得罪了皇帝,于是那些人就得了雅号曰'匪徒'。"去年凡反对章士钊的,都得了"土匪","学匪","学棍"的称号,就是这种"行官势,摆官腔,打官话"的表现。但太平盛世是没有匪的;待到群盗如毛时,看旧史,一定是外戚,宦官,奸臣,小人当国,即使大打一通官话,那结果也还是"鸣呼哀哉"。而当这"鸣呼哀哉"之前,小民便相率为盗,所以这些表面上看只是些土匪与强盗,其实是农民革命军。但中国社会也并没有改正,因为农民革命总是为三五热心家所利用,他们将皇帝推倒,自己过皇帝瘾去。这是就一般的社会情况而言,"所谓学界,是一种发生较新的阶级,本该可以有将旧魂灵略加湔涤之望了,但听到'学官'的官话,和'学匪'的新名,则似乎还走着旧道路。"但走旧道路是不行的,鲁迅寄希望于国魂的第三种,即"民魂"。这"民魂",先前不很发扬,但最重要。"惟有民魂是值得宝贵的,惟有他发扬起来,中国才有真进步。但是,当此连学界也倒走旧路的时候,怎能轻易地发挥得出来呢? 在乌烟瘴气之中,有官之所谓'匪'和民之所谓匪;有官之所谓'民'和民之所谓民;有官以为'匪'而其实是真的国民,有官以为'民'而其实是衙役和马弁。所以貌似'民魂'的,有时仍不免为'官魂',这是鉴别魂灵者所应该十分注意的。"

紧接着,鲁迅又写了《一点比喻》,把帮闲文人和帮忙文人比作牧人手下的领头山羊,说他们"脖子上还挂着一个小铃铎,作为智识阶级的徽章",带着一长串绵羊,挨挨挤挤,浩浩荡荡,凝着柔顺有余的眼色,匆匆地奔向屠场。而"人群中也很有这样的山羊,能领了群众稳妥平静地走去,直到他们应该走到的所在"。鲁迅说,他看到这种认真忙迫的情形时,心里总想向他们发一句愚不可及的疑问——"往那里去?!"中国是讲顺从的国度,君子们会说:"羊总是羊,不成了一长串顺从地走,还有什么别的法子呢? 君不见夫猪乎? 拖延着,逃着,喊着,奔突着,终于也还是被捉到非去不可的地方去,那些暴动,不过是空费力气而已矣。"这是说,虽死也应该如羊,使天下太平,彼此省力。但鲁迅却不这么看。他是主张自卫和抗争的,说是:"然而,君不见夫野猪乎? 它以两个牙,使老猎人也不免退避。这牙,只要猪脱出了牧豕奴所造的猪圈,走入山野,不久就会长出来。"叔本华曾将绅士们比作身上有刺的豪猪,说他们为了用大家的体温来防御寒冷,需要紧靠起来,又觉得刺的疼痛,于是乎又离开,最终找到一定的距离。鲁迅借此为例来说明,如果庶人身上没有刺,就会被绅士当作取暖之具而刺伤。

鲁迅的文章,戳到了陈西滢的痛处,于是他和徐志摩合演了一出双簧戏,在1月30日的《晨报副刊》上联手向鲁迅发动进攻。这一期发表了徐志摩的《关于下面一束通信告读者们》和陈源(即西滢)的《闲话的闲话之闲话引出来的几封信》,一搭一档,煞是好看。陈西滢列出鲁迅的许多罪状,最重要的是指责他"抄袭":

> 他常常挖苦别人家抄袭。有一个学生抄了沫若的几句诗,他老先生骂得刻骨镂心的痛快。可是他自己的《中国小说史略》却就是根据日本人盐谷温的《支那文学概论讲话》里面的"小说"一部分。其实拿人家的著述做你自己的蓝本,本可以原谅,只要你书中有那样的声明,可是鲁迅先生就没有那样的声明。在我们看来,你自己做了不正当的事也就罢了,何苦再挖苦一个可怜的学生,可是他还尽量的把人家刻薄。"窃钩者诛,窃国者侯",本是自古已有的道理。

鲁迅立即写了一篇题为《不是信》的杂文,给予还击。在这篇文章里,鲁迅一反他一贯好作短文,一击命中的文风,不但文章写得较长,而且还用了他平常所不赞赏的写法:"历举对手之语,从头至尾,逐一驳去"。他是觉得对于陈西滢满篇造谣诬蔑之语,必须逐一驳斥,不可遗漏一条。但重点还是驳他关于"抄袭"的指责:

> 这"流言"早听到过了;后来见于《闲话》,说是"整大本的摽窃",但不直指我,而同时有些人的口头上,却相传是指我的《中国小说史略》。我相信陈源教授是一定会干这样勾当的。但他既不指名,我也就只回敬他一通骂街,这可实在不止"侵犯了他一言半语"。这回说出来了;我的"以小人之心"也没有猜错了"君子之腹"。但那罪名却改为"做你自己的蓝本"了,比先前轻

得多,仿佛比自谦为"一言半语"的"冷箭"钝了一点似的。盐谷氏的书,确是我的参考书之一,我的《小说史略》二十八篇的第二篇,是根据它的,还有论《红楼梦》的几点和一张《贾氏系图》,也是根据它的,但不过是大意,次序和意见就很不同。其他二十六篇,我都有我独立的准备,证据是和他的所说还时常相反。例如现有的汉人小说,他以为真,我以为假;唐人小说的分类他据森槐南,我却用我法。六朝小说他据《汉魏丛书》,我据别本及自己的辑本,这工夫曾经费去两年多,稿本有十册在这里;唐人小说他据谬误最多的《唐人说荟》,我是用《太平广记》的,此外还一本一本搜起来……。其余分量,取舍,考证的不同,尤难枚举。自然,大致是不能不同的,例如他说汉后有唐,唐后有宋,我也这样说,因为都以中国史实为"蓝本"。我无法"捏造得新奇",虽然塞文狄斯的事实和《四书》合成时代也不妨创造。但我的意见,却以为似乎不可,因为历史和诗歌小说是两样的。诗歌小说虽有人说同是天才即不妨所见略同,所作相像,但我以为究竟也以独创为贵;历史则是纪事,固然不当偷成书,但也不必全两样。说诗歌小说相类不妨,历史有几点近似便是"摽窃",那是"正人君子"的特别意见,只在以"一言半语""侵犯""鲁迅先生"时才适用的。好在盐谷氏的书听说(!)已有人译成(?)中文,两书的异点如何,怎样"整大本的摽窃",还是做"蓝本",不久(?)就可以明白了。在这以前,我以为恐怕连陈源教授自己也不知道这些底细,因为不过是听来的"耳食之言"。不知道对不对?……

但我还要对于"一个学生钞了沫若的几句诗"这事说几句话;"骂得刻骨镂心的痛快"的,似乎并不是我。因为我于诗向不留心,所以也没有看过"沫若的诗",因此即更不知道别人的是否钞袭。陈源教授的那些话,说得坏一点,就是"捏造事实",故意挑拨别人对我的恶感,真可以说发挥着他的真本领。说得客气一点呢,他自说写这封信时是在"发热",那一定是热度太高,发了昏,忘记装腔了,不幸显出本相;并且因为自己爬着,所以觉得我"跳到半天空",自己抓破了皮肤或者一向就破着,却以为被我"骂"破了。——但是,我在有意或无意中碰破了一角纸糊绅士服,那也许倒是有的;此后也保不定。彼此迎面而来,总不免要挤擦,碰磕,也并非"还不肯罢休"。

绅士的跳踉丑态,实在特别好看,因为历来隐藏蕴蓄着,所以一来就比下等人更浓厚。因这一回的放泄,我才悟到陈源教授大概是以为揭发叔华女士的剽窃小说图画的文章,也是我做的,所以早就将"大盗"两字挂在"冷

十六、正视淋漓的鲜血

箭"上,射向"思想界的权威者"。殊不知这也不是我做的,我并不看这些小说。"琵亚词侣"的画,我是爱看的,但是没有书,直到那"剽窃"问题发生后,才刺激我去买了一本 Art of A.Beardsley 来,化钱一元七。可怜教授的心目中所看见的并不是我的影,叫跳竟都白费了。遇见的"粪车",也是境由心造的,正是自己脑子里的货色,要吐的唾沫,还是静静的咽下去罢。

这些文字,不但驳斥了陈源的诬陷,而且指出了他诬陷的原因是意图报复。因为他误以为揭发他爱人凌叔华剽窃的是鲁迅。这一来,不但诬陷落空,而且反把凌叔华的剽窃案闹得影响更大了。

对于鲁迅的《中国小说史略》是否"抄袭"的问题,后来胡适有比较公正的评价。在鲁迅逝世之后,当苏雪林猖猖然攻击鲁迅的时候,他在给苏雪林的复信中,一面表示"我很同情于你的愤慨",同时又说:"凡论一人,总须持平。爱而知其恶,恶而知其美,方是持平。鲁迅自有他的长处。如他的早年文学作品,如他的小说史研究,皆是上等工作。通伯(按:即陈源)先生当日误信一个小人张凤举之言,说鲁迅之小说史是抄袭盐谷温的,就使鲁迅终身不忘此仇恨!现今盐谷温的文学史已由孙良工译出了,其书是未见我和鲁迅之小说研究以前的作品,其考据部分浅陋可笑。说鲁迅抄盐谷温,真是万分的冤枉。盐谷一案,我们应该为鲁迅洗刷明白。最好是由通伯先生写一篇短文,此是'Gentleman 的臭架子',值得摆的。如此立论,然后能使敌党俯首心服。"但陈源似乎并非 Gentleman,他虽然在英国留学多年,却并未学得英国人的绅士风度,始终未见有他的道歉或澄清事实的文章出现。

这一期《现代评论》,被人称为"攻周专号",因为另外还涉及一位《语丝》派作家:周作人。关于周作人与陈源的瓜葛,他本人后来在《知堂回想录》里有一段回忆,可以说明问题:

……这一节话很能说明《语丝》杂文的一方面的特色,于叱吧儿狗的确有用,可是吧儿狗也不是好惹的东西,一不小心就要被咬,我自己有过经验,吃了一点亏,但是也怪自己不能彻底,还要讲人情的缘故。我根据张凤举的报告,揭发陈源曾经扬言曰,"现在的女学生都可以叫局。"后来陈源追问来源,欲待发表,而凤举竭力央求,为息事宁人计,只好说是得之传闻,等于认输;当时川岛很是不平,因为他也在场听到张凤举的话,有一回在会贤堂聚会的时候,想当面揭穿,也是我阻止了。这是当断不断的一个好教训。

从这段话看,周作人也承认"费厄泼赖"在中国是难以实行的。但这是事后的教训了。

由于鲁迅的还击十分有力,陈西滢难以招架,徐志摩和李四光就出来调和。他们在2月3日的《晨报副刊》上以《结束闲话,结束废话》为题,发表通信。李四光抨击鲁迅道:"东方文学家的风味,他似乎格外的充足,所以他拿起笔来,总要写到露骨到底,才尽他的兴会,弄到人家无故受累,他也管不着。"徐志摩则装出一副公允的样子说:"大学的教授们","负有指导青年重责的前辈",是不应该这样"混斗"的。"这不仅是绅士不绅士的问题,这是像受教育人不像的问题。……学生们看做他们先生的这样丢丑,忍不住开口说话了。绝对没关系人看了这情形也不耐烦了。"所以他要"对着混斗的双方猛喝一声,带住!"

鲁迅随即写了一篇回应文章:《我还不能"带住"》,认为有丑态就应该揭露,不能遮盖起来;而且也不同意李四光关于"东方文学家风味"的指责,说是"我正因为生在东方,而且生在中国,所以'中庸''稳妥'的余毒还沦肌浃髓,比起法国的勃罗亚——他简直称大报的记者为'蛆虫'——来,真是'小巫见大巫'使我自惭究竟不及白人之毒辣勇猛"。他表示要把斗争进行到底,说是:"'负有指导青年重责的前辈',有这么多的丑可丢,有那么多的丑怕丢么?用绅士服将'丑'层层包裹,装着好面孔,就是教授,就是青年的导师么?中国的青年不要高帽皮袍,装腔作势的导师;要并无伪饰,——倘没有,也得少有伪饰的导师。倘有戴着假面,以导师自居的,就得叫他除下来,否则,便将他撕下来,互相撕下来。撕得鲜血淋漓,臭架子打得粉碎,然后可以谈后话。这时候,即使只值半文钱,却是真价值;即使丑得要使人'恶心',却是真面目。略一揭开,便又赶忙装进缎子盒里去,虽然可以使人疑是钻石,也可以猜作粪土,纵使外面满贴着好招牌,法兰斯呀,萧伯讷呀,……毫不中用的!"他坦率地说:"我自己也知道,在中国,我的笔要算较为尖刻的,说话有时也不留情面。但我又知道人们怎样地用了公理正义的美名,正人君子的徽号,温良敦厚的假脸,流言公论的武器,吞吐曲折的文字,行私利己,使无刀无笔的弱者不得喘息。倘使我没有这笔,也就是被欺侮到赴诉无门的一个;我觉悟了,所以要常用,尤其是用于使麒麟皮下露出马脚。万一那些虚伪者居然觉得一点痛苦,有些省悟,知道技俩也有穷时,少装些假面目,则用了陈源教授的话来说,就是一个'教训'。只要谁露出真价值来,即使只值半文,我决不敢轻薄半句。但是,想用了串戏的方法来哄骗,那是不行的;我知道的,不和你们来敷衍。"

此后,鲁迅还写了《无花的蔷薇》等杂文,继续加以揭露。

蔷薇是带刺的花种,蔷薇而无花,剩下的就只有刺了。叔本华说:"无刺的蔷薇是没有的。——然而没有蔷薇的刺却很多。"鲁迅的杂文本不为歌功颂德、装点门面之用,讽刺、批判是它的基本使命。

《无花的蔷薇》是一种独特的文体,由一段段小杂感组成,也不全在讽刺陈西滢、徐志摩辈,其中还涉及其他人事和某些普遍的社会现象,很耐人寻味。如说:

豫言者,即先觉,每为故国所不容,也每受同时人的迫害,大人物也时常这样。他要得人们的恭维赞叹时,必须死掉,或者沉默,或者不在面前。

总而言之,第一要难于质证。

如果孔丘,释迦,耶稣基督还活着,那些教徒难免要恐慌。对于他们的行为,真不知道教主先生要怎样慨叹。

所以,如果活着,只得迫害他。

待到伟大的人物成为化石,人们都称他伟人时,他已经变了傀儡了。

有一流人之所谓伟大与渺小,是指他可给自己利用的效果的大小而言。

当然,有些段落也必然要涉及陈西滢、徐志摩辈,如:

志摩先生曰:"我很少夸奖人的。但西滢就他学法郎士的文章说,我敢说,已经当得起一句天津话:'有根'了。"而且"像西滢这样,在我看来,才当得起'学者'的名词。"(《晨报》一四二三)

西滢教授曰:"中国的新文学运动,方在萌芽,可是稍有贡献的人,如胡适之,徐志摩,郭沫若,郁达夫,丁西林,周氏兄弟等等都是曾经研究过他国文学的人。尤其是志摩他非但在思想方面,就是在体制方面,他的诗及散文,都已经有一种中国文学里从来不曾有过的风格。"(《现代》六三)

虽然抄得麻烦,但中国现今"有根"的"学者"和"尤其"的思想家及文人,总算已经互相选出了。

志摩先生曰:"鲁迅先生的作品,说来大不敬得很,我拜读过很少,就只《呐喊》集里两三篇小说,以及新近因为有人尊他是中国的尼采他的《热风》集里的几页。他平常零星的东西,我即使看也等于自看,没有看进去或是没有看懂。"(《晨报》一四三三)

西滢教授曰:"鲁迅先生一下笔就构陷人家的罪状。……可是他的文章,我看过了就放进了应该去的地方——说句体己话,我觉得它们就不应该从那里出来——手边却没有。"(同上)

虽然抄得麻烦,但我总算已经被中国现在"有根"的"学者"和"尤其"的思想家及文人协力踏倒了。

这种相互吹捧，协力踏倒的行径，后来的文坛学界虽然是司空见惯，但在当时，揭露出来还是具有相当的杀伤力的。

1926年3月18日上午，当鲁迅正在家里写作《无花的蔷薇之二》时，忽然传来北京城内大屠杀的消息。鲁迅震惊了！

当天有学生和民众在天安门前集会，鲁迅是知道的，但他绝没有想到会出现这种情况。

这次的集会，是出于学生和民众的反帝爱国热情。起因是当月有直、奉军阀联合进攻冯玉祥的国民军，失利，日本军舰炮击大沽口，护送奉军舰只进攻国民军。国民军予以还击，并提出抗议。但日本帝国主义却纠集八国公使，以维护辛丑条约为名，向中国政府提出最后通牒。这一事件激起中国人民极大的愤怒。3月18日，北京总工会工人和各校学生等五千人，在天安门集会，抗议帝国主义的最后通牒，并提出"打倒段祺瑞"、"驱逐帝国主义公使出境"等口号。会后有两千多人前往铁狮子胡同向执政府请愿。段祺瑞政府竟下令卫队用步枪大刀，在国务院门前包围虐杀徒手群众，死四十七人，伤三百多人，制造了震惊中外的"三一八"大惨案。

鲁迅听到惨案的消息后，异常悲愤。他立即调转笔头，接着写道："已不是写什么'无花的蔷薇'的时候了。虽然写的多是刺，也还要些和平的心。现在，听说北京城中，已经施行大杀戮了。当我写出上面这些无聊的文字的时候，正是许多青年受弹饮刃的时候。呜呼，人和人的灵魂，是不相通的。"鲁迅接着揭露这一残虐事件，说："中华民国十五年三月十八日，段祺瑞政府使卫兵用步枪大刀，在国务院门前包围虐杀徒手请愿，意在援助外交之青年男女，至数百人之多。还要下令，诬之曰'暴徒'！""如此残虐险狠的行为，不但在禽兽中所未曾见，便是在人类中也极少有的，除却俄皇尼古拉二世使可萨克兵击杀民众的事，仅有一点相像。"这种人不如兽，比禽兽还残虐险狠的比方，是悲愤到极点时的说法。当时，中国只任虎狼侵食，谁也不管。管的只有几个青年学生，他们本应该安心读书的，而时局飘摇得他们安心不下。假如当局者稍有良心，应如何反躬自责，激发一点天良？然而竟将他们虐杀了！这叫具有正义感的知识分子如何能不悲愤呢？但虐杀者也绝不是胜利者。鲁迅接着指出："如果中国还不至于灭亡，则已往的史实示教过我们，将来的事便要大出于屠杀者的意料之外——这不是一件事的结束，是一件事的开头。墨写的谎说，决掩不住血写的事实。血债必须用同物偿还。拖欠得愈久，就要付更大的利息！""实弹打出来的却是青年的血。血不但不掩于墨写的谎语，不醉于墨写的挽歌；威力也压

十六、正视淋漓的鲜血

它不住,因为它已经骗不过,打不死了。"并且于文末署道:"三月十八日,民国以来最黑暗的一天,写。"

段祺瑞政府的无耻还不止于此。他们虐杀了群众,却污蔑群众为暴徒,并且弄来了一根木棍,两支手枪,三瓶煤油做"证据",说这是共产党所领导的暴动。鲁迅指出:"姑勿论这些是否群众所携去的东西;即使真是,而死伤三百多人所携的武器竟不过这一点,这是怎样可怜的暴动呵!"①而正人君子们又来发挥他们的帮凶的本领了,继续制造流言。首先是研究系的论客,在《晨报》上著文诬蔑,说是"啸聚群众,挟持枪械","殴击警卫队","铤而走险",而且说这是"共产派诸君故杀青年,希图利己",因而提出要驱逐共产党出国。接着,陈西滢又在他的《闲话》里指责"民众领袖",说他们"犯了故意引人去死地的嫌疑"——虽然他也认为政府通电是凭空捏造。这种阴险的论调,尤其使鲁迅觉得悲哀,他说:"我已经出离愤怒了。"于是,接连写了《"死地"》、《可惨与可笑》、《空谈》、《淡淡的血痕中》等文章,加以揭露。

在"三一八"惨案的死难者中,也有鲁迅的学生,女师大的刘和珍就是。她是去年夏初被杨荫榆开除的六个学生自治会职员之一,斗争坚决,办事干练,但并不桀骜锋利,却常常微笑着,态度很温和,现在却被段祺瑞的军队所杀害了。当她在执政府前中弹倒下时,同去的张静淑想去扶她,也中枪,立仆;同去的杨德群又想去扶起她,当场被打死。3月25日,鲁迅去参加北京女子师范大学为刘和珍、杨德群二人开的追悼会,知道了她们被害的情况,并亲眼看到她们的尸骸,证明着这不但是杀害,简直是虐杀,因为身体上还有棍棒的伤痕。鲁迅说:"我向来是不惮以最坏的恶意,来推测中国人的,然而我还不料,也不信竟会下劣凶残到这地步。况且始终微笑着的和蔼的刘和珍君,更何至于无端在府门前喋血呢?"但段政府却有令,说她们是"暴徒"!而且接着就有流言,说她们是受人利用的。这是一个什么世

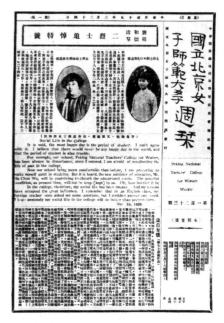

悼念刘和珍、杨德群二位烈士的北京女子师范大学纪念特刊

---

① 《华盖集续编·可惨与可笑》。

界啊!鲁迅只觉得所住的并非人间。"惨象,已使我目不忍视了;流言,尤使我耳不忍闻。我还有什么话可说呢?我懂得衰亡民族之所以默无声息的缘由了。沉默呵,沉默呵!不在沉默中爆发,就在沉默中灭亡。"几天之后,他将心头的哀痛和积愤凝铸成一篇悼文:《记念刘和珍君》。这不但是奉献于逝者灵前的祭品,而且表示了生者继续奋战的决心:"真的猛士,敢于直面惨淡的人生,敢于正视淋漓的鲜血。""苟活者在淡红的血色中,会依稀看见微茫的希望;真的猛士,将更奋然而前行。"

这次流血事件,教训是够惨痛的了。要继续进行更有效的斗争,必须总结战斗经验;而制订斗争策略的前提,则须认清中国的国情。刚好鲁迅手边有一本罗曼·罗兰描写法国大革命时期政治斗争的剧本《爱与死的搏斗》,他就举其中的情节为例:加尔是主张人类为进步计,即不妨有少许污点,万不得已,也不妨有一点罪恶的;但他们却不愿意杀库尔跋齐,因为共和国不喜欢在臂膊上抱着他的死尸,因为这过于沉重。鲁迅说:"会觉得死尸的沉重,不愿抱持的民族里,先烈的'死'是后人的'生'的唯一的灵药,但倘在不再觉得沉重的民族里,却不过是压得一同沦灭的东西。"①

鲁迅指出了当时群众领袖的两个错误:"一是还以请愿为有用;二是将对手看得太好了。"对于请愿的事,鲁迅一向就不以为然的。这倒并非他有先见之明。那样的惨杀,他实在没有梦想到。但是,他知道那些当权者麻木,没有良心,不足与信;而且知道中国多暗箭,挺身而出的勇士容易丧命,所以他一向反对赤膊上阵,而主张壕堑战。他认为这并非吝惜生命,乃是不肯虚掷生命,因为战士的生命是宝贵的,特别是在战士不多的地方,这生命就愈宝贵;他也深知改革常不免于流血,但流血并不等于改革,血的应用,正如金钱一般,吝啬固然是不行的,浪费也大大的失算。他对于这回的牺牲者,觉得非常

鲁迅在《记念刘和珍君》中说:"真的猛士,敢于直面惨淡的人生,敢于正视淋漓的鲜血。""真的猛士,将更奋然而前行。"

---

① 《华盖集续编·死地》。

十六、正视淋漓的鲜血

哀伤。"但愿这样的请愿,从此停止就好。"他说:"这回死者的遗给后来的功德,是在撕去了许多东西的人相,露出那出于意料之外的阴毒的心,教给继续战斗者以别种方法的战斗。"①

"三一八"之后,更大的政治迫害开始了。惨案发生后的第二天,段祺瑞政府即下令通缉徐

北京各界追悼"三一八"死难烈士大会会场

谦、李大钊、李煜瀛、易培基、顾兆熊等五人,说他们"率领暴徒数百人,手持手枪,闯集国务院"云云。接着,《京报》上又登出了段祺瑞政府准备通缉的五十人名单,鲁迅的名字也在其内。这个名单虽然尚未证实,但鲁迅相信:"这种计划,在目下的段祺瑞政府的秘书长章士钊之流的脑子里,是确实会有的。"②所以他只好离家出走,过着避难生活。

3月26日,鲁迅暂时避居在西城锦什坊莽原社内。但是到第三天,突然有三个陌生的青年闯到莽原社要找鲁迅,刚好这时许羡苏给鲁迅送东西去,就把这三个人挡在外面,打发走了。鲁迅疑心他们是侦探,第二天清早就装作病人,住进山本医院去了。这是一家日本人开的医院,鲁迅常去看病,所以比较熟悉。在这里,他是个特殊"病人"。他不是住院看病,而是在病房看书写作。护士给他量体温,他却把体温表放在桌上,护士回转来看到体温表冷冰冰的,不吭声笑笑就走了。4月15日,由于直、奉联军进入北京,形势进一步恶化,鲁迅在友人齐寿山的帮助下,与许寿裳等转移到了德国医院,住在一间破旧什物的堆积房中,夜晚在水门汀地面上睡觉,白天用面包和罐头食品充饥。这时,有人从外面带来消息说,当局又计划要搜查被缉教授们的家庭了。鲁迅赶快托人把母亲和朱安夫人接出寓所躲避,暂住在东安饭店里。但鲁迅在德国医院里又不能住下去了,因为医生不同意无病的人在医院里多住。他于4月26日再次转移到法国医院。

---

① 《华盖集续编·空谈》。
② 《华盖集续编·可惨与可笑》。

在辗转避难期间，虽然生活极不安定，处境十分险恶，而鲁迅仍坚持写作，继续战斗，并且还冒着危险，到女师大等校讲课。直到5月2日，禁令稍松，局势缓和下来，鲁迅才由法国医院回到家中。

对具有自由思想的知识分子进行通缉，当然是属于政治迫害，但鲁迅却同时看到了另一方面的问题。在对徐谦等五人的通缉令发布时，鲁迅就说："以上是政治上的事，我其实不很了然。但从别一方面看来，所谓'严拿'者，似乎倒是赶走；所谓'严拿'暴徒者，似乎不过是赶走北京中法大学校长兼清室善后委员会委员长（李），中俄大学校长（徐），北京大学教授（李大钊），北京大学教务长（顾），女子师范大学校长（易）；其中的三个又是俄款委员会的委员：一共空出九个'优美的差缺'也。"① 五十人名单披露后，鲁迅又写了《大衍发微》，作进一步的揭发。大衍者，五十之数也，语出《周易·系辞》："大衍之数五十。"虽然报上的名单只有四十八名，五十缺二，"不知是失抄，还是象九六的制钱似的，这就算是足串了。"但这无关紧要，要紧的是这通缉令背后所隐藏的内容。鲁迅将名单上诸人的籍贯、职务开列出来，就可以看出许多秘密来："甲，改组两个机关：1，俄国退还庚子赔款委员会；2，清室善后委员会。乙，'扫除'三个半学校：1，中俄大学；2，中法大学；3，女子师范大学；4，北京大学之一部分。丙，扑灭四种报章：1，《京报》；2，《世界日报》及《晚报》；3，《国民新报》；4，《国民晚报》。丁，'逼死'两种副刊：1，《京报副刊》；2，《国民新报副刊》。戊，妨碍三种期刊：1，《猛进》；2，《语丝》；3，《莽原》。"此外，还可以看出一些额外的形态："1，连替女师大学生控告章士钊的律师都要获罪，……。2，陈源'流言'中的所谓'某籍'，有十二人，占全数四分之一。3，陈源'流言'中的所谓'某系'（案盖指北大国文系也），计有五人。4，曾经发表反章士钊宣言的北大评议员十七人，有十四人在内。5，曾经发表反杨荫榆宣言的女师大教员七人，有三人在内，皆'某籍'。"两年多以后，当鲁迅把这篇文章收入《而已集》作为"附录"时，自称他是用"唯饭史观"的眼光，来探究所以要捉这凑成"大衍之数"的人们的原因，说是"由今观之，还觉得'不为无见'。"

段祺瑞和张作霖的统治，使得北方的政治愈来愈黑暗了，而1926年7月，国民革命军誓师北伐，在南方呈现出了新的希望。鲁迅决定离开北京，到南方去。此时，与他一起参加女师大斗争，并且一同被列入通缉名单的林语堂，已到厦门大学担任文科主任，该校还要创办国学研究院，邀请鲁迅去担任国文系教授兼

---

① 《华盖集续编·可惨与可笑》。

十六、正视淋漓的鲜血

国学院研究教授。鲁迅遂于8月26日离开了长期工作和战斗过的北京，途经上海，到厦门去。许广平同行，她要到广州去教书。

在离开北京前几天，鲁迅应邀参加女师大的毁校周年纪念会，并作了演说。因为他头天晚上正在校对译本《工人绥惠略夫》，准备重印，所以就从这本书的主人公绥惠略夫谈起，谈到他作为改革者不为群众所理解，受到迫害，便转而变为仇恨一切，破坏一切；并进而谈到中国式的破坏者，谈到杨荫榆章士钊们对于女师大的破坏。他认为杨荫榆的破坏与张献忠的破坏颇为相近，张献忠之屠戮川民，据说是因为李自成先进北京做了皇帝，他便杀尽了百姓，使他做不成皇帝。鲁迅说："这真是万分可惜的事，我们中国人对于不是自己的东西，或者将不为自己所有的东西，总要破坏了才快活的。杨荫榆知道要做不成这校长，便文事用文士的'流言'，武功用三河的老妈，总非将一班'毛鸦头'赶尽杀绝不可。……这虽然是一个可笑的极端的例，但有这一类的思想的，实在并不止张献忠一个人。"

正因为如此，"所以我们是过着受破坏了又修补，受破坏了又修补的生活。我们的许多寿命白费了。"女师大也正是处于破坏了再修补的状况。但他鼓励青年道："我们所可以自慰的，想来想去，也还是所谓对于将来的希望。希望是附丽于存在的，有存在，便有希望，有希望，便是光明。如果历史家的话不是诳话，则世界上的事物可还没有因为黑暗而长存的先例。黑暗只能附丽于渐就灭亡的事物，一灭亡，黑暗也就一同灭亡了，它不永久。然而将来是永远要有的，并且总要光明起来；只要不做黑暗的附着物，为光明而灭亡，则我们一定有悠久的将来，而且一定是光明的将来。"①

但鲁迅到厦门不久，即听到北京传来的消息说，教育部直接用武装军警，强迫接管了女师大，教职员已经全部离开了。呜呼！他实在已无话可说。

---

① 《华盖集续编·记谈话》。

十七、在死海里激起了波涛

厦门地处东南海隅,背山面水,风景佳绝。但那时尚未开发,交通极其不便。不要说飞机、火车,就连汽车和人力车都还没有,远程短途,全靠船只。鲁迅从上海坐海轮抵达厦门,一路无风,倒很平稳。但上岸之后,就碰到难题,既无车可乘,当地的方言又一字不懂,他只得先到中和旅馆暂时住下,再通知林语堂。当日林语堂、沈兼士、孙伏园到旅馆来接,即雇船移入厦门大学。

厦门大学创办于1921年4月,到1926年9月4日鲁迅抵达,已近五年半时间,却连单身教员的宿舍也还没有。鲁迅初到时,被安顿在生物学院大楼三层楼上一间作陈列室用的大房间里,这间屋面对海洋,眺望风景虽佳,而出行却极其不便,一上一下,须走一百九十二级石阶。他调侃道:"要练脚力,甚合式也"。住了不到一个星期,就遇上飓风。这里的飓风非常厉害,林语堂住宅的房顶也吹破了,门也吹破了,粗如笔管的铜闩也都挤弯,毁坏东西不少。幸好鲁迅住的屋子只破了一扇外层的百叶窗,此外并无损失,可说是有惊无险。但第三天学校附近的海边,却漂来不少东西,有桌子,有枕头,还有死尸,可见别处还翻了船或漂没了房屋。虽然这种强烈的飓风不是常有,但破坏力之大,却着实惊人。

高楼上的生活非常不便,连喝开水也很不容易,鲁迅只好少饮茶,以适应环境,连常服的健胃补脑药散拿吐瑾也停掉了,因为服用此药,须同时用冷热两种水,这在别处虽属小事一桩,但此时却也难于办到了。而且这座高楼也住不安稳,三个星期后,生物学院要收回房间作陈列物品之用,校方催鲁迅搬出,却又不指定搬到哪里,教员寄宿舍已经人满,而附近又无客栈,真是令人无法可想。幸好这时图书馆馆长请假,由林语堂暂时代理,他就在图书馆楼上腾出房间将几位教员安顿下来。这里比生物学院大楼方便得多了,"一上一下,只须走扶梯五十二级矣"。而且离开那些语言无味的人,他也感到畅快。现在住在他

十七、在死海里激起了波涛

1926年9月11日鲁迅寄给许广平的"厦门大学全景"明信片,并在上面写明所住生物楼的位置

隔壁的是孙伏园和张颐——原先也是北大教员,而且是民党,都还可以谈谈。但不久孙伏园就到广东去,张颐也搬走了,很大的图书馆楼里只有鲁迅一个人住着,就显得很寂寞。后来,他描写这时的心境道:"记得还是去年躲在厦门岛上的时候,因为太讨人厌了,终于得到'敬鬼神而远之'式的待遇,被供在图书馆楼上的一间屋子里。白天还有馆员,钉书匠,阅书的学生,夜九时后,一切星散,一所很大的洋楼里,除我以外,没有别人。我沉静下去了。寂静浓到如酒,令人微醺。望后窗外骨立的乱山中许多白点,是丛冢;一粒深黄色火,是南普陀寺的琉璃灯。前面则海天微茫,黑絮一般的夜色简直似乎要扑到心坎里。我靠了石栏远眺,听得自己的心音,四远还仿佛有无量悲哀,苦恼,零落,死灭,都杂入这寂静中,使它变成药酒,加色,加味,加香。这时,我曾经想要写,但是不能写,无从写。这也就是我所谓'当我沉默着的时候,我觉得充实,我将开口,同时感到空虚'。""莫非这就是一点'世界苦恼'么?我有时想。然而大约又不是的,这不过是淡淡的哀愁,中间还带些愉快。我想接近它,但我愈想,它却愈渺茫了,几乎就要发见仅只我独自倚着石栏,此外一无所有。必须待到我忘了努力,才又感到淡淡的哀愁。"①

厦门大学虽然是新开办的,但管理及设施却极其落后。邮政代办处不送信,

---

① 《三闲集·怎么写》。

集美楼二楼西侧鲁迅居室内景

要自己去找,去领;大楼里不设便所,如厕要到很远的地方去。鲁迅住在图书馆时,到邮政代办处大约要走八十步,再加八十步,才到便所。白天跑这么远去上便所已是相当不便,天一黑,则行路更难,就只好在楼下的草地上了事。鲁迅慨叹道:"此地的生活法,就是如此散漫,真是闻所未闻。"②后来发现周围颇多小蛇,常有被打死者,虽然颚部多不膨大,大抵是没有什么毒的,但到天暗之后,也就不到草地上走,连夜间小便也不下楼去了,就用磁的唾壶装着,看夜半无人时,即从窗口泼下去。鲁迅自嘲道:"这虽然近于无赖,但学校的设备如此不完全,我也只得如此。"③

鲁迅虽被人称为"世故老人",其实当时无论是体质和心态都还不老,仍充满青春的活力,时有"聊发少年狂"的举动。在他住处楼下的后面有一片花圃,用有刺的铁丝拦着,他因为要看它有怎样的拦阻力,有天下午就跳了一回试试。不过虽然跳出去了,但那刺却给了他两个小伤,一在股上,一在膝旁,好在并不深,到晚上就全愈了。他恐怕要受到许广平的告诫,所以特地对她说:"这是因为知道没有什么危险,所以试试的,倘觉可虑,就很谨慎。"③

鲁迅对于这里的生活很不适应,最讨厌的是饮食问题。他在许多书信里每曾道及。如9月7日致许寿裳信云:"此地风景极佳,但食物极劣";10月3日致川岛信说:"但饭菜可真有点难吃,厦门人似乎不大能做菜也。饭中有沙,其色白,视之莫辨,必吃而后知之。我们近来以十元包饭,加工钱一元,于是而饭中之沙免矣,然而菜则依然难吃,吃它半年,庶几能惯欤。又开水亦可疑,必须自有火酒灯之类,沸之,然后可以安心者也,否则,不安心者也。"在给许广平信中则断断续续谈得更多。当初,孙伏园住在他的间壁时,他们俩想改善伙食,有时合请厨子,有时一起包白饭,而买罐头牛肉佐餐,或由孙伏园自己动手做菜。孙伏园的烹调技术有限,有一次烧出一个满盘血红的白菜来,鲁迅问他"是什么菜?"答道:"似乎是红烧白菜之类。"鲁迅说:"你想'之类'上面还加个'似乎'也就可想

---

① 1926年9月30日致许广平信。
② 1926年10月28日致许广平信。
③ 1926年10月28日致许广平信。

十七、在死海里激起了波涛

而知了。"但"他的本领比我高,我是连'似乎之类',也没有法子的。肚饥的时候,只好吃点心和散拿吐瑾"。住到图书馆之后,用水较前方便,他又开始吃散拿吐瑾了。但他的书房兼卧室里,却放满了炊具。川岛曾经描写他所看到的鲁迅住房道:"先看见一只小水缸,水面上浮着一只马口铁的水杓;还有黄铜的打汽炉;有大大小小的铝锅;有烧开水用的水壶;板壁上挂着几个大大小小的纸包。当然还有床、书桌、书架、脸盆、暖水瓶以及其他的碗盏、瓢盆、桌椅凳之类;一间原来可以容下五六十人的教室,把它当作为卧室、书斋、接待室以及小厨房之用,也就不显得空荡荡的了。"①在这样的环境中,而且每天还要数次点燃打汽炉烧茶煮菜,要安下心来读书写作,实在不容易。

鲁迅从风沙迷漫、黄埃满天的北国来到此处,本有一番清新之感。他初到时,一个同事便告诉他:山光海气,春秋早暮都不同。还指给他石头看:这块像老虎,那块像癞虾蟆,那一块又像什么什么……但鲁迅却无心欣赏风景,听过就忘记了,他觉得,其实这些石头也不大相像什么。海滨很有些贝壳,捡了几回,也没有什么特别的。鲁迅说:"我对于自然美,自恨并无敏感,所以即使恭逢良辰美景,也不甚感动。但好几天,却忘不掉郑成功的遗迹。"②

郑成功是明末抗清的民族英雄。当清兵入关,南明覆亡,王公大臣纷纷投降之时,他却在厦门、台湾坚持抗击,直到最后。鲁迅对他是非常敬仰的。现在来到厦门,看到郑成功所筑的城墙,一想到除了台湾,这厦门乃是满人入关以后最后陷落的地方,委实觉得可悲可喜。台湾是直到1683年,即康熙二十二年才亡的,那一年,根据明朝降臣的奏议,康熙便下令修补十三经和二十一史的刻板。现在呢,有些人巴不得读经;殿板二十一史也变成了宝贝。然而郑成功的城却很寂寞,听说城脚的沙,还被人盗运去卖给对面鼓浪屿的谁,快要危及城基了。有一天清早,鲁迅望见许多小船,吃水很重,都张着帆驶向鼓浪屿去,大约便是那卖沙的同胞。面对此情此景,鲁迅真是感慨系之。

厦门的气候与北京和江浙都不同,鲁迅初到时,看见门前有一株不认识的植物,开着秋葵似的黄花,到了深秋还开着,而且还有未开的蓓蕾,正不知到什么时候才会开完。这里没有霜,也没有雪,与鲁迅《秋夜》里所写的北方的"凛秋"景象大相异趣。但这种季节的异常,很快就使鲁迅感到单调。他在10月4日给韦素园等人的信中就说:"此地初见虽然像有趣,而其实却很单调,永是这样的山,

---

① 《和鲁迅相处的日子》,人民文学出版社1958年版,第37—38页。
② 《华盖集续编·厦门通信》。

这样的海。便是天气,也永远这样暖和;树和花草,也永是这样开着,绿着。我初到时穿夏布衫,现在也还穿夏布衫,听说想脱下它,还得两礼拜。"到11月,他在《厦门通信(二)》中更表达了这种不满情绪:"我本来不大喜欢下地狱,因为不但是满眼只有刀山剑树,看得太单调,苦痛也怕很难当。现在可又有些怕上天堂了。四时皆春,一年到头请你看桃花,你想够多么乏味?即使那桃花有车轮般大,也只能在初上去的时候,暂时吃惊,决不会每天做一首'桃之夭夭'的。"

南洋华侨陈嘉庚回乡创办厦门大学,发展教育,培养人才,造福乡梓,是件好事,但经办者却把它办成一个围绕金钱旋转的秘密世界。鲁迅刚到厦大没几天,就有所感觉,他在9月7日致许寿裳信中说:"今稍观察,知与我辈所推测者甚为悬殊。"时间稍久,他就把问题看得更清楚了:"学校是一个秘密世界,外面谁也不明白内情。据我所觉得的,中枢是'钱',绕着这东西的是争夺,骗取,斗宠,献媚,叩头。没有希望。"①学校当局虽出重资聘请一些名教授,那无非是为了装点门面,以广招徕,对教师的生活却不照顾,使他们搬来搬去,居无定处,几乎成为旅行式教授。所以他的感觉是:"此地很无聊,肚子不饿而头痛。"

对于这个大学,鲁迅说"近来想到了很适当的形容了,是:'硬将一排洋房,摆在荒岛的海边'"②。而他自己,则因为"无人可谈,寂寞极矣",于是慨叹道:"为求生活之费,仆仆奔波,在北京固无费,尚有生活,今乃有费而失却了生活,亦殊无聊。"③并且说,在这样的环境之中,思想都停滞了。"这里就是不愁薪水不发。别的呢,交通不便,消息不灵,上海信的来往也需两星期,书是无论新旧,无处可买。我到此未及两月,似乎住了一年了,文字是一点也写不出。这样下去是不行的,所以我在这里能多久,也不一定。"④

厦大当局认为校方既出了钱,教员就要从速做许多工作,发表许多成绩,就像养了牛每日要挤牛乳一般;而且未免视教员为变把戏者,要他空拳赤手,显出本领来。鲁迅刚到不久,学校当局就问履历,问著作,问计划,问年底有什么成绩发表,令人看得心烦;后来鲁迅气起来,对校长说,他原已辑好了古小说十本,只须略加整理,学校既如此着急,月内便去付印就是了。但稿子拿去后,放了大约至多十分钟,就拿回来了,于是从此没有后文。这结果,不过证明他确有这部稿子,并不欺骗。

---

① 1927年1月12日致翟永坤信。
② 1926年10月23日致章廷谦信,此话又见同日致许广平信。
③ 1926年10月4日致许寿裳信。
④ 1926年10月29日致李霁野信。

十七、在死海里激起了波涛

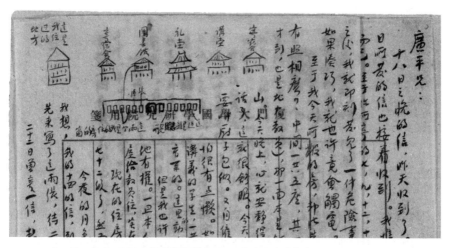

1926年9月25日夜,鲁迅在搬到集美楼之后,即在致许广平信中画出居住及工作环境图

鲁迅应聘至厦大,原想在这里住两年,认真做些事情,除教书、著作之外,还希望将先前所集成的《汉画像考》和《古小说钩沉》印出。因为这两种书籍,学术价值虽高,但造价太贵,自己印不起,也不便交北新书局出版,因为看的人一定很少,折本无疑,唯有有钱的学校才合适。但到了厦大,看看情形,便将印《汉画像考》的希望取消,并且自己缩短年限为一年。因为他发现,这里不是认真做事的地方,学校的经费不是用来发展学术事业的,校长所关心的,是他的权力,所感兴趣的,是为他装点门面的事,而不是教育事业本身。自校长处拿回稿子之后,鲁迅又将印《古小说钩沉》的意思也取消,并且自己再缩短年限为半年。

学校的教职员也很斤斤于银钱,"某人多少钱一月"等等的话,谈话中常常听见。有些人更是奴性十足,有一次开恳亲会,竟有人演说,先感谢校长给大家吃点心,次说教员吃得多么好,住得多么舒服,薪水又这么多,应该大发良心,拼命做事,而校长如此体贴大家,真如父母一样……鲁迅最见不得这种奴才相,他说:"我真就要跳起来,但立刻想到他是玉堂的哥哥,我一翻脸,玉堂必大为敌人所笑,我真是'哑子吃苦瓜',说不出的苦,火焰烧得我满脸发热。"[①]好在已有别一个教员起来驳斥他了,结果自然闹得不欢而散。还有稀奇的事情,是教员里面,竟有对于驳斥他的教员,不以为然的。他说,在西洋,父子和朋友不大两样,

---

① 1926年11月18日致许广平信。收入《两地书》时,这段话被删去,改为"我真要立刻跳起来"。

所以说谁和谁如父子,也就是谁和谁如朋友的意思。这个人是西洋留学生,他到西洋一番,竟学得了这样的大识见,真是令人感慨。鲁迅说:"我才知道在金钱下的人们是这样的,我决计要走了"。

鲁迅一向生活朴素,衣着随便,在这个"金钱世界"里,是很出人意料之外的。《厦声日报》记者曾特别报导道:"没有一点架子,也没有一点派头,也没有一点客气,衣服也随便,铺盖也随便,说话也不装腔作势……"但在衣冠取人的社会里,这是要遭到歧视的。鲁迅第一次领到厦大的薪水,四百元的支票,自己拿到美丰银行去兑现,商埠的钱鬼子看见这个穿着破灰布棉袍、头发很长的老头,眼珠往上一翻,就问:"这张支票是你的吗?"鲁迅吸了一口烟,还他一个白眼,一语不发;钱鬼子连问三次,鲁迅连吸了三口烟。那张支票到底在无言的抗议中兑现了①。后来在给鲁迅饯行的宴会上,当时还有些资本家在座,校长林文庆介绍其中一位说:"某某先生是我们的董事。我们私立大学不管别的,谁捐钱就可以作董事。"鲁迅毫不犹豫地从口袋里掏出两毛钱来往桌上一拍,说:"我捐两毛钱可以作董事吗?"这又是向"金钱世界"所作的一次有言的抗议②。

鲁迅在厦门也有高兴的事,那就是此地民众对于辛亥革命纪念日的热烈情绪,较之北京市民的冷漠态度,真是不可同日而语。北京市民在双十节时的那种懒洋洋的神态,很刺伤了鲁迅的心,他在《头发的故事》里,曾有深刻的讽刺。现在在厦门看到的是却另一番景象,10月10日当晚,他就欣喜地给许广平写信道:"今天是双十节,却使我欢喜非常,本校先行升旗礼,三呼万岁,于是有演说,运动,放鞭爆。北京的人,似乎厌恶双十节似的,沉沉如死,此地这才像双十节。我因为听北京过年的鞭爆听厌了,对鞭爆有了恶感,这回才觉得却也好听。中午同学生上饭厅,吃了一碗不大可口的面(大半碗是豆芽菜);晚上是恳亲会,有音乐和电影,电影因为电力不足,不甚了然,但在此已视同宝贝了。教员太太将最新

---

① 据罗常培:《从厦门解放引起的感想》,见《忆鲁迅》,第60页。另据林夕音的回忆,说是兑款地点是在集通行,经理看到一个薪水四百大洋的教授,穿得这个样子,很有些担心,在问清所属的系科之后,叫鲁迅坐在会客室里看报,自己打电话给厦大会计室问清了领款人的相貌特征,才让他去办领款手续。

② 据罗常培:《从厦门解放引起的感想》。关于此事,也有不同的说法,有说地点是在饯行的宴会上,有说是在讨论文科预算的会议上;谈话的内容,各人回忆也不尽相同,如林希谦在《关于鲁迅先生二三事》中说:在饯行时,"林文庆谈停办国学研究所的事,他说私立学校最高权力在董事不在校长,董事是捐款人,校长只能照董事之意办理。鲁迅先生问谁都可以作捐款人吗? 林文庆应说自然。鲁迅先生就拿出铜元一枚说,我也来做个捐款人。林文庆笑着将铜元收下。以后又谈别的事,席间谈笑如常。"

十七、在死海里激起了波涛

的衣服都穿上了,大约在这里,一年中另外也没有什么别的聚会了罢。""听说厦门市上今天也很热闹,商民都自动地挂旗结彩庆贺,不像北京那样,听警察吩咐之后,才挂出一张污秽的五色旗来。此地人民的思想,我看其实是'国民党的'的,并不怎样老旧。"

鲁迅是辛亥以前就革命过来的人,所以对民国十分珍惜,对北伐战争的进展也十分关心。在《两地书》的原信中,常有为北伐军的胜利而高兴的文字。如:

9月14日信:"此地北伐顺利的消息也甚多,极快人意。报上又常有闽粤风云紧张之说,在此却看不出;不过听说鼓浪屿上已有很多寓客,极少空屋了,……"

9月30日信:"看今天的报章,登有上海电(但这些电甚什来路,却不明),总结起来:武昌还未降,大约要攻击;南昌猛扑数次,未取得;孙传芳已出兵。吴佩孚似乎在郑州,现正与奉天方面暗争保定大名。"

10月10日信:"今天听到一种传说,说孙传芳的主力兵已败,没有什么可用的了,不知确否。"

10月15日信:"今天本地报上的消息很好,但自然不知道可确的,一,武昌已攻下;二,九江已取得;三,陈仪(孙之师长)等通电主张和平;四,樊锺秀已取得开封,吴逃保定(一云郑州)。总而言之,即使要打折扣,情形很好总是真的。"

10月20日信:"北伐军得武昌,得南昌,都是确的;浙江确也独立了,上海近旁也许又要小战,建人又要逃难,……"

10月23日信:"浙江独立,是确的了;今天听说陈仪的兵已与卢香亭开仗,那么,陈在徐州也独立了。但究竟确否,却不能知。闽边的消息倒少听见,似乎周荫人是必倒的,而民军则已到漳州。"

11月8日信:"浙江独立早已灰色,夏超确已死了,是为自己的兵所杀的,浙江的警备队,全不中用。今天看报,知九江已克,周凤歧(浙兵师长)降,也已见于路透电,定是确的,则孙传芳仍当声势日蹙耳,我想浙江或当还有点变化。"

11月25日信:"今天本地报上的消息很好,泉州已得,浙陈仪又独立,商震反戈攻张家口,国民一军将至潼关。此地报纸大概是民党色彩,消息或倾于宣传,但我想,至少泉州攻下总是确的。"

从这些文字中,我们可以看出鲁迅当时的政治倾向和精神关注所在。正因为如此,所以他才会对于研究系和"现代评论派"深恶而痛绝之,因为他们在北京是支持北洋军阀政府的。现在由于形势的变化,他们也陆续南下,改换门庭了。鲁迅很为国民党担心,他在10月20日致许广平信中说:"研究系比狐狸还坏,而国民党则太老实,你看将来实力一大,他们转过来来拉拢,民国便会觉得他们也并不坏。今年科学会在广州开会,即是一证,该会还不是多是灰色的学者么?科学在那里?而广州则欢迎之矣。现在我最恨什么'学者只讲学问,不问派别'这些话,假如研究造炮的学者,将不问是蒋介石,是吴佩孚,都为之造么?国民党有力时,对于异党宽容大量,而他们一有力,则对于民党之压迫陷害,无所不至,但民党复起时,却又忘却了,这时他们自然也将故态隐藏起来。上午和兼士谈天,他也很以为然,希望我以此提醒众人,但我现在没有机会,待与什么言论机关有关系时再说罢。"这段话可以看作是《论"费厄泼赖"应该缓行》题旨的延续,他是为中国的革命前途着想,才有此忧虑。这时,鲁迅所看到的还是国民党革命的一面,而且把国民革命军总司令蒋介石也作为革命力量看待,所以才有此议论。但到1932年编辑《两地书》,准备公开出版时,情况有了很大的变化。取得统治权的国民党已经变质,蒋介石成为新的独裁者,他们不但不去打击旧势力,而且还联合旧势力来打击革命力量。鲁迅对于国民党的态度也由支持而转为反对,所以就把这段话删掉了。此乃后话。

在厦门大学国学院里,与鲁迅同时南来的,还有顾颉刚。他自称只佩服胡适、陈源两个人,而鲁迅则称他为"陈源之流"。顾颉刚受聘之后,即呼朋引类,安插羽翼,巴结当局,联络同事,形成一股势力。他们一面各人接来家眷,准备作长久之计,一面则千方百计地排斥鲁迅。这一点,鲁迅很快就觉察到了,他在9月30日致许广平的信中就说:"此地所请的教授,我和兼士之外,还有顾颉刚。这人是陈源(之流),我是早知道的,现在一调查,则他所荐引之人,在此竟有七人之多,玉堂与兼士,真可谓胡涂之至。此人颇阴险,先前所谓不管外事,专看书云云的舆论,乃是全都为其所欺。他颇注意我,说我是名士派,可笑。好在我并不想在此挣子孙帝王万世之业,不管他了。只是玉堂们真是呆得可怜。"①

他们还将女师大的一个办事员黄坚引荐给林语堂做襄理,此人尤善兴风作浪,鲁迅说他"大概是有喜欢给别人吃点小苦头的脾气的"。他在人前称鲁迅为"吾师",却常常在生活上故意刁难。鲁迅从生物学院搬到图书馆楼上的时候,房

---

① 此段引文据原信。《两地书》在1933年出版时略有改动。顾颉刚之名隐去,代以"朱山根",山根者鼻子也,朱乃红色,以其鼻子发红之故,蔑称之。"此人是陈源"后,加"之流"二字,盖原来漏写,后补上。"玉堂与兼士,真可谓胡涂之至"、"此人颇阴险"、"只是玉堂们真是呆得可怜"诸语皆删去。"他颇注意我"改为"他已在开始排斥我"。

十七、在死海里激起了波涛

间里器具毫无，向他们要时，黄坚就故意特别刁难起来，要鲁迅开账签名具领，于是，鲁迅就给碰了一个钉子而又大发其怒。大发其怒之后，器具就有了，还格外添了一把躺椅，总务长亲自监督搬运。鲁迅讨厌这种人，曾想辞去国学院的研究教授兼职，林语堂又将聘书送来，终于辞不掉。据说林语堂因此一夜睡不着，鲁迅说："使玉堂睡不着，我想，这是对他不起的，所以只得收下，将辞意取消。"而且仍旧做他该做的事，开手编写讲义。但黄坚仍不改其喜欢刁难的本性，处处要显示他的权力。几天后，学校要开展览会，沈兼士要鲁迅选一部分他所收藏的碑碣拓片去陈列，鲁迅答应了。但他只有一张小书桌和小方桌，不够用，只得摊在地上，伏着，一一选出。及至拿到会场去时，除孙伏园自告奋勇，同去陈列之外，没有第二人帮忙，寻校役也寻不到，于是只得二人陈列，高处则须桌上放一椅子，由鲁迅站上去。弄至中途，黄坚又硬将孙伏园叫去了，因为他是"襄理"，有叫孙伏园去的权力。沈兼士看不过去，便自来帮忙。他已喝了一点酒，这回跳上跳下，晚上就大吐了一通。鲁迅感慨道："襄理的位置，正如明朝的太监，可以倚靠权势，胡作非为，而受害的却不是他，是学校。昨天因为黄坚对书记下条子（上谕式的），下午同盟罢工了，后事不知如何。玉堂信用此人，可谓昏极。我前回辞国学院研究教授而又中止者，因恐怕兼士玉堂为难也，现在看来，总非坚决辞去兼职不可，人亦何苦因为太为别人计，而自轻自辱至此哉！"①

而学校当局的性质，也是与此辈相合的，所以"现代评论派"的势力就迅速膨胀起来。鲁迅原以北京为污浊，乃至厦门，现在看来，可谓妄想。他说："北京如大沟，厦门则小沟也，大沟污浊，小沟独干净乎哉？"②在北京，还有北大国文系的同仁们对抗着"现代评论派"，而这里的国学院却弄了一大批"陈源之徒"，他觉得毫无希望。"我是不与此辈共事的，否则，何必到厦门。"

有一次，一个在陕西讲学时认识的外来教员和鲁迅谈起，知道有几个这回同来的人物之排挤鲁迅，渐渐显著了，因为从他们的语气里，他已经听得出来，而且他们似乎还同他去联络。这位教员于是叹息道："玉堂敌人颇多，对于国学院不敢下手者，只因为兼士和你两人在此也。兼士去而你在，尚可支持，倘你亦走，敌人即无所顾忌，玉堂的国学院就要开始动摇了。玉堂一失败，他们也站不住了。而他们一面排斥你，一面又个个接家眷，准备作长久之计，真是胡涂"云云。鲁迅说："我看这是确的，这学校，就如一坐梁山泊，你枪我剑，好看煞人。北

---

① 1926年10月10日致许广平原信。
② 1926年10月23日致章廷谦信。

京的学界在都市中挤轧,这里是在小岛上挤轧,地点虽异,挤轧则同。但国学院中的排挤现象,反对者还未知道(他们以为小鬼们是兼士和我的小卒,我们是给他们来打地盘的),将来一知道,就要乐不可支。我于这里毫无留恋,吃苦的还是玉堂,玉堂一失势,他们也就完,现在还欣欣然自以为得计,真是愚得可怜。我和玉堂交情,还不到可以向他说明这些事情的程度,即使说了,他是否相信,也难说的。我所以只好一声不响,自做我的事,他们想攻倒我,一时也很难,我在这里到年底或明年,看我自己的高兴。至于玉堂,大概是爱莫能助的了。"①事情的发展,果不出其所料,鲁迅走后不久,林语堂就无法支撑,不久也就离开了厦大,那些准备作长久之计的人,也只好卷铺盖走人。拉帮结派,排斥异己者,最终还是拆了自己的台,这大概也是一种普遍规律。

但鲁迅对青年却具有极大的吸引力,他的到来,很受厦大学生的欢迎。青年们熟知鲁迅的战绩,爱读他的作品,希望他能对厦门社会施行攻击,他们好跟着来开枪。有几个本地学生只恐鲁迅在此住不惯,甚至星期六不回家,预备星期日鲁迅若到市上去玩,他们好陪同去作翻译。因为鲁迅到了厦门大学,外地有些青年就追随而至,竟有千里迢迢从河南中州大学转学而来的。当时厦大学生很少,只有四百多人,分成很多系科,每系又分三级,有的全班只有一个学生,天天和教员对坐而听讲。但来听鲁迅讲课的学生却很多,不但有国文系全部,而且还有英文系、教育系的。后来,商科、法科、理科的学生,还有校内的助教、校外的记者也都跑来了,不但教室坐满,有许多人是靠墙站着听的。鲁迅从容讲学,娓娓动听,使人乐而不倦。在听课的学生中,很有几名女生,正在热恋中的鲁迅,还特地向自己的爱人表示态度云:"听讲的学生倒多起来了,大概有许多是别科的。女生共五人。我决定目不邪视,而且将来永远如此,直到离开厦门,和HM相见。"②真是痴态可掬!HM是"害马"的英文拼音缩写,女师大学潮时,杨荫瑜污蔑许广平等学生干事为"害群之马",鲁迅即戏称许广平为"害马",有时写作HM,许广平在信中也常自署YOUR H.M.。

在厦大国文系所公布的课程表中,鲁迅原来是开三门课:文学史纲要,小说选及小说史,声韵文字训诂专书研究,但声韵文字训诂课程太专门,选的人少,而且与沈兼士的专题课重复,所以把选修的学生并到沈兼士的课中去,鲁迅

---

① 1926年10月21日致许广平信,收入《两地书》时略有改动,如"就如一坐梁山泊"改为"就如一部《三国志演义》";并删去如下几句:"玉堂一失势,他们也就完,现在还欣欣然自以为得计,真是愚得可怜。"
② 1926年9月30日致许广平信。

十七、在死海里激起了波涛

实际上只开了两门课：中国文学史和中国小说史。小说史已有成书，无须预备；文学史则须编讲义。鲁迅说："看看这里旧存的讲义，则我随便讲讲就很够了，但我还想认真一点，编成一本较好的文学史。"①厦大图书资料极其缺乏，鲁迅就自己托人在上海买了大批书籍，开手编书。后因提前离开厦门而未终卷，只写到西汉两司马就停住了。已成的部分计有十篇：第一篇：自文字至文章；第二篇：书与诗；第三篇：老庄；第四篇：屈原与宋玉；第五篇：李斯；第六篇：汉宫之楚声；每七篇：贾谊与晁错；第八篇：藩国之文术；第九篇：武帝时文术之盛；第十篇：司马相如与司马迁。这十篇的内容虽然只占中国文学史的一小部分，而且写得比较简略，只是纲要而已，但已表现出与众不同的特色。

本书最主要之特色，是彻底打破了儒家的诗教，不以兴观群怨的观点来论诗文，而严格地从文学性的角度来书写文学史。因而他把道家的文章放在儒墨之上，说是"然儒者崇实，墨家尚质，故《论语》《墨子》，其文辞皆略无华饰，取足达意而已"，认为到了《孟子》才有较多的文学性，谓孟轲"生当周季，渐有繁辞，而叙述则时特精妙"。而对道家之文，则十分推崇，说："然文辞之美富者，实惟道家"，并特别关注《庄子》一书，谓庄周"著书十余万言，大抵寓言，人物土地，皆空言无事实，而其文则汪洋辟阖，仪态万方，晚周诸子之作，莫能先也"。同时，他还将李斯列为专章，又将贾谊与晁错合为一章，加以评介。后之论者，认为这是他崇尚法家的缘故。诚然，鲁迅在厦门期间，就曾自我解剖道："就是思想上，也何尝不中些庄周韩非的毒，时而很随便，时而很峻急。"②但鲁迅这里所论，并非以个人兴趣为转移，而是严格地按照文学性的视点来看问题。他的论述是客观的："法家大抵少文采，惟李斯奏议，尚有华辞"，如《谏逐客书》。而且还看到李斯对后世的影响："二十八年，始皇始东巡群县，群臣乃相与诵其功德，刻于金石，以重后世。其辞亦李斯所为，今尚有流传，质而能壮，实汉晋碑铭所从出也。"这大概是他研究金石碑刻的心得，认为要研究汉晋的碑铭，还得从李斯入手。而贾谊晁错虽则所述在于"明申商"，但他们的文章都很有文采，"皆为西汉鸿文，沾溉后人，其泽甚远"。

正因为从文学性的角度来看文学史，他在分析作家作品时，就很重视艺术形式的创新和流变，而不单看内容。比如，他对于屈赋的肯定，就着重在文辞形式之变。他说："《离骚》之出，其沾溉文林，既极广远，评骘之语，遂亦纷繁，

---

① 1926年9月14日致许广平信。
② 《坟·写在〈坟〉后面》。

扬之者谓可与日月争光,抑之者且不许与狂狷比迹,盖一则达观于文章,一乃局蹐于诗教,故其裁决,区以别矣。实则《离骚》之异于《诗》者,特在形式藻采之间耳,时与俗异,故声调不同;地异,故山川神灵动植皆不同……楚虽蛮夷,久为大国,春秋之世,已能赋诗,风雅之教,宁所未习,幸其固有文化,尚未沦亡,交错为文,遂生壮采。"又如,在论及司马相如时,就很强调他在形式上的创新:"盖汉兴好楚声,武帝左右亲信,如朱买臣等,多以楚辞进,而相如独变其体,益以玮奇之意,饰以绮丽之辞,句之短长,亦不拘成法,与当时甚不同。故扬雄以为使孔门用赋,则贾谊升堂,相如入室。"而在评介司马迁时,则强调他的《史记》能打破成法的独创性和发乎情的感染性:"恨为弄臣,寄心楮墨,感身世之戮辱,传畸人于千秋,虽背《春秋》之义,固不失为史家之绝唱,无韵之《离骚》矣。惟不拘于史法,不囿于字句,发于情,肆于心而为文,故能中茅坤所言:'读《游侠传》即欲轻生,读屈原、贾谊传即欲流涕,读庄周、鲁仲连传即欲遗世,读《李广传》即欲立斗,读《石建传》即欲俯躬,读信陵,平原君传即欲养士'也。"

这十篇文学史论纲,曾作厦大油印讲义发给学生,但在鲁迅生前未曾正式发表。当时沈兼士曾向他索取,也以不成熟故而推诿了,回信说:"文学史稿编制太草率,至正月末约可至汉末,挂漏兹多,可否免其献丑,稍积岁月,倘得修正,当奉览也。"①但因情况的变化,既未写至汉末,也没有机会修改。这份讲义在他逝世之后,收入《鲁迅全集》中。因其止于西汉两司马,而且只是简要的论纲,故定名为《汉文学史纲要》。

鲁迅来到厦门以后,虽然北京的杂志不断催稿,但由于伏处海滨,几与社会隔绝,又无刺激,所以杂文写得很少,而回忆却出土了,他继续写作在北京已开始了的《旧事重提》(后改名为《朝花夕拾》),写了《从百草园到三味书屋》、《父亲的病》、《琐记》、《藤野先生》、《范爱农》等五篇。杂文集《坟》这时也在北京印行,他又为之写了《题记》和跋:《写在〈坟〉后面》。《坟》是鲁迅从1907年至1925年的重要文章的结集,标志着他从事文艺运动以来的思想历程。鲁迅回顾着逝去的岁月,分析着自己所走过的道路,又看看当前的思潮,不禁思绪万千。

鲁迅一向提倡直面人生,强调正视现实,他的文章也以说真话著称,但是在《写在〈坟〉后面》里,他很坦率地说:"这其实是过誉"。"我自然不想太欺骗别人,但也未尝将心里的话照样说尽,大约只要看得可以交卷就算完。我的确时

---

① 1926年12月19日致沈兼士信。

十七、在死海里激起了波涛

时解剖别人,然而更多的是更无情面地解剖我自己,发表一点,酷爱温暖的人物已经觉得冷酷了,如果全露出我的血肉来,末路正不知要到怎样。"他自认为并不是能为青年引路的导师,因为他本身就在寻路,"在寻求中,我就怕我未成熟的果实偏偏毒死偏爱我的果实的人,而憎恨我的东西如所谓正人君子也者偏偏都矍铄,所以我说话常不免含胡,中止,心里想:对于偏爱我的读者的赠献,或者最好倒不如一个'无所有'。""我毫无顾忌地说话的日子,恐怕要未必有了罢。但也偶尔想,其实倒还是无所顾忌地说话,对得起这样的青年。但至今也还没有决心这样做。"

《坟》是鲁迅早期所写的文言文和五四以后所写的白话文合成的杂集,在作者自己,是"还想借此暂时看看逝去的生活的余痕",取名为《坟》,就表示这里面埋葬的是过去的陈骸;但其中也还有一些值得参考的东西,他列举了早年所介绍的几位诗人的事和最末一篇的论"费厄泼赖"——当然,实际上有价值的东西远不止此。但出版时,社会上却正在复古,有些人说,要做好白话,仍须读好古文,而举例为证的人名中,其一却是鲁迅。这实在使他打了一个寒噤。不错,他曾经看过许多古书,为了教书,至今也还在看,因此耳濡目染,影响到所做的白话上,常不免流露出它的字句,体格来。"但自己却正苦于背上了这些古老的鬼魂,摆脱不开,时常感到一种使人气闷的沉重。"他很清楚地认识到自己的历史任务,"是在有些警觉之后,喊出一种新声;又因为从旧垒中来,情形看得较为分明,反戈一击,易制强敌的死命。但仍应该和光阴偕逝,逐渐消亡,至多不过是桥梁中的一木一石,并非什么前途的目标,范本。跟着起来便该不同了,倘非天纵之圣,积习当然也不能顿然荡除,但总得更有新气象。以文字论,就不必更在旧书里讨生活,却将活人的唇舌作为源泉,使文章更接近语言。"但现在呢,思想上不必说,便是文辞,许多青年作者又在古文,诗词中摘些好看而难懂的字面,作为变戏法的手巾,来装潢自己的作品了。这是新文艺的试行自杀,是显而易见的。

鲁迅在厦门时,又将本年所写的文章编成一集,准备付印。他在10月14日所写的《小引》中说:"还不满一整年,所写的杂感的分量,已有去年一年的那么多了。秋来住在海边,目前只见云水,听到的多是风涛声,几乎和社会隔绝。如果环境没有改变,大概今年不见得再有什么废话了罢。"书名仍叫《华盖集》,因为年月虽改,而情形依旧。然而年月究竟是改了,所以只得又添上两个字:"续编"。但后来又将在厦门所写的几篇文章附在后面,谓之"续编的续编",最后一篇《海上通信》,写于从厦门到广州的海船上,算是厦门生活的结束。

鲁迅既然作为名人被请到厦门大学,难免要在一定场合被请出来演讲。但他一向不喜演讲,而且他的意见又与主事者很不相同,这就使他十分为难了。鲁迅很有独立精神,不愿意去迎合别人的意见,在万不得已需要演说时,还是要直抒己见。比如,有一次校方要鲁迅到周会上去演说,他明知校长是尊孔的,并在学校里提倡旧文化,但他仍说他的"少读中国书"主义,并且说学生应该做"好事之徒",盖凡社会一切事物,惟其有好事之人,而后可以推陈出新,日渐发达。当然,他不能劝人人皆为甚大之好事者,但小小之好事,则不妨一尝试之,万一不能,则对于好事之徒,当不随俗而加以笑骂,尤其是对于失败之好事之徒。这其实是在鼓励改革。而校长忽而大以为然,说陈嘉庚也正是"好事之徒",所以肯兴校,而不悟和他的尊孔主张冲突。这真是够糊涂的了。后来,集美学校要请国学院里的人轮流去演说,第一次是鲁迅与林语堂。那招待法很隆重,前一夜就有秘书来迎接。这位秘书和鲁迅谈起,校长的意思是以为学生是应该专门埋头读书的。鲁迅就说,那么我却以为也应该留心世事,和校长的尊意正相反,不如不去的好罢。他却以为不妨,也可以说说。于是他们第二天就去了,校长先殷勤地请吃饭。鲁迅说:"我却一面吃,一面愁。心里想,先给我演说就好了,听得讨厌,就可以不请我吃饭;现在饭已下肚,倘使说话有背谬之处,适足以加重罪孽,如何是好呢。"午后演说,鲁迅说的是照例的聪明人不能做事,因为他想来想去,终于什么也做不成等类的话。那时校长坐在背后,他的表情鲁迅看不见,后来厦大风潮起来,才听说这位校长也说集美学校的闹风潮,也是鲁迅不好,对于青年人说话,哪里可以说人是不必想来想去的呢。并说当鲁迅说到这里的时候,他还在后面摇头呢。鲁迅感叹道:"我的处世,自以为退让得尽够了,人家在办报,我决不自行去投稿;人家在开会,我决不自己去演说。硬要我去,自然也可以的,但须任凭我说一点我所要说的话,否则,我宁可一声不响,算是死尸。但这里却必须我开口说话,而话又须合于校长之意。我不是别人,那知道别人的意思呢?'先意承志'的妙法,又未曾学过。其被摇头,实活该也。"①

不但如此,鲁迅有时还被作为一种摆饰,用来应付场面上的事。比如,太虚和尚来厦门时,南普陀寺和闽南佛学院设宴招待,就发请柬邀鲁迅作陪,鲁迅不习惯于此种应酬,决计不去,而本校的职员硬要他去,说否则他们将以为本校看不起他们。鲁迅说:"个人的行动,会涉及全校,真是窘极了,我只得去,只穿一件

---

① 《华盖集续编·海上通信》。

蓝洋布大衫而不戴帽,乃敝人近日之服饰也。"这种随便的穿着,其实也是不肯随俗的表示。去了之后,所看到的是一场愚蠢的表演。"罗庸说太虚'如初日芙蓉',我实在看不出这样,只是平平常常。入席,他们要我与太虚并排上坐,我终于推掉,将一个哲学教员供上完事。太虚倒并不专讲佛事,常论世俗事情,而作陪之教员们,偏好问他佛法,什么'唯识'呀,'涅槃'哪,真是其愚不可及,此所以只配作陪也欤。其时又有乡下女人来看,结果是跪下大磕其头,得意之状可掬而去。"①浙江同乡会又要鲁迅去陪马寅初,他只在通知书上写了个"知"字,就不肯去了。

鲁迅来厦门,一方面是为了暂避军阀官僚"正人君子"们的迫害,另一方面也打算休息几时,并在经济上作些积累,准备日后组织新的生活,展开新的斗争。不料高长虹以为他已无用,却在上海对他发起攻击。高长虹是鲁迅办《莽原》周刊时大力扶持的青年作家,鲁迅在他身上曾经花过很多心血,甚至一边吐血,一边为他校对《心的探险》。但此人以自我为核心,极端狂妄,甚难合作。不久就到上海去另张旗帜,推行他的狂飙运动了,又因为鲁迅不给《狂飙》杂志供稿,而对他"不能谅解"——其实,鲁迅还是给他们翻译过一首诗《我独自行走》,刊于1925年3月15日出版的《狂飙》周刊第十六期上,只是后来那些短兵相接的文字,不能老远地寄到上海给《狂飙》发表罢了。但此次的公开叫板,却是因《莽原》的"退稿压稿事件"而起。所谓"退稿压稿事件",是指当时主持《莽原》编务的韦素园,退还高歌的《剃刀》,又压下向培良的《冬天》,他们以为是未名社的"安徽帮"排挤狂飙社的人,要高长虹出来说话。于是高长虹便写了两封公开信:《给韦素园先生》和《给鲁迅先生》,一面指责韦素园,一面要鲁迅出来讲话。鲁迅看到这封信后,于10月23日在给许广平的信中说:"长虹和韦素园又闹起来了,在上海出版的《狂飙》上大骂,又登了一封给我的信,要我说几句话。他们真是吃得闲空,然而我却不愿意陪着玩了,先前也陪得够苦了,所以拟置之不理。(闹的原因是因为莽原上不登培良的一篇剧本。)我的生命,实在为少爷们耗去了好几年,现在躲在岛上了,他们还不放。"后来又在《忆韦素园君》中回忆此事道:"素园在北京压下了培良的稿子,却由上海的高长虹来抱不平,要在厦门的我去下判断,我颇觉得是出色的滑稽,而且一个团体,虽是小小的文学团体罢,每当光景艰难时,内部是一定有人起来捣乱的,这并不希罕。"因为感到滑稽,所以鲁迅"拟置之不理","一声也不响",但因为他"置之不理","一声

---

① 1926年10月21日致许广平信。收入《两地书》时,删去关于自己服饰的话。

也不响",却激怒了高长虹辈,以为这是对他们的蔑视。所以高长虹就在《狂飙》上骂了起来,先骂韦素园,后骂鲁迅——但正如鲁迅在《新的世故》中所说:"这是只要有一点常识,就知道无从说起的,我并非千里眼,怎能见得这么远。"后来他在编集《两地书》时,又在上述信件中添加了一句话:"我那里知道其中的底细曲折呢"。

对于官僚、绅士们,鲁迅是针锋相对,毫不畏缩,但对于青年人,却是很退让的。所以开始时,他只在某些文章中隐约提及,如在《写在〈坟〉的后面》中说:"也不想发起一种什么运动"、"我自己早知道毕竟不是什么战士了,而且也不能算作前驱",若不知写作背景,恐难以看出这是针对高长虹的;而且还采取了许多息事宁人的措施,他要韦素园等将《莽原》改名,重画封面,以避免纠纷。但到得11月中旬,看到高长虹在《狂飙》周刊第五期(11月7日出版)上发表的《1925,北京出版界形势指掌图》以后,他的态度大变。此文所记鲁迅的话都改头换面,加以歪曲,而且搬弄是非,挑拨关系。高长虹攻击鲁迅道:"我与鲁迅,会面不只百次,然他所给与我的印象,实以此一短促时期为最清新,彼此时实在为真正的艺术家的面目。过此以往,则递降而至一不很高明而却奋勇的战士的面目,再递降而为一世故老人的面目,除世故外,几不知其他矣。"又说:"须知年龄尊卑,是乃父乃祖的因袭思想,在新的时代是最大的阻碍物。鲁迅去年不过四十五岁,岂明也大抵在四十上下,如自谓老人,是精神的堕落!"而且嘲笑他在女师大学潮中学生被迫出校后的处境道:"鲁迅遂戴其纸糊的权威者的假冠入于身心交病之状态矣!"鲁迅看了很愤怒,决定给予还击,而且《莽原》的名目也不改了,因为"《莽原》究竟不是长虹家的"①。

其实,鲁迅不但对高长虹及狂飙社里的人不满,就是对于未名社里的一些人,原也有些意见,这从他给许广平的信中可以看出。比如,上述10月23日的信中,就表现出对两面都有所不满;而10月28日信中则说:"长虹因为他们压下(压下而已)了投稿,和我论理,而他们则时时来信,说没有稿子,催我作文。我才知道牺牲一部分给人,是不够的,总非将你磨消完结,不肯放手。我实在有些愤怒了,我想至二十四期止,便将《莽原》停刊,没有了刊物,看他们再争什么。"11月7日信中又说:"前回因莽原社来信说无人投稿,我写信叫停刊,现在回信说不停,因为投稿又有了好几篇。我为了别人,牺牲已不可谓不少,现在从许多事情观察起来,只觉得他们对于我凡可以役使时便竭力役使,可以诘责时

---

① 1926年11月23日致李霁野信。

十七、在死海里激起了波涛

便竭力诘责,将来可以攻击时便自然竭力攻击……"这就是说,鲁迅并不是没有看出未名社中人的私心。但是,未名社里的人毕竟踏踏实实地做着文学工作,不以天才、豪杰自居,不像高长虹那么张狂,这还是深获鲁迅赞赏的。所以对于他们的一些缺点,也予以宽容。而且在《两地书》出版时,还改动或删去了一些对于未名社中人不满的字句,比如:10月23日信中,"长虹和韦素园又闹起来了"改为"长虹又在和韦素园闹起来了","他们真是吃得闲空"改为"真是吃得闲空",把原来对于双方都有所不满的意思,改为专指责高长虹一方了,至于将"先前也陪得够苦了,所以拟置之不理"改为"这几年,生命耗去不少,也陪得够了,所以决计置之不理",则是加重了对于高长虹的不满情绪;又如:10月28日信中删去"我才知道牺牲一部分给人,是不够的,总非将你消磨完结,不肯放手",而11月7日信中上述文字则改为:"在这几年中,我很遇见了些文学青年,由经验的结果,觉得他们之于我,大抵是可以役使时便竭力役使,可以诘责时便竭力诘责,可以攻击时自然便竭力攻击……"修改后的文字,已看不出对于未名社里人的不满了。

而狂飚社中人,则非常张狂,高长虹更是摆出一副天才、豪杰的架势,不断地对鲁迅发起攻击,连鲁迅抱病为他编选文集《心的探险》,删掉质量较差的几篇,也成为罪孽,说是"去掉的有几篇是他所不能领会的作品","况且去掉的好作品我仍可以收到别处去"[①]。这些做法自然很为鲁迅所反感。他在看到高长虹的《指掌图》后,在11月20日给许广平的信中说:"从昨天起,我的心又平静了。一是因为决定赴粤,二是因为决定对长虹们给一打击。你的话并不错;但我之所以愤慨,却并非因为他们以平常待我,而在他日日吮血,一觉得我不肯给他们吮了,便想一棒打杀,还将肉作罐头卖以获利。这回长虹笑我对章士钊的失败道,'于是遂戴其纸糊的"思想界的权威者"之假冠,而入于身心交病之状态矣。'但他八月间在《新女性》登广告,却云'与思想先驱者鲁迅合办《莽原》',自己加我'假冠',又因别人所加之'假冠'而骂我,真是不像人样。我之所以苦恼,是因我平生言动,即使青年来杀我,我总不愿意还手,而况是常常见面的人。因为太可恶,昨天竟决定了,虽是什么青年,我也不再留情面,于是作一点启事,将他利用我的名字,而对于别人用我名字的事,则加笑骂等情状,揭露出来,比他的长文要刻毒些。且毫不客气,刀锋正对着他们的所谓'狂飚社',即送登《语丝》,《莽

[①] 《走到出版界·自画自赞,自广告》,《高长虹文集》中卷,中国社会科学出版社1989年12月版,第202页。

原》、《新女性》、《北新》四种刊物。我已决定不再彷徨,拳来拳对,所以心里也舒服了。"①

这个启事,即《所谓"思想界先驱者"鲁迅启事》,极为简短,全文如下:

《新女性》八月号登有"狂飙社广告",说:"狂飙运动的开始远在二年之前……去年春天本社同人与思想界先驱者鲁迅及少数最进步的青年文学家合办《莽原》……兹为大规模地进行我们的工作起见于北京出版之《乌合》《未名》《莽原》《弦上》四种出版物外特在上海筹办《狂飙丛书》及一篇幅较大之刊物"云云。我在北京编辑《莽原》,《乌合丛书》,《未名丛刊》三种出版物,所用稿件,皆系以个人名义送来;对于狂飙运动,向不知是怎么一回事:如何运动,运动甚么。今忽混称"合办",实出意外;不敢掠美,特此声明。又,前因有人不明真相,或则假借虚名,加我纸冠,已非一次,业经先有陈源在《现代评论》上,近有长虹在《狂飙》上,迭加嘲骂,而狂飙社一面又锡以第三顶"纸糊的假冠",真是头少帽多,欺人害己,虽"世故的老人",亦身心之交病矣。只得又来特此声明:我也不是"思想界先驱者"即英文Forerunner之译名。此等名号,乃是他人暗中所加,别有作用,本人事前并不知情,事后亦未尝高兴。倘见者因此受愚,概与本人无涉。

启事虽短,而杀伤力甚大。它不但表明了鲁迅自己对于此类虚名的态度,而且揭穿了高长虹一面装出正直的面孔,指责鲁迅戴着"纸糊的假冠",另一面却又自己给他戴上新的"假冠",借鲁迅之名来招摇撞骗的卑劣伎俩。

《给鲁迅先生》和《1925,北京出版界形势指掌图》之外,高长虹又写了《时代的命运》、《我走出了化石的世界,待我吹送些新鲜的温热进来》等文,继续攻击鲁迅,鲁迅也写了《〈走到出版界〉的战略》、《新的世故》等文继续回击。在《新的世故》中,鲁迅写了很长的一节文字,坦率地表明自己的处境和态度,同时也分

---

① 本信在收入《两地书》时,这段话作了较多的修改,修改后的文字是:"从昨天起,我又很冷静了,一是因为决定赴粤,二是因为决定对长虹们给一打击。你的话大抵不错的,但我之所以愤慨,却并非因为他们使我失望,而在觉得他先前日日吮血,一看见不能再吮了,便想一棒打杀,还将肉作罐头卖以获利。这回长虹笑我对章士钊的失败道,'于是遂戴其纸糊的"思想界的权威者"之假冠,而入于身心交病之奖态矣。'但他八月间在《新女性》上登广告,却云'与思想界先驱者鲁迅合办《莽原》',一面自己加我'假冠'以欺人,一面又因别人所加之'假冠'而骂我,真是轻薄恶劣,不成人样。有青年攻击或讥笑我,我是向来不去还手的,他们还脆弱,还是我比较的禁得起践踏。然而他们竟得步进步,骂个不完,好象我即使避到棺材里去,也还要戮尸的样子。所以我昨天就决定,无论什么青年,我也不再留情面,先作一个启事,将他利用我的名字,而对于别人用我名字,则加笑骂等情状,揭露出来,比他们的唠唠叨叨的长文要刻毒得多,即送登《语丝》,《莽原》,《新女性》,《北新》四种刊物。我已决定不再彷徨,拳来拳对,刀来刀当,所以心里也很舒服了。"

十七、在死海里激起了波涛

析了高长虹的心理和用意。

鲁迅表明自己处境的文字,很值得一读,从中可以了解他的生存状况和所持心态:

> 本来隐姓埋名的躲着,未曾登报招贤,也没有奔走求友,而终于被人查出,并且来访了。据"世故"所训示:青年们说,不见,是摆架子。于是乎见。有的是一见而去了;有的是提出各种要求,见我无能为力而去了;有的是不过谈谈闲天;有的是播弄一点是非;有的是不过要一点物质上的补助;有的却是这样那样,纠缠不清,知有己而不知有人,硬要将我造成合于他的胃口的人物。从此我就添了一门新功课,除陪客之外,投稿,看稿,介绍,写回信,催稿费,编辑,校对。但我毫无不平,有时简直一面吃药,一面做事,就是长虹所笑为"身心交病"的时候。我自甘这样用去若干生命,不但不以生命来放阎王债,想收得重大的利息,而且毫不希望一点报偿。有人要我做一回踏脚而升到什么地方去,也可以的,只希望不要踏不完,又不许别人踏。
>
> 然而人究竟不是一块踏脚石或绊脚石,要动转,要睡觉的;又有个性,不能适合各个访问者的胃口。因此,凡有人要我代说他所要说的话,攻击他所敌视的人的时候,我常说,我不会批评,我只能说自己的话,我是党同伐异的。的确,我还没有寻到公理或正义。……

而高长虹,则开始是把他当踏脚石,继而又把他当绊脚石,于是产生种种纠葛。鲁迅剖析道:

> 其实,先驱者本是容易变成绊脚石的。然而我幸不至此,因为我确是一个平凡的人,加以对于青年,自以为总是常常避道,即躺倒,跨过也很容易的,就因为很平凡。倘有人觉得横亘在前,乃是因为他自己绕到背后,而又眼小腿短,于是别的就看不见,走不开,从此开口鲁迅,闭口鲁迅,做梦也是鲁迅;文字里点几点虚线,也会给别人从中看出"鲁迅"两个字来。连在泰东书局看见老先生问鲁迅的书,自己也要嘟哝着《小说史略》之类我是不要看。这样下去,怕真要成"鲁迅狂"了。病根盖在肝,"以其好喝醋也"。
>
> 只要能达目的,无论什么手段都敢用,倒也不失为一个有些豪兴的青年。然而也要有敢于坦白地说出来的勇气,至少,也要有自己心里明白的勇气,费笔费墨,费纸费寿,归根结蒂,总逃不出争夺一个《莽原》的地盘,要说得冠冕一点,就是阵地。……

读了上述文字,我们就可以悟到,写在这之前的《〈阿Q正传〉成因》中的一段

话,其实是与此有关的:

……我常常说,我的文章不是涌出来的,是挤出来的。听的人往往误解为谦逊,其实是真情。我没有什么话要说,也没有什么文章要做,但有一种自害的脾气,是有时不免呐喊几声,想给人们去添点热闹。譬如一匹疲牛罢,明知不堪大用的了,但废物何妨利用呢,所以张家要我耕一弓地,可以的;李家要我挨一转磨,也可以的;赵家要我在他店前站一刻,在我背上帖出广告道:敝店备有肥牛,出售上等消毒滋养牛乳。我虽然深知道自己是怎么瘦,又是公的,并没有乳,然而想到他们为张罗生意起见,情有可原,只要出售的不是毒药,也就不说什么了。但倘若用得我太苦,是不行的,我还要自己觅草吃,要喘气的工夫;要专指我为某家的牛,将我关在他的牛牢内,也不行的,我有时也许还要给别家挨几转磨。如果连肉都要出卖,那自然更不行,理由自明,无须细说。倘遇到上述的三不行,我就跑,或者索性躺在荒山里。即使因此忽而从深刻变为浅薄,从战士化为畜生,吓我以康有为,比我以梁启超,也都满不在乎。还是我跑我的,我躺我的,决不出来再上当,因为我于"世故"实在是太深了。

《新的世故》写得有些激动,文中充满愤慨。然而,高长虹的作为,怎能使鲁迅不激动,不愤慨呢?

他在静夜中,回忆先前的经历,觉得现在的社会,大抵是可利用时则竭力利用,可打击时则竭力打击,只要有利可图。他自己常想给别人出一点力,所以在北京时,拼命地做,忘记吃饭,减少睡眠,吃了药来编辑、校对、作文。谁料结出来的,都是苦果子。当他一受段祺瑞、章士钊们的压迫,有些人就立刻来索还原稿,不要他选定、作序了。更有甚者,还乘机下石,连他请人吃过饭也是罪状,这是他在运动那人;请人喝过好茶也是罪状,这是他奢侈的证据;而且将访问时所见的态度、衣饰、住处等等,都作为攻击之资。鲁迅一向富于自我牺牲精神,愿做培养天才的土壤,他说:"我先前何尝不出于自愿,在生活的路上,将血一滴一滴地滴过去,以饲别人,虽自觉渐渐瘦弱,也以为快活。而现在呢,人们笑我瘦弱了,连饮过我的血的人,也来嘲笑我的瘦弱了。我听得甚至有人说:'他一世过着这样无聊的生活,本早可以死了的,但还要活着,可见他没出息。'于是也乘我困苦的时候,竭力给我一下闷棍,然而,这是他们在替社会除去无用的废物呵!这实在使我愤怒,怨恨了,有时简直想报复。我并没有略存求得称誉,报答之心,不过以为喝过血的人们,看见没有血喝了就该走散,不要记着我是血的债主,临走时还

十七、在死海里激起了波涛

要打杀我,并且为消灭债券计,放火烧掉我的一间可怜的灰棚。我其实并不以债主自居,也没有债券。他们的这种办法,是太过的。"①

鲁迅火力的加猛,大概还与他得到另一个消息有关,这就是关于"月亮"的传说。鲁迅在1927年1月11日致许广平信中说:"那流言,最初是韦素园通知我的,说是沉钟社中人所说,狂飙上有一首诗,太阳是自比,我是夜,月是她。"但他对于这个流言,开始还是抱怀疑态度的,因为高长虹的《给——》中并未指明"月亮"就是许广平,诗无达诂,可作各种解释。鲁迅在1926年12月29日复韦素园信中,就提出过各种假设:"至于关于《给——》的传说,我先前倒没有料想到。《狂飙》也没有细看,今天才将那诗看了一回。我想原因不外三种:一,是别人神经过敏的推测,因为长虹的痛哭流涕的做《给——》的诗,似乎已很久了;二,是《狂飙》社中人故意附会宣传,作为攻击我的别一法;三,是他真疑心我破坏了他的梦,——其实我并没有注意到他做什么梦,何况破坏——因为景宋在京时,确是常来我寓,并替我校对、抄写过不少稿子(《坟》的一部分,即她抄的),这回又同车离京,到沪后她回故乡,我来厦门,而长虹遂以为我带她到了厦门了。倘这推测是真的,则长虹大约在京时,对她有过各种计划,而不成功,因疑我从中作梗。其实是我虽然也许是'黑夜',但并没有吞没这'月儿'。""如果真属于末一说,则太可恶,使我愤怒。我竟一向在闷胡卢中,以为骂我只因为《莽原》的事。我从此倒要细心研究他究竟是怎样的梦,或者简直动手撕碎它,给他更其痛哭流涕。只要我敢于捣乱,什么'太阳'之类都不行的。"但高长虹在他的文章中,一再说他曾对鲁迅作过"生活上的让步",在"生活上"对鲁迅"曾献过最大的让步",这不由得鲁迅逐渐倾向于第三种解释。而且在《两地书》出版时,将上述1927年1月11日给许广平信中的那句简单的话增改为:"那流言,是直到去年十一月,从韦素园的信里才知道的。他说,由沈钟社里听来,长虹的拼命攻击我是为了一个女性,《狂飙》上有一首诗,太阳是自比,我是夜,月是她。他还问我这事可是真的,要知道一点详细。我这才明白长虹原来是在害'单相思病',以及川流不息的到我这里来的原因,他并不是为《莽原》,却在等月亮。但对我竟毫不表示一些敌对的态度,直待我到了厦门,才从背后骂得我一个莫名其妙,真是卑怯得可以。我是夜,则当然要有月亮的,还要做什么诗,也低能得很。那时做了一篇小说,和他开

---

① 1926年12月16日致许广平信。此处据《两地书·九五》。原信上这段话是:"我先前何尝不出于自愿,在生活的路上,将血一滴一滴地滴过去,以饲别人,虽自觉渐渐瘦弱,也以为快活。而现在呢,人们笑我瘦了,除掉那一个人之外。连饮过我的血的人,也都在嘲笑我的瘦了,这实在使我愤怒。我并没有略存求得好报之心,不过觉得他们加以嘲笑,是太过的。"出书时增加许多。

了一些小玩笑,寄到未名社去了。"

　　这里所说的小说,即是《奔月》,写的是神话传说中后羿的故事。后羿是射日英雄,也曾射死过许多封豕长蛇,但因为他箭法太好,所以周围大一点的禽兽都被他射得精光,每天跑得老远,也只能射回几只乌鸦,整年给太太嫦娥吃难吃的乌鸦炸酱面,于是这位太太就不给他好脸色看。正在后羿走到英雄末路之时,跟他学射的学生逢蒙却在外间散布谣言,说是那些封豕长蛇都是他"和别人合伙射死的",后羿反而被视为骗子;而且逢蒙还在半路上射来冷箭,要谋杀他。他赶忙发箭相迎,九箭相交于空中,俱跌落于途,但因为他刚才射鸡耗去了一支,故第十支箭无以迎挡,被射中嘴吧,一个筋斗,带箭掉下马去。逢蒙见他已死,正得意地看他的死脸时,不料他张开了眼睛,忽然直坐起来。原来他已留了一手"啮镞法",没有传授给逢蒙,他用嘴吧咬住了箭镞,这才不曾被杀。但回家之后,嫦娥却不见了,原来她耐不住艰苦生活,偷服了灵药,独自飞空到月亮中去了。全篇充满了苍凉感,而逢蒙这个招摇撞骗、欺师灭祖的人物,显然有着高长虹的影子。后羿与逢蒙的对话,有些也直接出自高长虹的文章,如:后羿所说的:"你真是白来了一百多回",就出自高长虹《指掌图》中自称与鲁迅"会面不止百次";逢蒙所说的"即以其人之道,反诸其人之身",虽然语出朱熹的《中庸集注》:"即以其人之道,还治其人之身",但此处显然来自高长虹在《公理与正义的谈话》中所说"我即以其人之道,反诸其人之身";而逢蒙的叫骂声:"你打了丧钟!"则源于高长虹在《时代的命运》中所说:"鲁迅先生不着言语而敲了旧时代的丧钟";连后羿回答老婆子的话:"我去年就有四十五岁了",也出自高长虹的《指掌图》:"鲁迅去年不过四十五岁……如自谓老人,是精神的堕落!"

　　当然,鲁迅并不因为遇见几个反叛者,便将人们都作坏人看。他对于要前进的青年,仍旧不惜时间、精力加以帮助。在鲁迅的指导下,当时厦门大学的青年相继成立了泱泱社和鼓浪社,并筹办《波艇》月刊和《鼓浪》周刊。鲁迅"仍然去打杂",为之看稿、改稿、写稿,并介绍出版;又给厦大学生陈梦韶根据《红楼梦》改编的剧本《绛洞花主》写了小引。在厦门期间,鲁迅还为北大学生董秋芳所译的俄国作品集《争自由的波浪》校订并作小引。对于《红楼梦》的理解,鲁迅与陈梦韶显然有所不同。陈梦韶"以此书作社会家庭问题剧",而鲁迅则着眼于人生哲理:"在我的眼下的宝玉,却看见他看见许多死亡;证成多所爱者,当大苦恼,因为世上,不幸人多。惟憎人者,幸灾乐祸,于一生中,得小欢喜,少有罣碍。然而憎人却不过是爱人者的败亡的逃路,与宝玉之终于出家,同一小器。但在作《红楼梦》时的思想,大约也止能如此"。但鲁迅并不要求别人同于自己,他

十七、在死海里激起了波涛

鲁迅（居中）、林语堂（左三）与厦门大学学生文学团体"泱泱社"成员合影

认为陈梦韶的看法"自然也无所不可的"。因为读者从自己的关注点出发，对《红楼梦》本来就有各种不同的理解，"单是命意，就因读者的眼光而有种种：经学家看见《易》，道学家看见淫，才子看见缠绵，革命家看见排满，流言家看见宫闱秘事……"这显然是接受美学的观点。虽然当时接受美学理论尚未诞生，但鲁迅从文学研究的实践中，却早已体察到这一现象了。

这年年终，鲁迅辞去厦门大学一切职务。他接受了广州中山大学邀请，准备前去任教。

广州是当时的"革命策源地"，鲁迅甚为向往。虽然当鲁迅准备赴广州时，中央政府正迁往武汉。鲁迅认为这没有什么关系。因为他不在追踪政府，而在追求革命。鲁迅说："其实我也还有一点野心，也想到广州后，对于研究系仍然加以打击，至多无非我不能到北京去，并不在意。第二是同创造社连络，造一条战线，更向旧社会进攻，我再勉力做一点文章，也不在意。"①

当鲁迅辞职的消息传出以后，竟惹起了不小的波动，厦大动荡了。鲁迅在这里不但传播了学识，而且传播新思想，激起人们的改革情绪，青年学生和青

---

① 1926年11月7日致许广平信。收入《两地书》时略有改动，如将"对于研究系加以打击"改为"对于'绅士'们仍然加以打击"；"同创造社连络"改为"与创造社联合起来"。

年教师对鲁迅依依不舍。他们开始了一个挽留运动。当他们知道由于厦大的腐败,使鲁迅无法继续工作下去时,有些人就决心跟着鲁迅转学,同时又把挽留运动发展成为改革学校运动。学校当局着慌了,他们造出许多谣言,说这是胡适派和鲁迅派的矛盾,与厦大无关;或说鲁迅之所以不肯留在厦大,是因为"月亮"(指许广平)不在之故;还有说,鲁迅本来就是来捣乱的,所以北京的职务都没有辞掉,等等。总之,关于鲁迅的谣言颇多,被攻击的是竭力要将鲁迅说得坏些,因此减轻罪孽。但这些谣言无损于鲁迅,却更加激起学生的愤怒,厦大的风潮爆发了。鲁迅说:"这里是死海,经这一搅,居然也有小乱子,总算还不愧为'挑剔风潮'的学匪。然而于学校,是仍然无益的,这学校除彻底扫荡之外,没有良法"①。

　　1927年1月15日,鲁迅由川岛和几个厦大学生帮同,带了四件行李,从沙坡尾登上到广州去的"苏州号"轮船,于次日下午,离开工作了四个多月的厦门,向广州驶去。他在《海上通信》中写道:"现在总算离开厦门坐在船上了。船正在走,也不知道是在什么海上。总之一面是一望汪洋,一面却看见岛屿。但毫无风涛,就如坐在长江的船上一般。小小的颠簸自然是有的,不过这在海上就算不得颠簸;陆上的风涛要比这险恶得多。"

---

　　①　1927年1月5日致许广平信。本信收入《两地书》时,本段在文字和语序上均有较大的改动,与上述引文相应的话改为:"我原以为这里是死海,不料经这一搅,居然也有了些波动","然而这些事故,于学校仍无益处的,这学校除全盘改造之外,没有第二法。"

十八、在升沉中看看人情世态

1927年1月18日午后,鲁迅所乘之"苏州"轮,在雨中抵达广州黄埔港。广州虽是一个大商埠,但那时还没有停泊大轮船的码头,与厦门一样,旅客须乘小船登轮或上岸。鲁迅遂雇了小船至长堤,在宾兴旅馆住下,当晚就去拜访许广平。第二天早晨,许广平和孙伏园来帮助他移入中山大学,住在大钟楼上。

鲁迅初到广州,还是国共合作时代,但双方的斗争已经非常激烈,彼此都在扩充自己的实力。鲁迅在文化界,特别是在青年中,有很大的影响,正是他们争取的对象。所以环绕着鲁迅,双方都造了很多舆论。在鲁迅的行止还未决定之时,国民党的机关报《广州民国日报》就在11月15日登出中央社讯:"著名文学家鲁迅,即周树人,久为国内青年所倾倒,现在厦门大学担任教席,中山大学委员会特电促其来粤担任该校文科教授。闻鲁氏已应允就聘,不日来粤云。"鲁迅将来,1927年1月1日《国立中山大学校报》第三期上又有报导云:"新文学家周树人先生,为文学界健将;前任北大文科教授,力倡新文化,学者翕然从之,嗣后北大局面,日趋险恶,空气太坏,乃应厦门大学之聘,就该校文科教授,北大学生从之南行者,颇不乏人;此次政府革新,本校委员会就职之始,即锐意整顿,对于各科教授人才,复竭力罗致;以周君为近世巨子,特聘其来粤主教文科,函电敦促,至三四次,兹得周先生复函:允即南下,准年底可到粤"。

鲁迅来到中山大学之后,广州各种报刊,从不同的立场出发,发表了许多欢迎鲁迅的文章;国共双方人士,也都设法接近鲁迅。这情形,甚至引起了别的教授的忌妒。鲁迅在写给李小峰的《通信》中说:"至于那时关于我的文字,大概是多的罢。我还记得每有一篇登出,某教授便魂不附体似地对我说道:'又在恭维你了!看见了么?'我总点点头,说,'看见了。'谈下去,他照例说,'在西洋,文学是只有女人看的。'我也点点头,说,'大概是的罢。'心里却想:战士和革命者的

中山大学大钟楼：鲁迅初到广州时曾居住于此

虚衔，大约不久就要革掉了罢。"据说还有因鲁迅南来而创办的刊物：《做什么》和《这样做》，前者是共产青年所办，后者则是和这刊物对立的。"为什么这么大相反对的两种刊物，都因我'南来'而'先后创办'呢？"鲁迅自己的解释是："因为我新来而且灰色"①。

的确，鲁迅在厦门时，对国民党还有好感，对国民革命还抱有希望——这从写给许广平的信中可以看出，否则，他也不会到"革命策源地"来教书了；而对共产党却还不甚了解——据他自己说："我在厦门，还只知道一个共产党的总名，到此以后，才知道其中有CP和CY之分"②，可见其隔膜。但他在国共双方都有熟人，因而彼此也都有些接触。比如，国民党方面，朱家骅是北大旧人，此时正在主持中山大学校务，由于工作关系，当然要常有来往；共产党方面，则广东区委书记陈延年是陈独秀的儿子，鲁迅称其为世侄，也曾约见过。

但鲁迅基于知识分子的独立精神，却始终保持着自己的自由思想，不肯依附于任何一种政治势力。他尤其不喜欢与那些达官贵人交往，将他们送来的许多邀宴请帖，通通拿到楼下传达室去展览，并贴上一张条子，写了四个大字：概不赴宴！但青年人来访，却无法拒绝。然而苦矣！访问的，研究的，谈文学的，侦探思想的，要做序，题签的，请演说的，闹得不亦乐乎。鲁迅说："我尤其怕的是演说，因为它有指定的时候，不听拖延。临时到来一班青年，连劝带逼，将你绑了出去。而所说的话是大概有一定的题目的。命题作文，我最不擅长。否则，我在清朝不早进了秀才了么？然而不得已，也只好起承转合，上台去说几句。但我自有定例：至多以十分钟为限。可是心里还是不舒服，事前事后，我常常对熟人叹息

---

① 《三闲集·怎么写》。
② 《而已集·通信》。

说:不料我竟到'革命策源地'来做洋八股了。"①

中山大学学生为他召开欢迎会,鲁迅本来也是不赞成的,因为他对此类事一向不感兴趣。但经不住那些学生的劝说,也就同意了。会上,他首先声明自己不是什么"战士","革命家"。倘若是的,就应该在北京、厦门奋斗;但现在躲到"革命后方"的广州来了,这就是并非"战士"的证据。不料主席朱家骅说这是鲁迅太谦虚,就他过去的事实看来,确是一个战斗者,革命者。于是礼堂上劈劈拍拍一阵拍手,鲁迅的"战士"就做定了。他说:"拍手之后,大家走散,再向谁去推辞?我只好咬着牙关,背了'战士'的招牌走进房里去,想到敝同乡秋瑾姑娘,就是被这种劈劈拍拍的拍手拍死的。我莫非也非'阵亡'不可么?"②这话虽似玩笑,其实却包含着人生哲理。一个人被抬得太高,太引人注目之后,就隐藏着某种危险性。鲁迅内心很感不安,他说:"我在这里,被抬得太高,苦极。作文演说的债,欠了许多。""我想不做'名人'了,玩玩。一变'名人','自己'就没有了。"③这是很实在的话。

鲁迅于阴历正月初三游览时,从毓秀山跳下伤了脚,不良于行,但还是应一位青年之邀,于2月18日到香港,在基督教青年会作了两次演讲,题为《无声的中国》和《老调子已经唱完》,由许广平做粤语翻译。香港是鸦片战争失败以后,英国殖民主义者从中国强行"租借"去的地方。英国统治者为了奴役香港的中国人民,正在提倡孔孟之道,那里的国粹气熏人。所以,鲁迅这两个演讲主要就针对着尊孔思想和国粹主义而发。鲁迅指出,中国一向唱的是老调子,和社会没有关系的老调子,老调子还未唱完,而国家已经灭亡过好几次了。直到现在还将文章当作古董,以不能使人懂为好,以致现在中国人民哭着呢还是笑着呢,我们都不知道,人民弄得像一盘散沙,中国成为无声的中国。鲁迅又针对香港的具体情况,阐述了历史上凡异族统治时期,总要"利用了我们的腐败文化,来治理我们这腐败民族"的历史教训,指出:"现在听说又很有别国人在尊重中国的旧文化了,那里是真在尊重呢,不过是利用!"他们"保存旧文化,是要中国人永远做侍奉主子的材料,苦下去,苦下去"。所以鲁迅号召青年不要再说孔子、孟子和韩愈、柳宗元们的话,而要用活着的白话,将自己的思想感情直白地说出来。"青年们先可以将中国变成一个有声的中国。大胆地说话,勇敢地进行,忘掉了一切利害,推开了古人,将自己的真心的话发表出来。"

---

① 《而已集·通信》。
② 《而已集·通信》。
③ 1927年2月25日致章廷谦信。

鲁迅从广州到香港时,船上一个船员还很为他的安全担心,认为他的赴港,说不定会遭谋害,因而替他计划,禁止上陆时如何脱身,到埠捕拿时如何避免,这样忙了一路。鲁迅虽然感到好笑,但从真心里十分感谢他的好心。到埠后,既不禁止,也不捕拿。但鲁迅在香港的演讲,却很使港英当局害怕,所以主持其事的人因此受了许多刁难。先是颇遭交涉,中途又有反对者派人索取入场券,收藏起来,使别人不能去听,后来又不许将讲稿登报,经交涉的结果,只登了一篇《无声的中国》,还是削去和改窜了许多,至于《老调子已经唱完》,则是登在广州《国民新闻》的副刊《新时代》上。鲁迅说:"然而我的讲演,真是'老生常谈',而且还是七八年前的'常谈'。"①这就已使港英当局紧张如此,可见其文化思想的保守和舆论控制的严格。

但鲁迅在《无声的中国》里提到一个现象,却极可注意。他说到五四文学革新之初,就有反动了。不过白话文却渐渐风行起来,不大受阻碍。这是怎么一回事呢?就因为当时钱玄同提倡废止汉字,用罗马字母来替代。这本也不过是一种文字革新,很平常的,但被不喜欢改革的中国人听见,就大不得了了,于是便放过了比较平和的文学革命,而竭力来骂钱玄同。白话乘了这一机会,居然减去了许多敌人,反而没有阻碍,能够流行了。于是他提出一种理论云:"中国人的性情是总喜欢调和,折中的。譬如你说,这屋子太暗,须在这里开一个窗,大家一定不允许的。但如果你主张拆掉屋顶,他们就会来调和,愿意开窗了。没有更激烈的主张,他们总连平和的改革也不肯行。那时白话文之得以通行,就因为有废掉中国字而用罗马字母的议论的缘故。"

这种"拆屋顶"的理论,并非鲁迅所独创,倒是五四时代新文化运动前驱者的共识。陈独秀在《调和论与旧道德》里就说过:"譬如货物买卖,讨价十元,还价三元,最后结果是五元。讨价若是五元,最后结果不过二元五角。社会上的惰性作用也是如此。"胡适在《独立评论》一四二期《编辑后记》中也说:"我是主张全盘西化的,但我同时指出文化自有一种惰性,全盘西化的结果自然会有一种折衷的倾向……旧文化的惰性自然会使他成为一个折衷调和的中国本位文化。"由此可见他们的良苦用心,也不难透视出那些激烈言论背后的实际用意。

鲁迅与许广平于2月20日从香港返回,这时,许寿裳也已到达广州。

许寿裳是与鲁迅同进退的好友。在1925年女师大学潮中,为抗议章士钊对鲁迅的免职,他和齐寿山(宗颐)宣布不再到部视事,后来鲁迅打赢官司,他们

---

① 《而已集·略谈香港》。

十八、在升沉中看看人情世态

虽也随之复职,但许寿裳已不愿在教育部留下去了。鲁迅到厦门大学任教时,许寿裳就托他谋事,鲁迅也一直很在意,在给许广平信中多有道及。但是,鲁迅到达厦大之后,看到那边的情况不佳,林语堂也很不顺手,许寿裳的事竟无法开口。直到他应中山大学之聘时,才设法介绍许寿裳同来,但据说其他的位置已满,只能聘他为预科教授。鲁迅一再写信催许寿裳来屈就,现在这位老友来了,鲁迅自然很高兴。他自己因为足伤未愈,就遣许广平到旅馆中将他接来,安排在自己的房间内一同住下。许寿裳是早睡早起,而鲁迅则恰恰相反。晚餐后,鲁迅方面每有来客络绎不绝,大抵至11时才散,客散之后,鲁迅才开始写作,有时

1927年的鲁迅,摄于广州

至于彻夜通宵,这时许寿裳已经起床了,见他还在灯下伏案挥毫。好在这间房子很大,对角线很长,他们二人占了对角线的两端,各人做自己的事,两不相妨。但毕竟来客太多,而且住房环境不佳,一到夜间,便有十几匹乃至二十几匹头大如猫的老鼠出现,只要可吃的,什么都吃,并且能开盒子盖。到清晨呢,就有工友们大声地唱他们所不懂的歌。弄得鲁迅既睡不好觉,也无法工作。为了避开一些来访者,需要寻找一个安静的环境,好有一些时间想想写写,到3月底,鲁迅与许寿裳一起移居白云楼二十六号二楼。当时许广平做鲁迅的助教,也一起住到白云楼,代为料理生活事务。此处甚为清静,远望青山,前临小港,的确是个读书的环境。

从香港回来之后,开学之期已近。鲁迅被套上了文学系主任兼教务主任的头衔,于是忙得不可开交。他后来回忆这段时期的生活道:"在钟楼上的第二月,即戴了'教务主任'的纸冠的时候,是忙碌的时期。学校大事,盖无过于补考与开课也,与别的一切学校同。于是点头开会,排时间表,发通知书,秘藏题目,分配卷子……于是又开会,讨论,计分,发榜。工友规矩,下午五点以后是不做工的,于是一个事务员请门房帮忙,连夜贴一丈多长的榜。但到第二天的早晨,就被撕掉了,于是又写榜。于是辩论:分数多寡的辩论;及格与否的辩论;教员有无私心的辩论;优待革命青年,优待的程度,我说已优,他说未优的辩论;补考落第,我说权不在我,他说在我,我说无法,他说有法的辩论;考题的难易,我说不难,他说太难的辩论;还有因为有族人在台湾,自己也可以算作台湾人,取得优待

'被压迫民族'的特权与否的辩论;还有人本无名,所以无所谓冒名顶替的玄学底辩论……这样一天天下去,而每夜是十多匹——或二十匹——老鼠的驰骋,早上是三位工友的响亮的歌声。"①

而在这时,一些青年却在报上发表文章,指责鲁迅的沉默,他们希望鲁迅出来批评广州的缺点。比如,宋云彬在《鲁迅先生往那里躲》里说:"他到了中大,不但不曾恢复他'呐喊'的勇气,并且似乎在说'在北方时受着种种迫压,种种刺激,到这里来没有压迫和刺激,也就无话可说了'。噫嘻!异哉!鲁迅先生竟跑出了现社会,躲向牛角尖里去了。旧社会死去的苦痛,新社会生出的苦痛,多多少少放在他眼前,他竟熟视无睹!他把人生的镜子藏起来了,他把自己回复到过去时代去了。"编者还很客气,用案语声明这是对于鲁迅的好意的希望和怂恿,并非恶意的笑骂的文章。鲁迅自然也看得出他的意思,一时颇为感动,就授意许广平写了一篇《鲁迅先生往那些地方躲》的文章,解释暂时沉默的原因,并预示他将会投入新的战斗。

其实,鲁迅到广州来,本来是想和创造社联合起来,继续向旧社会进攻的,但这时创造社的主要骨干都已离开广州,无从联合;而他自己呢,却正在忙于辩论和开会,有时一天只吃一顿饭,有时只吃一条鱼,哪里还有时间出来呐喊呢?而且,他初到广州,对这里的情况并不了解,又何从批评起呢?他说:"我何尝不想了解广州,批评广州呢,无奈慨自被供在大钟楼上以来,工友以我为教授,学生以我为先生,广州人以我为'外江佬',孤子特立,无从考查。而最大的阻碍则是言语。直到我离开广州的时候止,我所知道的言语,除一二三四……数目外,只有一句凡有外江佬几乎无不因为特别而记住的Hanbaran(统统)和一句凡有学习异地言语者几乎无不容易学得而记住的骂人话Tiu-na-ma而已。"他也曾凭这两个自以为懂得的方言词语去推测别人的对话。"但究竟不知道是否真如此。私自推测是无妨的,倘若据以论广州,却未免太卤莽罢。"②

当然,他说无甚攻击之处的话,确是虚言。广州究竟是中国的一部分,虽然奇异的花果,特别的语言,可以淆乱游子的耳目,但实际和他走过的别处都差不多。鲁迅的眼光是尖锐的,他到广州之后不多久,便看出问题来了。原来往日所闻,全是谣言,这地方,却正是军人和商人所主宰的国土。他感到广州的人民并无力量,这里可以做"革命的策源地",也可以做反革命的策源地。但他在一处

---

① 《三闲集·在钟楼上》。
② 《三闲集·在钟楼上》。

十八、在升沉中看看人情世态

演讲中说出这一看法时,却觉得广东话的翻译把这几句话删掉了。可见,在这"革命策源地",也是不喜欢别人讲真话的。

但鲁迅还是通过各种途径,发表了他的感想。比如:

在3月24日所写的《黄花节的杂感》里,他有感于这里革命进取的空气淡薄,摘食革命果实的人太多,就指出:"以上的所谓'革命成功',是指暂时的事而言;其实是'革命尚未成功'的。革命无止境,倘使世上真有什么'止于至善',这人间世便同时变成了凝固的东西了。不过,中国经了许多战士的精神和血肉的培养,却的确长出了一点先前所没有的幸福的花果来,也还有逐渐生长的希望。倘若不像有,那是因为继续培养的人们少,而赏玩,攀折这花,摘食这果实的人们倒是太多的缘故。"

4月8日,鲁迅应邀到黄埔军官学校演讲,通过讲说《革命时代的文学》,对当时的社会状况作了深刻的剖析。鲁迅认为,只有大革命才能对文学产生影响,小革命则不能。那么大革命能对文学产生什么影响呢?大约可以分开三个时候来说:(一)大革命之前,所有的文学,大抵是对于种种社会状况觉得不平,觉得痛苦,于是有叫苦鸣不平的文学;(二)到了大革命时代,大家由呼喊而转入行动,大家忙着革命,没有闲空谈文学了,所以文学没有了,没有声音了;(三)等到大革命成功,社会状态缓和了,大家的生活有余裕了,这时又产生文学,这时有两种文学:一是对革命的讴歌,一是对旧社会的挽歌。"不过中国没有这两种文学——对旧制度挽歌,对新制度讴歌;因为中国革命还没有成功,正是青黄不接,忙于革命的时候。不过旧文学仍然很多,报纸上的文章,几乎全是旧式。我想,这足见中国革命对于社会没有多大的改变,对于守旧的人没有多大的影响,所以旧人仍能超然物外。广东报纸所讲的文学,都是旧的,新的很少,也可以证明广东社会没有受革命影响;没有对新的讴歌,也没有对旧的挽歌,广东仍然是十年前底广东。不但如此,并且也没有叫苦,没有鸣不平;止看见工会参加游行,但这是政府允许的,不是因压迫而反抗的,也不过是奉旨革命。"

在这次演讲中,鲁迅还说:"中国现在的社会情状,止有实地的革命战争,一首诗吓不走孙传芳,一炮就把孙传芳轰走了。"这不仅是对听讲军人的鼓励,而且反映出他本人文艺观的转变。鲁迅纠正了他早期过分看重文艺改造作用的偏颇,而强调了"武器的批判"的作用。这段话,并非他兴之所至信口而说,却是根据在北京的实际经验而获得的一种新认识。"那是开枪打杀学生的时候罢,文禁也严厉了,我想:文学文学,是最不中用的,没有力量的人讲的;有实力的人并不开口,就杀人,被压迫的人讲几句话,写几个字,就要被杀;即使幸而不被杀,但天天呐喊,叫苦,鸣不平,而有实力的人仍然压迫,虐待,杀戮,没有方法对付他们,这文学于人们又有什么益处呢?"

4月10日,鲁迅又写了《庆祝沪宁克复的那一边》。当时,北伐军占领上海南京,广州正在大开其庆祝会,许多人都陶醉在凯歌声中。但鲁迅却看得更远些,他想到了十六年前也曾克复过南京,还给捐躯的战士立了一块碑,民国二年后,便被张勋毁掉了;他又想到前两天报上所载李大钊在北京被捕的消息,那圆圆的脸和中国式的下垂的黑胡子便浮现在眼前,不知道他现在怎么样了。历史的经验和眼前的事实都说明:当革命胜利之际,"黑暗的区域里,反革命者的工作也正在默默地进行"。所以鲁迅指出:"最后的胜利,不在高兴的人们的多少,而在永远进击的人们的多少。"他想起了前几时在《少年先锋》上读到的列宁的一段话。列宁告诫人们:不要陶醉于胜利,不要骄傲;要巩固自己的胜利;要彻底消灭敌人。鲁迅对列宁这句话非常佩服。他说:"俄国究竟是革命的世家,列宁究竟是革命的老手,不是深知道历来革命成败的原因,自己又积有许多经验,是说不出来的。"鲁迅认为,先前,中国革命者的屡屡挫折,就因为忽略了这一点。"小有胜利,便陶醉在凯歌中,肌肉松懈,忘却进击了,于是敌人便又乘隙而起。"

鲁迅的见解是深刻的,但反革命的进行比鲁迅所预料的要快得多,不过变动不在于正面的敌人,却出在革命队伍的内部。文章写好后第三天,还没有来得及发表,蒋介石便公开叛变了革命,从上海开始,对革命人民进行血腥的大屠杀。这就是可耻的"四一二"反革命政变。昨天的同盟者被看成了仇敌,昨天的敌人被看成了同盟者,生气蓬勃的中国大革命就被葬送在血海之中。

4月15日,在广州,"血的游戏"也开始了。那天清晨,鲁迅还未起床,许广平的老家人阿斗跑到白云楼,惊慌失措地说:不好了,中山大学贴满了标语,也有牵涉到老周的,"叫老周快逃走吧!"许广平急忙走到楼下,看到下面有许多军队,正在集合听调动,仿佛嗅到了火药气味;看看河对岸的店铺楼上,平时作工会办公处的地方,似乎被查抄了,接着看到文件和人被带走了。形势非常紧张。许广平叫醒了鲁迅,告诉他这不平常的一切。鲁迅没有听从那善良的老家人的警告,倒立刻起身跑到中山大学去。这时,学生已有许多被捕。鲁迅最不能容忍强权者对于青年学生的迫害,他主张召集中大各主任开紧急会议,设法营救学生。当时,戴季陶是中山大学校务委员会委员长,朱家骅是校务委员会委员并实际主持校务,但他们都不召开会议,鲁迅就以教务主任的名义主持了这个会议,朱家骅闻讯,也赶来参加。鲁迅说:"学生被抓走了,学校有责任,委员长不出来,现在我来召开会,请大家来说话,我们应当像学生的家长,要对学生负责,希

十八、在升沉中看看人情世态

望学校出来担保他们。我们也要知道为什么抓走他们？有什么罪？被抓的不是一个两个，而是几十人！"这时，朱家骅就说："关于学生被捕，这是政府的事，我们不要对立。"鲁迅说："学生被抓走了，是公开的事实，被捕的学生究竟违背了孙中山总理的三大政策的哪一条？"朱家骅以势压人，说："我们要听政治分会的，党有党纪，我们要服从。"鲁迅继续驳斥道："五四运动时，学生被抓走，我们营救学生，甚至不惜发动全国工商界都罢工罢市。当时朱家骅、傅斯年、何思源都参加过，我们都是五四运动时候的人，为什么现在成百成千学生被抓走，我们又不营救了呢？"朱家骅强词夺理说："那时候是反对北洋军阀。"鲁迅坚决说："现在根据三大政策的活动，就是要防止新的封建统治。"①

会议开始时，还有一二人响应鲁迅的主张，但朱家骅凶相毕露了，他说中大是"党校"，在"党校"的教职员应当服从"党"，不能有二志，这几句话把在场的人弄得哑口无言。鲁迅据理力争，但是无效，于是愤而辞职，以示抗议。回家之后，一语不发，他是愤怒到极点了。他捐款慰问被捕的学生，但这有什么用呢？他怀念那瘦小精悍、头脑清晰的毕磊，但毕磊再也回不来了。他悲愤，他思考，他失眠了。

许寿裳是一个有正义感的知识分子，对于这种残酷的屠杀，也极其反感。鲁迅一辞职，傅斯年即探问他的态度，所以他也跟着辞职了。许寿裳社会影响较小，中大当局立即照准了；鲁迅社会影响很大，怕因他的辞职而引起学生风潮，在此后一个多月里，他们多次来人挽留并致聘书，朱家骅还亲自上门，鲁迅都拒绝了，后来连来人也不予接见。直到6月6日，中大当局看到没有回转的余地，这才不得不同意鲁迅辞职。但鲁迅暂时还不能离开广州。因为如果马上离开，就有共产党的嫌疑，那是有性命危险的。鲁迅说："他们现在也大有此意，而无隙可乘，因为我竟不离粤，否则，无人质证，此地便流言蜂起了"。②

中国的士大夫在对付反对派时，总要给他加上个可死之罪。先前是"通房"、"通海"，后来是"康党"、"革党"，这回当然是"共产党"了。曾经有一个青年，想以陈独秀办《新青年》，而鲁迅在那里做过文章这一件事，来证明他是共产党。但即被另一个青年推翻了，他知道那时连陈独秀也还未讲共产。而香港的报纸又大造其谣言，先是《工商报》上说，因为"清党"，鲁迅已经逃走。后来，《循环日报》上，又以讲文学为名，说鲁迅原是"《晨报副刊》的特约撰述员"，现

---

① 据何思源：《回忆鲁迅在中山大学情况》，《鲁迅生平史料汇编》第4辑。
② 1927年6月12日致章廷谦信。

在则"到了汉口"。鲁迅说:"我知道这宣传有点危险,意在说我先是研究系的好友,现在是共产党的同道,虽不至于'枪终路寝',益处大概总不会有的,晦气点还可以因此被关起来。"①这也是对鲁迅到香港去演讲的报复。他写信去更正,但却不见登出来。

所以鲁迅对外宣传他辞职的理由,是因为中大要聘请顾颉刚,而他曾声明不愿与顾颉刚在同一个学校任职。这也确是事实。比如,他在4月20日致李霁野信中就说:"我在厦门时,很受几个'现代'派的人排挤,我离开的原因,一半也在此。但我为从北京请去的教员留面子,秘而不说。不料其中之一,终于在那里也站不住,已经钻到此地来做教授。此辈的阴险性质是不会改变的,自然不久还是排挤,营私。我在此的教务,功课,已经够多的了,那可以再加上防暗箭,淘闲气。所以我决计于二三日内辞去一切职务,离开中大。"当初,傅斯年告诉他要请顾颉刚时,鲁迅表示顾来他即走,但傅斯年力挺顾颉刚,鲁迅也就有理由辞职了。

鲁迅与顾颉刚弄得如此对立,除了鲁迅对顾颉刚的人品有看法之外,还与顾颉刚对他的《中国小说史略》的攻击有关。我们原先只知道当初是陈源在他的《闲话》中攻击鲁迅"抄袭"、"剽窃",后来胡适给苏雪林的复信中在肯定鲁迅此书为"上等工作"的同时,也为陈源开脱,说是陈源"当日误信一个小人张凤举之言",及至顾颉刚的女儿顾潮为其父所作的传记《历劫终教志不灰——我的父亲顾颉刚》出版,我们才知道,这支暗箭原来是顾颉刚打造的。顾潮在该书中说:"鲁迅作《中国小说史略》,以日本盐谷温《支那文学概论讲话》为参考书,有的内容是根据此书大意所作,然而并未加以注明。当时有人认为此种做法有抄袭之嫌,父亲亦持此观点,并与陈源谈及,1926年初陈氏便在报刊上将此事公布出去。"②顾潮此语所据,应是顾颉刚本人的日记。顾颉刚在1927年2月11日日记中,有按语云:"鲁迅对于我的怨恨,由于我告陈通伯,《中国小说史略》剿袭盐谷温《支那文学讲话》。他自己抄了人家,反以别人指出其剿袭为不应该,其卑怯骄妄可想。他虽恨我,但没法骂我,只能造我种种谣言而已。予自问胸怀坦白,又勤于业务,受兹横逆,亦不必计较也。"③此类造谣诬蔑、散布流言之事虽在暗中进行,但别人不会不知道,难怪鲁迅对张凤举倒并不敌视,而对顾颉刚则极端厌恶。其实,《中国小说史略》的"有的内容",倒并非"是根据此书大意所作",而是观点各异,有自己的材料准备。这一点,鲁迅在《不是信》中早已有严正的辩正和

---

① 《而已集·略谈香港》。
② 《历劫终教志不灰——我的父亲顾颉刚》,华东师范大学出版社1997年版,第103页。
③ 《顾颉刚日记》第2卷(1927—1932),台北联经出版事业股份有限公司2007年版,第15页。

驳斥,同为研究中国小说史的名家胡适,也不能同意陈源的看法。至于在著作中未开列参考书目,则是当时的惯例,不但鲁迅如此,胡适如此,就连顾颉刚本人也并不两样。而顾颉刚借以安身立命的《古史辨》中文章的一些论点,却是来源于日本学者。正如章培恒教授所说:"他那些在20年代发表的古史考证文章,有些在日本早就有了类似的说法。例如,白鸟库吉早就著文考证尧、舜、禹并无其人,而且这种见解至迟在1916年左右已深入到了日本的高级中学(参见日本仓石武四郎《中国文学讲话》第一篇《神话的世界》)。他哪敢去追究注不注参考书的问题?"①

当时孙伏园与鲁迅联系较多,而且又是同在厦门大学和中山大学一起教过书的,鲁迅在与他的通信中难免要提到对顾颉刚的看法,5月11日,孙伏园在他所编的汉口《中央日报》副刊上将鲁迅给他的信发表了,同时发表的还有跟着鲁迅从厦大转学到中大的学生谢玉生的信件,都对顾颉刚有所揭露。这时,顾颉刚受中山大学文科主任傅斯年之托,在沪杭一带购书,他看到《中央日报》上的这两封信之后,恼羞成怒,于7月24日写信给鲁迅,说是"拟于九月中回粤后提起诉讼,听候法律解决","务请先生及谢先生暂勿离粤,以俟开审,不胜感盼"。于是,鲁迅也之乎者也地写了一封回信:

颉刚先生:

　　来函谨悉,甚至于吓得绝倒矣。先生在杭盖已闻仆于八月中须离广州之讯,于是顿生妙计,命以难题。如命,则仆尚须提空囊赁屋买米,作穷打算,恭候偏何来迟,提起诉讼。不如命,则先生可指我为畏罪而逃也;而况加以照例之一传十,十传百乎哉?但我意早决,八月中仍当行,九月已在沪。江浙俱属党国所治,法律当与粤不异,且先生尚未启行,无须特别函挽听审,良不如请即就近在浙起诉,尔时仆必到杭,以负应负之责。倘其典书卖裤,居此生活费綦昂之广州,以俟月余后或将提起之诉讼,天下那易有如此十足笨伯哉!《中央日报副刊》未见;谢君处恕不代达,此种小傀儡,可不做则不做而已,无他秘计也。此复,顺请

　　著安!

鲁迅。

这封信的确写得够挖苦的了,但所说倒也属实。后来顾颉刚并没有提起诉

---

① 《今天仍在受凌辱的伟大逝者》,《收获》杂志2000年第5期。章培恒此说又见于他为李庆《日本汉学史》所写的《序》中。关于白鸟库吉"尧舜禹否定论"的资料,则可参看李庆《日本汉学史》第一部第三编第七章第一节《白鸟库吉》,上海外语教育出版社2002年版。

讼，此事就不了了之。

鲁迅辞职之后，就住在白云楼上整理旧稿。他描写这段时期的生活道："广州的天气热得真早，夕阳从西窗射入，逼得人只能勉强穿一件单衣。书桌上的一盆'水横枝'，是我先前没有见过的：就是一段树，只要浸在水中，枝叶便青葱得可爱。看看绿叶，编编旧稿，总算也在做一点事。做着这等事，真是虽生之日，犹死之年，很可以驱除炎热的。"①

他首先编集的是散文诗集《野草》。还在厦门时，李小峰就催着要出版此书，鲁迅说，他未必会再写这类文章了，但要出版，则至少还要再看一遍，改正错字，而那时却连这点时间也没有。现在编集之后，又写了一篇《题辞》。这篇《题辞》是4月26日写的，在广州四一五"血的游戏"之后不久，所以带着明显的历史印痕。"地火在地下运行，奔突；熔岩一旦喷出，将烧尽一切野草，以及乔木，于是并且无可朽腐。"这表明他已经看到新的摧枯拉朽的社会革命即将来临，而他是欢迎这种革命的："但我坦然，欣然。我将大笑，我将歌唱。"不过就全篇而论，文章所表达的意思似乎更广大些。它既表现出言不尽意的玄学命题："当我沉默着的时候，我觉得充实；我将开口，同时感到空虚"，而且也透彻地感悟到生存和死灭的关系，并以坦然的态度对之："过去的生命已经死亡。我对于这死亡有大欢喜，因为我借此知道它曾经存活。死亡的生命已经朽腐。我对于这朽腐有大欢喜，因为我借此知道它还非空虚。""天地有如此静穆，我不能大笑而且歌唱。天地即不如此静穆，我或者也将不能。我以这一丛野草，在明与暗，生与死，过去与未来之际，献于友与仇，人与兽，爱与不爱者之前作证。"这篇《题辞》在诗情中表现出深层的哲理。

接着，他又着手整理回忆散文。"这十篇就是从记忆中抄出来的，与实际容或有些不同，然而我现在只记得是这样。文体大概很杂乱，因为是或作或辍，经了九个月之多。环境也不一：前两篇写于北京寓所的东壁下；中三篇是流离中所作，地方是医院和木匠房；后五篇却在厦门大学的图书馆的楼上，已经是被学者们挤出集团之后了。"②这十篇回忆散文，与一般的自传或回忆录的写法不同，它不是个人生活的编年史，而是从生活回忆中选取若干有意义的片段，写成

---

① 《朝花夕拾·小引》。
② 《朝花夕拾·小引》。按：据《鲁迅日记》，他在北京的避难生活始于1926年3月26日避居莽原社，止于5月2日从法国医院回家，与他一同避难的许寿裳也说，他在D医院的堆房中"还是写作不辍"，与《小引》中所述一致，但《朝花夕拾》文章篇末所署写作日期，则中三篇分别是：5月10日，5月25日和6月23日，应是回家之后所作，与《小引》所述不符。不知是鲁迅记忆有误，抑或是这三篇文章是在医院木匠房中所写，而回家后加以修订，而文末所署则是修订的日期，现在无从查考。

各自独立又具有连续性的系列散文,反映出时代风貌,并对传统教育思想进行猛烈的攻击。这些文章在《莽原》杂志上发表时,总题为《旧事重提》,现在则改了一个名称:《朝花夕拾》,并作《小引》和《后记》。他在《小引》里表述自己当时的心情道:"我常想在纷扰中寻出一点闲静来,然而委实不容易。目前是这么离奇,心里是这么芜杂。一个人做到只剩下了回忆的时候,生涯大概总要算是无聊了罢,但有时竟会连回忆也没有。中国的做文章有轨范,世事也仍然是螺旋。前几天我离开中山大学的时候,便想起四个月以前的离开厦门大学;听到飞机在头上鸣叫,竟记得了一年前在北京城上日日旋绕的飞机。我那时还做了一篇短文,叫做《一觉》。现在是,连这'一觉'也没有了。"一年前在北京,发生了三一八惨案,鲁迅称之谓"民国以来最黑暗的一天",而现在的"血的游戏"则远比那时更残酷,规模也更大,鲁迅还有什么话可说呢?"便是现在心目中的离奇和芜杂,我也还不能使他即刻幻化,转成离奇和芜杂的文章。或者,他日仰看流云时,会在我的眼前一闪烁罢。"

从5月2日起,鲁迅又开始整理他的译作《小约翰》,至26日完成,6月中旬又作《动植物译名小记》附于书后。这是荷兰作家望·蔼覃的长篇童话,德文译者保罗·赫赛称它为"象征写实底童话",鲁迅则赞之谓"无韵的诗,成人的童话"。这书的德文本,还是鲁迅留学日本时所购。鲁迅说,这本《小约翰》"是自己爱看,又愿意别人也看的书,于是不知不觉,遂有了翻成中文的意思"。但开始时没有翻译这书的能力,后来也常常想到,却总被别的事情岔开。直到1925年,才决计在暑假中将它译好,并登出广告去,却不料那一暑假为了女师大事件,与"正人君子"战斗,过得比别的时候还艰难。到1926年夏天,他即将离开北京南下之前,又记得了这本书,这才挤出时间,请友人齐寿山一起,躲在中央公园的一间红墙的小屋里,将它译成草稿。"我们的翻译是每日下午,一定不缺的是身边一壶好茶叶的茶和身上一大片汗。有时进行得很快,有时争执得很凶,有时商量,有时谁也想不出适当的译法。译得头昏眼花时,便看看小窗外的日光和绿荫,心绪渐静,慢慢地听到高树上的蝉声,这样地约有一个月。"①不久,他便带着草稿到厦门大学,想在那里整理,然而没有工夫,于是又带到广州的中山大学,想在那里抽空整理,然而又没有工夫。结果是在白色恐怖之下,带着它躲进很热的白云楼里,费时一月总算整理完毕。作品中所描写的荷兰海边的沙冈风景,是令人神往的,而这白云楼外却大不相同:"满天炎热的阳光,时而如绳的暴雨;前面的小港

---

① 《小约翰·引言》。

中是十几只蜑户的船,一船一家,一家一世界,谈笑哭骂,具有大都市中的悲欢。也仿佛觉得不知那里有青春的生命沦亡,或者正被杀戮,或者正在呻吟,或者正在'经营腐烂事业'和作这事业的材料。然而我却渐知道这虽然沈默的都市中,还有我的生命存在,纵已节节败退,我实未尝沦亡。"可见人类的悲欢并不相通,民众对于眼前的事件是何等麻木,而鲁迅正是在默默的工作中,体现自己生命的存在。

整理完《小约翰》之后,鲁迅应约翻译了几篇文章,然后从6月下旬开始,编次《唐宋传奇集》,并作相关的考证文字,至9月上旬完成。考证文字以《稗边小缀》为题,收于书末。这本书是鲁迅为研究中国小说史而准备的资料之一种,共选唐宋人传奇小说四十八篇。原来还收有一篇散落在日本的《游仙窟》,为唐张文成作,"本当置《白猿传》之次,以章矛尘君方图版行,故不编入",可见其在学术事业上,对于青年学者是如何的支持与照顾。在本书的《序例》之末,作者题云:"中华民国十有六年九月十日,鲁迅校毕题记。时大夜弥天,璧月澄照,饕蚊遥叹,余在广州",此则不但写出当时的政治环境,而且还有向高长虹及其他一些人示威之意,表示他现在正与许广平一起在广州,你们又能奈我何?这其他一些人,就是本年1月11日鲁迅致许广平信中所说的散布流言者,包括"二太太"即周作人夫人羽太信子。

鲁迅在广州一面整理旧稿,一面观察变幻的世态,并思考着一些问题。他在致友人的书信中说:"我这十个月中,屡次升沉,看看人情世态,有趣极了。"①又说:"土耳其鸡的鸡冠似的彩色的变换,在'以俟开审'之暇,随便看看,实在是有趣的。"②

鲁迅看见了什么呢?

他首先看到了那些政治人物的变幻莫测,简直成了做戏的虚无党。当初,他们高喊拥护联俄、联共、扶助农工的三大政策,说共产党是火车头,国民党是列车,革命是由共产党领导国民党成功的,或者说共产党是革命的功臣,有人还带领学生在苏联顾问鲍罗亭面前行了最敬礼。但"清党"后却疯狂地反苏、反共、迫害工农,正因为他们是共产党而把他们杀戮,而且那处死的方法又是残酷之极,斩首、活埋、斧劈、枪刺、活活打死。这简直是故意设下陷阱,正像是"聚而歼旃"。鲁迅发问道:"又是演讲录,又是演讲录。但可惜都没有讲明他何以和先前大两

---

① 1927年6月12日致章廷谦信。
② 《而已集·通信》。

样了;也没有讲明他演讲时,自己是否相信自己的话。"①而且,对于强加在被害者头上的"罪名"也提出了质疑。他写了一篇概括力极强的短文《可恶罪》,加以有力地揭露:

这是一种新的"世故"。

我以为法律上的许多罪名,都是花言巧语,只消以一语包括之,曰:可恶罪。

譬如,有人觉得一个人可恶,要给他吃点苦罢,就有这样的法子。倘在广州而又是"清党"之前,则可以暗暗地宣传他是无政府主义者。那么,共产青年自然会说他"反革命",有罪。若在"清党"之后呢,要说他是CP或CY,没有证据,则可以指为"亲共派"。那么,清党委员会自然会说他"反革命",有罪。再不得已,则只好寻些别的事由,诉诸法律了。但这比较地麻烦。

我先前总以为人是有罪,所以枪毙或坐监的。现在才知道其中的许多,是先因为被人认为"可恶",这才终于犯了罪。

许多罪人,应该称为"可恶的人"。

其次,他看到"一群正人君子,连拜服'孤桐先生'的陈源教授即西滢,都舍弃了公理正义的栈房的东吉祥胡同,到青天白日旗下来'服务'了"②。这一点,他在厦门时就已觉察到,到广州后,就看得更清楚。开始时,他还很担心这种异体的侵入,后来才悟到这种改换门庭的"包围"是一种必然现象。他在《扣丝杂感》里说:"无论是何等样人,一成为猛人,则不问其'猛'之大小,我觉得他的身边便总有几个包围的人们,围得水泄不透。那结果,在内,是使该猛人逐渐变成昏庸,有近乎傀儡的趋势。在外,是使别人所看见的并非该猛人的本相,而是经过了包围者的曲折而显现的幻形,至于幻得怎样,则视包围者是三棱镜呢,还是凸面或凹面而异。"而一当情况有变,"包围者便离开了这一株已倒大树,去寻求别一个新猛人。"鲁迅曾经想做一篇《包围新论》,先说包围之方法,次论中国之所以是走老路,原因就在包围,因为猛人虽有起仆兴亡,而包围者永是这一伙。次更论猛人倘能脱离包围,中国就有五成得救。结末是包围脱离法——然而终于想不出好的方法来,所以这新论也还没有动笔。虽然没有动笔,但提出这一命意,在政治学和社会学上也是极有意义的。

就在这时,广州市教育局举办了夏期学术演讲会,邀请鲁迅去演讲。鲁

---

① 《而已集·小杂感》。
② 《而已集·通信》。

鲁迅滞留广州期间编集、整理的部分著译

迅于7月23日和26日,分两次作了题为《魏晋风度及文章与药及酒之关系》的长篇演讲,提出了应从作者的环境、经历和著作诸方面综合研究的方法,多有新的发现,深入浅出,在幽默动听的话语中讲出了许多深层的道理。本题所讲,虽是一千几百年以前的古事,但是现实性很强。他是借讲述魏晋时期的文学史,而着重描述了动乱时期文人们在政治强权面前的无奈的命运。无论是何晏、王弼的服药,嵇康、阮籍的喝酒和陶潜的平和态度,都与当时的政治环境有关。而且指出,孔融、嵇康被杀的原因,都不是表面上宣布的罪名,而是因为他们的言论于当权者的统治有妨碍。曹操因"不孝"之罪而杀孔融,但当初他所颁发的求贤令中就说,不忠不孝不要紧,只要有才就可以;孔融的真正致死之因,是因为他经常反对曹操。嵇康被司马懿所杀,是因为他的朋友吕安不孝,连累到他,但真实的原因是由于他在《与山巨源绝交书》中提出了"非汤武而薄周孔"的观点,这也并非与司马懿的信仰有关,而是隐藏在背后的政治利益。鲁迅说:"非薄了汤武周孔,在现时代是不要紧的,但在当时却关系非小。汤武是以武定天下的;周公是辅成王的;孔子是祖述尧舜,而尧舜是禅让天下的。嵇康都说不好,那么,教司马懿篡位的时候,怎么办才好呢?没有办法。在这一点上,嵇康于司马氏的办事上有了直接的影响,因此非死不可了。"这也就是鲁迅在《可恶罪》中所阐释的道理。又有何曾其人曾数次劝司马氏,要他把阮籍也杀掉,但司马氏没有听他的话,因为阮籍的饮酒,与时局的关系少些。

鲁迅还进一步分析,关于嵇康阮籍的罪名,一向说他们是毁坏礼教,其实,

十八、在升沉中看看人情世态

这判断是错的。"魏晋时代,崇奉礼教的看来似乎很不错,而实在是毁坏礼教,不信礼教的。表面上毁坏礼教者,实则倒是承认礼教,太相信礼教。因为魏晋时所谓崇奉礼教,是用以自利,那崇奉也不过偶然的崇奉,如曹操杀孔融,司马懿杀嵇康,都是因为他们和不孝有关,但实在曹操司马懿何尝是著名的孝子,不过将这个名义,加罪于反对自己的人罢了。于是老实人以为如此利用,亵渎了礼教,不平之极,无计可施,激而变成不谈礼教,不信礼教,甚至于反对礼教。——但其实不过是态度,至于他们的本心,恐怕倒是相信礼教,当作宝贝,比曹操司马懿们要迂执得多。"并且从这里出发,他又联系到现实情况,说譬如北方有一个军阀,从前是压迫民党的,后来北伐军势力一大,他便挂起了青天白日旗,说自己已经信仰三民主义了,是总理的信徒。这样还不够,他还要做总理纪念周。这时候,真的三民主义的信徒,去呢,不去呢?不去,他那里就可以说你反对三民主义,定罪,杀人。但既然在他的势力之下,没有别法,真的总理的信徒,倒会不谈三民主义,或者听人假惺惺的谈起来就皱眉,好像反对三民主义模样。"所以我想,魏晋时所谓反对礼教的人,有许多大约也如此。他们倒是迂夫子,将礼教当作宝贝看待的。"这种以今例古的方法,大约就是马克思所谓人体解剖有助于猿体解剖的例子,而解剖的结果,又可以用来以古讽今。盖古今时代虽有不同,而其理则一也。鲁迅这篇演讲本身就是从现实的感受出发,来研究历史问题的。后来,他对一位老友说:"弟在广州之谈魏晋事,盖实有慨而言,志大才疏,哀北海之终不免也。迩来南朔奔波,所阅颇众,聚感积虑,发为狂言。"①

在分析世态的同时,鲁迅也在反省自己。这主要表现在《答有恒先生》文中。

时有恒在《北新》周刊上发表一篇《这时节》的杂感,说是"久不见鲁迅先生等的对盲目的思想行为下攻击的文字了",在这国民革命正沸腾的时候,"我们恳切地祈望鲁迅先生出马。……因为救救孩子要紧呀"。鲁迅读后,就写了这篇答文,说明自己现在沉默的原因,不是因为没有写字的工夫,而是由于思想的改变。

鲁迅在离开厦门时,思想就有些改变,但引起如此的震动,则是由于四一五大屠杀。这种血的事实,使他的一种理想破灭了。他原来有一种乐观,以为压迫、杀戮青年的,大概是老人。这种老人渐渐死去,中国总可比较地有生气。现在他知道不然了,杀戮青年的,似乎倒大概是青年,而且对于别个的不能再造的生命

---

① 1928年12月30日致陈子英信。

和青春，更无顾惜。"血的游戏已经开头，而角色又是青年，并且有得意之色。我现在已经看不见这出戏的收场。"后来，他在《三闲集·序言》中说得更为明确："我在广东，就目睹了同是青年，而分成两大阵营，或则投书告密，或则助官捕人的事实！我的思路因此轰毁"。

鲁迅还有一种理想，是想以文学来唤起人们的觉悟，使人们起来革命，所以他提倡"思想革命"。现在他感到他的文章弄清了老实而不幸的青年的脑子和弄敏了他们的感觉，无非是使他们万一遭灾时来尝加倍的苦痛，同时给憎恶他们的人们赏玩这较灵的苦痛，得到格外的享乐。鲁迅把这些青年比作中国筵席上鲜活的"醉虾"，把自己看作做这醉虾的帮手，因此他认为自己也在帮着排这吃人的筵席。他感到非常痛苦，说："现在倘再发那些四平八稳的'救救孩子'似的议论，连我自己听去，也觉得空空洞洞的。"

而且，他从深层的社会思想中，看出了文学的无奈和无用："还有，我先前的攻击社会，其实也是无聊的。社会没有知道我在攻击，倘一知道，我早已死无葬身之所了。……民众的罚恶之心，并不下于学者和军阀。近来我悟到凡带一点改革性的主张，倘于社会无涉，才可以作为'废话'而存留，万一见效，提倡者即大概不免吃苦或杀身之祸。古今中外，其揆一也。"所以他觉得他也许从此不再有话要说，恐怖一去，来的是什么呢，他还不得而知。

正在这时，他收到了台静农的一封信，是转达刘半农的意见的。其时瑞典探测家斯文海定到中国考察，他与刘半农商量，拟提名鲁迅为诺贝尔文学奖候选人，由刘半农托台静农探询鲁迅本人的意见。诺贝尔文学奖，具有世界性的荣誉，久已成为许多作家的追逐之物，有些作家还产生了一种诺贝尔情结，但鲁迅却断然回绝。他在9月25日给台静农回信道：

> 9月17日来信收到了。请你转致半农先生，我感谢他的好意，为我，为中国。但我很抱歉，我不愿意如此。
>
> 诺贝尔赏金，梁启超自然不配，我也不配，要拿这钱，还欠努力。世界上比我好的作家何限，他们得不到。你看我译的那本《小约翰》，我那里做得出来，然而这作者就没有得到。
>
> 或者我所便宜的，是我是中国人，靠着这'中国'两个字罢，那么，与陈焕章在美国做《孔门理财学》而得博士无异了，自己也觉得好笑。
>
> 我觉得中国实在还没有可得诺贝尔赏金的人，瑞典最好是不要理我们，谁也不给。倘因为黄色脸皮人，格外优待从宽，反足以长中国人的虚荣心，以为真可与别国大作家比肩了，结果将很坏。

十八、在升沉中看看人情世态

我眼前所见的依然黑暗,有些疲倦,有些颓唐,此后能否创作,尚在不可知之数。倘这事成功而从此不再动笔,对不起人,倘再写,也许变了翰林文字,一无可观了。还是照旧的没有名誉而穷之为好罢。

鲁迅辞谢诺贝尔文学奖的提名,并非出于故作姿态的矫情,而是出于深层的切实的考虑。他不希望因黄色脸皮而得到照顾,而使人产生一种错觉,以为中国文学已经到达世界水平了,而希望中国作家能切实努力,真正提高创作水平;他更不愿因得奖而获得名誉地位之后,受制于各种关系,失却了独立精神与自由思想,只能写些应景文章,因而还是照旧的没有名誉而穷的好。

鲁迅在离开广州前不久,与许广平、蒋径三合影

鲁迅本来是打算于8月中动身的,但招商局无船,而太古公司的员工又在罢工,只好等待。直到9月27日,鲁迅偕同许广平,才坐上"山东号"轮船,离开广州,迎着风浪,向上海进发。

鲁迅说:"回想起我这一年的境遇来,有时实在觉得有味。在厦门,是到时静悄悄,后来大热闹;在广东,是到时大热闹,后来静悄悄。肚大两头尖,像一个橄榄。我如有作品,题这名目是最好的,可惜被郭沫若先生占先用去了。但好在我也没有作品。"①不过后来鲁迅还是把1927年的杂文编成一集,叫《而已集》,并移用1926年10月14夜里,编完当年的杂感集后写在末尾的几句诗,作为本集的题辞。这首诗,原是写他在北京所见的情景的,现在倒用来表达他在广州事件后的感想了:

这半年我又看见了许多血和许多泪,
然而我只有杂感而已。

---

① 《而已集·通信》。

泪揩了,血消了;
屠伯们逍遥复逍遥,
用钢刀的,用软刀的,
然而我只有"杂感"而已。

连"杂感"也"放进了应该去的地方"时,
我于是只有"而已"而已!

十九、向山崩地塌般的大波冲进去

从广州坐船到上海,必须经过香港。这地方,鲁迅已经来过两回了,第一回是从厦门到广州时,经过此地,并没有遇见什么事,第二回是二月间来此演讲,就遇到了一些麻烦。现在是第三回,他在动身之前已在《创造月刊》上王独清的通信中看到英国雇用的中国同胞上船"查关"的威武:非骂则打,或者要几块钱。这次他带的行李多,有十只书箱在统舱里,六只书箱和衣箱在房舱里,如果一翻动,单是重行整理捆扎,就须大半天,所以很发愁。

船到香港的第一天倒无事,但第二天午后,茶房就来叫了:"查关!开箱子去!"鲁迅拿了钥匙,走进统舱,果然看见两位穿深绿色制服的英属同胞,手执铁签,在箱堆旁站着。鲁迅告诉他这里面是旧书,他似乎不懂,嘴里只有三个字:"打开来!"于是靠了两个茶房的帮助,将箱子打了开来。鲁迅说:"他一动手,我立刻觉得香港和广州的查关的不同。我出广州,也曾受过检查。但那边的检查员,脸上是有血色的,也懂得我的话。每一包纸或一部书,抽出来看后,便放在原地方,所以毫不凌乱。的确是检查。而在这'英人的乐园'的香港可大两样了。检查员的脸是青色的,也似乎不懂我的话。他只将箱子的内容倒出,翻搅一通,倘是一个纸包,便将包纸撕破,于是一箱书籍,经他搅松之后,便高出箱面有六七寸了。"

检查完第一箱之后,就要他打开第二箱。"可以不看么?"鲁迅低声说。这回检查员懂得他的话了,也低声地说:"给我十块钱。"鲁迅不愿给这么多的钱,双方就进行讨价还价。一面讲价,一面继续检查,当鲁迅出到五元,而检查员减到七元时,已经翻到第五只箱子,鲁迅也就不愿再出钱了,结果是翻了八只箱子,别两只没有动的箱子是孙伏园托他带的书箱。所以鲁迅调侃道:"吉人自有天相,伏园真福将也!而我的华盖运却还没有走完,噫吁唏……"他想着,蹲下去随手收拾乱书。拾不到几本,茶房又在舱口大叫了:"你的房里查关,开箱子去!"于是他把收拾书箱的事托给了统舱的茶房,跑回房舱去。

果然,两位英属同胞早在那里等他了。于是,搜身上的皮夹,看皮夹中的钱,开提包,查箱子,查网篮,而且指他的水果刀为凶器。这种检查是毁坏性的。这回,检查员是主动提出"你给我们十块钱,我们不搜查你了"。因为第二只箱子里有照片、抄本,自己的译稿、别人的文稿,剪存的报章,研究的资料……倘一毁坏或搅乱,那损失可太大了,而这位检查员同胞又看了一眼包钱的手巾包,鲁迅大悟,决心拿起手巾包里十元整封的角子,给他看了一看。他回头向门外一望,然后伸手接过去,在第二只箱子上画了一个查讫的记号,走向那一位同胞去。大约打了一个暗号,将使一包角子塞在枕头之下,走了。但那一位同胞也还是要乱翻一下,这是要掩人耳目。接着是皮鞋声橐橐地自远而近,一个颇胖的白人停在房外,面对乱七八糟的行李,以主人的口吻问道:"查过了?"不知是在安慰,还是嘲弄。后来,又有另一个检查员,对做了查讫记号的第二只箱子,又要检查。鲁迅说:"他已经看过了。"他说:"没有看过。没有打开过。打开来!"鲁迅说:"我刚刚捆好的。"他说:"我不信。打开来!"鲁迅说:"这里不画着查过的符号么?"他说:"那么,你给了钱了罢?你用贿赂……"鲁迅要他问他的同伙去,结果是原先的检查员来拿了钱去,大概是大家分了才算结束。

鲁迅对这一幕非常反感,非常愤怒。因为这不但是个人的屈辱,而且反映出殖民地国家的现状和未来,是十分可悲的。所以船还未抵岸,他就在海上写了《再谈香港》一文,详细地记述了这件事的过程,并指出它所象征的意义:"香港虽只一岛,却活画着中国许多地方现在和将来的小照:中央几位洋主子,手下是若干颂德的'高等华人'和一伙作伥的奴气同胞。此外即全是默默吃苦的'土人',能耐的死在洋场上,耐不住的逃入深山中,苗瑶是我们的前辈。"

10月3日午后,鲁迅与许广平一起抵达上海,暂寓爱多亚路长耕里共和旅馆。因为上海的熟人多,所以应酬很繁忙,几乎每天人来客往,常有宴请。

但旅馆终非久居之地,乃与三弟建人商量,拟觅一暂时栖身之所。恰巧周建人所住的景云里还有余屋可租,而茅盾、叶圣陶等文化人也住在这里,颇不寂寞。于是鲁迅和许广平就于10月8日从共和旅馆迁入景云里第二弄二十三号,开始同居。后因此屋邻近大兴坊街道,嘈杂喧闹,而且又有邻居顽童骚扰,他们就于1928年9月搬到同一排的十八号,并请周建人一家来同住。翌年2月,隔壁十七号空了出来,鲁迅喜其朝南又朝东,两面见到阳光,就又租了下来,与许广平搬过去住,但与十八号打通,仍在十八号进出。直到1930年5月,由于政治形势日益险恶,才由日本朋友内山完造的介绍,搬到北四川路底的拉摩斯公寓(北川公

十九、向山崩地塌般的大波冲进去

鲁迅到达上海后的第二天,与家人和朋友合影。前排左起:周建人、许广平、鲁迅;后排左起:孙福熙、林语堂、孙伏园

寓)三楼。

关于鲁迅与许广平的关系,一向流言很多,现在他们住在一起了,别人倒反而无话可说。后来鲁迅在致友人信中说:"至于'新生活'的事,我自己是川岛到厦门以后,才听见的。他见我一个人住在高楼上,很骇异,听他的口气,似乎是京沪都在传说,说我携了密斯许同住于厦门了。那时我很愤怒。但也随他们去罢。其实呢,异性,我是爱的,但我一向不敢,因为我自己明白各种缺点,深恐辱没了对手。然而一到爱起来,气起来,是什么都不管的。后来到广东,将这些事对密斯许说了,便请她住在一所屋子里——但自然也还有别的人。前年来沪,我也劝她同来了,现就住在上海,帮我做点校对之类的事——你看怎样,先前大放流言的人们,也都在上海,却反而哑口无言了,这班孱头,真是没有骨力。"①

鲁迅刚到上海之初,并没有打算在此定居。还在广州时,他就在考虑今后的去向问题,作过种种选择。北京还有吸引人之处,他曾想回去,但也有实际困难。他对章廷谦说:"北京我本想去,但有一件事,使我迟疑。我的一个旧学生,新近逃到南京了,因为替马二(在北京)办报,其把柄为张鬍所得。他筹办时,对我并不声明给谁办的,但要我一篇文章,登第一期,而且必待此文到后才出版。敝

---

① 1929年3月22日致韦素园信。

景云里二十三号：鲁迅与许广平到上海后的第一处寓所，1927年10月8日入住

文刚到，他便逃了。因此，我很疑心，他对于马二，不会说这报是我主持的么？倘如此，则我往北京，也不免有请进'优待室'之虑，所以须待到沪后，打听清楚才行。而西三条屋中，似乎已经增添了人，如'大太太'的兄弟之类，我回去，亦无处可住也。"这就是说，从政治上或家庭生活上考虑，他都暂时不能回北京。同信中又说："南京也有人叫我去编什么期刊，我已谢绝了。"①到得次年，则连章廷谦想到北京（时已改为北平）去谋生，他也加以劝阻了："那边虽曰北平，而同属中国，由我看来，恐未必能特别光明。""况且倭支葛搭，安知无再见入关之事"耶？而且还勾起一些不愉快的记忆："至于不佞，也想去一趟，因为是老太太的命令，不过时候未定；但久住则未必，回想我在京最穷之时，凡有几文现钱可拿之学校，都守成坚城，虽一二小时的功课也不可得，所以虽在今日，也宁可流宕谋生耳。"②

那时，浙江大学正在筹办，有些朋友拟往杭州谋职，他并不赞成。在给章廷谦的几封信中都说到浙江不可留的意见："其实浙江是只能如此的，不能有更好之事，我从钱武肃王的时代起，就灰心了"；"夫浙江之不能容纳人才，由来久矣，现今在外面混混的人，那一个不是曾被本省赶出？我想，便是菼白之流，也不会久的，将一批一批地挤出去，终于止留下旧日的地头蛇"；"江浙是不能容人才的，三国时孙氏即如此，我们只要将吴魏人才一比，即可知（曹操也杀人，但那是因为和他开玩笑。孙氏却不这样的也杀，全由嫉妒）。我之不主张绍原在浙，即根据《三国志演义》也。"③故鲁迅虽为浙人，但不作回浙工作之想。

他到上海也只是暂住，并不打算久居。1927年11月3日致李霁野信说："本来我也可以在此编辑，因为我原想躲起来用用功。但看近来情形，各处来访问，邀演讲、邀做教员的很多，一点也静不下，时常使我想躲到乡下去。所以我或者

---

① 1927年7月28日致章廷谦信。
② 1928年8月2日致章廷谦信。
③ 1927年7月17日、28日、8月8日致章廷谦信。

十九、向山崩地塌般的大波冲进去

要离开上海也难说。"12月19日致老友邵铭之信中则说:"弟从去年出京,由闽而粤,由粤而沪,由沪而更无处可往,尚拟暂住,岁腊必仍在此也。"所以刚搬进景云里时,还没有作长期打算,也只购置一些简单的家具,每人仅只一床、一桌、二椅等,便算足备了。但一住下,事情就很多,他想到南京去二三天,又想到杭州去看看西湖,都没有时间——直到次年夏天,才与许广平一起到杭州去玩了四天,游湖、购书、饮茶、休憩,这是他俩难得的一次旅游。后来,大概是觉得没有更适当的地方可去,而且全国的文化中心已经移到上海,此处虽然嘈杂,但就自由写作而言,毕竟有许多方便的地方,如报刊多,出版业发达,文化斗争激烈,而又有较大的回旋余地,所以他终于就在上海长期住了下来。这想法,从1929年5月回北平探亲时,写给许广平的信中可以看出:"我这次回来,正值暑假将近,所以很有几处想送我饭碗,但我对于此种地位,总是毫无兴趣。为安闲计,住北平是不坏的,但因为和南方太不同了,所以几乎有'世外桃源'之感。我来此虽已十天,却毫不感到什么刺戟,略不小心,确有'落伍'之惧的。上海虽烦扰,但也别有生气。"

鲁迅并不喜欢演讲,但来请的大都是老朋友,盛情难却,不能不去说几句。所以那时他接连到许多学校去演讲,如:劳动大学、复旦大学、立达学园、光华大学、大夏大学、暨南大学等。但教书却一概谢绝——只有劳动大学,因其校长易培基在北京曾与鲁迅一起反对过段祺瑞、章士钊,有过共同战斗的情谊,无法回绝,才答应在那里担任每周一点钟的"文学讲座",但并不情愿。1927年11月18日致翟永坤信说:"我近半年来,教书的趣味,全没有了,所以对于一切学校的聘请,全都推却。只因万不得已,在一个学校里担任了一点钟,但还想辞掉他。"不久因易培基支持军警来抓捕学生,他就坚决辞掉教职,而且退回了薪金。

可惜鲁迅那些演讲的记录稿大都散失了,报纸上或有记载,亦未经鲁迅过目,难以断定其准确性。只有两篇是经过鲁迅校订,并收入他的杂文集中:一是《关于知识阶

鲁迅赴光华大学演讲会场,1927年11月摄

级》，二是《文艺与政治的歧途》。这两篇讲稿，大概因为不合时宜故，长期以来并未引起人们的重视，往往被忽略不提，但其中却提出了极为重要的思想，值得我们注意。

《关于知识阶级》是1927年10月25日在劳动大学所作的演讲，鲁迅在这里提出了知识分子的历史使命问题。

作者在开讲时，就说明："'知识阶级'一辞是爱罗先珂（V.Eroshenko）七八年前讲演'知识阶级及其使命'时提出的"，这就是说，在这之前，"知识阶级"一辞并不通行。的确，知识阶级——后来通称为"知识分子"，这是一个现代社会的概念，与古之所谓"文人"者有所不同。鲁迅后来曾深刻地揭露过中国文人的依附性，不过这里还未曾涉及，只是将中国的知识阶级与俄国的知识阶级作一比较：俄国的知识阶级在社会上是受到欢迎的，因为他能够与平民接近，有些就出身平民，能够替平民抱不平，把平民的痛苦告诉大众；而中国的知识阶级则不然，几年前有一位大学教授，他很奇怪，为什么有人要描写一个人力车夫的事情，这就因为大学教授一向住在高大的洋房里，不明白平民的生活。但欧洲的著作家在受到欢迎，得到荣誉之后，地位增高了，而同时却把平民忘记了，变成一个特别的阶级。那时他们自以为了不得，到阔人家里去宴会，钱也多了，房子东西都要好的，终于与平民远远的离开了。他享受了高贵的生活，就记不起从前一切的贫苦生活了。他不但不同情于平民，或许还要压迫平民，以致成了平民的敌人。

鲁迅很强调知识分子的独立精神和自由思想。他说："知识和强有力是冲突的，不能并立的；强有力不许人民有自由思想，因为这能使能力分散"。他举了猴王和酋长为例，认为这些权力者都是专制的，后来的皇帝也一样，而思想却需要自由，这样就必然要起冲突。"然而知识阶级将怎么样呢？还是在指挥刀下听令行动，还是发表倾向民众的思想呢？要是发表意见，就要想到什么就说什么。真的知识阶级是不顾利害的，如果想到种种利害，就是假的，冒充的知识阶级；只是假知识阶级的寿命倒比较长一点。像今天发表这个主张，明天发表那个意见的人，思想似乎天天在进步；只是真的知识阶级的进步，决不能如此快的。不过他们对于社会永不会满意的，所感受的永远是痛苦，所看到的永远是缺点，他们预备着将来的牺牲，社会也因为有了他们而热闹，不过他的本身——心身方面总是苦痛的；因为这也是旧式社会传下来的遗物。"

《文艺与政治的歧途》则是同年12月21日在暨南大学的演讲。从文艺和文艺家的角度，进一步阐发了上述思想。

十九、向山崩地塌般的大波冲进去

这篇演讲,在简单的开场白之后,立即就提出了主要论点:"我每每觉到文艺和政治时时在冲突之中;文艺和革命原不是相反的,两者之间,倒有不安于现状的同一。惟政治是要维持现状,自然和不安于现状的文艺处在不同的方向。""政治家最不喜欢人家反抗他的意见,最不喜欢人家要想,要开口。""政治想维系现状使它统一,文艺催促社会进化使它渐渐分离;文艺虽使社会分裂,但是社会这样才进步起来。文艺既然是政治家的眼中钉,那就不免被挤出去。"

当然,文艺也有种种。有一派讲文艺的,主张离开人生,讲些月呀花呀鸟呀的话,或者专讲"梦",专讲些将来的社会,不要讲得太近。鲁迅把他们称之谓"躲在象牙塔里面"的文学家,但认为"象牙之塔"毕竟不能住得很长久的呀,因为象牙之塔总是要安放在人间,就免不掉还要受政治的压迫;而且,象牙之塔的窗子里也不会有一块一块的面包递进来。鲁迅是主张"为人生的艺术"的,所以很强调文艺的现实性。他说:"我以为文艺大概由于现在生活的感受,亲身所感到的,便影印到文艺中去。"这样,文艺家本身的生活经历就很重要。

但是,从生活窘迫过来的人,一到了有钱,容易变成两种情形:一种是理想世界,替处于同一境遇的人着想,便成为人道主义;一种是什么都是自己挣起来,从前的遭遇,使他觉得什么都是冷酷,便流入个人主义。我们中国大概是变成个人主义者多。鲁迅说:"主张人道主义的,要想替穷人想想法子,改变改变现状,在政治家眼里,倒还不如个人主义的好;所以人道主义者和政治家就有冲突。"他举俄国的托尔斯泰为例,说他是上过战场的,眼见他的朋友们在战场上牺牲掉,就主张用无抵抗主义来消灭战争,这就和政治相冲突。"这种文学家出来,对于社会现状不满意,这样批评,那样批评,弄得社会上个个都自己觉到,都不安起来,自然非杀头不可。"鲁迅说:"文艺家的话其实还是社会的话,他不过感觉灵敏,早感到早说出来",但"他说得早一点,大家都讨厌他。政治家认为文学家是社会扰乱的煽动者,心想杀掉他,社会就可平安。殊不知杀了文学家,社会还是要革命;俄国的文学家被杀掉的充军的不在少数,革命的火焰不是到处燃着吗?"因为说得早一点,所以文学家生前大概是不能得到社会的同情,潦倒地过了一生,直到死后四五十年,才为社会所认识,大家大闹起来,政治家就更厌恶文学家。后来,社会变动了,文艺家先时讲的话,渐渐大家都记起来了,大家都赞成他,恭维他是先知先觉,但他活着的时候,是很受社会的奚落的。

鲁迅又批评在广东时所见的"革命文学"。他说:"现在的广东,是非革命文学不能算文学的,是非'打打打,杀杀杀,革革革,命命命',不能算革命文学的";但他以为,革命并不能和文学连在一块儿,虽然文学中也有革命文学,但做文学的人总得闲定一点,正在革命中,哪有工夫做文学,等到有了文学,革命早成功了。"革命成功以后,闲空了一点;有人恭维革命,有人颂扬革命,这已不是革命文学。他们恭维革命颂扬革命,就是颂扬有权力者,和革命有什么关系?"这时,也许有感觉灵敏的文学家,又感到现状的不满意,又要出来开口。"从前文艺家的话,政治革命家原是赞同过;直到革命成功,政治家把从前所反对那些人用过的老法子重新采用起来,在文艺家仍不免于不满意,又非被排轧出去不可,或是割掉他的头。"这是他从当时的现实情况所悟到的道理,但是具有相当的普遍性。那时国民革命军已打到徐州,在徐州以北,文学家原站不住脚,在徐州以南,文学家还是站不住脚。他还考察了苏俄的文学界,认为"即共了产,文学家还是站不住脚。革命文学家和革命家竟可说完全两件事"。在革命的时候,文学家都在做一个梦,以为革命成功将有怎样一个世界;革命以后,他看见现实全不是那么一回事,于是又要吃苦了。"所以以革命文学自命的,一定不是革命文学,世间那有满意现状的革命文学?除了吃麻醉药!"

从这两篇演讲中,可以看出鲁迅对于知识分子独立精神的重视和社会使命的认识。

鲁迅不再教书,是早有考虑的。一则他觉得教育界和政界一样的混浊,二则,他认为教书与写作是矛盾的,难以两全。这后一点,他已考虑很久了。还在厦门时期,他就多次在书信中说起。譬如,1926年11月1日致许广平信云:"但我对于此后的方针,实在很有些徘徊不决,那就是:做文章呢,还是教书?因为这两件事,是势不两立的:作文要热情,教书要冷静。兼做两样的,倘不认真,便两面都油滑浅薄,倘都认真,则一时使热血沸腾,一时使心平气和,精神便不胜困惫,结果也还是两面不讨好。看外国,兼做教授的文学家,是从来很少有的。我自己想,我如写点东西,也许于中国不无小好处,不写也可惜;但如果使我研究一种关于中国文学的事,大概也可以说出一点别人没有见到的话来,所以放下也似乎可惜。但我想,或者还不如做些有益的文章,至于研究,则于余暇时做,不过倘使应酬一多,可又不行了。"1926年12月3日信中又说:"我明年的事,自然是教一点书;但我觉得教书和创作,是不能并立的,近来郭沫若郁达夫之不大有文章发表,其故盖亦由于此。所以我此后的路还当选择,研究而教书呢,还是仍作游民而创作?倘须兼顾,即两皆没有好成绩。或者研究一两年,将文学史编好,此后教书无须豫备,则有余暇,再从事于创作之类也可以。"①此外,在别的地方也说到此事,如1926年10月29日致李霁野信中说:"我在这里所担的事情太繁,而且编讲义和作文是不能两立的,所以作文时和作了以后,都觉无聊与苦痛。"

经过长时间的认真考虑,又目睹了大学里的各种倾轧斗争,鲁迅到上海之后,是决定不再教书,而专事写作的了。他有时自称为"游民"或"流民",其实也就是今之所谓"自由撰稿人"。

自由撰稿人有两大特点:一是不从属于任何一个机构,不听命于什么人,而根据自己的意志独立写作;二是没有薪水,靠稿费为生。

关于第一点,鲁迅的独立精神一向表现得很突出。即使在教育部工作或在大学教书时,他也是不受任何体制的约束,不服从长官意志,而始终保持自己的自由思想的。当年作为教育部的部员,而敢于对抗教育总长章士钊命令,坚决支持女师大学生的正义斗争,即是一例。陈西滢攻击他说:"其实一个人做官也不大要紧,做了官再装出这样的面孔来可叫人有些恶心。"殊不知情况恰恰相反:鲁迅做了教育部官员,而能坚持真理,反对顶头上司的倒行逆施,实属难能可贵;而陈西滢没有做官,却反而跟着章士钊之辈走,倒是表现出文人对于权力的依附性,两者不可同日而语。

现在,他既不担任公职,也不做教员,就可以获得更大的自由空间。诚然,到上海之后,蔡元培请他担任大学院特约撰述员,他是接受了的。但这是没有任何限制,没有任何约束,"听其自由著作"的职务,此乃自由主义教育家、大学院院长蔡元培专为国内在学术上有贡献,而不兼有给职者而设的。实际上,就是每月奉送一笔薪金,让他们可以安心写自己的文章。

后来一些论者大力宣传鲁迅的"遵命文学"口号,仿佛他是提倡作家要纳入某种政治轨道,服从某种政治号令而写作似的。这显然与鲁迅的精神相违背的,其实是有意的曲解或无意的误解。不错,鲁迅在《〈自选集〉自序》中谈到自己在五四时期所写的小说时说过:"这些也可以说,是'遵命文学'。不过我所遵奉的,是那时革命的前驱者的命令,也是我自己所愿意遵奉的命令,决不是皇上的圣旨,也不是金元和真的指挥刀。"这句话说得很清楚,他的"遵命"并非从实际利益出发,而是"遵奉"与自己的观点相一致的"命令"。也就是他在同篇文章中所说的"与前驱者取同一的步调"的意思。同时,我们还应该注意到,这里用"也可

---

① 这两段话,作者于收入《两地书》时,并无实质性的修改,只从修辞上考虑改动了几个字,故引文从《两地书》。

以说"这样勉强的词语,而且又在"遵命文学"一语中打上引号,说明这段话是在特定语境中说的。这语境,可以从《〈农夫〉译后附记》中找到。鲁迅在这篇写于1928年10月27日的《附记》中说道:"今年上半年'革命文学'的创造社和'遵命文学'的新月社,都向'浅薄的人道主义'进攻,即明明白白证明着这事的真实。""乖哉乖哉,下半年一律'遵命文学'了,而中国之所以不行,乃只因鲁迅之'老而不死'云。"原来他称自己的作品"也可以说,是'遵命文学'",实乃带有调侃之意。可以作为旁证材料的是,1932年鲁迅回北平探亲时,于11月24日在女子文理学院的演讲。这个演讲题为《革命文学与遵命文学》,就明显地将两者看作对立之物。据次日《世界日报》的"特讯"报导,鲁迅在演讲中谴责了三种人:(一)在上海以革命文学自居,而后来因怕被捉,于是成为民族主义文学之丁卒矣,彼之革命文学,一变为遵命文学矣。(二)有些人一面讲马克思主义,而却走到前面去,他所讲者,十分高超,使之难以了解,但绝非实际所可作到,似此表面虽是革命文学,其实乃是遵命文学。(三)一些人打着"为艺术而艺术"之牌子,不顾一切,大步踏进,对于时代变迁中之旧道德,旧法律,彼等毫不向及,不关心世事,彼借此幌子,而保自己实力,表面上虽是前进,实则亦是遵命文学……可见,鲁迅对于遵命文学是何等鄙视,何等憎恶,他自己怎么会提倡遵命文学呢?盖鲁迅好作反讽之语,见者不察,信以为真,或明知其意在彼,而故意曲解为此,使其为我所用。

从鲁迅历来的文学见解看,他是最反对配合形势,命题作文的。比如,他在《忽然想到十一》中说:"即使是真的诗文大家,然而却不是'诗文大全',每一个题目一定有一篇文章,每一回案件一定有一通狂喊。他会在万籁无声时大呼,也会在金鼓喧阗中沉默。"又在《革命时代的文学》中说:"好的文艺作品,向来多是不受别人命令,不顾利害,自然而然地从心中流露的东西;如果先挂起一个题目,做起文章来,那又何异于八股,在文学中并无价值,更说不到能否感动人了。"他更讨厌那些依附权势,遵奉指挥刀之命的文人,对他们多有讽刺。如在《小杂感》中说:"世间大抵只知道指挥刀所以指挥武士,而不想到也可以指挥文人。"在《革命文学》中又说:"世间往往误以两种文学为革命文学:一是在一方的指挥刀的掩护之下,斥骂他的敌手的;一是纸面上写着许多'打,打','杀,杀',或'血,血'的。如果这是'革命文学',则做'革命文学家',实在是最痛快而安全的事。从指挥刀下骂开去,从裁判席上骂下去,从官营的报纸上骂开去,真是伟哉一世之雄,妙在被骂者不敢开口。而又有人说,这不敢开口,又何其怯也?对手无'杀身成仁'之勇,是第二条罪状,斯愈足以显革命文学家之英雄。所可惜者只在这文学并非对于强暴者的革命,而是对于失败者的革命。"

这些话,与他在劳动大学和暨南大学的两次演讲的内容是一致的,这才是鲁迅的文学精神。

对于鲁迅精神的曲解,不禁使我们想起了他在悼念亡友时所说的那段话:"文人的遭殃,不在生前的被攻击和被冷落,一瞑之后,言行两亡,于是无聊之徒,谬托知己,是非蜂起,既以自衒,又以卖钱,连死尸也成了他们沽名获利之具,这倒是值得悲哀的。"① 曲解鲁迅精神,将鲁迅打造得合于自己的需要,也是值得悲哀之事。

关于第二点,靠稿费谋生的问题,应该说,在中国一向是很难的。鲁迅在1925年所写的《并非闲话(三)》里对此曾有过详细的描述:"在中国,骈文寿序的定价往往还是每篇一百两,然而白话不值钱;翻译呢,听说是自己不能创作而嫉妒别人去创作的坏心肠人所提倡的,将来文坛一进步,当然更要一文不值。我所写出来的东西,当初虽然很碰过许多大钉子,现在的时价是每千字一至二三元,但是不很有这样的好主顾,常常只好尽些不知何自而来的义务。有些人以为我不但用了这些稿费或版税造屋,买米,而且还靠它吸烟卷,吃果糖。殊不知那些款子是另外骗来的;我实在不很擅长于先装鬼脸去吓书坊老板,然后和他接洽。我想,中国最不值钱的是工人的体力了,其次是咱们的所谓文章,只有伶俐最值钱。倘真要直直落落,借文字谋生,则据我的经验,卖来卖去,来回至少一个月,多则一年余,待款子寄到时,作者不但已经饿死,倘在夏天,连筋肉也都烂尽了,那里还有吃饭的肚子。"这里说的是实情。可见他准备专事写作,以卖文为生,是下了多大的决心。

好在此时,鲁迅的著作销路已经很好,他有把握靠稿费和版税为生了。据孙立川先生的统计②,鲁迅在上海时期的稿费和版税的收入是:

1928年: 2 671.52元

1929年: 11 223.83元

1930年: 12 562.88元

1931年: 4 209.29元

1932年: 4 688.50元;又日元50元

1933年: 10 690.07元;又日元140元

---

① 《且介亭杂文·忆韦素园君》。
② 见《鲁迅的经济状况研究札记》,《西还集》,天地图书有限公司2001年版,第39页。

1934年：5 484.49元

1935年：5 483.37元；又日元180元

1936年：2 495.94元；又日元80元

这九年间，鲁迅的稿费和版税的收入，共计59 549.83元，加上日元稿费550元，总共约为60 000元左右，平均每月550元以上，不但高于北京时期240—300元月俸的收入（后来常欠薪，但还略有稿费和讲课费的收入），而且也高于厦门时期的400元月薪的收入。但稿费和版税的收入毕竟不稳定，常受书报检查制度的打击，而且一到生病不能写作时，收入就锐减了，如1936年。

他担任"中央大学院"特约撰述员后，从1927年12月份起，有月薪300元。1928年，取消大学院制，设立教育部，鲁迅的特约撰述员的资格仍旧保留。但到得1931年12月，朱家骅出任教育部长后，就把鲁迅给裁撤掉了。这事，许寿裳知道后很着急，蔡元培也在为之设法，但鲁迅给许寿裳回信说："被裁之事，先已得教部通知，蔡先生如是为之设法，实深感激。惟数年以来，绝无成绩，所辑书籍，迄未印行，近方图自印《嵇康集》，清本略就，而又突陷兵火之内，存佚盖不可知。教部付之淘汰之列，固非不当，受命之日，没齿无怨。现北新书局尚能付少许版税，足以维持，希释念为幸。"①

以版税为生的人，对版税收入当然非常重视。所以在北新书局无限期地拖欠版税时，鲁迅就不得不与之打官司了。鲁迅虽然常陷入经济困境中，但他一向是尽力支持青年所经营的文化事业，或则垫钱助其出书，或则暂不支取版税，使书店或刊物得以发展。北新书局就是在鲁迅支持下发展起来的。现在鲁迅做自由撰稿人，靠稿费版税为生，北新却益发拖欠起来。鲁迅在1927年12月26日致章廷谦信中说："但我就从来没有收清过版税。即如《桃色的云》的第一版卖完后，只给我一部分，说因当时没钱，后来补给，然而从此不提了。我也不提。"后来北新变得愈来愈麻木了，鲁迅写信去催，也不回复，连《奔流》杂志作者的稿费也不支付，而且听说他们将现钱搬出去开纱厂去了。鲁迅在1929年7月21日致章廷谦信中又提到此事："北新书局自云穷极，我的版税，本月一文不送，写信去问，亦不答，大约这样的交道，是打不下去的。自己弄得遍身疿子，而为他人作嫁，去做官开厂，真不知是怎么一回事矣。"于是，鲁迅在忍无可忍的情况下，才于1929年8月间延请律师，准备诉诸法律。到这时，北新书局老板李小峰才着了慌，赶忙请郁达夫来做调人，实行庭外调解，分四期偿还积欠，共8 256.843元，并议定，以后

---

① 1932年3月2日致许寿裳信。

十九、向山崩地塌般的大波冲进去

鲁迅的著作必须加贴版税印花发行。这是鲁迅作为自由撰稿人为维护自己的权益所采取的必要行动。

鉴于此种情况,鲁迅后来曾劝阻青年人以译书谋生的打算。1930年9月3日复李秉中信中说:"以译书维持生计,现在是不可能的事。上海秽区,千奇百怪,译者作者,往往为书贾所诳,除非你也是流氓。加以战争及经济关系,书业也颇凋零,故译著者并蒙影响。预定译本,成后收受,现已无此种地方,即有亦不可靠。我因经验,与书坊交涉,有时用律师或合同,然仍不可靠也。"但他本人,却仍坚持着这艰辛的自由撰稿人的生活。

自由撰稿人不是游离于社会之外的方外人士,而是保持着独立精神,自由思想,为真理和正义而搏斗的志士。

鲁迅在即将离开北京的时候曾说:"革命时代总要有许多文艺家萎黄,有许多文艺家向新的山崩地塌般的大波冲进去,乃仍被吞没,或者受伤。被吞没的消灭了;受伤的生活着,开拓着自己的生活,唱着苦痛和愉悦之歌。待到这些逝去了,于是现出一个较新的新时代,产出更新的文艺来。"①他觉得中国自民元以来,所谓文艺家,没有萎黄的,也没有受伤的,自然更没有消灭,也没有痛苦和愉悦之歌。这就是因为没有新的山崩地塌般的大波,也就是因为没有革命。现在大的革命时代已经到来,他是准备冲向这新的山崩地塌般的大波里去的。

---

① 《华盖集续编·马上日记之二》。

二十、遇见文豪们笔尖的围剿

为了对旧社会旧文化进行有效的斗争,鲁迅一向重视联合战线的组成。他在对国内各派文艺社团进行分析之后,认为创造社是可以联合的力量,还在厦门准备赴粤时,就有此意。可惜待他到达广州时,创造社的主要成员都已上前线或从事其他实际工作,只来得及与成仿吾、王独清等人联合发表了一项《中国文学家对于英国知识阶级及一般民众宣言》,抗议帝国主义帮助北洋军阀镇压上海工人武装起义,和炮击南京市民的罪行,呼吁英国的无产民众和无产的知识阶级联合起来,"给我们一个同情的回答"。在即将离开广州的前三天,鲁迅还抽空去了创造社广州分部,选购了一些书刊。创造社中人"坚不收泉",使鲁迅大为感动。次日在致李霁野信中说:"创造社和我们,现在感情似乎很好。他们在南方颇受迫压了,可叹。看现在文艺方面用力的,仍只有创造,未名,沉钟三社,别的没有,这三社若沉默,中国全国真成了沙漠了。南方没有希望。"①所以他到上海之后,一面提议把《莽原》改称《未名》,并打算移到上海来办,一面仍准备与创造社组成联合战线。

这个时候,大革命已经失败,参加革命运动的文人都从实际岗位上退了下来,纷纷聚集到上海,重新拿起笔杆,准备在文化战线上展开新的斗争。创造社中的一些人,也想到了鲁迅。1927年11月9日,郑伯奇、蒋光慈、段可情在郭沫若支持下来找鲁迅,商议大家联合起来,共同恢复《创造周报》,或者另办一个刊物,提倡新的文学运动。这与鲁迅的想法不谋而合。鲁迅欣然同意,并主张不必另办刊物,可以恢复《创造周报》,作为共同园地,他将积极参加。这样,大家都很高兴,并且立即着手进行。他们就在12月3日的《时事新报》上刊登了《创造周报》的复刊广告,编辑委员有四人:成仿吾、王独清、郑伯奇、段可情;特约撰述员三

---

① 1927年9月25日致李霁野信。

十余人,鲁迅列名第一,郭沫若以麦克昂的化名列居第二,此外还有蒋光慈、冯乃超、张资平、陶晶孙等。次年元旦,《创造月刊》第一卷第八期上又发表预告:《创造周报复活了》,鲁迅则名列编辑委员第一。

眼看联合战线已经组成,马上就要开始战斗,而创造社却突然变了卦,翻脸不认人了。不但《创造周报》没有复刊,不再联合战斗,而且还与刚成立的太阳社一起,对鲁迅展开了笔尖的围剿。

这其间的变化原因,据郭沫若回忆说:"当在一九二七年的年末,那时鲁迅先生在上海,我也从广东回到了上海。郑伯奇、蒋光慈诸人打算恢复《创造周报》,请鲁迅先生合作,这个提议我是首先赞成的。记得在报上还登载过启事,以鲁迅先生为首名。我当时并曾对伯奇不止说过一次,有机会是很想和鲁迅先生面谈;但不久我病了,所以这件事情没有实见。"①这时,"后期创造社的几位朋友回国了,他们以新进气锐的姿态加入阵线,首先便不同意我那种'退撄'的办法,认为《创造周报》的使命已经过去了,没有恢复的必要,要重新另起炉灶。结果我退让了。"②而且,"对于和鲁迅合作的事情,大家都很冷淡。"③于是,刚刚开始的联合战线就告吹了。

为什么鲁迅忽然从联合对象变成批判对象了呢?这与那些"新进气锐"分子所处的政治环境和所受的理论影响有关。

那时,中国共产党内正处于"左"倾机会主义路线统治时期,"左"的思潮占主导地位,打击面无限扩大。这不能不影响到革命文艺界,那些以"革命文学家"自居的人,把别人都看作革命对象,加以无情的批判。而且,苏联"拉普"和日本"纳普"的"左"倾文艺思想又不断地传播过来,他们的"意识斗争"理论与国内的"左"倾思潮相结合,使我国初期革命文学运动产生了严重的偏差,出现了批判一切、打倒一切的现象。最有代表性的,要算成仿吾的文章:《打发他们去!》。在这篇宣言式的文章里,作者宣称:"文艺家处在这个重大的时期,不要忘记了他所应该完成的准备的工事。这种工事的内容是什么呢?一般地,在意识形态上,把一切封建思想,布尔乔亚的根性与它们的代言者清查出来,给他们一个正确的评价,替他们打包,打发他们去。特殊地,在文艺的分野,把一切麻醉我们的社会意识的迷药与赞扬我们的敌人的歌辞清查出来,给还它们的作家,打发他们一道去。他们是不肯死心踏地自己出去的,他们有时是要与支配势力勾结而拼

---

① 《"眼中钉"》,《沫若文集》第10卷,人民文学出版社1959年版,第391页。
② 《鲁迅与王国维》,《沫若文集》第12卷,第532页。
③ 《跨着东海》,《沫若文集》第8卷,第289页。

命反攻的,这时候,我们还得预先下个决心,踢他们出去。"

鲁迅,就是被他们当作"打发"对象,准备"打包","踢出去"的。

作为一位新文化运动的前驱者,文学革命的闯将,而且是一直与恶势力斗争过来的人,鲁迅为什么要被"打包",要被"踢出去"呢?这就要看看成仿吾的另一篇大作《从文学革命到革命文学》,才能明白。原来他们认为,新文化运动早已寿终正寝,"觉悟的青年已经拒绝了他们的迷药",而"文学运动在它的初期大致与新文化运动有同样的倾向",只是靠创造社的出现,才使得文学革命运动"不至于跟着新文化运动同归"。成仿吾分析道:"由创造社的激励,全国的'印贴利更追亚'(按:即知识阶级)常在继续地奋斗,文学革命的巨火至今在燃,新文化运动幸而保存了一个分野。"而语丝派呢?"他们的标语是'趣味';我从前说过他们所矜持的是'闲暇,闲暇,第三个闲暇';他们是代表着有闲的资产阶级,或者睡在鼓里面的小资产阶级。他们超越在时代之上,他们已经这样过活了多年,如果北京的乌烟瘴气不用十万两无烟火药炸开的时候,他们也许永远这样过活的罢。"

而太阳社的批评家钱杏邨则写了一篇《死去了的阿Q时代》,对鲁迅作品的时代性作出了这样的评价:"他的创作在时代意义上实在是没有什么好处的。他不过是如天宝宫女,在追想着当年皇朝的盛事而已;站在时代的观点上,我们是不需要这种东西的。""所以鲁迅的创作,我们老实的说,没有现代的意味,不是能代表现代的,他的大部分创作的时代是早已过去了,而且遥远了。他的创作的时代背景,时代地位,把他和李伯元、刘铁云并论倒是很相宜的,他的创作的时代决不是五四运动以后的,确确实实的只能代表清末以及庚子义和团暴动时代的思想,真能代表五四时代的创作实在不多"。

既然他们认为五四新文化运动已经过时,文学革命一脉只保存在创造社的活动中,而语丝社是有闲阶级的趣味文学,鲁迅的作品则没有现代意味,那么,把批判的矛头对准鲁迅,也就不奇怪了。

创造社和太阳社以"革命文学家"自居,十分强调无产阶级的阶级意识和史的唯物主义观点,但是,他们的批评方法却远离唯物史观的客观分析,而是无限上纲,并且进行人身攻击。冯乃超在1928年1月15日出版的《文化批判》创刊号上,发表长篇论文《艺术与社会生活》,其中对鲁迅批判道:"鲁迅这位老生——若许我用文学的表现——是常从幽暗的酒家的楼头,醉眼陶然地眺望窗外的人生。世人称许他的好处,只是圆熟的手法一点,然而,他不常追怀过去的昔日,追悼没落的封建情绪,结局他反映的只是社会变革期中的落伍者的悲哀,无聊赖地跟他弟弟说几句人道主义的美丽的说话。隐遁主义!好在他不效L.Tolstky变作卑污的说教人。"这时离《创造月刊》发表《创造周报复活了!》的预告,还只有半个月。而《文化批判》第二期上又发表了李初梨的文章《怎样地建设革命文学》,作者不但公然宣布"塞德二先生,是资本主义意识的代表",而且进一步对所谓"趣味文学"大加批判,并质问赞扬鲁迅作品的甘人,说:"我要问甘人君,鲁迅究竟是第几阶级的人,他写的又是第几阶级的文学?他所曾诚实地发表过的,又是第几阶级的人民的痛苦?'我们的时代',又是第几阶级的时代?甘人君对于'中国新文艺的将来与其自己'简直毫不认识。"创造社的小伙计叶灵凤,还根据成仿吾和冯乃超的文意,在他自己主编的《戈壁》杂志第一卷第二期上发表了一幅讽刺漫画《鲁迅先生》,画着一个阴阳脸的鲁迅,躲在一个大酒缸后面,酒缸上写着"绍酒"和"×沉寿器",胸前挂着一块纸牌,纸牌上写的是"以往的战绩",头上标着"威权"、"先驱"的字样,一手高举着一卷《小说旧闻钞》,一手拿着标有"呐喊"、"彷徨"等字样的狼牙棒,口中喊出"救救老人!!!"的呼声;旁边还有镰刀斧头旗和标出"100 000两无烟火药"的球状体,以及写着"有闲阶级"、"没落"和"除掉"等字样的标语。画边还附有说明:"鲁迅先生,阴阳脸的老人,挂着他已往的战绩,躲在酒缸的后面,挥着他'艺术的武器',在抵御着纷然而来的外侮。"更有甚者,叶灵凤在一篇小说里描写革命家,彻底到每次上茅厕的时候,都用《呐喊》去揩屁股。所以多年以后,他竟画了一幅阿Q像时,鲁迅就讽刺道:"好像我那一本《呐喊》还没有在上茅厕时用尽,倘不是多年便秘,那一定是又买了一本新的了。"①

叶灵凤的漫画《鲁迅先生》

成仿吾、冯乃超、李初梨等人的蛮横无理的批判,使鲁迅很愤慨,同时也感到滑稽。他写了一篇《"醉眼"中的朦胧》,加以还击。

首先,他抓住冯乃超所说的"朦胧"二字,回敬过去。不过他所说的"朦胧",不是指某一个人,而是指新年过后纷纷出现的刊物。并且指出:"这朦胧的发祥地,由我看来——虽然是

---

① 《且介亭杂文·答〈戏〉周刊编者信》。

《创造月刊》和《文化批判》,是创造社围剿鲁迅的两个主要刊物

冯乃超的所谓'醉眼陶然'——,也还在那有人爱也有人憎的官僚和军阀。和他们已有瓜葛,或想有瓜葛的,笔下便往往笑迷迷,向大家表示和气,然而有远见,梦中又害怕铁锤和镰刀,因此也不敢分明恭维现在的主子,于是在这里留着一点朦胧。和他们瓜葛已断,或则并无瓜葛,走向大众去的,本可以毫无顾忌地说话了,但笔下即使雄纠纠,对大家显英雄,会忘却了他们的指挥刀的傻子是究竟不多的,这里也就留着一点朦胧。于是想要朦胧而终于透露色彩的,想显色彩而终于不免朦胧的,便都在同地同时出现了。"这就是说,那些自命为"革命文学家"者,不管说得多么好听,也还是不敢直面惨淡的人生,不敢正视淋漓的鲜血,不敢得罪当今的权力者。

接着,他针对冯乃超否定人道主义的高调,讽刺道:"惟有中国特别,知道跟着人称托尔斯泰为'卑污的说教人'了,而对于中国'目前的情状',却只觉得在'事实上,社会各方面亦正受着乌云密布的势力的支配',连他的'剥去政府的暴力,裁判行政的喜剧的假面'的勇气的几分之一也没有;知道人道主义不彻底了,但当'杀人如草不闻声'的时候,连人道主义式的抗争也没有。"又针对成仿吾吹嘘创造社的历史功绩,并摆出一副极革命的面孔,而调侃道:"可惜略迟了一点,创造社前年招股本,去年请律师,今年才揭起'革命文学'的旗子,复活的批评家成仿吾总算离开守护'艺术之宫'的职掌,要去'获得大众',并且给革命文学家'保障最后的胜利'了。这飞跃也可以说是必然的。弄文艺的人们大抵敏感,时时也感到,而且防着自己的没落,如漂浮在大海里一般,拼命向各处抓攫。"在这短短几句话里,既揭发了对方的老底,也指出其投机性。盖创造社原来是提倡"为艺术而艺术"的社团,成仿吾是这个社团的批评家,他的批评以维护本社利益为职志,又以表现论为批评标准,抹杀反映社会疾苦的作品。但看到农工大众日日显得着重,为将自己从没落救出,当然要向他们走去,但一定要有最后胜利的保障,才肯革命,这也是一种投机的表现,所以鲁迅质问道:"倘若难于'保障最后的胜利',你去不去呢?"然后,他又针对李初梨的文章说:"索性主张无产阶级文学,但无须无产者自己来写;无论出身是什么阶级,无论所处是什么环境,只要'以无产阶级的意识,产生出来的一种的斗争的文学'就是,直截爽快得多了。"可惜他这一主张不能贯彻到底,却是因人而异。"但他一看见'以趣味为中心'的可恶的'语丝派'的人名就不免曲折,仍旧'要问甘人君,鲁迅是第几阶级的人?'"而鲁迅的阶级,则已被成仿吾根据"有闲即有钱"的原则,判定为资产阶级。所以他的笔锋又转向成仿吾:"那成仿吾的'闲暇,闲暇,第三个闲暇'的切齿之声,在我是觉得有趣的。因为我记得曾有人批评我的小说,说是'第一个是冷静,第二个是冷静,第三个还是冷静','冷静'并不算好批判,但不知怎地竟象一板斧劈着了这位革命的批评家的记忆中枢似的,从此'闲暇'也有了三个了。倘有四个,连《小说旧闻钞》也不写,或者只有两个,见得比较地忙,也许可以不至于被'奥伏赫变'('除掉'的意思,Aufheben的创造派的译音,但我不解何以要译得这么难写,在第四阶级,一定比照描一个原文难)罢,所可惜的是偏偏是三个。但先前所定的不'努力表现自己'之罪,大约总该也和成仿吾的'否定的否定',一同勾消了。"这里所谓"不'努力表现自己'之罪",是指成仿吾在1924年发表的《〈呐喊〉的评论》中,从表现论出发对鲁迅大部分小说所作的否定。在那篇文章里,成仿吾说:"读《呐喊》的人都赞作者描写的手腕,我亦以为作者描写的手腕高妙,然而文艺的标语到底是'表现'而不是'描写',描写终不过是文学家的末技。而且我以为作者只顾发挥描写的手腕,正是他失败的地方。"鲁迅提出这一点,是指成仿吾对自己文学主张的变化,不进行剖析,毫无自我批评的精神。

同时,鲁迅还把叶灵凤的阴阳脸也回敬给他们自己:"向'革命的智识阶级'叫打倒旧东西,又拉旧东西来保护自己,要有革命者的名声,却不肯吃一点革命者往往难免的辛苦,于是不但笑啼俱伪,并且左右不同,连叶灵凤所抄袭来的

'阴阳脸'也还不足以淋漓尽致地为他们自己写照,我以为这是很可惜,也觉得颇寂寞的。"①

鲁迅的尖锐批评,讽刺口吻,必然引起创造社太阳社的围攻。潘梓年化名弱水写了《谈中国现在的文学界》,从态度、气量和年纪上大做文章。他指责道:"鲁迅那篇,不敬得很,态度太不兴了。我们从他先后的论战上看来,不能不说他的气量太窄了。……他那种态度,虽然在他自己亦许觉得骂得痛快,但那种口吻,适足以表出'老头子'的确不行罢了。"李初梨则写了一篇《请 我们中国的Don Quixote的乱舞》,把鲁迅比做与风车格斗的堂·吉珂德,最后的结论是:"所以,鲁迅,对于布鲁乔亚汜是一个最良的代言人,对于普罗列塔利亚是一个最恶的煽动家!"此外,还有冯乃超的《人道主义者怎样地防护卫着自己?》,彭康的《"除掉"鲁迅的"除掉"!》和成仿吾用石厚生的名字发表的《毕竟是"醉眼陶然"罢了》等。作为回敬,鲁迅又写了一篇《我的态度气量和年纪》,进一步对他们进行揭发。其中说:"我自信对于创造社,还不至于用了他们的籍贯,家族,年纪,来作奚落的材料,不过今年偶然做了一篇文章,其中第一次指摘了他们文字里的矛盾和笑话而已。但是'态度'问题来了,'量气'问题也来了,连战士也以为尖酸刻薄。莫非必须我学革命文学家所指为'卑污'的托尔斯泰,毫无抵抗,或者上一呈文:'小资产阶级或有产阶级臣鲁迅诚惶诚恐谨呈革命的"印贴利更追亚"老爷麾下',这才不至于'的确不行'么?"

鲁迅在这里虽然用的是讽刺口吻,其实倒说出了专制制度下的一种惯例,即被批判者是不能抗辩的,否则,批判就要升级,而且罪加一等。事情果然如此。郭沫若化名杜荃,发表了《文艺战上的封建余孽——批评鲁迅的〈我的态度气量和年纪〉》,把鲁迅的阶级性又提升了一级,罪案也加重了几档。他的结论是:"鲁迅先生的时代性和阶级性,就此完全决定了。他是资本主义以前的一个封建余孽。资本主义对于社会主义是反革命,封建余孽对于社会主义是二重的反革命。鲁迅是二重的反革命的人物。以前说鲁迅是新旧过渡期的游移分子,说他是人道主义者,这是完全错了。他是一位不得志的Fascist(法西斯谛)!"

鲁迅后来将这两年(1928—1929)所写的文章,还有1927年所写而未编入《而已集》的,合编成一本《三闲集》时,在《序言》中感叹道:"但我到了上海,却遇见文豪们的笔尖的围剿了,创造社,太阳社,'正人君子'们的新月社中人,都说我不好,连并不标榜文派的现在多升为作家或教授的先生们,那时的文字里,也

---

① 《三闲集·文坛的掌故》。

得时常暗暗地奚落我几句，以表示他们的高明。我当初还不过是'有闲即是有钱'，'封建余孽'或'没落者'，后来竟被判为主张杀青年的棒喝主义者了。这时候，有一个从广东自云避祸逃来，而寄住在我的寓里的廖君，也终于忿忿的对我说道：'我的朋友都看不起我，不和我来往了，说我和这样的人住在一处。'那时候，我是成了'这样的人'的。"但他说："其实呢，我自己省察，无论在小说中，在短评中，并无主张将青年来'杀，杀，杀'的痕迹，也没有怀着这样的心思。"

这里所说的廖君，是指追随鲁迅从厦门大学转学到中山大学的廖立峨。鲁迅到上海后，他又追到上海来，还带了爱人和爱人的哥哥，都吃住在鲁迅家里，后来自称是鲁迅的义子——他可以说是超级"追星族"。但当鲁迅受到围剿时，他就说别人看不起他，要回老家去了，以示划清界线。不过，钱还是想要的，不但要鲁迅给他们出路费，而且还提出要鲁迅出钱，给他回家买田地。鲁迅没有那么多钱可给他，就愤愤然而去。直到多年以后，看到鲁迅还没有倒掉，却又来纠缠了。

从这位鲁迅的追随者急于离开的情况看，可见当时形势的严重，也反映出世态炎凉和人们盲目跟风的习气。廖立峨对于鲁迅的思想价值其实是毫无认识，完全以外界的风向为转移。这样，某种时尚的话语就可以起很大的作用，一定的政治势力也就可以利用这种社会心理，通过造势来达到自己的目的。

如果说，廖立峨毕竟还年轻，思想不成熟，容易受外界的影响，那么，创造社那些元老级作家，本人已经有相当的阅历、学识和社会地位，为什么那么轻易地跟着年轻人跑，一下子由联合鲁迅的主张者而变为围剿鲁迅的战将，而且一下笔，就语出惊人，把问题推到极端呢？这也是中国知识分子缺乏独立精神的老毛病了，所以很容易受形势的左右，深恐自己没落，不但总要设法跟上，而且还要跑到最前面去，以示自己的先进。这也就是鲁迅在《新青年》时代所批评过的"全群的爱国的自大"是也。

创造社这种随心所欲、乱扣帽子、不讲道理、无限上纲的批判，和盲目跟风的做法，开了极其恶劣的先例。后来，在五、六、七十年代历次政治运动中所出现的那种一边倒的大批判方式，都可以在这里找到影子，包括文字上的人身攻击和用漫画的形式来丑化批判对象。只是当年雄赳赳地批判别人的人，有些却成为被批判的对象，而鲁迅则被用作打人的棍子。这真是历史开的玩笑！

但鲁迅是理智的，他不被对手的气势汹汹所压倒，也不被他们推到革命文学的对立面去。而是在巧妙还击的同时，又冷静地分析着革命文学运动应走的道路。

鲁迅认为,革命文学运动在中国的兴起,是具有深刻的社会基础的,也符合群众的要求,但对于创造社太阳社中一些人的革命文学理论,却不能苟同。这样,就形成了一场关于革命文学的论争。

首先,鲁迅反对"超时代"的文学主张,而坚持对于黑暗现实的揭露和抗争。

当时有些"革命文学家"对于中国社会情况缺乏深刻的认识,他们较多地幻想着未来的光明,却不注重对于黑暗现实的揭露。有的人提出了"超时代"的主张,说"超越时代的这一点精神就是时代作家的唯一生命!"鲁迅反对这种看法,他说:"超时代其实就是逃避,倘自己没有正视现实的勇气,又要挂革命的招牌,便自觉地或不自觉地必然地要走入那一条路的。身在现世,怎么离去?这是和说自己用手提着耳朵,就可以离开地球者一样地欺人。"鲁迅认为,文艺是有社会性的,并且受到一定社会形态的制约,"社会停滞着,文艺决不能独自飞跃,若在这停滞的社会里居然滋长了,那倒是为这社会所容,已经离开革命,其结果,不过多卖几本刊物,或在大商店的刊物上挣得揭载稿子的机会罢了。"①

尽管鲁迅被指责为宣扬黑暗的落伍者,但他仍旧坚持现实主义的态度,要求作家正视现实,并列举了现实的黑暗景象、群众的麻木状况,来批评革命文学家不敢正视现实的弱点。在《太平歌诀》里,他引用了《申报》上的一段记事,所记为南京的一种谣传,谓中山墓将竣工,石匠有摄收幼童灵魂,以合龙口之举,因而家家幼童左肩各悬红布一方,上书歌诀四句借避危险。其歌诀有三种:(一)人来叫我魂,自叫自当承。叫人叫不着,自己顶石坟。(二)石叫石和尚,自叫自承当。急早回家转,免去顶坟坛。(三)你造中山墓,与我何相干?一叫魂不去,再叫自承当。鲁迅从这则记事中,看到了民众的思想,他说:"这三首中的无论那一首,虽只寥寥二十字,但将市民的见解:对于革命政府的关系,对于革命者的感情,都已经写得淋漓尽致。虽有善于暴露社会黑暗面的文学家,恐怕也难有做到这么简明深切的了。'叫人叫不着,自己顶石坟'。则竟包括了许多革命者的传记和一部中国革命的历史。"中国的现实既然如此,那么看不到这一点,又如何能写出革命文学呢?所以,他批评道:"近来的革命文学家往往特别畏惧黑暗,掩藏黑暗,但市民却毫不客气,自己表现了。那小巧的机灵,和这厚重的麻木相撞,便使革命文学家不敢正视社会现象,变成婆婆妈妈,欢迎喜鹊,憎厌枭鸣,只检一点吉祥之兆来陶醉自己,于是就算超出了时代。"然后他讽刺道:"恭喜的英雄,你前去罢,被遗弃了的现实的现代,在后面恭送你的行旌。"

---

① 《三闲集·文艺与革命》。

在《铲共大观》里,他又从《申报》上一篇《长沙通信》里关于长沙市民竞相来往观看"共魁郭亮之首级"和三具女尸的描写,引出对现实问题的看法。因为这种场面,鲁迅是太熟悉的了,所以他一读,便仿佛看见司门口挂着一颗头,教育会前列着三具不连头的女尸。而且至少是赤膊的,而许多"民众",一批是由北往南,一批是由南往北,挤着嚷着,脸上都表现着或者正在神往,或者已经满足的神态。他认为:"我们中国现在(现在!不是超时代的)的民众,其实还不很管什么党,只要看'头'和'女尸'。只要有,无论谁的都有人看,'拳匪'之乱,清末党狱,民二,去年和今年,在这短短的二十年中,我已经目睹或耳闻了好几次。"这显然是针对钱杏邨指责他作品"只能代表庚子暴动的前后一直到清末"这一论点的一种回敬,犹言现实情况与那时还差不多,作家又如何能够超越呢!

其次,鲁迅反对过分夸大文艺的作用,要求对它有一个恰如其分的估价。

与"超时代"的文艺观相联系,有些革命文学家忽视了现实生活条件对于文艺的决定作用,而过分夸大了文艺对于社会的反作用,片面强调"文艺是应该领着时代走的",把文艺凌驾于社会生活之上。鲁迅不同意这种看法,他指出:"各种文学,都是应环境而产生的,推崇文艺的人,虽喜欢说文艺足以煽起风波来,但在事实上,却是政治先行,文艺后变。倘以为文艺可以改变环境,那是'唯心'之谈,事实的出现,并不如文学家所豫想。"①所以他认为,决定中国之将来的,是"武器的艺术",而不是"艺术的武器。"

正是从这种唯物主义观点出发,鲁迅对创造社的"革命文学"的历史价值也是表示怀疑的。他说:"所以巨大的革命,以前的所谓革命文学者还须灭亡,待到革命略有结果,略有喘息的余裕,这才产生新的革命文学者。为什么呢,因为旧社会将近崩坏之际,是常常会有近似革命性的文学作品出现的,然而其实并非真的革命文学。例如:或者憎恶旧社会,而只是憎恶,更没有对于将来的理想;或者也大呼改造社会,而问他要怎样的社会,却是不能实现的乌托邦;或者自己活得无聊了,便空泛地希望一大转变,来作刺戟,正如饱于饮食的人,想吃些辣椒爽口;更下的是原是旧式人物,但在社会里失败了,却想另挂新招牌,靠新兴势力获得更好的地位。"②这是鲁迅观察晚清革命文学团体南社在辛亥革命后的沉寂,和俄国十月革命之后,有些欢迎革命的诗人和作家却自杀了的事实而悟到的道理。这并非对创造社的随意指责,而是对革命文学的深刻的思考,后来

---

① 《三闲集·现今的新文学的概观》。
② 《三闲集·现今的新文学的概观》。

在左联成立大会上的讲话,就是这种思考的深化。

再次,鲁迅反对忽视文学本身的特点,而要求作品思想性和艺术性的统一。当时一些革命文学家,都强调文学应作为革命斗争的工具,还用大字印出美国作家辛克来儿的话:一切文艺是宣传。结果,往往忽略了文艺本身的特殊性,不是用艺术形象来反映现实、表达思想,不是用美感感情来打动读者,而是进行抽象的说教,流于标语口号化。鲁迅曾将冯乃超的剧本《同在黑暗的路上走》的结末的警句作为这种倾向的代表:"野雉:我再不怕黑暗了。/偷儿:我们反抗去!"①又讽刺王独清的诗作《11 Dec》道:"这边也禁,那边也禁的王独清的从上海租界里遥望广州暴动的诗,'Pong Pong Pong',铅字逐渐大了起来,只在说明他曾为电影的字幕和上海的酱园招牌所感动,有模仿勃洛克的《十二个》之志,而无其力和才。"②

鲁迅一向不喜欢宣传品式的文艺,他在广州时曾经说过:"我一向有一种偏见,凡书面上画着这样的兵士和手捏铁锄的农工的刊物,是不大去涉略的,因为我总疑心它是宣传品。发抒自己的意见,结果弄成带些宣传气味了的伊孛生等辈的作品,我看了倒并不发烦。但对于先有了'宣传'两个大字的题目,然后发出议论来的文艺作品,却有些格格不入,那不能直吞下去的模样,就和雒诵教训文学的时候相同。"③但另一些批评家指责辛克来儿的话是"浅薄的社会主义",鲁迅也不赞成,因为从广义上说,文艺只要表达一定的意见,也就起着宣传作用。所以他说:"但我——也浅薄——相信辛克来儿的话。一切文艺,是宣传,只要你一给人看。即使个人主义的作品,一写出,就有宣传的可能,除非你不作文,不开口。那么,用于革命,作为工具的一种,自然也可以的。"不过,鲁迅认为不应该把文艺和其他宣传工具等同起来,而要发挥它的特殊功能。他说:"一说'技巧',革命文学家是又要讨厌的。但我以为一切文艺固是宣传,而一切宣传却并非全是文艺,这正如一切花皆有色(我将白也算作色),而凡颜色未必都是花一样。革命之所以于口号,标语,布告,电报,教科书……之外,要用文艺者,就因为它是文艺。"鲁迅要求文艺"当先求内容的充实和技巧的上达,不必忙于挂招牌"。他说:"'稻香村''陆稿荐',已经不能打动人心了,'皇太后鞋店'的顾客,我看见也并不比'皇后鞋店'里的多。"④

---

① 《三闲集·文艺与革命》。
② 《三闲集·现今的新文学的概观》。
③ 《三闲集·怎么写》。
④ 《三闲集·文艺与革命》。

二十、遇见文豪们笔尖的围剿

又次,鲁迅反对那种只挂招牌,不讲实际的做法。他一开始就看出了"革命文学家"们的这一特点,批评他们的"革命文学"论是"拾'彼间'牙慧","专挂招牌,不讲货色"①。

当然,这不仅是"革命文学家"的问题,而是中国文艺界的流行病。他说:"中国文艺界上可怕的现象,是在尽先输入名词,而并不绍介这名词的涵义。于是各各以意为之。看见作品上多讲自己,便称之为表现主义;多讲别人,是写实主义;见女郎小腿肚作诗,是浪漫主义;见女郎小腿肚不准作诗,是古典主义;天上掉下一颗头,头上站着一头牛,爱呀,海中央的青辟霓呀……是未来主义……等等。还要由此生出议论来。这个主义好,那个主义坏……等等。"于是,他借用乡间的一个笑话来加以讽刺。说是有两位近视眼要比眼力,无可质证,便约定到关帝庙去看这一天新挂的扁额。他们都事先从漆匠探得字句。但因为探来的详略不同,只知道大字的那一个便不服,争执起来了,说看见小字的人是说谎的。又无可质证,只好一同探问一个过路人。那人望了一望,回答道:"什么也没有,扁还没有挂哩。"这就是说,"无产阶级革命文学"的"扁"还没有挂起来呢,大家就在说长道短了。鲁迅感慨道:"我想,在文艺批评上要比眼力,也总得先有那块扁额挂起来才行。空空洞洞的争,实在只有两面自己心里明白。"②

比较起来,他还是喜欢叶永蓁《小小十年》那样如实地描写大时代中小人物亲身经历的作品。因为它并无遮瞒,也不装点地描出了背着传统,又为世界思潮所激荡的一部分青年的心。至少,将为现在作一面明镜,为将来留一种记录。鲁迅在1929年7月为这本书所写的《小引》中说:"多少伟大的招牌,去年以来,在文摊上都挂过了,但不到一年,便以变相和无物,自己告发了全盘的欺骗,中国如果还会有文艺,当然先要以这样直说自己所本有的内容的著作,来打退骗局以后的空虚。因为文艺家至少是须有直抒己见的诚心和勇气的,倘不肯吐露本心,就更谈不到什么意识。"

此外,鲁迅对于作家思想的"突变"说,也表示怀疑。

当时有些作家把思想意识的改造看得很轻易,他们为了赶时髦,往往一夜之间就宣布自己"扬弃"了旧观点,而"突变"为无产阶级革命文学家了;并大骂别人为不革命或反革命。实际上,他们连无产阶级革命和无产阶级文学是怎么一回事也不知道。鲁迅对于这种"突变"的文学家,常加以讽刺,写得最风趣的是

---

① 1928年4月9日致李秉中信。
② 《三闲集·扁》。

以"奔流社同人"的名义,为迎接1929年新年而发表的贺岁语《敬贺新禧》:

"爆竹一声除旧,桃符万户更新。"过了一夜,又是一年,人既突变为新人,文也突进为新文了。多种刊物,闻又大加改革,焕然一新,内容既丰,外面更美,意在报答惠顾诸君之雅意。惟敝志原落后方,自仍故态,本卷之内,一切如常,虽能说也要飞跃,但其实并无把握。为辩解起见,只好说自信未曾偷懒于旧年,所以也无从振作于新岁而已。倘读者诸君以为尚无不可,仍要看看,那是我们非常满意的,于是就要——敬贺新禧了!

这自然是对那些自称"突变"者的讽刺,也表现出自己的求实态度。在鲁迅看来,人的思想变化,必须有一定的条件,有一个过程,并不是自己说变就能变的。他后来还特地解释道:"所谓突变者,是说A要变B,几个条件已经完备,而独缺其一的时候,这一个条件一出现,于是就变成了B。譬如水的结冰,温度须到零度,同时又须有空气的振动,倘没有这,则即便到了零度,也还是不结冰,这时空气一振动,这才突变而为冰了。所以外面虽然好像突变,其实是并非突然的事。倘没有应具的条件的,那就是即使自说已变,实际上却并没有变,所以有些忽然一天晚上自称突变过来的小资产阶级革命文学家,不久又突变回去了。"①

这场论战对鲁迅来说,是刻骨铭心的。《三闲集》的命名,就是针对成仿吾的。他在1932年4月写的《序言》中说:"但是,我将编《中国小说史略》时所集的材料,印为《小说旧闻钞》,以省青年的检查之力,而成仿吾以无产阶级之名,指为'有闲',而且'有闲'还至于有三个,却是至今还不能完全忘却的。我以为无产阶级是不会有这样锻炼周纳法的,他们没有学过'刀笔'。编成而名之曰《三闲集》,尚以射仿吾也。"而且,他还想搜集围攻他的"杂感"一类的作品,编成一本《围剿集》,说是"如果和我的这一本对比起来,不但可以增加读者的趣味,也更能明白别一面的,即阴面的战法的五花八门。这些方法一时恐怕不会失传,去年的'左翼作家都为了卢布'说,就是老谱里的一着。自问和文艺有些关系的青年,仿照固然可以不必,但也不妨知道知道的"。可惜这计划后来并没有实现。

不过,意见归意见,当成仿吾有了困难时,鲁迅还是向他伸出援手。1933年下半年,成仿吾受中共鄂豫皖苏区省委的派遣,到上海寻找党中央,而无法找到时,就通过内山书店来找鲁迅,还是鲁迅帮他接上了关系。

在论争过程中,鲁迅虽然受到围攻,但他感到"一点不痛",因为"解剖刀既不中腠理,子弹所击之处,也不是致命伤。"例如对他所属的阶级罢,就一直没有

---

① 《二心集·上海文艺之一瞥》。

判定,忽说小资产阶级,忽说"布尔乔亚",有时还升为"封建余孽",而且又等于猩猩。这是什么样的"唯物史观"啊!他深感革命文学家们马克思主义理论修养之差,因为当时那些弄文学而又讲唯物史观的人,很少去读基本的理论书籍,常常是看几本别人的提要就算;而这提要,却又因作者的学识和思想不同,强调的侧面也就不一样,据此而进行论战,那真是糟糕透了。所以他说:"有马克思学识的人来为唯物史观打仗,在此刻,我是不赞成的。我只希望有切实的人,肯译几部世界上已有定评的关于唯物史观的书——至少,是一部简单浅显的,两部精密的——还要一两本反对的著作。那么,论争起来,可以省说许多话。"①

鲁迅自己就着手做这方面的工作。为了进一步弄清问题,他阅读了大量的唯物史观的书籍,并且进行翻译。他说:"我有一件事要感谢创造社的,是他们'挤'我看了几种科学底文艺论,明白了先前的文学史家们说了一大堆,还是纠缠不清的疑问。"②又说:"以史底惟物论批评文艺的书,我也曾看了一点,以为那是极直捷爽快的,有许多昧暧难解的问题,都可说明。但近来的创造社一派,却主张一切都非依这史观来著作不可,自己又不懂,弄得一塌糊涂,但他们近来忽然都又不响了,胆小而要革命。"③

翻译新兴的文艺理论,以救正实际文学运动中的偏颇,这也是当时一些严肃文学家的共识。1929年就成为翻译年——当然,这之后还陆续有这方面的译作出版。除了单本译作外,那时还出版了两套很有影响的译丛:陈望道为大江书铺编的《文艺理论小丛书》和冯雪峰为水沫书店编的《科学的艺术论丛书》,这两套丛书都得到鲁迅的热情支持,他的一些理论译作也放在这两种丛书中出版。

鲁迅翻译了日本片上伸的《现代新兴文学的诸问题》(1929年4月出版)、苏联卢那卡尔斯基的《艺术论》(1929年6月出版)和《文艺与批评》(1929年10月出版)、苏共党内讨论文艺政策的纪录和决议《文艺政策》(1930年6月出版)和普列汉诺夫的《艺术论》(1930年7月出版)等。他把自己这种翻译工作,比作普罗米修斯的窃火给人类;"但我从别国里窃得火来,本意却在煮自己的肉的……以及慢慢地摸出解剖刀来,反而刺进解剖者的心脏里去的'报复'。"④这就是说,鲁迅的翻译新兴文艺理论是有针对性的,既针对自己,也针对那些打着"革命文学"和"马克思主义"旗帜的批判者。

---

① 《三闲集·文学的阶级性》。
② 《三闲集·序言》。
③ 1928年7月22日致韦素园信。
④ 《二心集·"硬译"与"文学的阶级性"》。

鲁迅所译的几种苏联文艺理论书籍

片上伸在日本是以研究北欧文学而负有盛名的学者,他的《现代新兴文学诸问题》是介绍十月革命以后俄国文学以及文艺论争的情况,解释这一新兴文学"诸问题的性质和方向,以及和时代的交涉等"。而鲁迅翻译该文的意思,则希望它对国人了解俄国新文学有所裨助。盖因"新潮之进中国,往往只有几个名词,主张者以为可以咒死敌人,敌对者也以为将被咒死,喧嚷一年半载,终于火灭烟消。如什么罗曼主义,自然主义,表现主义,未来主义……仿佛都已过去了,其实又何尝出现。现在借这一篇,看看理论和事实,知道势所必至,平平常常,空嚷力禁,两皆无用,必先使外国的新兴文学在中国脱离'符咒'气味,而跟着的中国文学才有新兴的希望——如此而已"①。

卢那卡尔斯基是苏联的人民教育委员,很有名望的美学家、批评家和剧作家,他的著作是有代表性的。鲁迅所译的两本书,侧重点有所不同:《艺术论》是美学基本理论,《文艺与批评》则是根据他的美学理论所延伸的文艺批评理论和和实践。卢那卡尔斯基原有一本《实证美学的基础》,这本《艺术论》是根据上书新编的,鲁迅怕原来那本书名会使现在的读者望而生畏,所以选译了这一本,但又补足了删去的篇章《美学是什么》,作为附录,使其仍具原书的完整性。译者是希望读者能从中获得新兴美学的基本理论。"如所论艺术与产业之合一,理性与感情之合一,真善美之合一,战斗之必要,现实底的理想之必要,执着现实之必要,甚至于以君主为贤于高蹈者,都是极为警辟的。"②

《文艺与批评》一书辑录了卢那卡尔斯基的六篇文章,有批评理论,也有批评

---

① 鲁迅:《〈现代新兴文学的诸问题〉小引》。
② 鲁迅:《〈艺术论〉小序》。

实践,并附有一篇日本尾濑敬止的《为批评家的卢那卡尔斯基》。在开首三篇里,有两篇是批评列夫·托尔斯泰的:《托尔斯泰之死与少年欧罗巴》和《托尔斯泰与马克斯》,从卢那卡尔斯斯基在不同时期所写的几篇评托尔斯泰的文章中,鲁迅看出了因"时局不同,立论便往往不免转变"的事实:"在第一篇上,作者还只将托尔斯泰判作非友非敌,不过一个并不相干的人;但到一九二四年的讲演,却已认为虽非敌人的第一阵营,但是'很麻烦的对手'了,这大约是多数派已经握了政权,于托尔斯泰派之多,渐渐感到统治上的不便的缘故。到去年,托尔斯泰诞生百年纪念时,同作者又有一篇文章叫作《托尔斯泰记念会的意义》,措辞又没有演讲那么峻烈了,倘使这并非因为要向世界表示苏联未尝独异,而不过是内部日见巩固,立论便也平静起来:那自然是很好的。"正如日译者所言,卢那卡尔斯基并不以托尔斯泰为完全的正面之敌,这是因为托尔斯泰主义在否定资本主义,高唱同胞主义,主张人类平等之点,可以成为或一程度的同路人的缘故,即使在卢那卡尔斯斯基所写的剧本《被解放了的堂吉呵德》里,他虽在揶揄人道主义者,托尔斯泰的化身吉呵德老爷,却决不怀着恶意的。作者以可怜的人道主义的侠客堂·吉呵德为革命的魔障,然而并不想杀了他来祭革命的军旗。我们在这里,能够看见卢那卡尔斯基的很多的人性和宽大。从《今日的艺术与明日的艺术》和《苏维埃国家与艺术》二文中,鲁迅又看到在十月革命之后不久的艰难困苦之时,他们对于艺术的保存,启发,鼓吹的劳作。说是"这对于今年忽然高唱自由主义的'正人君子',和去年一时大叫'打发他们去'的'革命文学家',实在是一帖喝得会出汗的苦口的良药"。——当然,因为时地究有不同,"所以中国的托名要存古而实以自保的保守者,是又不能引为口实的"。而《关于马克思主义文艺批评之任务的提要》,则是当时所能看到的最为系统的阐述马克思主义批评原理之作,鲁迅于《译者附记》中引日译者者藏原惟人的话说:"这是作者显示了马克斯主义文艺批评的基准的重要论文。我们将苏联和日本的社会底发展阶段之不同,放在念头之上后,能够从这里学得非常之多的物事。我希望关心文艺运动的同人,从这论文中摄取得进向正当的解决的许多的启发。"接着并说道"这是也可以移赠中国的读者们的。还有,我们也曾有过以马克斯主义文艺批评自命的批评家了,但在所写的判决书中,同时也一并告发了自己。这一篇提要,即可以据以批评近来中国之所谓同种的'批评'。必须更有真切的批评,这才有真的新文艺和新批评的产生的希望"①。

对于苏联的文艺论争,鲁迅早就开始关注。1925年,他为任国桢编译的《苏俄

---

① 鲁迅:《〈文艺与批评〉译者附记》。

的文艺论战》所写的《前言》里,就赞扬这本书"使我们借此稍稍知道他们文坛上论辩的大概,实在是最为有益的事",他认为,这本苏俄的《文艺政策》,可算是《苏俄的文艺论战》的续编。他从1928年5月间开始翻译,陆续登在《奔流》月刊上。该书记录了政策讨论过程中的不同意见。这里虽说有三派意见,但归纳起来,其实不过是两派。即对于阶级文艺,一派是偏重于文艺,如托洛茨基、瓦浪斯基等,一派则偏重于阶级,那是"那巴斯图"的人们,布哈林们自然也主张支持无产阶级作家的,但又以为最要紧的是要有创作。这与中国当时的争论有些相似:创造社、太阳社是偏重于阶级,而鲁迅则偏重于文艺。在这本译作出版时,托洛茨基和拉迪克已被放逐,瓦浪斯基大概也已退职,但鲁迅认为他们的意见还是值得重视的。所以特地翻译过来,给大家参考。他在《奔流》月刊登完本书的第一卷第十期的编校后记中说:"《文艺政策》另有画室先生的译本,去年就出版了。听说照例的创造社革命文学诸公又在'批判',有的说鲁迅译这书是不甘'落伍',有的说画室居然捷足先登。其实我译这本书,倒并非救'落',也不在争先,倘若译一部书便免于'落伍',那么,先驱倒也是轻松的玩意。我的翻译这书不过是使大家看看各种议论,可以和中国的新的批评家的批评和主张相比较。与翻印王羲之真迹,给人们可以和自称王派的草书来比一比,免得胡里胡涂的意思,是相仿佛的,借此也到'修善寺'温泉去洗澡,实非所望也。"又在本书的后记中说:"从这记录中,可以看见在劳动阶级文学的大本营的俄国的文学的理论和实际,于现在的中国,恐怕是不为无益的"。

鲁迅更重要的理论译作,是普列汉诺夫的《艺术论》。普列汉诺夫是俄国早期马克思主义者,无论在理论研究和实际运动中都有突出的贡献。后因俄国社会民主党分裂成多数派(布尔什维克)和少数派(孟什维克),普列汉诺夫是少数派的指导者,因对抗多数派领袖列宁,"终于死在失意和嘲笑里了"。这一点,鲁迅知道得很清楚,这并不影响他对普氏著作的重视。"但他的著作,则至于称为科学底社会主义的宝库,无论为仇为友,读者很多。在治文艺的人尤当注意的"。而且,在当时,马克思和恩格斯谈论文艺问题的书信尚未公布,普列汉诺夫的艺术论是最重要的马克思主义文艺理论著作,所以鲁迅说:"他又是用马克斯主义的锄锹,掘通了文艺领域的第一个。"①鲁迅强调翻译普列汉诺夫著作的重要性道:"并且因此译了一本蒲力汗诺夫的《艺术论》,以救正我——还因我而及于别人——的只信进化论的偏颇。"②

---

① 鲁迅:《〈论文集《二十年间》第三版序〉译者后记》。
② 鲁迅:《三闲集·序言》。

普列汉诺夫的《艺术论》由三封没有地址的信组成：《论艺术》、《原始民族的艺术》和《再论原始民族的艺术》，主要是讨论艺术起源问题的，鲁迅又加译了一篇：《论文集〈二十年间〉第三版序》，这些文章与当时的论争似乎没有什么关系，但它阐述了唯物史观艺术理论的基本问题，所以至为重要。鲁迅在北京时，曾经译过一本厨川白村的文艺理论著作：《苦闷的象征》，并且作为文艺理论课的教材来使用。这本书是根据柏格森一流的哲学，以进行不息的生命力为人类生活的根本，又从弗罗伊德一流的心理学，寻出生命力的根柢来，用以解释文艺，具有生物学观点，而普列汉诺夫的《艺术论》，则是用社会学的观点来解释文艺的起源，着眼点大不相同，而且很有抵触。普列汉诺夫并不抹杀进化论学说在一定范围内的适应性，但他认为生物学观点并不能用来解释社会现象。这对鲁迅说来，是一种"救正"。他在该书译者《序言》中说：

> 于是就须"从生物学到社会学去"，须从达尔文的领域的那将人类作为"物种"的研究，到这物种的历史底运命的研究去。倘只就艺术而言，则是人类的美底感情的存在的可能性（种的概念），是被那为它移向现实的条件（历史底概念）所提高的。这条件，自然便是该社会的生产力的发展阶段。但蒲力汗诺夫在这里，却将这作为重要的艺术生产的问题，解明了生产力和生产关系的矛盾以及阶级间的矛盾，以怎样的形式，作用于艺术上；而站在该生产关系上的社会的艺术，又怎样地取了各别的形态，和别社会的艺术显出不同。……

鲁迅的相信进化论的偏颇，其实还不只是认为青年必胜于老人的问题，他早期那样单纯地强调国民性的改造，何尝不是脱离社会环境的一种生物学观点呢？现在他悟到了，文艺上的观点，从根本上说，还是世界观、哲学观的问题。他说："要豁然贯通，是仍须致力于社会科学这大源泉的，因为千万言的论文，总不外乎深通学说，而且明白了全世界历来的艺术史之后，应环境之情势，回环曲折地演了出来的支流。"①他是想从源头上来救正自己，也救正批判者的偏颇。

鲁迅和陈望道、冯雪峰等人对于马克思主义文艺理论的译介，提高了人们的理论水平，推动了革命文学的发展。鲁迅自己是意识到这一点的。他在1931年写的《上海文艺之一瞥》中说："去年左翼作家联盟在上海的成立，是一件重要的事实。因为这时已经输入了蒲力汗诺夫，卢那卡尔斯斯基等的理论，给大家能够互相切磋，更加坚实有力……"

---

① 鲁迅：《〈文艺与批评〉译后附记》。

二一、"硬译"与"文学的阶级性"之辩

尽管这些科学的艺术论书籍译得很认真，对中国文艺事业的发展很有帮助，但是，却同时受到两方面的攻击。

一方面来自创造社和太阳社。这大概是打着他们痛处的缘故。

鲁迅首先开手翻译的是《文艺政策》，从1928年6月起，陆续刊载在《奔流》月刊上，郑伯奇在他所编的《文艺生活》上，就笑鲁迅的翻译这本书，是不甘没落，而可惜被别人着了先鞭。这是以己之腹，来度人之心。鲁迅说："翻一本书便会浮起，做革命文学家真太容易了，我并不这样想。"接着，又有一种小报，说鲁迅的译《艺术论》，是"表示投降的意味"。鲁迅回敬道："是的，投降的事，为世上所常有。但其时成仿吾元帅早已爬出日本的温泉，住进巴黎的旅馆了，在这里又向谁去输诚呢。"后来，钱杏邨和刚果伦又在《拓荒者》和《现代小说》上说这是"方向转换"。在日本，有人曾将这四个字加在先前的新感觉派片冈铁兵身上，算是一个好名词，现在真不知道他们是什么意思。鲁迅说："其实，这些纷纭之谈，也还是只看名目，连想也不肯想的老病。译一本关于无产文学的书，是不足以证明方向的，倘有曲译，倒反足以为害。我的译书，就也要献给这些速断的无产文学批评家，因为他们是有不贪'爽快'，耐苦来研究这些理论的义务的。"①

另一方面则来自新月社。这显然是道不同必相反对的缘故。

如果说，创造社、太阳社的攻击，还只是在题外做文章，鲁迅也只在别的文章中顺便带及；那么，新月社的批评家梁实秋，就说到问题的本身了，他在1929年底出版的《新月》月刊第二卷第六、七期上发表专文《论鲁迅先生的"硬译"》，说鲁迅的直译是"硬译"，而"硬译"则等于是"死译"。鲁迅也就专门写了一篇长文《"硬译"与"文学的阶级性"》，加以回答，发表在次年3月出版的《萌芽月刊》第

---

① 《二心集·"硬译"与"文学的阶级性"》。

二一、"硬译"与"文学的阶级性"之辩

一卷第三期上。

对于翻译问题,本来就有不同的主张和实践:有较多考虑本国读者的接受习惯,采用皈化的意译法;有比较注意保存原文的风格,甚至句法、语法,所以取直译的方法。不同的翻译流派,也常有表扬自己的优点而指摘别人缺点之举,这属于正常的学术讨论,无可厚非。但梁实秋则是借翻译问题而别有所指,故引起鲁迅的反感。

鲁迅采用直译方法,由来已久。那还是世纪初在日本与周作人一起翻译《域外小说集》时定下的规矩。他们是鉴于当时有些译作皈化得离开了原作的本意,失却了原作的情调,所以想用直译法来较多地保持原作的思想、文情。这是他们翻译外国作品的本意,所以直译法一直沿用了下来。直译不适应于读者的阅读习惯,鲁迅是知道的,本人译作的不足之处,他自己也看得很清楚,所以在《文艺与批评》的译者后记里就坦率地说:"从译本看来,卢那卡尔斯基的论说就已经很够明白,痛快了。但因为译者的能力不够和中国文本来的缺点。译完一看,晦涩,甚而至于难解之处也真多;倘将仂句拆下来呢,又失了原来的精悍的语气。在我,是除了还是这样的硬译之外,只有'束手'这一条路——就是所谓'没有出路'——了,所余的唯一的希望,只在读者还肯硬着头皮看下去而已。"

梁实秋摘引了鲁迅这些坦率之言,接着说:"我们'硬着头皮看下去'了,但是无所得。'硬译'和'死译'有什么分别呢?"因为他的翻译主张与鲁迅是大相径庭的。鲁迅意在保存原作精神,认为难读一点也是没有办法的;而梁实秋则首先要求读得懂,读得爽快,甚至曲译也在所不惜。他说:"我私人的意见总以为译书第一个条件就是要令人看得懂,译出来而令人看不懂,那不是白费读者的时力么?曲译诚然要不得,因为对于原文太不忠实,把精华译成了糟粕,但是一部书断断不会从头至尾的完全曲译,一页上就是发现几处曲译的地方,究竟还有没有曲译的地方;并且部分的曲译即使是错误,究竟也还给你一个错误,这个错误也许真是害人无穷的,而你读的时候究竟还落个爽快。死译就不同了;死译一定是从头至尾的死译,读了等于不读,枉费时间精力。况且犯曲译的毛病的同时决不犯死译的毛病,而死译者却有时正不妨同时是曲译。所以我以为,曲译固是我们深恶痛绝的,然而死译之风也断不可长。"他认为鲁迅前些年翻译的文字,例如厨川白村的《苦闷的象征》,还不是令人看不懂的东西,但是近来翻译的书,似乎改变了风格,离"死译"不远了。接着,他引了《艺术论》和《文艺与批评》中的三段译文,然后评论道:"也许因为没有上下文的缘故,意思不能十分明了。但是专就文字而论,有谁能看得懂这样稀奇古怪的句法呢? 我读这两本书的时候真感

觉文字的艰深。读这样的书,就如同看地图一般,要伸着手指来寻找句法的线索位置。"最后,他又针对鲁迅对于"中国文本来的缺点"的批评而批评道:"中国文和外国文是不同的,有些种句法是中文里没有的,翻译之难即难在这个地方。假如两种文中的文法句法词法完全一样,那么翻译还成为一件工作吗?我们不能因为中国文有'本来的缺点'便使读者'硬着头皮看下去'。我们不妨把句法变换一下,以使读者能懂为第一要义,因为'硬着头皮'不是一件愉快的事,并且'硬译'也不见得能保存'原来精悍的语气'。假如'硬译'而还能保存'原来精悍的语气',那真是一件奇迹,还能说中国文是有'缺点'的吗?"

鲁迅本着对读者负责的精神,绝对不能容忍这种公然允许甚至倡导曲译的理论的。他说:"我的译作,本不在博读者的'爽快',却往往给以不舒服,甚而至于使人气闷,憎恶,愤恨。读了会'落个爽快'的东西,自有新月社的人们的译著在:徐志摩先生的诗,沈从文凌叔华先生的小说,陈西滢(即陈源)先生的闲话,梁实秋先生的批评,潘光旦先生的优生学,还有白璧德先生的人文主义。"而"看地图虽然没有看《杨妃出浴图》或《岁寒三友图》那么'爽快',甚而至于还须伸着手指(其实这恐怕梁先生自己如此罢了,看惯地图的人,是只用眼睛就可以的),但地图不是死图;所以'硬译'即使有同一之劳,照例子也就和'死译'有了些'什么区别'。"这样,就用梁实秋自己所举的例子来证明了"硬译"并非"死译",而梁实秋看不懂《艺术论》和《文艺与批评》,则是他自己对无产文学理论缺乏了解之故。因为"识得ABCD者自以为新学家,仍旧和化学方程式无关,会打算盘的自以为数学家,看起笔算的演草来还是无所得。现在的世间,原不是一为学者,便与一切事都会有缘的"。至于梁实秋说鲁迅前些年翻译的《苦闷的象征》,还不是令人看不懂的东西,那其实并非译法的不同,而是另有原因。鲁迅说:"我的译《苦闷的象征》,也和现在一样,是按板规逐句,甚而至于逐字译的,然而梁实秋先生居然以为还能看懂者,乃是原文原是易解的缘故,也因为梁实秋先生是中国新的批评家了的缘故,也因为其中硬造的句法,是比较地看惯了的缘故。若在三家村里,专读《古文观止》的学者们,看起来又何尝不比'天书'还难呢?"鲁迅还详细地分析了各种语种由于本身特点的不同,翻译的情况也不相同。他认为文法繁复的国语,较易于翻译外国文,语系相近的,也较易于翻译。如荷兰翻德国,俄国翻波兰,能说这和并不工作没有区别么?日本语和欧美很不同,但他们逐渐增加了新句法,比起古文来,更宜于翻译而不失原来的精悍的语气,开初自然是须"找寻句法的线索位置",很给了一些人不"愉快"的,但经找寻和习惯,现在已经同化,成为己有了。中国的文法,比日本的古文还要不完备,然而也曾有

二一、"硬译"与"文学的阶级性"之辩

些变迁,例如《史记》、《汉书》不同于《书经》,现在的白话又不同于《史记》、《汉书》;有添造,例如唐译佛经,元译上谕,当时很有些"文法句法词法"是生造的,一经习用,便不必伸出手指,就懂得了。现在又来了"外国文",许多句子,即也须新造——说得坏一点,就是硬造。鲁迅说:"据我的经验,这样译来,较之化为几句,更能保存原来的精悍的语气,但因为有待于新造,所以原先的中国文是有缺点的。有什么'奇迹',干什么'吗'呢?但有待于'伸出手指','硬着头皮',于有些人自然'不是一件愉快的事'。不过我是本不想将'爽快'或'愉快'来献给那些诸公的,只要还有若干的读者能够有所得,梁实秋先生'们'的苦乐以及无所得,实在'于我如浮云'。"

关于翻译问题的论辩,后来还有所延续和发展。因为梁实秋的理论还有传人,如赵景深和杨晋豪都发表了类似的意见。赵景深在1931年3月出版的《读书月刊》第一卷第六期上发表《论翻译》一文,其中说:"译得错不错是第二个问题,最要紧的是译得顺不顺。倘如译得一点也不错,而文字格里格达,吉里吉八,拖拖拉拉一长串,要折断人家的嗓子,其害处当甚于误译。……所以严复的'信'、'达'、'雅'三个条件,我以为其次序应该是'达'、'信'、'雅'"。鲁迅认为这一主张最为明白而且彻底,遂将其"精义"归结为这样两句话:"与其信而不顺,不如顺而不信。"并且在《几条"顺"的翻译》中列举了当时出版物中一些译得很顺,但却不合原意的译例,说:"即此几个例子,我们就已经可以决定,译得'信而不顺'的至多不过看不懂,想一想也许能懂,译得'顺而不信'的却令人迷误,怎样想也不会懂,如果好象已经懂得,那么你正是入了迷途了。"如果说,在这篇文章里所举的错误译例,还都是别人的,那么接着一篇《风牛马》,就专找赵景深的错误了。如将"做马戏的戏子们"的故事译作"马戏"的故事;将"半人半马怪"译为"半人半牛怪";又将"银河"译作"牛奶路"。鲁迅批评道:"但以对于翻译大有主张的名人,而遇马发昏,爱牛成性,有些'牛头不对马嘴'的翻译,却也可当作一点谈助。……这叫作'乱译万岁!'"后来,他还做了打油诗来讽刺这种乱译道:"可怜织女星,化为马郎妇。乌鹊疑不来,迢迢牛奶路。"

打油归打油,在这后面,却反映了鲁迅对翻译问题的认真态度。从他与瞿秋白《关于翻译的通信》中,我们可以看出,为了确立自己的翻译风格,他还研究过中国的翻译史。人们只知道严复提出了译事三原则:信、达、雅,却不知道他译风的变化。严复为要译书,曾经查过汉晋六朝翻译佛经的方法,赵景深引严复为地下知己,却没有看过严复所译的书。严复的第一个译本是《天演论》,追求的是"达"与"雅",不但译文桐城气味十足,而且连字的平仄也都留心。摇头晃脑的读

起来,真是音调铿锵,使人不觉其头晕。这一点竟感动了桐城派老头子吴汝纶,不禁说是"足与周秦诸子相上下"了。但严复不称此书为翻译,只写作"侯官严复达恉",并在序例中说:"什法师云,'学我者病',来者方多,慎勿以是书为口实也!"他提出了"信达雅"的译事原则,把"信"字放在第一位。那么,严复为什么要这样做呢?这是因为当时社会上对于留学生很歧视,认为他们只会讲鬼子话,算不了"士"人,因此他便要来铿锵一下子,铿锵得吴汝纶也肯给他作序。这一序,别的生意也就源源而来了,于是才有《穆勒名学》、《群己权界论》、《法意》、《原富》等译作。但他后来的译,看得"信"比"达、雅"都要重一些。鲁迅说:"他的翻译,实在是汉唐译经历史的缩图。中国之译佛经,汉末质直,他没有取法。六朝真是'达'而'雅'了,他的《天演论》的模范就在此。唐则以'信'为主,粗粗一看,简直是不能懂的,这就仿佛他后来的译书。"可见鲁迅以"信"为主的直译法,同样是以唐译佛经的方法为依据的,也参照了严复后来的译法。

但梁实秋攻击鲁迅的"硬译",其实并非仅仅是翻译本身的问题,在这背后,明显地隐含着对于"无产文学"的态度。在同一期《新月》月刊上,就发表了梁实秋的另一篇文章:《文学是有阶级性的吗?》所以鲁迅在这篇反驳文章里,也就将这两个问题联系起来谈。

还在1927年,鲁迅就与梁实秋有过交锋。那年11月,梁实秋在《复旦旬刊》创刊号上发表《卢梭与女子教育》,对商务印书馆出版的卢梭《爱弥尔》的中文译本序言中的一段话,提出了针锋相对的意见。中译本序言里说"本书的第五编即女子教育,他的主张非但不彻底;而且不承认女子的人格,和前四编的尊重人类相矛盾……所以在今日看来,他对于人类正当的主张,可说只树得一半";而梁实秋的意见则恰恰相反,他说:"我觉得本书第五编即论女子教育,他的主张非但极彻底,而且是尊重女子的人格,和前四编的尊重人类前后一贯;此十足矫正近年来男女平等的学说,非遇天才曷克臻此?所以在今日看来,他在教育学说上所造的孽,可说只造得一半。""卢梭论教育,无一是处,唯其论女子教育,的确精当。卢梭论女子教育是根据于男女的性质与体格的差别而来。"接着,并发挥道:"我觉得'人'字根本的该从字典里永远注销,或由政府下令永禁行使。因为'人'字的意义太糊涂了。聪明绝顶的人,我们叫他做人,蠢笨如牛的人,也一样的叫做人,弱不禁风的女子,叫做人,粗横强大的男人,也叫做人,人里面的三流九等,无一非人。近代的德谟克拉西的思想,平等的观念,其起源即由于不承认人类的差别。近代所谓的男女平等运动,其起源即由于不承认男女的差别。人格是一个抽象名词,是一个人的身心各方面的特点的总和。人的身心各方面的特点既有差别,实即人格上亦有差别。所谓侮辱人格者,即是不承认一个人特有的人格,卢梭承认女子有女子的人格,所以卢梭正是尊重女子的人格。抹杀女子所特有之特性者,才是侮辱女子人格。"于是,势必至于得到这样的结论:"正当的女子教育应该是使女子成为完全的女子。"

这就是说,尊重女子特有的人格,就是要反对民主思想、平等观念,特别是要反对男女平权学说。梁实秋这种议论,对于在新文化运动中高举民主(德先生)与科学(赛先生)两大旗帜而战斗过来,并且积极支持妇女解放运动的人来说,当然是不能接受的。所以在1927年12月,鲁迅就写了《卢梭和胃口》加以反驳,发表在次年1月出版的《语丝》周刊第四卷第四期上。在这篇文章中,鲁迅先摘引了上述梁实秋的许多原话,然后加以揭露道:"那么,所谓正当的教育者,也应该是使'弱不禁风'者,成为完全的'弱不禁风','蠢笨如牛'者,成为完全的'蠢笨如牛',这才免于侮辱各人——此字在未经从字典里永远注销,政府下令永禁行使之前,暂且使用——的人格了。卢梭《爱弥尔》前四编的主张不这样,其'无一是处'于是可以算无疑。"并且进一步讽刺道:"但这所谓'无一是处'者,也只是对于'聪明绝顶的人'而言;在'蠢笨如牛的人'却是'正当'的教育。因为看了这样的议论,可以使他更近于完全'蠢笨如牛'。这也就是尊重他的人格。"梁实秋不是说,凡有学说,往往"合吾人之胃口者则容纳之,且从而宣扬之"吗?他之攻击卢梭,也就是因为卢梭不合他的胃口之故。但梁实秋的意思也并非他自己的独创,而是从他的老师白璧德那里来的。白璧德是美国新人文主义者,他写过一本《卢梭与浪漫主义》,对卢梭多所攻击,梁实秋不过继其衣钵而已。所以,鲁迅就进一步把矛头对准了白璧德。他转引了一段美国作家辛克来尔在《拜金艺术》中所说的话道:

> 无论在那一个卢梭的批评家,都有首先应该解决的唯一的问题。为什么你和他吵闹的?要为他的到达点的那自由,平等,调协开路么?还是因为畏惧卢梭所发向世界上的新思想和新感情的激流呢?使对于他取了为父之劳的个人主义运动的全体怀疑,将我们带到女子服从父母,奴隶服从主人,妻子服从丈夫,臣民服从教皇和皇帝,大学生毫不发生疑问,而佩服教授的讲义的善良的古代去,乃是你的目的么?
>
> 阿巍夫人曰:"最后的一句,好象是对于白璧德教授的一箭似的。"
>
> "奇怪呀,"她的丈夫说。"斯人也而有斯姓也……那一定是上帝的审判了。"

这就揭穿了白璧德理论的贵族主义的实质。原来他所反对的,是卢梭提倡自由、平等的新思想和新感情，而要回到类似中国儒家三从四德式的服从主义中去。

接着，鲁迅又写了《文学和出汗》，针对梁实秋在另一篇文章《文学批评辩》中提倡文学要描写永远不变的人性的理论进行批评。因为人性总是在变化着的，类人猿、类猿人、原人、古人、今人、未来的人……如果生物真会进化，人性就不会永远不变，即使一些生物性的现象，在人类社会里，也难免会带上社会性，所以鲁迅质问道："譬如出汗罢，我想，似乎于古有之，于今也有，将来一定暂时也还有，该可以算处较为'永久不变的人性'了。然而'弱不禁风'的小姐出的是香汗，'蠢笨如牛'的工人出的是臭汗。不知道倘要做长留世上的文字，要充长留世上的文学家，是描写香汗好呢，还是描写臭汗好？这问题倘不先行解决，则在将来文学史上的位置，委实是'岌岌乎殆哉'。"并从文学的历史发展中道出它的趋向："听说，例如英国，那小说，先前是大抵写给太太小姐们看的，其中自然是香汗多；到十九世纪后半，受了俄国文学的影响，就很有些臭汗气了。那一种的命长，现在似乎还在不可知之数。"

这里，从捍卫自由平等思想出发，而涉及了文学的人性论和阶级论的问题。只是对于后一问题，梁实秋和鲁迅双方都还涉得不深，进一步的论战，还有待于下一个回合。

但关于卢梭和白璧德问题，则马上有了反应。梁实秋在1928年3月25日的《申报》上发表《关于卢骚①》一文，以为引辛克来尔的话来攻击白璧德，是"借刀杀人"，"不一定是好方法"。至于他之攻击卢骚，理由之二，则在"卢骚个人不道德的行为，已然成为一般浪漫文人行为之标类的代表，对于卢骚的道德的攻击，可以说即是给一般浪漫的人的行为的攻击"。鲁迅即在4月23日出版的《语丝》第四卷第十七期上发表了一篇杂文《头》，加以揭露，指出梁实秋虽然并非"借刀杀人"，却成了"借头示众"了。"一般浪漫文人，总算害了遥拜的祖师，给了他一个死后也不安静。他现在所受的罚，是因为影响罪，不是本罪了，可叹也夫！"于是，这使他想起了《三国演义》中所记后人叹袁绍的诗："长揖横刀出，将军盖代雄，头颅行万里，失计杀田丰"，说是"也活剥一首来吊卢骚"——"脱帽怀铅出，先生盖代穷，头颅行万里，失计造儿童"。这是对梁实秋批判卢骚的一个讽刺。

---

① 此处所说的卢骚，和上文所说的卢梭，是同一人名的不同译法，不知梁实秋何故一会儿这样译，一会儿那样译，反驳的文章，也只能跟着他写了。

二一、"硬译"与"文学的阶级性"之辩

人性和阶级性问题的辩难,那时也只是暂时停顿而已,其实并未结束。1928年的"革命文学"论争,把"阶级意识"提到一个空前未有的高度,这也刺激了梁实秋非阶级论的反弹。《文学是有阶级性的吗?》就是在这样的背景上提出来的。而这篇文章又引起鲁迅在《"硬译"与"文学的阶级性"》中进一步的驳斥。

鲁迅在景云里寓所中

梁实秋首先就否认阶级观念的实在性,说是"无产者本来并没有阶级的自觉。是几个过于富同情心而又态度褊激的领袖把这个阶级观念传授了给他们"。他认为,阶级的观念是要促起无产者的联合,是要激发无产者的争斗欲念,这是不应该的。同时,他提出了一条消除阶级斗争的方法:"一个无产者假如他是有出息的,只消辛辛苦苦诚诚实实的工作一生,多少必定可以得到相当的资产。这才是正当的生活斗争的手段。"鲁迅认为,这种"传授"和"激发"阶级观念的现象是存在的,"但我以为传授者应该并非由于同情,却因了改造世界的思想。况且'本无其物'的东西,是无从自觉,无从激发的,会自觉,能激发,足见那是原有的东西。原有的东西,就遮掩不久"。他举例说,伽利略的地动说,达尔文的进化论,当初何尝不或者几被宗教家烧死,或者大受保守者攻击呢,然而现在人们对于两说,并不为奇者,就因为地体终于在运动,生物确也在进化的缘故。承认其有而要掩饰为无,非有绝技是不行的。"至于无产者应该'辛辛苦苦'爬上有产阶级去的'正当'的方法,则是中国有钱的老太爷高兴时候,教导穷工人的古训,在实际上,现今正在'辛辛苦苦诚诚实实'想爬上一级去的'无产者'也还多。然而这是还没有人'把这个阶级观念传授了给他们'的时候。一经传授,他们可就不肯一个一个的来爬了,诚如梁先生所说,'他们是一个阶级了,他们要有组织了,他们是一个集团了,于是他们便不循常轨的一跃而夺取政权财权,一跃而为统治阶级。'"鲁迅还揭示梁实秋这个方法本身的阶级性道:"梁先生的忠告,将为无产者所呕吐了,将只好和老太爷去互相赞赏而已了。"

接着,他又从语源学的角度来否定"普罗列塔利亚的文学"存在的可能性。"普罗列塔利亚"是英语Proletariat的译音,意译则为"无产阶级",但因为在当时

的政治环境下,这是一个禁忌字眼,所以用音译以障耳目也。但梁实秋却说:"其实翻翻字典,这个字的涵义并不见得体面,据《韦白斯特大字典》,Proletary的意思是: A citizen of the lowest class who served the state not with property , but only by having children 。一个属于'普罗列塔利亚'的人就是'国家里最下阶级的国民,他是没有资产的,他向国家服务只是靠了生孩子。'普罗列塔利亚是国家里只会生孩子的阶级!(至少在罗马时代是如此)"。鲁迅对此说大加讽刺道:"其实正无须来争这'体面',大约略有常识者,总不至于以现在为罗马时代,将现在的无产者都看作罗马人的。这正如将Chemie译作'舍密学',读者必不和埃及的'炼金术'混同,对于'梁'先生所作的文章,也决不会去考查语源,误解为'独木小桥'竟会动笔一样。连'翻翻字典'(《韦白斯特大字典》!)也还是'无所得',一切中国人未必全是如此的罢。"

而梁实秋文章的重点,还是落在文学的阶级性问题上。他认为文学应该表现共同的人性,而不是某一阶级的阶级性。他说:"一个资本家和一个劳动者,他们的不同的地方是有的,遗传不同,教育不同,经济的环境不同,因之生活状态也不同,但是他们还有同的地方。他们的人性并没有两样,他们都感到生老病死的无常,他们都有爱的要求,他们都有怜悯与恐怖的情绪,他们都有伦常的观念,他们都企求身心的愉快。文学就是表现这最基本的人性的艺术。"又说:"人生现象有许多方面都是超于阶级的。例如,恋爱(我说的是恋爱的本身,不是恋爱的方式)的表现,可有阶级的分别吗?例如,歌咏山水花草的美丽,可有阶级的分别吗? 没有的。"他认为,无产文学理论的错误,是"在把阶级的束缚加在文学上面"。这种理论,显然不符合实际。鲁迅反驳道:"文学不借人,也无以表示'性',一用人,而且还在阶级社会里,即断不能免掉所属的阶级性,无需加以'束缚',实乃出于必然。自然,'喜怒哀乐,人之情也',然而穷人决无开交易所折本的懊恼,煤油大王那会知道北京检煤渣老婆子身受的酸辛,饥区的灾民,大约总不去种兰花,象阔人的老太爷一样,贾府上的焦大,也不爱林妹妹的。'汽笛呀!''列宁呀!'固然并不就是无产文学,然而'一切东西呀!''一切人呀!''可喜的事来了,人喜了呀!'也不是表现'人性'的'本身'的文学。"

梁实秋还认为,作家的阶级属性,是与他的作品无关的。他说:"文学家就是一个比别人感情丰富感觉敏锐想像发达艺术完美的人。他是属于资产阶级或无产阶级,这于他的作品有什么关系?"并且举例道:"托尔斯泰是出身贵族,但是他对于平民的同情真可说是无限量的,然而他并不主张阶级斗争;许多人奉为神明的马克斯,他自己并不是什么无产阶级中的人物;终身穷苦的约翰孙博士,

二一、"硬译"与"文学的阶级性"之辩

他的志行高洁吐属文雅比贵族还有过无不及。"因此他的结论是:"我们估量文学的性质与价值,是只就文学作品本身立论,不能连累到作者的阶级和身份。"在这里,梁实秋显然是把作品和作家完全脱离开来了,他没有看到作家思想感情在作品中的表现。所以鲁迅说他"这些例子,也全不足以证明文学的无阶级性的"。并就他所举的例子,加以反驳道:"托尔斯泰正因为出身贵族,旧性荡涤不尽,所以只同情于贫民而不主张阶级斗争。马克斯原先诚非无产阶级中的人物,但也并无文学作品,我们不能悬拟他如果动笔,所表现的一定是不用方式的恋爱本身。至于约翰孙博士终身穷苦,而志行吐属,过于王侯者,我却实在不明白那缘故。因为我不知道英国文学和他的传记。也许,他原想'辛辛苦苦诚诚实实的工作一生,多少必定可以得到相当的资产',然后再爬上贵族阶级去,不料终于'劣败',连相当的资产也积不起来,所以只落得摆空架子,'爽快'了罢。"

梁实秋又从鉴赏力的有无上,否定了文学与大众的关系。他说,假如一部作品不能为大多数人所了解,这毛病不一定是在作品方面,而时常是大多数人自己的鉴赏力的缺乏,因为"好的作品永远是少数人的专利品,大多数永远是蠢的,永远是与文学无缘的"。不过,他认为鉴赏力的有无与阶级相关,贵族资本家尽有不知文学为何物者,无产的人也尽有鉴赏文学者,因为"鉴赏文学也是天生的一种福气"。这里把鉴赏力说得很玄,似乎是与文化教养和生活环境完全无关的东西。鲁迅正是抓住了这一点,加以驳斥道:"由我推论起来,则只要有这一种'福气'的人,虽穷得不能受教育,至于一字不识,也可以赏鉴《新月》月刊,来作'人性'和文艺'本身'原无阶级性的证据。但梁先生也知道天生这一种福气的无产者一定不多,所以另定一种东西(文艺?)来给他们看,'例如什么通俗的戏剧,电影,通俗小说之类',因为'一般劳工劳农需要娱乐,也许需要少量的艺术的娱乐'的缘故。这样看来,好像文学确因阶级而不同了,但这是因鉴赏力之高低而定的,这种力量的修养和经济无关,乃是上帝之所赐——'福气'。"

梁实秋最痛恨的是无产文学理论家以文艺为斗争的武器,就是当作宣传品。他"不反对任何人利用文学来达到另外的目的",但"不能承认宣传式的文字便是文学"。鲁迅认为,"这是自扰之谈"。他说:"据我所看过的那些理论,都不过说凡文艺必有所宣传,并没有谁主张只要宣传式的文字便是文学。诚然,前年以来,中国确曾有许多诗歌小说,填进口号和标语去,自以为是无产文学。但那是因为内容和形式,都没有无产气,不用口号和标语,便无从表示其'新兴'的缘故,实际上也并非无产文学。"他并指出,钱杏邨在《拓荒者》上引卢那卡尔斯基的话来为口号标语化的"革命文学"辩护,其实也与梁实秋一样,"是有意的或无

意的曲解"。

梁实秋还反对讴功颂德的文章,他说:"皇室贵族雇用一班无聊文人来做讴功颂德的诗文,我们觉得讨厌,因为这种文学是虚伪的假造的;但是在无产阶级威胁之下便做对于无产阶级讴功颂德的文学,还不是一样的虚伪讨厌?"这意见,鲁迅认为"是不错的",但是指出,在他所见的无产文学理论中,也并未见过有谁说某一阶级的文学家,不该受皇室贵族的雇用,却该受无产阶级的威胁去做讴功颂德的文章,不过说,文学有阶级性,在阶级社会中,文学家虽自以为"自由"自以为超了阶级,而无意识地,也终受本阶级的阶级意识所支配,那些创作,并非别阶级的文化罢了。他还举梁实秋自己的文章为例说:"例如梁先生的这篇文章,原意是在取消文学上的阶级性,张扬真理的。但以资产为文明的祖宗,指穷人为劣败的渣滓,只要一瞥,就知道是资产家的斗争的'武器',——不,'文章了'。"这是以子之矛,来攻子之盾,使对方陷入尴尬的境地。

最后,梁实秋提出要看货色。他说:"无产文学的声浪很高,艰涩难懂的理论书也出了不少,但是我们要求给我们几部无产文学的作品读读。我们不要看广告,我们要看货色。我们但愿货色比广告所说的还好些。"于是,他抄了两首充满"无产阶级"辞藻的新俄译诗《给一个新同志》和《十月》来示众,说:"也许伟大的无产文学还没有出现,那么我愿意等着,等着,等着。"鲁迅认为,要看货色"这不错的,是最切实的办法";但抄两首译诗来示众,是不对的,《新月》上就曾有《论翻译之难》,何况所译的是诗。他列举了几本他所见到的新俄优秀作品,如卢那卡尔斯斯基的《被解放的堂·吉呵德》、法捷耶夫的《毁灭》、格拉特珂夫的《水门汀》,认为在中国十一年的新文学中,就并没有可以和这些相比的作品。"新月社"一流的作家中没有,号称无产阶级作家中也没有。钱杏邨曾经为无产文学辩护道,新兴阶级于文学的本领当然幼稚而单纯,向他们立即要求好作品,是"布尔乔亚"的恶意。鲁迅认为:"这话为农工而说,是极不错的。这样的无理要求,恰如使他们冻饿了好久,倒怪他们为什么没有富翁那么肥胖一样。"但鲁迅对于中国的无产文学也并不看好。他认为,中国的作者,现在却实在并无刚刚放下锄斧柄子的人,大多数都是进过学校的知识者,有些还是早已有名的文人,莫非克服了自己的小资产阶级意识之后,就连先前的文学本领也随着消失了么?这必然是另有原因。他说:"中国的有口号而无随同的实证者,我想,那病根并不在'以文艺为阶级斗争的武器',而在'借阶级斗争为文艺的武器',在'无产者文学'这旗帜之下,聚集了不少的忽翻筋斗的人,试看去年的新书广告,几乎没有一本不是革命文学,批评家又但将辩护当作'清算',就是,请文学坐在'阶级斗争'的掩护之下,于是文学自己倒不必着力,因而于文学和斗争两方面都少关系了。"这真是透彻之论。

但鲁迅认为,这是中国目前的一时现象,当然毫不足作无产文学之新兴的反证。他对无产文学的前途还是抱乐观态度的。所以当梁实秋在临末作出让步说:"假如无产阶级革命家一定要把他的宣传文学唤做无产文学,那总算是一种新兴文学,总算是文学国土里的新收获,用不着高呼打倒资产的文学来争夺文学的领域,因为文学的领域太大了,新的东西总有它的位置的",鲁迅就把这话比作"中日亲善,同存共荣"之说,认为从羽毛未丰的无产者看来,是一种欺骗。他说,愿意这样的"无产文学者",现在恐怕实在也有的罢,不过这是梁实秋所谓"有出息"的要爬上资产阶级去的"无产者"一流,他的作品是穷秀才未中状元时候的牢骚,从开手到爬上以及以后,都决不是无产文学。鲁迅认为:"无产者文学是为了以自己们之力,来解放本阶级并及一切阶级而斗争的一翼,所要的是全般,不是一角的地位。"

"硬译"与"文学的阶级性"之辩,是20年代末到30年代初的一场重要的文学思想论战;鲁迅的《"硬译"与"文学的阶级性"》一文,是这场论战中的重要文章。这篇文章以批判梁实秋为主,同时兼及"革命文学家"的错误观点,在对两种错误倾向的批判中,理出一条自己的思路。他对当时的文学格局作了这样的描绘:"就拿文艺批评界来作比方罢,假如在'人性'的'艺术之宫'(这须从成仿吾先生处租来暂用)里,向南面摆两把虎皮交椅,请梁实秋钱杏邨两位先生并排坐下,一个右执'新月',一个左执'太阳',那情形可真是'劳资'媲美了。"

鲁迅从历史事实出发,他是相信文学的阶级性原理的,但是,他并不赞成有些"革命文学家"故意夸大阶级性,而且利用"阶级斗争"的口号来整人。还在1928年,他就在一篇《文学的阶级性》文章中说:"在我自己,是以为若据性格感情等,都受'支配于经济'(也可以说根据于经济组织或依存于经济组织)之说,则这些就一定都带着阶级性。但是'都带',而非'只有'。所以不相信有一切超乎阶级,文章如日月的永久的大文豪,也不相信住洋房,喝咖啡,却道'唯我把握住了无产阶级意识,所以我是真的无产者'的革命文学者。"

左翼文艺界很重视对于新月派的斗争,当时还有一些作家写了批判梁实秋的文章。比如,冯乃超在《拓荒者》上发表了《阶级社会的艺术》,对梁实秋的人性论进行了多方面的批驳,同时,针对他所说的"一个无产者假如他是有出息的,只消辛辛苦苦诚诚实实的工作一生,多少必定可以得到相当的资产"的论调,提出:"对于这样的说教人,我们要送'资产阶级的走狗'这样的称号的。"

梁实秋对这些批判很着急,也很恼火,写了《答鲁迅先生》和《"资本家的走狗"》二文,一面否认他的走狗身份,一面又用拿卢布之类的老调进行诬陷。他说:"大凡做走狗的都是想讨主子的欢心因而得到一点点的恩惠。《拓荒者》说我是资本家的走狗,是那一个资本家,还是所有的资本家?我还不知道我的主子是谁,我若知道,我一定要带着几份杂志去到主子面前表功,或者还许得到几个金镑或卢布的赏赍呢。"鲁迅看到梁实秋这副样子,愉快地说:"有趣!还没有怎样打中了他的命脉就这么叫了起来,可见是一只没有什么用的走狗!……乃超这人真是忠厚人。……我来写它一点。"①于是,他又写了一篇《"丧家的""资本家的乏走狗"》,说梁实秋的回答,真是"资本家的走狗"的活写真。"凡走狗,虽或为一个资本家所豢养,其实是属于所有的资本家的,所以它遇见所有的阔人都驯良,遇见所有的穷人都狂吠。……即使无人豢养,饿的精瘦,变成野狗了,但还是遇见所有的阔人都驯良,遇见所有的穷人都狂吠的,不过这时它就愈不明白谁是主子了。"梁实秋说他不知道"主子是谁",那就证明他是"丧家的""资本家的走狗"。而作为一个文艺批评家,却在文章里很巧妙地插进"到××党去领卢布"的字样,揭发对方是共产党,借此以济其"文艺批评"之穷,那么,从"文艺批评"方面看来,就还得在"走狗"之上,加上一个形容字:"乏"。

对于鲁迅的指斥梁实秋为"丧家的""资本家的乏走狗",后之论者颇多非议,认为这种骂话很不足道。不错,鲁迅骂得很尖刻。但比起梁实秋的可置人于死命的政治陷害——"领卢布"说来,这只不过是尖刻而已。脱离开具体的论战环境,而专意指责某一方,是不公道的。

---

① 冯雪峰:《回忆鲁迅》,《雪峰文集》第4卷,人民文学出版社1985年版,第171页。

二二、在左翼文艺阵线中

经过一年多的"革命文学"论争,有了马克思主义文学理论的翻译,大家的思想认识都有了提高。而共产党人的政治斗争,又需要有文化运动的配合,这样,成立左翼作家联盟的时机就成熟了——这段时期相继成立的还有中国左翼社会科学家联盟、中国左翼戏剧家联盟、中国左翼美术家联盟、中国左翼音乐工作者联盟、中国左翼新闻记者联盟、中国左翼教育工作者联盟,以及世界语联盟等,并联合成为中国左翼文化总同盟。

要成立新的联盟,必须说清原来的是非,了结旧日的恩怨。创造社的新锐分子有很多是共产党员,太阳社的主要成员也大都是党员作家,他们自然是在共产党领导之下工作的。于是共产党由主管文化支部的江苏省委领导人李富春出面,在1929年秋天找阳翰笙谈了一次话。李富春说:你们的论争是不对头的,不好。你们中有些人对鲁迅活动的积极意义估计不足。鲁迅是从五四新文学运动中过来的一位老战士,坚强的战士,是一位老前辈,一位先进的思想家。他对我们党员个人可能有批评,但没有反对党。对于这样的一位老战士、先进的思想家,站在党的立场上,我们应该团结他,争取他。你们创造社、太阳社的同志花那么大的精力来批评鲁迅,是不正确的。李富春要求创造社和太阳社立即停止论争,与鲁迅团结起来。并且说:请你们想一想,像鲁迅这样一位老战士,一位先进的思想家,要是站到党的方面来,站在左翼文化战线上来,该有多么巨大的影响和作用。你们要赶紧解决这个问题。

于是,阳翰笙和文委书记潘汉年立即找了冯雪峰、柔石、夏衍、冯乃超、李初梨、钱杏邨、洪灵菲等几位党员作家开会,向他们传达了李富春的指示。据阳翰笙回忆说,他传达以后很多人都表示拥护李富春的意见,有的人作了自我批评,说自己对鲁迅的态度不好,有的人认识到对鲁迅的估计不正确,说自己的作法不对头,他们都认识到敌人正在很残酷、很厉害地迫害我们,我们应该想法壮大自己的队伍,不应该与鲁迅论争。但也有人不表态,有人说鲁迅是一个激进的民主主义者,不是马列主义者,为什么不可以批评呢?但因为有李富春的指示,所以这次会议最后还是决定:创造社、太阳社所有的刊物一律停止对鲁迅批评,即使鲁迅批评我们,也不要反驳,对鲁迅要尊重。同时决定派出三个人去和鲁迅谈一次话,告诉鲁迅,共产党决定停止这次论争,并批评了自己的不正确的作法。派去的三人是:冯雪峰、夏衍和冯乃超。冯乃超曾经写文章批判过鲁迅,这次算是代表创造社去见鲁迅的。鲁迅虽然对冯乃超的文章很有意见,但是见到他们还是很高兴,笑容满面,表示谅解,愿意团结起来①。

这样,在1929年11、12月间,就开始了左翼作家联盟的筹备工作。据说,"左翼作家联盟"的名称是中共领导人拟定的,派人去征求鲁迅的意见,说是如果鲁迅不同意则可以修改。鲁迅倒是赞成用这个名称,认为标出"左翼"二字,比较明确,旗帜可以鲜明一些。但他后来看到发起人名单中没有郁达夫的名字,却提出了意见。筹备组的人说,郁达夫最近情绪不好,也不经常和一些老朋友来往。鲁迅听了,很不以为然地说:"那是一时的情况,我认为郁达夫应当参加,他是一个很好的作家。"这不是鲁迅与郁达夫个人的感情问题,而是希望在"左翼"的旗帜下,能够广泛团结一些有作为的作家,不要搞关门主义——他们虽然接受鲁迅的意见,吸收郁达夫为发起人,但不久还是把他开除了,说是他参加左联活动不太积极。而叶圣陶、郑振铎等人则根本就被拒之门外。

筹备组的成员有十二名:鲁迅、郑伯奇、冯乃超、彭康、阳翰笙、钱杏邨、蒋光慈、戴平万、洪灵菲、柔石、冯雪峰、夏衍。大约由三方面人组成:创造社、太阳社、还有和鲁迅较接近的作家。只有夏衍比较特殊,他当时在沪东纱厂从事工人运动,还没有开始写作,也还不是作家。但是他与太阳社的人一起过共产党的组织生活,与创造社的人也较接近,又没有参加"文学革命"论争,与鲁迅也有过接触。这是一个三方面都能接受的人物,可以起润滑剂的作用。

左翼作家联盟需要有一个盟主,这当然非鲁迅莫属。因为鲁迅在文学界乃至在整个文化界都有很大的影响,左联需要借助他来做一面旗帜。当时也讨论过给他一个什么名义,有人建议叫委员长,有人建议叫主席,但鲁迅坚决不同意。他说他可以做力所能及的工作,尽力多做,但他不喜欢委员长和主席之类的名义。所以鲁迅这位盟主,实际上并无什么特别的名义。

左翼作家联盟还需要有一个理论纲领,这个纲领是由冯乃超和冯雪峰等人

---

① 据阳翰笙:《中国左翼作家联盟成立的经过》,《文学评论》1980年第2期。

起草的。他们参照苏联"拉普"、"十月"、"列夫"等几个文学团体的纲领而写成,除了规定"我们不能不站在无产阶级的解放斗争的战线上,攻破一切反动的保守的要素,而发展被压迫的进步要素"等政治目标以外,还有诗人"是预言者"、艺术家"是人类的导师","我们的艺术不能不呈献给'胜利不然就死'的血腥的斗争"之类的豪言。他们拿去征求鲁迅的意见,鲁迅说:"这个文章我写不出来,就这样吧。"后来就在成立大会上通过了。

但在商议成立左联的过程中,鲁迅给他们讲了几个家乡的民间故事,倒是令他们终生不忘。一个是"金扁担"的故事,说是有个农民每天挑水,一天他忽然想起皇帝用什么挑水呢?自己接着回答道:一定用金扁担;另一个是"柿饼"的故事,说是有一个农妇,一天清晨醒来,想到皇后娘娘是怎样享福的,她说:"皇后娘娘一醒过来,就叫:大姐,拿一个柿饼来吃吃";还有一个是"元宝和人参"的故事,说是有两个农民在闲话,一个说,皇帝这么有钱,这么舒服,不知怎样过日子的,另一个农民很有把握地回答:皇帝的生活么,一只手元宝nia nia(捏捏),一只手人参jia jia(嚼嚼)——这两句他用的是绍兴话。鲁迅讲这几个民间故事的用意很明显,这是为了纠正他们不了解实际情况,仅凭自己的想象来下判断的主观主义作风。听者当然也领会得清楚①。

1930年3月2日,中国左翼作家联盟在中华艺术大学举行了成立大会,鲁迅在会上作了重要讲话。当时并无记录,现在留下来的这篇题为《对于左翼作家联盟的意见》的讲话稿,是三四天以后,由冯雪峰回忆鲁迅那天的讲话,并融进他平时的相关谈话,整理而成。这篇讲话稿在《萌芽月刊》上发表时,还写有记录人的名字:王黎民,这就是冯雪峰的化名。

鲁迅的讲话,显然与大会通过的理论纲领之类不大协调,它没有政治八股,没有空泛议论,也没有豪言壮语,所说的都是非常切实的意见。经过一年多的"革命文学"论争,鲁迅对于这些左翼作家的毛病,真是看得太透了,所以他的讲话具有明确的针对性。

鲁迅针对当时许多左翼作家普遍存在的理论脱离实际、思想脱离现实的倾向,特别提出了作家要深入实际,要与现实斗争相结合的意见。他尖锐地指出:"在现在,'左翼'作家是很容易成为'右翼'作家的。"因为:"第一,倘若不和实际的社会斗争接触,单关在玻璃窗内做文章,研究问题,那是无论怎样的

---

① 据冯雪峰、夏衍、冯乃超等人的回忆。冯夏熊整理《冯雪峰谈左联》,《新文学史料》1980年第1期;夏衍《"左联"成立前后》,《文学评论》1980年第2期;冯乃超《左联成立前后的一些情况》,《鲁迅研究资料》第6辑。

左翼作家联盟成立大会会址

激烈,'左',都是容易办到的;然而一碰到实际,便即刻要撞碎了。"所以他不喜欢"Salon社会主义",因为坐在Salon(客厅)里谈谈社会主义,虽然高雅得很,漂亮得很,然而并不想到实行的。这种社会主义毫不足靠。"第二,倘不明白革命的实际情形,也容易变成'右翼'。革命是痛苦,其中也必然混有污秽和血,决不是如诗人所想象的那般有趣,那般完美;革命尤其是现实的事,需要各种卑贱的,麻烦的工作,决不如诗人所想象的那般浪漫;革命当然有破坏,然而更需要建设,破坏是痛快的,但建设却是麻烦的事。所以对于革命抱着浪漫谛克的幻想的人,一和革命接近,一到革命进行,便容易失望。"这是有先例可循的。他举俄国诗人叶遂宁和中国的南社诗人为例。叶遂宁当初也非常欢迎十月革命,当时他叫道:"万岁,天上和地上的革命!"又说:"我是一个布尔什维克了!"然而一到革命后,实际上的情形,完全不是他所想象的那么一回事,终于失望,颓废,后来是自杀了。南社的人们,开初大抵是很革命的,但他们抱有一种幻想,以为只要将满洲人赶出去,便一切都恢复了"汉官威仪",人们都穿大袖衣服,峨冠博带,大步地在街上走。谁知赶走清朝皇帝以后,民国成立,情形完全不同,所以他们便失望,以后有些人甚至成为新的运动的反对者。还有,以为诗人或文学家高于一切人,将来革命成功,劳动阶级一定从丰报酬,特别优待,请他坐特等车,吃特等饭,捧献上牛油面包,也是不正确的观念,"因为实际上决不会有这种事,恐怕那时比现在还要苦,不但没有牛油面包,连黑面包都没有也说不定……如果不明白这情形,也容易变成'右翼'。"他又举苏联小说《毁灭》为例,说是从这本书里面所描写的情况看,劳动者是"决不会特别看重知识阶级"的,有时还要嘲笑他们。鲁迅认为:"知识阶级有知识阶级的事要做,不应特别看轻,然而劳动阶级决无特别例外地优待诗人或文学家的义务。"

同时,鲁迅还提出了"今后应注意"的几点希望。这也是具有强烈的针对性的。当时许多左翼作家对于中国社会的复杂性,对于旧势力的顽固性,对于革命的长期性,都缺乏足够的认识,他们在文坛上有个小地位,稿子卖得出去了,便高唱凯歌,不再斗争;而且,宗派主义情绪很重,真正的敌人还没有打倒,就在旧的堡垒之下纷纷自己扭打起来,扭得大家乏力了,这才放开手,而旧垒上简直无须守兵,只要袖手俯首看喜剧就够了。所以鲁迅提出:"第一,对于旧社会和旧势力的斗争,必须坚决,持久不断,而且注重实力。旧社会的根柢原是非常坚固的,新运动非有更大的力不能动摇它什么。""第二,我以为战线应该扩大。""第三,我们应当造出大群的新的战士。"鲁迅希望文学战线上的人还要"韧",不要像前清用八股文做"敲门砖"的办法,一进了秀才举人,便丢开不用了。这种办法直到现在还有许多人在使用,出了一二本诗集或小说集以后,得到了教授或者别的什么位置,就不再写作了。所以在中国,无论文学或科学都没有东西。鲁迅认为:"要在文化上有成绩,则非韧不可。"他还特别提出了无产阶级革命文学的目的性问题,他说:"联合战线是以有共同目的为必要条件的。……而我们战线不能统一,就证明我们的目的不能一致,或者只为了小团体,或者还其实只为了个人,如果目的都在工农大众,那当然战线也就统一了。"

据左联纲领起草者之一冯乃超说,他当时就发现,鲁迅这篇即席讲话是针对着他们起草的纲领而发的,觉得他说得很对。其实,鲁迅这个切中时弊的讲话,批评的范围还要广些,它针对当时左翼文艺运动中存在的普遍问题而发,并提出纠正的办法,努力的方向,具有重大的指导意义。可惜那些在左的漩涡里游不出来的左翼作家,并没有接受鲁迅的意见。据冯雪峰回忆,在会后他就听到这样的话:"鲁迅说的还是这些话。"这就是指责鲁迅的思想还没有改变。他们是希望鲁迅变得适合于他们自己,而不是他们需要听取鲁迅的意见来改变思想。鲁迅只是他们可以利用的一块招牌而已。

鲁迅对于自己的处境,其实也很明白,只是他另有考虑,还想扶持一批青年作家。所以在与川岛的通信中才有"梯子"之论。他说:"梯子之论,是极确的,对于此一节,我也曾熟虑,倘使后起诸公,真能由此爬得较高,则我之被踏,又何足惜。中国之可作梯子者,其实除我之外,也无几了。所以我十年以来,帮未名社,帮狂飙社,帮朝花社,而无不或失败,或受欺,但愿有英俊出于中国之心,终于未死,所以此次又应青年之请,除自由同盟外,又加入左翼作家连盟,于会场中,一览了荟萃于上海的革命作家,然而以我看来,皆茄花色,于是不佞势又不得不有作梯子之险,但还怕他们未必能爬梯子也。哀哉!"①

---

① 1930年3月27日致章廷谦信。

左翼作家联盟，顾名思义，应该是一个作家团体，只是在思想倾向上属于左翼；这个团体的作家，应该是用笔作为战斗武器的。但实际情况却并非如此，它是按照政治团体的模式来办的，政治活动高于写作活动。他们常常组织游行示威，飞行集会，对于写作倒不怎么重视，有谁重视创作了，反被指为"作品主义"。我们且看看几位过来人的回忆和反思吧——

巴人在《杂忆、杂感和杂抄——纪念鲁迅先生》中说："有些左联的领导人，对作家最紧迫的要求，就是走上街头去示威游行。三八节到了，五一节到了，或是其他什么日子，作家就得跑上大马路或什么马路去。有的身上还须夹带着传单，在人行道上拥挤着走。等到一个人从里弄里窜出来，在马路中心放一个爆仗，于是就有人领着喊口号、散传单，游行队伍就组成起来，从大马路游行到四马路，有时还能游行到法租界。到了巡捕房出动红色警车，或被冲散，或抓去几个人，那才胜利结束。蒋光慈大概很不以为然吧，认为革命作家最重要的是拿出作品来，这样做，除送些人给巡捕房，又有什么好处呢，这就被批评为'作品主义'了。"

茅盾在他的回忆录《"左联"前期》一章中写道："在我加入'左联'不久，参加了一次'左联'的全体大会，地点好象在福州路的一幢大厦里。到会有二三十人，但鲁迅没有去。会议是为了迎接'五一'而召开的。开头有冯乃超的一个政治报告，分析了当时的阶级斗争形势，说明革命高潮快要到来，以及'左联'成员以实际斗争来纪念'五一'的重要意义。其中有一句话给我以特别深刻的印象：'革命的文学家在这个革命高潮到来的前夜，应该不迟疑地加入这艰苦的行动中去，即使把文学家的工作地位抛去，也是毫不足惜的。'会议通过了纪念五一的宣言，提出今年的'五一'是'血光的五一'。会上还通过了其他一些政治性的决议。接着就有人具体布置'五一'那天'左联'成员到街头去参加哪些活动，无非是游行示威、贴标语、撒传单等等。这次会议的内容，使我这个新盟员为之一惊"。"我既然这样想，'五一'那天我就'自由'行动了，没有执行'街头就是我们的战场'的号令。事后我听说鲁迅、郁达夫都没有上街头，又知道那天上街头喊口号、贴传单的人，看见巡捕来了，就溜走了，因而未使这个'五一'真的成为'血光的五一'。可以设想，如果'左联'全体成员上街头，而被捕了三分之一，那么，要完成'纲领'及'行动纲领'所规定的任务，就困难得很。"

冯雪峰是左联早期实际负责人之一，他在1952年所写的《回忆鲁迅》中反思道："我们简直把'左联'当作'半政党'的团体，而在组织上就自自然然地走上了关门主义的错误。同时，我们斗争的策略简直不估计到当时法西斯国民党在大城市对革命斗争和革命文化运动的空前压迫的条件，而只是主观主义地想以自己的很不充分的这点力量去冲破压迫,差不多完全放弃了去争取公开的、'合法''半合法'的存在与斗争的种种方法与方式的努力,于是就不得不尽向地下发展,由半秘密而成为完全秘密的存在,实际上把活动一天一天地缩小,后来是只剩了少数的几个没有被捕和被杀的作家与党员在撑持了。"

当时中共党内正是立三路线统治的时候,这种做法,也正是立三路线的行动方针。就连冯乃超所说的革命高潮就要到来的话,也是立三路线对于时局的估计。后来王明路线占统治地位,搞的也还是这一套,甚至比立三路线更左。鲁迅深谙中国国情,一向主张"壕堑战",他当然不会赞同这种赤膊上阵做法,但也只能自己不去参加,而无力去纠正这种错误行动。鲁迅又是鼓励作家要多写作品,写好作品的,当然与他们这种盲动主义格格不入,大概也被目为"作品主义",只是碍于他在左联的地位和影响,没有像蒋光慈那样,被公开扣上"作品主义"的帽子而已。

立三路线的执行者虽然并不强求鲁迅上街游行,但还是希望他能够以实际行动来配合这条政治路线。1930年5月7日晚上,李立三亲自出马,约鲁迅到爵禄饭店去谈话,要鲁迅公开发表一个宣言,表示拥护立三路线的各项政治主张,说是法国作家巴比塞就公开发表过政治宣言,希望鲁迅也能这样做。但鲁迅没有同意。鲁迅认为,中国革命是不能不长期的,艰巨的,必须"韧战",持久战。他表示不赞成赤膊打仗,说在当时那样的时候还应多用"壕堑战"、"散兵战"、"袭击战"等战术。当晚回家之后,他还说:"我们两人,各人谈各人的。要我象巴比塞那样发表一个宣言,那是容易的;但那样一来,我就很难在中国活动,只得到国外去做'寓公',个人倒是舒服的,但对于中国革命有什么益处!我留在中国,还能打一枪两枪,继续战斗。"①

在创作问题上,鲁迅与左联所提倡的方向,也有严重的分歧。

左联以"无产阶级革命文学"为自己的口号,它要求作家描写工农群众的革命斗争生活。但当时的作家,却都不是工农出身,并不了解他们的生活斗争情况,而且由于白色恐怖日益厉害,作家也难以深入工农群众中去,所以写出来的作品都很空泛,缺乏内涵。他们当然有自己熟悉的生活,但多被认为没有时代意义,小资产阶级的生活不必说,就连下层人物的反抗,只要与无产阶级革命斗争没有直接关系的,都没有信心去写。青年作家沙汀和艾芜在1931年11月底给鲁

---

① 据冯雪峰:《一九二八至一九三六年间上海左翼文艺运动两条路线斗争的一些零碎参考材料》,《雪峰文集》第4卷,第537—538页。

迅写的请教关于小说题材问题的信,就反映了这种困惑。他们在信中说:"我们曾手写了好几篇短篇小说,所采取的题材:一个是专就其熟悉的小资产阶级的青年,把那些在现时代所显现和潜伏的一般的弱点,用讽刺的艺术手腕表示出来;一个是专就其熟悉的下层人物——在现时代大潮流冲击圈外的下层人物,把那些在生活重压下强烈求生的欲望的朦胧反抗的冲动,刻划在创作里面,——不知这样内容的作品,究竟对现时代,有没有配说得上有贡献的意义?我们初则迟疑,继则提起笔来又犹豫起来了。这须请先生给我们一个指示,因为我们不愿意在文艺上的努力,对于目前的时代,成为白费气力,毫无意义的。"鲁迅一向反对题材决定论,他重视的是作者的思想见解。还在1927年所写的《革命文学》里,他就强调道:"我以为根本问题是在作者可是一个'革命人',倘是的,则无论写的是什么事件,用的是什么材料,即都是'革命文学'。从喷泉里出来的都是水,从血管里出来的都是血。'赋得革命,五言八韵',是只能骗骗盲试官的。"基于这种精神,他在给沙汀和艾芜的回信中指出:"如果是战斗的无产者,只要所写的是可以成为艺术品的东西,那就无论他所描写的是什么事情,所使用的是什么材料,对于现代以及将来一定是有贡献意义的。为什么呢?因为作者本身便是一个战斗者。"当然,倘是小资产阶级对于本阶级的憎恶或讽刺,那是他自身的事,于无产者无所损益,如从楼上冷眼看下层人物,那同情也不过是空虚的布施,于无产者并无补助。"但就目前的中国而论,我以为所举的两种题材,却还有存在的意义。如第一种,非同阶级是不能深知的,加以袭击,撕其面具,当比不熟悉此中情形者更加有力。如第二种,则生活状态,当随时代而变更,后来的作者,也许不及看见,随时记载下来,至少也可以作这一时代的记录。所以对于现在及将来,还是都有意义的。""因此我想,两位是可以各就自己现在能写的题材,动手来写的。不过选材要严,开掘要深,不可将一点琐屑的没有意思的事故,便填成一篇,以创作丰富自乐。""总之,我的意思是:现在能写什么,就写什么,不必趋时,自然更不必硬造一个突变式的革命英雄,自称'革命文学';但也不可苟安于这一点,没有改革,以致沉没了自己——也就是消灭了对于时代的助力和贡献。"后来沙汀和艾芜就自己所熟悉的题材,写出了一些有价值的作品,与鲁迅的鼓励是分不开的。

左联时期在创作思想上还有一个重要的毛病,就是观念化的倾向,与后来所谓"主题先行"者类似。作家们往往不是根据实际的生活感受来写作,而是从革命理论出发来构思作品。这种缺点,即使在一些名作家身上也在所难免。茅盾的作品就有这种缺点。鲁迅对此是有保留看法的。日本作家增田涉回忆道:"鲁迅确是在任何时候都考虑到遥远的将来。有一次,我表示想翻译当时有名的茅盾的作品,他反问说,你想是翻译只在今天有声价的作品好呢,还是翻译有永久价值的作品好?他劝告说,那作品就算今天有好评,可只是今天的东西,还是努力更能延长到未来的有生命的工作吧。"①此话值得深思。

当时有些左翼作家对鲁迅还是寄托着期望的。不过他们是希望鲁迅能参加到他们的创作路线中来,并且带领他们写作。但是鲁迅无法做到。

1930年9月17日,左翼文艺工作者在法租界荷兰餐室为鲁迅庆祝五十寿辰,会上的气氛很热烈,有人提出要他做左翼作家和美术家的导师,有人坚决请求他当一个无产阶级作家,但鲁迅说,他要真是装作一个无产阶级作家的话,那就未免幼稚可笑了,他的根是植在农村中,在农民和学者生活中的;他也不相信中国的知识青年,没有体验过工人和农民的生活、希望与痛苦,便能产生出无产阶级的文学,创作必须从经验中,而不是从理论中产生出来。这使左翼文艺家很扫兴,在集会快结束时,一个青年人摇着头,痛苦地对帮他们借餐馆的美国记者史沫特莱说:"这太令人失望啦,你说是吗?我的意思是说鲁迅对待无产阶级文学的态度。它使得青年人为之沮丧。"②其实,鲁迅说的是老实话。

鲁迅不是不想从事无产阶级革命文学的创作,但是他深知创作必须植根于生活的土壤,没有生活经验是无法写出好作品的。他也曾尝试过两次,但是或则并不成功,或则无从下笔。

一次是大众化的写作。

还在1930年左联成立前后,革命作家们就有过文艺大众化问题的讨论,鲁迅也写过一篇文章:《文艺的大众化》。那时,他正与梁实秋论战,对于梁实秋的贵族主义的观点极为反感,所以文章的开头是针对梁实秋的:"文艺本应该并非只有少数的优秀者才能够鉴赏,而是只有少数的先天的低能者所不能鉴赏的东西。倘若说,作品愈高,知音愈少。那

1930年9月17日"左联"在荷兰餐馆秘密为鲁迅庆祝五十寿辰时所摄

---

① 增田涉:《鲁迅的印象》,钟敬文译,湖南人民出版社1980年版,第26页。
② 据戈宝权辑译:《史沫特莱忆鲁迅》,《新文学史料》1980年第3期。

么,推论起来,谁也不懂的东西,就是世界上的绝作了。"但是,他也不赞成此刻就要全部大众化的空谈,因为读者也应该有相当的程度,首先是识字,其次是有普通的大体的知识,而思想和情感,也须大抵达到相当的水平线。否则,和文艺即不能发生关系。若文艺设法俯就,就很容易流为迎合大众,媚悦大众。迎合和媚悦,是不会于大众有益的。"所以在现下的教育不平等的社会里,仍当有种种难易不同的文艺,以应各种程度的读者之需。不过应该多有为大众设想的作家,竭力来作浅显易解的作品,使大家能懂,爱看,以挤掉一些陈腐的劳什子。但那文字的程度,恐怕也只能到唱本那样。"正是基于这样的想法,他在1931年底主编了《十字街头》双周刊(后改为旬刊),并在上面发表了一些歌谣体大众文学作品:《好东西歌》、《公民科歌》、《南京民谣》和《"言词争执"歌》,到得1932年3月第三期出版后,刊物即遭封闭,而鲁迅的大众化歌谣体作品也就写不下去了。这几首歌谣,具有杂文的讽刺性,但从艺术角度看,却并不成功,因其缺乏诗味也。

另一次是试图写红军的革命斗争。

大约在1932年秋天,陈赓在一次激战中负伤,从鄂豫皖苏区到上海来治疗,他与上海地下工作者谈到红军在反围剿中战斗的剧烈、艰苦和英勇的情形,听到的人都说要超过苏联绥拉菲摩维支在《铁流》中所写的。大家认为如果有一个作家把它写成作品,那多好呀。于是就想到鲁迅了。那时在中共中央宣传部工作的朱镜我,就将记录下来的油印材料交冯雪峰送去给鲁迅看,并请他写成文学作品。冯雪峰提出了两点理由,要求鲁迅写作。第一,当时外国的记者、作家,如史沫特莱,根据他们提供的材料写成文艺性的报告,也都成为很宝贵的东西,而以鲁迅的文笔来写,当然更能高出一等的,况且他是中国人,社会经验又丰富,无论怎样,可以写得不同一些的。第二,如写不成小说,只写成像报告文学一类东西,也就很好了,因为在政治上的作用是一定很大的,尤其是由他来写。鲁迅当时并没有立刻接受,也没有拒绝,只说道:"看罢。"几天以后还请许广平预备了许多菜,由冯雪峰约陈赓和朱镜我到北四川路底他的家中去,请陈赓谈鄂豫皖苏区红军的斗争情况。陈赓谈了一个下午,还画有一张鄂豫皖的战斗态势图,鲁迅请他们吃了晚饭才走。据冯雪峰说,这个题材,鲁迅曾经在心中酝酿过,后来几次谈起,都好像准备要写似的。因为鲁迅说过这样的话:"写是可以写的。""写一个中篇,可以。""要写,只能象《铁流》似地写,有战争气氛,人物的面目模糊一些了。"但鲁迅终于没有下笔。没有写的原因,显然由于他不熟悉红军的战斗生活,笔下缺乏真实感。《铁流》虽然写得空灵,但作者毕竟在军队工作过,熟悉士兵生活和战争的情形,而且又到实地调查过,与主人公谈过话,而这些条件,鲁迅都不具备，所以他就没有动笔。这也可见鲁迅创作态度之谨严①。

在左翼文艺阵线中，鲁迅在创作上的主要贡献，还是他的杂文写作。

杂文是"感应的神经，是攻守的手足"，对于有害的事物，能够"立即给以反响和抗争"，这对于当时的斗争，是非常有用的。虽然经常有人否定杂文的价值，贬低鲁迅的杂文，但鲁迅仍坚持他的杂文写作。他特别看重杂文的时代意义，说是"潜心于他的鸿篇巨制，为未来的文化设想，固

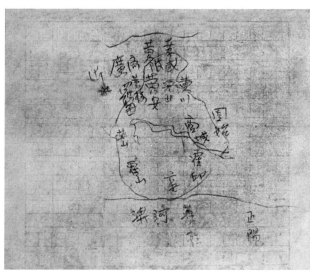

1932年，陈赓和鲁迅谈话时所画的鄂豫皖根据地军事态势图

然是很好的，但为现在抗争，却也正是为现在和未来的战斗的作者，因为失掉了现在，也就没有了未来"。正因为他执著于现实斗争，所以他的杂文可说是一部当时的社会史。这一点，他自己也很明白："当然不敢说是诗史，其中有着时代的眉目"②。鲁迅还肯定了杂文的艺术价值，说它不但和现在贴切，"而且生动，泼剌，有益，而且也能移人情。能移人情，对不起得很，就不免要搅乱你们的文苑"③。

另外，鲁迅翻译了许多苏联的文艺作品，对于左翼作家很有借鉴作用。

几乎在翻译马克思主义文艺理论的同时，他就开始翻译苏联的文艺作品。1928年6月，他与郁达夫合编的《奔流》文学月刊出版，这个刊物，虽也发表创作，但以发表翻译为主。1928年年底，他与柔石等人组织的朝花社，除了出版木刻集

---

① 据冯雪峰：《回忆鲁迅》，《雪峰文集》第4卷第194—195页。冯雪峰回忆道："那是一九三二年，大约夏秋之间，陈赓同志(就是后来大家知道的陈赓将军)从鄂豫皖红四军方面来到上海，谈到……"而朱正在《鲁迅的一世纪》中则考证出，陈赓是在该年9月1至5日激战中负伤，在10月8日另一次战役失败后，离军赴上海就医的，因此认为冯雪峰的记忆有误。因为"要治愈到能够同正常人一样在街头行走，不致让人一眼看出是个伤员，总得要一段时间。再说，上海的同志们把他说谈的内容整理成文字材料，油印出来，送请鲁迅去看，安排同鲁迅的会面，也得要时间。那么，这次会见，就早也不能早过十月下旬，或十一月的"。但细按冯雪峰上文，他说的是陈赓到上海的时间，而不是与鲁迅会见的时间，因此他此处的回忆大致不差。当然，阳历10月上海有时还很热，但毕竟已不是夏天了，故本书将陈赓到达上海的时间定为1932年秋天。
② 《且介亭杂文·序言》。
③ 《且介亭杂文二集·徐懋庸作〈打杂集〉序》。

《艺苑朝华》之外,还出版了几本近代世界短篇小说集。这里面,就有苏联的小说在内。还有许多译文,散发在别的杂志上。这些译文,后来陆续收集出版。

影响最大的是《毁灭》,这是法捷耶夫的长篇小说,描写苏联国内战争时期一支由矿工、农民和知识分子组成的红军游击队同科尔却克军和日本干涉军战斗的故事。因为写得较为真实,鲁迅将它翻译过来,不仅让读者看看苏联国内战争的真实情况,而且给"革命文学家"提供一个写作的参考。所以他在译后记里时常有这方面的提示。如《〈毁灭〉后记》中说:"然而莱奋生不但有时动摇,有时失措,部队也终于受日本军和科尔却克军的围击,一百五十人只剩了十九人,可以说,是全部毁灭了。突围之际,他还是因为受了巴克拉诺夫的暗示。这和现在世间通行的主角无不超绝,事业无不圆满的小说一比较,实在是一部令人扫兴的书。平和的改革家之在静待神人一般的先驱,君子一般的大众者,其实就是为了惩于世间有这样的事实。""文艺上和实践上的宝玉,其中随在皆是,不但泰茄的景色,夜袭的情形,非身历者不能描写,即开枪和调马之术,书中但以烘托美谛克的受窘者,也都是得于实际的经验,决非幻想的文人所能著笔的。"又在《〈溃灭〉第二部一至三章译后记》中说:"这几章是很紧要的,可以宝贵的文字,是用生命的一部分,或全部换来的东西,非身经战斗的战士,不能写出。"在说到游击队受到袭击,渐濒危境时,队员对于队长,显出反抗,或冷淡模样了,又指出:"但当革命进行时,这种情形是要有的,因为倘若一切都四平八稳,势如破竹,便无所谓革命,无所谓战斗。大众先都成了革命人,于是振臂一呼,万众响应,不折一兵,不费一矢,而成革命天下,那是和古人的宣扬礼教,使兆民全化为正人君子,于是自然而然地变了'中华文物之邦'的一样是乌托邦思想。革命有血,有污秽,但有婴孩。这'溃灭'正是新生之前的一滴血,是实际战斗者献给现代人们的大教训。……中国的革命文学家和批评家常在要求描写美满的革命,完全的革命人,意见固然是高超完善之极了,但他们也因此终于是乌托邦主义者。"这些话,显然都是针对左翼文艺中所存在的问题而说的,同时也点出,革命文学家们所追求的完美的革命、

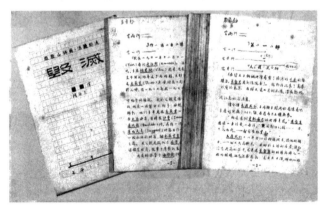

《毁灭》的译稿

完全的革命人,和古人宣扬礼教的传统思想倒是一致的。

除了无产阶级革命文学作品以外,鲁迅还翻译了许多"同路人"的著作。1933年他将所译的苏联短篇小说编为两个集子:《竖琴》和《一天的工作》,由良友图书公司出版。《竖琴》所收,都是"同路人"的作品,其中有两篇为柔石所译,一篇为曹靖华所译;《一天的工作》前两篇为"同路人"作品,后八篇为无产者文学,其中有两篇为"它夫人"文尹,即瞿秋白(维它)夫人杨之华所译。同时,又在神州国光社出版了雅各武莱夫的中篇小说《十月》,这也是"同路人"作品。

何谓"同路人"? 鲁迅解释道:"同路人者,谓因革命中所含有的英雄主义而接受革命,一同前行,但并无彻底为革命而斗争,虽死不惜的信念,仅是一时同道的伴侣罢了。这名称,由那时一直使用到现在。"①同时又指出:"但是,一切'同路人',也并非同走了若干路程之后,就从此永远全数在半空中翱翔的,在社会主义底建设的中途,一定要发生离合变化"②到得1927年左右,"苏联的'同路人'已因受了现实的熏陶,了解了革命,而革命者则由努力和教养,获得了文学",两者已拉近了距离,但他们的区别还未能消泯,"前者虽写革命或建设,时时总显出旁观的神情,而后者一落笔,就无一不自己就在里边,都是自己的事。"③

20年代末期,中国开始大规模地介绍苏联文学,就以这种"同路人"的作品为多,一则因为此种文学兴起得早,西欧和日本译介得多,中国也就有了转译的机缘;二则正因为这种没有立场的立场,反而容易得到介绍者的赏识。但鲁迅之翻译"同路人"的作品,还有他自己的用意。正如他在《〈十月〉首二节译者附记》中所说,他译这篇的本意,"不过给读者看看那时那地的情形,算是一种一时的稗史";又在致友人信中说:"《十月》的作者是同路人,他当然看不见全局,但这确也是一面的实情,记叙出来,还可以作为现在和将来的教训,所以这书的生命是很长的。书中所写,几乎不过是投机的和盲动的脚色,有几个只是赶热闹而已,但其中也有极其坚实者在内(虽然作者未能描写),故也能成功。这大约无论怎样的革命,都是如此,倘以为必得大半都是坚实正确的人们,那就是难以实现的空想,事实是只能此后渐渐正确起来的。"④这也是针对"革命文学家"的乌托邦思想而发。与"革命文学家"们要求阶级意识的纯正者不同,他把生活的真实性看得更高。即使看不见全局,能像苏联同路人那样写出局部的真实也比唱高调好。

---

① 《南腔北调集·〈竖琴〉前记》。
② 《译文序跋集·〈十月〉后记》。
③ 《译文序跋集·〈一天的工作〉前记》。
④ 1933年6月26日致王志之信。

二三、怒向刀丛觅小诗

但是，中国的左翼文艺运动，从一开始，就受到了压迫和攻击。鲁迅不得不为之抗争和奋斗。

还在左翼作家联盟成立之后不久，国民党方面就有与之相对抗的文学团体出现。由上海市教育局长潘公展、淞沪警备司令部侦缉队长兼军法处长范争波、上海市区党部委员兼上海市政府委员朱应鹏出马，纠集了一批文化特务、流氓暗探、御用文人，组成一支所谓"民族主义文艺"的队伍，杀上阵来了。1930年6月，他们出版了《前锋周报》，10月，又出版了《前锋月刊》，发表宣言，刊登作品，打着"民族主义文艺"的旗号，攻击"普罗文艺运动"。他们一方面气势汹汹地进行讨伐，说是"所谓普罗文艺者，乃是苏联政府的一种政治侵略的工具"，"中国普罗文艺运动者已经秘密订定变相的二十一条卖身契了"①，因而要用刀和剑来对付这些"马克思列宁的养子们"②；另一方面，又利用《蒙古史》的材料，编写拔都西征、席卷俄罗斯的诗剧《黄人之血》，以表明他们愿意"为王前驱"，要进攻苏联的决心。

鲁迅写了《"民族主义文学"的任务和运命》一文，加以揭露和批判。文章指出，"民族主义文学"是属于宠犬派文学，这种文学品种虽多，但那终极的目的却只一个：就是打死反帝国主义即反政府，亦即"反革命"，或仅有些不平的人民。而那些"民族主义文学家"，则原是上海滩上久已沉沉浮浮的流尸，本来散见于各处的，但因无产阶级的勃兴而卷起的小风浪一吹，就漂集于为帝国主义所宰制的民族中的顺民所竖起的"民族主义文学"的旗帜之下，来和主人一同做一回最后的挣扎了。所以，虽然是杂碎的流尸，那目标却是同一的：和主人一样，用

---

① 朱大心：《民族文艺运动的使命》，前锋社编《民族主义文艺论》。
② 朱大心：《划清了阵线》，《前锋周报》第2期。

一切手段，来压迫无产阶级，以苟延残喘。鲁迅抓住了黄震遐的诗剧《黄人之血》等作品，加以剖析，指出："我们的诗人却是对着'斡罗斯'，就是现在无产者专政的第一个国度，以消灭无产阶级的模范——这是'民族主义文学'的目标"。那么，今天的拔都汗是谁呢？这就是日本帝国主义。不过，日本兵在"西征"之前，先得在中国咬一口，这不但和"民族主义文学"毫无冲突，而且还实现了他们的"理想境"；但"民族主义文学者"也有他的哀愁，就是将来主子是否肯信用而且优待忠勇的奴才，这实在是一个很紧要、很可怕的问题，是主子和奴才能否"同存共荣"的大关键。"须到无产阶级革命的风涛怒吼起来，刷洗山河的时候，这才能脱出这沉滞猥劣和腐烂的运命"。

"民族主义文学"虽有国民党政府做后台，霸占书店，出版许多杂志，但无奈群众总不买他们的货色，最有妨碍的是这种"文学"的主持者，一个是上海市的政府委员，一个是警备司令部的侦缉队长，他们的善于"解放"——这是"死刑"的嘲弄的名称——的名誉，都比"创作"要大得多。正如鲁迅所说："他们倘做一部'杀戮法'或'侦探术'，大约倒还有人要看的，但不幸竟在想画画，吟诗。这实在譬如美国的亨利·福特（Henry Ford）先生不谈汽车，却来对大家唱歌一样，只令人觉得非常诧异。"①

统治者也知道走狗文人不能抵挡无产阶级革命文学，于是他们使出了最末的一手，就是高压政策。

1929年，国民党中央宣传部颁布了《宣传品审查条例》；1930年，国民党政府颁布了《出版法》；1931年，又颁布《出版法施行细则》。其中明文规定，凡"宣传共产主义及阶级斗争者"，"攻击本党主义政纲政策及决议案者"，都属于"反动宣传品"。国民党政府根据这些法令和条例，查禁了很多左翼的书籍杂志，封闭了一批出版、发售左翼书籍杂志的书店。后来有些书店启封了，条件是不出普罗书刊，而出他们的"民族主义文艺"书刊。比如，现代书店启封的条件，就是辞退原副经理，接受国民党上海市党部委派的总编辑，并出版他们的刊物：《现代文学评论》、《前锋周报》、《前锋月刊》等。鲁迅在1930年11月19日致崔真吾信中说："今年是'民族主义文学'家大活动，凡不和他们一致的，几乎都称为'反动'，有不给活在中国之概，所以我的译作是无处发表，书报当然更不出了。书坊老板就都去找温暾作家……我们都躲着"。这样，左翼作家的生活当然就大受影响。北新书局被封之后，鲁迅于生计亦"颇感恐慌"。这是权力者给左翼作家在经济上

---

① 《二心集·黑暗中国的文艺界的现状》。

所施的打击。

那时,淞沪警备司令部还设立了一个"邮政检查委员会",任意检查、扣留信件和书刊。鲁迅寄给友人的刊物,常常不见了,友人寄来的书报,也常常中途被截。对于苏联寄来的东西,他们特别查得严。有一次,鲁迅收到曹靖华从苏联寄来的《木版雕刻集》,第二本附页的列宁像不见了,而包上则有"淞沪警备司令部邮政检查委员会验讫"的印记。鲁迅给杭州的朋友川岛寄的刊物,也常有被扣留的。他在1930年5月24日信中说:"在很以前,当我收到你问我关于'徐夫人'的信的时候,便发了一封回信,其中也略述我的近状。今天收到你廿二的来信,则这一封信好像你并未收到似的。又前曾寄《萌芽》第四期,后得邮局通知,云已被当局扣留。我的寄给你这杂志,可以在孔夫子木主之前起誓,本来毫无'煽动'之意,不过给你看看上海有这一种刊物而已。现在当局既然如此小心,劳其扣下,所以我此后就不再寄了。"当然,这只是调侃之语,或者也是一种障眼法,因为当时的通信也受到检查。事实上,鲁迅仍给友人设法寄书刊,友人也仍给他寄书刊,包括从苏联寄来的书刊,只是改换方法,做得更隐蔽而已。

在这种形势下,要介绍苏联文艺当然是更加困难了。1930年4月,鲁迅应神州国光社约请,编辑一套新俄文艺作品丛书,原定十种,名为"现代文艺丛书",但出版了卢那卡尔斯基的《浮士德与城》(柔石译)和雅各武莱夫的《十月》(鲁迅译)等四种之后,就因国民党政府的压迫加紧,书店感到骇怕而要求解约了,有些预约好的译本也无法出版。1931年9月,鲁迅翻译的法捷耶夫的长篇小说《毁灭》,改由大江书铺出版,但书铺怕用鲁迅的名字,译者署名改为"隋洛文",而且还删去了序跋,这使鲁迅很不满意。他要突破封锁,继续介绍苏联文艺,于是就自己出资,以"三闲书屋"名义,出版了曹靖华译的绥拉菲摩维支的《铁流》、《梅斐尔德木刻士敏土之图》,并再版了《毁灭》,署鲁迅译,并加上序跋,出了完整本,通过日本商人开设的内山书店,让这些反映苏联社会主义革命和建设的作品,源源地流入读者手中。

日本人内山完造所开设的内山书店

内山书店的老板是内山完造。他在1913

二三、怒向刀丛觅小诗

年就从日本来到上海,先是推销大学眼药,后来开设书店,与进步文化人多有交往。鲁迅刚到上海,还住在共和旅馆时,第三天就到内山书店买书。当时内山书店在北四川路魏盛里,鲁迅搬到景云里居住之后,与之相距很近,就走得更多了。后来书店搬到北四川路底施高塔路,鲁迅也搬到北四川路底北川公寓和施高塔路大陆新村,仍旧相距不远。内山完造好客,在书店里特辟一个茶座,为留客人叙谈之所,鲁迅在茶座休息时,就与内山交上了朋友,后来常在内山书店漫谈,过往渐密。在压迫加紧时,鲁迅的住址不能公开,就把内山书店作为联络地址,由书店转递信件,并常在此会见不便带到家中的客人,也通过内山来发行不能公开发买的书籍。危急之时,还由内山完造帮忙,安排

鲁迅和内山完造。在白色恐怖严重的日子里,内山书店老板内山完造经常给鲁迅以帮助

避难场所。内山不但帮过鲁迅,而且也帮过郭沫若、茅盾的忙,因此之故,一些反动文人就攻击他是日本侦探。鲁迅怒斥道:"至于内山书店,三年以来,我确是常去坐,检书谈话,比和上海的有些所谓文人相对还安心,因为我确信他做生意,是要赚钱的,却不做侦探;他卖书,是要赚钱的,却不卖人血:这一点,倒是凡有自以为人,而其实是狗也不如的文人们应该竭力学学的!"①

单是查禁,还不够,国民党政府又施出更狠毒的一手:对左翼作家通缉、逮捕。

1930年4月19日,鲁迅因遭"秘密通缉",烧掉了朋友的信件,弃家出走,暂避在内山完造家中。此次事件,是因二月间列名于"中国自由运动大同盟"而引起的,浙江省党部就呈请国民党中央通缉"堕落文人"鲁迅等五十一人。

自由运动大同盟是立三路线刚抬头时搞的,鲁迅其实并不赞成这种做法,他认为这种同盟一成立就会马上被解散了,除发个宣言之外,是无法做什么事的。但因为共产党方面派冯雪峰和潘汉年来谈,他出于对被压迫者争自由行动的支持,仍然答应了,并且出席了成立大会,时在2月13日。会议组织者请鲁迅第一个发表演说,郁达夫第二,鲁迅待郁达夫讲后即先行告退。这个同盟在会后公开发表了一

---

① 《伪自由书·后记》。

个《中国自由运动大同盟宣言》,提出"自由是人类的第二生命,不自由毋宁死!"的口号,并谴责了当局压制自由的专制统治:"我们处在现在统治之下,竟无丝毫自由之可言!查禁书报,思想不能自由。检查新闻,言语不能自由。封闭学校,教育读书不能自由。一切群众组织,未经委派整理,便遭封禁,集会结社不能自由。至于一切政治运动与劳苦群众争求改进自己生活的罢工抗租的行动,更遭绝对禁止,甚至任意拘捕,偶语弃市,身体生命,全无保障。不自由之痛苦,真达于极点!"最后号召感受不自由痛苦的人们团结起来,团结到自由运动大同盟旗帜下来共同奋斗!到会者都作为发起人,也就是遭到通缉的五十一个,郁达夫名列第一,鲁迅第二。

自由大同盟成立之后,曾经组织过一些宣传活动,如报告会之类,鲁迅也应邀做过几次演讲。但事情果然不出鲁迅所料,自由大同盟很快就遭到了严重的压迫,无法活动,到5月间就等于自行解散了。

据《鲁迅日记》记载,他去演讲的时间和地点是:2月21日,"往艺术大学讲演半小时";3月9日,"午后往中华艺术大学演讲一小时"。听讲者回忆道,这两次讲的都是美术创作和美术流派问题,其中有一次他还带去三张图画:一张是米勒的《拾穗者》,一张是曼陀的月份牌,还有一张是苏联油画《新女性》,鲁迅说了这样意思的话:"法国米勒创作中的农妇,是虔诚的宗教信仰者,是屈服于命运播弄的女性;曼陀的时髦女郎,是弱不禁风的病态美人;苏联的劳动妇女,才是新时代的女性。我们提倡写实主义,提倡描写具有新内容的新写实主义。"①又,3月13日,"下午往大夏大学乐天文艺社演讲",讲题是《象牙塔和蜗牛庐》,鲁迅在《二心集·序言》中追记其内容道:"大意是说,象牙塔里的文艺,将来决不会出现于中国,因为环境并不相同,这里是连摆这'象牙之塔'的处所也已经没有了;不久可以出现的,恐怕至多只有几个'蜗牛庐'。蜗牛庐者,是三国时所谓'隐逸'的焦先曾经居住的那样的草窠,大约和现在江北穷人手搭的草棚相仿,不过还要小,光光的伏在那里面,少出,少动,无衣,无食,无言。因为那时是军阀混战,任意杀掠的时候,心里不以为然的人,只有这样才可以苟延他的残喘。但蜗牛界里那里会有文艺呢,所以这样下去,中国的没有文艺,是一定的。"鲁迅自称,"这样的话,真可谓已经大有蜗牛气味的了",不料不久就有一位勇敢的青年在政府机关的上海《民国日报》上提出批评,说鲁迅的那些话使他非常看不起,因为鲁迅没有敢讲共产党的话的勇气。但是,在"清党"以后的党国里,讲共产主义是算犯大罪的,捕杀的罗

---

① 据刘汝醴:《鲁迅在中华艺大讲演会补记》,《文教资料简报》第69期;卢鸿基:《关于鲁迅翁与新美术运动的一点史料》,《美术座谈》第5期。

网,张遍了全国,而不讲,却又为党国的忠勇青年所鄙视。鲁迅说:"这实在只好变了真的蜗牛,才有'庶几得免于罪戾'的幸福了。"还有,3月19日,"往中国公学分院讲演",报载讲题是《美的分析》,但所分析的是美的阶级性问题,据同去演讲的郑伯奇回忆说,他以家乡的风俗为例,"大意是他的家乡那里,讨媳妇的时候,并不要什么杏脸柳腰的美人,要的是腰臂圆壮、脸色红润的健康妇女。由这类的例子,他归结到农民和绅士对于美观的不同。然后,他用实例揭破了'美是绝对的'这种观念论的错误,而给'美的阶级性'这种思想,找出了铁一般的根据。"①

从以上这些演讲的内容看,除《象牙塔和蜗牛庐》揭露专制主义,与自由大同盟的争自由主旨有点关系之外,其他都是与此无甚关系的艺术问题,但却引起了当局的注意。鲁迅在3月21日致章廷谦信中说:"自由运动大同盟,确有这个东西,也列有我的名字,原是在下面的,不知怎地,印成传单时,却升为第二名了(第一是达夫)。近来且往学校的文艺团体演说几回,关于文学的。我本不知'运动'的人,所以凡所讲演,多与该同盟格格不入,然而有些人已以为大出风头,有些人则以为十分可恶,谣诼谤骂,又复纷纷起来。半生以来,所负的全是挨骂的命运,一切听之而已,即使反将残余的自由失去,也天下之常事也。"这最后一句,是针对陈德征的言论而发的。鲁迅后来在《关于中国的两三件事》中说:"四五年前,我曾经加盟于一个要求自由的团体,而那时的上海教育局长陈德征氏勃然大怒道,在三民主义的统治之下,还觉得不满么?那可连现在所给与着的一点自由也要收起了。而且,真的是收起了的。"

据许寿裳说,鲁迅之所以遭到浙江省党部的呈请通缉,除了"自由大同盟"之事外,还有别的原因:"那时,浙江省党部有某氏主持其事,别有用意,所谓'罪名','理由',都是表面文章,其真因则远在编辑刊物。当鲁迅初到上海,主编《语丝》的时候,有署名某某的青年,投稿揭发他的大学的黑幕,意在促使反省,鲁迅就把它登出来了。这反响可真大,原来某氏是该大学毕业生,挟嫌于心,为时已久,今既有'自由大同盟'可作题目,借故追因,呈请通缉,而且批准。"②这里所指的那个大学,是复旦大学;揭露文章,是指冯珧的《谈谈复旦大学》;所谓浙江省党部的某氏,是指许绍棣。可见通缉鲁迅,也是"新账老账一起算"了。

但除了官僚和御用文人之外,凡具有现代意识的知识分子,对于民主自由总是有所追求的。所以对压迫思想言论自由的国民党专制统治,不但左翼文人反

---

① 据郑伯奇:《鲁迅先生的演讲》,《鲁迅回忆录》2集。
② 《亡友鲁迅印象记》,第77—78页。

对,就是不满于"不满现状者"的新月社作者,也表示不满。他们在《新月》月刊上撰文质疑"思想统一",反对"压迫言论自由",而且呼吁"人权与约法"。1930年2月,还将胡适、罗隆基、梁实秋的此类文章编成《人权论集》出版。他们同样遭到国民党政府的压迫。当时上海市党部宣传部通过决议:(一)查封新月书店;(二)呈请市执委会转呈中央将中国公学校长胡适予撤职;(三)呈请市执委会转呈中央将胡适褫夺公权,并严行通缉使在党政府下不得活动。其严厉程度,不下于对付鲁迅。胡适采取了"通路子"的办法,将《新月》月刊送到蒋介石的文胆陈布雷那里,请他转呈蒋介石,表明心迹,终于取得谅解。于是不久之后,就受到蒋介石的"垂询",则准通缉犯一变而为座上客矣。胡适之所以能与当局调和,与他的初衷也有关系,他曾在日记中说,他对政治,只抱一种"修正"的态度,"不问谁在台上,只希望做点补偏救弊的工作。"鲁迅对此种举动,是深表不满的,还在《新月》上发表那些文章时,鲁迅就说他们"将代《现代评论》而起,为政府作'诤友'"①,后来对胡适应召见蒋,也曾加以讽刺。

鲁迅所写的《知难行难》,其题目就是针对胡适的文章《知难,行亦不易》的。当然,单是看题目还分辨不出太大的差异来,而实际内容就大不相同了。胡适是主张"专家政治"的,他要求当局"充分请教专家",表现出强烈的参政意识。而鲁迅则对中国的统治者看得很透,他分析道:"中国向来的老例,做皇帝做牢靠和做倒霉的时候,总要和文人学士扳一下子相好。做牢靠的时候是'偃武修文',粉饰粉饰;做倒霉的时候是又以为他们真有'治国平天下'的大道,再问问看,要说得直白一点,就是见于《红楼梦》上的所谓'病笃乱投医'了。"鲁迅从知识分子的独立精神出发,是很反对一些文人学士去靠拢皇帝和官僚的,而胡适却总是喜欢与政界的头面人物打交道,所以很受鲁迅的非议。当"宣统皇帝"逊位逊到坐得无聊的时候,胡适就曾应召进宫去见他,见过之后,人们问他们怎么称呼,胡适说:"他叫我先生,我叫他皇上。"作为一个民主主义的人文学者,竟对着废帝叫"皇上",不用多加评论,本身就极富讽刺意味。所以这次奉召去见蒋介石之后,就没有人再问他怎么称呼了,"为什么呢?因为是知道的,这回是'我称他主席……!'"鲁迅还随手拉出来一个近例:"安徽大学校长刘文典教授,因为不称'主席'而关了好多天,好容易才交保出外,老同乡,旧同事,博士当然是知道的,所以'我称他主席!'"这其实也是一种人格上的对比。本来,新月派的人权论是以"英国式自由"来反对"国民党专制"的,胡适的"知难,行亦不易"论是批评孙中山的"知难行易"论的,但这次"垂询",似乎并

---

① 1929年8月17日致章廷谦信。

二三、怒向刀丛觅小诗

没有这类辩论的麻烦,"所以,博士就出来了"。那么,他们的政治主张哪里去了呢?鲁迅从新月派另一位人权论者罗隆基的文章中找到了答案。罗隆基在《沈阳事件》中说:"根本改组政府……容纳全国各项人才代表各种政见的政府……政治的意见,是可以牺牲的,是应该牺牲的。"牺牲政见的参政,剩下的是什么呢?鲁迅评论道:"代表各种政见的人才,组成政府,又牺牲掉政治的意见,这种'政府'实在是神妙极了。但'知难行易'竟'垂询'于'知难,行亦不易',倒也是一个先兆。"

鲁迅自己则采取完全不同的态度。他在受到压迫时,坚决进行反抗斗争。那时,有人劝鲁迅发表声明,退出自由大同盟,但鲁迅不肯。他说:"浙江省党部颇有我的熟人,他们倘来问我一声,我可以告知原委。今竟突然出此手段,那么我用硬功对付,决不声明,就算我发起好了……"①他所取的,是与胡适完全相反的态度。他后来用隋洛文、洛文、乐雯等笔名,就是对这个通缉令的嘲讽。直到逝世前不久,已到南京做官的学生李秉中曾为政府当局作说客,说打算取消通缉令,想预先得到鲁迅的谅解。鲁迅断然加以拒绝,说:我的余命已经不长,所以,至少通缉令这东西是不妨仍旧让他去的。

鲁迅常常慨叹道:"我所抨击的是社会上的种种黑暗,不是专对国民党,这黑暗的根源,有远在一二千年前的,也有在几百年,几十年前的,不过国民党执政以来,还没有把它根绝罢了。现在他们不许我开口,好象他们决计要包庇上下几千年一切黑暗了。"②

接着而来的,是对左翼作家的屠杀。

1931年1月17日,左联革命作家柔石、殷夫、胡也频、冯铿和其他一些共产党员一起,在上海东方旅社参加一个反对六届四中全会的秘密会议时,因有人告密,被帝国主义巡捕逮捕了,——中共的六届四中全会在共产国际派来的米夫操纵之下,提出了一条比立三左倾路线更左的政治路线,并硬将他所信任而毫无实际工作经验的王明、博古等人推上主要领导岗位,以执行这条更左的路线,因而引起了许多党内人士的不满。另一名左联革命作家李伟森,则是在另外地方被捕的。

柔石在被捕的前一天,曾应明日书店之托,来与鲁迅接洽出版他的译著之事,并问版税办法,鲁迅便将他和北新书局所订的合同,抄了一份交给柔石。柔石被捕时,衣袋里还藏着那份印书合同,听说官厅因此正在找寻鲁迅。鲁迅得到友人的通知,就烧掉了朋友们的旧信札,和许广平抱着海婴,由内山完造介绍,

---

① 《亡友鲁迅印象记》,第78页。
② 《亡友鲁迅印象记》,第78页。

花园庄旅馆：柔石等被捕后，鲁迅避难处

躲避到一个日本人开的花园庄旅馆里。

不几天，鲁迅即听得外面纷纷传说他已被捕，或是被杀了。鲁迅知道，这是上海一班文坛小丑所为，他们是欲乘机陷害以自快慰。鲁迅自到上海以来，久已受到一班无聊文人造谣诬陷，忽而开书店，忽而月收版税万余元，忽而得中央党部文学奖金，忽而收苏俄卢布，忽而往莫斯科，忽而被捕，而鲁迅自己，却全不知道有这么一回事。其实，这些人造谣的目的，是在讽喻当局，为当局制造迫害鲁迅的借口，而且还把鲁迅的住址透露出去，好让当局加以搜捕。鲁迅说，这些所谓"文学家"，"以我为'绊脚石'，以为将我除去，他们的文章便光焰万丈了。其实是不然的。文学史上，我没有见过用阴谋除去了文学上的敌手，便成为文豪的人"①。但是，文人一摇笔，用力甚微，而对鲁迅之危害却很大。谣言愈传愈广，传到外地亲友的耳朵里，"老母饮泣，挚友惊心"，十多天来，鲁迅日日以发信更正为事，岂不悲哉！而且，在中国，谣言是足以谋害人的，危险正包围着鲁迅。

鲁迅在花园庄住下之后，第二日就给老友许寿裳写了一封信：

季黻吾兄左右：昨至宝隆医院看索士兄病，则已不在院中，据云：大约改入别一病院，而不知其名。拟访其弟询之，当知详细，但尚未暇也。近日浙江亲友有传其病笃或已死者，恐即因其出院之故。恐　兄亦闻此讹言，为之黯然，故特此奉白。此布，即请

道安

弟令斐顿首　一月二十一日

这封信充满隐语。索士、令斐都是鲁迅早年在日本留学时用过的笔名，只有老友熟悉，宝隆医院则是鲁迅常去看病的地方，老友也是知道的。这是告诉老友，他已避居别处，不是像外面谣传所说的被捕或处决了，至于详情，则可问他

---

① 1931年2月2日致韦素园信。

的弟弟建人。写信要用隐语,也可见形势的严重了。

当时,正在日本留学的学生李秉中来信请鲁迅赴日本避难,他回信道:"生丁此时此地,真如处荆棘中,国人竟有贩人命以自肥者,尤可愤叹。时亦有意,去此危邦,而眷念旧乡,仍不能绝裾径去,野人怀土,小草恋山,亦可哀也。日本为旧游之地,水木明瑟,诚足怡心,然知之已稔,遂不甚向往,去年颇欲赴德国,亦仅藏于心。今则金价大增,且将三倍,我又有眷属在沪,并一婴儿,相依为命,离则两伤,故且深自韬晦,冀延余年,倘举朝文武,仍不相容,会当相偕以泛海,或相率而授命耳。"①此信辞意恳切,态度坚决,爱国之情,跃然纸上。当此危难之际,他决不肯去国远避,而决意在国内坚持斗争。

鲁迅自己虽处在危险之中,但很记挂柔石等人的安危。

在被捕的五位作家中,鲁迅和柔石最为熟悉。在北京时,柔石曾听过鲁迅的课,到上海之后,他们又是办朝花社的朋友。那是在1928年,先是从厦门大学来的一位王方仁要求住在鲁迅附近,便于常常讨教,后来又添了崔真吾和柔石,他们在景云里合租了一幢房子,吃饭就搭在鲁迅那里,早晚饭桌上相遇,谈到有意译书自行出版的事,鲁迅本着以往扶助青年的态度,与他们一起成立了朝花社,名义上是四人合伙投资,但柔石的一股是鲁迅垫付的,又以许广平的名义加了一股,所以实际上有五分之三的资金是鲁迅出的。他们出版了《朝华旬刊》和几本近代世界短篇小说选,还以《艺苑朝华》为名,出版木刻选集。王方仁说,他的哥哥在四马路开教育用品社,请求由他代办纸张、油墨,并且代销。这当然有许多方便,大家同意了。除买纸墨之外的所有杂务,大都归柔石做,如跑印刷局、制图、校字之类。但王方仁弄来的纸张,多是从拍卖行里兜来的次货,不适合于印木刻图之用,油墨也是廉价的,印出来是一块块、一堆堆不见线条的画。代销也不负责,朝花社的书据说连本钱也收不回来,还要陪一笔款子进去。王方仁却奔走于城乡之间,为他家建立祠堂大忙特忙。这时就显出

被国民党政府秘密杀害于龙华的左联五烈士:① 胡也频、② 柔石、③ 殷夫、④ 冯铿、⑤ 李伟森,当时刊登在《文艺新闻》上

---

① 1931年2月18日致李秉中信。

柔石的高贵品格来。他不但出书时的自任校对,奔走接洽都任劳任怨之外,失败后又拼命译作,以期还款。所以鲁迅很器重他①。鲁迅说,他有台州式的硬气,而且有点迂,"有时会令我想到方孝孺,觉得好像也有些这模样的。"柔石的旧作中虽然很有悲观气氛,但他相信人们是好的。鲁迅有时谈到人会怎样的骗人,怎样的卖友,怎样的吮血,他就前额亮晶晶的,惊疑地圆睁了近视的眼睛,抗议道:"会这样的么?——不至于此罢?……"到得朝花社倒闭,他的理想的头碰了一个大钉子时,对于"人心惟危"说的怀疑减少了,有时也会叹息道:"真会这样的么?……"但是,他仍然相信人是好的,而且平时也很照顾鲁迅。

其次要算是白莽,即殷夫。那时,鲁迅正在编《奔流》杂志,白莽从德文译出裴多菲传来投稿,鲁迅就发信去讨原文,原文是载在诗集的前面的,邮寄不便,他就亲自送来了。看去是一个二十多岁的青年,面貌很端正,颜色是黑黑的。夜里,鲁迅将译文和原文粗粗的对了一遍,知道除了几处误译之外,还有一个故意的曲译。他像是不喜欢'国民诗人'这个字的,都改成了'民众诗人'了。第二天又接到他一封来信,说很悔和鲁迅的相见,他的话多,鲁迅的话少,又冷,好像受了一种威压似的。鲁迅便写一封回信去解释,说初次相会,说话不多,也是人之常情,并且告诉他不应该由自己的爱憎,将原文改变。因为他的原书留在鲁迅这里了,鲁迅就将自己青年时代热爱裴多菲时所购藏的两个集子托柔石送给白莽,问他可能再译几首诗,以供读者的参看。他果然译了几首,自己拿来,他们就谈得比第一回多一些。这诗和传,都登在最后一本《奔流》里。他们第三次相见,是在一个热天,有人打门了,鲁迅去开门时,来的是白莽,却穿着一件厚棉袍,汗流满面,彼此不禁失笑。这时白莽才告诉鲁迅,他是一个革命者,刚由被捕而释出,衣服和书籍全被没收了,连鲁迅送他的两本书;身上的袍子是从朋友那里借来的,没有夹衫而必须穿长衣,所以只好这么出汗。鲁迅很欣幸他的得释,就赶紧付给稿费,使他可以买一件夹衫,但一面又很为他的那两本书痛惜:落在捕房的手里,真是明珠暗投了——其时,北新书局经常拖欠稿费,《奔流》的稿费也拖着不发,《鲁迅日记》1929年9月21日记:"下午白莽来,付以泉五十,作为稿费。"从"作为"两个字看,这稿费,还是他自己垫付的。

冯铿曾由柔石带到鲁迅家里去过,但接触不多,胡也频与鲁迅只有一面之交,李伟森可能未曾谋面。现在被捕了,鲁迅是一并怀念着他们。

但柔石等人的消息却很少。有人说,柔石曾经被巡捕带到北新书店,问是否

---

① 据许广平:《鲁迅回忆录》。

二三、怒向刀丛觅小诗

是柔石,手上了铐,可见案情是重的。但怎样的案情,却谁也不明白。鲁迅看到他在囚系中给同乡的两封信。第一封信说他们于昨日到龙华,并于昨夜上了镣,开政治犯从未上镣之记录。并说他跟殷夫学德文,而且表示很记挂鲁迅。鲁迅认为他向来看得官场还太高,以为文明至今,到他们才开始了严酷。其实是不然的。果然,第二封信就很不同,措词非常惨苦,并且说冯铿的面目都浮肿了。天气愈冷了,鲁迅也愈记挂柔石,不知道他在那里有被褥不?不知道他信中向同乡要的洋铁碗收到了没有?……但忽然得到一个可靠的消息,说柔石和其他二十三人,已于2月7日夜或8日晨,在龙华警备司令部被枪毙了,柔石身上中了十弹。

在一个深夜里,鲁迅站在花园庄旅馆的院子中,周围是堆着的破烂的什物;人们都睡觉了,连同他的爱人和孩子。他沉重地感到自己失掉了很好的朋友,中国失掉了很好的青年,他在悲愤中沉静下去了,然而积习却从沉静中抬起头来,凑成了这样的诗句:

惯于长夜过春时,挈妇将雏鬓有丝。
梦里依稀慈母泪,城头变幻大王旗。
忍看朋辈成新鬼,怒向刀丛觅小诗。
吟罢低眉无写处,月光如水照缁衣。

那时,鲁迅陷于极度悲愤之中。冯雪峰曾回忆他在柔石等人被害三四天之后,去花园庄看望鲁迅的情况道:"鲁迅先生就让我在外房一个半日本式的炕上坐下,他的脸色相当阴暗,也沉默地坐在炕上,有好一会儿不说话,后来从炕桌的抽屉里拿出一首诗来给我看,也只低沉地说了一句话:'凑了这几句。'这就是大家知道的'惯于长夜过春时'的那首诗的原稿。""我在他那里吃晚饭,吃饭时他喝一点酒,也还是沉默的时候居多。在那种情形之下,我也当然不好多说话,尤其竭力避免提到'左联'的事情以及和柔石等的死有关的事情。一直后来,许广平先生告诉我:过度的愤怒或过度的悲哀,都会使他一声不响的。饭后我还坐了一会儿才走,但我记得,当时他说的话不超过十句,而其中一句就是这样的意思:'这样下去,中国是可以给他们弄完的!'说时声音低沉而平静。"①

在花园庄旅馆避难期间,鲁迅所住的房间很狭小,为了让儿子能够很好地休息,他平时就坐在过道的火盆边取暖。在这里,他结识了一位到中国访学的日本青年长尾景和,他们常常烤着火谈天。鲁迅很感慨地说:"我反对了国民党的政策,特别反对它的阴谋诡计和恐怖的政治,所以到处在追捕我,我的学生已经有很多人

---

① 《回忆鲁迅》,《雪峰文集》第4卷,第202页。

被捕了。"他还谈起了克扣囚粮的中国监狱，谈起了受金钱左右的审判，对当时中国政治的腐败，鲁迅非常愤慨。在花园庄时，鲁迅曾用"周豫才"的名字，录写钱起的《归雁》诗，送给长尾景和："潇湘何事等闲回，水碧沙明两岸苔。二十五弦弹夜月，不胜清怨却飞来。"回家之后，他又署"鲁迅"之名，写了一段《老子》的语录送给长尾景和："天地不仁以万物为刍狗圣人不仁以百姓为刍狗……"①这两幅字，虽然都是录写古人的诗文，但很明显的可以见出鲁迅的怨愤之情。

2月28日，鲁迅回到了寓所。不久，他与冯雪峰一起秘密出版了《前哨》创刊号"纪念战死者专号"，并在上面写了两篇文章：《中国无产阶级革命文学和前驱的血》与《柔石小传》。鲁迅说："中国的无产阶级革命文学在今天和明天之交发生，在诬蔑和压迫之中滋长，终于在最黑暗里，用我们的同志的鲜血写了第一篇文章。"他谴责国民党当局逮捕、杀戮左翼作家，而且至今并未宣布，说："这一面固然在

在避难中，鲁迅写下了这首诗，表现出他的悲愤之情和继续斗争的决心

证明他们是在灭亡中的黑暗的动物，一面也在证实中国无产阶级革命文学阵营的力量。"我们的这几个同志已被暗杀了，"但无产阶级革命文学却仍然滋长，因为这是属于革命的广大劳苦群众的，大众存在一日，壮大一日，无产阶级革命文学也就滋长一日。"

5月间，鲁迅又为美国《新群众》杂志写了《黑暗中国的文艺界的现状》，向全世界揭露了国民党当局文化"围剿"种种卑劣和残酷的手段。鲁迅自豪地宣布："现在，在中国，无产阶级的革命的文艺运动，其实就是唯一的文艺运动。"因为属于统治阶级的所谓"文艺家"，早已腐烂到连所谓"为艺术的艺术"以至"颓废"的作品也不能生产，"现在来抵制左翼文艺的，只有诬蔑，压迫，囚禁和杀戮；来和左翼作家对立的，也只有流氓，侦探，走狗，刽子手了。"但左翼文艺好像压于大石之

---

① 据长尾景和：《在上海"花园庄"我认识了鲁迅》，《文艺报》1956年10月号。因避难时手边无书可查，故钱起的《归雁》诗，误题为"义山诗"。

二三、怒向刀丛觅小诗

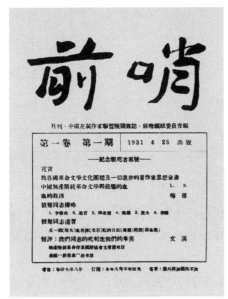

鲁迅与冯雪峰秘密出版的《前哨》创刊号:"纪念战死者专号"

1931年4月20日,在编完《前哨》"纪念战死者专号"后,鲁迅与冯雪峰两家人合影

下的萌芽一样,仍在曲折地滋长。它"现在在和无产者一同受难,将来当然也将和无产者一同起来"。鲁迅写好后,请史沫特莱译成英文,送出去发表。史沫特莱看后,怕文章印出来于鲁迅生命会有危险,但鲁迅说:"这几句话,是必须说的。拿去发表就是。"

鲁迅怀着深厚的革命感情,一直记念着柔石等人。当《北斗》杂志创刊时,鲁迅选了一幅珂勒惠支的版画《牺牲》去发表,这是他对于柔石的无言的记念。两年以后,他又写了《为了忘却的记念》来记念他们。后来他与日本友人谈到龙华的桃花时,说道:"龙华的桃花虽已开,但警备司令部占据了那里,大杀风景,游人似乎也少了。倘在上野盖了监狱,即使再热衷于赏花的人,怕也不敢问津了罢。"①直到逝世前半年,还在一封信中说到:"至于看桃花的名所,是龙华,也有屠场,我有好几个青年朋友就死在那里面,所以我是不去的。"②可见鲁迅对于被害者的记念,是永远不会忘却,而对杀人的屠夫们,是永远不会宽恕的!

---

① 1935年4月9日致山本初枝信。
② 1936年4月15日致颜黎民信。

二四、回眸时看小於菟

鉴于生活的艰难，环境的险恶，为了减小后顾之忧，鲁迅原来是不打算要小孩的。小孩的出现，是由于避孕的失败。所以他的儿子海婴自称"我是意外降临于人世的"①。

他说"意外降临"，还有一层意思是母亲许广平因高龄难产，在十分危急的时候，医生问鲁迅："留小孩还是留大人？"鲁迅不待思索地说："留大人"。结果是大人小孩都保存了下来，虽然小孩出来时，头都被产钳夹扁了。孩子呱呱坠地之后，鲁迅带着几分欣慰几分幽默的口吻说："是男的，怪不得这样可恶！"

鲁迅这个"留大人"的决定，现在看来好像很平常，但在当时，却是违抗世俗的。因为在传统观念中，儿子是传宗接代的苗裔——虽然那时产前还难以判断男女，而妻子则好比是一件衣衫，随时可以更换增补的。鲁迅在潜意识中也丝毫没有此种观念，可见其新文化思想的彻底性。

许广平于1929年9月27日生产，母子平安，鲁迅当然很高兴。第二天，他捧着一盆盆景到医院探望。这是一棵小巧玲珑的松树，翠绿，苍劲，孤傲，沉郁，有似他的个性。许广平说，鲁迅以前赠过她许多东西，都是书，和赠送其他朋友一样，这回才算很费心地想到给她买些花来，但也并非送那悦目的有香有色的花朵，而是针叶像刺一样的松树，也可见他小小的好尚。鲁迅习惯于夜间工作，经常通宵达旦，所以上午需要睡觉。但许广平生产之后，他每天上午9时左右就到医院，坐在床边很悠闲地陪着谈话。有一次他问许广平有没有想起给孩子取名字？许广平说没有，他就说："想倒想起两个字，你看怎样？因为是在上海生的，是个婴儿，就叫他海婴。这名字读起来颇悦耳，字也通俗，但却绝不会雷同。译成外国名字也简便，而且古时候的男人也有用婴字的。如果他大起来不高兴这个名字，自

---

① 周海婴：《鲁迅与我七十年》，南海出版公司2001年版，第1页。

二四、回眸时看小於菟

己随便改过也可以,横竖我也是自己在另起名字的,这个暂时用用也还好。"①许广平很佩服他的精细周到,当然表示同意。孩子在长大之后,也并没有改名,海婴这个名字一直用到老。

鲁迅开始不想要孩子,是出于生活和工作的考虑,而一旦有了孩子之后,他就很认真负责地以当年所说的"用无我的爱"加以养育。他在致李秉中的信中,说出了自己的心态:"我不信人死而魂存,亦无求于后嗣,虽无子女,素不介怀。后顾无忧,反以为快。今则多此一累,与几只书箱,同觉笨重,每当迁徙之际,大加擘画之劳。但既已生之,必须育之,尚何言哉。"②又说:"生今之世,而多孩子,诚为累坠之事,然生产之费,问题尚轻,大者乃在将来之教育,国无常经,个人更无所措手,我本以绝后顾之忧为目的,而偶失注意,遂有婴儿,念其将来,亦常惆怅,然而事已如此,亦无奈何,长吉诗云:已生须已养,荷担出门去,只得加倍服劳,为孺子牛耳,尚何言哉。"③

许广平母子从医院回家之后,鲁迅就更操心更忙碌了。他把楼上房间让给她们母子,自己搬到楼下客厅里工作,为的是怕香烟熏着孩子,怕影响产妇的休息。医生因诊断母乳不足,曾建议他们找奶娘哺乳,鲁迅却一定不同意,要自己来照顾。但他们都没有育儿的经验,也不大相信别人的经验,于是就请教育儿法之类的书籍,结果是闹了许多笑话,而且吃足了苦头。首先是哺乳的时间,严格地按照书上所说的每隔三个小时哺一次,还有其他一些规定,但人非机器,母亲的奶水有来潮有低潮,孩子有时吃不了几口就睡着了,有时饿了因不到规定时间却吃不到,结果是饿得精瘦。后经医生指点,得到改正,而且在牛奶里面加粥汤、滋养糖等,并按月增加分量,这才把孩子逐渐喂得胖起来。其次是洗浴,鲁迅真是特别小心,不许用未开过的水,更不愿意假手他人,一定要亲自操劳。他在一只小面盆里,盛了半盆温水,由许广平托住小孩的身体,他自己来洗。水既不太热,在空气中又遇冷,小孩子冻得面孔发青,身体发抖,他们弄到狼狈不堪,只好草草了事,但小孩立刻有了反应,发寒热感冒了。如此数次,天气渐冷,他们也不敢再洗,只好请护士来帮忙。护士把小孩卧在温水里,并且在水中放有温度表,时常留心水温,水凉下去就添热水,小孩在水里就一声不响,看来蛮舒服的样子。这样洗了几天,护士提议他们自己动手洗,但他们吓怕了,有点气馁。鲁迅说:"还是让她洗罢,我们洗病了,不是还要花更多的钱吗?我多写两篇文章就好

---

① 据《许广平忆鲁迅·鲁迅先生与海婴》。
② 1931年3月6日致李秉中信。
③ 1931年4月15日致李秉中信。

鲁迅在这张照片上题字:"海婴与鲁迅 一岁与五十",1930年9月25日摄

了。"以后还是每天请护士给小孩洗澡,一直洗到他七个多月。

鲁迅还参加轮流值班看护小孩。他的班次是在午夜12时至2时,那时海婴睡足之后,精神很好,鲁迅就抱着他坐在床口,手里搬弄一些香烟盒盖之类,弄出锵锵的响声,引得小孩高兴。小孩倦了,就把他横困在自己的手弯上,一边来回走着,一边唱那平平仄仄平平仄的歌调:

小红,小象,小红象,
小象,小红,小象红;
小象,小红,小红象,
小红,小象,小红红。

这"小红象",可算是海婴的爱称,但也是从鲁迅而来。盖林语堂曾称鲁迅为"白象",言其在中国的难能可贵也,因为象多灰色,难得有一只白色,每为一些国家所宝贵珍视。后为许广平所用,在《两地书》里就称鲁迅为"小白象",现在鲁迅略加改变,又拿来赠送海婴,称其为"小红象",爱意在不言中。

有时又改口唱仄仄平平平仄仄调:

吱咕,吱咕,吱咕咕呀!
吱咕,吱咕,吱吱咕。
吱咕,吱咕,……吱咕咕,
吱咕,吱咕,吱咕咕。

这样,一遍又一遍地唱着,直到孩子在他两手造成的小摇篮里安静地睡熟了①。

鲁迅与许广平在上海成家之初,并没有雇用佣人,吃饭就与周建人家合伙,洗衣和打扫工作也是托周建人家的女工代办。海婴出生之后,当然不能不雇佣人了,他们经同乡的介绍,请了一个女工,叫阿花,做起事来又快又好,并且一面唱山歌,哼哼哈哈的,一面又干活,把孩子哄得蛮适意,许广平也很满

---

① 据《许广平忆鲁迅·鲁迅先生与海婴》。

意。但阿花是受到丈夫的虐待,经毒打之后逃出来的,所以一听到有人敲门,或门外有些风吹草动,就失魂落魄的样子,不知如何是好,甚至直往楼上窜。有一天,只见对面后门厨房里人影绰绰,而且指指点点,喊喊喳喳,好像有什么事情要发生,阿花一看,面色发白,大祸临头似的说:"不好了,那死鬼(指她丈夫)就在对门,要是被抢去怎么办?"这样子,有如祥林嫂在河边将被劫持时的恐惧之情。但鲁迅不是鲁四老爷,他决不会屈就夫权主义,而且也不怕惹是生非,于是就出面正告他们:有事大家面谈,不要动手动脚的。经他一说,对方也觉得上海不比乡下,亦不敢贸然抢人。鲁迅于1929年11月8日致章廷谦信中谈及此事道:"所谓忙者,因为又须准备吃官司也。月前雇一上虞女佣,乃被男人虐待,将被出售者,不料后来果有许多流氓,前来生擒,而俱为不佞所御退,于是女佣在内而不敢出,流氓在外而不敢入者四五天,上虞同乡会本为无赖所把持,出面索人,又为不佞所御退,近无后文,盖在协以谋我矣。但不佞亦别无善法,只好师徐大总统之故智,'听其自然'也。"当然,在对方的蠢蠢欲动中,完全"听其自然"是不行的,据许广平说,最后还是由上虞的一位乡绅出面调解。见面之后,才知道那位乡绅是熟人,他以前在北京大学读书时,还和鲁迅常有来往的。熟人相见,自然无话不可谈,而况他又知道鲁迅的为人。他说:"阿花的丈夫,原来是想抢人回去的,但既然东家要留下她,就听从补贴些银钱,好另行娶一房媳妇便是了。"——所谓"东家要留下她",其意是指鲁迅喜欢要收下她。鲁迅听了,哈哈大笑,原来有这等误会。后来在这位乡绅的调解下,由鲁迅替阿花代付一百五十元的赎身费,言明以后陆续在工资里扣除①。《鲁迅日记》1930年1月9日记:"夜代女工王阿花付赎身钱百五十元,由魏福緜经手",即指此事。这位经手人,就是做了乡绅的北大学生。但过不了两个月,阿花另有所爱,即离鲁迅家而去,银钱的事,也就不了了之。

　　鲁迅站在文化思想斗争的前沿,时常受到别人的攻击,不但本人首当其冲,连出世不久的海婴也被牵连其中。鲁迅在1930年3月27日致章廷谦信中说:"果然,有几种报章,又对我大施攻击,自然是人身攻击,和前两年'革命文学家'攻击我之方法并同,不过这回是'罪孽深重,祸延'孩子,计海婴生后只半岁,而南北报章,加以嘲骂者已有六七次了。"次年2月2日致韦素园信中又说:"我们有了一个男孩,已一岁另四个月,他生后不满两月之内,就被'文学家'在报上骂了两三回,但他却不受影响,颇健壮。"后来,鲁迅在《答杨邨人先生公开信的公开信》

---

① 据许广平:《鲁迅回忆录·同情妇女》。

里,还记有杨邨人的攻击材料:他还在做"革命文学家"时,用化名在一种小报上发表《鲁迅大开汤饼会》的文章,说鲁迅领到了南京中央党部的文学奖金,大开宴会,祝孩子的周年,不料引起了郁达夫先生对于亡儿的记忆,悲哀了起来。鲁迅指责道:"这真说得栩栩如生,连出世不到一年的婴儿,也和我一同被喷满了血污。然而这事实的全出于创作,我知道,达夫先生知道,记者兼作者的您杨邨人先生当然也不会不知道的。"

　　海婴在健壮地成长,但也愈来愈顽皮了。鲁迅饭后喜欢吃些糖果或点心,这是他与老同学许寿裳在青年时代养成的习惯,叫做"一起消化",海婴一下冲到他跟前,毫不客气地抢光,有时还嫌不够;鲁迅饭后习惯于靠在藤躺椅上休息一下,海婴看见,就要挤在一张椅子上并排躺下,或者干脆骑马式地坐在他身上;有时鲁迅在写作,海婴也会跑进来,鲁迅只好停下笔来敷衍几句,有一回,文章正写到一半,海婴来了,看到他还未放下笔,突然用小手在笔头上一拍,纸上立刻有一大块墨迹,鲁迅也只好放下笔,说:"唔,你真可恶。"但并不发怒;海婴还喜欢拆卸玩具,什么玩具一到手,就要拆开来看看,鲁迅说:"海婴是连一件完整的玩具也没有了。他对玩具的理论,是'看了拆掉'。"①

　　有时实在闹得太厉害,太不听话时,鲁迅也要对他进行体罚,但只是把报纸卷起来拍打几下,所以海婴说,爸爸打的一点也不痛,但同时也表示不满道:"这种爸爸,什么爸爸!?"而且宣布:"我做起爸爸来,还要好……"当然,儿子敢于当面对父亲说这样的话,也说明父亲的宽容。所以鲁迅说:"我不相信他的话。做儿子时,以将来的好父亲自命,待到自己有了儿子的时候,先前的宣言早已忘得一干二净了。况且我自以为也不算怎么坏的父亲,虽然有时也要骂,

1933年9月,鲁迅五十三岁生日全家合影

---

① 1932年5月31日致增田涉信。

二四、回眸时看小於菟

甚至于打,其实是爱他的。所以他健康,活泼,顽皮,毫没有被压迫得瘟头瘟脑。如果真的是一个'什么爸爸',他还敢当面发这样反动的宣言么?"①

鲁迅在与朋友交谈或通信时,常常会情不自禁地要谈到海婴,虽然用的是调侃口吻,但实难掩盖其喜爱之情。如:1934年6月7日致增田涉信中说:"我们都好,只有那位'海婴氏'颇为淘气,总是搅扰我的工作,上月起就把他当作敌人看待了。"1934年7月23日致山本初枝信云:"男孩子大都是欺负妈妈的,我们的孩子也是这样;非但不听妈妈的话,还常常反抗。及至我也跟着一道说他,他反倒觉得奇怪:'为什么爸爸这样支持妈妈呢?'"1934年12月20日复萧军、萧红信道:"代表海婴,谢谢你们送的小木棒,这我也是第一次看见。但他对于我,确是一个小棒喝团员。他去年还问:'爸爸可以吃么?'我的答复是:'吃也可以吃,不过还是不吃罢。'今年就不再问,大约决定不吃了。"1935年2月6日致增田涉信:"但我这里的海婴男士,却是个不学习的懒汉,不肯读书,总爱模仿士兵。我以为让他看看残酷的战争影片,可以吓他一下,多少会安静下来,不料上星期带他看了以后,闹得更起劲了。真使我哑口无言,希特拉有这么多党徒,盖亦不足怪矣。"1935年10月25日致增田涉信:"孩子从上月送进幼稚园,已学到铜板是可以买零食的知识了。"

鲁迅与母亲的通信,海婴的生活当然是主要内容,除了报告平安之外,亦常写些趣闻,虽是埋怨的口气,而爱犊之心跃然纸上。如:1932年7月2日信中说:"海婴现已全愈……他很喜欢玩耍,日前给他买了一套孩子玩的木匠家生,所以现在天天在敲打,不过不久就要玩厌的。近来也常常领他到公园去,因为在家里也实在闹得令人心烦。"1933年7月11日信中说:"海婴是更加长大了,下巴已出在桌面之上……能讲之话很多,虽然有时要撒野,但也能听大人的话。许多人都说他太聪明,还欠木一点,男想这大约因为常与大人在一起,没有小朋友之故,耳濡目染,知道的事就多起来,所以一到秋凉,想送他到幼稚园去了。"1934年6月13日信云:"海婴这几天不到外面去闹事了,他又到公园和乡下去。而且日见其长,但不胖,议论颇多,在家时简直说个不歇。动物是不能给他玩的,他有时优待,有时则要虐待,寓中养着一匹老鼠,前几天他就用蜡烛将后脚烧坏了。至于学校,则今年拟不给他去,因为四近实无好小学,有些是骗钱的,教员虽然打扮得很时髦,却无学问;有些是教会开的,常要讲教,更为讨厌。海婴虽说是六岁,但须到本年九月底,才是十足五岁,所以不如暂且任他玩着,待到足六岁时再看

---

① 《且介亭杂文·从孩子的照相说起》。

罢。"1934年8月21日信云:"他每天约七点钟起身,不肯睡午觉,直至夜八点钟,就没有静一静的时候。要吃东西,要买玩具,闹个不休。客来他要陪(其实是来吃东西的),小事也要管,怎么还会胖呢。他只怕男一个人,不过在楼下闹,也仍使男不能安心看书,真是没有法子想。"1934年10月30日信:"这张相照的很好,……海婴已看过,他总算第一回认识娘娘了。现在他日夜顽皮,女仆的话简直不听,但男的话却比较的肯听,道理也讲得通了,不小气,不势利,性质还总算好的。现身体亦好,因为将届冬天,所以遵医生的话,在吃鱼肝油了。"1935年11月15日信:"海婴很好,每天上幼稚园去,不大赖学了。……他什么事情都想模仿我,用我来做比,只有衣服不肯学我的随便,爱漂亮,要穿洋服了。"1936年1月21日信:"海婴已放假,在家里玩,这一两天,还不大闹。但他考了一个第一,好像小孩子也要摆阔,竟说来说去,附上一笺,上半是他自己写的,也说着这件事,今附上。他大约已认识了二百字,曾对男说,你如果字写不出来了,只要问我就是。"1936年4月1日信:"海婴学校仍未换,因为邻近也没有较好的学校。但他身体很好,很长,在同学中,要高出一个头。也比先前听话,懂得道理了。先前有男的朋友送他一辆三轮脚踏车,早已骑破,现在正在闹着要买两轮的,大约春假一到,又非报效他十多块钱不可了。"1936年7月6日信:"海婴已以第一名在幼稚园毕业,其实亦不过'山中无好汉猢狲称霸王'而已。"1936年9月22日信:"海婴仍在原地方读书,夏天头上生了几个小疮,现在好了,前天玻璃

《答客诮》诗,1932年12月鲁迅书赠郁达夫。舐犊之情,溢于言表

割破了手,鲜血淋漓,今天又好了。他同玛利很要好,因为他一向是喜欢客人,爱热闹的,平常也时时口出怨言,说没有兄弟姐妹,只生他一个,冷静得很。见了玛利,他很高兴,但被他粘缠起来的时候,我看实在也讨厌之至。"

鲁迅对海婴的喜爱,常为友朋所议论,大概是觉得这种怜子之情,与战士之身有点不相称。鲁迅特作一诗来回答这种讥诮,题为《答客诮》:

无情未必真豪杰,怜子如何不丈夫?
知否兴风狂啸者,回眸时看小於菟。

二四、回眸时看小於菟

这里涉及一个人生观问题,即战士和事业家应该有怎样的感情世界?中国人一向好走极端,文艺作品中要么是才子佳人,卿卿我我,要么是"匈奴不灭,何以家为",似乎国家大事与个人感情是绝对对立的。《战国策·赵策》记触詟说赵太后,说是触詟将自己的幼子交托给赵太后,请求给一个侍卫之职,赵太后就说:"丈夫亦爱怜其少子乎?"似乎大丈夫志在天下大事,就不该顾及儿子了。大概是受了这种传统思想的影响,后来的革命文艺作品,也总是把革命者写得公而忘家,一点个人感情也没有。鲁迅则反其意而用之,说:"无情未必真豪杰,怜子如何不丈夫?"这不但是为自己爱子之情作辩解,而且说出了一条真理:连对自己孩子都不爱的人,还能爱国家、爱社会、爱大众吗?他们爱的恐怕只有自己。真的猛士是很富有感情的,连兴风狂啸的老虎,都时时回眸看看自己的孩子,何况人乎!

鲁迅还有一首更有名的《自嘲》诗,亦与爱子之情有关。诗云:

　　运交华盖欲何求,未敢翻身已碰头。
　　破帽遮颜过闹市,漏船载酒泛中流。
　　横眉冷对千夫指,俯首甘为孺子牛。
　　躲进小楼成一统,管它冬夏与春秋。

1932年10月12日,鲁迅将此诗写成条幅赠送柳亚子时,还题了这么几句话:"达夫赏饭闲人打油偷得半联凑成一律以请亚子先生教正。"论者以为,这所谓"偷得半联",是指"俯首甘为孺子牛"句来自洪亮吉《北江诗话》所引钱季重柱帖:"酒酣或化庄生蝶,饭饱甘为孺子牛。"则此句仍与爱子之情有关。甘为孺子牛者,即甘为孺子做牛做马也,典出《左传》,其中"哀公六年"记齐景公对幼子荼非常溺爱,尝口衔绳子装作牛,让荼骑在背上,荼跌下来,绳子把齐景公的

1932年10月12日,鲁迅书赠柳亚子《自嘲》诗

牙齿也扯掉了。鲁迅给李秉中信中所谓"只得加倍服劳,为孺子牛耳",即是此意。如此,则上句所谓"千夫指"当是指"千夫所指",即受到众人指责之意,这也符合鲁迅历来的遭遇。鲁迅则横眉以对,毫无畏惧。

本诗颈联"横眉冷对千夫指,俯首甘为孺子牛",因其表现出鲁迅爱憎分明的感情和硬骨头精神,极为读者所喜爱,故流传甚广。但在流传过程中,由于理解的不同,其内涵亦渐有扩大。许寿裳在回忆文章中认为,"俯首甘为孺子牛"这句诗应参阅"救救孩子"和"自己背着因袭的重担,肩住了黑暗的闸门,放他们到宽阔光明的地方去"等话来理解,也就是说,"孺子"不仅是指海婴,而且包括所有的孩子;而鲁迅自己的行为,就像这句诗一样,体现出为民族,为后代的自我牺牲精神。毛泽东《在延安文艺座谈会上的讲话》中说:"鲁迅的两句诗,'横眉冷对千夫指,俯首甘为孺子牛'应该成为我们的座右铭。'千夫'在这里就是说敌人,对于无论什么凶恶的敌人我们决不屈服。'孺子'在这里就是说无产阶级和人民大众。一切共产党员,一切革命家,一切革命的文艺工作者,都应该学习鲁迅的榜样,做无产阶级和人民大众的'牛',鞠躬尽瘁,死而后已。"这是从政治的角度来理解。

这些不同的理解,从接受美学的角度来看,其实也是正常现象。一些著名的诗句,一些不朽的艺术形象,在其流传的过程中,总会附加上许多东西,使其内涵不断扩大,有时甚至出现歧义。这样,在文学研究中又会增添一个新的课题,即对接受过程的研究。此类研究也是很有意思的。

不过我们这里要说的,是这句诗的本义,即鲁迅对于海婴的关爱之情。

但鲁迅对于海婴的关爱,也并不完全由于老来得子的缘故,而是与他的个性解放思想和儿童教育主张有关。

鲁迅是五四时期个性解放思潮的有力推动者,而儿童解放则是个性解放的重要内容之一,所以鲁迅一向反对压制儿童个性发展的传统教育,而主张尊重儿童的合理要求。他曾讽刺读书人家的家教云:"屏息低头,毫不敢轻举妄动。两眼下视黄泉,看天就是傲慢,满脸装出死相,说笑就是放肆。"①又说:"驯良之类并不是恶德。但发展开去,对一切事无不驯良,却决不是美德,也许简直倒是没出息。'爸爸'和前辈的话,固然也要听的,但也须说得有道理。假使有一个孩子,自以为事事不如人,鞠躬倒退;或者满脸笑容,实际上却总是阴谋暗箭,我实在宁可听到当面骂我'什么东西'的痛快,而且希望他自己是一个东西。""但中国

---

① 《华盖集·忽然想到(五)》。

二四、回眸时看小於菟

一般的趋势,却只在向驯良之类——'静'的一方面发展,低眉顺眼,唯唯诺诺,才算一个好孩子,名之曰'有趣'。活泼、健康、顽强,挺胸仰面……凡是属于'动'的,那就未免有人摇头了,甚至于称之为'洋气'。"①与此相反,鲁迅很尊重儿童的独立人格,注意培养幼小者自主的思想,决不对他的意见加以压制。

萧红在《回忆鲁迅先生》文中记有一件小事:

> 从福建菜馆叫的菜,有一碗鱼做的丸子。
>
> 海婴一吃就说不新鲜,许先生不信,别的人也都不信。因为那丸子有的新鲜,有的不新鲜,别人吃到嘴里的恰好都是没有改味的。
>
> 许先生又给海婴一个,海婴一吃,又是不好的,他又嚷嚷着。别人都不注意,鲁迅先生把海婴碟里的拿来尝尝。果然是不新鲜的。鲁迅先生说:"他说不新鲜,一定也有他的道理,不加以查看就抹杀是不对的。"
>
> ……
>
> 以后我想起这件事来,私下和许先生谈过,许先生说:"周先生的做人,真是我们学不了的。那怕一点点小事。"

其实,这件小事,却正是反映了鲁迅关于儿童教育的理念问题。

鲁迅还曾批评那些地位改变之后,就往往照样地再犯前人错误的人,说是记性不佳也是一个很大的原因。所以他出了一个有趣的主意道:"救济法就是各人去买一本note-book来,将自己现在的思想举动都记上,作为将来年龄和地位都改变了之后的参考。假如憎恶孩子要到公园去的时候,取来一翻,看见上面有一条道,'我想到中央公园去',那就即刻心平气和了,别的事也一样。"②这当然是笑谈。人们社会态度的改变,原因很复杂,靠一本笔记簿大概是无济于事的。但鲁迅自己却是认真地在做。因为他小时候的保姆长妈妈睡相不好,夏天在席子上摆开一个大字,使他连翻身的余地都没有,热得难耐,所以有了海婴之后,就特地买了一张大床给保姆和海婴睡,使儿子不再受自己小时候所受之苦。他们一家从拉摩斯公寓搬出,也是为了海婴之故。鲁迅给友人写信说:"或因住所朝北,以致孩子多病,增加麻烦。这次要搬个朝南的房子"③。搬到大陆新村之后,他给母亲报导海婴的情况道:"因为搬了房子,常在明堂里游戏,或到田野间去,所以身体也比先前好些。"④又如,自己小时候没

---

① 《且介亭杂文·从孩子的照相说起》。
② 《坟·娜拉走后怎样》。
③ 1933年4月2日致增田涉信。
④ 1933年7月11日致鲁瑞信。

有什么玩具,感到很乏味,他就给海婴买许多玩具,而且尽量满足海婴的合理要求,即使自己所不喜欢的东西,也仍旧给海婴置办。如他很讨厌别人放留声机,说是"我对面的房子里,留声机从早到晚像被掐住了嗓子的猫似地嘶叫着。跟那样的人作邻居,呆上一年就得发疯,真是麻烦"①。但是,海婴看到隔壁邻居日本人家有留声机,非常羡慕,实在想要,鲁迅还是花了二十二元钱为他买了,而且不厌其烦地让他一换再换,一直换到较为满意为止,只是规定不许在父亲工作时播唱。

从鲁迅对海婴的态度中,我们看到一种新的儿童教育理念。只可惜在鲁迅逝世之后,作为鲁迅这位名人之后,海婴反而受到种种限制,连他对于无线电的爱好也得不到发展,这倒是违背鲁迅的儿童教育方法的。

---

① 1934年12月13日致山本初枝信。

二五、在民族危急存亡之际

蒋介石对内血腥镇压,对外屈膝退让的结果,日本帝国主义打进来了。

1931年9月18日,日本侵略军发动了沈阳事变。中国军队在不抵抗主义的指令下,任由日军缴械,一夜之间,放弃了沈阳,两月之内,断送了整个东北三省。两百万平方里的沃土,无穷的资源宝藏,听凭日军占领,三千万同胞在日军的铁蹄下呻吟。

九一八事变,激起了中国人民更大的反抗斗争,出现了汹涌澎湃的救亡运动。东北人民组织了抗日义勇军,进行武装斗争;全国各界人士,纷纷谴责蒋介石的不抵抗主义。9月21日,鲁迅在《答文艺新闻社问》里,也公开对日本帝国主义及其仆役进行揭露和谴责。

但是,在这"国难声中",却出现了许多怪现象:国民党头目胡汉民跑到上海,告诫青年要养"力"勿使"气",上海报上加以引申,说:"要强身祛悲观,须先心花怒放,大笑一次。"而这样能引人"心花怒放"的宝贝,就是一张美国旧影片,将探险滑稽化以博小市民一笑的《两亲家游非洲》;至于真的"国难声中的兴奋剂"呢,那是"爱国歌舞表演",他们自己说,"是民族性的活跃,是歌舞界的精髓,促进同胞的努力,达到最后的胜利";而上海警备司令部的侦缉队长朱应鹏,则纠集了一些人,在东亚食堂"略进茶点,即开始讨论,颇多发挥",从而组织了"上海文艺界救国会";还有些商人在为自己的商品做广告,说是服了某公司的药品,就可恢复健康,一旦国家有事,即可"身列戎行","灭此朝食"……鲁迅指出,这些都是多年停滞在池塘里的沉滓,恰如用棍子搅了一下,就都翻着筋斗漂上来,在水面上转一个身,来趁势显示自己的存在。但"沉滓又究竟不过是沉滓,所以因此一泛,他们的本相倒越加分明,而最后的运命,也还是仍旧沉下去"①。

---

① 《二心集·沉滓的泛起》。

当时还出现了中国式的"堂·吉诃德"。一批青年组织了援马团,穿着夹袄,要一步一步地走到冰天雪地的东北去援助马占山将军抗战,但他们没有兵器,偏只着重精神,在一片欢呼的送别之后,却停在常州玩梳篦了;此外,画报上继时装女照之后,趁势又出现了白长衫的看护服和托枪的戎装的女士们……鲁迅认为,这简直是做戏,"练了多年的军人,一声鼓响,突然都变了无抵抗主义者。于是远路的文人学士,便大谈什么'乞丐杀敌','屠夫成仁','奇女子救国'一流的传奇式古典,想一声锣响,出于意料之外的人物来'为国增光'。"①然而,做事与做戏,是应该分开来的,"雄兵解甲而密斯托枪"虽然富于戏剧性,但却难以抵挡日本军队的侵略。

做事如做戏,这也是中国人的通病了。鲁迅曾称那些政客为"做戏的虚无党",其实,何止政客在做戏,许多百姓也在做戏,这已经成为中国国民性的特点之一,中国的社会简直成了一个大戏场。鲁迅对此深有感触,所以借着上述文章所揭露的事实为基础,紧接着就写了一篇《宣传与做戏》,对这种国民性的特点专门加以剖析。

其实,中国人的此种毛病,外国人早就看到了,不过说得不很确切。比如,日本人做文章论及中国的国民性的时候,内中往往有一条叫作"善于宣传",而这"宣传"两字却又不像平常的"Propaganda",而是"对外说谎"的意思。鲁迅说:"这宗话,影子是有一点的。譬如罢,教育经费用光了,却还要开几个学堂,装装门面;全国的人们十之九不识字,然而总得请几位博士,使他对西洋人去讲中国的精神文明;至今还是随便拷问,随便杀头,一面却总支撑维持着几个洋式的'模范监狱',给外国人看看。还有,离前敌很远的将军,他偏要大打电报,说要'为国前驱'。连体操班也不愿意上的学生少爷,他偏要穿上军装,说是'灭此朝食'。"不过,这些究竟还有一点影子;究竟还有几个学堂,几个博士,几个模范监狱,几个通电,几套军装。所以说是"说谎",是不对的,鲁迅将它称之为"做戏"。而且进一步分析道:"但这普遍的做戏,却比真的做戏还要坏。真的做戏,是只有一时;戏子做完戏,也就恢复为平常状态的。杨小楼做《单刀赴会》,梅兰芳做《黛玉葬花》,只有在戏台上的时候是关云长,是林黛玉,下台就成了普通人,所以并没有大弊。倘使他们扮演一回之后,就永远提着青龙偃月刀或锄头,以关老爷,林妹妹自命,怪声怪气,唱来唱去,那就实在只好算是发热昏了。"不幸因为是"天地大戏场",所以普遍的做戏者,就很难有下台的时候,他们好比

---

① 《二心集·新的"女将"》。

是进了后台还不放下青龙偃月刀,或者简直是提着青龙偃月刀一路唱回自己的家里去了。

日本人的做事是切实的,就是侵略和杀人也是这种态度,中国人用做戏的行为来对付,怎能抵抗得住呢?但这种做戏的态度,似乎很难改,以后还续有表现。次年,鲁迅在报上又看到一篇《摩登式的救国青年》的文章,其中有一段云:

> 密斯张,纪念国耻,特地在银楼里定打一只镌着抗日救国四个字的纹银匣子;伊是爱吃仁丹的,每逢花前,月下……伊总在抗日救国的银匣子里,摇出几粒仁丹来,慢慢地咀嚼。在嚼,在说:"女同胞听着!休忘了九一八和一二八,须得抗日救国!"

鲁迅感慨道:"这虽然不免过甚其辞,然而一二八以前,这样一类的人们确也不少,但在一二八那时候,器具上有着这样的文字者,想活是极难的,'抗'得轻浮,杀得切实,这事情似乎至今许多人也还是没有悟。至今为止,中国没有发表过战死的兵丁,被杀的人民数目,则是连戏也不做了。"①

在抗战的热情中,鲁迅是极希望能改造这种轻浮的国民性的。

当然,中国也有许多切实的做事者。1931年12月间,全国各地学生为了反对蒋介石的不抵抗政策,纷纷到南京请愿,却受到军警的逮捕和枪杀,国民党政府还给他们加了种种莫须有的罪名,而且说是"友邦人士,莫名惊诧,长此以往,国将不国"了!鲁迅坚决支持学生的爱国行动,马上写了《"友邦惊诧"论》,对国民党政府及其"友邦"加以无情的揭露:

> 只要略有知觉的人就都知道:这回学生的请愿,是因为日本占据了辽吉,南京政府束手无策,单会去哀求国联,而国联却正和日本是一伙。读书呀,读书呀,不错,学生是应该读书的,但一面也要大人老爷们不至于葬送土地,这才能够安心读书。报上不是说过,东北大学逃散,冯庸大学逃散,日本兵看见学生模样的就枪毙吗?放下书包来请愿,真是已经可怜之至。不道国民党政府却在十二月十八日通电各地军政当局文里,又加上他们"捣乱机关,阻断交通,殴伤中委,拦劫汽车,攒击路人及公务人员,私逮刑讯,社会秩序,悉被破坏"的罪名,而且指出结果,说是"友邦人士,莫名惊诧,长此以往,国将不国"了!
>
> 好个"友邦人士"!日本帝国主义的兵队强占了辽吉,炮轰机关,他们

---

① 1932年6月18日致台静农信。

不惊诧;阻断铁路,追炸客车,捕禁官吏,枪毙人民,他们不惊诧。中国国民党治下的连年内战,空前水灾,卖儿救穷,砍头示众,秘密杀戮,电刑逼供,他们也不惊诧。在学生的请愿中有一点纷扰,他们就惊诧了!

好个国民政府的"友邦人士"! 是些什么东西!

……

真是义正辞严,气贯长虹!

由于国民党政府继续实行不抵抗主义的结果,日本帝国主义的侵略逐步深入了,不但进逼华北,而且在上海挑衅。1932年1月28日夜,驻上海的日本海军陆战队开始军事行动,首先占领天通庵车站,继而向北站、江湾、吴淞一带运动。当时驻在淞沪的以蔡廷锴为军长的十九路军,在全国抗日热潮的推动下,在上海人民的支持下,进行了英勇的抵抗,在北站、天通庵一带与日军激战。

这时,鲁迅已移居北四川路底之拉摩斯公寓三楼,地近天通庵,窗口正对日本海军陆战队的司令部。当晚鲁迅正伏案写作,突然电灯全行熄灭,只见司令部的大院里人头拥挤,许多机车队向南急驰而去,未几就隐隐听到枪声。他与许广平跑到晒台上看,只见红色火线穿梭般在头顶掠过。他们急忙退至楼下。就在临街的大厅里,在鲁迅的书桌边,一颗子弹已洞穿而入。这时,形势非常危急,正如鲁迅2月22日致许寿裳信中所说:"血刃塞途,飞丸入室,真有命在旦夕之概。"天色微明,日本军队又来强行检查,说这个公寓里有人向他们的司令部开枪,更加弄得人心惶惶。但鲁迅终于在内山完造的帮助下,带着自己一家和周建人一家大小,书物一无所携,匆匆弃家出走,暂住内山书店楼上。他们用厚棉被遮住窗户,在暗黑沉闷的时日里,度过了整整一星期。就在这样的情况下,鲁迅仍坚持斗争,他与茅盾、叶圣陶、郁达夫等人联合发表了《上海文化界告世界

北四川路底拉摩斯公寓:1930年5月12日鲁迅迁居于此,一二八事变时突陷入火线之中

书》，表示"坚决反对帝国主义瓜分中国的战争，反对加于中国民众反日反帝斗争的任何压迫，反对中国政府的对日妥协，以及压迫革命的民众"。

2月6日，鲁迅又带着两家人迁避到英租界内山书店支店，"十人一室，席地而卧"。这样地又住了一个星期，海婴忽然出疹子了。鲁迅急忙搬到大江南饭店，此时下雪而大冷，原以为这里有汽炉取暖，利于海

1932年2月4日，鲁迅与茅盾、叶圣陶、胡愈之等四十三人联名发表上海文化界告世界书，抗议日本帝国主义的侵略暴行

婴出疹，而不料炉中并无汽，屋冷如前寓而费钱却多。但海婴居然如居暖室，疹状良好，至18日而痊愈。所以鲁迅调侃道："始知备汽炉而不烧，盖亦大有益于卫生也。"①

鲁迅虽然一直生活于战乱之中，但像这一次的危急情况，却还未曾遇到过。他在致友人信中说："上月二十八之事，出于意外，故事前毫无豫备，突然陷入火线中。中华连年战争，闻枪炮声多矣，但未有切近如此者"。而且今后的行止，也无从确定。"此后仍寓上海，抑归北平，尚毫无头绪，或须视将来情况而定耳。"②"倘旧寓终成灰烬，则拟挈眷北上，不复居沪上矣。"③

而此时，上海的抗战又被蒋介石出卖，战事停止了。2月19日，鲁迅回到拉摩斯公寓家中。只见北四川路一带，市廛屋舍，或为火焚，或为炮毁，行人亦寥寥，颇为荒漠。如此情形，一时必难恢复，是否适于居住，殊成问题。鲁迅说，他虽不惮荒凉，但购买食物如要奔波数里，则亦居大不易了。他也只能暂且住下来一试，倘不可耐，当另作计较。

闸北的商务印书馆，被作为宣传抗日的大本营，而全部焚毁了。周建人的住宅，也被炸毁小半，已经不能居住，只好搬到法租界去。鲁迅家中窗户被炸弹碎片穿破四处，震碎之玻璃，有十一块之多。当时虽有友人代为照管，但究不能日夜驻守，偷儿惠临，窃去衣物二十多件，合共值洋七十多元，损失还不

---

① 1932年3月22日致许寿裳信。
② 1932年2月29日致李秉中信。
③ 1932年3月2日致许寿裳信。

算大。两个佣人,亦被窃去值洋二三十元之物件,独有鲁迅本人用品,损失最小,除不见了一柄洋伞之外,其余一无所失,"书籍纸墨依然如故,未尝略一翻动"。鲁迅感叹道:"可见书籍及破衣服,偷儿皆看不入眼也"①,"亦足见文章之不值钱矣"②。

鲁迅到上海后,出版的译作较多,杂文也写了不少,但一直迁延着未曾编集。如今回来看看劫后余物,却令人更加宝贝,好像大病新愈的人,偏比平时更要照照自己的脸似的,于是东翻西觅,开手编辑四年来的杂文,分为二集:《三闲集》和《二心集》,并各写了序言,阐述自己的思想发展情况。

鲁迅对日本侵略者非常痛恨,但与日本民间友好人士,却仍常有来往。这两者原是应该有所区分的。内山完造是他的老朋友了,能在危难之际相帮,来往之密切自不必说;还有一些因内山介绍而认识的日本友人,也时相过从,如增田涉、山本初枝,一直都有书信来往;其他一些日本友人,也时有书籍或条幅相赠。还有一位并不相识的西村真琴博士,一二八事变时,曾率大阪每日新闻社派遣的医疗服务团至上海,在闸北三义里废墟中见一丧家之鸽,携归日本,与家鸽共养,曾自绘一图,寄赠鲁迅,并赋诗颂其和睦相处之状态云:"西东国异,小鸠和睦,同处一窝。"后有附言曰:"来大阪后,与日本鸠同舍共居,见其亲睦之姿态,感而咏之。在兵乱中的上海三义里街道昏迷的小鸠三义之图。"后来这只三义鸠终于死去,西村又写信给鲁迅,要求题咏。鲁迅念其有善心,又主张东西和睦相处,就在1933年6月21日写成一律,并书成横卷相赠。诗云:

> 奔霆飞熛歼人子,败井颓垣剩饿鸠。
> 偶值大心离火宅,终遗高塔念瀛洲。
> 精禽梦觉仍衔石,斗士诚坚共抗流。
> 度尽劫波兄弟在,相逢一笑泯恩仇。

这首诗谴责了日本帝国主义者在中国的侵略暴行,肯定了友好人士对小生命的爱惜,对逆流的抗击,同时高瞻远瞩,展望着中日两国人民友好的未来。日本侵华战争,对中国人民是一场灾难,对日本人民又何尝不是一场灾难呢,所以对大家说来,都是"劫波"。但当时"劫波"尚未度尽,所以"相逢一笑泯恩仇"也还是未来之事。鲁迅后来在《内山完造作〈活中国的姿态〉序》里,把这层意思说得很明白:"据我看来,日本和中国的人们之间,是一定会有互相了解的时候的。新

---

① 1932年3月20日致鲁瑞信。
② 1932年3月21日致许寿裳信。

近的报章上,虽然又在竭力的说着'亲善'呀,'提携'呀,到得明年,也不知道又将说些什么话,但总而言之,现在却不是这时候。"

1932年11月9日,鲁迅接到北平来电,"云母病速归"。11日上午,他就匆匆启程北上省亲,到家之后,"见母亲已稍愈",他才稍为放心。

鲁迅到上海之后,有两次北归省亲。第一次是在1929年,5月13日从上海出发,6月3日启程回沪。那次到北平后,在燕京大学、北京大学和第二师范院、第一师范院都作了演讲,在他的杂文集中留下的记录稿有5月22日在燕京大学国文学会所讲的《现今的新文学的概观》。那时,"革命文学"论争尚未结束,他所谈的主要是"革命文学"之事,对上海的"革命文学家"有所批评,并希望青年们"多看外国书",以打破这些人的包围圈。

鲁迅《题三义塔》诗手迹,写于1933年6月

此次到北平,应老朋友和青年学生之邀,作了五次演讲:11月22日在北京大学第二院讲《帮忙文学与帮闲文学》;同日,又往辅仁大学讲《今春的两种感想》;24日在北京女子文理学院讲《革命文学与遵命文学》;27日在北京师范大学讲《再论第三种人》;28日在中国大学讲《文艺与武力》。这就是著名的"北平五讲"。无数青年听说鲁迅来演讲,他们放下功课,冒着风沙,跑很远的路来听讲,以致教室或礼堂挤得水泄不通。在北师大那一次演讲,原来是放在一间教室里的,因为听讲者

1932年11月,鲁迅在北京师范大学广场作《再论"第三种人"》的演讲

很多,就换到风雨操场,但还是挤不下,只好搬到广场上。鲁迅在狂风和严寒中,站在方桌上,向四围拥挤的人群讲话。最后一次在中国大学演讲,也是由礼堂搬到露天广场上。

在北平五讲中,留下记录稿的,只有两篇:一是《帮忙文学与帮闲文学》,一是《今春的两种感想》。

《帮忙文学与帮闲文学》记得虽然简单,但可以看出,这个演讲提出了一个非常重要的问题,即中国文学的性质和文人的人生态度问题。鲁迅说:"中国文学从我看起来,可以分为两大类:(一)廊庙文学,这就是已经走进主人家中,非帮主人的忙,就得帮主人的闲;与这相对的是(二)山林文学。唐诗即有此二种。如果用现代话讲起来,是'在朝'和'下野'。后面这一种虽然暂时无忙可帮,无闲可帮,但身在山林,而'心存魏阙'。如果既不能帮忙,又不能帮闲,那么,心里就甚是悲哀了。"这说明中国文学实在是一种"官僚文学",而中国文人的依附性是很强的,他们总想依附于廊庙。在开国的时候,"这些人便做诏令,做敕,做宣言,做电报,——做所谓皇皇大文",这就是帮忙;到得要亡国的时候,皇帝无事,臣子谈谈女人,谈谈酒,就是帮闲。这情况,当然不限于皇家,明末清初的时候,一份有一定社会地位的人家必有帮闲的存在,"那些会念书会下棋会画画的人,陪主人念念书,下下棋,画几笔画,这叫做帮闲,也就是篾片!"而这种帮忙和帮闲的情形是很长久的,鲁迅说:"不帮忙也不帮闲的文学真也不太多。现在做文章的人们几乎都是帮闲帮忙的人物。"这真是中国文学的悲哀,也是中国文人的悲哀啊!

《今春的两种感想》则是从日常小事中提出了两个重要问题。第一种感想是中国人做事太不认真,他举了两个例子:一是去年东北事起,上海就有许多抗日团体,每种团体都有一种徽章,可是他们并不一定抗日,不过把它放在袋里,到得今年上海事变,这些人被捉去后就是死的证据;二是还有许多学生军们,以前是天天练操,不久就无形中不练了,只有军装的照片存在,并且把操衣放在家中,自己也忘却了,然而一被日军查出时又是必定要送命的。这就是《宣传与做戏》中所说的做事如做戏一般,而日本人则太认真的缘故。所以他提醒青年们做事要"认真点"。第二种感想是中国人做事太不切实际,太不关心社会问题。那也是由上海事变之后市民的表现引起的。那时看见日本兵不打了,他就搬回去,但忽然又紧张起来了。后来一打听,才知道因为中国放鞭炮引起的。那天因为是月蚀,故大家放鞭炮来救她。在日本人意中以为在这样的时光,中国人一定全忙于救中国或救上海,万想不到中国人却救那样远,去救月亮去了。鲁迅很感慨于中国人常将眼光收得极近,只在自身,或者放得极远,到北极或到天外,而这两者之间的一圈则绝对不注意。所以鲁迅说:"我们的眼光不可不放大,但不可放的太大。"这也就是鼓励青年要多多关心实际的社会问题。

鲁迅本来打算把此次在北平所作的五次演讲再加上对上海三个文人的批判文章,合成一书,谓之《五讲三嘘集》,与《南腔北调集》相匹配——鲁迅从小善于属对,长习汉语音韵,作文常用对偶排句,甚有气势,这种对偶方法,甚至还用到篇名和书名上来,篇名如:《偶成》对《漫与》,《世故三昧》对《谣言世家》,《作文秘诀》对《捣鬼心传》,《双十怀古》对《重三感旧》;书名如:《呐喊》对《彷徨》,《三闲集》对《二心集》,《朝花夕拾》对《故事新编》,《伪自由书》对《准风月谈》。如果《五讲三嘘集》写成,就不至于让《南腔北调集》落单了。但因记录稿错误太多,许多要点没有记上,有些地方甚至与原意相反,"改起来非重写一遍不可",终因其他工作太忙而未果。

在北平期间,鲁迅还多次会见了北方左翼文化团体的代表,听取他们的工作报告。鲁迅充分肯定了他们同泥脚子(农民)相结合、反对国民党的法西斯暴政、从事抗日救亡运动的工作,反对"左"倾机会主义者要求作家去散传单、写口号、参加飞行集会、游行示威的做法,认为作家应该用笔作为主要战斗武器,作家从事创作并不是什么"作品主义"。鲁迅还提出要纠正关门主义,叫他们胸襟还要宽一点,多团结一些要求进步和作风严肃、正派的老作家、老教授,同时又要他们不要迷信名人,要注意培养新的力量。在鲁迅的鼓励和支持下,北方左联的青年们于次年还创办了一份《文学杂志》。

11月28日傍晚,鲁迅离开了可爱的故都,离开了那些热情的群众,乘火车回到上海去,从此没有再返北平。

九一八和一二八事变之后,民族矛盾上升为主要矛盾。在日本炸弹的威力圈及于全中国的时候,为了民族的利益,许多人的政治态度都发生了变化,他们不满于国民党政府的不抵抗主义,开始了反对蒋介石的活动。十九路军对于日军的抵抗,《申报》的宣传抗日救亡,都反映了这种新的变化。

《申报》副刊原来多为鸳鸯蝴蝶派文人所掌握,所刊自然是旧式文艺作品,与新的社会形势甚不相称。在抗日救亡的大背景下,报社亦急思有所改革。1932年底,《申报》老板史量才将《自由谈》副刊的编辑周瘦鹃撤下,换上刚从法国回来的新式文人黎烈文,《自由谈》的面貌也随之大变。黎烈文思想较为进步,团结了一批新文学作者,也包括一些左翼文人。鲁迅与《申报》原无交往,与黎烈文也

并不相识,他在1933年1月底开始为《自由谈》写稿,是由于郁达夫的邀约。鲁迅在这年7月所写的《伪自由书·前言》中说:

> 我到上海以后,日报是看的,却从来没有投过稿,也没有想到过,并且也没有注意过日报的文艺栏,所以也不知道《申报》在什么时候开始有了《自由谈》,《自由谈》里是怎样的文字。大约是去年的年底罢,偶然遇见郁达夫先生,他告诉我说,《自由谈》的编辑新换了黎烈文先生了,但他才从法国回来,人地生疏,怕一时集不起稿子,要我去投几回稿。我就漫应之曰:那是可以的。
>
> 对于达夫先生的嘱咐,我是常常"漫应之曰:那是可以的"的。直白的说罢,我一向很回避创造社里的人物。这也不只因为历来特别的攻击我,甚而至于施行人身攻击的缘故,大半倒在他们的一副"创造"脸。虽然他们之中,后来有的化为隐士,有的化为富翁,有的化为实践的革命者,有的也化为奸细,而在"创造"这一面大纛之下的时候,却总是神气十足,好像连出汗打嚏,也全是"创造"似的。我和达夫先生见面得最早,脸上也看不出那么一种创造气,所以相遇之际,就随便谈谈;对于文学的意见,我们恐怕是不能一致的罢,然而所谈的大抵是空话。但这样的就熟识了,我有时要求他写一篇文章,他一定如约寄来,则他希望我做一点东西,我当然应该漫应曰可以。但应而至于"漫",我已经懒散得多了。

这段话不但如实地介绍了他与郁达夫的交往,与《申报·自由谈》的关系,而且说出了他对创造社的看法。特别是"创造脸"一词的概括,真是极妙的传神之笔,它不但写出了当年创造社社员的一副趾高气扬的情态,而且也为日后那些"唯我独革"、"唯我独左"、"唯我独新"、"唯我独高"者传神写照。

不过,在这时,创造社已不是鲁迅的主要批评对象,他为《自由谈》所写的短评,"有的由于个人的感触,有的则由于时事的刺戟"。而当时的时事,最大者莫过于日本帝国主义者的侵略,蒋介石政府的不

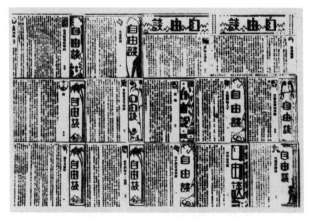

1933—1934年间,鲁迅用各种笔名在《申报·自由谈》上发表了一百三十多篇文章,揭露国民党政府的不抵抗主义及种种丑恶的社会现象

二五、在民族危急存亡之际

抵抗,所以他的文章,有许多也是对此而发的。当然,这些抗日的文章也并不全发表在《自由谈》上,同时也散见于其他报刊。

日本军队在轻易地占领东北三省之后,当然不会停止其侵略行动,而是迅速地将矛头指向关内。1932年的一二八事变就是一个尝试。但上海是列强各国的利益所在地,日本的阴谋一时还难以得逞,于是在1933年初,日军就攻陷榆关(山海关),进逼华北。榆关失守之后,北平受到很大的威胁,各大学纷纷要求停课从事抗日救亡活动,而这时候国民政府的教育部长朱家骅却指令各大学不准停课,也不得提前放假,以此来束缚住学生的手脚。上海的文人在报上对学生的"纷纷自动离校"行动加以指责,要求他们"即使不能赴难,最低最低的限度也不应逃难",童子军在烈士的挽联上也指责他们"遗臭万年"。鲁迅写了《逃的辩护》(原题为《"逃"的合理化》)和《论"赴难"和"逃难"》(原题为《三十六计,走为上计》),加以反驳。在前一篇文章里,鲁迅指出前年冬天以来,政府是如何镇压学生的爱国请愿行动的,所以现在学生的逃难行为"这正是这几年来的教育显了成效";而在后篇文章里,鲁迅进一步回顾了五四以来的学生运动史,证明中国的学生一向都是爱国的,而政府却对他们采取愈来愈严厉的镇压行动。开始还挂着"共和"的假面,学生嚷嚷还不妨事,后来就开枪射击了,"直到去年请愿之徒,死的都是'自行失足落水'连追悼会也不开的时候为止,这才显出了新教育的效果"。而且,中国的兵警尚且不抵抗,学生们赤手空拳,不准藏有武器,又如何抵抗得住呢?"我们虽然也看见过许多慷慨激昂的诗,什么用死尸堵住敌人的炮口呀,用热血胶住倭奴的刀枪呀,但是,先生,这是'诗'呵!事实并不这样的,死得比蚂蚁还不如,炮口也堵不住,刀枪也胶不住。"所以鲁迅引用了孔子的话说:"以不教民战,是谓弃之。"在这种情况下,不逃难,又能怎样呢?

接着,鲁迅又在报上看到一则"北平专电"云:"故宫古物即起运,北宁平汉两路已奉令备车,团城白玉佛亦将南运。"又有教育部对北平各大学的电令云:"据各报载榆关告紧之际,北平各大学中颇有逃考及提前放假等情,均经调查确实。查大学生为国民中坚份子,讵容妄自惊扰,败坏校规,学校当局迄无呈报,迹近宽纵,亦属非是。仰该校等迅将学生逃考及提前放假情形,详报核办,并将下学期上课日期,并报为要。"于是,鲁迅在1月31日一天之内连写了两篇时评,揭露国民党政府的逃跑主义,并进一步为学生辩护。在《学生和玉佛》里,鲁迅很巧妙地将上述两则电讯录出,然后配上一首诗,其意自明。诗云:

寂寞空城在,仓皇古董迁。

头儿夸大口,面子靠中坚。

  惊扰讵云妄,奔逃只自怜。

  所嗟非玉佛,不值一文钱。

  在《崇实》一文中,则作出了进一步的分析:"倘说,因为古物古得很,有一无二,所以是宝贝,应该赶快搬走的罢。这诚然也说得通的。但我们也没有两个北平,而且那地方也比一切现存的古物还要古。禹是一条虫,那时的话我们且不谈罢,至于商周时代,这地方却确是已经有了的。为什么倒撇下不管,单搬古物呢?说一句老实话,那就是并非因为古物的'古',倒是为了它在失掉北平之后,还可以随身带着,随时卖出铜钱来。""大学生虽然是'中坚分子',然而没有市价,假使欧美的市场上值到五百美金一名口,也一定会装了箱子,用专车和古物一同运出北平,在租界上外国银行的保险柜子里藏起来的。"文末也写了一首诗以吊之。这首诗是仿唐人崔颢的《黄鹤楼》而成。诗云:

  阔人已骑文化去,此地空余文化城。

  文化一去不复返,古城千载冷清清。

  专车队队前门站,晦气重重大学生。

  日薄榆关何处抗,烟花场上没人惊。

  1933年4月,日军向滦东及长城沿线发动进攻,滦州、唐山、丰润、遵化、石闸、密云等地都在不抵抗政策下弃守了。蒋介石又派亲日分子黄郛为行政院驻北平政务整理委员会委员长,进一步推行不抵抗政策。黄郛车抵天津时,有人投掷炸弹,当即抓住一个过路的工人,硬说这位十七岁的青年人是受日本人指使的罪犯,于次日即枭首示众。鲁迅写了《保留》一文,对该青年人的罪名提出"保留"的看法。他说:"但我要保留的,是'据供系受日人指使'这一节,因为这就是所谓卖国。二十年来,国难不息,而被大众公认为卖国者,一向全是三十以上的人,虽然他们后来依然消遥自在。至于少年和儿童,则拼命的使尽他们稚弱的心力和体力,携着竹筒或扑满,奔走于风沙泥泞中,想于中国有些微的禅益者,真不知有若干次数了。虽然因为他们无先见之明,这些用汗血求来的金钱,大抵反以供虎狼之一舐,然而爱国之心是真诚的,卖国的事是向来没有的。不料这一次却破例了,但我希望我们将加给他的罪名暂时保留,再来看一看事实,这事实不必待至三年,也不必待至五十年,在那挂着的头颅还未烂掉之前,就要明白了:谁是卖国者。从我们的儿童和少年的头颅上,洗去喷来的狗血罢!"

  但是,这一篇文章和两天之内所写的另三篇文章:《再谈保留》、《"有名无实"的反驳》和《不求甚解》,都未能发表。因为这几篇文章对当局者揭露得太透彻了。比如,在《"有名无实"的反驳》里,作者借批评一位从前线调防下来的排长的不满言辞道:"他以为不抵抗将军下台,'不抵抗'就一定跟着下台了。这是不懂逻辑:将军是一个人,而不抵抗是一种主义,人可以下台,主义却可以仍旧留在台上的。"其矛头直指最高当局。

当时,国民党政府有两个借口,用来掩饰其不抵抗主义:一是"因战略关系"而须暂时放弃某地,一是"攘外必先安内"。对此,鲁迅都加以揭露,并层层剥出它的实质。

在《战略关系》中,鲁迅针对报上所说的"浸使为战备关系,须暂时放弃北平,以便引敌深入……应严厉责成张学良,以武力制止反对运动,虽流血亦所不辞"等语,揭露道:"战略家在去年上海打仗的时候,曾经说:'为战略关系,退守第二道防线',这样就退兵;过了两天又说,为战略关系,'如日军不向我军射击,则我军不得开枪,着士兵一体遵照',这样就停战。此后,'第二道防线'消失,上海和议开始,谈判,签字,完结。……现在我们知道了:那次敌人所以没有'被诱深入'者,决不是当时战略家的手段太不高明,也不是完全由于反对运动者的血流得'太少',而另外还有个原因:原来英国从中调停——暗地里和日本有了谅解,说是日本呀,你们的军队暂时退出上海,我们英国更进一步来帮你的忙,使满洲国不至于被国联否认,——这就是现在国联的什么什么草案,什么什么委员的态度。这其实是说,你不要在这里深入,——这里是有赃大家分,——你先到北方去深入再说。深入还是要深入,不过地点暂时不同。因此,'诱敌深入北平'的战略目前就需要了。流血自然又要多流几次。"

在《文章与题目》(原题为《安内与攘外》)里,鲁迅借着设题目做文章这件文事,来揭露国民党政府"攘外必先安内"政策所导致的必然结果。他说:"一个题目,做来做去,文章是要做完的,如果再要出新花样,那就使人会觉得不是人话。然而只要一步一步的做下去,每天又有帮闲的敲边鼓,给人们听惯了,就不但做得出,而且也行得通。譬如近来最主要的题目,是'安内与攘外'罢,做的也着实不少了。有说安内必先攘外的,有说安内同时攘外的,有说不攘外无以安内的,有说攘外即所以安内的,有说安内即所以攘外的,有说安内急于攘外的。做到这里,文章似乎已经无可翻腾了,看起来,大约总可以算是做到了绝顶。所以要出新鲜花样,就使人会觉得不是人话,用现在最流行的谥法来说,就是大有'汉奸'的嫌疑。为什么呢?就因为新花样的文章,只剩下了'安内而不必攘外','不如迎外以安内','外就是内,本无可攘'这三种了。这三种意思,做起文章来,虽然实在希奇,但事实却有的……"

鲁迅的眼光极其锐利,他的文章如一把匕首,能够透过表层,直刺其肺腑。即使某些高层机密,凭着他丰富的社会阅历和高度的政治敏感性,往往也能作出准确的判断。比如,1935年2月9日致萧军、萧红信云:"前几天大家过年,报纸停刊,从袁世凯那时起,卖国就在这时候,这方法留传至今,我看是关内也在爆竹声中葬送了。你记得去年各报上登过一篇《敌乎,友乎?》的文章吗?做的是徐树铮的儿子,现代阔人的代言人,他竟连日本是友是敌都怀疑起来了,怀疑的结果,才决定是'友'。将来恐怕还会有一篇'友乎,主乎?'要登出来。今年就要将'一二八''九一八'的纪念取消,报上登载的减少学校假期,就是这件事,不过他们说话改头换面,使大家不觉得。'友'之敌,就是自己之敌,要代'友'讨伐的,所以我看此后的中国报,将不准对日本说一句什么话。"这段话,不但对代"友"讨伐,不准宣传抗日等政策作出准确的推断,而且连该文的写作背景也在其意料之中。果然,后来陈布雷在他的回忆录里透露,这篇以徐道邻(北洋军阀徐树铮之子)名义发表的文章,其实是他写的。他在"民国二十四年乙亥"条下写道:"一月,去奉化溪口住旬日,撰《敌乎友乎》一长文携至上海,以徐道邻君之名义发表于《外交评论》杂志。……既发表后,各报竞相转载,日本之报纸杂志,亦均纷纷转译,颇引起一时之注意。"①陈布雷是蒋介石的文胆,他所写的政策性文章,当然是传达了"现代阔人"蒋介石的意见了。

---

① 《陈布雷回忆录》,台北传记文学出版社1967年版,第97页。

二六、拿起笔去回敬他们的手枪

蒋介石"攘外必先安内"国策实施的必然结果,是对外屈膝投降,而对内残酷镇压。所以,他们的飞机飞不到抗日前线,却把炸弹落到手无寸铁的人民的头上;他们的军队,"为战略关系",退出一道道抗日防线,却去包围共产党的苏区根据地。于是,一方面是榆关失守,北平吃紧;另一方面,则对苏区加紧进行军事"围剿",并在国民党统治区大肆捕杀共产党人、左翼作家和革命群众,甚至对那些并不赞成共产主义,仅只反对不抵抗主义的社会人士以至国民党人,也大开杀戒。1933年6月18日,蓝衣社特务在上海法租界刺杀了中国民权保障同盟总干事杨杏佛;1934年11月13日,《申报》馆负责人史量才又被刺杀在沪杭公路上。白色恐怖笼罩了整个中国。

中国民权保障同盟成立于1932年12月,以宋庆龄为主席,蔡元培为副主席,杨杏佛为总干事。该同盟的《宣言》中强调要给予国内政治犯以法律及其他之援助,为废除非法的拘禁、酷刑及杀戮而奋斗,并为集会结社自由、言论自由、出版自由而努力。蔡元培在中外记者招待会上说:"我们所愿意保障的是人权","既同是人,就有一种共同应受保障的普通人权,所以我等第一无党派的成见",第二"无国家的界限",第三"对于已定罪或未定罪的人,亦无甚区别"。可见该同盟用以相号召的是"保障人权",各种不同政

鲁迅与杨杏佛(中)、李济之(中国民权保障同盟北平分会副主席)合影,摄于1933年4月24日

治见解的人士也正是在这一目标下结集在一起。有人说,中国民权保障同盟是第三国际下属"济难会"的一个分会,这有待于档案材料的证实。即使真有这样的背景,参加者也未必知情,包括副会长蔡元培。否则,有许多人未必会参加。

蔡元培在1927年曾支持过蒋介石的反共清党活动,被称为"商山四老"之一;但是,他并不赞成对共产党人和革命分子的虐杀,这样,不久就与蒋介石有了矛盾。而在九一八之后严重的民族危机面前,他与蒋介石的矛盾逐步扩大了,终于成为一种反蒋力量。鲁迅显然是由蔡元培的关系而参加民权保障同盟的,并且成为上海分会的理事。他痛恨国民党政府残酷迫害和虐杀革命者,剥夺人民的自由权利,对于争取人权是赞成的。但鉴于中国的国情,对于这种组织活动,却并不看好。他在致友人书信中说:"民权保障会大概是不会长寿的,且听下回分解罢。"①果然,严厉的镇压随之而至。

刺杀杨杏佛,是对宋庆龄和蔡元培的警告,因为这两个人地位特殊,在国内外影响太大,国民党还有所顾忌,所以先从杨杏佛下手;而鲁迅等人也早已上了黑名单。鲁迅是明白这情况的,但他也意识到,这是一场关系到民族存亡的斗争,所以绝不退避。"否则,一群流氓,几枝手枪,真可以治国平天下了。"②

当杨杏佛被刺之后不久,曾经有一个日本人向鲁迅探问杨杏佛是不是共产党员,如果不是,则杨和共产党的关系如何?鲁迅听出此人大约是一个侦探,就老实不客气地回答道:"杨杏佛岂但不是共产党员而已,他还是国民党的人呢。可见今天的国民党当局,只要是爱国者就都是共产党,就都要加以消灭,是确实很忠心于帝国主义的,你们日本大可以放心!"③鲁迅还在公开发表的文章中引述明末史事,指出明末的草菅民命,杀戮清流,是为清朝统治者开道,这样,就向读者揭露出蒋介石杀戮爱国者的作用,是在为日本侵略者开道。后来在致友人书信中,则说得更加明白:"中国向来的历史上,凡一朝要完的时候,总是自己动手,先前本国的较好的人,物,都打扫干净,给新主子可以不费力量的进来。现在也毫不两样,本国的狗,比洋狗 更清楚中国的情形,手段更加巧妙。"④

在杨杏佛入殓的那天,国民党特务又传出了威胁的风声,说就要在这一天暗杀中国民权保障同盟中其他的人。这当然能吓住一些人。林语堂就没有去,但鲁迅毫不犹豫地去送殓,并且出门时不带钥匙,以示决绝。那天,宋庆龄、蔡元

---

① 1933年2月12日致台静农信。
② 《伪自由书·后记》。
③ 据冯雪峰:《回忆鲁迅》,《雪峰文集》第4卷,第205页。
④ 1935年2月9日致萧军、萧红信。

培、许寿裳也都去了,表现得很坚定。鲁迅说:"这种时候就看出人来了"。

对于杨杏佛的死,鲁迅是很悲痛的,感怀时事,同时又很愤慨。入殓那天,下着大雨,天地为之惨容,鲁迅送殓回来,写成七绝一首《悼杨铨》:

岂有豪情似旧时,花开花落两由之。
何期泪洒江南雨,又为斯民哭健儿。

杨杏佛的被刺,不但没有吓倒鲁迅,反而激起他加倍的斗争激情,不畏艰险,顽强战斗。6月25日,他在致日本友人山本初枝的信中说:"近来中国式的法西斯开始流行了。朋友中已有一人失踪,一人遭暗杀。此外,可能还有很多人要被暗杀,但不管怎么说,我还活着。只要我还活着,就要拿起笔,去回敬他们的手枪。"

这种中国式法西斯的流行,一方面有本国的专制主义传统,另一方面,也深受国际法西斯主义的影响。1933年,是德国希特勒法西斯匪徒上台的一年,他们的党卫军和冲锋队疯狂残杀和迫害进步文化人士,大量焚毁进步书籍报刊。5月13日,鲁迅与宋庆龄等人联名签署《为德国法西斯压迫民权摧残文化的抗议书》,并亲赴德国驻上海领事馆递交这份抗议书。1933年,也是日本军国主义者加强法西斯化的一年,他们设立了许多专门镇压左翼组织和民主运动的机构,大肆捕杀进步人士,这一年横遭逮捕的人数就比上一年增加一倍多。左翼作家、日共党员小林多喜二就在这年2月22日被逮捕,并且被活活打死。噩耗传来,鲁迅与左联其他作家立即向日本反动政府发出抗议书,鲁迅亲自写了唁电:"日本和中国的大众,本来就是兄弟。资产阶级欺骗大众,用他们的血划了界线,还继续在划着。但是无产阶级和他们的先驱们,正用血把它洗去。小林同志之死,就是一个实证。我们是知道的,我们不会忘记。我们坚定地沿着小林同志的血路携手前进。"

蒋介石与日本军国主义者本来就深相勾结,此时,更与希特勒法西斯主义者频送秋波,又是派人到德国学习法西斯特务统治术,又是请德国教官来训练他的军队,并且在报刊上大肆宣传希特勒和墨索里尼。禁书、焚书、捕人、杀人,有

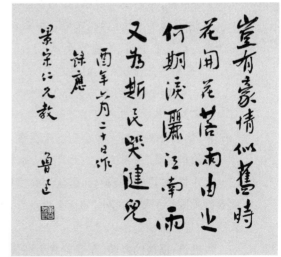

鲁迅手书《悼杨铨》诗

增无已,甚至仿效希特勒纳粹党徒的什么"水晶夜",也全武行地大打出手:捣毁影片公司、警戒电影院、击碎书店玻璃窗、冲入总发行所……鲁迅在《准风月谈·后记》里,还保存了几份当时的剪报,其标题是:《艺华影片公司被"影界铲共同志会"捣毁》、《影界铲共会警戒电影院拒演田汉等之影片》、《今晨良友图书公司突来一怪客 手持铁锤击碎玻璃窗扬长而去 捕房侦查中▶……光华书局请求保护》、《捣毁中国论坛 印刷所已被捣毁 编辑间未受损失》、《袭击神州国光社 昨夕七时四人冲入总发行所 铁锤挥击打碎橱窗损失不大》,从中可见其猖獗。鲁迅在剪贴这些材料之后,接着说:"一个'志士',纵使'对于文化事业,热心异人',但若会在不知何时,飞来一个锤子,打破值银数百两的大玻璃;'如有不遵',更会在不知何时,飞来一顶红帽子,送掉他比大玻璃更值钱的脑袋,那他当然是也许要灰心的,然则书店和报馆之有些为难,也就可想而知了。"

鲁迅当时就发表了《华德保粹优劣论》和《华德焚书异同论》,点出了国民党暴政与德国纳粹的关系。前一篇将北平市政府禁止女人养雄犬的文告与德国纳粹党的禁唱《跳蚤歌》相比较,指出中国的暴政更甚于德国:"两国的立脚点,是都在'国粹'的,但中华的气魄却较为宏大,因为德国不过大家不能唱那一出歌而已,而中华则不但'雌女'难以蓄犬,连'雄犬'也将砍头。这影响于叭儿狗,是很大的。由保存自己的本能,和应时势之需要,它将变成'门犬猎犬'模样。"后一篇将希特勒的烧书与秦始皇的烧书作比较,认为希特勒还不如秦始皇:

不错,秦始皇烧过书,烧书是为了统一思想。但他没有烧掉农书和医书,他收罗许多别国的"客卿",并不专重"秦的思想",倒是博采各种的思想的。秦人重小儿;始皇之母,赵女也,赵重妇人,所以我们从"剧秦"的遗文中,也看不见轻贱女人的痕迹。

希特拉先生们却不同了,他所烧的首先是"非德国思想"的书,没有容纳客卿的魄力;其次是关于性的书,这就是毁灭以科学来研究性道德的解放,结果必将使妇人和小儿沉沦在往古的地位,见不到光明。而可比于秦始皇的车同轨,书同文……之类的大事业,他们一点也做不到。

这并非为"剧秦"辩护,而是认为秦始皇在"剧"之外,还有"大事业"的一面,而希特勒则除了暴政之外,却什么也没有。批评希特勒,也就是批评蒋介石。矛头所指,是十分清楚的。

鲁迅说,据他的经验,在受着武力征伐的时候,是同时一定要得到文力征伐的。事实的确如此。1933年,他在《申报·自由谈》上开始发表短评不久,就受到叭儿文人们的攻击。因为鲁迅这些文章的特点，"是在论时事不留面子，砭锢弊常取类型"，论时事则触犯时忌，取类型则相像的人很多，见者不察，以为专门在讽刺他，于是就必欲制作者于死命了，造谣、诬蔑，无所不用其极。一会儿说鲁迅拿卢布，一会儿又改说鲁迅拿日元，给日本政府送情报。鲁迅在《自由谈》上发表文章，用的是何家干等笔名，也受到揭露和告发，后来甚至把别人的文章也当作是鲁迅写的，而狂吠一通。到5月初，对于《自由谈》的压迫逐日严紧起来，鲁迅的文章就接连不能发表了。5月25日，《自由谈》编者刊出启事，说："吁请海内文豪，从兹多谈风月，少发牢骚，庶作者编者，两蒙其休。"其实，鲁迅本来就并不以为《自由谈》真的有什么自由，他并不想在这上面自由驰骋。但要从一个题目限制了作家，那是不能够的。鲁迅说，"月白风清，如此良夜何？"好的，风雅之至，举手赞成；但同是涉及风月的，"月黑杀人夜，风高放火天"呢，不明明是一联古诗么？有趣的是谈风云的人，风月也谈得，谈风月就谈风月罢，当然仍然不能符合统治者的尊意。鲁迅于是改换了种种笔名，继续在《自由谈》上写稿，继续揭露国民党当政者及其走狗文人。他把这一年在《自由谈》上发表的短评，收成两本集子，名曰《伪自由书》和《准风月谈》，就是讽刺国民党统治者的文化专制主义的。

　　在这段白色恐怖严重的日子里，鲁迅与瞿秋白结下了战斗友谊。瞿秋白原来是中共中央的重要领导人，1931年1月，在中共六届四中全会上受到米夫、王明等人的打击，这以后有三年时间，他秘密地住在上海养病，1931年夏天开始，自动地参与左联的领导工作，翻译了许多马克思主义文艺理论并写了不少文章。鲁迅从冯雪峰那里知道瞿秋白在从事文艺活动的情况，并听说他对自己从日文转译的几种马克思主义文艺理论著作的译文提了意见，急忙说："我们抓住他！要他从原文多翻译这类作品！以他的俄文和中文，确是最适宜的了。"又说："马克思主义的文艺理论，能够译得精确流畅，现在是最要紧的了。"1931年底，他们就翻译问题进行通信讨论；1932年春末夏初，他们见了面，谈得很投机。此后，他们共同从事左翼文艺运动，并肩作战，打击敌人。瞿秋白有三次遇到危险，都到鲁迅家避难，受到鲁迅一家人的欢

瞿秋白杨之华夫妇

迎;有一段时期,他还住在鲁迅家附近的东照里,时相过从,讨论问题。他们互相钦佩对方的见解与文才,有时还协作撰写杂文,收在鲁迅杂文集《伪自由书》里的《王道诗话》、《伸冤》、《曲的解放》、《迎头经》、《出卖灵魂的秘诀》、《最艺术的国家》、《内外》、《透底》、《大观园的人才》和收在《南腔北调集》里的《关于女人》这十篇文章,就是由瞿秋白执笔写出,而用鲁迅的笔名发表的。

瞿秋白原来对五四文学革命有不正确的估价,因而也影响到对鲁迅作品的认识。当他同鲁迅直接接触,深入交谈,并且反复研究了鲁迅的杂文之后,他深刻地认识到鲁迅在中国近代革命史和思想史上的意义,认识到鲁迅杂文的价值。1933年4月,瞿秋白编选了《鲁迅杂感选集》,并写了序言。这篇序言第一次全面地分析了鲁迅的思想发展过程,高度评价了鲁迅杂文的战斗意义,在鲁迅研究和文艺批评的发展上有着重要的作用。鲁迅自己说过:"分析的是对的。以前就没有人这样批评过。"①

鲁迅曾用两句"何瓦琴语",给瞿秋白写了一副对联:"人生得一知己足矣,斯世当以同怀视之。"从中可见他们友谊之深。

1933年2月17日,英国作家萧伯纳乘周游世界的轮船到达上海,很受到上海文氓和各国记者的攻击;鲁迅应邀到宋庆龄宅与萧伯纳共进午餐,还合拍了照

1933年2月17日中国民权保障同盟总会在宋庆龄宅欢迎萧伯纳

---

① 冯雪峰:《回忆鲁迅》,《雪峰文集》第4卷,第221页。

片,因此也受到了奚落。但鲁迅是喜欢萧的,因为"他往往撕掉绅士们的假面",而且,"被我自己所讨厌的人们所讨厌的人,我有时会觉得他就是好人物"。看看各个系统的报纸上对萧伯纳的报道,有趣极了。同是一句话,英系报、日系报、白俄系报、蒋系报的报道就不同,各各朝有利于自己的方面歪曲。萧伯纳简直成了各种政治立场的凹凸镜,各方面都想借他照耀自己的"粗壮"、"圆转",而把别人照成扁塌的矮子。其实,他们却各自现了原形。当时,瞿秋白正在鲁迅家避难,他们决定把报上的文章剪辑下来,编成一本《萧伯纳在上海》,借以看看各方面的态度。于是在许广平和杨之华的协助下,他们连夜编排、翻译、作序、校对,在一个月内就以野草书屋的名义出版、发售。这样的出书速度,也是对当时出版界的一个刺激。

除了编译这本《萧伯纳在上海》并作序之外,鲁迅还写了《颂萧》、《谁的矛盾》、《看萧和"看萧的人们"记》等文章,透视了看萧和评萧人们的心态。后来,借《论语》杂志出版一周年征稿之机,又写了一篇《"论语一年"》,副标题是"借此又谈萧伯纳"。在这篇文章里,鲁迅引用列维它夫关于易卜生是伟大的疑问号(?),而萧伯纳是伟大的感叹号(!)的评论,也对这两位在中国产生过广泛影响的剧作家作了比较研究。鲁迅说:"他们的看客,不消说,是绅士淑女们居多。绅士淑女们是顶爱面子的人种。易卜生虽然使他们登场,虽然也揭发一点隐蔽,但并不加上结论,却从容的说道'想一想罢,这到底是些什么呢?'绅士淑女们的尊严,确也有些动摇了,但究竟还留着摇摇摆摆的退走,回家去想的余裕,也就保存了面子。至于回家之后,想了也未,想得怎样,那就不成什么问题,所以他被绍介进中国来,四平八稳,反对的比赞成的少。萧可不这样了,他使他们登场,撕掉了假面具,阔衣装,终于拉住耳朵,指给大家道,'看哪,这是蛆虫!'连磋商的工夫,掩饰的法子也不给人有一点。这时候,能笑的就只有并无他所指摘的病痛的下等人了。在这一点上,萧是和下等人相近的,而也就和上等人相远。"鲁迅用深层的社会分析方法,揭出了绅士阶级反对萧伯纳的根本原因。

这段时期,在文坛上又发生了关于"自由人"和"第三种人"的论辩。

问题是由胡秋原引起来的。他于1931年12月15日的《文化评论》旬刊创刊号上发表了《阿狗文艺论》,这篇文章原是批判民族主义文艺论的,但因为其中有这样的字句:"艺术虽然不是'至上',然而决不是'至下'的东西。将艺术堕落到一种政治的留声机,那是艺术的叛徒",被认为同时也否定了普罗文艺。这一点,他在《勿侵略文艺》中作了解释:"我并不想站在政治立场赞否民族文艺与普罗文艺,因为我是一个于政治外行的人","但是我并不能主张只准某种艺术存在而排斥其他艺术，因为我是一个自由人。"——在这里，他提出了一个"自由人"的概念。但是，不久他却在1932年3月出版之《读书杂志》第二卷第一期上发表长篇论文《钱杏邨理论之清算与民族文学理论之批评》，又否定了自己的解释。这篇文章引起了左翼作家的强烈反应，洛扬（冯雪峰）首先在6月6日出版的《文艺新闻》上发表了一封信，他承认钱杏邨的理论不是正确的马克思主义的批评，不能代表目前中国革命普罗文学运动的指导路线的理论，"我们自己就早要给他批判和斗争的"，但是，却认为"胡秋原在这里不是为了正确的马克思主义的批评而批判了钱杏邨，却是为了反普罗革命文学而攻击了钱杏邨；他不是攻击杏邨个人，而是进攻整个普罗革命文学运动"。既然问题提到了这样的高度，那么回击是难免的了。

而这时，又冒出来一篇苏汶的文章：《关于"文新"与胡秋原的文艺论辩》。苏汶表面上是两边都加以调侃，实际上是支持胡秋原的理论的，而且还提出了另一个概念："第三种人"。苏汶说："在'智识阶级的自由人'和'不自由的，有党派的'阶级争着文坛的霸权的时候，最吃苦的却是这两种人之外的第三种人。这第三种人就是所谓作者之群。""作者，老实说，是多少带点我前面所说起的死抱住文学不肯放手的气味的；否则，他也决不会在成千成万的事业中选定了这个最没出息的事业（也许说职业好一点吧）来做。只要一张开眼睛来看，不写东西的便罢，写一点东西的都斤斤乎艺术的价值便可知道。"而且，还把表现阶级意识的文学称为"今天卖给资产阶级，明天又卖给无产阶级"的"人尽可夫的卖淫妇"，他要求文学"从良"，即脱离与各个阶级的关系。这种理论，当然不能为强调文学阶级性的左翼作家所接受，于是群起而反对之。

苏汶是《现代》杂志编辑杜衡的笔名，从他发表这篇文章之后，论争的主战场也就移到《现代》杂志上去了。1932年7月出版的《现代》一卷六号上，就刊出了三篇相关文章，两篇是批判"自由人"和"第三种人"的：易嘉（瞿秋白）的《文艺的自由和文学家的不自由》和周起应（周扬）的《到底是谁不要真理，不要文艺？》，他们都是从文学的阶级使命上来批驳胡秋原和苏汶，易嘉还提出一个论断："在阶级社会里做不成第三种人"；另有一篇是苏汶的答辩文章：《"第三种人"的出路》，他说："据我现在想来，这'第三种人'未必一定做不成，而且确实已经存在了。只有从狭义的阶级文学理论的立场上看来，这'第三种人'才会必然地做不成。"但是，他一面指责左翼作家"左而不作"，一面慨叹"第三种人"的处境艰难。说是由于左翼理论家们的大唱高调，他们只好搁笔了。"这搁笔不是什么'江郎才尽'，而是不敢动笔。"那么，出路在哪里呢？"总括起来说，'第三种人'

的唯一出路并不是为着美而出卖自己,而是,与其欺骗,与其做冒牌货,倒不如努力去创造一些属于将来(因为他们现在是不要的)的东西吧。"

从这场论争的发展过程看,倒不是左翼作家根据"打击中间力量"的理论主动出击的,而是由被动应战到全力反击。对于那些并不向左翼文坛叫板的中间力量,他们也并不采取打击态度。

在这场论战中,鲁迅连续发表了《论"第三种人"》、《"连环图画"辩护》和《又论"第三种人"》等文,从当时的现实处境出发,批驳了苏汶的论点,并表明了左翼文坛对于"第三种人"应有的态度。

鲁迅承认,自从有了左翼文坛以来,理论家曾犯过错误,作家之中,也不但如苏汶所说,有"左而不作"的,并且还有由左而右,甚至于化为民族主义文学的小卒、书坊的老板、敌党的探子的,然而这些讨厌左翼文坛的文学家所遗下的左翼文坛,却依然存在,不但存在,还在发展,克服自己的坏处,向文艺这神圣之地进军。现在左翼作家正在受封建的资本主义的社会的法律的压迫、禁锢、杀戮,因而刊物寥寥,偶有批评文章发表,也并未动不动便指作家为"资产阶级的走狗",而且不要同路人。鲁迅说:"左翼作家并不是从天上掉下来的神兵,或国外杀进来的仇敌,他不但要那同走几步的'同路人',还要招致那站在路旁看看的看客也一同前进。"他认为"第三种人"的"搁笔",原因不在左翼批评的严酷,而是实际上做不成"第三种人"——"生在有阶级的社会里而要做超阶级的作家,生在战斗的时代而要离开战斗而独立,生在现在而要做给与将来的作品,这样的人,实在也是一个心造的幻影,在现实世界上是没有的。要做这样的人,恰如用自己的手拔着头发,要离开地球一样,他离不开,焦躁着,然而并非因为有人摇了摇头,使他不敢拔了的缘故。"①

鲁迅运用文学的阶级性原理,对"第三种人"所作的批判是深刻的。但他并没有将"第三种人"一棍子打死。同样从文学的阶级性原理出发,鲁迅又对"第三种人"作了具体分析,指出他们有分化的可能性。"所谓'第三种人',原意只是说:站

这场论辩结束不久,苏汶就编印了这本《文艺自由论辩集》

---

① 《南腔北调集·论"第三种人"》。

在甲乙对立或相斗之外的人。但在实际上,是不能有的。人体有胖和瘦,在理论上,是该能有不胖不瘦的第三种人的,然而事实上却并没有,一加比较,非近于胖,就近于瘦。文艺上的'第三种人'也一样,即使好象不偏不倚罢,其实是总有些偏向的,平时有意的或无意的遮掩起来,而一遇切要的事故,它便会分明的显现。……所以在这混杂的一群中,有的能和革命前进,共鸣;有的也能乘机将革命中伤,软化,曲解。左翼理论家是有着加以分析的任务的。"①

鲁迅指出"第三种人"有分化的可能,提出了团结他们一起前进的方针,大概与他深入研究过苏联"同路人"文学有关,也是他在左联成立大会上提出要建立联合战线思想的具体实施。在这场讨论行将结束时,鲁迅趁冯雪峰登门向胡秋原道歉的机会,特地将苏联友人刚刚送给他的普列汉诺夫照片,翻拍后分赠给胡秋原。因为胡秋原也是普列汉诺夫研究者,不久前刚出版了皇皇七十万言的专著《唯物史观艺术论:朴列汉诺夫及其艺术理论》。对于鲁迅在《辱骂与恐吓决不是战斗》一文中对他的包容和保护,并在此次"自由人"和"第三种人"争论中对他的抚慰,胡秋原铭记一生,直到九十四岁高龄临终时,他还说:"我永远忘不了鲁迅!"②

丹仁(冯雪峰)在此次论辩的总结性文章《关于"第三种文学"的倾向与理论》中,进一步阐明鲁迅的上述观点,说是"我们——即所谓'左翼文坛'……除了自己和领导着一切革命的文学者坚决不懈地斗争着工作着以外,还要联合一切进步的、为着人类的前进和光明而工作的文学者作家同走:是我们的公然的战斗的态度。这一种态度,就是这一次,我们也曾经传送过给作家们'左翼作家不但要那同走几步的"同路人",而且还要招诱那站在路旁看看的看客也来同走吧'(鲁迅:《论'第三种人'》)。所以,对于一般作家,我们要携手,决非'拒人于千里之外',更非视为'资产阶级的走狗'"。可惜,这种团结的方针,不能为某些左翼作家所接受,直到1957年反右运动中冯雪峰受到批判时,有人还特别提出这篇文章,说是划不清阶级阵线,犯右倾机会主义的错误——只是尚未直接将矛头指向鲁迅而已。

20世纪30年代的斗争是严酷的。尽管有些人声称要超脱现实,但现实的阶级斗争却紧紧地束缚着人们。国民党政府的文化统制愈来愈紧了。1933年10月间,行政院颁发查禁普罗文艺的密令:"须更严密,毋使漏网","严密查扣,禁止流传"。果然,文网之绵密,前所未有,因为当局之手段,除摧毁一切外,已一无所长,他们什么都禁止发行,一次就查禁书籍一百四十九种之多,连与当前政治毫

---

① 《南腔北调集·又论"第三种人"》。
② 据秋石:《于包容中见伟大》,《文学报》2008年7月31日。

二六、拿起笔去回敬他们的手枪

无关系的阿密基斯的《爱的教训》和国木田独步的小说选集也要没收,简直叫人啼笑皆非。鲁迅当然是重点的迫害对象,他的一切作品,不论新旧,全在禁止之列,简直是想把他全家饿死。

但这种查禁,也影响了书业的生意,于是有个编辑,就向官方提议,进行出版前的文稿审查,以免出版后查禁,书店损失太大。在1934年5月,国民党政府正式成立了"中国图书杂志审查委员会",而反对文学和政治相关的某些"第三种人",也坐上了检查官的椅子。鲁迅愤慨地说道:"数年前的文坛上所谓'第三种人'杜衡辈,标榜超然,实为群丑,不久即本相毕露,知耻者皆羞称之"①。

那时,社会黑暗到了极点,但是鲁迅并不消极,他对于革命前途充满信心。在为友人书写的绝句中,抒发出自己的情思:

> 万家墨面没蒿莱,敢有歌吟动地哀。
> 心事浩茫连广宇,于无声处听惊雷。

"图书杂志审查委员会"成立后,一时间真是气焰万丈。中国的审查办法,与别国不一样,别国的检查是删削,中国的检查官则动手改文章。检查官中有些是"文学家",自己写不出作品,却要给别人改文章,这倒是很滑稽的事。但他们毕竟是熟悉文坛情况的,头脑没有纯粹官僚的胡涂,一点讽刺,一句反语,他们都比较地懂得所含的意义,所以查禁得也特别严厉。但检查官中还有些是高跟鞋、电烫发的摩登女郎,她们连文章也看不懂,就乱删一气,实在令人气闷。鲁迅在致日本友人信中说:"检查官中颇有些摩登女郎,彼女流辈(试用明治时代的写法),对我的文章看不懂就动手,删得叫人不舒服。高明的勇士,一刀便击中要害,置敌于死地,然彼女流辈手持小刀,对着背上或屁股的皮肤乱刺,流着血,样子也难看,但被刺者不易于倒下,虽不倒下,总使人厌恶难受。"②

鲁迅说:只要我还活着,就要拿起笔,去回敬他们的手枪

---

① 《且介亭杂文二集·"题未定"草(九)》。
② 1935年1月25日致增田涉信。

"图书杂志审查委员会"里的"文学家"中,有许多是受过鲁迅批判的,所以对鲁迅的作品就检查得特别苛刻。自该委员会成立以后,鲁迅的文章就更难发表了。即或通过,也遇之即删,弄得不成样子。比如,鲁迅曾给《文学》月刊写过一篇《病后杂谈》,开头从生病谈起,而主旨在以明、清的虐政来影射国民党的法西斯专政,并批判林语堂等人的"性灵"说。全文共五段,但是被检查官删去五分之四,登出来时只剩下第一段了。读者看了,当然莫名其妙。后来有人根据这一段评论道:"鲁迅是赞成生病的"。这就是文艺上暗杀政策的效力。此外,鲁迅的文章被删去几句、一段、半篇,或干脆被抽去的,还多得很。《不知肉味与不知水味》是写给《太白》的,登出来时,后半篇都不见了,有人看后当面问鲁迅道:"你在说什么呀?"《中国人失却自信力了吗》也是写给《太白》的,凡是对于求神拜佛,略有不敬之处,都被删除;《脸谱臆测》是写给《生生月刊》的,奉官谕:不准发表,因为其中得罪了"第三种人";《阿金》是写给《漫画生活》的,不但不准登载,而且还送到南京中央宣传会里去,后来索回原稿,看了上面所打的杠子,鲁迅这才悟出道理来,例如"主子是外国人"、"炸弹"、"巷战"之类自然以不提为是。"但是我总不懂为什么不能说我死了'未必能够弄到开起同乡会'的缘由,莫非官意是以为我死了会开同乡会的么?"这些文章鲁迅在收成集子时,都将它补足,并特别用标记标出,或在后记中加以说明,使读者可以看到检查官的德政,并使知道:"我们活在这样的地方,我们活在这样的时代。"①

　　鲁迅在为1934年的短评集《花边文学》所写的《序言》中,曾经这样描绘他当时的写作处境:

　　　　……但那时可真厉害,这么说不可以,那么说又不成功,而且删掉的地方,还不许留下空隙,要接起来,使作者自己来负吞吞吐吐,不知所云的责任。在这种明诛暗杀之下,能够苟延残喘,和读者相见的,那么,非奴隶文章是什么呢?

　　　　我曾经和几个朋友闲谈。一个朋友说,现在的文章,是不会有骨气的了,譬如向一种日报的副刊去投稿罢,副刊编辑先抽去几根骨头,总编辑又抽去几根骨头,检查官又抽去几根骨头,剩下来还有什么呢?我说:我是自己先抽去了几根骨头的,否则,连'剩下来'的也不剩。所以,那时发表出来的文字,有被抽四次的可能,——现在有些人不在拼命表彰文天祥方孝孺

---

① 《且介亭杂文·附记》。

二六、拿起笔去回敬他们的手枪

么,幸而他们是宋明人,如果活在现在,他们的言行是谁也无从知道的。

发表文章难,出版书籍也难。《二心集》是将版权卖给合众书店的,这次再度遭禁之后,书店便又去请检查,结果是被删去三分之二,剩下十六篇,改为《拾零集》出版。鲁迅知道之后,给书店复信道:"要将删余之《二心集》改名出版,以售去版权之作者,自无异议。但我要求在第一页上,声明此书经中央图书审查会审定删存;倘登广告,亦须说出是《二心集》之一部分,否则,蒙混读者的责任,出版者和作者都不能不负,我是要设法自己告白的。"但此项要求亦未能做到。而且,连这审定删存的一本到杭州去发卖时,又被没收了。书店向他们说明已经"中央"审定,回答是:"这是浙江特别禁止的。"

当时不但鲁迅的著作大加删削禁止,而且他所翻译和编辑的东西,也在劫难逃。比如,他所译的俄国契诃夫的短篇小说《波斯勋章》,就被检查官禁止发表;他参与编辑的《译文》杂志,常被抽去多篇,稿件不够,只得临时赶译补足。鲁迅指出:"此为他们虐待异己法之一。使之疲于奔命,一也;使内无佳作,二也;使出版延期,因失读者信用,三也……"①

中国长期处于封建专制主义统治之下,一向文网森严,文字狱层出不穷,进入民国时代,本应该实行民主,尊重言论出版的自由权利,却不料管制得愈来愈严,新政府比老政府更甚。鲁迅说:"我有生以来,从未见过近来这样的黑暗,网密犬多,奖励人们去当恶人,真是无法忍受。非反抗不可。遗憾的是,我已年过五十。"②但即使已经年老,但鲁迅还是决不退让,他说:"我拟从明年起和检官们一战。"③

到得1935年,却不料出了《新生》周刊的《闲话皇帝》事件。《闲话皇帝》一文中提到日本天皇裕仁,日本领事指控该文触犯日本天皇,于6月间向上海市政府和南京政府提出"严重抗议",国民党政府赶忙将《新生》杂志查封,并将主编杜重远判处一年零四个月的徒刑,不准上诉,同时又以"失职"罪,革掉了七个检查官,于是这个不可一世的"图书杂志审查委员会"也就烟消火灭了。当然,这并不是恢复了出版自由,鲁迅说,他的文章仍旧是"带着枷锁的跳舞"。

政治上的倒退,总是和思想上的复古联系在一起的。蒋介石运用法西斯手段,扼杀一切革新的东西,随之而出现的是一股复古思潮。光绪年间维新派所革掉的旧习又重新出现了,五四运动所反掉的"妖孽"又在新式青年的躯壳里复活

---

① 1935年1月15日致曹靖华信。
② 1934年7月30日致山本初枝信。
③ 1934年12月29日致增田涉信。

了。鲁迅是从光绪年间就战斗过来的人,对此当然不免感慨。他写了一篇《重三感旧》,将眼前这种现象与光绪末年的"新党"作对比,赞扬"老新党"们为了给中国图富强,三四十岁看《学算笔谈》、看《化学鉴原》,怪声怪气学洋话的精神,而批判了当时遗老遗少们的复古倾向。

鲁迅这篇文章本来并不专指某个人,而是针对当时的复古思潮而发的。但劝青年读《庄子》、《文选》的施蛰存,却撰文辩解,说他在《大晚报》上推荐这两本书,是"为青年文学修养之助"——后来又说是可以寻活字汇,而且说:"没有经过古文学的修养,鲁迅先生的新文章决不会写到现在那样好。"虽然鲁迅的文章是用丰之余的笔名发表的,但对方早已觉出作者是谁,字里行间随处隐射,如说他想将书目改一下,"把《庄子》与《文选》改为鲁迅先生的《华盖集》正续编及《伪自由书》",仿佛鲁迅之反对推荐《庄子》与《文选》,是因为恨他没有推荐自己著作的缘故。在这种情况下,一场持续的辩论开始了。

鲁迅指出,古书中寻活字汇,是说得出,做不到的。假如有青年翻开《文选》来,一心要寻活字汇,怎样分别那些字的死活呢?不看注而能懂的,这就是活字汇。然而他怎么会先就懂得的呢?这一定是曾经在别的书上看见过,或到现在还在应用的字汇,所以他懂得。那么,从一部《文选》里,又寻到了什么?如果说,要描写宫殿之类的时候有用处,那也只限于做汉晋的历史小说,如果描写的是清故宫,那可和《文选》的瓜葛就极少了。倘使连清故宫也不想描写,而预备工夫却用得这么广泛,那实在是徒劳而仍不足。有人说:"汉以后的词,秦以前的字,西方文化所带来的字和词,可以拼成功我们的光芒的新文学"。这是逃避骚扰的人生,而逃进字和词里去的做法。鲁迅指出:如果新文学的光芒只在字和词,"那大概象古墓里的贵妇人似的,满身都是珠光宝气了"。但是,"人生却不在拼凑,而在创造,几千百万的活人在创造。"①正是为了创造新的生活,新的文学,鲁迅才坚决反对推荐《庄子》与《文选》为青年文学修养之助,推荐《论语》、《孟子》、《颜氏家训》为道德修养之助。至于有人将鲁迅的富有旧文学修养的事实,作为他提倡读古书的理由,那不过是重复了五四时期保护文言者所玩弄的老花样。鲁迅讽刺地称这种现象为"反刍"。

后之论者,往往不理解鲁迅为什么要反对劝青年读《庄子》、《文选》,认为青年人读这些书也没有什么不好。其实,鲁迅是从整个时代思潮出发来谈这一问题的,不能只从文学修养角度来理解。徐中玉教授在《回忆蛰存先生》文中说:

---

① 《准风月谈·难得糊涂》。

他们"一位从近处想,读点古书对青年写作有助,一位从远处想,提醒青年不要沉到古书中去",说出了二人着眼点的不同。但是,论争一开始之后,双方都动了肝火,各说了一些意气用事的话,如施蛰存对于鲁迅批评动机的歪曲,对鲁迅翻印木刻,用骈体文为别人的书信集作序等事的讽刺,鲁迅则指斥施蛰存为"洋场恶少",这于论争本身是无益的。

那时,复古之风很盛,而这股复古之风,却正是当道者掀起来的。蒋介石提倡复古,是出于政治上的需要。他想借助于中国的封建道德,来加强他的所谓"整齐划一"的法西斯统治。蒋介石很钦佩曾国藩,曾国藩在剿灭太平军的过程中,奋卫"圣道",中兴古文,想以此来维系人心;蒋介石学曾国藩的样子,在对苏区的第五次军事"围剿"的过程中,搞了个"新生活运动",提倡尊孔读经,鼓吹四维八德,说是"四维既张,国乃复兴"。1934年2月19日,蒋介石在指挥军事围剿的南昌行营演讲所谓"新生活运动要义",其政治意图,是十分明显的。

在蒋介石"新生活运动"的带动下,尊孔复古思潮汹涌而来。湖南军阀何键,早就提倡读经;广东军阀陈济棠,提议恢复对孔子及关羽、岳飞的祀典,经国民党政务会议通过,在广东举行盛大典礼;山东省主席韩复榘提议修复孔庙,由国民党中政会补助十万元;戴季陶也捐款修建吴兴孔庙,并代表国民党政府到咸阳周陵去祭文王周公的墓;上海则大开"孔诞纪念会",演"佾舞",奏"韶乐";又有广东省河督配局局长郑日东根据《礼记·王制》篇中"道路,男子由右,妇女由左"的话,呈请令男女分途,禁止同行;甚至上海无线电里还播送《颜氏家训·勉学》篇,劝人读《论语》、《孝经》……种种奇怪现象,不一而足。

与此同时,日本侵略者也大搞尊孔活动。他们提出"东亚共荣"、"王道乐土"的理论,还在汤岛建造孔庙,提倡尊孔读经。溥仪在日本军阀扶持下,在伪满称帝,于是,东北报上论文,十之九是以"王道政治"作结,官厅通知,谓凡有挑剔贫富、论述斗争的文字,皆与"王道"不合,必须送检……

面对着国内外这股尊孔复古逆流,鲁迅再次奋起抗击。从1934年到1935年,他连续写了《关于中国的两三件事》、《儒术》、《在现代中国的孔夫子》等一系列文章,从各方面揭露和批判这股尊孔复古思潮。鲁迅指出:"孔夫子曾经计划过出色的治国的方法,但那都是为了治民众者,即权势者设想的方法,为民众本身的,却一点也没有。"①鲁迅从周公镇压"顽民"等历史事实证明:"在中国,其实

---

① 《且介亭杂文二集·在现代中国的孔夫子》。

是彻底的未曾有过王道"。至于当前日、满、蒋的鼓吹王道,那完全是为了遮盖他们侵略和残杀的霸道事实。蒋介石在苏区杀人放火,在国统区实行白色恐怖,将全国变成了一个大监狱,这就是他鼓吹"王道"的真面目。鲁迅指出:"倘说先前曾有真的王道者,是妄言,说现在还有者,是新药。"①

在中国现代历史上,尊孔思想总是同古文复兴相联系的。提倡文言,反对白话,正是复古思潮的一个组成部分。30年代也并不例外,尊孔复古浪潮一起,就有人向白话文发动攻势了。其中最突出的,是国民党教育部的官僚汪懋祖,他在1934年5月间发表了《禁习文言与强令读经》一文,提出小学学习文言,初中读《孟子》,高中读《论语》、《大学》、《中庸》的主张。接着,吴研因发表《驳小学参教文言中学读孟子》一文加以反对,展开了新的语文论战。但陈望道、乐嗣炳则认为,如果单纯地进行白话保卫战,恐怕保不住白话文,应该跳出文白之争,提出一些更激进的东西,这样才能保住白话。于是他们邀集同道,进行座谈,拟定了"大众语"这个名称,并于6月18日开始,在《申报·自由谈》上连续发表讨论文章,继而其他一些报刊也加以响应,形成一个大众语运动。

鲁迅在与复古思潮进行斗争时,很注意有些人对于白话文的攻击,汪懋祖一出来,他立即撰文予以揭露。汪懋祖其实并没有什么创造发明,他不过重复了当年章士钊的论调而已,连所举的例证也差不多。章士钊把"二桃杀三士"错解作"两个桃子杀死三个读书人",来论证文言的简洁;汪懋祖则将"这一个学生或是那一个学生"翻译为"此生或彼生",来说明文言的省力。鲁迅也还是用当年对付章士钊的办法来对付汪懋祖,就用主张文言的汪懋祖所举的文言的例子,证明了文言的不中用。鲁迅指出,"此生或彼生"至少还可以有两种解释:一,这一个秀才或是那一个秀才(生员);二,这一世或是未来的别一世。这就说明:"文言比起白话来,有时的确字数少,然而那意义也比较的含胡。我们看文言文,往往不但不能增益我们的智识,并且须仗我们已有的智识,给它注解,补足。待到翻成精密的白话之后,这才算是懂得了。如果一径就用白话,即使多写了几个字,但对于读者,'其省力为何如'?"②

鲁迅赞同陈望道等人的主张,认为提倡大众语运动,至少可以给复古思潮一个打击,使白话文得以发展。鲁迅对于文字学,素有深刻的研究,曾经计划编

---

① 《且介亭杂文·关于中国的两三件事》。
② 《花边文学·"此生或彼生"》。

写《中国字体变迁史》，这次在大众语问题讨论中，提出了很多宝贵的意见。他在《申报·自由谈》上连载的《门外文谈》，以唯物史观通俗地阐述了语言文字发展的历史，产生了很大的影响。在这篇文章的开头，鲁迅便批判了圣贤造字说，而从古代结绳记事、原始壁画和象形、谐声文字，来分析文字的起源与古代劳动生活的关系。鲁迅指出，文字在人民间萌芽，后来却为特权者所收揽；而特权者为了使文字变得尊严和神秘，以显示识字人高人一等，又给文字和文章故意制造了许多难处，使它更加脱离群众。为了要打破这种垄断局面，鲁迅提出，必须"将文字交给大众"。保护白话文，提倡大众语，正是这种文字大众化的必要措施，也是历史发展的必然趋势。但鲁迅也并不是把大众语看作终极的目标，因为在他看来，汉字本身就是一个死症，必须进行拉丁化，用拼音文字来代替方块字，这才能根本解决问题。

在大众语问题讨论过程中，鲁迅还支持陈望道创办了《太白》半月刊。这个刊名是鲁迅定的，表面上是"白而又白"、"比白话还要白"的意思，实则取意于太白星即启明星，暗示国民党黑暗统治即将结束，天快要亮了。

在当时这股尊孔复古的逆流中，有一些曾是五四时代的风云人物，像周作人、刘半农，当初都参加过打倒孔家店的运动，曾几何时，却用古文来打击青年，提倡宋人语录，鼓吹明人小品，为尊孔复辟逆流推波助澜。鲁迅感叹道："北平诸公，真令人齿冷，或则媚上，或则取容，回忆五四时，殊有隔世之感。"[①]

[①] 1934年5月10日致台静农信。

二七、上海文艺之一瞥

上海是"十里洋场",是当时远东第一大都市,是中国工商业最发达的地方。商品经济的特点,也充分地表现在文化领域中。鲁迅一到上海,就深切地感受到这种文化氛围,包括它的优点和缺点。他喜欢这里的文化思想活跃,时有新锐之气,不像北京那样沉闷;但又深感此处的空气躁动不安,静不下心来做学问,有时又想到北京住两年,专心编写《中国文学史》和《中国字体变迁史》。可见内心时时处于矛盾之中。

鲁迅是从实地观察和切身感受出发,来评论上海这个大都市的文化状态的,而不是从某种理论形态和思想原则出发来加以推衍和求证,因而从单篇文章看,也许不够系统,所接触者往往是某一侧面,但综合起来,却确切地概括了当时上海文化的各个方面,而且比那些专门的理论著作更加切实,更有时代感。

1931年7月21日,鲁迅在上海社会科学研究会作了一个演讲,题为《上海文艺之一瞥》,这可说是我国最早研究上海都市文化的著作之一。这篇讲稿最初发表在一家小报《文艺新闻》上,很不起眼,用时下的评估标准来衡量,这种小报既非重点报刊,更非权威杂志,档次极低,因此上面所发的文章是不被承认的。但《上海文艺之一瞥》却是一篇有重要学术价值的开创之作,可与他自己在广州时所作的演讲《魏晋风度及文章与药及酒之关系》相媲美,一篇说今,一篇论古,互相辉映,都是深入浅出,有独到见解的好文章——后者最初在广州《民国日报》副刊上连载,修订后发表在《北新》半月刊上,这两家也都不是什么权威报刊。可见报刊的定位与文章的定位是不能等同的。鲁迅很重视报刊的传播作用,但是,他并不看重官定的档次,因为档次高的报刊,未必传播作用就大。

鲁迅认为,上海文艺是从《申报》开始的。这就点出了报刊传媒与近代文艺的关系。这种文艺与传统文艺不同,它的作者不是依附于廊庙,靠着权力者的重视和名士的品评来扬名,而是结集在报刊周围,通过媒体的传播而产生影响。所以掌握报刊和出版机构,就成为自我发展之要事,后来文人间的许多摩擦,都因争夺报刊阵地而产生。

鲁迅把中国的文人分为君子和才子两种:"君子是只读四书五经,做八股,非常规矩的。而才子却此外还要看小说,例如《红楼梦》,还要做考试上用不着的古今体诗之类。"正是这些有点另类的"才子"们,从各地聚集到上海租界——那时叫"洋场"或"夷场"——里来,这才创造了上海文艺。自然,初期的上海文艺,就与这些才子的生活阅历和思想状况相关。"才子原是多愁多病,要闻鸡生气,见月伤心的。一到上海,又遇见了婊子。去嫖的时候,可以叫十个二十个的年青姑娘聚集在一处,样子很有些像《红楼梦》,于是他就觉得自己好像贾宝玉;自己是才子,那么婊子当然是佳人,于是才子佳人的书就产生了。内容多半是,惟才子能怜这些风尘沦落的佳人,惟佳人能识坎轲不遇的才子,受尽千辛万苦之后,终于成了佳偶,或者都成了神仙。"这样就产生了才子佳人的书,这种书流行了好几年,后一辈的才子的心思就渐渐改变了。他们发现了佳人并非因为"爱才若渴"而做婊子的,佳人只为的是钱。然而佳人要才子的钱,是不应该的,才子于是想了种种制伏婊子的妙法,不但不上当,还占了她们的便宜。叙述这各种手段的小说出现了,这就是"才子+流氓"的作品。

鲁迅把尊贵天才,专重自我的创造社看作新才子派,并将他们的行为与上海的市场操作联系起来看。这一派人一出马就与文学研究会相对立,说他们垄断文坛,倘发现他们的一处误译,就要做一篇长长的专论来揭发,而当文学研究会的出版者商务印书馆也出版创造社的译著之后,创造社就不再审查商务印书馆出版物的误译之处了。鲁迅认为,这种做法也是"才子+流氓"式的。因为他们办事并无一定的原则,只以自己的利益为转移。这样的人,即使参加革命,也是不坚定的。因为他们不是为了信仰,而是为了出路。当年鲁迅在《"醉眼"中的朦胧》中质问成仿吾道:"倘若难于'保障最后的胜利',你去不去呢?"即是此意,不过说得比较含蓄,有些读者未必领会其本意。后来有了"革命文学家"们变化的事实的证明,他就说得更加明白了:"'革命'和'文学',若断若续,好像两只靠近的船,一只是'革命',一只是'文学',而作者的每一只脚就站在每一只船上面。当环境较好的时候,作者就在革命这一只船上踏得重一点,分明是革命者,待到革命一被压迫,则在文学的船上踏得重一点,他变了不过是文学家了。"对于此种行为,鲁迅感慨道:"激烈得快的,也平和得快,甚至于也颓废得快。倘在文人,他总有一番辩护自己的变化的理由,引经据典。譬如说,要人帮忙时候用克鲁巴金的互助论,要和人争闹的时候就用达尔文的生存竞争说。无论古今,凡是没有一定的理论,或主张的变化并无线索可寻,而随时拿了各种各派的理论来作武器的人,都可以称之为流氓。"

人们往往把鲁迅的这篇演讲,看作对于创造社的攻击,郭沫若还因此写了整本的《创造十年》及其《续篇》来还击。其实,鲁迅把创造社的出现放在上海文艺中来考察,并从十里洋场的文化形态来看当时"革命文学"中所存在的问题,是很深刻的,其意义远超出了文学的范围。

要了解鲁迅对流氓的看法,还应该看看他在这之前所写的一篇杂文:《流氓的变迁》。在这里,鲁迅从中国社会史和文化史的角度来考察,将现代流氓的源头追溯到古代的孔墨。孔子之徒为儒,墨子之徒为侠。"儒者,柔也",当然不会危险的,惟侠老实,所以墨者的末流,至于以"死"为终极目的。到后来,真老实的逐渐死完,止留下取巧的侠,汉的大侠,就已和公侯相馈赠,以备危急时来作护符之用了。司马迁说:"儒以文乱法,而侠以武犯禁","乱"之和"犯",决不是"叛",不过闹点小乱子而已。"侠"字渐消,强盗起来了,但也是侠之流,他们的旗帜是"替天行道"。"他们所反对的是奸臣,不是天子,他们所打动的是平民,不是将相。李逵劫法场时,抡起板斧来排头砍去,而所砍的是看客。一部《水浒》,说得很分明:因为不反对天子,所以大军一到,便受招安,替国家打别的强盗——不'替天行道'的强盗去了。终于是奴才。"到得满洲人入关,中国渐被压服,连有"侠气"的人,也不敢再起盗心,不敢指斥奸臣,不敢直接为天子效力,于是跟着一个好官或钦差大臣,给他保镖,替他捕盗,这就出现了公案小说。公案小说里的所谓"侠",虽在钦差之下,究居平民之上,对一方面固然必须听命,对别方面还是大可逞雄,安全之度增多了,奴性也跟着加足。然而为盗要被官兵所打,捕盗也要被强盗所打,要十分安全的侠客,是觉得不妥当的,于是有流氓的出现。"和尚喝酒他来打,男女通奸他来捉,私娼私贩他来凌辱,为的是维持风化;乡下人不懂租界章程他来欺侮,为的是看不起无知;剪发女人他来嘲骂,社会改革他来憎恶,为的是宝爱秩序。但后面是传统的靠山,对手又都非浩荡的强敌,他就在其间横行过去。"鲁迅认为,现在的小说中,还缺乏这种典型,唯《九尾龟》的章秋谷,以为他给妓女吃苦,是因为她要敲人们的竹杠,所以给以惩罚之类的叙述,约略近之。鲁迅说,由现状再降下去,大概这一流人将成为书中的主角,他在等候"革命文学家"张资平氏的近作。

不但文学中的艺术形象,随着社会思潮而变迁,而且作家本人,也必然要受社会风气的感染。上海文艺逐渐在走向商品化,作家们或者被商家当作商品来炒作,或者自己用商业化的手段来自我炒作,而且还造假、欺骗。对此,鲁迅常在文章中加以揭露。

《"商定"文豪》说的就是商家如何炒作作家的:"商家印好一种稿子后,倘那时封建得势,广告上就说作者是封建文豪,革命行时,便是革命文豪,于是封定了一批文豪们。别家的书也印出来了,另一种广告说那些作者并非真封建或真革命文豪,这边的才是真货色,于是又封定了一批文豪们。别一家又集印了各种广告的论战,一位作者加上些批评,另出了一位新文豪。""还有一法是结合一套脚色,要几个诗人,几个小说家,一个批评家,商量一下,立一个什么社,登起广告来,打倒彼文豪,抬出此文豪,结果也总可以封定一批文豪们,也是一种的'商定'。"鲁迅说,这种做法,根子是在卖钱,后来照价二折,五角一堆的书价,就指出了文豪们的真价值。

而《大小骗》,则是揭露文坛上的骗术的:

"文坛"上的丑事,这两年来真也揭发得不少了:剪贴,瞎抄,贩卖,假冒。不过不可究诘的事情还有,只因为我们看惯了,不再留心它。

名人的题签,虽然字不见得一定写的好,但只在表示这书的作者或出版者认识名人,和内容并无关系,是算不得骗人的。可疑的是"校阅"。校阅的脚色,自然是名人,学者,教授。然而这些先生们自己却并无关于这一门学问的著作。所以真的校阅了没有是一个问题;即使真的校阅了,那校阅是否真的可靠又是一个问题。但再加校阅,给以批评的文章,我们却很少见。

还有一种是"编辑"。这编辑者,也大抵是名人,因这名,就使读者觉得那书的可靠。但这是也很可疑的。如果那书上有些序跋,我们还可以由那文章,思想,断定它是否真是这人所编辑,但市上所陈列的书,常有翻开便是目录,叫你一点也摸不着头脑的。这怎么靠得住?至于大部的各门类的刊物的所谓"主编",那是这位名人竟上至天空,下至地底,无不通晓了,"无为而无不为",倒使我们无须再加以揣测。

还有一种是"特约撰稿"。刊物初出,广告上往往开列一大批特约撰稿的名人,有时还用凸版印出作者亲笔的签名,以显示其真实。这并不可疑。然而过了一年半载,可就渐有破绽了,许多所谓特撰稿者的东西一个字也不见。是并没有约,还是约而不来呢,我们无从知道;但可见那些所谓亲笔签名,也许是从别处剪来,或者简直是假造的了。要是从投稿上取下来的,为什么见签名却不见稿呢?

这些名人在卖着他们的"名",不知道可是领着"干薪"的?倘使领的,自然是同意的自卖,否则,可以说是被"盗卖"。"欺世盗名"者有之,盗卖名以欺世者又有之，世事也真是五花八门。然而受损失的却只有读者。

此外，文坛上的骗术还很多，鲁迅在别的文章中还不断加以揭露。比如，在《文人无文》里，就指出当时文坛上的空虚现象："拾些琐事，做本随笔是有的；改首古文，算是自作的是有的。讲一通昏话，称为评论；编几张期刊，暗捧自己的是有的。收罗猥谈，写成下作；聚集旧文，印作评传的是有的。甚至于翻些外国文坛消息，就成为世界文学史家；凑一本文学家辞典，连自己也塞在里面，就成为世界的文人的也有。然而，现在到底也都是中国的金字招牌的'文人'。"在《序的解放》里，则揭出自己代别人为自己做序的把戏："夫序，原是古已有之，有别人做的，也有自己做的。但这未免太迂，不合于'新时代'的'文学家'的胃口。因为自序难于吹牛，而别人来做，也不见得定规拍马，那自然只好解放解放，即自己替别人来给自己的东西作序，术语曰'摘录来信'，真说得好像锦上添花，'好评一束'还须附在后头，代序却一开卷就看见一大番颂扬，仿佛名角一登场，满场就大喝一声采，何等有趣。倘是戏子，就得先买许多留声机，自己将'好'叫进去，待到上台时候，一面一齐开起来。"在《化名新法》里说："化名则不但可以变成别一个人，还可以化为一个'社'。这个社还能够选文，作论，说道只有某人的作品，'行'，某人的创作，也'行'。"而这个"行"和也"行"的"某人"，就是该社的编者本人。在《逃名》中又说："捣一场小乱子，就是伟人，编一本教科书，就是学者，造几条文坛消息，就是作家。……而上海滩上，却依然有人在'掏腰包'，造消息，或自称'言行一致'，或大呼'冤哉枉也'，或拖明朝死尸搭台，或请现存古人喝道，或自收自己的大名入辞典中，定为'中国作家'，或自编自己的作品入画集里，名曰'现代杰作'——忙忙碌碌，鬼鬼祟祟，煞是好看。"

上海文人的这种种作为，被概括为一个词："海派"。

上海文人原有他们的长处，如文化思想的开放性，对于新鲜事物的敏感性，创作流派的多样性等，但这一切似乎并没有受到时人充分重视，于是"海派"在当时就成为一个贬词，义同追逐时髦，投机取巧，浮而不实，尤为京派文人所轻蔑。因而，30年代还产生了一场京海之争。这是由沈从文在1933年10月18日天津《大公报》上发表的《文学者的态度》一文所引起的。沈从文这篇文章，批评中国的文学者缺乏专业精神，染上了"玩票"、"白相"的风气，不在作品成绩上努力，而在作品宣传上努力。说是"这类人在上海寄生于书店，报馆，官办的杂志，在北京则寄生于大学、中学以及种种教育机关中"。"已经成了名的文学者，或在北京教书，或在上海赋闲，教书的大约每月皆有三百至五百的固定收入，赋闲的则每礼拜必有三五次谈话会之类列席"。这篇文章原是对京海两派的文学者都有所

二七、上海文艺之一瞥

批评的,但因作者是京派文人,所以容易引起海派文人的敏感,苏汶就在同年12月1日所出的《现代》杂志第四卷第二期上发表《文人在上海》,为海派文人辩护道:"文人在上海,上海社会的支持生活的困难自然不得不影响到文人,于是在上海的文人,也像其他各种人一样,要钱。再一层,在上海的文人不容易找副业,(也许应该说'正业')不但教授没份,甚至再(最)起码的事情都不容易找,于是在上海的文人更急迫的要钱。"这篇文章,又引出了沈从文的《论"海派"》,这才是对于"海派"文人的真正的声讨:

"海派"这个名词,因为它承袭着一个带点儿历史性的恶意,一般人对于这个名词缺少尊敬是很显然的。过去的"海派"与"礼拜六派"不能分开。那是一样东西的两种称呼。"名士才情"与"商业竞卖"相结合,便成立了我们今天对于海派这个名词的概念。但这个概念在一般人却模模糊糊的。且试为引申之:"投机取巧","见风转舵",如旧礼拜六派一位某先生,到近来也谈哲学史,也说要左倾,这就是所谓海派。如邀集若干新斯文人,冒充风雅,名士相聚一堂,吟诗论文,或远谈希腊罗马,或近谈文士女人,行为与扶乩猜诗谜者相差一间。从官方拿到了点钱,则吃吃喝喝,办什么文艺会,招纳子弟,哄骗读者,思想浅薄可笑,伎俩下流难言,也就是所谓海派。感情主义的左倾,勇如狮子,一看形势不对时,即刻自首投降,且指认栽害友人,邀功倖利,也就是所谓海派。因渴慕出名,在作品之外去利用种种方法招摇;或与小刊物互通声气,自作有利于己的消息;或每书一出,各处请人批评;或偷掠他人作品,作为自己文章;或借用小报,去制造旁人谣言,传述撮取不实不信的消息,凡此种种,也就是所谓海派。

像这样子,北方作家倘若对于海派缺少尊敬,不过是一种漠视与轻视的态度,实在还算过于恕道了!……

为防止树敌太多,沈从文还特地将生活在上海的"茅盾、叶绍钧、鲁迅,以及大多数正在从事文学创作杂志编纂人",排除在海派之外——并且包括杜衡(即苏汶)本人。

不过这种排除策略似乎不起作用,仍然引发了一场颇为热闹的京海之争。

鲁迅尽管对上海的文人也有许多批评,但对京派文人也并不看好。本来,北京是五四运动的发源地,北京学界有过历史上的光辉,但当时的战士,在"功成名遂"之后,"身退"者有之,"身隐"者有之,"身升"者有之,好好的一场恶斗,几乎令人有"若要官,杀人放火受招安"之感。这一点,鲁迅在两次回京探亲时,即深有所感。他在致友人书信中,屡有提及。如说:"我看北京学界,似乎已经和现代评论派联合一气了。"①"语丝派的人,先前确曾和黑暗战斗,但他们自己一有地位,本身又便变成黑暗了,一声不响,专用小玩意,来抖抖的把守饭碗。"所以他发表了一篇《我和语丝的始终》,"便是赠与他们的还留情面的一棍"②。鲁迅又说:"至于北京……据我所见,则昔之称为战士者,今已蓄意险仄,或则气息奄奄,甚至举止言语,皆非常庸鄙可笑,与为伍则难堪,与战斗则不得,归根结蒂,令人如陷泥坑中。"③至于那些与原现代评论派有关的文人,鲁迅认为他们靠拢官府,为权势者张目,则更加轻视。

因此,他在这场争论中,就站在更高的层面上,对京海两派都作出批评。他在《"京派"与"海派"》一文中写道:

> 北京是明清的帝都,上海乃各国之租界,帝都多官,租界多商,所以文人之在京者近官,没海者近商,近官者在使官得名,近商者在使商获利,而自己也赖以糊口。要而言之,不过"京派"是官的帮闲,"海派"则是商的帮忙而已。但从官得食者其情状隐,对外尚能傲然,从商得食者其情状显,到处难于掩饰,于是忘其所以者,遂据以有清浊之分。而官之鄙商,固亦中国旧习,就更使"海派"在"京派"的眼中跌落了。

关于"帮忙文学"与"帮闲文学"问题,是鲁迅近年来的研究心得。前年曾在"北平五讲"中做过专题讲述。这个题目,虽然是对古代文学和古代作家而言,但其研究的契机,却是由于现实的感触。在做这个演讲之前,鲁迅在言谈间就已时常谈及这个话题。据吴文祺教授对我说:"鲁迅先生还住在景云里的时候,那时,那几篇论帮闲文学的文章还没有写,但口头上已经在讲了。有一天,我问鲁迅先生:什么是帮闲文学?鲁迅先生对我说了一个清人笔记中的故事:当时有一个扬州盐商,附庸风雅,与文人雅士一起喝酒,酒令中有'飞红','飞花',轮到这个盐商时,他胡诌了一句:'柳絮飞来一片红',文人们听了哈哈大笑。柳絮怎么会是红的呢?岂非笑话!于是盐商的一个清客出来说,你们笑什么,此句出自元人名诗《咏平山堂诗》,并脱口吟道:'廿四桥边廿四风,凭栏犹忆旧江东。夕阳返照桃花坞,柳絮飞来一片红。'既然是夕阳返照,又是在桃花坞,柳絮自然也呈现红色了。众人无话可说,反显得自己浅陋。鲁迅说:这就叫做帮闲。"这个故事出自《随园轶事》一书,虽说此书的真伪大有争议,但拿这个故事来说明帮闲的本质,倒是极其贴切的。

---

① 1929年7月31日致李霁野信。
② 1930年2月22日致章廷谦信。
③ 1930年3月27日致章廷谦信。

二七、上海文艺之一瞥

此后,鲁迅还继续研究这个问题,在《帮闲法发隐》、《从帮忙到扯淡》等文里继续加以发挥。那种以丑角的身份出现,用插科打诨的方法将人们的注意力从紧要之事拉开去,从旁装着鬼脸,使告警者在大家的眼里化为丑角,正是现实中某些人物的写照。

鲁迅认为,"帮闲文学"并不算是一个"恶毒的贬辞"。他说:"《诗经》是后来的一部经,但春秋时代,其中的有几篇就用之于侑酒;屈原是'楚辞'的开山老祖,而他的《离骚》却只是不得帮忙的不平。到得宋玉,就现有的作品看起来,他已经毫无不平,是一位纯粹的清客了。然而《诗经》是经,也是伟大的文学作品;屈原宋玉,在文学史上还是重要的作家。为什么呢?——就因为他究竟有文采。""就是权门的清客,他也得会下几盘棋,写一笔字,画画儿,识古董,懂得些猜拳行令,打趣插科,这才能不失其为清客。也就是说,清客,还要有清客的本领的,虽然是有骨气者所不屑为,却又非搭空架子者所能企及。例如李渔的《一家言》,袁枚的《随园诗话》,就不是每个帮闲都做得出来的。必须有帮闲之志,又有帮闲之才,这才是真正的帮闲。如果有其志而无其才,乱点古书,重抄笑话,吹拍名士,拉扯趣闻,而居然不顾脸皮,大摆架子,反自以为得意,——自然也还有人以为有趣,——但按其实,却不过'扯淡'而已。"所以鲁迅慨叹道:"帮闲的盛世是帮忙,到末代就只剩了这扯淡。"①这是鲁迅对当代帮闲文人的讽刺。

鲁迅的《"京派"与"海派"》一文写于1934年初,上面所引的一段话为很多人所赞赏,鲁迅自己也认为这里所说,"倒也不算怎么分析错了的"。但是一年之后,鲁迅自省,"先前所说的并不圆满",因为此时出现了新的情况。京派与海派之间,由鄙薄、奚落,而变成亲密的合作,做成一碗"京海杂烩"了。实例之一是:"选印明人小品的大权,分给海派来了;以前上海固然也有选印明人小品的人,但也可以说是冒牌的,这回却有了真正老京派的题签,所以的确是正统的衣钵。"实例之二是:"有些新出的刊物,真正老京派打头,真正小海派煞尾了;以前固然也有京派开路的期刊,但那是半京半海派所主持的东西,和纯粹海派自说是自掏腰包来办的出产品颇有区别的。"于是鲁迅又于1935年4月写了另一篇文章:《"京派"和"海派"》,来论述这种新情况。他拿法郎士的小说《泰绮思》中的情节来作比方,说是去年京派的奚落海派,其实是路远迢迢的"送秋波",海派叫一声"来嚇",于是——团圆了。至于为什么去年北京送秋波,今年上海叫

---

① 《且介亭杂文二集·从帮忙到扯淡》。

"来嘘"了呢？鲁迅说："我想，也许是因为帮闲帮忙，近来都有些'不景气'，所以只好两界合办，把断砖、旧袜、皮袍、洋服、巧克力、梅什儿……之类，凑在一处，重行开张，算是新公司，想借此来新一下主顾们的耳目罢。"

其实，真正京海合作的刊物，还要首推《人间世》，它由居住上海的林语堂主持，由周作人等京派文人支持的。这大概就是鲁迅所说的"半京半海派所主持的东西"罢。

周作人是五四时期战斗过来的战士，但1927年以后却被残酷的白色恐怖所吓住了，他宣布从此要"闭户读书"，唱起了《娼女礼赞》、《麻醉礼赞》、《哑吧礼赞》，而且要学周朝金人一样的三缄其口，说他"二千五百年来为世楷模"，并想在十字街头造起象牙之塔，躲在里面临写《九成宫》字帖。他借用戈尔特堡批评蔼里斯的话以自重，说是在自己的灵魂里有着叛徒和隐士两样东西。其实，他已从叛徒走向隐士，而且还会走得更远。

林语堂出道较晚，但在女师大事件中，他也表现出坚决的斗争态度，成为"语丝派"的战士，写过许多战斗性的文章。后来主持厦门大学文学系并任国学院秘书，亦思有所改革，1927年初离开厦大，到武汉国民政府外交部任秘书，还保持了一股革命热情。四一二政变之后，武汉政府原来是与蒋介石的南京政府对立的，但到得7月间，就宁汉合流了。林语堂也离开了武汉政府，到上海来谋生。他应蔡元培之邀，任中央研究院国际出版物交换处处长，并活跃在文坛上。开始时还写过一些很有锋芒的文章，如1928年8月，在《语丝》四卷三十八期上发表《给孔祥熙部长的公开信》，对实业部长孔祥熙的祀孔读经主张提出指责；同年11月又在《奔流》一卷六期上发表独幕剧《子见南子》，对"至圣先师"孔子加以讽刺——这个剧本在曲阜第二师范演出后，还被"圣裔"控告，引起一场轩然大波。但在白色恐怖加剧之后，林语堂的态度却起了变化。他不愿再坚持斗争，而追求轻松、冲淡和趣味，想写一些超然物外文章。

林语堂在1932年9月，创办了《论语》半月刊，提倡幽默。据他自己的解释，"幽默只是一位冷静超远的旁观者"，"欲求幽默，必先有深远之心境，而带一点我佛慈悲之念头，然后文章火气不太盛，读者得淡然之味"①。同时他又提倡小品，并于1934年4月创办《人间世》半月刊，专门刊登小品文，要求"以自我为中心，以闲适为格调"，据说内容是包括一切，"宇宙之大，苍蝇之微，皆可取材"②。

---

① 林语堂：《论幽默》中篇，《论语》半月刊第33期。
② 林语堂：《发刊〈人间世〉意见书》，《论语》半月刊第38期。

二七、上海文艺之一瞥

幽默虽然是一种为人所称道的人生态度,但鲁迅是不赞成在中国提倡幽默的。他认为这是只有爱开圆桌会议——也就是爱讲平等的国民才闹得出来的玩意儿,在中国,却连意译也办不到。中国人不是长于"幽默"的人民,而现在又实在是难以幽默的时候,怎么能希望那些炸弹满空、河水漫野之处的人们来讲"幽默"呢?如果要讲幽默,也就免不了要变样,非倾于对社会的讽刺,即堕入传统的"说笑话"和"讨便宜"。我们有唐伯虎,有徐文长,但都不是幽默家;还有最有名的金圣叹,他在临刑前曾说:"杀头,至痛也,而圣叹以无意得之,大奇!"但这也不是幽默,而是"将屠户的凶残,使大家化为一笑,收场大吉"。所

"论语派"以《论语》杂志而得名

以鲁迅说:"我们只有这样的东西,和'幽默'是并无什么瓜葛的。"①在鲁迅看来,现在有些人欲弃讽刺而提倡幽默,实际上是一种逃避斗争的表现,他说:"然而社会讽刺家究竟是危险的,尤其是在有些'文学家'明明暗暗的成了'王之爪牙'的时代。人们谁高兴做'文字狱'中的主角呢,但倘不死绝,肚子里总还有半口闷气,要借着笑的幌子,哈哈的吐他出来。笑笑既不至于得罪别人,现在的法律上也尚无国民必须哭丧着脸的规定,并非'非法',盖可断言的。我想:这便是去年以来,文字上流行了'幽默'的原因,但其中单是'为笑笑而笑笑'的自然也不少。"②

但《论语》杂志也并非一无是处,这里面还有好的东西。比如,《古香斋》这个栏目就不错。鲁迅说:"《论语》一年中,我最爱看《古香斋》这一栏,如四川营山县长禁穿长衫令云:'须知衣服蔽体已足,何必前拖后曳,消耗布匹?且国势衰弱……顾念时艰,后患何堪设想?'又如北平社会局禁女人养雄犬文云:'查雌女雄犬相处,非仅有碍健康,更易发生无耻秽闻,揆之我国礼义之邦,亦为习俗所不许。谨特通令严禁……凡妇女带养之雄犬,斩之无赦,以为取缔!'这那里是滑稽作家所能凭空写得出来的?"不过《古香斋》所收妙文,往往还倾于奇诡,鲁迅以为,"滑稽却不如平淡,惟其平淡,也就更加滑稽"③。又如,《萧的专号》也是好的,因为"它发表了别处不肯发表的文章,揭穿了别处故意颠倒的谈

---

① 《南腔北调集·"论语一年"》。
② 《伪自由书·从讽刺到幽默》。
③ 《准风月谈·"滑稽"例解》。

话,至今还使名士不平,小官怀恨,连吃饭睡觉的时候都会记得起来。憎恶之久,憎恶者之多,就是效力之大的证据"①。不过这些都不是"幽默"。

鲁迅也反对以闲适为格调的小品文,认为那是"太平盛世"的"小摆设",而不是风沙扑面,狼虎成群时候的战斗武器。提倡者以为可以靠着低诉或微吟,将粗犷的人心,磨得渐渐的平滑,这就是想别人一心看着《六朝文絜》,而忘记了自己是抱在黄河决口之后,淹得仅仅露出水面的树梢头。鲁迅认为,现在所需要的是挣扎和战斗,所以,"生存的小品文,必须是匕首,是投枪,能和读者一同杀出一条生存的血路的东西;但自然,它也能给人愉快和休息,然而这并不是'小摆设',更不是抚慰和麻痹,它给人的愉快和休息是休养,是劳作和战斗之前的准备。"②

中国的小品文,本来是有抗争传统的;小品文的生存,也只仗着挣扎和战斗。鲁迅曾回溯历代小品文的抗争历史,说明它最后是怎样变成小摆设的:"晋朝的清言,早和它的朝代一同消歇了。唐末诗风衰落,而小品放了光辉。但罗隐的《谗书》,几乎全部是抗争和愤激之谈;皮日休和陆龟蒙自以为隐士,别人也称之谓隐士,而看他们在《皮子文薮》和《笠泽丛书》中的小品文,并没有忘记天下,正是一榻胡涂的泥塘里的光彩和锋铓。明末的小品虽然比较的颓放,却并非全是吟风弄月,其中有不平,有讽刺,有攻击,有破坏。这种作风,也触着了满洲君臣的心病,费去许多助虐的武将的刀锋,帮闲的文臣的笔锋,直到乾隆年间,这才压制下去了。以后呢,就来了'小摆设'。"③而林语堂等人所提倡的,却正是这种"小摆设"一类的小品文,那也是当时武将的刀锋和文臣的笔锋压制的结果。

《人间世》所提倡的小品文,还有一种格调,就是"性灵",并且以袁中郎为标志。上海书坊间标点《袁中郎集》,竞相出版明人小品,就是与此有关。性灵说在晚明文学中有反对复古派的作用,对突破方巾气的文学氛围也有好处,鲁迅说:"这一班明末的作家,在文学史上,是自有他们的价值和地位的。"却不幸被一群学者们捧了出来,颂扬,标点,印刷,而且是标点错得一塌糊涂,"正如在中郎脸上,画上花脸,却指给大家看,啧啧叹道:'看哪,这多么"性灵"呀!'对于中郎的本质,自然是并无关系的,但在未经别人将花脸洗清之前,这'中郎'总不免招人好笑,大触其霉头。"鲁迅称这种现象为"捧杀",并且认为:"现在被骂杀的少,被

---

① 《南腔北调集·"论语一年"》。
② 《南腔北调集·小品文的危机》。
③ 《南腔北调集·小品文的危机》。

二七、上海文艺之一瞥

捧杀的却多。"① 而且，文学作品是有它的时代性的，袁中郎和晚明作家没有经历过"扬州十日"、"嘉定三屠"，所以还能写这些空灵之作，这之后的文风就大变了。鲁迅举屈大均在清康熙年间所写的《自代北入京记》中所记中华女子"皆盘头跣足，垢面，反被毛袄。人与牛羊相枕藉，腥臊之气，百余里不绝"等情况为例，说是看过这样的文章，想象过这样的情景，那么，虽是袁中郎的《广庄》或《瓶史》，也断不能洗清积愤的，而且还要增加愤怒。所以他认为："明人小品，好的；语录体也不坏，但我看《明季稗史》之类和明末遗民的作品却实在还要好，现在也正到了标点，翻印的时候了：给大家来清醒一下。"②

林语堂是鲁迅的老朋友，鲁迅觉得应以朋友待之，想把他从牛角尖里拉出来。当《人间世》还未出世，《论语》已很无聊时，鲁迅曾竭诚地写了一封信给林语堂，劝他放弃这玩意儿，而去译些英国文学名作，说以他的英文程度，不但译本于今有用，而且于将来有用。但林语堂却在牛角尖里钻得津津有味，拔不出来。他回信说，这些事等他老了再说。鲁迅说："这时我才悟到我的意见，在语堂看来是暮气，但我至今还自信是良言，要他于中国有益，要他在中国存留，并非要他消灭。他能更急进，那当然很好，但我看是决不会的，我决不出难题给别人做。不过另外也无话可说了。"③

以闲适、性灵为格调的小品文，其实还是周作人先鼓吹起来的。他在1932年三四月间，在辅仁大学讲演《中国新文学的源流》，把新文学的源头追溯到晚明的公安派和竟陵派，而且特别赞赏公安派的性灵说，认为现代散文要继承这个遗绪。林语堂正是在周作人的影响下，才创办《人间世》，提倡小品文的，而且得到周作人、刘半农等在北京的一些文人的支持。鲁迅说他们"以革新或留学获得名位，生计已渐充裕者，很容易流入这一路。盖先前原着鬼迷，但因环境所迫，不得不新，一旦得志，即不免老病复发，渐玩古董，始见老庄，则惊其奥博，见《文选》，则惊其典赡，见佛经，则服其广大，见宋人语录，又服其平易超脱，惊服之下，率尔宣扬，这其实是当初沽名的老手段"④。

鲁迅是始终坚持五四文学革命的战斗传统的，所以他反对这种掩盖社会矛盾，从血泊中寻出闲适来的文章，也不相信真有什么隐逸文学，一篇《隐士》说得非常明白。他指出，真的隐士是隐在山林之中，朝砍柴，昼耕田，晚浇菜，夜

---

① 《花边文学·骂杀和捧杀》。
② 《花边文学·读书忌》。
③ 1934年8月13日致曹聚仁信。
④ 1934年5月6日致杨霁云信。

织履,又那有吸烟品茗,吟诗作文的闲暇?他们的著作是砍柴和打鱼。至于那些文士诗翁,自称什么钓徒樵子的,倒大抵是悠游自得的封翁或公子,都有自己的生财之道,何尝捏过钓竿或斧头柄。而且,在中国历史上,归隐历来就是一种生存手段,与登仕是相通的。所以说:"登仕,是噉饭之道,归隐,也是噉饭之道。假使无法噉饭,那就连'隐'也隐不成了。'飞来飞去',正是因为要'隐',也就是因为要噉饭;肩出'隐士'的招牌来,挂在'城市山林'里,这就正是所谓'隐',也就是噉饭之道。"但既然有了"隐士"的招牌,至少不必十分挣扎谋生,所以颇有些悠闲的余裕;而赞颂悠闲,鼓吹烟茗,却又是挣扎之一种,不过挣扎得隐藏一些。正因为如此,所以这块"隐士"的招牌是要尽力保护的。"泰山崩,黄河溢,隐士们目无见,耳无闻,但苟有议及自己们或他的一伙的,则虽千里之外,半句之微,他便耳聪目明,奋袂而起,好像事件之大,远胜过宇宙之灭亡者,也就为了这缘故。其实连和苍蝇也何尝有什么相关。"

二八、美的播布与创造

由于鲁迅一贯坚持反对国粹主义和复古主义,因而常被别人指为民族虚无主义者。其实,反对复古主义并非割断文化传统,揭露假古董也不是要抛弃真文物。他提倡青年多读外国书的目的,是希望国人不要脱离世界潮流,他之反对国粹主义,是要我们不可凝固在陈旧的文化形态之中。因为在他看来,"文化的改革如长江大河的流行,无法遏止。假使能够遏止,那就成为死水,纵不干涸,也必腐败的"①。他不是要割断文化传统,而是要在保持"固有血脉"的基础上,发展出新的文化形态来。

因此,鲁迅自己一直致力于文化史的研究,他不遗余力地搜集文献、辑录古籍,校勘异文,并在大量占有材料的基础上,写出了开创性的学术著作《中国小说史略》和未完成的文学史:《汉文学史纲要》。尽管这些工作被激进的创造社和太阳社讥为"没落",但他毫不动摇,在晚年还想写作《中国文学史》和《中国字体变迁史》,可惜由于环境的恶劣,而未能如愿。

鲁迅对于文化史的研究,视野相当开阔,他的注意力不限于文字方面,而涉及许多领域,特别是美术作品和碑刻拓本。他曾锐意搜集乡邦砖甓及拓本,欲著《越中专录》,后因兄弟失和,迁徙时"止携大同十一年者一枚出",其余都被"没收"了。他辑有《俟堂专文杂集》,生前亦未印出。与此同时,鲁迅还搜集了大量的碑碣拓本,从中研究中国古代的文化思想。许寿裳说,鲁迅"搜集并研究汉魏六朝石刻,不但注意其文字,而且研究其画像和图案,是旧时代的考据家赏鉴家所未曾着手的。他曾经告诉我:汉画像的图案,美妙无伦,为日本艺术家所采取。即使是一鳞半爪,已被西洋名家交口赞许,说日本的图案如何了不得,了不得,而不知其渊源固出于我国

---

① 《且介亭杂文二集·从"别字"说开去》。

的汉画呢"①。

鲁迅收购拓片,是从1915年开始的,这从日记中可以看出。如该年4月25日记道:"往留黎厂买《射阳古门画像》等五纸二元;《曹望憘造象》拓片二枚,四角。"有时去得很勤,如:5月1日记道:"午后往留黎厂买《龟池五瑞图》连《西狭颂》二枚,二元,杂汉画像四枚,一元,武梁祠画像并题记等五十一枚,八元。"5月2日又记道:"星期休息。……往留黎厂买《张思文造象题记》拓本等六种十枚,银二元。"买的次数多了,与店家熟悉之后,就有店员送货上门,如:8月3日记道:"下午敦古谊帖店送来石印《寰宇贞石图》散叶一分五十七枚,直六元。"10月4日记道:"上午富华阁送来杂汉画像拓本一百卅七枚,皆散在嘉祥、汶上、金郎者,拓不佳,以十四元购之。"那时,同好的朋友之间,也常以造像碑拓互相馈赠。如3月18日记道:"上午赠陈师曾《建初摩厓》、《永明造象》拓本各一分。"3月28日记道:"下午胡绥之来并赠《龙门山造象题记》二十三枚去,赠以《跳山建初摩厓》拓本一枚。"后来,研究得深了,收购的范围广了,琉璃厂碑贴店已不能满足他的要求,他还托人到碑石所在地去拓印。如1918年2月6日记道:"裘子元之弟在迪化,托其打碑,上午寄纸三十番,墨一条。"离开北京之后,就只有托人购买了。托得较多的是台静农,鲁迅在1934年6月9日给他的信中说:汉至唐画像,"五六年前,所收不可谓少,而颇有拓工不佳者,如《武梁祠画像》、《孝堂山画像》、《朱鲔石室画像》等,虽具有,而不中用;后来出土之拓片,则皆无之,上海又是商场,不可得。 兄不知能代我补收否?即一面收新拓,一面则觅旧拓(如上述之三种),虽重出不妨,可选其较精者付印也。"而且还常有很详细的指示,如1934年6月18日致台静农信云:

> 石刻画像,除《君车》残石(有阴)外,翻刻者甚少,故几乎无须鉴别,惟旧拓或需问人。我之目的,(一)武梁祠,孝堂山二种,欲得旧拓,其佳者即不全亦可;(二)嵩山三阙不要;(三)其余石刻,则只要拓本较可观,皆欲收得,虽与已有者重出亦无害,因可比较而取其善者也。但所谓"可观"者,系指拓工而言,石刻清晰,而拓工草率,是为不"可观",倘石刻原已平漫,则虽图像模胡,固仍在"可观"之列耳。

> 济南图书馆所藏石,昔在朝时,曾得拓本少许;闻近五六年中,又有新发见而搜集者不少,然我已下野,遂不能得。兄可否托一机关中人,如在大学或图书馆者,代为发函购置,实为德便。凡有代价,均希陆续就近代付,然后一总归还。

---

① 《亡友鲁迅印象记·提倡美术》。

二八、美的播布与创造

经过多方搜集,长期积累,鲁迅所存碑拓已相当可观,他就想将画像部分整理出来付印。一是可以让人从中看到当时的人情风俗,二是可以作为新美术创作的参考。1934年,青年作家姚克请教关于秦代的典章文物,鲁迅就让他去看汉代石刻中之《武梁祠画像》,因为"汉时习俗,实与秦时无大异,循览之后,颇能得其仿佛也"①。接着,又复信说:"汉唐画像石刻,我历来收得不少,惜是模胡者多,颇欲择其有关风俗者,印成一本,但尚无暇,无力为此。先生见过玻璃版印之李毅士教授之《长恨歌画意》没有?今似已三版,然其中之人物屋宇器物,实乃广东饭馆与'梅郎'之流耳,何怪西洋人画数千年前之中国人,就已有了辫子,而且身穿马蹄袖袍子乎。绍介古代人物画之事,可见也不可缓。"②——在历史题材的创作中,注意反映古人的生活习俗者,鲁迅实为先行者。

鲁迅本来打算将他收藏的汉唐画像拓片,不问完或缺,全部印出,"分类为:一,摩厓;二,阙,门;三,石室,堂;四,残杂(此类最多)。"但由于"材料不完,印工亦浩大,遂止;后又欲选其有关于神话及当时生活状态,而刻划又较明晰者,为选集,但亦未实行。"③又曾考虑过:"唯取其可见当时风俗者,如游猎,卤簿,宴饮之类,而著手则大不易"④,也只好作罢。他辑有《汉画像目录》、《石刻目录》、《六朝墓名目录》、《六朝造像目录》、《唐造像目录》等,由于经济条件及其他原因,均未能付印。到得逝世的前一年,才决定中止此事。他在1935年5月14日致台静农信说:"收集画像事,拟暂作一结束,因年来精神体力,大不如前,且终日劳劳,亦无整理付印之望,所以拟姑置之;今乃知老境催人,其可怕如此。"话虽如此,而事实上收集画像之事,仍未停止。当台静农来信说可以代收南阳画像时,鲁迅即于8月11日回信道:"南阳画像,也许见过若干,但很难说,因为购于店头,多不明出处也,倘能得一全份,极望。"此事是台静农、王冶秋委托在南阳工作的杨廷宾、王正朔和王正今办理的。在此后的书信中,还有这方面的记载。如:11月18日致王冶秋信中说:"又汇票一纸三十元,希向商务印书馆一取……此款乞代拓南阳石刻,且须由拓工拓,因为外行人总不及拓工的。至于用纸,只须用中国连史就好(万不要用洋纸),寄来的十幅中,只有一幅是洋纸,另外都是中国连史纸,今附上标本。(但不看惯,恐也难辨)"。12月21日信中说:"今日已收到杨君寄来之南阳画像拓片一包,计六十五张,此后当尚有续

---

① 1934年2月11日致姚克信。
② 1934年3月24日致姚克信。
③ 1935年11月15日致台静农信。
④ 1934年6月9日致台静农信。

寄,款如不足,望告知,当续汇也。这些也还是古之阔人的冢墓中物,有神话,有变戏法的,有音乐队,也有车马行列,恐非'土财主'所能办,其比别的汉画稍粗者,因无石壁画像故也。石室之中,本该有瓦器铜镜之类,大约早被人检去了。"在1935年12月21日和1936年1月28日、4月9日、8月17日日记中也有收到汉画像石拓片的记载。可见其收集工作直到逝世前不久还在进行。

鲁迅所收藏的南阳画像石刻拓片

在汉唐画像方面,鲁迅生前虽然未能整理付印,但在美术的播布上,仍做了许多工作。

鲁迅在编刊物时一向很重视插图,也注意别人所编刊物的插图。他在1927年10月到上海后,看见李小峰在搜集《北新》半月刊的插图,于是想,在新艺术毫无根柢的国度里,零星的介绍,是毫无益处的,最好是有一些系统。这时,适值日本板垣鹰穗的《近代美术史潮论》出版了,他买到之后,就于12月6日给李小峰写信道:

> 我对于一切非美术杂志的陵乱的插画,一向颇以为奇,因为我猜不出是什么意义。近来看看《北新》半月刊的插画,也不免作此想。
>
> 昨天偶然看见一本日本板垣鹰穗做的,以"民族底色彩"为主的《近代美术史潮论》,从法国革命后直讲到现在,是一种新的试验,简单明了,殊可观。我以为中国正须有这一类的书,应该介绍。但书中的图画,就有一百三四十幅,在现今读者寥寥的出版界,纵使译出,恐怕也没有一个书店敢于出版的罢。
>
> 我因此想到《北新》。如果每期全用这书中所选的图画两三张,再附译文

二八、美的播布与创造

十叶上下,则不到两年,可以全部完结。论文和插画相联络,没有一点白费的东西。读者也因此得到有统系的知识,不是比随便的装饰和赏玩好得多么?

为一部关于美术的书,要这么年深月久地来干,原是可叹可怜的事,但在我们这文明国里,实在也别无善法。不知道《北新》能够这么办否?倘可以,我就译论文。

这一计划得到李小峰的赞同,于是鲁迅马上着手翻译,于1928年2月11日译毕,译文在1928年1月1日《北新》半月刊第二卷第五期起连载,至10月1日第三卷第五期登毕,插画则于第三卷第六期登完。全书于1929年由北新书局出版单行本。因为杂志和书籍都是同一家书店出版,出书时可以省下插图的制版费,出版成本也就节省了很多。为了替《北新》半月刊的读者节省费用,鲁迅还在《致〈近代美术史潮论〉的读者诸君》里,教他们一个拆订的方法:"倘读者一时得不到好书,还要保存这小本子,那么,只要将译文拆出,照'插画目次'所指定的页数,插入图画去……订起来,也就成为一本书籍了。"

1928年底朝花社成立之后,他们除了出版《朝花旬刊》和几本近代世界短篇小说集之外,又出版了五辑《艺苑朝华》,是鲁迅从他自己的藏画中编选出来的。这五辑是:

《近代木刻选集》(1),收英、法、美、意和瑞典木刻十二幅,1929年1月出版。鲁迅在《小引》中说,欧洲的木刻,很有几个人都说是从中国学去的,但我们"早已望尘莫及"了。"在这里所绍介的,便都是现今作家的作品;但只这几枚,还不足以见种种的作风,倘为事情所许,我们逐渐来输运罢。木刻的回国,想来决不至于象别两样的给本师吃苦的。"——这"别两样",是指火药和指南针,中国人用它来做爆竹和看风水,"传到欧洲,他们就应用在枪炮和航海上,给本师吃了许多亏。"

《蕗谷虹儿画选》,收日本画家蕗谷虹儿版画十二幅,1929年1月出版。鲁迅在《小引》中,引蕗自己的话来介绍他的创作特色云:"我的艺术,以纤细为生命,同时以解剖刀一般的锐利的锋芒为力量。……"并指出他的版画之所以能代

鲁迅以朝花社名义编选的五本《艺苑朝花》

替比亚兹莱,而受到中国青年的欢迎,是由于原先介绍过来的"Beardsley的线究竟又太强烈了,这时适有蕗谷虹儿的版画运来中国,是用幽婉之笔,来调和了Beardsley的锋芒,这尤合中国现代青年的心,所以他的模仿就至今不绝"。"但可惜的是将他的形和线任意的破坏,——不过不经比较,是看不出底细来的。现在就从他的画谱《睡莲之梦》中选取六图,《悲凉的微笑》中五图,《我的画集》中一图,大约都是可显现他的特色之作,虽然中国的复制,不能高明,然而究竟较可以窥见他的真面目了"。鲁迅后来在《为了忘却的记念》中说:朝花社创立之"目的是在绍介东欧和北欧的文学,输入外国的版画,因为我们都以为应该来扶植一点刚健质朴的文艺。接着就印《朝花旬刊》,印《近代世界短篇小说集》,印《艺苑朝华》,算都在循着这条线,只有其中的一本《蕗谷虹儿画选》,是为了扫荡上海滩上的'艺术家',即戳穿叶灵凤这纸老虎而印的"。

《近代木刻选集》(2),收英、法、美、德、日等国木刻十二幅,1929年2月出版。鲁迅在《小引》中,介绍了欧洲板画的不同类别:就板片而论,用顺木纹直锯的板片者,为"木面雕刻",用木纹横断的板片者,为"木口雕刻";就刻法而言,有一张图画作为底子的,是"复刻板画",并无别的粉本,画家执了铁笔在木板上直接作画的,是谓"创作板画"。鲁迅特别赞扬那些"创作板画",认为在逼真、精细之外,有美,有力。并说:"但这'力之美'大约一时未必能和我们的眼睛相宜。流行的装饰画上,现在已经多是削肩的美人,枯瘦的佛子,解散了的构成派绘画了。""有精力弥满的作家和观者,才会生出'力'的艺术来。'放笔直干'的图画,恐怕难以生存于颓唐,小巧的社会里的。"

《比亚兹莱画选》,收英国画家比亚兹莱的书面画、插画、装饰画等共十二幅,1929年4月出版。鲁迅在《小引》中介绍了他的生平和艺术特点,说他生存只有二十六年,"生命虽然如此短促,却没有一个艺术家,作黑白画的艺术家,获得比他更为普遍的名誉;也没有一个艺术家影响现代艺术如他这样的广阔。"并说:"他的作品,因为翻印了《Salomè》的插画,还因为我们本国时行艺术家的摘取,似乎连风韵也颇为一般所熟识了。但他的装饰画,却未经诚实地介绍过。现在就选印这十二幅,略供爱好比亚兹莱者看看他未经撕剥的遗容……"显然,鲁迅翻印比亚兹莱,也有揭露国内模仿者的意思。他在《上海文艺之一瞥》里说:"在现在,新的流氓画家又出了叶灵凤先生,叶先生的画是从英国的毕亚兹莱(Aubrey Beardsley)剥来的,毕亚兹莱是'为艺术的艺术'派,他的画极受日本的'浮世绘'(Ukiyoe)的影响,浮世绘虽是民间艺术,但所画的多是妓女和戏子,胖胖的身体,斜视的眼睛——Erotic(色情的)眼睛。不过毕亚兹莱的人物却瘦瘦的,都是因为他是颓废派(Decadence)的缘故。颓废派的人们多是瘦削的,颓丧的,对于壮健的女人他有点惭愧,所以不喜欢。我们的叶先生的新斜眼画,正和吴友如的老斜眼画合流,那自然应该流行好几年。"

《新俄画选》,收苏联绘画、木刻十二幅,1930年5月出版。鲁迅在《小引》中介绍了从旧俄到新俄的艺术思潮的发展过程,说明他们出版本集的缘由,是因"新俄的美术,虽然现在已给世界上以甚大的影响,但在中国,记述却还很聊聊"。只是这区区十二幅,又真是实不符名,还不能尽到绍介的重任,所取的又多是版画,大幅杰构,反成遗珠,"但是,多取版画,也另有一些原因:中国制版之术,至今未精,与其变相,不如且缓,一也;当革命时,版画之用最广,虽极匆忙,顷刻能办,二也。《艺苑朝华》在初创时,即已注意此点,所以自一集至四集,悉取黑白线图,但竟为艺苑所弃,甚难继续,今复送第五集出世,恐怕已是响午之际了,但仍愿若干读者们,由此还能够得到多少裨益。"在这里,鲁迅也说出了他介绍和提倡版画的用意。

《艺苑朝华》中的画幅,虽然数量不多,印制未工,但还是尽了一定的历史作用。鲁迅在《〈木刻纪程〉小引》里说:"创作木刻的绍介,始于朝花社,那出版的《艺苑朝华》四本(按:应为五本),虽然选择印造,并不精工,且为艺术名家所不齿,却颇引起了青年学徒的注意。"

《艺苑朝华》原来的计划还要大些。鲁迅在他所拟的《〈艺苑朝华〉广告》中说:"虽然材力很小,但要绍介些国外的艺术作品到中国来,也选印中国先前被人忘却的还能复生的图案之类。有时是重提旧时而今日可以利用的遗产,有时是发掘现在中国时行艺术家的在外国的祖坟,有时是引入世界上的灿烂的新作。每期十二辑,每辑十二图,陆续出版。"并且还开列了第一期十二辑的书目,除上述五辑外,还有《法国插图选集》、《英国插图选集》、《俄国插图选集》、《近代木刻选集》(3)、《希腊瓶画选集》、《近代木刻选集》(4)、《罗丹雕刻选集》。但在第四辑出版后,朝花社即已结束,第五辑仍用朝花社的名义出版,而此后,《艺苑朝华》就未能继续下去了。

《艺苑朝华》的出版计划虽然中断了,但鲁迅介绍翻印美术作品的工作并未停止,而且仍按原来的想法进行。即一方面重印今日有用的旧时遗产,另一方面引入世界上灿烂的新作。

重印旧时美术作品的工作,影响最大的是1933年与郑振铎合作编印的《北平笺谱》。

鲁迅一向喜爱北京坊间的这种木刻水印画笺,常用来写信,寓沪以后,还利用返平省亲机会,多方搜集。他在北平给许广平写信时,还选用过画有三只红枇

杷和两个并蒂莲的信笺,借以寄寓情意。他在搜集之余,并动了编印的念头。1933年2月5日他给时在北平工作之郑振铎写信说:

> 去年冬季回北平,在留黎厂得了一点笺纸,觉得画家与刻印之法,已比《文美斋笺谱》时代更佳,譬如陈师曾齐白石所作诸笺,其刻印法已在日本木刻专家之上,但此事恐不久也将销沉了。
>
> 因思倘有人自备佳纸,向各纸铺择尤(对于各派)各印数十至一百幅,纸为书叶形,采色亦须更加浓厚,上加序目,订成一书,或先约同人,或成后售之好事,实不独为文房清玩,亦中国木刻史上之一大纪念耳。
>
> 不知先生有意于此否? 因在地域上,实为最便。且孙伯恒先生当能相助也。

郑振铎原本也是中国古代木刻插图的爱好者和搜集者,对这一建议当然欣然赞同,鲁迅可谓邀请得人。于是他们很快就行动起来。由郑振铎在北平访笺,将购到的笺纸一包包的寄到上海,经鲁迅选定,再一包包地寄回北平,又由郑振铎到各家南纸店里接洽印刷之事。据郑振铎回忆说,鲁迅一接到他的信后,便立刻回复,从来不曾延搁过一二天的。这中间,郑振铎因事把工作停顿了二三个月,鲁迅就去信说:"这事我们得赶快做,否则,要来不及做,或轮不到我们做。"①

《北平笺谱》在鲁迅和郑振铎的努力下,于1933年12月出版了。内收人物、山水、花鸟画三百三十二幅,由各藏版纸店分别印刷,荣宝斋装订成册,共六卷,合为一函。

鲁迅在该书《序》中追溯了我国木刻艺术的长远历史和兴衰情况,概述了笺纸的由来及其特色,并说明本书出版缘由及其意义道:"顾迫于时会,苓落将始,吾修好事,亦多杞忧。于是搜索市廛,拔其尤异,各就原版,印造成书,名之曰《北平笺谱》。""意者文翰之术将更,则笺素之道随尽;后有作者,必将别辟途径,力求新生;其临睨夫旧乡,当远俟于暇日也。则此虽短书,所识者小,而一时一地,绘画刻镂盛衰之事,颇寓于中;纵非中国木刻史之丰碑,庶

鲁迅西谛合编的《北平笺谱》:共收人物、山水、花鸟、果蔬等各色笺纸332幅,1933年12月出版。鲁迅说:此书"实不独为文房清玩,亦中国木刻史上一大纪念耳"

---

① 据《永在的温情》和《鲁迅与中国古版画》,收《鲁迅回忆录》一、二集中。

几小品艺术之旧苑；亦将为后之览古者所偶涉欤。"用现在的话来说，也就是抢救即将衰落的文化遗产，为后人保存一点史迹之意。鲁迅是充分地认识到这种抢救工作的重要性的，所以他对郑振铎说："这种书籍，真非印行不可。新的文化既幼稚，又受压迫，难以发达；旧的又只受着官私两方的漠视，摧残，近来我真觉得文艺界会变成白地，由个人留一点东西给好事者及后人，可喜亦可哀也。"①

鲁迅于《北平笺谱》的印造，非常用心，从给郑振铎的信中可以看到，他不但在选笺上花了很大力气，而且在用纸、印刷、开本、装帧等方面也都反复考虑，提出具体意见，力求尽善尽美；而且在笺样署名的问题上，也有所考虑，并提出要写上刻工的名号，目的在于反映出木刻史的实际情况。该书出版以后，获得很大的成功，第一版很快售罄，迅速再版。鲁迅在印造此书时曾提出："末后附一页，记明某年某月限定造一百部，此为第ΔΔ部云"（按：后来又决定加上他们二人的签名），并戏言道："庶几足增声价，至三十世纪，必与唐版媲美矣。"②实际上不必等那么久，此书一出版，便成为爱好者的珍藏。鲁迅在1935年3月30日致郑振铎信中就说："《北平笺谱》如此迅速的成为'新董'，真为始料所不及。"1947年，郑振铎在《鲁迅与中国古版画》中又说："这部书现在也成了新的古董或善本，很不容易见得到。"

考虑到这部书具有珍藏价值，鲁迅和郑振铎商议，决定向苏、英、美、法等国寄赠《北平笺谱》，但不寄赠法西斯主义当道的德、意二国，鲁迅说："至于德意，则且待他们法西结束之后可耳。"③

《北平笺谱》的成功，使他们很高兴。但鲁迅并不想停留在这件事上，所以开始时连重印再版也不予考虑，"因为如此，则容易被同一之事绊住，不能作他事。"④他想到的是多做新的工作，所以对郑振铎说："我个人的意见，以为做事万不要停顿在一件上（也许这是我年纪老起来了的缘故），此书一出，先生大可以作第二事，就是将那资本，来编印明代小说传奇插画，每幅略加解题，仿《笺谱》豫约办法。更进，则北平如尚有若干好事之徒，大可以组织一个会，影印明版小说，如《西游》，《平妖》之类，使它能够久传，我想，恐怕纸墨更寿于金石，因为它数目多。"⑤郑振铎接受了鲁迅的意见，就提出合作出版"版画丛刊"，并将亡友王孝慈所藏的《十竹斋笺谱》带给鲁迅看。这部笺谱刻得很精致，是明末版画

---

① 1933年11月11日致郑振铎信。
② 1933年9月29日致郑振铎信。
③ 1934年2月9日致郑振铎信。
④ 1933年10月21日致郑振铎信。
⑤ 1934年1月11日致郑振铎信。

的最高收获。但因刻成于崇祯十七年夏天,正是李自成进京,清军入关那一年,社会极度动乱,所以流传极少。鲁迅看了说:"好的,好的,不过要赶快做!"他认为,"无论如何,总可以复活一部旧书也"。于是他们接着又以"版画丛刊会"的名义,翻印了《十竹斋笺谱》,并把它作为"图版丛刊"之一,表明他们将要陆续出版此类图书。可惜在第一册出版后,第二册刻好待印时,鲁迅就逝世了,未及见到全书的印成,更不及出版其他的"图版丛刊"。

在介绍外国木刻和绘画方面,鲁迅也做了许多工作。

1931年2月,他以三闲书屋的名义,自费出版了《梅斐尔德木刻士敏土之图》,收德国画家梅斐尔德所作的苏联革拉特珂夫小说《士敏土》的木刻插图,共十幅。原作是托徐诗荃在德国购买的。鲁迅在《序言》中介绍了小说《士敏土》在新俄文学中的地位,并论及木刻插图的特点道:"这十幅木刻,即表现着工业的从寂灭中而复兴。由散漫而有组织,因组织而得恢复,自恢复而至盛大。也可以略见人类心理的顺遂的变形,但作者似乎不很顾及两种社会底要素之在相克的斗争——意识的纠葛的形象。我想,这恐怕是因为写实底地显示心境,绘画本难于文章,而刻者生长德国,所历的环境也和作者不同的缘故罢。"可惜出版之后,几乎尽是德日两国人所购,中国读者只二十余人,所以鲁迅又在《三闲书屋校印书籍》中介绍本书道:"这《士敏土》是革拉特珂夫的大作,中国早有译本;德国有名的青年木刻家凯尔·梅斐尔德曾作图画十幅,气象雄伟,旧艺术家无人可以比方。现在据输入中国之唯一的原版印本,复制玻璃版,用中国夹层宣纸,影印二百五十部,大至尺余,神采不爽。"希望中国读者能来购买这比原版画便宜一百倍之影印件。

1934年3月,鲁迅又以三闲书屋名义出版了苏联版画集《引玉集》,收苏联十一位版画家的五十九幅作品,据作者手拓原本用珂罗版翻造,初版三百本,次年4月,再版二百五十本。卷首的《代序》介绍了十五年来苏联版画的梗概,是瞿秋白以陈节的笔名从楷戈达耶夫的《十五年来的书籍版画和单行本版画》摘译而成,卷末有鲁迅所写的《后记》,文中介绍了他获得这些木刻的经过和复制成书的缘由:1931年顷,他正想校印《铁流》,偶然在《版画》杂志上看到毕斯凯莱夫刻的这书中故事的图画,就托时在苏联的《铁流》译者曹靖华去搜寻。"费了许多周折,会着毕斯凯莱夫,终于将木刻寄来了,因为怕途中会有失落,还分寄了同样的两份。靖华兄的来信说,这木刻版画的定价颇不小,然而无须付,苏联的木刻家多说印画莫妙于中国纸,只要寄些给他就好。我看那印着《铁流》图的纸,果然是中国纸,然而是一种上海的所谓'抄更纸',乃是集纸质较好的碎纸,第二次做成的纸张,在中国,除了做帐簿和开发票,帐单之外,几乎再没有更高的用处。我于是买了许多中国的各种宣纸和

二八、美的播布与创造

日本的'西之内'和'鸟之子',分寄给靖华,托他转致,倘有余剩,便另送别的木刻家。这一举竟得了意外的收获,两卷木刻又寄来了,毕斯凯莱夫十三幅,克拉甫兼珂一幅,法复尔斯基六幅,保夫理诺夫一幅,冈察罗夫十六幅;还有一卷被邮局所遗失,无从访查,不知道其中是那几个作家的作品。这五个,那时是都住在墨斯科的。""去年秋间……我又寄了几包宣纸去,三个月之后,换来的是法复尔斯基五幅,毕珂夫十一幅,莫察罗夫二幅,希仁斯基和波查日斯基各五幅,亚历克舍夫四十一幅,密德罗辛三幅,数目比上一次更多了。莫察罗夫以下的五个,都是住在列宁格勒的木刻家。"这些原版的木刻画,在他手头已有一百余幅之多,"在中国恐怕只有我一个了,而但秘之箧中,岂不辜负了作者的好意?况且一部分已经散亡,一部分几遭兵火,而现在的人生,又无定到不及薤上露,万一相偕湮灭,在我,是觉得比失了生命还可惜。流光真快,徘徊间已过新年,我便决计选出六十幅来,复制成书,以传给青年艺术学徒和版画的爱好者。"至于本书书名的由来,则是"因为都是用白纸换来的,所以取'抛砖引玉'之意,谓之《引玉集》"。鲁迅在1934年6月2日致郑振铎信中曾说明他印造《引玉集》的用意道:"盖中国艺术家,一向喜欢介绍欧洲十九世纪末之怪画,一怪,即便于胡为,于是畸形怪相,遂弥漫于画苑。而别一派,则以为凡革命艺术,都应该大刀阔斧,乱砍乱劈,凶眼睛,大拳头,不然,即是贵族。我这回之印《引玉集》,大半是在供此派诸公之参考的,其中多少认真,精密,那有仗着'天才',一挥而就的作品,倘有影响,则幸也。"

1936年5月,鲁迅仍以三闲书屋的名义出版了《凯绥·珂勒惠支版画选集》。内收版画二十一幅,其中十六幅据原拓本影印,另五幅据1927年艺术护卫社印本复制。这些版画,有些是托徐诗荃在德国所购,有些则是托史沫特莱直接向珂勒惠支本人购买。史沫特莱与珂勒惠支是极熟识的朋友,所以本书出版时,鲁迅特地请她写了一篇序言,介绍作者的经历、品德和作品;同时又请茅盾译了一篇《凯绥·珂勒惠支——民众的艺术家》,以增进读者对她的了解。鲁迅自己所写的《序目》,则不但介绍了作者的生平,而且对她的艺术作出恳切的评价:"在女性艺术家之中,震动了艺术界的,现代几乎无出于凯绥·珂勒惠支之上——或者赞美,或者攻击,或

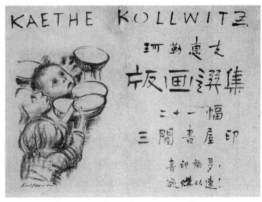

鲁迅设计的《凯绥·珂勒惠支版画选集》发行广告

者又对攻击者给她以辩护。"说是只要一翻她的《作品集》,"就知道她以深广的慈母之爱,为一切被侮辱和损害者悲哀,抗议,愤怒,斗争;所取的题材大抵是困苦,饥饿,流离,疾病,死亡,然而也有呼号,挣扎,联合和奋起。此后又出了一本新集(Das Neue K.Kollwitz Werk,1933)却更多明朗之作了。"接着,又参照亚斐那留斯及第勒所说,并根据自己的见解,对《选集》中二十一幅作品,逐一作出解释。

几乎与上书同时,鲁迅又自费印行了《死魂灵百图》,署三闲书屋翻印,由文化生活出版社发行。《死魂灵百图》为俄国画家阿庚画,培尔特斯基刻,本书翻印时,除收百图外,还增加了收藏家蔼甫列摩夫所藏的三幅,并那时的广告画和第一版封纸上的小图各一幅,计一百零五幅;此外,当鲁迅的《死魂灵》中译本开始发表时,曹靖华曾寄来梭可罗夫画的十二幅插图,也一并加入,这样就共有一百一十七幅了。《死魂灵百图》是名作,在苏联也已只能在图书馆中见到了。原本系孟十还在上海旧书店中发现,大概是十月革命之际,俄国人带了逃出国外来的,该是一个爱好文艺的人,抱守了十六年,终于只好拿它来换衣食之资;在中国也许未必有第二本。鲁迅得到之后,觉得"藏了起来,对己对人,说不定都是一种罪业",所以就设法来翻印。他在该书《小引》中,说到翻印这本书的目的,"除绍介外国的艺术之外,第一,是在献给中国的研究文学,或爱好文学者,可以和小说相辅,所谓'左图右史',更明白十九世纪上半的俄国中流社会的情形,第二,则想献给插画家,借此看看别国的写实的典型,知道和中国向来的'出相'或'绣像'有怎样的不同,或者能有可以取法之处;同时也以慰售出这本画集的人,将他的原本化为千万,广布于世,实足偿其损失而有余,一面也庶几不枉孟十还君的一番奔走呼号之苦。对于木刻家,却恐怕并无大益,因为虽说是木刻,但画者一人,刻者又别一人,和现在的自画自刻,刻即是画的创作木刻,是已经大有差别的了。"

此外,鲁迅在1933年曾为良友图书印刷公司出版的比利时画家麦绥莱勒的木刻连环画《一个人的受难》作序,介绍了作者的生平,并对每幅画作出了解释;1936年又抱病为良友图书印刷公司的《苏联版画集》选画并作序,但是他说:"参加选择绘画,尤其是版画,我是践了夙诺的,但后来却生了病,缠绵月余,什么事情也不能做了,写序之期早到,我却还连拿一张纸的力量也没有。"所以这篇《序》是取当年2月间所写的《记苏联版画展览会》的旧文,再加以补充而成。但在补充文字中,仍确切地概括出了苏联版画艺术的特点:"我觉得这些作者,没有一个是潇洒,飘逸,伶俐,玲珑的。他们个个如广大的黑土的化身,有时简直显得笨重,自十月革命以后,开山的大师就忍饥,斗寒,以一个廓大镜和几把刀,不屈不挠的开拓了这一部门的艺术。这回虽然已是复制了,但大略尚存,我们可以看见,有那一幅不坚实,不恳切,或者是有取巧,弄乖的意思的呢?"

鲁迅翻印画集的工作,受到读者的广泛欢迎,但也遭到一些人的非难。开始是创造社中人的革命批判,继而施蛰存在《推荐者的立场——〈庄子〉与〈文选〉之论争》中加以讽刺:"说不定他是象鲁迅先生印珂罗版木刻图一样的是私人精印本,属于罕见书之列",接着,邵洵美所办的《十日谈》上又发表了杨天石的文章《二十二年的出版界》,说鲁迅的编印《北平笺谱》是"大开倒车",后来,又有周作人在《文饭小品》上发表《十竹斋的小摆设》,反击鲁迅对于闲适小品的批评:"崇祯甲申,岂非明之国难乎,情形严重殆不下于九一八,至乙酉而清兵下江南矣。于斯时也而刻《笺谱》,清流其谓之何? 夫刻木板已'玩物丧志'矣,木板而又画图,岂不更玩而益丧欤。抑画图之中或可以有'匕首'亦说不定,若画图而至于诗笺,则非真正'小摆设'而何? 使明末而有批评家,十竹斋主人之罪当过于今之小品作家矣。"

其实,以上所说,都歪曲了鲁迅的本意。从鲁迅的意图看,无论是对古刻的重印,或者是对外国版画的介绍,都与遗老遗少们的复古恋旧完全是两码子事,也不是在玩弄"小摆设",而是为了保存文化遗产,并推动新艺术的发展。一个是向前看,一个是向后看,两者不可同日而语。这些工作的意义,正如鲁迅在《引玉集·后记》里所说:"但目前的中国,真是荆天棘地,所见的只是狐虎的跋扈和雉兔的偷生,在文艺上,仅存的是冷淡和破坏。而且,丑角也在荒凉中趁势登场,对于木刻的绍介,已有富家赘婿和他的帮闲们的讥笑了。但历史的巨轮,是决不因帮闲们的不满而停运的;我已经确切的相信:将来的光明,必将证明我们不但是文艺上的遗产的保存者,而且也是开拓者和建设者。"

他到上海后,又举办过三次外国版画展览会:1930年10月的"版画展览会";1933年10月的"现代作家木刻画展览";1933年12月的"俄法(露佛)书籍插图展览会"。第三次的展览,为什么要把俄国和法国放在一起呢?鲁迅说:"苏联的难以单独展览,就须请人作陪,这回的法国插画就是陪客。"①而法国的插图,则是留法的陈学昭和季志仁帮助搜集的。

鲁迅的这些工作,不仅为了保存和鉴赏,更重要的,还是为了创造。他曾慨叹当代青年精神粮食的不足,说是"用秕谷来养青年,是决不会壮大的",并呼吁:"甘为泥土的作者和译者的奋斗,是已经到了万不可缓的时候了,这就是竭力运输些切实的精神的粮食,放在青年们的周围,一面将那些聋哑的制造者送回黑洞和朱门里面去。"①所以他要为艺术学徒提供好的精神粮食。

---

① 1933年12月6日致吴渤信。

鲁迅是中国新兴木刻的创导者,他为培养木刻人才,做了大量的工作。除了提供精神粮食之外,他还为青年艺徒组织讲习班。1931年8月,内山完造的弟弟内山嘉吉来沪游玩,他是日本儿童文学家,兼擅木刻,在东京成城学园教美术课,鲁迅在内山完造家看到他对附近日本学校的学生现场讲习木刻技法,很感兴趣,就邀约他为上海学木刻的学生讲课。鲁迅通过冯雪峰,告知木刻家江丰、陈卓坤等,组织了一个"木刻讲习会",每天上午请内山嘉吉讲授木刻技法,为期六天,自己亲任翻译,并每天带了许多外国版画原作,给学生观摩。

鲁迅举办的木刻讲习会结业合影。摄于1931年8月22日。左起:钟步清、邓启凡、苗勃然、乐以钧、黄山定、顾洪干、李岫石、郑洛耶、胡仲民、江丰、鲁迅、陈铁耕、内山嘉吉、倪焕之、陈卓坤

此后,鲁迅又常与青年木刻家通信,除对他们的作品提出具体意见之外,并提出一些普遍性的问题,体现出重要的美学思想。如1935年2月4日复李桦信中说:

来信说技巧修养是最大的问题,这是不错的,现在的许多青年艺术家,往往忽略了这一点。所以他的作品,表现不出所要表现的内容来。正如作文的人,因为不能修辞,于是也就不能达意。但是,如果内容的充实,不与技巧并进,是很容易陷入徒然玩弄技巧的深坑里去的。

这就到了先生所说的关于题材的问题。现在有许多人,以为应该表现国民的艰苦,国民的战斗,这自然并不错的,但如自己并不在这样的旋涡中,实在无法表现,假使以意为之,那就决不能真切,深刻,也就不成为艺术。所以我的意见,以为一个艺术家,只要表现他所经验的就好了,当然,书

---

① 《准风月谈·由聋而哑》。

二八、美的播布与创造

斋外面是应该走出去的,倘不在什么旋涡中,那么,只表现些所见的平常的社会状态也好。日本的浮世绘,何尝有什么大题目,但它的艺术价值却在的。如果社会状态不同了,那自然也就不固定在一点上。

至于怎样的中国精神,我实在不知道。就绘画而论,六朝以来,就大受印度美术的影响,无所谓国画了;元人的水墨山水,或者可以说是国粹,但这是不必复兴,而且即使复兴起来,也不会发展的。所以我的意思,是以为倘参酌汉代的石刻画像,明清的书籍插画,并且留心民间所赏玩的所谓"年画",和欧洲的新法融合起来,也许能够创出一种更好的版画。

鲁迅劝一些青年木刻家不要好大喜功,好作大幅,必欲作品中含有深意,而要打好素描基础,从风景静物,一花一叶入手,他鼓励道:"太伟大的变动,我们会无力表现的,不过这也无须悲观,我们即使不能表现他的全盘,我们也可以表现它的一角,巨大的建筑,总是一木一石垒起来的,我们何妨做做这一木一石呢?"①这意见,既积极又切实。

为了扶植新兴的木刻艺术,鲁迅于1934年6月,以铁木艺术社的名义编辑出版了一本青年艺术家的木刻集:《木刻纪程》。他说:"这一本《木刻纪程》,其实是收集了近二年中所得的木刻印成的,比起历史较久的油画之类来,成绩的确不算坏。"②书前的《小引》,说明了翻印外国新作和中国古刻的用意,并对新木刻提出希望:"别的出版者,一方面还正在绍介欧美的新作,一方面则在复印中国的古刻,这也都是中国的新木刻的羽翼。采用外国的良规,加以发挥,使我们的作品更加丰满是一条路;择取中国的遗产,融合新机,使将来的作品别开生面也是一条路。如果作者都不断的奋发,使本集能一程一程的向前走,那就会知道上文所说,实在不仅是一种奢望的了。"

本来,鲁迅想把《木刻纪程》编成一种不定期刊物或年刊,以"保存历史材料和比较进步与否"③,但后来未能继续下去。中国现代木刻的行程非常艰难,在白色恐怖之下,几个木刻团体如一八艺社、春地画会、野风画会、M.K.木刻研究会,也都相继被迫解散。鲁迅于1935年1月4日致李桦信中说:"至于上海,现在已无木刻家团体了。开初是在四年前,请一个日本教师讲了两个星期木刻法,我做翻译,听讲的有二十余人,算是一个小团体,后来有的被捕,有的回家,散掉了。此后还有一点,但终于被压迫而溃散。实际上,在上海的喜欢木刻的青年中,确也是急进的居

---

① 1935年6月29日致赖少麒信。
② 1934年10月24日致沈振黄信。
③ 1934年6月6日致陈铁耕信。

多，所以在这里，说起'木刻'，有时就等于'革命'或'反动'，立刻招人疑忌。现在零星的个人，还在刻木刻的是有的，不过很难进步。那原因，一则无人切磋，二则大抵苦于不懂外国文，不能看参考书，只能自己暗中摸索。"在《写于深夜里》，鲁迅记述了青年木刻家曹白因为参加木刻研究会，刻过卢那却尔斯基像，而被逮捕，并以"危害民国"罪判刑。曹白出狱之后，又为全国木刻联合展览会刻了《鲁迅像》，却被检查官抽去，不准展出。曹白将这张木刻像寄给鲁迅，鲁迅看后即在其背面题了这样的文字："一九三五年夏天，全国木刻展览会在上海开会，作品先由市党部审查。'老爷'就指着这张木刻说：'这不行'，剔去了。"并于1936年3月21日回信道："顷收到你的信并木刻一幅，以技术而论，自然是还没有成熟的。但我要保存这一幅画，一者是因为是遭过艰难的青年的作品，二是因为留着党老爷的蹄痕，三，则由此也纪念一点现在的黑暗和挣扎。倘有机会，也想发表出来给他们看看。"

这个"全国木刻联合展览会"，是平津木刻研究会在1934年秋天发起的，鲁迅从报上看到消息之后，最先给予支持，即以何干的名字，寄去了他所保存的青年艺术家的三十二幅木刻作品和《木刻纪程》，后来又续有所寄。当筹办者知道何干就是鲁迅之后，大大地鼓舞了信心。接着，上海、广州、汕头、徐州、济南、青岛、太原、开封、武汉等地的作者也陆续寄来展品，第一届全国木刻联合展览会遂于1935年元旦在北平太庙开幕。接着，金肇野、唐珂等人又带着展品，到天津、济南、汉口、太原等地巡回展出，10月份到上海，在中华学艺社展出，鲁迅还捐了二十元，作为展出费用。主事者准备从展品中选出佳作，出一本《全国木刻联合展览会专辑》，鲁迅应邀为之作序。他在序文中追溯了中国现代木刻兴起的原因和生存的理由："近五年来骤然兴起的木刻，虽然不能说和古文化无关，但决不是葬中枯骨，换了新装，它乃是作者和社会大众的内心的一致的要求，所以仅有若干青年们的一副铁笔和几块木板，便能发展得如此蓬蓬勃勃。它所表现的是艺术学徒的热诚，因此也常常是现代社会的魂魄。"鲁迅说，这是聚全国出品的精粹的第一本，"愿此后更有无尽的旌旗蔽空的大队。"可惜保存图版的金肇野因参加一二九运动而被捕，图版被抄走，这本专辑也就无法出版了。但他们的工作还在进行。1936年，又举行了第二次全国木刻联展。这可见中国的新兴木刻运动是压制不住的，它既有生存的理由，就必然会得到发展。

而且，鲁迅还把中国的新兴木刻介绍到世界去。1933年，法国SU周刊记者绮达·簟丽德女士愿意将中国的木刻带到国外去展览，鲁迅为她收集了五十余幅作品，编好目录，并请姚克译成英文，让它们走向世界。据说，这些木刻在巴黎和莫斯科展览之后，"批评颇好"。

二九、梦坠空云齿发寒

鲁迅是一个坚强的战士,从青年时代起,就与各种恶势力一路战斗过来,却是愈战愈勇。他在1930年时,甚至与川岛戏言道:"这两年来,水战火战,日战夜战,敌手都消灭了,实在无聊,所以想再来闹他一下,顺便打几下无端咬我的家伙,倘若闹不死,明年再来用功罢。"①这是何等的意气风发!但几年之后,却在诗作中时常流露出一种孤独感,苍凉感。如1933年底所写的《无题》诗,这种情绪就表现得很明显:"烟水寻常事,荒村一钓徒。深宵沉醉起,无处觅菰蒲。"这首诗不是如有些诠释者所说的,是对国民党治下天灾人祸的谴责,也不是对当年冯乃超所谓"醉眼陶然"的反讽,而是一种心境的自我写照。同样的情绪,在此后的诗作中时有流露,如1934年9月写的《秋夜有感》中所说的"中夜鸡鸣风雨集,起然烟卷觉新凉";1935年12月写的《亥年残秋偶作》中所说的"老归大泽菰蒲尽,梦坠空云齿发寒"。鲁迅早年在筹办《新生》杂志流产之后,中年在《新青年》团体散伙之后,都产生过孤独感,寂寞感,但都没有如是之甚。

为什么鲁迅晚年会产生这种孤独感、寂寞感和苍凉感呢?这与他在左翼文艺阵营内部所受到的打击有关。他在致友人信中说:"敌人不足惧,最令人寒心而且灰心的,是友军中的从背后来的暗箭;受伤之后,同一营垒中的快意的笑脸。因此,倘受了伤,就得躲入深林,自己舐干,扎好,给谁也不知道。我以为这境遇,是可怕的。我倒没有什么灰心,大抵休息一会,就仍然站起来,然而好象终竟也有影响,不但显于文章上,连自己也觉得近来还是'冷'的时候多了。"②

左翼作家联盟内部,不但左倾思潮泛滥,而且宗派主义严重,有些作家举着革命大旗,拉一批人以自重,对不同的意见动辄予以打击,虽鲁迅亦在所不免。

---

① 1930年2月22日致章廷谦信。
② 1935年4月23日致萧军、萧红信。

1932年,左联机关刊物《文学月报》上发表了芸生(邱九)的一首政治长诗:《汉奸的供状》。这首诗是模仿前一期同一刊物上苏联诗人别德纳衣的讽刺诗《没有工夫唾骂》而作,但别德纳衣至多不过是笑骂,而芸生的诗则是辱骂与恐吓,如说:"当心,你的脑袋一下就要变做剖开的西瓜"之类,还有一些无聊的攻击,如拿姓氏来开玩笑。这首诗引起人们的不满,当时中共文委书记冯雪峰曾找该刊主编周起应(周扬)提出批评,并建议他在下一期《文学月报》上公开纠正,周起应完全不同意,同冯雪峰争吵起来。当晚,冯雪峰跑来找鲁迅谈,鲁迅翻看了这首长诗,认为这是流氓作风,自己先公开纠正一下,可以争取主动。冯雪峰想请鲁迅代表左联出面说话,鲁迅说:"由我来写一点也可以,不过还是用个人的名义好。"于是就有了这封题为《辱骂和恐吓决不是战斗》的公开信,严厉地批评了这种错误倾向。

鲁迅指出,这种拿姓氏籍贯来作攻击材料的做法,其实是封建意识的反映,而"尤其不堪的是结末的辱骂"。他说:"现在有些作品,往往并非必要而偏在对话里写上许多骂话去,好象以为非此便不是无产者作品,骂詈愈多,就愈是无产者作品似的。其实好的工农之中,并不随口骂人的多得很,作者不应该将上海流氓的行为,涂在他们身上的。即使有喜欢骂人的无产者,也只是一种坏脾气,作者应该由文艺加以纠正,万不可再来展开,使将来的无阶级社会中,一言不合,便祖宗三代的闹得不可开交。况且即是笔战,就也如别的兵战或拳斗一样,不妨伺隙乘虚,以一击制敌人的死命,如果一味鼓噪,已是《三国志演义》式战法,至于骂一句爹娘,扬长而去,还自以为胜利,那简直是'阿Q'式的战法了。"对于"剖西瓜"之类的恐吓,则更不以为然,认为这是与无产阶级革命思想背道而驰的:"无产者的革命,乃是为了自己的解放和消灭阶级,并非因为要杀人,即使是正面的敌人,倘不死于战场,就有大众的裁判,决不是一个诗人所能提笔判定生死的。"自然,中国历来的文坛上,常见的是诬陷,造谣,恐吓,辱骂,翻一翻大部的历史,就往往可以遇见这样的文章,直到现在也还在应用,而且更加厉害。"但我想,这一份遗产,还是都让给叭儿狗文艺家去承受罢,我们的作者倘不竭力的抛弃了它,是会和他们成为'一丘之貉'的。"当然,鲁迅说,他并不是主张要对敌人陪笑脸,三鞠躬,"我只是说,战斗的作者应该注重于'论争';倘在诗人,则因为情不可遏而愤怒,而笑骂,自然也无不可。但必须止于嘲笑,止于热骂,而且要'喜笑怒骂,皆成文章',使敌人因此受伤或致死,而自己并无卑劣的行为,观者也不以为污秽,这才是战斗的作者的本领。"

鲁迅的意见是正确的,而且也说得很全面,但是却为一些"革命"作家所厌

二九、梦坠空云齿发寒

恶。于是有首甲、方萌、郭冰若、丘东平四人在1933年2月的《现代文化》第一卷第二期上联名发表《对鲁迅先生〈辱骂和恐吓决不是战斗〉有言》，指责鲁迅"带上了极浓厚的右倾机位主义色彩"，说鲁迅这封信是"右倾机会主义的复活"，是"考茨基的和平革命论，戴白手套的革命论"。鲁迅后来在致友人信中说："那个杂志的文章，难做得很，我先前也曾从公意做过文章，但同道中人，却用假名夹着真名，印出公开信来骂我，他们还造一个郭冰若的名，令人疑是郭沫若的排错者。我提出质问，但结果是模模胡胡，不得要领，我真好像见鬼，怕了。后来又遇到相像的事两回，我的心至今还没有热。"①这四人中，首甲是祝秀侠的化名，方萌是阿英即钱杏邨的化名，郭冰若是田汉的化名②，最后一个丘东平是真名。瞿秋白当时写了《慈善家的妈妈》和《鬼脸的辩护》，支持鲁迅的意见，批评芸生和首甲等人的错误，但不知何故，当时并没有发表。

到了1934年，又出现了"花边文学"事件。那时，上海公共租界工部局的章程里有一条规定：不许倒提鸡鸭在路上走，这引起了几位华人的不平，以为西洋人优待动物，虐待华人，至于比不上鸡鸭。6月18日，鲁迅以公汗的笔名，在《申报·自由谈》上发表了一篇杂文《倒提》，表示不同意这种看法。他说："这其实是误解了西洋人。他们鄙夷我们，是的确的，但并未放在动物之下。自然，鸡鸭这东西，无论如何，总不过送进厨房，做成大菜而已，即顺提也何补于归根结蒂的运命。""但对于人的心思，却似乎有些不同。人能组织，能反抗，能为奴，也能为主，不肯努力，固然可以永沦为舆台，自由解放，便能获得彼此的平等，那运命是并不一定终于送进厨房，做成大菜的。愈下劣者，愈得主人的怜爱，所以西崽打叭儿，则西崽被斥，平人忤西崽，则平人获咎，租界上并无禁止苛待华人的规律，正因为我们该自有力量，自有本领，和鸡鸭绝不相同的缘故。""然而我们从古典里，听熟了仁人义士，来解倒悬的胡说了，直到现在，还不免总在想从天上或什么高处远处掉下一点恩典来，其甚者竟以为'莫作乱离人，宁为太平犬'，不妨变狗，而合群改革是不肯的。自叹不如租界的鸡鸭者，也正有这气味。"

鲁迅这篇文章的意思很明显，就是希望人们不要与终于送进厨房做成大菜的鸡鸭相比，也不要等待别人的恩典来解倒悬之苦，而要自己组织起来解放自己，争取平等的地位。但这意见却遭到了别人的歪曲。7月3日的《大晚报》副刊《火炬》上发表了一篇署名林默的文章：《论"花边文学"》，指摘公汗的文章是买

---

① 1935年4月28日致萧军信。
② 见1973年6月21日黄源致楼适夷信，《黄源楼适夷通信集》上册，浙江人民出版社，2006年版。

办意识。林默说:"上海的洋行,有一种帮洋人经营生意的华人,通称叫'买办',他们和同胞做起生意来,除开夸说洋货如何比国货好,外国人如何讲礼节信用,中国人是猪猡,该被淘汰以外,还有一个特点,是口称洋人曰:'我们的东家'。我想这一篇《倒提》的杰作,看他的口气,大抵不出于这般人为他们的东家而作的手笔。因为第一,这般人是常以了解西洋人自夸的,西洋人待他很客气;第二,他们往往赞成西洋人(也就是他们的东家)统治中国,虐待华人,因为中国人是猪猡;第三,他们最反对中国人怀恨西洋人。抱不平,从他们看来,更是危险思想。"而且,还从一篇文章而扩及全盘,将编者围上花边以示重要的文章,统称之谓"花边文学",因为鲁迅的杂文常常是被围上花边的。鲁迅就将这一年所写的短评集取名为《花边文学》,并在《序言》中说:"这一个名称,是和我在同一营垒里的青年战友,换掉姓名挂在暗箭上射给我的。那立意非常巧妙:一,因为这类短评,在报上登出来的时候往往围绕一圈花边以示重要,使我的战友看得头疼;二,因为'花边'也是银元的别名,以见我的这些文章是为了稿费,其实并无足取。至于我们的意见不同之处,是我以为我们无须希望外国人待我们比鸡鸭优,他却以为应该待我们比鸡鸭优,我在替西洋人辩护,所以是'买办'。"这位以林默之名发表文章的"青年战友",就是左翼营垒中的廖沫沙。鲁迅后来又以"康伯度"为笔名,也是对林默的回击。"康伯度"是英语Comprador的译音,意即"买办"。

紧接着,又有"调和论"之讥。这事情的经过和鲁迅的态度,都写在1934年11月14日鲁迅《答〈戏〉周刊编者信》中。这封信原是为答复《戏》周刊编者要他对该周刊上发表的剧本《阿Q》的意见而作的,但他在说完对剧本的意见之后,却加了很长的一段话:

> 临末还有一点尾巴,当然决没有叭儿君的尾巴的有趣。这是我十分抱歉的,不过还是非说不可。记得几个月之前,曾经回答过一个朋友的关于大众语的质问,这信后来被发表在《社会月报》上了,末了是杨邨人先生的一篇文章。一位绍伯先生就在《火炬》上说我已经和杨邨人先生调和,并且深深的感慨了一番中国人之富于调和性。这一回,我的这一封信,大约也要发表的罢,但我记得《戏》周刊上已曾发表过曾今可叶灵凤两位先生的文章……如果我被绍伯先生的判决所震慑,这回是应该不敢再写什么的,但我想,也不必如此。只是在这里要顺便声明:我并无此种权力,可以禁止别人将我的信件在刊物上发表,而且另外还有谁的文章,更无从豫先知道,所以对于同一刊物上的任何作者,都没有表示调和与否的意思;但倘有同一

二九、梦坠空云齿发寒

营垒中人,化了装从背后给我一刀,则我的对于他的憎恶和鄙视,是在明显的敌人之上的。

这倒并非个人的事情,因为现在又到了绍伯先生可以施展老手段的时候,我若不声明,则我所说过的各节,纵非买办意识,也是调和论了,还有什么意思呢?

鲁迅在将1934年的杂文编集为《且介亭杂文》一书时,就将绍伯的文章《调和》收在该书《附记》中,并另加了一段补充:"《答〈戏〉周刊编者信》的末尾,是对于绍伯先生那篇《调和》的答复。听说当时我们有一位姓沈的'战友'看了就呵呵大笑道:'这老头子又发牢骚了!''头子'而'老','牢骚'而'又',恐怕真也滑稽得很。然而我自己,是认真的。""不过向《戏》周刊编者去'发牢骚',别人也许会觉得奇怪。然而并不,因为编者之一是田汉同志,而田汉同志也就是绍伯先生。"这里所说的"姓沈的'战友'",就是沈端先,即夏衍。

田汉等人的做法,对鲁迅伤害很大。鲁迅在1934年12月18日致杨霁云信中感叹道:"叭儿之类,是不足惧的,最可怕的确是口是心非的所谓'战友',因为防不胜防。例如绍伯之流,我至今还不明白他是什么意思。为了防后方,我就得横站,不能正对敌人,而且瞻前顾后,格外费力。身体不好,倒是年龄关系,和他们不相干,不过我有时确也愤慨,觉得枉费许多气力,用在正经事上,成绩可以好得多。"在1935年2月7日致曹靖华信中,把这两件事的本身和他的心情,说得更加详细:

从去年以来,所谓"第三种人"的,竟露出了本相,他们帮着它的主人来压迫我们了,然而我们中的有几个人,却道是因为我攻击他们太厉害了,以至逼得他们如此。去年春天,有人在《大晚报》上作文,说我的短评是买办意识,后来知道这文章其实是朋友做的,经许多人的质问,他答说已寄信给我解释,但这信我至今没有收到。到秋天,有人把我的一封信,在《社会月报》上发表了,同报上又登有杨邨人的文章,于是又有一个朋友(即田君,兄见过的),化名绍伯,说我已与杨邨人合作,是调和派。被人诘问,他说这文章不是他做的(按:田汉曾推说绍伯是他的表弟)。但经我公开的诘责时,他只得承认是自己所作。不过他说:这篇文章,是故意冤枉我的,为的是想我愤怒起来,去攻击杨邨人,不料竟回转来攻击他,真出于意料之外云云。这种战法,我真是想不到。他从背后打我一鞭,是要我生气,去打别人一鞭,现在我竟夺住了他的鞭子,他就"出于意料之外"了。从去年下半年来,我总觉有几个人倒和"第三种人"一气,恶意的在拿我做玩具。

我终于莫名其妙,所以从今年起,我决计避开一点,我实在忍耐不住了。此外古怪的事情还多。现在我在选一部别人的小说,这是应一个书店之托,解决吃饭问题的,三月间可完工。至于绍介文学和美术,我仍照旧的做。
　　但短评,恐怕不见得做了,虽然我明知道这是要紧的,我如不写,也未必另有人写。但怕不能了。一者,检查严,不容易登出;二则我实在憎恶那暗地里中伤我的人,我不如休息休息,看看他们的非买办的战斗。

这些"战友",不但撰文攻击鲁迅,而且利用在左联内部所掌握的权力,对鲁迅进行封锁。鲁迅在致曹靖华的几封信中所说的"一种刊物"事,即是一例:"这里的朋友的行为,我真不知道是什么意思,出过一种刊物,将去年为止的我们的事情,听说批评得不值一钱,但又秘密起来,不寄给我看,而且不给看的还不止我一个,我恐怕三兄(按:指萧三)那里也未必会寄去。所以我现在避开一点,且看看究竟是怎么一回事再说。""那一种刊物,原是我们自己出版的,名《文学生活》,原是每人各赠一本,但这回印出来,却或赠或不赠,店里自然没有买,我也没有得到。我看以后是不印的了,因为有人以文字抗议那批评,倘续出,即非登此抗议不可,惟一的方法是不再出版——到处是用手段。""《文学生活》是并不发售的,所以很难看见,但有时会寄来。现在这一期,却不给我,沈兄(按:指沈雁冰,即茅盾)也没有,这办法颇特别。我们所知道的一点,是从别人嘴里先听到,后来设法借来看的。"①

更加不合情理的是,出版《文学生活》的经费有许多是鲁迅捐助的。不但此一刊物,左联其他的活动经费也常向鲁迅募集,这从他的日记中可以看出。但周扬等人只知索取,不知尊重,而且还需索无度,稍不如意,还怪他"悭吝",这就惹得鲁迅很反感了。他在1935年8月24日致胡信中说:"叶君(按:指叶紫)他们,究竟是做了事的,这一点就好。至于我们的元帅的'悭吝'说,却有些可笑,他们似乎误解这局面为我的私产了。前天遇见徐君(按:指徐懋庸),说第一期(按:指左联刊物《文艺群众》)还差十元……。我说,我一个钱也没有。其实,这是容易办的,不过我想应该大家出一点,也就是大家都负一点责任。从我自己这面看起来,我先前实在有些'浪费',固然,收入也多,但天天写许多字,却也苦。"

正因为前面不断有这些纠葛,所以到得1936年《答徐懋庸并关于抗日统一战线问题》中,鲁迅才会提起"四条汉子"的事,并点出其中两个人的名:田汉,周起应。这并非偶然之事,冰冻三尺,实非一日之寒也。

---

①　1935年1月26日、2月7日、2月18日致曹靖华信。

二九、梦坠空云齿发寒

论者往往把鲁迅与周扬等人的矛盾归结为"民族革命战争的大众文学"与"国防文学"这两个口号之争。其实,这只不过是一个爆发点而已。这场冲突已经酝酿很久了,据当事人之一的冯雪峰回忆,在两个口号论争之前,鲁迅对周扬等人就很有意见了:

> 一九三六年四月二十日左右,党中央从陕北瓦窑堡派遣我到上海去工作……我大约在四月二十五日左右到上海……我到上海后第二天下午找到鲁迅家去,鲁迅不在家(同许广平去看电影了),他家一个老保姆还认识我,即招待我到鲁迅卧室兼工作室的二楼去;鲁迅回来时已近黄昏,他在楼下已从老保姆口中知道我在楼上;他上楼来时,我十分兴奋地迎上去同他握手,他一面不习惯地同我握手(鲁迅不大习惯握手),一面悄然地说:"这两年我给他们摆布得可以!"
>
> 他说的这第一句话,完全出乎我当时的意料之外;我永远都会记得这句话和他说话时的神情。
>
> 这"他们"是指周扬等人,我却当时就懂得,因为我一九三三年离开上海时,周扬等人同鲁迅已经对立,我是知道的。
>
> ……后来谈到上海当时文艺界情况,他神情就显得有些愤激;他当晚说的许多话大半已经记不大清楚,其中我留下印象最深的是两句话,一句是"我成为破坏国家大计的人了",另一句是"我真想休息休息"①。

冯雪峰所说是事实,这有鲁迅自己的文字为证。早在两个口号论争开始一年多之前,鲁迅就在致友人书信中诉说自己的苦状,并对周扬等人提出指责,后来则更多愤激之词。如:1935年3月23日致曹靖华信中说:"……别的琐事又多,会客,看稿子,绍介稿子,还得做些短文,真弄得一点闲工夫也没有,要到半夜里,才可以叹一口气,睡觉。但同人里,仍然有些婆婆妈妈,有些青年则写信骂我,说我毫不肯费神帮别人的忙。其实是照现在的情形,大约体力也就不能持久的了,况且还要用鞭子抽我不止,唯一的结果,只有倒毙。很想离开上海,但无处可去。"6月28日致胡风信中说:"叶君(按:指叶紫)曾以私事约我谈过几次,这回是以公事约我谈话了,已连来两信,尚未复,因为我实在有些不愿意出门。我本是常常出门的,不过近来知道了我们的元帅深居简出,只令别人出外奔跑,所以我也不如只在家里坐了。记得托尔斯泰的什么小说

---

① 《有关一九三六年周扬等人的行动以及鲁迅提出"民族革命战争的大众文学"口号的经过》,《雪峰文集》第4卷,第506—508页。

说过,小兵打仗,是不想到危险的,但一看见大将面前防弹的铁板,却就也想到了自己,心跳得不敢上前了。但元帅以为生命价值,彼此不同,那我也无话可说,只好被打军棍。"9月12日回复胡风提出的关于萧军是否应参加左联之事道:"三郎的事情,我几乎可以无须思索,说出我的意见来,是:现在不必进去。最初的事,说起来话长了,不论它;就是近几年,我觉得还是在外围的人们里,出几个新作家,有一些新鲜的成绩,一到里面去,即酱在无聊的纠纷中,无声无息。以我自己而论,总觉得缚了一条铁索,有一个工头在背后用鞭子打我,无论我怎样起劲的做,也是打,而我回头去问自己的错处时,他却拱手客气的说,我做得好极了,他和我感情好极了,今天天气哈哈哈……真常常令我手足无措,我不敢对别人说关于我们的话,对于外国人,我避而不谈,不得已时,就撒谎。你看这是怎样的苦境?""我的意见,从元帅看来,一定是罪状(但他和我的感情一定仍旧很好的),但我确信我是对的。将来通盘筹算起来,一定还是我的计画成绩好。"

矛盾的激化,是在周扬等人提出解散左联,另行成立作家协会(后改名为"文艺家协会")之时。这也是当时形势变化,政策调整的产物。

1935年8月1日,中国共产党发表了《八一宣言》,即《为抗日救国告全体同胞书》,这个宣言是中共驻共产国际代表王明在莫斯科起草的,当然与共产国际政策的转变有关。因为这时,共产国际正在莫斯科举行第七次代表大会,季米特洛夫作主题报告,提出要建立反帝统一战线问题。王明也在会上作了《论反帝统一战线问题》的报告,提出在中国建立国防政府的主张,说这个国防政府应该是能代表全民利益的。这个报告于8月间发表在苏联的《真理报》上,后改题为《论殖民地和半殖民地的解放运动与共产党的策略》,发表于巴黎的《救国时报》,10月印成中文的小册子散发。周扬等人就是在《救国时报》上看到这个报告的,同时还看到第三国际出版的《国际时事通讯》上的文章,从而知道了政策的转变。虽然他们当时已经与中央失去了联系,但仍想竭力贯彻这个新的精神。他们采取了两项措施:一是解散左联,扩大范围,成立统一战线性质的文艺家协会;二是放弃左联原有的革命文学旗帜,提出"国防文学"的口号。

解散左联的主张,其实也不是周扬提出来的,而是王明通过萧三发来的指令。萧三的信,先寄到鲁迅那里,由鲁迅通过茅盾转给周扬。1935年12月12日鲁迅致徐懋庸信中云:"萧君有一封信,早已交出去了,我想先生大约可以辗转看到",所说的就是这回事。萧三在信中首先肯定左联成立以来所取得的成绩,同时也指出左联"向来所有的关门主义——宗派主义"的倾向,要求左联的工作

"要有一个大的转变"。这个转变,就是:"在组织方面——取消左联,发宣言解散它,另外发起,组织一个广大的文学团体,极力夺取公开的可能,在'保护国家','挽救中华民族','继续"五四"精神'或'完成"五四"使命','反复古'等口号之下,吸引大批作家加入反帝反封建的联合战线上来,'凡是不愿作亡国奴的作家,文学家,知识分子,联合起来!',这,就是我们进行的方针。"

周扬看了信后,表示完全同意信中的意见,就派徐懋庸去征求鲁迅的意见,这样,徐懋庸与鲁迅专为此事就接触了四次。同时,夏衍又委托茅盾与鲁迅联系,他们又反复交谈多次。据徐懋庸和茅盾回忆,开始时,鲁迅表示:组织统一战线团体,他是赞成的,容纳"礼拜六派"进来也不妨,但以为左联不宜解散,因为统一战线要有个核心,不然要被人家统了去,要被人家利用的,左联应该在这个新组织中起核心作用。但这意见没有被接受,胡乔木出面找徐懋庸做工作,夏衍则对茅盾说:"我们这些人都在新组织里头,就是核心。"鲁迅听了传达之后,针对夏衍的话说:"对他们这般人,我早已不信任了。"不过鲁迅还是顾全大局,又退了一步,说:"既然大家主张解散,我也没有意见了。但是,我主张在解散时发表一个宣言,声明左联的解散是在新的形势下组织抗日统一战线文艺团体而使无产阶级领导的革命文艺运动更扩大更深入。倘若不发表这样一个宣言,而无声无息的解散,则会被社会上认为我们禁不起国民党的压迫,自行溃散了,这是很不好的。"周扬开始表示接受这个意见,后来又说是"文总"所属左翼文化组织很多,都要解散,如果都发宣言,太轰动了,不好。因此决定由"文总"发表一个总的宣言就行了。徐懋庸将这意见转告鲁迅时,他的答复很简单:"那也好。"但是后来又变卦了,周扬说,"文总"也不发表宣言了,理由是:此时正在筹备组织文化界救国会,不久将成立,如果"文总"发表宣言解散,而救国会成立,就会被国民党把救国会看作"文总"的替身,这对救国会不利。徐懋庸说:"于是我第四次去见鲁迅,说明此事,鲁迅听了,就脸色一沉,一言不发。我觉得很窘,别的话也无从谈起了,就告辞而回。"①这样,周扬他们组织的文艺家协会,鲁迅也就拒绝参加。

这件事,在鲁迅书信中多有反映。如:1936年2月29日致曹靖华信中说:"文人学士之种种会,亦无生气,要名声,又怕迫压,那能做出事来。我不加入

---

① 据徐懋庸:《回忆录(三)》,1980年《新文学史料》第4期;茅盾:《我和鲁迅的接触》,《鲁迅研究资料》第1辑。

任何一种,似有人说我破坏统一,亦随其便。"4月5日致王冶秋信中说:"我们×××(按:原件此三字被涂去)里,我觉得实做的少,监督的太多,个个想做'工头',所以苦工就更加吃苦。现此翼已经解散,别组织什么协会之类,我是决不进去了。但一向做下来的事,自然还是要做的。"4月23日致曹靖华信中说:"这里在弄作家协会,先前的友和敌,都站在同一阵图里了,内幕如何,不得而知,指挥的或云是茅与郑,其积极,乃为救《文学》也。我鉴于往日之给我的伤,拟不加入,但此必将又成一大罪状,听之而已。"4月24日复何家槐要他签名加入文艺家协会的信云:"我曾经加入过集团,虽然现在竟不知道这集团是否还在,也不能看见最末的《文学生活》。但自觉于公事并无益处。这回范围更大,事业也更大,实在更非我的能力所及。签名并不难,但挂名却无聊之至,所以我决定不加入。"5月2日致徐懋庸信云:"集团要解散,我是听到了的,此后即无下文,亦无通知,似乎守着秘密。这也有必要。但这是同人所决定,还是别人参加了意见呢,倘是前者,是解散,若是后者,那是溃散。这并不很小的关系,我确是一无所闻。"5月3日致曹靖华信云:"此间莲姐家已散,化为傅、郑(按:指傅东华、郑振铎,文艺家协会是由他们出面联络的)所主持的大家族,实则藉此支持《文学》而已,毛姑(按:指茅盾)似亦在内。旧人颇有往者,对我大肆攻击,以为意在破坏。但他们形势亦不佳。""我们也准备垂帘听政,不过不是莲小姐,而是别个了。南方人没有北方的直爽,办事较难,但想试试看。"这"别个"文学团体,就是拟议中的"中国文艺工作者协会",后未成立,只发表了一个"中国文艺工作者宣言"。但这宣言一发表,也就表示出鲁迅与周扬一伙的公开决裂。

不过鲁迅也并不把参加文艺家协会的人都看作对立面,他对许多人还是谅解的。这从5月25日致时玳信中可以看出,何况同时在两个宣言上签名的也不乏其人。鲁迅在这封信中说:

……作家协会已改名文艺家协会,发起人有种种。我看他们倒并不见得有很大的私人的企图,不过或则想由此出点名,或者想由此洗一个澡,或则竟不过敷衍面子,因为倘有人用大招牌来请做发起人,而竟拒绝,是会得到很大的罪名的,即如我即其一例。住在上海的人大抵很聪明,就签上一个姓名,横竖他签了也什么不做,像不签一样。

我看你也还是加入的好,一个未经世故的青年,真可以被逼得发疯的。加入以后,倒未必有什么大麻烦,无非帮助所谓指导者攻击某人,抬高某人,或者做点费力的工作,以及听些谣言。国防文学的作品是不会有的,只

二九、梦坠空云齿发寒

不过攻击何人何派反对国防文学，罪大恶极。这样纠缠下去，一直弄到自己无聊，读者无聊，于是在无声无臭中完结。假使中途来了压迫，那么，指导的英雄一定首先销声匿迹，或者声明脱离，和小会员更不相干了。

冷箭是上海"作家"的特产，我有一把拔在这里，现在在生病，俟愈后，要把它发表出来，给大家看看。即如最近，"作家协会"发起人之一在他所编的刊物上说我是"理想的奴才"，而别一发起人却在劝我入会：他们以为我不知道那一枝冷箭是谁射的。你可以和大家接触接触，就会明白的更多。

这封信实在把问题说得很透，"敷衍"二字有时可以成为求生之道，而那种领导手法，也是一以贯之的。可是鲁迅明知中国的国情如此，而做事还是十分认真，这也是他经常碰壁的原因。

但积愤既久，难免总要爆发。鲁迅在书信中表示愤慨之外，还要进行公开的反击。这最初的两篇文章，即是4月16日写的《三月的租界》和4月30日写的《〈出关〉的关》，分别发表在5月出版的《夜莺》月刊第一卷第三期和《作家》月刊第一卷第二期上。

不过，这两篇文章写得不算直露，还只是就文艺批评和文艺创作本身来谈问题。

《三月的租界》是针对狄克对田军（即萧军）小说《八月的乡村》批评的反批评。萧军、萧红夫妇是从东北哈尔滨来的流亡作家，还在青岛时，他们就开始与鲁迅通信，到上海后，很受到鲁迅的照顾。鲁迅帮他们看稿，推荐文章，介绍作家朋友，并组织了奴隶社，将他们的著作收入"奴隶丛书"之中——"奴隶丛书"只出了三本书：叶紫的短篇小说集《丰收》，田军的长篇小说《八月的乡村》和萧红的长篇小说《生死场》，鲁迅为这三种书都写了序言。

《八月的乡村》写的是东北义勇军的抗日斗争，深得鲁迅的赞扬。但鲁迅在序言中预言道："这书当然不容于'满洲帝国'，但我看也因此当然不容于中华民国。这事情很快的就会得到实证。如果事实证明了我的推测并没有错，那也就证明了这是一部很好的书。"

不料这本书还未受到国民党政府的查禁，却先有来自左翼文艺阵营的讨伐。张春桥化名狄克，在3月15日《大晚报·火炬》上发表一篇批评文章：《我们要执行自我批判》，指责《八月的乡村》"有些还不真实"，"有许多问题"，对它"如果只是鼓励，只是慰勉，而忘记了执行批评，那就无异是把一个良好的作者送进坟墓里去"。还说："有人对我说：'田军不该早早地从东北回来'，就是由于他感觉到田军还需要长时间的学习，如果再丰富了自己以后，这部作品当更好。技巧上,内容上,都有许多问题在,为什么没有人指出呢?"

狄克的文章,显然不仅是对着《八月的乡村》的作者田军,而且还对着为之作序,加以鼓励的鲁迅。但狄克在忙于指摘别人时,却留下许多破绽,鲁迅即利用狄克文章本身的矛盾,来驳斥他的论点:狄克指责田军早早的回来做小说,是"不够真实",他何以等不及"丰富了自己以后",再来做"正确的批评"?狄克和"有人"对田军的批评大约就留在租界上做的,那么,要知道"真实"似乎也无须久留在东北似的。至于狄克因为相信将来有更好的作品而否定《八月的乡村》,则"就是坦克车正要来,或将要来了,不妨先折断了投枪"。

鲁迅说,狄克虽然不说这就是"自我批判","但却实行着抹杀《八月的乡村》的'自我批判'的任务的"。同时还指出其打击异己,对敌献媚的实质道:要执行"自我批判"时,"我以为同时也万万忘记不得'我们'之外的'他们',也不可专对'我们'之中的'他们'。要批判,就得彼此都给批判,美恶一并指出。如果在还有'我们'和'他们'的文坛上,一味自责以显其'正确'或公平,那其实是在向'他们'献媚或者替'他们'缴械"。

《〈出关〉的"关"》是针对有关《出关》的批评而发。从1922年到1934年,鲁迅曾陆续写过《补天》、《奔月》、《铸剑》、《非攻》等四篇神话历史小说,1935年秋天,巴金为他计划中的《文学丛刊》第一集向鲁迅约稿,鲁迅答应了,不久文化生活出版社就登出了广告,说第一集十六册要在旧历年前出齐,鲁迅不愿意耽误出版社的计划,就在11、12两个月内赶写了《理水》、《采薇》、《出关》和《起死》四篇,合成一本历史小说集《故事新编》,在1936年1月出版。其中《出关》一篇,先行在《海燕》月刊第一期上发表。一发表,马上就有不少的评论文章出现,鲁迅说:"其中有两种,是把我原是小小的作品,缩得更小,或者简直封闭了":一种,是以为《出关》在攻击一个人;还有一种,是以为《出关》乃是作者的自况。这回,鲁迅打破了向来对于批评都守缄默的老例,出来进行反批评。但主要还是从正面阐述了文艺创作典型化的方法和自己对于老子的评价,只是顺便对批评者加以调侃、讽刺而已。

《三月的租界》和《〈出关〉的关》写好之后不久,鲁迅在5月4日给王冶秋信中说道:"近日这里在开作家协会,喊国防文学,我鉴于前车,没有加入,而英雄们即认此为破坏国家大计,甚至在集会上宣布我的罪状。我其实也真的可以什么也不做了,不做倒无罪。然而中国究竟也不是他们的,我也要住住,所以近来已作二文反击,他们是空壳,大约不久就要销声匿迹的:这一流人,先前已经出了不少。"

二九、梦坠空云齿发寒

但鲁迅的估计并不准确,他有点小看了对手的力量。这次的对手是一支有组织的政治团体,不但没有"销声匿迹",反而攻击得更厉害了。不过重点已不止于参加不参加文艺家协会之事,而增加了新的内容,即两个口号的论争。

鲁迅对于"国防文学"这个口号,早就表示不满,正如他对新组织的"文艺家协会"的不满一样,不是由于反对抗日统一战线,而是要求在统一战线的组织之中有一支领导力量,在统一战线的口号之中,有一个主导的方向。所以他尽管认为"左联开始的基础就不大好"①,压迫一来,情况更糟,但还是希望能够保留这个革命文学团体,作为统一战线组织中的核心力量,而且也必然会提出另一个有主导方向的文学口号。这时,恰好冯雪峰从陕北来,带来了中共中央对于时局的主张。毛泽东是主张统一战线中的独立自主原则的,与王明的"一切经过统一战线"的理论显然不同②,这一点,与鲁迅的意见不谋而合。所以,不管"民族革命战争的大众文学"这个新口号提出的过程如何——是冯雪峰从陕北带来的,还是鲁迅先提出的,抑或由冯雪峰与胡风先商量好,再请鲁迅认定的——总之,他们要提出新的文学口号是必然的,而且这个口号一定是既体现联合战线精神,同时又有主导方向的。

这时,鲁迅正在病中,无力执笔,冯雪峰处于地下状态,不便出面写文章,所以只有请接近鲁迅的文艺理论家胡风来写这篇文章了。这就是发表在1936年6月出版的《文学丛报》第三期上的《人民大众向文学要求什么?》文章发表以后,引起轩然大波,赞成新口号者有,反对者更多。盖因此时周扬等人已形成一股很大的势力,而且又以中共在文化界的领导自居,故跟风者必然很多。这就是异常激烈的两个口号论争。

在论争中,对鲁迅的谣言也多起来。指责他"破坏统一战线"、"破坏国家大计",还说他是"托洛斯基派",是"汉奸",甚至引起一个托派分子陈仲山给鲁迅写信、寄刊物,引为同调。这很使鲁迅恼怒。据冯雪峰回忆说:

> 就在六月初旬的一天下午,我抱着这样的目的(按:指"想同他商量发表一个谈话之类的文件,正面表示他拥护抗日民族统一战线政策的态度")去看鲁迅。鲁迅病卧在床上,见我去,突然地竖起身来,从枕头底下取出几本刊物和一封信来,一面递给我,一面十分气愤地说:"你看,真的来了!可恶不可恶!"又说:"我连密斯许(指许广平)也没有给她看过。"

---

① 1934年12月10日致萧军、萧红信。
② 毛泽东与王明在这个问题上的斗争,虽然是在抗日战争开始之后展开,但意见的分歧却早就存在。

鲁迅当时的表情,除气愤之外,我觉得还有点寒心的流露。

我一看,是托派寄来的刊物和一封署名"陈仲山"的信。我看了后说:"他们自己碰上来,就给他们一个迎头的痛击吧!"

鲁迅说:"你去处理吧!"

当时我也提到两个口号已发生论争,两方对立情况也更厉害起来,而胡风的文章也确实写得不好等事情。我向鲁迅说,他是否可以发表一个谈话之类的东西,一方面对"民族革命战争的大众文学"这个口号,正面表示他的意见;一方面,不排斥"国防文学"口号。他同意,也叫我照他的意见和态度去处理①。

这就是以O.V."笔写"和"笔录"的方式发表的《答托洛斯基派的信》和《论现在我们的文学运动》。

对于苏联共产党内部的政治斗争,鲁迅其实并不了然。而对于托洛斯基的文学理论,却是颇感兴趣的。在未名社时代,他就支持李霁野翻译出版托洛斯基的《文学与革命》,在与创造社论战时,他还说:"托罗兹基虽然已经'没落',但他曾说,不含利害关系的文章,当在将来另一制度的社会里。我以为他这话却还是对的。"②而且,在校正《文艺政策》译稿时,还特别提到:"托罗兹基是博学的,又以雄辩著名,所以他的演说,恰如狂涛,声势浩大,喷沫四飞。但那结末的豫想,其实是太过于理想底的——据我个人的意见。"③——其时,托洛斯基已被开除党籍。而1930年编辑出版的《新俄画选》中,还收到一幅克鲁格里珂跋女士绘的《讬罗兹基夫人像》——其时,托洛斯基已被驱逐出境,可见鲁迅并不以成败论英雄。对于他所熟悉的人,则更是如此。陈独秀在大革命失败之后,被称为"托陈取消派"的首领,但鲁迅在回忆五四时期小说创作时,还是记念他;美国记者伊罗生,被上海的左派视为托派敌人,遭到孤立,而不得不离开上海时,鲁迅却设宴为之饯行,1934年3月25日日记中记道:"夜招知味观来寓治馔,为伊君夫妇饯行,同席共十人",即指此事。

但在这封《答托洛斯基派的信》中,却口气极其严厉。一面讽刺"托洛斯基先生的被逐,飘泊,潦倒,以致'不得不'用敌人金钱的晚景的可怜",一面指责中国托派的理论"高超固然是可敬佩的,无奈这高超又恰恰为日本侵略者所欢迎,则

---

① 《有关一九三六年周扬等人的行动以及鲁迅提出"民族革命战争的大众文学"口号的经过》,《雪峰文集》第4卷,第516—517页。
② 《三闲集·我的态度气量和年纪》。
③ 《集外集·〈奔流〉编校后记(三)》。

二九、梦坠空云齿发寒

这高超仍不免要从天上掉下来,掉到地上最不干净的地方去",最后,又坚决与之划清界线道:"但我,即使怎样不行,自觉和你们总是相离很远的罢。那切切实实,足踏在地上,为着现在中国人的生存而流血奋斗者,我得引为同志,是自以为光荣的。"这种语气和笔调,一方面与执笔者冯雪峰的政治观点有关,另一方面也是因为当时谣言四起,逼得他非划清界线不可,所以他在重病中同意发表这篇文章。但他没有将这两篇冯雪峰代笔的文章放在拟编为《且介亭杂文末编》的存稿之内,而同为冯雪峰所起草,但经过他自己认真修改的《答徐懋庸并关于抗日统一战线问题》,虽然写作和发表的时间更晚一些,但却放在该集存稿之内,这也表示出他的一种态度——这两篇文章,是许广平在鲁迅逝世之后,作为"附集"收入《且介亭杂文末编》的。

《论现在我们的文学运动》首先说明现在的"民族革命战争的大众文学",是过去五六年来"左翼作家联盟"所领导的无产阶级革命文学运动的发展,"因此,新的口号的提出,不能看作革命文学运动的停止,或者说'此路不通'了。所以,决非停止了历来的反对法西主义,反对一切反动者的血的斗争,而是将这斗争更深入,更扩大,更实际,更细微曲折,将斗争具体化到抗日反汉奸的斗争,将一切斗争汇合到抗日反汉奸斗争这总流里去。决非革命文学要放弃它的阶级的领导的责任,而是将它的责任更加重,更放大,重到和大到要使全民族,不分阶级和党派,一致去对外。这个民族的立场,才真是阶级的立场。"其次,对今后文学创作和批评都提出新的要求:"以过去的经验,我们的批评常流于标准太狭窄,看法太肤浅;我们的创作也常现出近于出题目做八股的弱点。所以我想现在应当特别注意这点:民族革命战争的大众文学决不是只局限于写义勇军打仗,学生请愿示威……等等的作品。这些当然是最好的,但不应这样狭窄。它广泛得多,广泛到包括描写现在中国各种生活和斗争的意识的一切文学。""也无需在作品的后面有意地插一条民族革命战争的尾巴,翘起来当作旗子;因为我们需要的,不是作品后面添上去的口号和矫作的尾巴,而是那全部作品中的真实的生活,生龙活虎的战斗,跳动着的脉搏,思想和热情,等等。"除了这些原则性的意见之外,为了缓和论争,本文还提出了两个口号并存的主张:"但民族革命战争的大众文学,正如无产革命文学的口号一样,大概是一个总的口号罢。在总的口号之下,再提些随时应变的具体的口号,例如'国防文学''救亡文学''抗日文艺'……等等,我以为是无碍的。不但没有碍,并且是有益的,需要的。自然,太多了也使人头昏,浑乱。"

据冯雪峰说:"这两篇文章是在几个刊物上同时登出来的,但送到周扬、夏衍等领导的《光明》半月刊去,却拒绝刊登。后来又托茅盾送到周扬主持的《文学界》月刊去,它只刊登了《论现在我们的文学运动》一文,却在后面附了一个千把字的编者附记,攻击鲁迅;而《答托派信》又仍然不予刊登。"①但夏衍却否认此事,说:"假如鲁迅有反托派文章投到《光明》,《光明》不登,那是不可想象的。我们当时争取得到鲁迅的文章,还求之不得呢。"②当时刊登《答托洛斯基派的信》的是7月1日出版的《文学丛报》第四期和同日出版的《现实文学》第一期;刊登《论我们现在的文学运动》的是《现实文学》第一期和7月10日出版的《文学界》第一卷第二期。《文学界》加上的《附记》中说,"国防文学"这口号提出来已半年有余,"这半年中,这口号已被全中国的文学界所正确地接受,热烈地拥护,成了现阶段的中国民族革命战争的中心口号",而指责胡风等人的文章"对于'国防文学'这口号,却取了无视的态度,且提出一个新口号,而给予这口号的理论基础又显然犯了错误,因此,在读者中间起了不良的影响,以为同一运动而竟有对立的两派,大背'统一战线'的原则。"并说:"那么,'民族革命战争的大众文学'这口号,是不是能够表现现阶段的意义,是一个值得讨论的问题。"

《论我们现在的文学运动》这篇文章并没有取得预期的效果。争论在继续着,不但毫无止息之意,而且还有许多间接或直接指向鲁迅的文字。在这样的背景下,8月2日鲁迅收到了徐懋庸对他进行指责的信,当然非常恼怒。

徐懋庸一开始就指责鲁迅"最近半年来的言行,是无意地助长着恶劣的倾向",说是他没有细察"胡风的性情之诈","黄源的行为之谄"(后面还牵涉到巴金的"安那其"主义),反而被他们所利用,说是"对于他们的言行,打击本极易,但徒以有先生作着他们的盾牌,人谁不爱先生,所以在实际解决和文字斗争上都感到绝大的困难"。进而又批评鲁迅坚持统一战线中的革命领导权的主张是错误的,说是这样会"吓跑别的阶层的战友",而且说:"在目前的时候,到联合战线中提出左翼的口号来,是错误的,是危害联合战线的。所以先生最近所发表的《病中答客问》,既说明'民族革命战争的大众文学'是普洛文学到现在的一发展,又说这应该作为统一战线的总口号,这是不对的。"并且归纳鲁迅这些"错误"的原因,是"对于现在的政策没有了解之故"。

本来他们那些指责鲁迅"破坏统一战线"的言论,都是在背后发表,在私下里传播,很难抓到证据,现在徐懋庸打上门来,白纸黑字,写得清楚,鲁迅当然要

---

① 《有关一九三六年周扬等人的行动以及鲁迅提出"民族革命战争的大众文学"口号的经过》,《雪峰文集》第4卷,第518页。
② 《一些早该忘却而未能忘却的往事》,《文学评论》1980年第1期。

二九、梦坠空云齿发寒

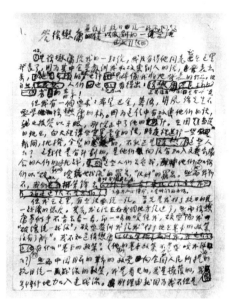

《答徐懋庸并关于抗日统一战线问题》信为冯雪峰所起草,鲁迅自己花了四天时间加以修改,并加写了四页

进行反驳。而且,他对于"实际解决"之类的说法非常不满,认为这是"统一战线"这大题目之下,随意"锻炼人罪,戏弄威权"。这时,他身体已开始恢复,原准备自己执笔来写,但冯雪峰怕他病后过于劳累,就照他口头所谈过的话,仍代他起草了一个初稿,鲁迅就以此为框架,花了四天时间,进行修改,并在后面牵涉到人事问题的地方,又补充了几大段。

既然对方抓住统一战线问题做文章,给鲁迅扣上"对于现在的政策没有了解"的帽子,那么,他也必然要从统一战线问题说起,而且加上平时在文章中难得一用的着重号。鲁迅说:"中国目前的革命的政党向全国人民所提出的抗日统一战线的政策,我是看见的,我是拥护的,我无条件地加入这战线,那理由就因为我不但是一个作家,而且是一个中国人,所以这政策在我是认为非常正确的,我加入这统一战线,自然,我所使用的仍是一支笔,所做的事仍是写文章,译书,等到这支笔没有用了,我可自己相信,用起别的武器来,决不会在徐懋庸等辈之下!"并且指出:"拒绝友军之生力的,暗暗的谋杀抗日的力量的,是你们自己的这种比'白衣秀士'王伦还要狭小的气魄。"

其次,就说到对于文艺界统一战线的态度。"我以为文艺家在抗日问题上的联合是无条件的,只要他不是汉奸,愿意或赞成抗日,则不论叫哥哥妹妹,之乎者也,或鸳鸯蝴蝶都无妨。但在文学问题上我们仍可以互相批判。……我认为应当说:作家在'抗日'的旗帜,或者在'国防'的旗帜之下联合起来;不能说:作家在'国防文学'的口号下联合起来,因为有些作者不写'国防为主题'的作品,仍可从各方面来参加抗日的联合战线;即使他像我一样没有加入'文艺家协会',也未必就是'汉奸'。'国防文学'不能包括一切文学,因为在'国防文学'与'汉奸文学'之外,确有既非前者也非后者的文学,除非他们有本领也证明了《红楼梦》,《子夜》,《阿Q正传》是'国防文学'或'汉奸文学'。"

最后,他才说到一些人事问题。他说,他和胡风、巴金、黄源虽然还不能称为至交,但已可以说是朋友。"不能提出真凭实据,而任意诬我的朋友为'内奸',为'卑劣'者,我是要加以辩正的,这不仅是我的交友的道义,也是看人看事的结果。"在据理批驳徐懋庸的诬陷之后,他转而批判对方道:"首先应该扫荡的,倒是拉大旗作为虎皮,包着自己,去吓呼别人;小不如意,就倚势(!)定人罪名,而且重得可怕的横暴者。""否则,抓到一面旗帜,就自以为出人头地,摆出奴隶总管的架子,以鸣鞭为唯一的业绩——是无药可医,于中国也不但毫无用处,而且还有害处的。"他还分析造成这种现象的社会历史原因道:"在左联结成的前后,有些所谓革命作家,其实是破落户的漂零子弟。他也有不平,有反抗,有战斗,而往往不过是将败落家族的妇姑勃豀,叔嫂斗法的手段,移到文坛上,喊喊嚓嚓,招是生非,搬弄口舌,决不在大处着眼。这衣钵流传不绝。"

关于这篇文章,鲁迅在许多书信中曾经提及,从中可以看出他的写作心态和意图。如:8月25日致欧阳山信云:"我也真不懂徐懋庸为什么竟如此昏蛋,忽以文坛皇帝自居,明知我病到不能读,写,却骂上门来,大有抄家之意。我这回的信是箭在弦上,不得不发,但一发表,一批徐派就在小报上哄哄的闹起来,煞是好看,拟收

二九、梦坠空云齿发寒

集材料,待一年半载后,再作一文,此辈的嘴脸就更加清楚而有趣了。"8月28日致杨霁云信云:"是的,文字工作,和这病最不相宜,我今年自知体弱,也写得很少,想摆脱一切,休息若干时,专以翻译糊口。不料还是发病,而且因为不入协会,群仙就大布围剿阵,徐懋庸也明知我不久之前,病得要死,却雄赳赳首先打上门来也。""其实,写这信的虽是他一个,却代表着某一群,试一细读,看那口气,即可了然。因此我以为更有公开答复之必要。倘只我们彼此个人间事,无关大局,则何必在刊物上喋喋哉。先生虑此事'徒费精力',实不尽然,投一光辉,可使伏在大蠹荫下的群魔嘴脸毕现,试看近日上海小报之类,此种效验,已极昭然,他们到底将在大家的眼前露出本相。"9月15日致王冶秋信云:"上海不但天气不佳,文气也不象样。我的那篇文章中,所举的还不过很少的一点。这里的有一种文学家,其实就是天津之所谓青皮,他们就专用造谣,恫吓,播弄手段张网,以罗致不知底细的文学青年,给自己造地位;作品呢,却并没有。真是惟以嗡嗡营营为能事。如徐懋庸,他横暴到忘其所以,竟用'实际解决'来恐吓我了,则对于别的青年,可想而知。他们自有一伙,狼狈为奸,把持着文学界,弄得乌烟瘴气。我病倘稍愈,还要给以暴露的,那么,中国文艺的前途庶几有救。现在他们在利用'小报'给我捐害,可见其没出息。"……其实,对于这伙把持权力,播弄是非的人,鲁迅早就想撰文给予暴露,他在5月23日致曹靖华信中说:"上海的所谓'文学家',真是不成样子,只会玩小花样,不知其他。我真想做一篇文章,至少五六万字,把历来所受的闷气,都说出来,这其实也是留给将来的一点遗产。"答徐懋庸文,大概只写出一部分,可惜此后已无力把他的意见写完了。

鲁迅这篇文章发表之后,不但对徐懋庸,而且对周扬的打击也很大,两个口号的论争也终于渐渐地冷却下来。

鲁迅与周扬等人的矛盾,显然不只是两个口号的论争,也不仅仅是对于抗日统一战线政策的不同理解,而是两种文化思想的冲突。鲁迅是一向坚持知识分子的独立精神和自由思想的,他尊重别人的意见,也希望别人能尊重他的意见,有事通过协商,他可以让步,但是决不允许别人凌驾在他的头上,发号施令;而周扬等人则持有另一种观念,他们以领导者自居,要别人对他绝对服从,对于有社会声望的人,可以将你供在一定的位置上,但不要你参与决策,不允许你有实际的发言权,也就是说,他可以拿你做招牌,但要你听他的话,服从他的领导,执行他的指示,不可妄有主张。这两种思想水火不能相融,互相冲突是必然的。夏衍从不承认当年有错,周扬在几番风雨过后"笑谈历史"时,也只承认当时年轻,对鲁迅尊重不够,这就是因为他们还未能超越原来的思想观念之故。其实,这不是对个别人的尊重不尊重的问题,而是能否平等对待一切人的基本态度问题。1949年建国以后,周扬掌握了全国文艺界的领导大权,他又何曾对作家们尊重过呢!?他动辄指责向他提意见的人是反党,他又何曾尊重过不同意见呢!?

利用名人的威望,来贯彻自己主张,而不尊重对方独立思想的做法,不但周扬等人存在,就是与鲁迅关系密切的冯雪峰,也未能例外。胡风晚年在《鲁迅先生》一文中回忆当时的情况道:

> 口号问题发生后,"国防文学"派集全力进攻。冯雪峰有点着慌了,想把攻势压一压。当时鲁迅在重病中,无力起坐,也无力说话,连和他商量一下都不可能。恰好愚蠢的托派相信谣言,竟以为这是可乘之机,就给鲁迅写了一封"拉拢"的信。鲁迅看了很生气,冯雪峰拿去看了后就拟了这封回信。"国防文学"派放出流言,说"民族革命战争的大众文学"是托派的口号。冯雪峰拟的回信就为了解消这一栽诬的。他约我一道拿着拟稿去看鲁迅,把拟稿念给他听了。鲁迅闭着眼睛听了,没有说什么,只简单地点了点头,表示了同意。
>
> 冯雪峰回去后,觉得对口号本身也得提出点理论根据来,于是又拟了《论现在我们的文学运动》,又约我一道去念给鲁迅听了。鲁迅显得比昨晚更衰弱一些,更没有力量说什么,只是点了点头,表示了同意,但略略现出了一点不耐烦的神色。一道出来后,雪峰马上对我说:鲁迅还是不行,不如高尔基;高尔基那些政论,都是党派给他的秘书写的,他只是签一个名。……
>
> 他的声音惊醒了我,觉得有点意外。并不是苏联这种做法使我意外,而是在这种情况下说这种话,而且是用着那样的腔调。鲁迅病得这样沉重,应该尽一切可能抢救他,应该尽最大的努力避免刺激打扰他。至于口号的理论问题,雪峰早已懂得不应成为问题;当然也应该从理论上解决问题,但这不是马上能得到解决,不必也不该马上求得解决,更不应该用鲁迅的名义匆忙地作出断语。因为,即使分析得完全正确,对方也不会接受,分析得不充分只有加重矛盾而已。其次,鲁迅在思想问题上是非常严正的,要他对没有经过深思熟虑(这时候绝不可能深思熟虑)的思想观点担负责任,那一定要引起他精神上的不安,对病情产生不利的影响。但他对鲁迅的不耐烦的神色,反而用那样冷淡的口气表示了他自己对鲁迅的不满,不能不使我感到意外。
>
> 到病情好转,恢复了常态生活和工作的时候,我提了一句:"雪峰模仿周先生的语气倒很像……"鲁迅淡淡地笑了一笑,说:"我看一点也不像。"

如果冯雪峰所说高尔基的情况属实,那么只能反证鲁迅的独立精神更为强烈;同时也说明,这两种文化思想的冲突,在某类国家里带有普遍性,并非鲁迅与周扬等个人间事。

三十、倘能生存，我当然仍要学习

鲁迅的身体，原来的底子较好，而且又能打熬，有些疾病都硬抗过来了。但由于长期以来，生存环境的恶劣和工作的过度紧张，终于渐渐的不能支持了。

鲁迅的工作量，只有他自己最清楚，不是别人所猜想的那样轻松。他在1936年1月5日致曹靖华信中说："我仍打杂，合计每年译作，近三四年几乎倍于先前，而有些英雄反说我不写文章，真令人觉得奇怪。"1月7日致徐懋庸信中说："至于'少写文章'，也并不确，我近三年的译作，比以前多一倍以上，丝毫没有懒下去。所以他的苦闷，是由幻想而来的，不是好事情。"

进入1936年，鲁迅的身体就愈来愈差了，元旦刚过，就生起病来。1月3日日记记道："夜肩及胁均大痛。"4日记："往须藤医院诊，广平携海婴同去。"到3月2日又记："下午骤患气喘，即请须藤先生来诊，注射一针。"此后几日常有"须藤先生来诊"的记载，至8日，"云已渐愈"，但15日又记道："上午内山君及其夫人来问病，并赠花一盆。……下午……须藤先生来诊。"此病缠绵延续了一个多月，未能痊愈。关于这次发病，他在3月7日致茅盾信中说："礼拜一日，因为到一个冷房子里去找书，不小心，中寒而大气喘，几乎卒倒，由注射治愈，至今不能下楼梯。"3月20日致母亲信说："上月底男因出外受寒，突患气喘，至于不能支持，幸医生已到，急注射一针，始渐平复，后卧床三日，始能起身，现已可称复元，但稍无力，可请勿念。至于气喘之病，一向未有，此是第一次，将来是否不至于复发，现在尚不可知也，大约小心寒暖，则可以无虑耳。"

因为鲁迅身体不好，所以还在年初，就有共产国际方面要他到苏联去疗养的邀请。据王明在《中共五十年》中回忆道，是他从萧三处得知鲁迅病重的消息后，请求季米特洛夫邀请鲁迅到苏联疗养的。具体联系人胡愈之1972年12月25日和27日下午在北京鲁迅博物馆谈及此事时说：

一九三六年阴历年初，我从香港到上海，转告苏联邀请鲁迅去休养的建议。苏联方面通过党邀请鲁迅,已不止一次了。过去他没有答应去,也因为出国条件有困难。一九三六年初,共产国际号召建立反法西斯人民阵线。中共代表团在巴黎办了《救国时报》,邀请国内外抗日民主人士去莫斯科,其中有陈铭枢,后来就从香港搭法国轮船,经巴黎去莫斯科。我在香港时,有关同志要我秘密回上海,转达莫斯科的邀请,并帮助鲁迅买船票去香港,到了香港后即由党负责送到莫斯科。这件事完全是由党办的,外面从未泄露过,鲁迅也从未告诉人。许广平同志写的回忆中说,是陈铭枢来信邀鲁迅去莫斯科,是不符合事实的。可能鲁迅无意中说过陈铭枢要去莫斯科,许广平同志记错了,以为是陈铭枢邀他去,事实并非如此。(按:其实,陈铭枢也曾派人送信给鲁迅,向他转达苏联方面的邀请,因为是各自单独进行,所以胡愈之并不知情。)

我到上海在北四川路一家饭馆约鲁迅见面,把苏联的邀请告诉他,并把去莫斯科的交通情况也说了。他说:"很感谢苏联朋友的好意,但是我不去。苏联朋友关心我无非为了我需要养病;另外国民党想搞我,处境有危险,到苏联安全。但我的想法不一样,我五十多岁了,人总要死的,死了也不算短命,病也没那么危险。我在上海住惯了,离开有困难。另外我在这里,还要斗争,还有任务,去苏联就完不成我的任务。敌人是搞不掉我的。这场斗争看来我胜利了,他们失败了。他们对我没有别的办法,只有把我抓去杀掉,但我看还不会,因为我老了,杀掉我,对我没有什么损失,他们损失不小,要负很大责任。敌人一天不杀我,我可以拿笔杆子斗一天。我不怕敌人,敌人怕我,我离开上海去莫斯科,只会使敌人高兴。请转告苏联朋友,谢谢他们的好意,我还是不去。"过了一会,鲁迅又说:"国民党,帝国主义都不可怕,最可憎恶的是自己营垒里的蛀虫。"鲁迅讲话时虽没点名道姓,显然是指当时党内出了一些叛徒,以及机会主义者,暗中在攻击鲁迅。

我只和鲁迅谈了这么一次。我知道鲁迅是坚决不去苏联的,所以不再找他谈,就回了香港。一九三六年八月我回到上海,鲁迅在病中,到十月去世,我没有再见过他。

可惜1976年10月出版的《鲁迅研究资料》第一辑上刊登这篇《谈有关鲁迅的一些事情》时,却将其中重要的一段删掉了。后经严家炎教授"从经过胡愈之校订的原始记录稿中抄录出来",予以补上:

再后他又说:"苏联国内情况怎么样,我也有些担心,是不是也是自己人发生问题?"鲁迅是指当时斯大林扩大肃反,西方报刊大事宣传,他有些不放心。这也是他不想去苏联的一个原因①。

可以作为旁证材料的是,当初与胡愈之一起在香港工作的金城的回忆,这大概是胡愈之回香港后告诉他的:

> 愈之出发前(按:指他要到莫斯科去向王明汇报工作),莫斯科中共代表团又来电要宣侠父设法转请鲁迅先生前往莫斯科治病,为此,侠父又请愈之同志冒着生命危险,秘密潜回白色恐怖下的上海与鲁迅先生商量。鲁迅表示不愿意去,原因是如他去苏联,他就不便于及时在国内发表文章,不能与蒋介石反动政府进行针锋相对的斗争,发挥不了战斗作用。鲁迅还说,在上海,国民党最多把我枪毙了,但他们不敢!如果到了莫斯科反而不见得好。另外,他从报上得知斯大林正在搞肃反扩大化,他在这种时候去苏联也不合适。愈之尊重鲁迅先生本人的意见,只好单身回到香港②。

胡愈之回忆中被删掉的一段,其实很重要,它传递了一个新的信息:根据那时所发生的情况,鲁迅对苏联的看法有所变化。

还有,冯雪峰也曾对人说过:"苏联开始肃反,他就很忧虑,问我:党内怎么会有那么多的反革命?他们这样干,行吗?!"③可见鲁迅早就在思考这问题,后来拒绝赴苏,并非偶然。

苏联方面的确曾多次邀请鲁迅,但鲁迅并非一向都不答应去。应该说,鲁迅原来对苏联是向往的,这从1932年所写的《林克多〈苏联闻见录〉序》和《我们不再受骗了》中可以看出。在这两篇文章中,鲁迅是盛赞苏联的。他在林克多的《苏联闻见录》里,看到许多"极平常的事实":"那就是将'宗教,家庭,财产,祖国,礼教……一切神圣不可侵犯'的东西,都象粪一般抛掉,而一个簇新的,真正空前的社会制度从地狱底里涌现而出,几万万的群众自己做了支配自己命运的人。"而且从去年煤油和小麦输出的事实上,看到了苏联建设的成就。鲁迅赞扬苏联,还有一个理由,即帝国主义者在骂苏联,而"他们是在吸中国的膏血,夺中国的土地,杀中国的人民",这是他"看见确凿的事实",所以反过来他倒相信苏联了:"他们是大骗子,他们说苏联坏,要进攻苏联,就可见苏联是好的了。"《我们不再受骗了》则将这一点说得更明白:"帝国主义和我们,除了它的奴才之外,那一样

---

① 见《东西方现代化的不同模式和鲁迅思想的超越》,《论鲁迅的复调小说》,上海教育出版社2002年版。
② 《党的坚强战士》,收费孝通、夏衍等著《胡愈之印象记》增订本,中国友谊出版公司1996年版。
③ 见裘沙:《冯雪峰同志谈鲁迅补遗》,《鲁迅研究月刊》2001年第10期。

利害不和我们正相反?我们的痈疽,是它们的宝贝,那么,它们的敌人,当然是我们的朋友了。"——这种在特定的情势下所取的态度,后来被毛泽东归纳为一个简单的政治逻辑:"凡是敌人反对的,我们就要拥护;凡是敌人拥护的,我们就要反对。"①但是,世界上的事情是复杂的,有时,敌人所反对的,不一定都是好的;敌人所拥护的,也不一定都是坏的,这需要进行具体分析。不过,在两种势力尖锐对立的时候,许多人却正是从这一种逻辑出发来认识问题的。

正是基于这种认识,1932年莫斯科"国际革命作家联盟"邀请鲁迅赴苏参加十月革命十五周年纪念活动时,他是准备前往的。开始打算携眷去,后来决定一个人去,但终因右脚神经痛而未能成行。这件事,在1932年9月11日致曹靖华信中曾有提及:"今年正月间炮火下及逃难的生活,似乎费了我精力不少,上月竟患了神经痛,右足发肿如天泡疮,医至现在,总算渐渐的好了起来,而进步甚慢,此大半亦年龄之故,没有法子。倘须旅行,则为期已近,届时能否成行,遂成了问题了。"同时,又托曹靖华转给萧三一封信,则是专谈此事的了:"这回的旅行,我本决改为一个人走,但上月底竟生病了,是右足的神经痛,赶紧医治,现在总算已在好了起来,但好得很慢,据医生说是年纪大而身体不好之故。所以能否来得及,殊不可知,因为现在是不能走陆路了,坐船较慢,非赶早(动)身不可。至于旅费,我倒有办法的。"12月12日致曹靖华信中又说:"上月因为母亲有病,到北平去了一趟,月底回到上海……我的游历,时候已过,事实上也不可能,自然只好作罢了。"此后,苏联和共产国际方面继续有所邀请,但鲁迅都婉拒了。如:1933年11月,苏联曾有信来邀请鲁迅去参加第一次苏联作家代表大会,鲁迅于1934年1月17日给萧三复信道:"大会我早想看一看,不过以现在的情形而论,难以离家,一离家,即难以复返,更何况发表记载,那么,一切情形,只有我一个人知道,不能传给社会,不是失了意义了么?也许还是照旧的在这里写些文章好一点罢。"1935年,任共产国际联络员的美国记者史沫特莱女士设法要鲁迅到苏联去养病,他也一再推宕。该年10月22日致曹靖华信说:"我的胃病,还是二十岁以前生起的,时发时愈,本不要紧。后见S女士,她以欧洲人的眼光看我,以为体弱而事多,怕不久就要死了,各处设法,要我去养病一年。我其实并不同意,现在是推宕着。因为:一,这病不必养;二,回来以后,更难动弹。所以我现在的主意,是不去的份儿多。"后来果然没有去。

从几次回信中,我们可以看到鲁迅态度的变化,他此时已不愿意去苏联了。

---

① 《和中央社、扫荡报、新民报三记者的谈话》,《毛泽东选集》第2卷。

谢绝的理由，这里还只说了工作上的原因，直到1936年初胡愈之来面谈时，才隐约地说出了对苏联的看法，心里所思考的恐怕还要多。

鲁迅当初对苏联那样肯定、向往，是并不奇怪的，因为30年代初期，正是东西方知识界向左倾斜的时候。此种思潮源于1929年发生的世界性经济大危机，西方资本主义国家呈现出一片衰败、混乱景象，而苏联的社会主义建设，却给人带来一种希望，许多文化人都将文化的前途和苏联的命运联系在一起。所以，纪德、罗曼·罗兰这样的自由主义作家，也都明显地表现出亲苏倾向，有人说苏联不好时，纪德还挺身而出，为之辩护，说是"那里正在进行史无前例的尝试，使我们心中充满了希望"；1935年，罗曼·罗兰宣称："人类必须追随苏联开辟的劳动共和国的道路前进，不然，人类将要灭亡。"①但是，当他们到苏联参观之后，看法就不同了。纪德写了一本《访苏联归来》，对于苏联的官僚主义、个人崇拜、舆论一律、弄虚作假、自以为是、盲目自大，还有告密现象和用恐怖手段压制不同意见等等，都进行了揭露，结果被左派文人视为反苏作家而加以围攻，罗曼·罗兰也对他提出批评。但罗曼·罗兰访苏之后也写有《莫斯科日记》，不过他不肯马上公布这本日记，说是要过五十年才能发表。待发表出来一看，人们才知道，原来他自己就"莫斯科对托洛茨基分子的黑暗审判"等问题，提出了更加深刻的怀疑。只是这时，罗兰已死，而且苏联的情况和整个国际形势都已变化，没有人再会为此而批评他了。

鲁迅毕竟是个清醒的现实主义者，他不可能一直沿着那个简单的政治逻辑走，事实是他认识事物的根据，由于"事实的教训"，他曾改变过他的信仰，这次虽然没有亲眼目睹苏联的情况，但从西方和日本报刊上所披露的事实，他还是可以作出判断。在《我们不再受骗了》一文中，他曾经为苏联的"无产阶级专政"作过辩护：

"苏联是无产阶级专政的，智识阶级就要饿死。"——一位有名的记者曾经这样警告我。是的，这倒恐怕要使我也有些睡不着了。但无产阶级专政，不是为了将来的无阶级社会么？只要你不去谋害它，自然成功就早，阶级的消灭也就早，那时就谁也不会"饿死"了。不消说，排长串是一时难免的，但到底会快起来。

而一旦当专政的矛头对着革命队伍内部自己人的时候，鲁迅对苏联的专政

---

① 罗曼·罗兰政论集《以革命争取和平·导论》（法文版），转引自罗大纲：《论罗曼·罗兰》，上海文艺出版社1979年版，第111页。

体制有所怀疑了。而且,怀疑在扩大,思考在深入。这可从与李霁野的谈话中看出。1936年4月,李霁野访问英国后途经苏联回到国内,22日到达上海,当日就去看望鲁迅,他们谈得很多,谈英国,谈苏联,谈往事,其中也谈到他们共同怀念的朋友冯雪峰——当然他们不知道三天之后,冯雪峰又会来到上海。这时,鲁迅回忆起当年与冯雪峰的一段对话。李霁野记道:"先生故作庄重的向F君说,你们来到时,我要逃亡,因为首先要杀的恐怕是我。F君连忙摇头摆手的说:那弗会,那弗会!"①这虽然是往日受到"革命文学家"围攻时说过的笑话,但在此时重提,却也反映了他的一些新的思考,因苏联问题而引起的疑虑,即知识分子独立精神与阶级专政制度的冲突。这个疑虑,似乎并非多余的,多年以后,为毛泽东的谈话所印证。据周海婴在《鲁迅与我七十年》一书最后一节《再说几句》中记载,1957年反右运动中,毛泽东在上海曾召开一个知识分子座谈会,参加会议的罗稷南问道:要是今天鲁迅还活着,他可能会怎样?毛泽东沉思了片刻,回答说:以我的估计,(鲁迅)要么是关在牢里还是要写,要么他识大体不做声。——这个记载曾遭到有些人的质疑,但终于为参加座谈会的在场人士黄宗英所证实。

鲁迅在《答徐懋庸并关于抗日统一战线问题》的结末一段,曾说:"倘能生存,我当然仍要学习"。这并非一句应付的话,而表示他要不断学习,继续前进的决心。鲁迅一直在学习新的知识,思考新的问题,永不停滞。

鲁迅自知年老体衰,他想到的不是休息,而是多做工作。他曾因书籍排印的拖拉而慨叹道:"一个人活五六十岁,在中国实在做不出什么事来(但,英雄除外),古人之想成仙,或者也是不得已的。"②又说:"中国人做事,什么都慢,即使活到一百岁,也做不成多少事。"③所以愈到晚年,他愈感到要抓紧时间多做工作。在临终前一个多月所写的文章《死》中,他很坦率地表明了这种心态:"从去年起,每当病后休养,躺在藤躺椅上,每不免想到体力恢复后应该动手的事情:做什么文章,翻译或印行什么书籍。想定之后,就结束道:就是这样罢——但要赶快做。这'要赶快做'的想头,是为先前所没有的,就因为在不知不觉中,记得了自己的年龄。却从来没有直接的想到'死'。"

他要做的事情很多,比如,要为亡友瞿秋白出纪念集。

瞿秋白于1934年1月间奉调到江西苏区工作,但半年后红军主力撤出苏区

---

① 李霁野:《忆鲁迅先生》,原载《文季月刊》1936年12月号,收《鲁迅先生纪念集》,鲁迅先生纪念委员会,1937年版。
② 1935年4月10日致曹聚仁信。
③ 1936年9月7日致曹靖华信。

时,却被留了下来坚持游击战争。1935年2月24日,转移途中在福建上杭被俘。开始时他还隐瞒了身份,以林其祥的化名,冒为被红军俘虏留用的医生,给鲁迅写信,要求营救,说是"有殷实的铺保,可释放我"。鲁迅正在积极设法中,他却被叛徒指认出了真实身份,那就没有营救的可能了。所以鲁迅于5月14日致曹靖华信中说:"闻它兄(按:维它是瞿秋白的笔名)大病,恐怕很难医好的了";22日信中又说:"它事极确,上月弟曾得确信,然何能为。这在文化上的损失,真是无可比喻。"

6月18日,瞿秋白被杀害于福建长汀罗汉岭前。鲁迅闻之,非常悲痛。他哀叹自己失去了一个亲密的战友,中国失去了一个文化上难得的人才。他于6月24日致曹靖华信中说:"中国事其实早在意中,热心人或杀或囚,早替他们收拾了,和宋明之末极象。但我以为哭是无益的,只好仍是有一分力,尽一分力,不必一时特别愤激,事后却又悠悠然。"6月27日致萧军信中又说:"中国人先在自己把好人杀完,秋即其一。萧参是他用过的笔名,此外还很多。他有一本《高尔基短篇小说集》,在生活书店出版,后来被禁止了。另外还有,不过笔名不同。他又译过革拉特珂夫的小说《新土地》,稿子后来在商务印书馆被烧掉,真可惜。中文俄文都好,象他那样的,我看中国现在少有。"后来,他每每触景生情,信中还常提及。如9月1日致萧军信中谈到自己正翻译的《死魂灵》时,就想到了瞿秋白,说:"《死魂灵》的原作,一定比译文好,就是德文译,也比中译好,有些形容辞之类,我还安排不好,只好略去,不过比两种日本译本却较好,错误也较少。瞿若不死,译这种书是极相宜的,即此一端,即足判杀人者为罪大恶极。"1936年10月15日致曹白信中,谈到瞿秋白所译苏联文论时,又说:"《现实》中的论文,有些已较旧,有些是公谟学院中的人员所作,因此不免有学者架子,原是属于'难懂'这一类的。但译这类文章,能如史铁儿(按:此亦瞿秋白之笔名)之清楚者,中国尚无第二人,单是为此,就觉得他死得可惜。"

鲁迅很想为亡友做些纪念的事。他所能做的,也只是出版遗集。还在得到瞿秋白死讯之初,他就开始筹划此事,并着手进行了。1935年6月24日致曹靖华信说:"它兄文稿,很有几个人要把它集起来,但我们尚未商量。现代有他的两部,须赎回,因为是豫支过版税的,此事我在单独进行。"共同策划的"几个人",是指瞿秋白的老友郑振铎、茅盾等,瞿秋白夫人杨之华也参与了意见,但主持其事者,则是鲁迅。其中协商和进行的情况,从1935年9月11日鲁迅致郑振铎信中大致可以看出:

关于集印遗文事,前曾与沈先生商定,先印译文。现集稿大旨就绪,约已有六十至六十五万字,拟分二册,上册论文,除一二短篇外,均未发表过,下册为诗,剧,小说之类,大多数已曾发表。草目附呈。

关于付印,最好是由我直接接洽,因为如此,则指挥格式及校对往返便利得多。看原稿一遍,大约尚须时日,俟编定后,当约先生同去付稿,并商定校对办法,好否?又书系横行,恐怕排字费也得重行商定。

密斯杨之意,又与我们有些不同。她以为写作要紧,翻译倒在其次。但他的写作,编集较难,而且单是翻译,字数已有这许多,再加一本,既拖时日,又加经费,实不易办。我想仍不如先将翻译出版,一面渐渐收集作品,俟译集售去若干,经济可以周转,再图其它可耳。

瞿秋白牺牲后,鲁迅抱病编校,以诸夏怀霜社名义出版的瞿秋白译文集《海上述林》

后来瞿集就照此计划进行,定名为《海上述林》,上卷为《辨林》,下卷为《藻林》,都由鲁迅编定并作序,署"诸夏怀霜社校印"。"诸夏"者,中国也,霜乃瞿秋白的原名,意谓中国人民共同怀念秋白。上卷是鲁迅自己校对的,从1935年12月6日起校,经多次校改,至1936年4月22日校毕;下卷于5月13日起校,继因大病,乃由许广平协助校毕。出版资金则由瞿秋白生前友好一起赞助,郑振铎曾手书一份认捐名单,其中就有叶圣陶、徐调孚、夏丏尊、傅东华、胡愈之、陈望道等十二人。此书共印五百本,其中一百本为皮脊精装,另四百本为蓝色绒面本。鲁迅拿到《海上述林》上卷的样书,已是1936年10月2日,即分赠友好及相关者,并托冯雪峰转送在陕北的毛泽东和周恩来各一本。鲁迅喜欢这种豪华的装帧,他在一个多月之前看到上卷样本时,就给曹靖华写信说:"曾见样本,颇好,倘其生存,见之当亦高兴,而今竟已归土,哀哉。"[①]但是,由于印刷厂运转太慢,等到下卷出版时,鲁迅自己也来不及看到了。

再则,《译文》杂志之事,也很使他操心。

《译文》是鲁迅与茅盾、黎烈文等人于1934年9月创办的专收翻译文字的月刊。参与其事的黄源曾回忆创办这份刊物的起因道:"在1930年,翻译曾经'洪水

---

① 1936年8月27日致曹靖华信。

三十、倘能生存，我当然仍要学习

泛滥'过一时，但被一些投机者不负责任的胡译、乱译、瞎译、赶译，乱来一通，读者上了几回当，更有人讲冷话，翻译马上便被摈弃，被轻视了。翻译的'身价'因之也跟着跌落了，甚至一落千丈，大有无法挽救之势。书店老板一看到译稿，也就不管好坏，便摇头叹气，曰：'翻译的书卖不了，不要！'每个杂志也都挂起了'不收译稿'的牌子，将译稿拒之于千里之外。""译稿无出路，翻译者不论好坏，竟被'一视同仁'，一概视为'低能者'，于是译者逼得都把译笔放下了。"在这样的背景下，最关怀中国文化前途的鲁迅，就写了《关于翻译》等文章，为翻译辩护，并创办《译文》月刊，加以推动①。《译文》的前三期，是由鲁迅一手编定的，除了自己翻译之外，集稿、看稿、搜集插图，设计版式等等，都亲自动手，花了不少时间。编到第三期时，他就对做助理工作的黄源说："下期起，我不编了，你编罢，你已经毕业了。"所以从第四期起，就由黄源负责具体编务，这也是鲁迅有意培养青年人的一点用心。但到得1935年9月，《译文》杂志出至第二卷第六期，却被迫出了"终刊号"。停刊的原因由于生活书店的出尔反尔和用手段来对付《译文》社。

鲁迅和《译文》社同仁，为了扩大翻译事业，除编辑《译文》月刊之外，还想出版《译文丛书》，他与孟十还计划中的《果戈理选集》即是其中一种。这丛书，先托黄源与生活书店联系，经理徐伯昕一口答应下来，但邹韬奋回国之后却变了卦，说是生活书店正在出版郑振铎主编的《世界文库》，不愿再接受《译文丛书》了。毁约不出，倒也罢了，鲁迅再请黄源与文化生活出版社联系，该社主持人吴朗西和巴金热情地表示欢迎，这事就定下来了。为了具体商量编辑出版事宜，9月15日黄源在南京饭店请吃晚饭，译文社方面出席的有：鲁迅、茅盾和黎烈文，文化生活出版社方面有：吴朗西和巴金，此外还邀了胡风、傅东华，以及许广平和海婴。这本来是很正常的聚会，边吃饭边洽谈工作。不料生活书店得到情报，却以为黄源在搞什么鬼，立即作出反应。仅仅隔了一天，他们就于9月17日晚在新亚公司请客，邀请鲁迅出席，席间突然提出要撤换黄源，逼迫鲁迅同意。鲁迅认为这是对黄源的缺席审判，很不公平，为了爱护青年，主持公道，他当然不能同意；而且觉得这是用"吃讲茶"的方法来对付他，也很反感，当场把筷子一放，就拂袖而去。不久，他谈到此次饭局时，说道："那天晚上，他们开了一个会，也来找我，是对付黄先生的，这时我才看出了资本家及其帮闲们的原形，那专横、卑劣和小气，竟大出于我的意料之外，我自己想，虽然许多人都说我多疑，冷

---

① 《鲁迅先生与〈译文〉》，《黄源文集》第1卷，上海文艺出版社2005年版，第139页。

酷,然而我的推测人,实在太倾于好的方面了,他们自己表现出来时,还要坏得远。"①此事后来还间接谈判过几次,终因生活书店方面变卦太多,无法谈成,只好停刊了。这过程,可从1935年9月24日鲁迅致黄源信中看出个大概来:

前天沈先生(按:指沈雁冰)来,说郑先生(按:指郑振铎)前去提议,可调解《译文》事:一,合同由先生签名;但,二,原稿须我看一遍,签名于上。当经我们商定接收;惟看稿由我们三人轮流办理,总之每期必有一人对稿子负责,这是我们自己之间的事,与书店无关。只因未有定局,所以没有写信通知。

今天上午沈先生和黎先生(按:指黎烈文)同来,拿的是胡先生(按:指胡愈之)的信,说此事邹先生(按:指邹韬奋)不能同意,情愿停刊。那么,这事情结束了。

他们那边人马也真多,忽而这人,忽而那人。回想起来:第一回,我对于合同已经签字了,他们忽而出了一大批人马,翻了局面;第二回,郑先生的提议,我们接收了,又忽而化为胡先生来取消。一下子对我们开了两回玩笑,大家白跑。

从读者的需要看,《译文》是要复刊的;特别是在这样情况下停的刊,那就更要复刊。鲁迅在10月4日致萧军信中说:"对于《译文》停刊事,你好象很被激动,我倒不大如此,平生这样的事情遇见的多,麻木了,何况这还是小事情。但是,要战斗下去吗?当然,要战斗下去!无论它对面是什么。"不过,要重新找一个出版的地方,却也并不容易,因为别人散播出了不利于《译文》的流言。为此鲁迅花了不少的精力,终于在1936年3月将《译文》复刊,由上海杂志公司发行。鲁迅在《复刊词》上说到了复刊的周折:"我们也不断的希望复刊。但那时风传的关于终刊的原因:是折本。出版家虽然大抵是'传播文化'的,而'折本'却是'传播文化'的致命伤,所以茌苒半年,简直死得无药可救。直到今年,折本说这才起了动摇,得到再造的运会,再和大家相见了。"而且,还提到当时《译文》能够存在的条件:"那时候,鸿篇巨制如《世界文学》和《世界文库》之类,还没有诞生,所以在这青黄不接之际,大约可以说是仿佛戈壁中的绿洲……但自然,这决不是江湖之大。"这里特别提到郑振铎主编的《世界文库》是有原因的,它带有一种暗示性质。鲁迅于1935年12月3日致台静农信说:"《死魂灵》出单行本时,《世界文库》上亦正登毕,但不更为译第二部,因《译文》之夭,郑君(按:指郑振铎)有下石之嫌疑也。"19日致曹靖华信中又说:"谛君(按:指西谛,即郑振铎)之事,报载未始

---

① 1935年10月4日致萧军信。

无因,《译文》之停刊,颇有人疑他从中作怪,而生活书店貌作左倾,一面压迫我辈,故我退开。"

《译文》停刊之前,鲁迅每期都用各种笔名为它翻译许多篇作品,复刊之后,当然又要为它的生存和发展而付出艰辛的劳动。

再则,鲁迅还想为自己三十年来的写作生涯作一总结,汇集历年所作,出版一套三十年集。

他在1936年2月10日致曹靖华信中说:"回忆《坟》的第一篇,是一九〇七年作,到今年足足三十年了,除翻译不算外,写作共有二百万字,颇想集成一部(约十本),印它几百部,以作纪念,且于欲得原版的人,也有便当之处。不过此事经费浩大,大约不过空想而已。"虽说经费浩大,出版有困难,但是鲁迅还是在着手准备,编制过两次书目。但终因身体愈来愈差,无力完成此项计划了。《鲁迅三十年集》是在鲁迅逝世之后,直到1941年10月,才由鲁迅全集出版社出版。

此外,翻译、写作、编辑文集、翻印画册……他还有许多事情急着要做。

由于长期紧张的战斗生活,由于国民党统治者的不断迫害,也由于左翼文艺阵营内部的斗争,鲁迅的健康状况愈来愈差了。

5月16日起,突然发热,加以气喘,从此病情日见沉重。朋友们多劝他出国疗养,但他总觉得离不开战斗岗位,怕出国之后,与国内的战斗生活脱节,变成瞎子聋子,不能发挥战斗作用,所以一直拖延着。到5月底,病象日渐险恶,史沫特莱、茅盾等几位朋友暗自商定,请了上海唯一的欧美肺病专家D医师来为鲁迅诊病。这位医师赞誉鲁迅为最能抵抗疾病的典型的中国人,说像鲁迅这样的肺病,倘是欧洲人,则在五年前已经死掉。这诊断使得一些朋友下泪,但鲁迅却很镇静,他没有请D医师开方,因为他想,D医师的医学是从欧洲学来的,一定没有学过给死了五年的病人开方的法子。

然而D医师的诊断是极准确的,后来所拍的X光片作了证明。到6月,病情更加恶化,从6日起,连续记了二十多年的简单的日记也停止了,直到6月30日才补记道:"自此以后,日渐委顿,终至艰于起坐,遂不复记。其间一时颇虞奄忽,但竟渐愈,稍能坐立诵读,至今则可略作数十字矣。但日记是否以明日始,则近颇懒散,未能定也。"

宋庆龄在得知鲁迅病重的消息时,于6月5日马上写信劝他住院。信中说:"周同志:方才得到你病得很厉害的消息,十二分的躭心你的病状!我恨不能立刻来看看你,但我割治盲肠的伤口,至今尚未复原,仍不能够起床行走,迫得写这封信给你!""我恳求你立刻入医院医治!因为你延迟一天,便是说你的生命增加了一天

宋庆龄要求鲁迅立即住院治疗的信件手迹

的危险！！你的生命，并不是你个人的，而是属于中国和中国革命的！！！为着中国和革命的前途，你有保存，珍重你身体的必要，因为中国需要您，革命需要您！！！"①

但是鲁迅并没有住院，而且还要在重病中应对左翼文艺阵营内部的争论。

鲁迅此次重病，绵延数月，到7月底8月初，病情才有所好转。8月2日致茅盾信说："注射已在一星期前告一段落，肺病的进行，似已被阻止；但偶仍发热，则由于肋膜，不足为意也。医师已许我随意离开上海。但所往之处，则尚未定。先曾决赴日本，昨忽想及，独往大家不放心，如携家族同去，则一履彼国，我即化为翻译，比在上海还要烦忙，如何休养？因此赴日之意，又复动摇，惟另觅一能日语者同往，我始可超然事外，故究竟如何，尚在考虑中也。"朋友们多劝其易地疗养，鲁迅自己也认为"转地实有必要"，但是到哪里去呢？而且病情也不稳定。直到9月15日致王冶秋信中还谈及此事："我至今没有离开上海，非为别的，只因为病状时好时坏，不能离开医生。现在还是常常发热，不知道何时可以见好，或者不救。北方我很爱住，但冬天气候干燥寒冷，于肺不宜，所以不能去。此外，也想不出相宜的地方，出国有种种困难，国内呢，处处荆天棘地。"

结果是那里也没有去，仍在上海。他自己知道："我的病其实是不会全愈的"，所以稍有好转，仍旧抓紧工作。他也决不与敌人妥协，而决心战斗到底。9月5日，他在一篇题为《死》的文章中，写下了七条遗嘱：

一，不得因为丧事，收受任何人的一文钱。——但老朋友的，不在此例。

二，赶快收敛，埋掉，拉倒。

---

① 本信文字据宋庆龄原信影印件。

三,不要做任何关于纪念的事情。

四,忘记我,管自己生活。——倘不,那就真是胡涂虫。

五,孩子长大,倘无才能,可寻点小事情过活,万不可去做空头文学家或美术家。

六,别人应许给你的事物,不可当真。

七,损着别人的牙眼,却反对报复,主张宽容的人,万勿和他接近。

接着,他还说:"此外自然还有,现在忘记了。只还记得在发热时,又曾想到欧洲人临死时,往往有一种仪式,是请别人宽恕,自己也宽恕了别人。我的怨敌可谓多矣,倘有新式的人问起我来,怎么回答呢?我想了一想,决定的是:让他们怨恨去,我也一个都不宽恕。"

这"一个都不宽恕"思想,是他早期"打落水狗"精神的延续,在鲁迅不是一时愤激之语,而是一以贯之的理论。这种理论,颇为后人所诟病,特别是时下一些论者,以为有悖于西方的宽容精神。其实不然。无休无止的冤冤相报,固然有碍于社会的和谐,但无条件无原则的宽容,也未必能消除矛盾,平息冲突。宽容是有一定条件的,即做错事的对方需有忏悔意识,能够承认错误,否则,一味宽容,其结果是纵恶,难道真的被打了左脸,还要将右脸送上去再给他去打吗?所以鲁迅在《论"费厄泼赖"应该缓行》里说,要等对方也讲"费厄"了,你再与他讲"费厄"不迟,否则总是自己吃亏。其实,西方人也不是一味讲宽容的,以色列人对于二战中残杀犹太人的纳粹分子,几十年来穷追不舍,就是要除恶务尽。只有如此,才能伸张社会正义,才能使作恶者有所畏惧,也才能给后人以警戒作用。如果一味宽容,不算旧账,又如何能明辨是非,总结历史教训呢?这样做,只有对作恶者有利。正因为看到了这一点,所以他遗嘱第七条中才那样说。继《死》之后,他又写了一篇《女吊》,歌颂一个"带复仇性的"女鬼,并在文末强调指出:"被压迫者即使没有报复的毒心,也决无被报复的恐惧,只有明明暗暗,吸血吃肉的凶手或其帮闲们,这才赠人以'犯而勿校'或'勿念旧恶'的格言,——我到

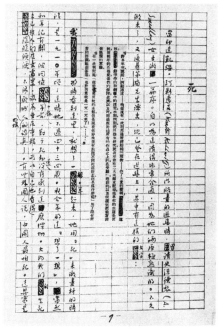

《死》的手稿

今年,也愈加看透了这些人面东西的秘密。"

鲁迅长期处于强权的压迫之下,并且受着帮忙和帮闲们的围攻,所以他要反抗,要斗争,决不肯退让。但是他对于做错了事而肯认错的人,还是很讲宽容的,如对于魏建功和傅东华。

魏建功是鲁迅在北大教书时的学生,因对爱罗先珂的剧评有不同意见,写了一篇文章发表在1923年1月13日的《晨报副刊》上,题目叫做《不敢盲从!》,鲁迅认为这是对盲人作家生理缺陷的讽刺,很不道德,马上写了一篇《看了魏建功君的〈不敢盲从〉以后的几句声明》,对他进行严厉的斥责:"临末,我单为了魏君的这篇文章,现在又特地负责的声明:我敢将唾沫吐在生长在旧的道德和新的不道德里,借了新艺术的名而发挥其本来的旧的不道德的少年的脸上!"后来,魏建功对自己的错误有了认识,鲁迅又把他当做好朋友。这只要看鲁迅1929年回北平探亲时,于6月1日给许广平的信就可以看出:"晚上来了两个人,一个是忙于翻检电码之静农,一个是帮我校过《唐宋传奇集》之建功,同吃晚饭,谈得很为畅快,和上午之纵谈于西山(按:指与未名社同仁一起到西山疗养院看望在那里养病的韦素园),都是近来快事。"

傅东华是《文学》杂志日常编务的主持人,鲁迅是《文学》的同人,常为该杂志写稿,但傅东华却化名伍实写了一篇《休士在中国》的文章,发表在1933年《文学》第二号上,说是:"萧翁是名流,自配我们的名流招待,且唯其是名流招待名流,这才使鲁迅先生和梅兰芳博士有千载一时的机会得聚首于一堂。休士呢,不但不是我们的名流心目中的那种名流,且还加上一层肤色上的顾忌!"鲁迅看到之后,非常生气,就写了一封《给文学社信》,反驳道:"是的,见萧的不只我一个,但我见了一回萧,就被大小文豪一直笑骂到现在,最近的就是这回因此就并我和梅兰芳为一谈的名文。然而那时是招待者邀我去的。这回的招待休士,我并未接到通知,时间地址,全不知道,怎么能到? 即使邀而不到,也许有别种的原因,当口诛笔伐之前,似乎也须略加考察。现在并未相告,就责我不到,因这不到,就断定我看不起黑种。作者是相信的罢,读者不明事实,大概也可以相信的,但我自己还不相信我竟是这样一个势利卑劣的人!"他要求这封信就在《文学》第三号上发表,并宣布从此要跳下这可怕的戏台,"那时就无论怎样诬辱嘲骂,彼此都没有矛盾了。"文学社不但应鲁迅的要求,在第三号上发表了他的《给文学社信》,而且还发表了一封由茅盾起草的《文学》编委会给鲁迅的复信,指出傅东华的错误,说是并非有意的攻击,向鲁迅公开道歉,此外又发表了傅东华自己写的信,承认伍实是他的化名,文中的话,是他落笔的疏忽,决非有意攻击。这样,事

三十、倘能生存，我当然仍要学习

情也就解决了。鲁迅虽然有一段时间没有再给《文学》写稿，但当《文学》受到压迫，处境困难时，他仍继续写稿支持，而且较前写得更多。对傅东华本人也颇多关照。有一次，傅东华的儿子得了伤寒病，热度超过四十度，沉迷谵语，非常危险，想托鲁迅介绍进福民医院。鲁迅闻之，非常关切，立即在烈日灼晒之下步行到医院接洽一切，并亲自陪同中医生远道到傅家先行诊视，孩子进院后，又亲自到院中探问过数次，并且给以医药和看护上必要的指导，使傅东华大为感动。至于后来因为别的事情与傅东华再生矛盾，那是另当别论了。

所以鲁迅说："现在的许多论客，多说我会发脾气，其实我觉得自己倒是从来没有因为一点小事情，就成友或成仇的人，我还不少几十年的老朋友，要点就在彼此略小节而取其大。"①

在生命的最后两个月里，鲁迅仍不息地工作。除了《死》和《女吊》之外，他还写了《"这也是生活"……》、《关于太炎先生二三事》、《半夏小集》、《因太炎先生而想起的二三事》、《立此存照》等许多战斗文章；又为曹靖华翻译的《苏联作家七人集》写了序文；还扶病去参观了第二次全国木刻联合流动展览会，并在会上对青年木刻家作了谈话……

纵使在重病之中，他还是在思考，从病榻边的生活细节，思考着人生哲理。比如，《"这也是生活"……》，就是从平时熟视无睹的室内景象，悟出了重要的道理：

第二天早晨在日光中一看，果然，熟识的墙壁，熟识的书堆……这些，在平时，我也时常看它们的，其实是算作一种休息。但我们一向轻视这等事，纵使也是生活中的一片，却排在喝茶搔痒之下，或者简直不算一回事。我们所注意的是特别的精华，毫不在枝叶。给名人作传的人，也大抵一味铺张其特点，李白怎样做诗，怎样耍颠，拿破仑怎样打仗，怎样不睡觉，却不说他们怎样不耍颠，要睡觉。其实，一生中专门耍颠或不睡觉，是一定活不下去的，人之有时能耍颠和不睡觉，就因为倒是有时不耍颠和也睡觉的缘故。然而人们以为这些平凡的都是生活的渣滓，一看也不看。

于是所见的人或事，就如盲人摸象，摸着了脚，即以为象的样子像柱子。中国古人，常欲得其"全"，就是制妇女用的"乌鸡白凤丸"，也将全鸡连毛血都收在丸药里，方法固然可笑，主意却是不错的。

删夷枝叶的人，决定得不到花果。

这种全面的观点，同样体现在10月9日所写的《关于太炎先生二三事》

---

① 1936年2月21日致曹聚仁信。

中。章太炎是革命先哲,经学大师,民国以后也参与过一些政治活动,死后毁誉不一。鲁迅是他的授业弟子,深知老师的历史和为人,不护短,不溢美,但在评论中发扬出他真正的革命精神。鲁迅高度赞扬他当年反对清廷,与保皇派进行斗争的旺盛斗志,以为"先生的业绩,留在革命史上的,实在比在学术史上还要大",但对他晚年"退居于宁静的学者,用自己所手造的和别人所帮造的墙,和时代隔绝了"却颇为惋惜。鲁迅并不讳言章太炎所做过的错事,但对文侩借机对章太炎的攻击,则大为不满。他说:

> 民国元年革命后,先生的所志已达,该可以大有作为了,然而还是不得志。……既离民众,渐入颓唐,后来的参与投壶,接收馈赠,遂每为论者所不满,但这也不过白圭之玷,并非晚节不终。考其生平,以大勋章作扇坠,临总统府之门,大诟袁世凯的包藏祸心者,并世无第二人;七被追捕,三入牢狱,而革命之志,终不屈挠者,并世亦无第二人:这才是先哲的精神,后生的楷范。近有文侩,勾结小报,竟也作文奚落先生以自鸣得意,真可谓"小人不欲成人之美"而且"蚍蜉撼大树,可笑不自量"了。

鲁迅对于章太炎的评价,不但体现出他的实事求是态度和维护先辈革命精神的苦心,而且也代表了一种新的"师道"观。这一点,鲁迅早在1933年6月18日致曹聚仁信中,就曾论及:"古之师道,实在也太尊,我对此颇有反感。我以为师如荒谬,不妨叛之,但师如非罪而遭冤,却不可乘机下石,以图快敌人之意而自救。太炎先生曾教我小学,后来因为我主张白话,不敢再去见他了,后来他主张投壶,心窃非之,但当国民党要没收他的几间破屋,我实不能向当局作媚笑。以后如相见,仍当执礼甚恭(而太炎先生对于弟子,向来也绝无傲态,和蔼若朋友然),自以为师弟之道,如此已可矣。"

鲁迅生命最后时期所写的几篇文章,反映出他新的思考,新的境界,很值得重视。

10月15日,鲁迅又开始服药了。但他仍旧做了很多工作。

17日上午,他还续写《因太炎先生而想起的二三事》的中段,这是做了《关于太炎先

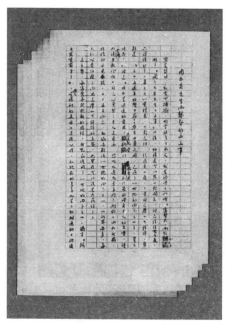

鲁迅最后一篇文章的未完稿——《因太炎先生而想起的二三事》

生二三事》以后,意犹未尽而续写的姐妹篇,由辫子问题而引到当年章太炎和吴稚晖的论战,因为章太炎死后,吴稚晖作文攻击章太炎,并做翻案文章,否定章太炎当年对他叛卖之事的揭露。鲁迅很惋惜章太炎没有将当年的战斗文章保留下来,说:"但先生手定的《章氏丛书》内,却都不收录这些攻战的文章。先生力排清庞,而服膺于几个清儒,殆将希纵古贤,故不欲以此等文字自秽其著述——但由我看来,其实是吃亏,上当的,此种醇风,正使物能遁形,贻患千古。"但本文未能写完,成为鲁迅最后的半篇遗文。那天午后给曹靖华写了复信,须藤医生来看过病后,他想出门走走,遂与胡风一同去拜访旅居上海的日本作家鹿地亘,为他正在翻译的《鲁迅杂感选集》解答疑难。鲁迅谈兴颇浓,与鹿地亘谈得很多,从自己最近写的文章《女吊》和《死》,谈到年轻时不怕鬼的故事,又谈到新兴木刻等等,归途还到内山书店一转。傍晚,周建人来,鲁迅精神很好,谈至11时。周建人临走时,鲁迅又提起搬家之事。因为这段时期,中日关系更加紧张了,难免又要发生战事,而北四川路底是日本人聚集之区,不宜再住,所以他想搬到法租界去。据周建人回忆道,鲁迅"非常坚决急迫的说:房子只要你替我去看定好了,不必再来问我。一订下来,我就立刻搬,电灯没有也不要紧,我可以点洋灯,搬进去后再办接火等手续"①。周建人走后,鲁迅在躺椅上抽烟休息,至一时才上床睡觉。但两点钟起来如厕之后,就睡不好,做恶梦,到三时半钟就坐起来了,气喘、咳嗽,难以平复。服了家中自备的药,并不见效。六点半左右,鲁迅支撑着勉强给内山完造写了一张字条,叫许广平送去。此时他已写不成字了,但他仍坚持要写,改正又改正,仍是歪歪斜斜的。想不到这竟是鲁迅的绝笔:

老板几下:

没想到半夜又气喘起来。因此,十点钟的约会去不成了,很抱歉。

拜托你给须藤先生挂个电话,请他速来看一下。草草顿首

L拜 十月十八日②

不久,内山完造到来,带了家中所藏的治哮喘的药,给鲁迅吃下,并和许广平一起替他按摩背脊很久。鲁迅告诉内山说,苦得很。内山和许广平听了都非常难受。这时须藤医生也到了,给他注射,但没有能止住喘息。那时双足发冷,双手指甲发紫,情况很严重了。但他仍关心时事。8点多钟,日报到了,鲁迅问:"报上有什么事体?"许广平说:"没有什么,只有《译文》的广告。"她知道鲁

---

① 《关于鲁迅的断片回忆》,《略讲关于鲁迅的事情》,人民文学出版社1954年版,第51页。
② 原文系日文,现据1981年版《鲁迅全集》译文。

迅要晓得更多一些,又说:"你的翻译《死魂灵》登出来了,在头一篇上。《作家》和《中流》的广告还没有。"但鲁迅还是戴起眼镜,要过报纸,一面喘息一面细看《译文》广告,看了很久才放下。

这一天,医生不断给他注射,并吸入氧气,但仍喘息不止。终于在次日早上5时25分停止了呼吸,时为1936年10月19日。

鲁迅逝世的当日,冯雪峰即找宋庆龄、蔡元培等人商量,组成治丧委员会,治丧委员会立刻发表讣告,并从北四川路底施高塔路大陆新村九号寓所移灵于万国殡仪馆,供各界瞻仰遗容。

鲁迅逝世的噩耗传出,全国震悼,唁电唁函,纷纷不绝。鲁迅的丧事变成对民众的动员。但国民党统治当局不但怕活鲁迅,而且也怕死鲁迅,对鲁迅的葬礼如临大敌,派出军警,全副武装,与帝国主义的巡捕相勾结,监视送殡队伍。据记载:"在租界区域内,巡逻在行列两边有骑马的印度巡捕,徒步的巡捕,全是挂着枪。行到中国界的虹桥路,便由黑衣白缠腿的中国警察接替了。他们底长枪全装了刺刀;短枪也挂好了把子。"①但是,送殡群众毫无畏惧,他们跟着灵柩,唱着挽歌前进:"……你的笔尖是枪尖,刺透了旧中国的脸,你的发音是晨钟,唤醒了奴隶的迷梦……"一路上自动参加送葬行列的人愈来愈多,有工人、店员,还有小学生,浩浩荡荡,足有二里多长。他们高喊抗日的口号,高唱救亡歌曲,把送葬行列变成了宣传抗日救亡的群众示威游行队伍。正如郁达夫所说:"鲁迅的葬事,实在是中国文学史上空前的一座纪念碑,他的葬仪,也可以说是民众对日人的一种示威运动。"②

抵达墓地之后,上海民众代表献"民族魂"

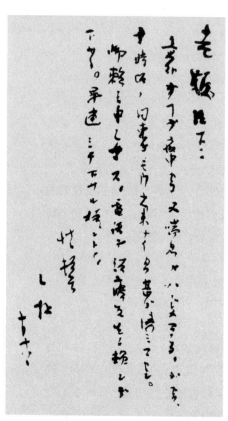

鲁迅绝笔:拜托内山完造请医生的短信

---

① 《鲁迅先生逝世经过记略》,《鲁迅先生纪念集》。
② 《回忆鲁迅》,《郁达夫文集》第4卷,花城出版社、三联书店香港分店1982年版,第204页。

三十、倘能生存，我当然仍要学习

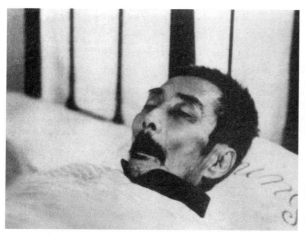
鲁迅遗容

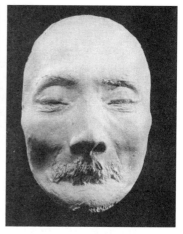
鲁迅石膏面模

白底黑字旗一面，覆于棺上，表达了人民对鲁迅的评价。是的，鲁迅为民族的生存，为人民的解放，艰苦地战斗了一生。他在抗日救亡运动的高潮中逝世了，而对于他的悼念活动又推动了抗日救亡运动的发展。

鲁迅的葬礼，是全国各界救国会出面组织的，这"民族魂"三字，也是救国会领袖沈钧儒所写。但鲁迅葬礼之后一个月，1936年11月28日，国民党当局就逮捕了救国会领袖沈钧儒等七人，造成震惊中外的"七君子"事件。据说逮捕的原因，就是因为他们通过组织鲁迅葬礼，发动了大规模的群众示威游行，推动了抗日救亡运动，从而引起了国民党当局的恐慌。而"七君子"事件本身，则更加激起民众的反抗情绪，成为新的抗日救亡运动的标帜①。

上海数万民众高举"争取民族解放"的横幅，自发为鲁迅送殡

---

① 据楚图南：《与人肝胆照 见义轻风浪》，费孝通、夏衍等著《胡愈之印象记》增订本。

后　记

在这本书之前,我已经写过两本鲁迅传记:一本是1981年由上海文艺出版社出版的《鲁迅传略》,另一本是2005年在复旦大学出版社出版的《鲁迅画传》。后一本书的文字部分,是在前一本书的基础上增删修订而成。现在这本《鲁迅传》与前两本书仍有着渊源关系,但是面貌已经大不相同。不但篇幅增加许多,从不到十四万字扩展到四十多万字,而且还有一些新的见解。这是在评点鲁迅作品和梳理研究资料的过程中获得的。

在重新细读和仔细梳理的过程中,我发现过去关于鲁迅的议论中,常有与鲁迅原意和基本事实不符之处,这一弊病至今在评论界也未能完全克服。最典型的例子,是关于提倡"遵命文学"和所谓彻底否定传统文化的问题。长期以来,推崇鲁迅的人总喜欢说他是"遵命文学"的提倡者,并要求作家学习鲁迅精神,自觉地遵循领导意图,配合政策条文来创作文艺作品;而另一些人又抓住"遵命文学"这一口号来批评鲁迅,说他此论丧失了知识分子的独立精神,误导了作家。不错,鲁迅的确说过,他在五四时期所写的小说,"也可以说是'遵命文学'",但细勘其说话的语境,就不难发现,他说的是调侃话,讽刺话,这只要看看他在同一时期所发表的一些批判"遵命文学"的言论,就可明白。长期以来,鲁迅一直强调知识分子的独立精神,提倡自由思想,批评依附观念,反对命题作文,非难帮忙文学与帮闲文学,可惜这些言论被有意地"遗忘"或无意地疏忽掉了。而且,在文化态度方面,大家只记得鲁迅在《青年必读书》中所说的"我以为要少——或者竟不——看中国书,多看外国书"这句话,而无视于他在从事文化工作之始,就表明自己的价值取向:"外之既不后于世界之思潮,内之仍弗失固有之血脉,取今复古,别立新宗",更不说他还做了大量整理、研究、介绍古代文化遗产的工作。他在评论陶元庆的绘画时,也很赞扬其能"和世界的时代思潮合流,而又并未梏亡中国的民族性"。他所反对的,只是停滞、倒退、不求发展的文化观念,和那些假古董所放出的假毫光。在这些问题上,我都汇集了大量的材料,来纠正以往的偏见,力求用全面的观点,写出一个真实的鲁迅来。

真实是文学的生命。传记和回忆录之类纪实性作品,更不能偏离事实。但是,在有关鲁迅的回忆资料中,却颇有与事实不甚相符的记载,其中有些还不一定是记忆的模糊,而是有意的夸大和虚张。有些当初发表过的有价值的回忆资料,到得建国之后,也不再收入自己回忆鲁迅的集子中,而任其淹没。造成这种现象的原因是多方面的:一是迫于政治压力,凡是受过政治批判的人物,虽然当时与鲁迅关系密切,受到鲁迅信任,也要从回忆中删除,或者斥责他们如何利用鲁迅;二是迎合主流话语,按照上峰所定的调子来回忆鲁迅,于是有些地方"拔高",有些地方隐去,无形中离开了真实的鲁迅;三是对于有肯定评价的人物,即使在当时做了错事而受到鲁迅批评的,也不肯直接指出,这也是好人是绝对的好,坏人是绝对的坏的老模式。我无意于责怪那些回忆者,只觉得这是中国知识分子的悲哀。好在鲁迅本人的文字还在,原始资料也还没有完全泯灭,我们可以据此来加以辨别。

文学批评有一个批评标准问题,评价历史人物也自有评价的标准。过去人们多用政治标准来衡量是非,现在虽然否定了政治标准第一的说法,但有些人在潜意识中却还未能完全摆脱这种思维定势。纵然有时作出的是相反的评价,那只是政治标准的不同而已。但我以为,评价一个现代知识分子,就应该从知识分子本身的标准来衡量。现代知识分子最基本的品格是什么?这就是独立的精神,自由的思想。如果承认这一点,那么就应该用这一标准来评价鲁迅和他的同时代人。中国的文人,总喜欢走入廊庙,与皇帝老儿或者名公巨卿攀相好,即使挂着隐士招牌的,也要"飞来飞去宰相衙",虽以民主自由相标榜的某些现代知识分子,也未能免俗。而鲁迅,倒是最能坚持独立精神和自由思想的人。但有些批评者却无视这一基本事实,只是出于意识形态的原因而贬责鲁迅,我以为这倒是离开了现代知识分子立场的。

还有人从为人处世上着眼,说鲁迅这个人不随和,难相处,不如别人那样容易交朋友。这其实也牵涉到批评标准问题。中国人讲究"和光同尘",做事要随和、讲面子,能敷衍处则敷衍之,决不肯得罪人,时下的"捣糨糊"哲学,即继承了这种文化传统。而鲁迅则办事认真,不肯马虎,说是"文人不应该随和;而且文人也不会随和,会随和的只有和事老",他主张文人要有明确的是非,热烈的爱憎。所以他态度鲜明,文风犀利,决不含糊,甚至在私人通信中也老老实实地向对方提出批评意见,不讲敷衍捧场之话,即使事涉自己比较看重的学者,也是直言其缺点,如台静农问及对郑振铎《中国文学史》的意见,他于回信中说道:"郑君治学,盖用胡适之法,往往恃孤本秘笈,为惊人之具,此实足以炫耀人目,其为学子所珍赏,宜也。……郑君所作《中国文学史》,顷已在上海预约出版,我曾于《小说月报》上见其关于小说者数章,诚哉滔滔不已,然此乃文学史资料长编,非'史'也。但倘有具史识者,资以为史,亦可用耳。"这真是一点面子也不讲了。这种性格,这种行事作风,在中国,当然要得罪人,被认为极难相处。但是,如果大家都认真办事,诚实待人,那也就并不难处了。而且,从中国的前途着想,还是少点敷衍,多些认真为好。所以,持这种批评意见者,其实还是站在旧伦理的立场上来说话。

当然,我不是说鲁迅不可以批评。鲁迅也是凡人,自有他的个人缺点,也有他的时代局限性,如果实事求是地指出,那是有利于学术研究的。但可惜有些学者的批评很不讲道理。比如,有一位历史学家在回答记者提问时说:"我首先就不赞成鲁迅对中国历史的这种说法(按:指记者所说'鲁迅说过翻开中国历史,字里行间都写着吃人……'),鲁迅的这种历史观就是过去农民起义历史观的一个组成部分。我们小孩饱读水泊梁山这些相互吃人的东西,再读到鲁迅对中国历史的大简化,他会饮鸩止渴,会产生前几年我们知道的像马加爵这样的一种极端悲剧性的行为:既然我们打开书,我们的大文豪告诉我们,几千年的中国就是人砍人的历史,那今天我拿起菜刀来捅杀自己宿舍的同学,那并不是一个了不得的事情啊!"不赞成鲁迅的历史观,自然是可以争鸣,但歪曲鲁迅的原意而加以谴责,就离开批评的正道了。鲁迅谴责中国社会是吃人的社会,因而发出"救救孩子"的呼声,到得历史学家的嘴里,却被说成是教唆别人杀人,要他对马加爵的杀人罪行负责了;鲁迅从人文主义的立场出发,指责李逵劫法场时,抡起板斧对看客排头砍去的做法,并且批评过刘邦之类"彼可取而代之"的理想,但到了我们历史学家的嘴里,鲁迅这种人文精神和民主思想,却变成了他所批评的农民起义历史观的一个组成部分了。这真不知从何说起?

而这种批评方法,对于我们也并不陌生。这就是在中国流行多时的有罪推定法。即事先认定你有罪,然后将材料加以歪曲,来"证明"你的"罪行"。鲁迅当年所写的《可恶罪》,说的就是这回子事。现在,鲁迅自己也犯了"可恶罪",他首先被人觉得"可恶",要批判,这才一条一条列出"罪状"来。

但鲁迅之不被今人所理解,却也还有另外一些原因。

鲁迅是以文明批评和社会批评为自己的写作职责的,这一点曾经获得许多关心社会前途者的共鸣,但在社会思潮转变以后,人们在躲避崇高,追求平庸中,也就与鲁迅格格不入了。鲁迅其实也并不希望自己的作品永存,这就是他自己所说的"凡是对于时弊的攻击,文字须与时弊同时灭亡"。但是他没有想到的是,却出现了另一种情况,即文字的被淡忘,不是由于时弊的消失,而是因为时弊的泛滥。比如,鲁迅在《什么是"讽刺"?》里曾举例道,洋服青年拜佛,现在是平常事,但把他撅着屁股的样子拍下照来,这就是讽刺。但时下这种事已经普遍得使人们觉得是正常了,即使拍下照来,还有什么讽刺作用呢?鲁迅的讽刺作品被遗忘也是必然的事了。

看来,阅读鲁迅,理解鲁迅,还要有一个共同的思想基础,即人文精神的基础。这不是一般的评点、注释、讲解、研究所能达到的。但作为鲁迅研究者,也只能做些力所能及的工作。

本书入选复旦大学金秋学术基金项目和2008年度上海市重大文艺创作项目,获得资助,特此致谢!

吴中杰于海上木石斋
2008年7月20日

图书在版编目(CIP)数据

鲁迅传/吴中杰著. —上海:复旦大学出版社,2008.8(2016.6重印)
(吴中杰鲁迅研究系列)
ISBN 978-7-309-06213-7

Ⅰ.鲁… Ⅱ.吴… Ⅲ.鲁迅(1881~1936)-传记 Ⅳ.K825.6

中国版本图书馆 CIP 数据核字(2008)第 114537 号

鲁迅传
吴中杰 著
责任编辑/邵 丹

复旦大学出版社有限公司出版发行
上海市国权路 579 号 邮编:200433
网址:fupnet@fudanpress.com http://www.fudanpress.com
门市零售:86-21-65642857 团体订购:86-21-65118853
外埠邮购:86-21-65109143
上海市崇明县裕安印刷厂

开本 787×960 1/16 印张 29.5 字数 499 千
2016 年 6 月第 1 版第 3 次印刷
印数 6 201—7 800

ISBN 978-7-309-06213-7/K·236
定价:48.00 元

如有印装质量问题,请向复旦大学出版社有限公司发行部调换。
版权所有 侵权必究